edition suhrkamp

Redaktion: Günther Busch

Literatur ist Utopie in dem gewiß sehr weiten Verstande, daß sie nicht identisch mit der Realität ist, die uns als Natur und Gesellschaft gegenübertritt. Sie ist Utopie in dem sehr viel präziseren Sinne, daß ihre Beziehung zu dieser Realität wie eine der Erfüllung zum Mangel ist. Sprachsetzung – dies gilt auf jeden Fall bis hin zu Hegel – ist Darstellung und Antizipation menschlicher Vernunft zugleich: Darstellung, weil sie ihr Ausdruck ist, Antizipation, weil sie die Vernunftordnung der Welt und der menschlichen Lebensverhältnisse entwirft. So beruht auch die humanistische Konzeption eines geselligen, gleichen und freien Lebens auf der Kultur der Sprache, ist literarischen Ursprungs, weil menschliche Rede selber schon die Wunschvorstellung einer vernünftigen Verständigung, einer von Lasten und äußeren Beschränkungen der materiellen Realität freien Beziehung ebenso voraussetzt wie auf deren Verwirklichung zielt. Die ersten Beiträge dieses Bandes erörtern historisch grundlegend die allgemein philosophische, ästhetische und hermeneutische Dimension des Themas, wogegen die Beiträge im zweiten Teil in exemplarischen Analysen die spezifisch ästhetische Form der utopischen Funktion als literarisches Werk zeigen.

Literatur ist Utopie
Herausgegeben von
Gert Ueding

Mit Beiträgen von: Burghart Schmidt, Rolf Grimminger, Gert Ueding, Ernst Osterkamp, Bernd Steinbrink, Joachim Campe, Anselm Maler, Cornelie Ueding, Gerd Enno Rieger, Gotthart Wunberg, Klaus L. Berghahn, Hermann Wiegmann, Klaus-Detlef Müller, Wolfgang Promies

Suhrkamp Verlag

edition suhrkamp 935
Erste Auflage 1978

Satz, in Linotype Garamond, Druck und Bindung bei Georg Wagner, Nördlingen.
Gesamtausstattung Willy Fleckhaus.

Inhalt

Literatur ist Utopie

Und wo bleiben dann die Romane, die sich ausdrücklich der Realität verschrieben haben, die nichts anderes wollen als wiedergeben, was der Fall ist oder war? Wo bleiben die Schriftsteller, deren einziger Ehrgeiz darin besteht, exakt die sozialen Prozesse zu dokumentieren, deren Zeuge sie sind? Wo bleiben die Epochen der Literaturgeschichte, für die der authentische Bericht, Naturnachahmung oder die Abbildung des gewöhnlichen Lebens zu den wichtigsten Errungenschaften der ästhetischen Erkenntnis gehören? Es hat wohl selten einen mißverständlicheren ästhetischen Begriff gegeben als den des Realismus, sofern man damit mehr als eine künstlerische Tendenz meint, die Tätigkeit der Einbildungskraft mit der intersubjektiv überprüften Wirklichkeitserfahrung in Einklang zu bringen. Es gäbe dann zwei Richtungen der literarischen Erfindung: die eine ist das Ergebnis eines im Extremfalle reinen Spiels der Einbildungskraft, die andere entsteht aus dem Bemühen, die Einbildungskraft auf Genauigkeit und Wahrheitstreue bei der Übersetzung der Realitätserfahrung in den sprachkünstlerischen Ausdruck zu verpflichten. Selbst wenn es gelänge, sprachliches Bild und Realität in ein genaues Entsprechungsverhältnis zu bringen, so bliebe das Medium der Literatur immer der Begriff; ihr Prinzip ist, wie Hegel es ausdrückte, »überhaupt das der *Geistigkeit*, die sich nicht mehr zur schweren Materie als solcher herauswendet [. . .], sondern den Geist mit allen seinen Konzeptionen der Phantasie und Kunst, ohne dieselben für die äußere Anschauung sichtbar und leiblich herauszustellen, unmittelbar für den Geist ausspricht«. Die Differenz, die die geistigen Formen der Literatur von den sinnlichen der Realität trennt, ist die Bedingung der Möglichkeit von Literatur als Utopie.

Literatur ist Utopie in dem gewiß sehr weiten Verstande, daß sie nicht identisch mit der Realität ist, die uns als Natur und Gesellschaft gegenübertritt. Sie ist Utopie in dem sehr viel präziseren Sinne, daß ihre Beziehung zu dieser Realität wie die der Erfüllung zum Mangel ist. Selbst noch in den panegyrischen Lobgesängen auf einen Diktator steckt, korrumpiert, verdünnt und verbogen, der Wunsch, er möge dem Lügenbilde von sich ähnlicher sein als die Wirklichkeit glauben macht; selbst noch die reine Montage aus vorfabrizierten Dokumenten unserer sozialen Realität kombiniert die Zitate nach dem Muster eines Gegenbildes, und auch das verlogenste Happy-End eines Trivialromans verrät den Traum, der an ihm nie sein Genüge findet. Sprachsetzung, diese Überzeugung gilt auf jeden Fall bis hin zu Hegel, ist Darstellung und Antizipation menschlicher Vernunft zugleich: Darstellung, weil sie ihr Ausdruck ist, Antizipation, weil sie die Vernunftordnung der Welt und der menschlichen Verhältnisse entwirft. Die humanistische Kultur Europas ist deshalb in ihrem Kernbereich Sprachkultur geblieben.

Deren Muster hat besonders wirkungsvoll und traditionsbildend Cicero aus dem antiken Denken heraus konstruiert. Seine historiosophische Konstruktion eines Naturzustandes, in dem die Menschen wie Tiere unzivilisiert und barbarisch gegeneinander lebten, entspringt keineswegs dem historischen Interesse an der Entwicklung des Menschengeschlechts, sondern soll Sinn, Bedeutung, auch Zweck einer gesellschaftlichen Praxis offensichtlich machen, die in der Überwindung dieses Naturzustandes ihren Ursprung hat und ohne welche auch das zeitgenössische Leben nicht wäre, ja dessen fortwährende Wirkung den abermaligen Rückfall in die Barbarei verhindert. »Denn gerade darin besteht unser größter Vorzug vor den rohen Tieren, daß wir uns miteinander unterreden und unsere Empfindungen durch Worte ausdrücken können.« Cicero, natürlich auch sein eigenes Interesse verfolgend, erklärt den Redner zum Sachwalter der Sprache und damit, als Konsequenz seiner historiosophischen Konstruktion, zum Vorbild menschlicher Bildung überhaupt. »Um nun aber auf das Wichtigste zu kommen, welche andere Macht konnte die zerstreuten Menschen an einen Ort zusammenscharen oder von der wilden und rohen Lebensweise zu der jetzigen menschlichen und bürgerlichen Bildung leiten oder nach Gründung der Staaten Gesetze, Gerichte und Rechte anordnen?« Die humanistische Konzeption eines menschlich-geselligen, gleichen und freien Lebens beruht auf der Kultur der Sprache, ist literarischen Ursprungs, weil menschliche Rede selber schon die Wunschvorstellung einer vernünftigen Verständigung, einer von allen Lasten, äußeren Zwängen und Beschränkungen der materiellen Realität freien Beziehung immer so voraussetzt wie auf deren Verwirklichung zielt. Es ist heute schwer geworden, nachdem Wort und Begriff sich im »Universum der öffentlichen Rede« zunehmend getrennt haben, Sprache Cliché geworden ist, die humane Bedeutung der Sprache, ihre humanistische Utopie noch gegen die Realität durchzusetzen, die daraus ein Instrument ihrer Bestätigung gemacht hat. Darin liegen Gefährdung und wichtigste Aufgabe der neuzeitlichen Literatur.

Literatur ist Utopie, nicht weil sie irreal wäre, sondern weil sie ein Bild der Wirklichkeit mit sich führt, das allen Übereinkünften der bisherigen Geschichte und Gegenwart widerspricht. Am schönsten zeigt das immer noch der einem ganzen Genre seinen Namen gebende Staatsroman des englischen Lordkanzlers. Die ersten Kapitel in Thomas Morus' *Utopia* handeln von sehr gegenwärtig-realen Dingen, von der Ungerechtigkeit und Grausamkeit des englischen Strafrechts, von der Landsknechtsplage und dem Bauernlegen, von Armut und Elend des Volkes, Reichtum und Protzerei des Adels und hohen Klerus. Vor der Geschichte des glücklichen Lebens der Utopier steht die Erfahrung vom unglücklichen Leben der Engländer. Utopie hat keinen Goldgrund, die Erfahrungen, die ihr zugrunde liegen, geben zu wenig Optimismus Anlaß, stärken aber die Überzeugung, daß Mensch und Gesellschaft nicht so sind, wie sie sein könnten. Die späteren Sozialutopisten wie Charles Fourier (sein Entwurf einer neuen Lebensgemeinschaft, die Beschreibung des Experiments »Phalansterium«), aber auch vorher Andreae mit seiner evangelischen Utopie zeigen deutlich den Modellcharakter ihrer Projektionen. Wunschtraum und Experiment in einem weichen sie der Auseinandersetzung mit der jeweils vorhandenen, ihnen entgegenstehenden Wirklichkeit keineswegs aus. Experiment ohne Wissenschaft, definierte Paracelsus, führt unwiderruflich ins Labyrinth, nur aus dem von Wissenschaft geleiteten Experiment folgt neue und zugleich sichere Erfahrung. Entgegen dem allgemeinen Sprachgebrauch, der Utopie mit Luftschloß und Überspanntheit gleichsetzt, war den Sozialutopisten, den phantasievollen Planern des Zukunftsstaats und einer neuen Gesellschaft dieser Zusammenhang durchaus bewußt: von

Platon bis Morus und Fourier empfingen sie weder das Muster von der historischen Wirklichkeit noch überließen sie diese sich selber.

Die Sozialutopien und Staatsromane bringen nur besonders deutlich das Prinzip aller literarischen Erfahrung zum Ausdruck. Literatur als Utopie ist ja generell Vorgriff der Einbildungskraft auf neue Erlebniswirklichkeiten, bedeutet planvoll phantasiereiches Entdecken und Aktivieren der schöpferischen Vermögen des Menschen im ästhetischen Bild und kritische Absage an eine hemmende Wirklichkeit. Auch ihr Zeitbezug ist die Zukunft, entzieht sie sich doch dem Realitätsprinzip, nicht um bloß ein luftig-leeres Reich der Freiheit an die Stelle des drückenden Reichs der Notwendigkeit zu setzen, sondern um gezielt menschliche Möglichkeiten zu erproben, menschliches Glücksverlangen aufzubewahren und spielerisch zu antizipieren, wovon in Wirklichkeit noch nichts zeugt, wovon die Träume und religiösen oder profanen Wunschbilder der Menschen aber voll sind. In dieser Bedeutung wird literarische Tätigkeit dann zu einer besonderen Form von Traumarbeit.

Die meisten Literaturtheoretiker gestehen der Literatur in gesellschaftlich und historisch deutlichen Aufstiegszeiten auch dann eine aktivierende, schöpferische, vorwärtstreibende, erkenntnisfördernde Qualität zu, wenn sie ausdrücklich deren Traumcharakter feststellen (das 18. Jahrhundert ist voll solcher ausgesprochener Literaturträume, arkadischer, exotischer, utopischer Art). Wogegen Traumliteratur in dem Augenblick ein abwertendes, nur noch Genuß, Einfühlung, Erholung, Flucht bedeutendes Urteil provoziert, in dem die historische Dynamik zum Stillstand, wenn nicht sogar zur Umkehr gekommen zu sein scheint. Das Verdikt traf den romantischen Traum ebenso wie den verachteten trivialen, kitschigen Traum des Massenpublikums, es traf zeitweise die gesamte Literatur- und Kunstproduktion einer Zeit. »Wenn wir lasen, wieviel bedürftige Menschen durch solch einen Räuberhauptmann unterstützt und gerettet worden seien, so freuten wir uns darüber und stellten uns vor, wie schön es wäre, wenn solch ein Himlo Himlini plötzlich bei uns zur Tür hereinträte, zehntausend blanke Taler auf den Tisch zählte und dabei sagte: ›Das ist für euern Knaben . . .‹« (Karl May,

Autobiographie) Die Wirklichkeit solcher Phantasiesysteme für den Träumenden ist – wenn auch nur für die kurze oder längere Pause der Lektüre – von unbezweifelbarer Evidenz. Ganz unmittelbar ist die Beziehung des Träumenden zu seinen Traumfiguren. Solange diese Beziehung nicht auf pathologische Weise – und wir haben es hier nicht mit Krankheitsfällen zu tun – zu einer rigiden Komplementärexistenz in der Imagination sich verselbständigt, erzeugt auch der seinem Inhalt nach völlig phantastische oder gar in projektiver Erinnerung rückwärts gewandte Traum im Subjekt für seine objektiven Beziehungen zu realen Personen und zur Welt um ihn herum die Kraft, sich zu behaupten. Traumlosigkeit auch in diesem Sinne bedeutet totale psychische Verelendung der Individuen. »Der Jüngling lag unruhig auf seinem Lager und gedachte des Fremden und seiner Erzählungen. ›Nicht die Schätze sind es, die ein so unaussprechliches Verlangen in mir geweckt haben‹, sagte er zu sich selbst; ›fern ab liegt mir alle Habsucht: aber die blaue Blume sehn' ich mich zu erblicken. Sie liegt mir unaufhörlich im Sinn, und ich kann nichts anderes dichten und denken. So ist mir noch nie zumute gewesen: es ist, als hätt' ich vorhin geträumt, oder ich wäre in eine andere Welt hinübergeschlummert; denn in der Welt, in der ich sonst lebte, wer hätte da sich um Blumen bekümmert, und gar von einer seltsamen Leidenschaft für eine Blume hab ich damals nie gehört.‹« Der Traum Heinrich von Ofterdingens unterscheidet sich von dem des Hans Brick oder anderer aufgeklärter Fahrensmänner in utopische Gefilde in denkbar krasser Weise: so wie sich die soziale Realität unterscheidet, die in diesen Träumen verarbeitet wird. Die Art der Verarbeitung aber ist ihnen gemeinsam, denn sie weichen alle von der wissenschaftlich quantifizierenden wie der des »gesunden Menschenverstandes« ab. Die Literatur ist der kulturelle Mechanismus, der die bedeutend verschlüsselten Erkenntnisse der Phantasie durch die Sprache in die lineare und folgerichtige Perzeption unseres Bewußtseins übersetzt, ohne daß deren spezifische Qualitäten verlorengingen. Kein anderes Medium ist dazu so überzeugend in der Lage wie die Sprache, die eine logische, lineare und quantitative Systematisierung der Wirklichkeit überhaupt erst ermöglicht, gleichzeitig aber auch Ausdrucks- und Verarbeitungsmöglichkeiten für eine davon abweichende neue und qualitative Erfahrung zur Verfügung stellt. »[D]enn in der Welt, in der ich sonst lebte, wer hätte da sich um Blumen bekümmert [. . .].«

Es ist angesichts seiner theoretisch wie praktisch konstitutiven Bedeutung kaum verständlich, warum das Thema »Literatur und Utopie« bislang sowohl in der fachwissenschaftlichen Erörterung wie in der größeren literarischen Öffentlichkeit so wenig Beachtung gefunden hat und es, von einigen Ausnahmen abgesehen, keine dem philosophischen und sozialwissenschaftlichen Standard vergleichbare konsequente und differenzierte Erörterung der damit zusammenhängenden Fragen gibt, ob sie nun den Gegenstandsbereich, die Methodologie oder Legitimationsprobleme der Auseinandersetzung mit Literatur betreffen. Ungeklärt sind etwa so grundlegende Fragen wie die nach dem Zusammenhang der sozialen Utopie (Tradition der Staatsromane im Gefolge Platons und Morus') mit den im engeren Sinne literarischen Wunschträumen, die sich nicht zentral auf die Veränderung und Verbesserung von Staat und Gesellschaft beziehen (dazu gehört Cervantes ebenso wie Jean Paul, die Erziehungsromane des 18. Jahrhunderts ebenso wie die sentimentalen Liebesromane des 19. Jahrhunderts), schließlich mit der Utopie des Ästhetischen, wie sie für die deutsche Literatur der Neuzeit besonders präzise und wirkungskräftig Friedrich Schiller in seinen *Briefen über die ästhetische Erziehung des Menschen* entwickelt hat. Literatur ist ihm Utopie nicht nur in dem mehr inhaltlich konzentrierten Sinne, wie sie auch die Inselromane in der Nachfolge Defoes beherrscht, sondern als besondere ästhetische Erfahrung versetzt sie den Menschen in jenen Zustand spielerischer Harmonie mit sich selber, den ihm die soziale Wirklichkeit noch vorenthält. Ein Modell, dessen Gültigkeit bis in die Literatur unseres Jahrhunderts immer wieder bestätigt wurde. »Der Autor wählt gerade die Berichtform«, schrieb Alfred Döblin, »die ja nur erlaubt ist im Bereich der sogenannten Fakta, er benutzt sie für seine notorischen Nichtfakta, denn das ist nun etwas höchst Erregendes und Lustvolles, eine enorme Lustquote. Hier liegt eine charakteristische Umstellung der Kunst in einer materialistisch-wissenschaftlichen Zeit vor. Es ist der Tatbestand da, der herrliche, ungebundene, des freien Fabulierens. [. . .] Die Berichtform zeigt den souveränen

Willen des Menschen an, zum mindesten des Autors, dem Wissen und der Wissenschaft zum Trotz mit der Realität zu spielen.« Arno Schmidt, der das utopische Wesen der Literatur von allen zeitgenössischen Schriftstellern am klarsten begriffen und es sehr überzeugend herausexperimentiert hat, formuliert bewußt provozierend dieselbe Auffassung in seinem letzten Roman *Abend mit Goldrand:* »Nur die Phantasielosn flüchtn in die Realität; (und zerschellen dann, wie billich, daran).«

So kristallisieren sich aus dem allgemeinen Utopieproblem der Literatur mehrere Problemkreise heraus, die aber nicht isoliert nebeneinander stehen, sondern jeweils eine verschiedene Gewichtung der Funktionsweisen von Utopie in der Literatur und als Literatur anzeigen. Deren Gemeinsames wie ihre spezifische Differenz zu klären und präzise theoretisch wie in der Analyse der Werke als den je verschiedenen Realisierungsversuchen darzustellen, haben sich die Autoren dieses Bandes vorgenommen. Geht es in den ersten Beiträgen darum, die allgemein philosophische, ästhetische und hermeneutische Dimension des Themas grundlegend und in der Auseinandersetzung mit Bloch, Benjamin oder Habermas zu erörtern, so stellen die Beiträge im zweiten Teil des Buches in exemplarischen Analysen die spezifisch ästhetische Form der utopischen Funktion als literarisches Werk heraus. Deren Wirksamkeit freilich ist sehr unterschiedlich, bildet einmal den fernen Horizont des Fin de siècle mit seiner Sehnsucht nach einem »Messias der Literatur«, um wenig später schon bei Schriftstellern wie Musil oder Brecht zum Prinzip der literarischen Verfahrensweise zu werden. Den jeweils verschiedenen Graden ihrer literarischen Konkretion nach mußte die utopische Funktion in der Auseinandersetzung mit den literarischen Werken stets neu aufgedeckt werden; so sind die Unterschiede im methodischen Vorgehen sachlich, eben durch die Weise der ästhetischen »Versetzung« (Bloch) der utopischen Funktion im literarischen Kunstwerk gegeben. Denn ist Utopie schon keine Literaturgattung, so erst recht nicht die Bezeichnung für eine neue Richtung der Literaturwissenschaft. Daß dieser freilich von hier aus neue Möglichkeiten sich eröffnen können, auch zur Lösung ihrer Legitimationsprobleme, ist die Überzeugung, die alle Autoren dieses Bandes verbindet.

Oldenburg, im September 1977 Gert Ueding

I. Teil:
Grundlegung

Burghart Schmidt
Utopie ist keine Literaturgattung

Utopie und Literatur begegnen sich im Begriff des Staatsromans allernächst. Der Staatsroman als Beschreibung einer idealen Gesellschaft, wie sie an anderem Ort in räumlicher Entfernung schon existiert oder aber in zeitlicher Entfernung nach vorn zukünftig eintritt oder sich herstellen lassen wird, hat seinen Namen spät, als er der Sache nach schon vorlag, erhalten. Erst Thomas Morus publizierte ihn unter dem Titel *Utopia* in der Renaissance; dieser Name blieb der Beschreibung eines idealen Staats oder einer idealen Gesellschaft seither. Doch blieb umgekehrt das Wort Utopie als Begriff nicht auf solche bestimmte Gattung der Literatur beschränkt. Darum, weil sich das Kunstwort aus dem Griechischen zunächst und sozusagen alltäglich übersetzen läßt mit »Tagtraum«. Wir, die wir ihn träumen, sind noch nicht in ihm angelangt, doch wünschen wir uns in ihn hinein. Oder wir wünschen uns dorthin, wo wir nicht sind, außer im Traum. Im Tagtraum nimmt unser Wünschen die vorweggenommene Gestalt von Erfüllung an, der nur das Moment wirklichen Erfülltseins fehlt. Alltäglich bilden sich uns die Tagträume meistens in der kleinen Art, für das auf uns Zukommende der nächsten Tage und Wochen, auf die uns ganz nah vertrauten, unvertrauten Personen bezogen, stark betrieben durch höchst individuelle Glückwünsche, statt der Glückwünsche für die Gesellschaft insgesamt. Horoskope, und nicht nur sie, fischen in solcher Enge des froh schwankenden Vorwegnehmens, zeigen exemplarisch die Enge der gemeinten Inhalte an. Sie, die Inhalte, machen daran die Enge aus, nicht das Wünschen selber. Ohnehin hat das Tagträumen auch der engsten, gar beiläufigsten Art mit der Utopie das entscheidende Kriterium gemeinsam, im Träumen, das heißt hier: im vorwegnehmenden Ausgestalten aller Art, sich des Geträumten als eines bewußt Gestalteten auch bewußt zu sein. Darin wird der Tagtraum zum Gegenbegriff für den Nachttraum, dem bewußtes Gestalten und das Bewußtsein des bewußten Gestaltens fehlen. Ernst Bloch hat im 14. Kapitel des *Prinzips*

Hoffnung auf den grundsätzlichen Unterschied hingewiesen und ihn ausgearbeitet, ohne den Zusammenhang von Tagtraum und Nachttraum in der Wunscherfüllungsphantasie beiseite zu lassen.[1] Das Moment des bewußten Gestaltens eines so Erwarteten wie Gewünschten bewirkt die erweiternde Übersetzbarkeit des von Morus gebildeten Kunstworts U-topia in »Tagtraum« mittels des Wunschaffekts. Martin Schwonke hat zwar die Differenz von Utopie und Wünschen behauptet, indem er schreibt: »Richtig ist, daß der bloße Wunsch nicht schon Utopie ist. Aber er fehlt – wenigstens bis zum Höhepunkt des Fortschrittsglaubens – in keiner Utopie. [. . .] Der Wunsch ist, gemessen an den Erscheinungsformen der abendländischen Utopie, ursprünglicher, ›früher‹ und muß keineswegs zur Utopie führen. Er äußert sich in mannigfachen Formen, er ist in Dichtung, Märchen, Eschatologie wirksam.«[2] Wenn aber Schwonke die Unterscheidung auf eine enge Begriffsbestimmung der Utopie aufbaut, so beraubt er gerade die »utopische Funktion« ihrer interpretativen und praktischen Möglichkeiten, beschränkt sie auf einen empirischen Ordnungsbegriff. Sollte jedoch die Trennung von Utopie und Wunschaffekt eine Differenzierung im Wünschen selber einführen und deutlich machen, die Differenz von aktiv tätig werdendem und passiv erwartendem Wünschen, so begegnet sie der Realisierungsintention, die der Utopie innewohnt. Schwonke legt letzteres nahe, leitet aber aus dem produktiven Herstellerstandpunkt des utopischen Denkens einen technologischen Planungsbegriff ab, an dem er allein noch Utopie gegenüber dem passiven Wunschwarten messen möchte. »Zu den Bedingungen der Gestalt und des Wandels des utopischen Bewußtseins und damit des abendländischen Denkens überhaupt gehört das Zusammentreffen der Wunschkomponente mit den spezifisch wissenschaftlich-technischen Denkweisen. Durch Wissenschaft und Technik werden ›Irrealwünsche‹ erfüllbar. Die fiktive Wunscherfüllung, die die Utopie ausmalt, gibt nicht wie im Märchen schon durch die Formel ›Es war einmal‹ den Anspruch auf, für das konkret-gegenwärtige Leben gültig zu sein, sondern wird zum Gegenstand berechtigter Hoffnungen für die Zukunft.«[3] Im Zusammenhang mit der Thematik des Verhältnisses von Utopie und Literatur mußte auf Versuche verwiesen werden, den

Utopiebegriff technologisch einzuengen, für sie steht Schwonke nur stellvertretend. Eine derartige Engfassung würde im Gebiet der Literatur den Utopiebegriff beschränken auf eine Literaturgattung, die zwar vom Staatsroman zur Science fiction, ja, wie sich zeigen läßt, bis Robert Musils *Der Mann ohne Eigenschaften* reicht, aber darum doch Literaturgattung bliebe.[4] Eine Erweiterung des Utopiebegriffs dagegen aus seinen ursprünglichen Fassungen heraus über den Wunschaffekt macht möglich, ihn als Grundkategorie künstlerischer Produktion, also auch der literarischen, zu entwickeln. Wobei allerdings wegen des derart vermittelnden Wunschaffekts auf der schon notierten Unterscheidung von passiv wartender und aktiv motivierender Wunschhaltung zu beharren ist. Ebenso muß scharf darauf geachtet werden, daß das Wünschen als treibender Affekt noch keineswegs das Wunschbild selber ist und schon gar nicht das geprüfte. Hoffen und Sehnen, nach einem Blochwort die vielleicht einzigen ehrlichen Eigenschaften des Menschen, sind noch nicht das ausgestaltet Erhoffte und Ersehnte, das in belehrter Hoffnung belehrend untersucht wird. Ohnehin ist dann im Licht seiner Zielbilder der Wunschaffekt keine unhistorisch anthropologische oder psychologische Konstante mehr.

Will man vorläufig auf die Übersetzung der Utopie in das Alltägliche des Tagtraums verzichten, so ist Utopie wörtlich zu übersetzen mit »Nirgendwo«. Das Nirgendwo ist die Raumangabe für die Frage nach dem Wo des Gewünschten. Es bezeichnet so dasjenige, was keinen Ort hat in der Wirklichkeit. Wort und Begriff »Utopie« kommen, worauf schon hingewiesen, von Thomas Morus her, der in dem Titel seiner Schrift über die beste Staatsverfassung die Insel Utopia als das Land angibt, in dem die beste Verfassung Wirklichkeit geworden sei. Seither verstand man unter Utopie eben einen Staatsroman, aus dem wünschenden Erfindungs- und Konstruktionsgeist des Menschen hervorgegangen und in verschiedenem Verhältnis zur Wirklichkeit stehend.[4] Da erscheint das Verhältnis als ein kritisches des Gegenbilds, als ein vergleichend satirisches des Hohns, als praktizierbarer Vorschlag für Veränderung der Wirklichkeit, als perspektivisch-prognostisches Ausmalen einer unheimlichen Zukunft, die nicht sein soll, auch wenn sie unvermeidlich scheint, als romantische Rückkehr in geglaubt frühere Gesellschaftszustände. Das differierende Verhältnis zur Wirklichkeit macht neben den unterscheidbaren literarischen Techniken des Dialogs, der Bericht-, Beschreibungs-, Konstruktions- und Romanform eine Klassifikation der Staatsromane möglich, etwa nach den Gesichtspunkten der positiven, negativen und rein kritischen Utopie. Ja, über das Klassifikationsverfahren mag es auch gelingen, einen ganz spezifischen Begriff der Utopie als Staatsroman zu entwerfen, der sie von aller anderen Romanform deutlich abgrenzt, so durch das Kriterium des Argumentations- und Theorieanteils, indem die Protagonisten der Darstellung zu Sprachrohrinstrumenten abstrakter Ideen werden und Deskriptionen von Zuständen Handlungen ersetzen.[5] Aber die Utopie ist ohnehin nicht bei der Literaturgattung des Staatsromans stehengeblieben, wo sie auch nie gestanden hat, hierin erschöpft sie sich gerade wegen aller Belehrung nicht. Keineswegs wurden Erzähl-, Bericht-, Romanform ausschlaggebend, vielmehr als Hauptmerkmal setzte sich durch, daß Utopie der Entwurf der besten aller möglichen Staats- und Gesellschaftsgestaltungen sei, der zu realisieren wäre. In diesem Sinne wurde Platons Dialog *Politeia* zum Urbild aller Utopien, obgleich gerade er zu einem großen Teil die Widerspiegelung eines damals vorhandenen Staats, des spartanischen, vorträgt.[6] Die Wirkungsgeschichte hob dann allerdings vorzüglich Platons Forderung nach Gemeineigentum heraus und übersah dabei vollends, daß dieser Kommunismus nur für die beiden oberen Stände, die den Staat verwaltenden Philosophen und die Wächter der Polizei, gelten sollte, nicht für die produzierenden Handwerker und Bauern, gar die austauschenden Händler.[7]

Die als Entwürfe von Idealstaaten aufgefaßten Utopien entstanden besonders häufig und nachdrücklich in auffallenden Krisen der Übergangszeiten. Platon etwa verfaßte die *Politeia* zu einer Zeit, als die griechischen Stadtstaaten an ihren weit ausgedehnten Handelsbeziehungen, das heißt an der damit verbundenen Akkumulation der Handelskapitalien, zugrunde gingen, als das Großreich Alexanders vor der Tür stand. Im revolutionären Umbruch von der mittelalterlichen Feudalgesellschaft zur bürgerlich-kapitalistischen Gesellschaft, während der Renaissance also, entstanden weitere große Werke, die die Idee eines der menschlichen Natur, den menschlichen Bedürfnissen entsprechenden Staats beschreibend-konstruktiv ausführten. Thomas Morus in England, Thomas Campanella in Süditalien, dann Frankreich, Francis Bacon in England wiederum waren ihre Autoren. Am Beginn der sogenannten industriellen Revolution, mitten im Entstehen des großen Industrieproletariats also, gingen in Frankreich Saint-Simon und Fourier, in England Owen, in Deutschland, obwohl wirtschaftlich zurückgeblieben, Fichte daran, menschgemäße Lebensverhältnisse bis in die Einzelheiten der ökonomischen, der rechtlichen, moralischen, politischen, städtebaulichen Strukturen darzustellen.

Uns kommt es hier nicht auf einen Abriß der Geschichte der Utopien an, wir wollen festhalten, daß »Utopie« ursprünglich einen Gesellschafts- und Staatsentwurf meint, der als vollkommener allen wesentlichen menschlichen Bedürfnissen Befriedigung zusichert. Damit überschreitet sie weit jene üblichen, beliebig um beliebig kleine Situationen spielenden Tagträume, ohne deren Wunschaffekt durch rationale Konstruktion etwa zu verlieren. Und mehr: Als Bild vollkommener Verhältnisse wird sie zum Gegenbild, das die Ungelungenheit der jeweilig zu einer Zeit bestehenden Staats- und Lebensformen deutlich macht. Hierbei geht es eben nicht um das Kriterium einer Gattungsbestimmung der Literatur, sondern die utopischen Entwürfe gewinnen kritisches Wirklichkeitsverhältnis auf eine Weise, daß gesagt werden kann: Die Verhältnisse könnten auch anders sein, nämlich so, wie der Entwurf sie vorschlägt, wobei die von den Utopien geübte Kritik sich keineswegs darauf beschränkt hat, im bloßen schöneren Gegenbild den schlecht-vorhandenen Zustand zu blamieren, sondern durchaus auch in der verurteilenden kritischen Darstellung des jeweils Gegenwärtigen sich ausdrückte; so etwa schickt Morus seiner Beschreibung der glücklichen Insel Erörterungen über die weitverbreitete Armut, das Bandentum und die ungeheuerlich vielen und grausamen Hinrichtungen im England der Reformationszeit voraus, sozusagen als Vorübung auf das Hören vom glücklichen Staat der Utopier. Besonders die späteren umfassenden Utopien des beginnenden Industriezeitalters, die von Saint-Simon, Fourier, Owen enthalten solche direkte Kritik als den Grund, weswegen die Entwürfe der zukünftigen Gesellschaft vorzutragen seien.[8] Den breit ausgestalteten Tagträumen wohnt durch das kritische Verhältnis ein Verwirklichungsstreben inne, das Elend und Falschheit nicht nur als gegeben aufweist, sondern als aufhebbar, sei dieses Streben auch noch so schwach ausgebildet, wie etwa bei Morus.[9] Morus beschränkt seine Erwartung darauf, daß die bloße Versicherung vom Vorhandensein des Vorbilds als Gegenbild auf einer fernen Insel das Bedürfen seiner Mitmenschen auf dessen Nachahmung richten werde.[10] Die Verwirklichungsintention, das zweite Wirklichkeitsverhältnis der Utopie nach dem kritischen, macht, daß die Gesellschaftsentwürfe den Charakter von Plänen erhalten, nach denen zu arbeiten, hervorzubringen sei, wie ja in jeder menschlichen Arbeit ein Plan wirkt, ein Vorentwurf von dem, was in der Arbeit erzeugt wird.[11]

Die gesellschaftlichen Utopien, die dem Begriff Namen und Inhalt gaben, umfassen wenigstens der Idee nach sämtliche menschlichen Lebensverhältnisse. Nach den einzelnen Arten dieser Verhältnisse, ihren Besonderungen im gesellschaftlichen System läßt sich eine Untergliederung der utopischen Funktion durchführen. Es gibt dann Utopien des Moralischen, des Rechts, medizinische, technische, naturphilosophische Utopien, Utopien in der Kunst, der Metaphysik und der Religion (Untergliederung nach E. Bloch, *Das Prinzip Hoffnung*).[12] Solche Auseinanderlösung bezweckt keineswegs eine bloße klassifikatorische Übersicht über das »utopische Vorkommen« in der Welt, sondern befreit den Begriff aus seiner ursprünglichen Bedeutung, einen ausgemalten Staatsroman im Sinn einer ausgebreiteten Zustandsbeschreibung des Zukünftigen zu bezeichnen. Er geht über in die allerorten im kulturellen Überbau aufspürbare »utopische Funktion«[13], die sich durch den Wunschaffekt hindurch mit allem »Träumen nach vorwärts« vermittelt. Ein krasser Gegensatz von Utopie und Ideologie wird dadurch aufgehoben, der ja alsbald folgen würde, wenn man die Ideologie bestimmte als diejenige Theorie, die das Bestehende rechtfertigt, während Utopie das Bewußtsein ausbilden möchte, in dem das Bestehende überschritten, ja gesprengt wird. Vermitteltheit von Utopie und Ideologie in der »utopischen Funktion«, wie sie von Bloch im

Prinzip Hoffnung entwickelt und schon 1918 vom epatierenden Titel *Geist der Utopie* her ausgebildet wurde, meint eben nicht ein historisches Oszillieren und gegenseitiges Umschlagen beider Bewußtseinsweisen ineinander. Dieses Verfahren, das neuerlich Utopie und Ideologie abstrakt, wenn auch höchst relativierend, auseinander hält, hat wissenssoziologisch Karl Mannheim vorgeschlagen. Utopie ist das Denken im Stand des Vorausgreifens, wird es gesellschaftlich wirksam und realisiert seine Vorstellungsinhalte, so schlägt es um in Rechtfertigung des Realisierten, also in Ideologie, indem es nun nicht mehr umwälzt, sondern bestätigt. Mannheim kann von hierher gerade ein pragmatisches Erfolgsargument in die Utopie einführen, das den oszillierenden Umschlag ermöglichen soll. »Das Kriterium für Ideologie und Utopie ist die Verwirklichung. [...] Für uns gelten als Utopien alle jene seinstranszendenten Vorstellungen (also nicht nur Wunschprojektionen), die irgendwann transformierend auf das historisch-gesellschaftliche Sein wirkten.«[14] Mit dem Vorbehalt einer überall vorfindbaren Vermischung von Ideologie und Utopie kann Mannheim in der Konsequenz Landauers historisches Auf und Ab akzeptieren, in dem unaufhörlich Topie (= Ort und Stelle behauptende Ideologie) und U-topie (noch ohne Ort und Stelle in der Wirklichkeit) einander vertreiben. »So führt der Weg der Geschichte von einer Topie über die Utopie zur nächsten Topie usf.«[15] Abgesehen davon, daß durch solche Auffassung die Geschichte wieder auf den Kopf gestellt wird als den alles Heraufkommen allein betreibenden Motor und Gestalter, auch wenn ihm Kollektivwollungen begegnen müssen, so verweist das Erfolgskriterium darauf, daß die Utopie einem praktizierbaren Plan oder Rezept gleichgesetzt wird, die Stück für Stück in die Realität zu übertragen sind. Alles mit dem Gegebenen nicht übereinstimmende Bewußtsein, das unwirksam bleibt, verfällt dem Ideologieverdacht, nein, der Ideologiebestimmung, also der Unwahrheit. Bloch hingegen hat durch das Herausarbeiten der utopischen Funktion, sie befreiend von der Beschränkung auf ein doch rahmenhaft bleibendes Gesellschaftsmodell, ihre Vermitteltheit mit der Ideologie mitten in der Ideologie aufgedeckt. Er begegnet darum der Ideologie mit Utopieverdacht, der nicht verdächtigt, sondern nach dem möglicherweise Unverdächtigen eines »Übergleichzeitigen« sucht, das in der jeweilig gleichzeitigen, den Status quo überhöhenden Ideologie verborgen sein mag und über den Status quo nach vorwärts, nicht nach oben hinausweist. Wie nun Ideologie utopische Funktion in sich enthält, so ist das, was als reine grenzüberschreitende Utopie erscheinen möchte, von eben den gesellschaftlich-ökonomischen Gründen bewirkt, die die Ideologie aus sich herausbilden. Bloch prägte darum die Formel »Auch Utopien haben ihren Fahrplan« und versteht darunter: »Die Träume, besser zusammen zu leben, wurden lang nur innerlich ausgedacht. Dennoch sind sie nicht beliebig. [. . .] Vielmehr, sie zeigen sich in ihrem scheinbaren Bilderbuch- oder Revuecharakter als ziemlich genau sozial bedingt und zusammenhängend. Sie gehorchen einem sozialen Auftrag, einer unterdrückten oder sich erst anbahnenden Tendenz der bevorstehenden gesellschaftlichen Stufe.«[16] Das ist für die Gesellschaftsutopien gesagt, gilt aber in gleicher Weise für die Realgründe und Aufträge der utopischen Funktion überhaupt. Hier sucht keine »freischwebende Intelligenz« (Mannheim) nach Kollektivwollungen, sondern das in der utopischen Funktion Erfaßte hat selber materiell-historische Hintergründe, kein Kopf treibt hier Geschichte, sondern er ist real bewirktes Wirkmoment in der Geschichte. So ist auch die aufgewiesene vertrackte Vermitteltheit von Ideologie und Utopie gesellschaftlich-ökonomisch bewirkt und keine Angelegenheit eines Klärens durch Setzen von Begriffsdefinitionen. Das bloße Erfolgskriterium hilft darum nicht weiter, obwohl es für Historiographie am leichtesten zu handhaben ist. Erfolgreich verändert hat auch die Reaktion, und man denke an Spinozas rabiat pragmatische Revolutionstheorie, der Recht gleich Macht ist.[17] Nur Ideologiekritik, die die sozialen Aufträge und in ihnen die realen Gründe der Gedanken überzeugend aufzufassen vermag, kann die Intentionen und Gestaltungen im Vorgriff auf wirkliche, wirksame Befreiung in dem ermitteln, was selber in den realen Tendenzen seiner Zeit recht fest eingebunden ist. Und wenn derart den historischen Tendenzen Vorausbeleuchtung gegeben wird, so kann es sich da nicht nur um die herrschenden Gedanken der Herrschenden handeln, besonders nicht, wenn mehr als das Vorauslicht der nächst anstehenden Entwicklungen der Geschichte angetroffen, betroffen wird. Ideologiefreiheit des Gedankens besteht nicht von selbst, insofern gäbe es keine der Vergangenheit unverfallene Utopie, sie muß erst durch Ideologiekritik hervorgebracht werden. Um hier zwischen Nebel und Aufklärung zu unterscheiden, gebraucht Bloch die gesellschaftlich-ökonomischen Analysen des historischen Materialismus, sie sind sein Scheidewasser, mit dem er das von ihm unter Utopie Gemeinte ausfällen kann. Das, was er den »marxistischen Wärmestrom« nennt: die mitreißenden, motivierenden Auszugsgestalten des antizipierenden Bewußtseins in der Ideologie, wird von Täuschung unterscheidbar nur durch die Erprobung im »marxistischen Kältestrom«. Daß Ideologie für Bloch nicht zur bloßen Lüge wird, auch nicht zu bloß historisch notwendigem Rechtfertigungswissen, hält ihn allerdings nachdrücklich davon ab, die Theorie auf historisch-materialistische Vergewisserung des Entstehens unserer Gegenwart zu beschränken. Er will darlegen, wie durch die utopische Funktion vergangene Überbaugebilde der Theorie, Vor-Scheingebilde der Kunst in Akten ideologiekritischer Befreiung von Ideologie zu unseren Handlungen der Gegenwart in Beziehung gesetzt werden können und müssen. Ein Erbe wird also aus gegenwärtiger Praxis heraus angetreten, über das etwa Heinz Brüggemann berichtet: »Bloch erblickt in der Tradition nicht mehr bloß an ihren Ort fixierte Ideologie, auch nicht mehr die zerstreuten Partikel einer geborstenen Vergangenheit als Material der leeren aleatorischen Montage, sondern Manifestationen eines offenen historischen Prozesses, die Elemente einer im Marxschen Sinne begriffenen Vorgeschichte. Als solchen eignet ihnen die Möglichkeit des Exemplarischen. [. . .] Indem sie, was einmal auf der Höhe ihrer Zeit war, in Form und Inhalt festgehalten haben, weisen sie zugleich über diese hinaus.«[18] Für Bloch gibt es also nicht den historisch-dialektischen Prozeß als einen geschlossenen, der um seines Abschlusses willen alle Gestaltungen an ihrem historischen Zeitort stehen lassen muß, sondern erbender Eingriff sprengt das Zeitkontinuum des letztlich nur linear behaupteten Zusammenhangs auf, Ideologisches gewinnt durch umfunktionierende, nicht einfach verwerfende Ideologiekritik utopische Funktion auch für unsere Gegenwart. Dabei könnte man das schrittweise Vorgehen der Ideologiekritik im Herausarbeiten des Utopischen zu folgenden Fragen organisieren: a) Wie weit handelt es sich in Überbaugebilden um ideologische Reflexe ihrer Entstehungszeit; b) wie weit werden Tendenzen auf die nächste Zukunft dieser Zeit reflektiert, deren Wirksamkeit sich schon anzeigt; c) wie weit erscheinen Rückgriffe auf vergangene Wunschgestalten; d) wie weit erscheinen Vorgriffe auf das, was in der Entstehungszeit noch gar nicht tendenziell angelegt war; e) wie weit enthalten Überbaugebilde direkte Kritik an der Gegenwart ihrer Entstehungszeit, die ja ohne Zweifel in die Gestalt des Vor-Scheins zurückwirkt? Für diese Fragedifferenzierungen, ableitbar aus der von Bloch geforderten Prüfung des Wärmestroms durch den Kältestrom, ist allein durch den ökonomisch-gesellschaftlichen Kontext Antwort zu gewinnen. Nicht aber darf man sich in diesen Kontext so weit verirren, daß man auf den Standpunkt gerät, aus ihm sei abzuleiten, was über ihn hinaus ist, das jeweils Übergleichzeitige. Zu dem, was die utopische Funktion eröffnet, zu der Zielkunde, tritt, weil die Geschichte nicht vom Kopf unternommen wird wie bei Mannheim, die Analyse der realen Tendenzen, sie erst macht eine realistische Unterscheidung von Utopie und Ideologie möglich, die nicht auf das pragmatische Erfolgskriterium zurückgreifen muß. In dem, was gegenwärtigen und kommenden Realtendenzen utopischen Zielinhalt zu geben vermag, ist gerade das aufbewahrt, was bisher nicht gewirkt hat, nicht wirksam werden konnte, Bloch nennt es das »Unabgegoltene einer Zukunft in der Vergangenheit«, das bereitgehalten werden muß. Aber nicht in unveränderlich überlieferter Gestalt, utopische Funktion hat ja die Utopie vom Plan- und Rezeptcharakter der Gesellschaftsmodelle insoweit befreit, als sie nur Versuchsgestaltungen gewinnt, die Praxis motivieren und in ihr sich umwandeln. Hierbei ist aber nachdrücklich festzuhalten, daß die vorwegnehmende Funktion des Antizipierens als nicht freischwebende materiell angelegt ist in den Realtendenzen der Geschichte und darum diesen in aktiver Bewußtseinsweise korrespondiert. Realtendenzen zeigen sich in den Widersprüchen der Gesellschaft, die das Gegebene durch Negation zu sprengen bereitstehen, aber sie verhelfen sich nicht von selber zur Realisierung der in ihnen angelegten objektiv-realen Möglichkeiten, oder vielmehr sie würden, um einmal von ihnen in subjektiver Redeweise zu sprechen, blind um sich schlagen, von Sinnen ohne den gestaltend-qualifizierenden Eingriff des subjektiven Faktors. Darum knüpfte Bloch an die Traditionen einer Rettung von sinnlichen Erscheinungsweisen an, die ja gerade im bürgerlichen Bewußtsein bis hin zur bloßen Innerlichkeit auf den Hund gebracht wurden. Die Anknüpfung geschieht bei ihm in breiter Erweiterung, damit die revolutionäre Umwälzung, als die sich die Geschichte erweist, nicht in bloßer Veränderung um der Veränderung willen erschöpft werde. Deutlicherweise hat gerade Marx auch einen möglichen negativen Ausgang der historischen Veränderungsprozesse ins Blickfeld gerückt, für den Fall, daß Revolutionen nicht gelängen, und solchen Ausgang als Untergang beider sich bekämpfender Klassen beschrieben. Derartige Perspektive führt alle gesetzliche Notwendigkeit des guten Endes ad absurdum, der subjektive Faktor muß gegenüber bloßer Veränderung auf der Hut sein.[19] Darum gilt es nicht nur, durch Kritik die gesellschaftlichen Widersprüche bewußt zu machen und zu aktivieren, nicht allein umwälzende Bewegung zählt, sie muß sich mit revolutionären Zielinhalten vermitteln, um revolutionär zu werden. Die Rettung revolutionärer Inhalte geschieht bei Bloch in eben solcher Breite, daß auch dort, wo der Begriff der Realtendenzen, also der gesellschaftlichen Widersprüche, noch nicht oder vorübergehend nicht mehr vorhanden ist, sich der reale Widerspruch durchaus schon oder noch meldet in protestierenden Vorstellungen vom besseren Leben. Darum schreibt Ueding im Zusammenhang mit Negts Überlegungen über die Rolle der Phantasie in der Erfahrungsweise der Massen mit gutem Grund nachdrücklich: »Die Unterdrückten und Unternommenen artikulieren ihre Interessen zwar begrifflos, aber farbig auf rebellischer Grundierung in Traumbildern und Wunscherfüllungsphantasien, formlos und keinem Regulierungszwang gehorchend, der nur die Unfreiheit ihres gesellschaftlichen Daseins als ästhetische Norm reproduziert.«[20]

Das gestalterisch-qualifizierende Moment der revolutionären Inhalte, gewendet gegen ein Bilderverbot für die Zukunft, knüpft doch auch geistesgeschichtlich an die philosophische Debatte um Illusion, Schein und Erscheinung in Abhebung zum Wesen an. Der Name des Empiristen Locke steht für gründliches bürgerliches Aufräumen im Reich der Qualitäten.

Locke warf alle mit Ausnahme der quantitativen aus der objektiven Wahrheit heraus und rechnete sie der Beliebigkeit subjektiven Scheins zu, worüber keine Gewißheit zu erlangen sei. Die sekundären Eigenschaften, schwankend, unverbindlich, unvergleichbar, letzten Endes unmitteilbar, verfielen in Lockes Verfahren dem Ruch der Illusion, erst hinter dem abzutuenden Schein befände sich das allem vag Besonderen enthobene Wesen der quantitativen Eigenschaften. Daß aber die Doppeldeutigkeit des Scheins solch klare Aufteilung und Scheidung nicht zulasse, wurde schon bald bemerkt, besonders von einem Denker, der in seiner Gedankenführung gerade der Naturwissenschaft sich verpflichtet fühlte. Kant unterscheidet zwar zwischen Erscheinung und Schein und billigt nur der ersteren in seiner analytischen Logik einen beurteilbaren Charakter zu. Indem die Erscheinung den sinnlichen Anteil unserer Erfahrung ausmacht, steht sie für die uns gegebene Wirklichkeit, wie immer auch diese nach der Seite ihrer Form von unserem eigenen Anschauungsvermögen erzeugt sein mag. Dieses Verhältnis bindet die Erscheinung an das fertig Gegebene, das in der darauf sich richtenden Erfahrung zu einer Erkenntnis nach von vornherein festgelegten, unveränderbaren Erkenntnisfunktionen unserer Verstandesnatur zusammengefaßt wird.[21] Im Gegensatz zum Beurteilbaren und zu den widerlegbaren Aussagen über die Erscheinung steht für Kant jener dialektische Schein, der aus der Vernunft herkommt und uns dazu treibt, mit unserem Erkenntnisvermögen ständig über den Gegebenheitscharakter der Erfahrung hinauszugehen. Dialektisch ist dieser Schein darum, weil er im Versuch, sich auszuweisen, in Widersprüche verwickelt wird. Er bewirkt eine Anmaßung des menschlichen Erkennens, die den Dogmatismus heraufbeschwört und doch sich nicht in Gewißheit einlösen läßt. Demnach wäre sie gerade durch Kritik aus der Erkenntnis hinauszuwerfen. Doch nun kommt die verblüffende Wende Kants: Der transzendentale Schein wohnt der Vernunft so notwendig inne wie die Kategorien dem Verstand und ist darum nicht in schlichtem Sinn Lüge oder Illusion. »Der transzendentale Schein hört nicht auf, ob man ihn schon aufgedeckt und seine Nichtigkeit [. . .] deutlich eingesehen hat.« Der transzendentale Schein ist »eine Illusion, die gar nicht zu vermeiden ist«.[22] Als solcher ist er für

Kant kein bloßer Mangel, der funktionslos das Getriebe des Verstands stört; nur seinem falschen Gebrauch entspringt die Störung. Im Verfolgen des richtigen Gebrauchs sucht Kant den Gegensatz von analytischer Logik der Erscheinung und dialektischer Logik des Scheins zu vermitteln. Das Ergebnis: die erste Logik bestimmt die objektiven Gesetze der Erfahrung, die zweite Logik aber entwickelt die regulativen Leitfäden des Forschens zwecks Vereinigung und Erweiterung des mannigfaltigen Wissens. Offen und doch fordernd geben die regulativen Ideen der Vernunft dem konstituierenden Verstand die Richtung seiner Arbeit und darin die Horizonte seines Ziels. In der *Kritik der reinen Vernunft* heißt es hierüber: »Die Vernunfteinheit ist die Einheit des Systems und diese systematische Einheit dient der Vernunft nicht objektiv zu einem Grundsatze, sondern subjektiv als Maxime um sie über alles empirische Erkenntnis der Gegenstände der Erkenntnis zu verbreiten. [. . .] Und das Prinzipium einer solchen systematischen Einheit ist auch objektiv, aber auf unbestimmte Art, nicht als konstitutives Prinzip, [. . .] sondern um, als bloß regulativer Grundsatz und Maxime, den empirischen Gebrauch der Vernunft durch Eröffnung neuer Wege, die der Verstand nicht kennt, ins Unendliche (Unbestimmte) zu befördern und zu befestigen.«[23] Bei Kant handelt es sich also um eine ins Unendliche gehende Anstrengung, in der regulierende Idee und Erkenntnis einander angenähert werden sollen; der Gegensatz von erfahrbarer Erscheinung und grenzüberschreitendem Schein bleibt daher stets erhalten, aber in ihm wirkt eben der Schein grenzüberschreitend, er färbt sich als regulativer mit dem postulativen Charakter der moralischen Leitidee.[24] Wir sind uns hierbei klar über den Umstand, daß zwischen dem transzendentalen Schein Kants, der auf Einheit des Wissens drängt, und dem qualitativen, Gestaltungen erfassenden Blick ein erheblicher Unterschied zu notieren ist. Aber einerseits begegnet sich der transzendentale Schein mit dem Qualitativ-Figuralen bei Kant in der regulativen Gestalt des Schönen als einer »Zweckmäßigkeit ohne Zwecke«. Zum anderen geht es uns ohnehin hier zunächst nur um die Rettung des subjektiven Scheins gegenüber Exaktheitsmaßen der »Verwissenschaftlichung«. Die Doppeldeutigkeit des Scheins zwischen betrügender Verlockung und aufstachelnd überhaupt

Gemeintem wird deutlich; ihr hat Kant das Wort gewidmet, er sei unglücklich in die Metaphysik verliebt. Der Schein hat sich als Begriff vom Illusionären gelöst, er gewinnt nachhaltigen Ernst, bei Hegel schlägt dieser metaphysische Ernst derart stark durch, daß sogar das Wesen selber, das ja sonst gegen den Schein ausgespielt wird, im Schein besteht, weil sein Sein sonst gänzlich bestimmungslos Sein bliebe: »Das Wesen muß erscheinen. Sein Schein in ihm ist das Aufheben seiner Unmittelbarkeit. [. . .] Das Scheinen ist die Bestimmung, wodurch das Wesen nicht Sein, sondern Wesen ist, und das entwickelte Scheinen ist die Erscheinung.«[25] Eine Dialektik von Schein und Erscheinen ist hier von Hegel angedeutet, die den bei unendlicher Annäherung sich erhaltenden Gegensatz beider nun in einem Prozeß des Umschlagens vermittelt. Gegenüber allen Hegelinterpreten, die im Gefolge von Schellings Vorwurf, Hegel habe nur die negative (destruktive) Seite der Wahrheit ausgeführt, ihn auf Übergang und Prozeß allein festlegen wollen, kann man ja behaupten, daß Hegel durchaus auch ein Theoretiker der Gestalten ist, besonders seine Ästhetik betreffend, worin das »sinnliche Scheinen der Idee« etwa gelungene Vermittlung des prozessierenden Wesens mit äußerer Figuration bedeutet. Der Prozeß solches Gestalthaften stellt sich allerdings dar als ein logisch-kategorialer Vollzug, der bei allem Widerspruch des Umschlagens doch sich abschließt, das Versprechen des Scheins abschlagsweise erfüllt, es in der Erscheinung immer aufs neue beruhigt und schließlich in der entwickelten Objektivität wie im absoluten Wissen auslaufen läßt. Hegel lehrt wohl den Drang des Scheins im Wesen zur Erscheinung, nicht aber Vor-Schein, er rettet zwar die metaphysische Ehre von qualitativem Schein und qualitativer Erscheinung als Momenten der Wahrheit, aber er konstatiert im nachhinein nur beider Geschichte, er spricht beiden die Dimension der Zukunft als Bedeutungssphäre ab. Der fordernde Charakter ist dem Regulativen verloren gegangen um des harten, unerbittlichen, unbeeinflußbaren Gangs der Wirklichkeit willen. Hiergegen richtet sich Blochs Auseinandersetzung mit Kant und Hegel in seinem frühen Hauptwerk *Geist der Utopie*, die zwar den breiten, aus dem Subjekt in die Welt geweiteten Charakter der Hegelschen Philosophie hervorhebt, doch überall in ihr das Abschließende, zum Abschluß Bringende, von oben herab endgültig Ordnende aufspürt. Dagegen werden in Kant überall die Unruhe und die Ansprüche des Subjekts bedeutet gefunden, ebenso die Offenheit der Ränder um das Subjekt herum erblickt. Darum fordert der *Geist der Utopie*, »Kant durch Hegel hindurchbrennen zu lassen: das Ich muß in allem übrig bleiben; mag es sich auch zunächst zu allem entäußern, durch alles nochmals begreifend, vollendend sich hindurchbewegen, [...] so ist doch das wünschende, fordernde Ich, die uneingesenkte Postulatswelt seines Apriori die beste Frucht, der einzige Zweck des Systems«.[26] Es breitet sich also im Schein das Postulative aufs neue aus, entkleidet ihn nicht nur seines Trugs, seines in unerreichbarer Ferne sich für den Sankt-Nimmerleinstag versprechenden Trosts, seiner leeren Forderung, es müsse erstrebt werden, was sich nicht erlangen lasse, worin dann das höhere Streben ein schöner Zug bleibt, sondern entkleidet ihn auch seines anderen, seines Hegelschen Charakters, als Entäußerung schon ebenso aufgehoben und bei seinem Gemeinten, also bei sich selber, angelangt zu sein. Block gebraucht für den Schein, der, des Illusionären ledig, den Ton des Versprechens in sich bewahrt und aus ihm heraus auf Realisierung gerichtet ist, das Wort »Vor-Schein«.[27] Vor-Schein vermittelt durch das arbeitende, realisierende Subjekt das, was am Vor-Schein selber erst noch Schein ist, mit dem, was Erscheinung werden könnte, Erscheinung nun allerdings nicht mehr im transzendentalen Sinn Kants, sondern im materialistischen einer qualitativen, ständig weiter umqualifizierbaren Wirklichkeit. Schein wird im Stand des Vor-Scheins in wie immer auch ferne, so doch erreichbare, realisierbare Zukunft gerückt. Vor-Schein ist nicht Systematisierung gemäß einer Kantischen regulativen Idee etwa als »subjektiver Maxime«, sondern subjektive Antizipation eines objektiv Realisierbaren. Als solche ist der »Vor-Schein« die Grundkategorie utopischen Philosophierens. Mit der Kategorie Vor-Schein hat die wichtige Umwandlung des Utopiebegriffs durch Bloch ihren programmatischen Namen gefunden. Schon die Formulierung des Titels von 1918 *Geist der Utopie* verweist ja eben darauf, daß Utopie hier nicht mehr einen literarischen Gattungsbegriff darstellt, auch nicht eine Vorform der Soziologie ausmacht,[28] sondern eine Intentionalität des Bewußtseins beschreibt, die über das bloße Abbilden des Wirklichen hinausdrängt. Diese Intentionalität macht, daß Bewußtsein nicht beim bewußten Sein sich ausruht. Infolge des Intentionalen löst sich eben Utopie von ihrem Stammhaus, den Gesellschaftsentwürfen und Staatsromanen, ab und geht über in das Wirken einer »utopischen Funktion«.[29] Diese Entformalisierung der Utopie zur utopischen Funktion verleitet allerdings nicht zu reiner Intentionalität, die bloß noch sehnt, strebt, anzielt, ohne sich an das Was des Ersehnten, Erstrebten, Angezielten verraten zu wollen, sondern wegen der Bestimmung der utopischen Funktion, sich in intentionalem Vor-Schein geltend zu machen, enthält sie das Moment des Gestaltenden, der Figurationen des Zukünftigen. Und die auf Zukunft hindeutenden Figurationen eines »Noch-Nicht« sind eben in allen ideologischen Bildungen das möglicherweise noch Ungelungene, das durch ein Scheidewasser ideologiekritischer Vor-Sicht von den Verzerrungen seiner gesellschaftlichen Herkunft zu befreien ist. Gestalt und Konfiguration unterscheiden Blochs Prozeßdenken von anderen Entwicklungstheorien, denen die Bewegung alles und das Resultat der produktiven Bewegung nichts ist, etwa Bergsons. Vor allem aber unterscheiden sie Blochs Prozeßdenken von aller scheinbar offenen, aber prozeßfremden Relationalität und Funktionalität, etwa in einer praxisnah sich gebenden Lehre wie dem Pragmatismus. Das Gestaltproblem hat Bloch aufgegriffen im Zusammenhang mit der früh schon bei ihm beginnenden Auseinandersetzung mit der Phänomenologie Husserls.[30] Er sieht in den Gestaltkategorien jene Denkrichtung, die das Besondere im Erkennen aufbewahrt und nicht Zug um Zug der klassifikatorischen Verallgemeinerung preisgibt. In Gestalt steckt ja vor allem die Tätigkeit der Gestaltung, also ein Herausbilden ins Anschaulich-Besondere, das sich nicht auf fertige Gestalten und schon gar nicht auf ein abgeschlossenes Repertoire fertiger Gestalten festlegen läßt. In Blochs Begriff der »Auszugsgestalten« macht sich die Tätigkeit der antizipierenden Phantasie geltend, wie sie die Erkenntnis nicht auf verallgemeinernde Formulierung der Dingrelationen beschränkt, sondern zu einem ausgestaltenden Fortbilden weitertreibt. Statt bloßer Beziehungsbegriffe etwa der Kausalität oder der Allgemeinheit selber treten also individuierte Figurationen von Gattungsbegriffen auf, an den scholastischen Begriffsrealismus erinnernd, doch ihn gestalterisch wie prozessual überschreitend, ebenso im Versuchscharakter der Individuation. Eben anders als in dem Existenz ausklammernden, fertigen, der bloßen Erkenntnis anheimgestellten Apriori von Anschaulichkeit bei Husserl, das ja in allem Platonismus letztlich bloß Schemata von Bewußtseinsakten aufweist, tragen für Bloch die Gestaltungen jene lebendig-materielle Produktivität in sich, durch die sie gebildet wurden, sie gehen in die Produktivität zurück. Die Bilder der produktiven Phantasie bleiben nicht objektivierende Selbstdarstellungen der inneren Bewegungen des Subjekts, sie sind durch den Objektivitätscharakter der Phantasie bestimmt, als Antizipationen einer Prozeßrealität, in der die antizipierenden Subjekte selber stehen, um dieser Prozeßrealität die zukünftigen Bildungsmöglichkeiten vorherzuspielen, und nicht nur das, sondern, was noch einmal zu sagen, um diese Möglichkeiten aktiv mit ihrem materiellen Korrelat, den auf sie angelegten Realtendenzen zu vermitteln. Und weiterhin wiederholen wir uns in anderem Zusammenhang: die objektive Phantasie produziert im Auszug ihrer Gestaltungen aus ihnen selber das Versuchende eines Experimentierens, das die Entwicklung von Rezepten (Wort für Wort in die Realität zu übersetzen) verhindert, indem der Entwurf in seiner Ausführung sich erprobt und dabei ständig verändert. Die Figurationen des Möglichen stehen auch an sich selber im Prozeß. Ihr prozessualer Umbildungscharakter wird für Bloch am deutlichsten in der Musik, die er die utopischste aller Künste nennt. Musik als Zeitkunst ganz der fast raumlosen Bewegung verschrieben, steht der statischen Gestalt am fernsten, aber eben nur der statischen. Gerade im *Experimentum Mundi* zentriert Bloch seine musikphilosophischen Überlegungen auf die Melodie als eine sich erst versucherisch bildende Gestalt, ein Produkt, das in Schellingscher Wendung immer auch sein Produzierendes kenntlich zu machen versucht, statt in architektonischer Konstruktion zu gerinnen, sich fest aufzubauen.[31] Anders als Adorno, der überall das Utopische in seine Intention verflüchtigen und über die Zukunft das totale Bilderverbot verhängen möchte, sucht Bloch gerade im sich bewegenden Bilden das Bild, in dem das Bilden sich faßt. Hierin blieb er stets seiner frühen Kritik am Bergsonschen Fluß verpflichtet,[32] obwohl er den Begriff der Utopie vom Stammhaus der Gesellschaftsmodelle in die utopische Funktion befreite. Das Bildhafte, das Gestalthafte im Prozeß bleibt aber eine Formung, die ihr Produzierendes nicht entläßt. Es steht gegen die bloße Destruktion der Auflösung, es enthält allerdings weiterhin in seinem Konstruierenden das destruktive Moment, doch Destruktion konstruiert hier um. Daher Blochs Begriff der »Auszugsgestalt«, der im Konstruierten das Konstruieren bewahrt. Der Begriff ist eben dem verpflichtet, was Marx den aufrichtigen Jugendgedanken Schellings nannte: Über dem Produkt das Produzierende nicht zu vergessen.[33]

Auch geht es in der Auszugsgestalt um die Thematik der bestimmten Negation,[34] was schon durch Wendung gegen Adornos Bilderverbot bedeutet wird. Das Problem stellt sich in der Frage nach dem Wahren im Falschen. Wenn alles Gestalten bloß gekennzeichnet ist von seinen gesellschaftlichen Gründen, dann trägt es deren Herrschaftsstruktur in sich, wahr bleibt nur das von ihm Intendierte, nicht die Form, die es gewann, außer die Form macht ihre eigene Beschädigung in ihrem Ausdruck selber geltend.[35] Bloch hat allerdings mit dem Versuchscharakter der Figurationen des Möglichen jene Vorsicht formuliert, die das Wahre im neuen Bilderverbot festhält. Er hat stets mit einem Satz des frühen Lukács übereingestimmt, von dem vielleicht alles neue Bilderverbot seinen Ausgang nahm: »Die utopische Sehnsucht der Seele ist nur dann eine echt geborene, nur dann würdig, Mittelpunkt einer Weltgestaltung zu werden, wenn sie bei dem gegenwärtigen Stand des Geistes, oder, was dasselbe besagt, in einer gegenwärtig vorstellbaren und gestaltbaren, vergangenen oder mythischen Welt überhaupt unerfüllbar ist.«[36] Dieser Satz verweist auf ideologiekritische Vorsicht gegenüber den Antizipationen, nicht denunziert er sie als Ideologie schlechthin, wie das die Kritische Theorie tut. Bloch wird solcher Vorsicht eben der Sache nach gerecht durch den dialektischen Charakter des von ihm herausgearbeiteten »Vor-Scheins«. Der dialektische Charakter spricht sich auch aus in den Spannungen zwischen Konstruktion und Experiment, zwischen Produkt und Produzierendem, zwischen Gestalt und Prozeß.

Wenn die utopische Funktion nur in der Weise einer Versuchs-Figuration ausgestaltend auf die Zukunft vorausgreift und derart in ihrer Realisation sich gestalterisch verändert, so kann in der vom neuen Bilderverbot belehrten Vorsicht ihr praktischer Realitätsbezug nicht gemessen werden an einem pragmatischen Praxisbezug, der da nur zur Kenntnis nehmen will, was sich unter gegebenen Bedingungen verwirklichen läßt. Das heißt, utopische Funktion erschöpft sich nicht in der Realisierungsabsicht, das würde sie unter der Hand und im gemeinen Gebrauch reduzieren auf das Schema des zweckrationalen Handelns, das die Ziele selber nicht mehr zum Problem macht, sondern nur noch Realisierungsschritte prüft und schließlich zum Maß erklärt. Das Entscheidende an der utopischen Funktion ist hingegen, Zieldiskussion in Gang zu bringen, den Kampf um wirklich neue Perspektiven einzuleiten. Das heißt: Realitätsbezug der Utopie darf nicht gemessen werden an ihrer Realisierbarkeit in irgendeinem technischen Sinn, sei er auch noch so sehr *sozial*technischer Art, sondern an ihrer politischen Motivationskraft und ihren Motivationsinhalten im Prozeß der Gesellschaftsveränderung. Utopische Funktion hat unmittelbare Realisierbarkeit nur als untergeordnetes Realitätsverhältnis gegenüber dem entscheidend anderen Realitätsverhältnis der Wirksamkeit in der politischen Auseinandersetzung, der Wirksamkeit als möglicher, nicht als schon eingetretener wie bei Mannheim. Als utopische ist die Funktion schon immer über das von ihr mitbetrieben Umkämpfte oder auch Erreichte hinaus, sie findet sich darin nicht wieder, außer in veränderter Gestalt und durchaus im Rest von Ungenügen. Sehr einfach hat diesen kämpfenden, nicht planerisch-reformerischen Grundzug der Utopie in ihrer Praxisentfaltung Leszek Kolakowski dargelegt: »Mit der Zeit [. . .] wird die Utopie zum sozial aktualisierten Bewußtsein, das heißt, sie dringt in das Bewußtsein der Massenbewegungen ein und gehört zu ihren wesentlichen Triebkräften. Die Utopie geht dann aus dem Gebiet des theoretischen und moralischen Denkens in das Gebiet des praktischen Denkens über und beginnt, selber das Handeln des Menschen zu bestimmen. Das heißt jedoch nicht, daß sie verwirklicht werden kann. Die Utopie bleibt weiter eine Erscheinung der Gedankenwelt, und obwohl sie die Macht der sozialen Bewegung hinter sich hat – ja zum Bewußtsein dieser Bewegung wird –, so ist sie doch ein nicht adäquates Bewußtsein, ein

Bewußtsein, das weit über die sichtbaren Grenzen dieser Bewegung hinauswächst.« Das Darüber hinaus muß sich aber nicht von der Bewegung ablösen, auch nicht sich derart umgestalten, daß man dann behaupten kann, das Intendierte sei erreicht und die Geschichte zu jedermanns Frommen an ihren Ruhetag gekommen. Im Resultat des Experiments lassen sich vom Gemeinten her seine fruchtbaren Veränderungen, seine Verfehlungen und jene Reste des Fehlenden ermessen, in denen ganz besonders utopische Funktion haust. In solcher Richtung ist der Satz Kolakowskis zu verstehen, mit dem er das Darüberhinaus gerade nicht dem immer strebenden Sichbemühen des subjektiven Idealismus preisgeben will: »Andererseits kann die Linke nicht auf die Utopie verzichten, das heißt, sie kann nicht darauf verzichten, sich Ziele zu setzen, die im Augenblick unmöglich zu erreichen sind, aber den jetzigen Veränderungen ihren Sinn verleihen.«[37] Man fühlt sich von fernher durch die Formulierungen Kolakowskis an jenen Programmsatz des Pariser Mai 1968 erinnert, der hieß: »Seien wir Realisten, fordern wir das Unmögliche.« Nun steht aber Kolakowski so sehr unter dem Einfluß von Mannheims Utopiebegriff, daß er zwar die Utopie eine materielle Gewalt werden läßt, indem sie die Massen ergreift, sie ihrem Ursprung nach aber als individuelle Konstruktion bestimmt. Freilich verzichtet Kolakowski auf das pragmatische Erfolgsargument, Utopie bleibt ihm gerade das Unverwirklichte in Tradition und Gegenwart, aber er übersieht gänzlich den von Bloch zum Maß einer Differenzierung des Utopischen gemachten historisch-gesellschaftlichen Fahrplan, der das Entstehen von Utopien überhaupt und vor allem auch die utopischen Inhalte bestimmt. Auch das Wünschen, sobald es nicht eigenschaftsloser Affekt bleibt, sondern qualitativ-inhaltlich bei seinem Was genannt wird, ist weder individuelle Erfindung noch anthropologische Naturkonstante.

Wir haben nun den Ort erreicht, an dem es uns gelingen könnte, durchaus im Zusammenhang mit jenen fünf früheren Fragen, die *Utopie in der Ideologie* zu ermitteln und davon zu unterscheiden unternahmen, aber anders den *Realitätsbezug* der utopischen Funktion in vier Momente auseinanderzulegen. a) historisch-materielle Gründe der Utopie; b) das direkt kritische Verhältnis der Utopie zur Wirklichkeit und die

Kritik im Gegen des Gegenbilds; c) das planende Entwerfen jeweils gegenwärtig möglicher Realisationsvorgänge im Sinn des Plans, der in jeder menschlichen Arbeit steckt; d) der Motivationscharakter der hypothetischen Versuchsentwürfe, wodurch sie nicht in Realisationen sich erschöpfen, sondern die Veränderungsmacht des Realen befördern, das heißt eben die realen Tendenzen im Ausdruck ihrer Möglichkeiten durchs Subjekt hindurch in Gang halten. Ausdruck von Möglichkeiten bleibt aber, so wurde gesagt, wegen des Möglichkeitscharakters Versuch, nicht gibt er Gewißheit und nicht kommt er in Realisationen zur Ruhe, es sei denn die Möglichkeiten dieser Welt wären ausgeschöpft. Gerade das vierte Moment des Realitätsbezugs entscheidet für die Erweiterung des Utopiebegriffs über den Staatsroman hinaus zur utopischen Funktion, die in ihrem konstruktiv-Figuralen als die utopische Grundkategorie des Vor-Scheins auftritt und der durchgängigen Intentionalität des Bewußtseins gerecht wird. Gegen solche Erweiterung wurde besonders von Krysmanski vorgebracht, sie mache Utopie zu einem uferlosen Prinzip, in dem, weil es überall das Seine finde, alle sozialen Relevanzen und Potenzen des utopischen Denkens zugrunde gingen. Krysmanski übersieht hierbei vom rein kalkül-rationalistischen Standpunkt aus, daß gerade der Ursprungsbegriff der Utopie von seinem Anspruch her eine prozessuale Erweiterung verlangt. Denn der Staatsroman als das Modell der idealen Gesellschaft suchte sämtliche menschlichen Lebensverhältnisse zu gestalten, aber von einem statischen Naturbegriff des Menschen her, der Geschichte und Prozeß nur zuließ zur Durchsetzung der für die statische Natur angemessenen Ordnung. Platon schon hat darauf die Anweisung gegeben, indem er zwar jeden gewaltsamen Umsturz guthieß, wenn dieser der Realisierung des Ideals hülfe, Unruhe und Gesellschaftsprozeß aber untersagte im realisierten Ideal. Um der abzuschaffenden Geschichte willen sah er auch die Austreibung der Künstler vor, die ja wahrlich nur Schatten der Schatten zu liefern haben, den schönen Schein des Vor-Scheins, es gäbe noch etwas zu hoffen außerhalb der gebotenen Ordnung.[39] Prozessualisierung der Zukunftsentwürfe und Mehrung des Reichtums ihrer vielfältigen Inhalte auf dem Wege sich umwandelnden Versuchgestaltens werden auf Grund einer nicht durch Natur festgelegten Struktur des Menschen der Reduktion der Utopie auf einen sozialtechnischen Kalkülbegriff höchst geordneter Inhaltsarmut widerstehen. Wäre freilich der Zustand erreicht, in dem sozial allein noch relevant ist, was sich in kalkulierbare Sozialtechnik umsetzen läßt, dann hätte Krysmanski recht mit seinem berechnenden Bedenken. Aber Utopie, selber in Prozeß gesetzt und nicht über ihn hinaus, sprengt die geordnete Inhaltsarmut der Gesellschaftsmodelle aus deren eigener Intention heraus auf zur utopischen Funktion, überschreitet die Versuchung zur Ungeschichtlichkeit, die ohnehin ideologische Schale an ihr ist, durch experimentierenden Entwurf; Ziele als Realfaktoren sind der Geschichte immanent, nicht aus ihr herausstellbar. Allerdings ein anderer Einwand Krysmanskis sticht eher, daß nämlich die positive Färbung der Wünschbarkeit aus dem Utopiebegriff ausschiede, was mit negativer Utopie umschrieben wurde.[40] Doch Blochs Bestimmung der utopischen Funktion als Vor-Schein ist auf Möglichkeit verwiesen, auch das Unwünschbare liegt im Horizont der Möglichkeit, Vor-Schein des Grauens widerspricht zwar dem in der utopischen Funktion versprochenen Glück, weil dieses aber bloß möglich ist, so muß die utopische Funktion das mögliche Unheil im Auge haben um des Glücksversprechens willen. Kritischer Vor-Schein, also selber kritisierender, muß sich nicht der Einsicht versperren, daß durchaus mögliche Perspektiven ins Finstere laufen. Sie im Vor-Schein der Anti-Utopie als vermeidbare aufzuweisen, gehört zur warnenden Aufgabe der utopischen Funktion, die nicht nornengleich erschaut, wie das war und notwendig geschehen muß, sondern das entwirft, was werden soll, deswegen auch das zu erfassen hat, was nicht werden darf. Also geht es der utopischen Funktion um Erweiterung des Ausgestaltens aller in Möglichkeit stehenden Zukunftsperspektiven, um den Reichtum der Möglichkeiten, demnach um wachsende Bestimmung und Differenzierung, nicht um uferloses Verwässern ihres Begriffs durch Ausdehnung seines Anspruchs. Letzteres, nämlich die Annahme wachsender Verarmung der Bestimmungen eines Begriffs durch die Erweiterung seines Umfangs, ist Produkt formallogischen Denkens, keineswegs des dialektischen.[41] Bestimmungslosigkeit wird durch die Dialektik von Prozeß und Gestalt wachsend ausgeschlossen, die

Einführung des figurativen Vor-Scheins in die Theorie-Praxis bringt in den Ort Inhalt ausklammernder Setzungsdefinitionen sich mehrenden Inhalt durch Formung und Deskriptivität ein. Statt einer entleerenden Formalisierung gewinnt der Formbegriff des utopischen Philosophierens qualifizierenden Strukturierungscharakter. Hierbei ist allerdings dringend zu beachten, was schon vorher mit Nachdruck betont wurde, daß die Deskriptionen des Möglichen durch Formungs- und Bildungsfunktion, die ihnen innewohnt, als probierend zu erwandelnde allein sich verstehen lassen und durch den ihnen gleichfalls inhärenten Realisationsfaktor auf Realtendenzen verwiesen sich dem realen Prozeß der Geschichte vermitteln. Die Vermittlung von Realprozeß und Gestalt macht, daß Antizipationen nicht bloß Artefakte individuierter Subjektivitäten bleiben, sondern schon in einem ersten Schritt objektivierender Herausbildung zu ausgestaltetem Vor-Schein mitteilbar, also intersubjektiv werden.[42] In einem weiteren Schritt ihres Wirkens innerhalb der menschlichen Arbeitsprozesse, die Geschichte machen, setzen die Antizipationen sich in Zusammenhang mit Realtendenzen und erweisen sich als Realantizipationen, die über die Sphäre der Intersubjektivität hinausweisen bis in die Sphäre, in der die arbeitende Auseinandersetzung des Menschen mit der Natur geschieht. Das Aufweisen der Übertragbarkeit scheinbar so subjektiver Kategorien wie der Antizipation oder der Phantasie auf das ebenso bloß scheinbar ganz Subjektunabhängige der Natur durch den Rückgang auf die Wurzel allen menschlichen Bewußtseins, die sinnlich praktische Tätigkeit des Menschen, also die Arbeit, macht einerseits eine Grundstruktur des Blochschen Philosophierens aus, andererseits bewirkt diese Übertragungsweise in unserem Gegenstand den interdisziplinären Charakter des qualitativen Vor-Scheins. Bloch greift auf die Phantasia kataleptikē zurück, um aufzuweisen, daß schon früh, nämlich in der griechischen Stoa, die Hypothese einer Weltbezogenheit und Weltinhärenz der gestaltenden Phantasie auf unanimistische Weise geltend gemacht wurde, die dann sämtliche Gestaltungen der Natur und der menschlichen Geschichte durchgreifen muß. Die stoische Phantasia kataleptikē lehrt eine Vorstellungsweise, in der Subjekt und Objekt sich bewegend gegenseitig erfassen.[43] Wegen des sinnlich-wahrnehmbaren, qualitativen Gestaltungscharakters solcher Phantasie, auf dem Telos der sinnlichen Tätigkeit des Menschen beruhend, wird der ästhetische Vor-Schein für Bloch zum Paradigma der interdisziplinären Auszugsgestalt, in dem künstlerische Antizipationen und die Realtendenzen samt ihnen innewohnenden Realzeichen der Welt sich begegnen. Künstlerisches Ausgestalten der Möglichkeiten ist bezogen auf die Angelegtheiten in Geschichte und vor allem auch in Natur. Die Dispositionen der Welt aber beschränken sich nicht auf bloß treibendes Tendenzwesen, sondern bilden Zeichen und Verweise ihrer selbst aus, die das Subjekt wiederum in gestaltendem Verfahren zu dechiffrieren hat. Die Annäherung von Kunst und Natur außerhalb widerspiegelnder Nachahmung nimmt geistesgeschichtlich ihren Ausgang von Kants Feststellung, der Künstler bringe als Natur die Regeln seiner Produkte hervor, statt gegebenen Regeln zu folgen, er schaffe also wie die Natur,[44] was dann in Schellings Parallelisierung von Kunst und Natur seine Entfaltung fand.[45] In solchem Sinne ist es freilich zutreffend, Bloch einen marxistischen Schelling zu nennen, wie das Jürgen Habermas tat,[46] zumal Bloch auch das Verhältnis von Prozeß und Gestalt ganz im Schellingschen Sinn gedeutet hat, nach dem es keine Weltgestalten gäbe, wenn nur Bewegung wäre, ein endlos-formloser Strom, und keine Weltgestaltung, wenn es nur Formen gäbe, ohne das Formende in ihnen; gemeint ist die Schellingsche Lehre von den Hemmpunkten im Strom als dem Ursprung des Welt-Gestaltungsprozesses.[47] Nun geht aber der Sache nach Blochs Lehre von den Realantizipationen der Natur und der Geschichte auf die sinnliche Tätigkeit des Menschen zurück, die ihrem Objekt bei aller Überformungsarbeit nicht bloß begegnet als einem Rohstoff, sondern sie bezieht dessen Dispositionen und dessen Formungen in ihre Arbeit mit ein, das auch und gerade beim Stoffwechsel mit der Natur. In der Annäherung von Kunst und materieller Auseinandersetzung mit der Natur steht ein Realismusbegriff Pate, der Realität nur voll begreifen kann in ihrem auf mögliche teleologisch formierbare Horizonte weisenden, also dispositionell gerichteten Tendenzwesen, in das die »Träume nach vorwärts« eben als real mitarbeitende hineingehören, will man Realität nicht verfehlen.[48] In der Mensch und Welt durch Arbeit vermittelnden

Phantasia kataleptikē gewinnt der scheinbar so paradoxe Begriff eines »phantastischen Realismus« seine Wahrheit, so daß man sogar im Sinn der Realantizipationen sagen könnte, die Wirklichkeit sei in ihrem offenen Verweisungscharakter stets stärker als bloße Phantasie im »Schacht der Seele«, würde Phantasie nicht objektiv-real. Das Minimum an utopischer Funktion bewahrt sich ohnehin in aller realitätsbezogenen Kritik, will diese nicht das Elend bejammern als auswegloses Schicksal und dadurch die Realität verfälschen, indem sie deren Auswege verschweigt. Noch Brechts *Mahagonny*-Minimum »Etwas fehlt« erweist sich derart als aus utopischem Geschlecht, weil es fordert und nicht registriert.

Anmerkungen

1 Vgl. zur Wichtigkeit dieser Unterscheidung in betonter Abhebung von Freuds retrospektiver Traumtheorie: Gert Ueding, *Tagtraum, künstlerische Produktivität und der Werkprozeß,* Einleitung zu: Ernst Bloch, *Ästhetik des Vor-Scheins,* Bd. 2, Frankfurt/M. 1974, S. 7 ff.

2 Martin Schwonke, *Vom Staatsroman zur Science Fiction,* Stuttgart 1957, S. 114 f.

3 a.a.O., S. 118.

4 Dieses Verständnis von Utopie in der Literatur wurde schon vom Titel her nahezu ausnahmslos dem Sammelband zugrundegelegt, den R. Villgradter und F. Krey 1973 in der Wissenschaftlichen Buchgesellschaft herausgaben: *Der utopische Roman,* Darmstadt.

5 Vgl. Richard Gerber, *Künstlerische Konkretisierung* in: Villgradter/Krey, *Der utopische Roman,* a.a.O., S. 263 und 268, wo an Hand von H. Reads Bestimmung des Phantastischen durch Objektivität und Willkürlichkeit die Grenzen der Phantastik in Utopien an ihrer Abhängigkeit von wissenschaftlichen Erkenntnissen und abstrakten Ideen festgemacht werden. H. J. Krysmanski hat im Gefolge von Gerber die Utopie als instrumentelles Handlungsmodell im Sinn der Wissenschaft definiert und so gegen die Autonomie des Kunstwerks abgesetzt, vgl. H. J. Krysmanski, *Die Eigenart des utopischen Romans,* in: Villgradter/Krey, *Der utopische Roman,* a.a.O., S. 275. Irving Howe beruft sich auf N. Frye, wenn er die Charaktere des utopischen Romans auf Sprachrohre für Ideen reduziert sieht, vgl. I. Howe, *Der anti-utopische Roman,* in: Villgradter/Krey, *Der utopische Roman,* a.a.O., S. 351.

6 Vgl. Ernst Bloch, *Das Prinzip Hoffnung,* Frankfurt/M. 1959, S. 563 f.

7 Vgl. etwa Thomas Morus, *Utopia,* in: (Hrsg. K. J. Heinisch), *Der utopische Staat,* Hamburg 1968, S. 44.

8 Vgl. (Hrsg. Thilo Ramm), *Der Frühsozialismus,* Stuttgart 1956, S. IX ff.

9 Vgl. Hans Girsberger, *Der utopische Sozialismus,* Leipzig 1924, S. 2.

10 Thomas Morus, *Utopia,* in: *Der utopische Staat,* a.a.O., S. 43 f., 109.

11 Vgl. Karl Marx, *Das Kapital* Bd. 1, in: *Werke* Bd. 23, Berlin 1970, S. 193.

12 Es ist hier darauf zu verweisen, daß die Untergliederung als exemplarische weder vollständig ist noch in ihrem klassifikatorischen Charakter der prozessualen, also auch historischen Systemanlage des *Prinzips Hoffnung* gerecht wird. Sie soll nur verweisen auf die vielfältige Differenzierung der utopischen Funktion.

13 Vgl. Arnhelm Neusüss, *Utopie,* Neuwied 1972, S. 22 f.

14 Karl Mannheim, *Ideologie und Utopie,* 1928/29; zit. nach A. Neusüss, *Utopie,* a.a.O., S. 278 f.

15 Karl Mannheim, a.a.O., S. 271. Mannheim läßt als Beziehung von Utopie und Ideologie nur das Umschlagen ineinander zu und den Relativismus der Standpunkthaftigkeit: Die Herrschenden verteufeln als Utopie das Wunschwollen der Unterdrückten, die Unterdrückten als Ideologie das Rechtfertigungswissen der Herrschenden. Die im übrigen nebenbei notierte Vermischung von Utopie und Ideologie erklärt, daß unwirksam gebliebene Projektionsinhalte der Ideologie zugehören, aber zu anderer Zeit von nachfolgenden anderen Klassen in Utopie, das heißt umwälzende Wirksamkeit gewandelt werden können.

16 Ernst Bloch, *Das Prinzip Hoffnung,* a.a.O., S. 555 f.

17 Baruch de Spinoza, *Theologisch-politischer Traktat,* Felix Meiner, Hamburg 1965, S. 280 f.

18 Heinz Brüggemann, *Literarische Technik und soziale Revolution,* Reinbek 1973, S. 202 f.

19 Vgl. Karl Marx, *Manifest der Kommunistischen Partei,* in: *Die Frühschriften,* Hrsg. S. Landshut, Stuttgart, 1964, S. 526. Im *Kapital* betont Marx, daß Revolutionen nicht von Gesetzen bewirkt werden, Bd. 1, a.a.O., S. 778.

20 Gert Ueding, *Glanzvolles Elend,* Frankfurt/M. 1973, S. 185. Zum Hinweis auf Oskar Negt daselbst S. 187.

21 Vgl. Immanuel Kant, *Kritik der reinen Vernunft,* Hamburg 1956, S. 289 f. An der angegebenen Stelle findet sich der Hinweis auf reine Anschauung, also eine Anschauung, die apriori erzeugt wird. Das schließt auch eine apriori produzierbare Erscheinung ein. Diese von Gegebenheit unabhängige »Versinnlichung« beschränkt sich aber auf die in der Mathematik formulierten Bedingungen unserer Sinnlichkeit, auf die mathematischen Lehren vom Raum und der Zeit, also auf Geometrie und Arithmetik. Möglich ist hier allemal nur eine Formalisierung von Sinnlichkeit, auch Verstand, die – auf wirkliche Objekte beziehbar – bloß noch nicht auf bestimmte wirkliche Objekte bezogen ist. Demnach ist diese Formulierung bloße Vorform der Gegebenheit des Wirklichen, außer daß sie selber ohnehin auf die ein- für allemal fertige Struktur von Sinnlichkeit und Verstand festgelegt ist.

22 Immanuel Kant, a.a.O., S. 337.

23 Immanuel Kant, a.a.O., S. 633.

24 Daß der Schein als regulative Idee von Kant in Hinblick auf theoretische Erkenntnis behandelt wird und derart nur eine systematische Vereinigung unseres Wissens, gleichsam einen hypothetischen Überschlag, ein zurechtlegendes System aufstellen soll, wie besonders aus Kants Beurteilung der Naturteleologie als Regulativ hervorgeht (*Kritik der Urteilskraft,* § 68), muß hier nicht interessieren. Hier geht es um die Doppeldeutigkeit des Scheins, der die Grenzen der Erfahrung zu überschreiten antreibt, also um das offenhaltende Richtungsweisen im Schein und um den postulativen Charakter darin. Allerdings, wenn die Transzendentalität dieses Scheins angesprochen wird, so ist noch darauf hinzuweisen, daß die Idee des Zwecks keinen apriorischen Ursprung haben soll nach Kant, sondern aus der

Erfahrung folgt. Vgl. die »Allgemeine Anmerkung zur Teleologie« am Schluß der *Kritik der Urteilskraft.*

25 G. W. F. Hegel, *Enzyklopädie der philosophischen Wissenschaften,* 1830, § 131.

26 Ernst Bloch, *Geist der Utopie,* 1918, S. 294.

27 Vgl. Ernst Bloch, *Das Prinzip Hoffnung,* a.a.O., S. 242 ff.

28 Vgl. zur Charakterisierung der verschiedenen Utopiebegriffe Arnhelm Neusüss, a.a.O., S. 18 f.

29 Ernst Bloch, *Das Prinzip Hoffnung,* a.a.O., S. 163.

30 Anders als Adorno, dem es in seiner Kritik Husserls hauptsächlich um dessen logischen Absolutismus, um dessen falsche, anschaulich isolierende Apriorität und Sinnentleerung der Sinnlichkeit, weiterhin um dessen starren Ontologiebegriff zu tun ist, hält Bloch sich nicht bei dem Zusammenhang der Husserlschen Lehre auf, sondern greift, seinem eigenen Erbverfahren gemäß, nur die Anschaulichkeit auf, die Husserl dem Kategorialen gab. Bloch betont als wichtig, daß die objektiv-reale Erkenntnisfunktion nicht auf Beziehung, Verhältnis, Zuordnung beschränkt bleibt, sondern qua Phantasie das anschaulich Besondere des objektiv-Realen in sich aufnimmt, darüber hinaus aber vor allem das anschaulich-Besondere von nicht nachahmender Gegenständlichkeit im Sinn der scheinbar ungegenständlichen Ausdrucks-Gestaltungen als Konsequenzen des Expressionismus. Bloch treibt das weiter bis zur »Erzeugung des Ornaments« aus dem »Geist der Utopie«. Diese Gegenständlichkeit neuer Ornamentik entfernt sich keineswegs aus dem objektiv-Realen, sondern bildet im Medium der Kunst die gestalthaften Möglichkeiten der objektiven Realität aus. Darum auch verweist Bloch auf den Gewinn aus der Phänomenologie, der in der Abhebbarkeit eines Gestalthaften von Gestalten besteht, etwa des Löwenhaften vom Löwen. Vgl. zur Anmerkung Theodor W. Adorno, *Zur Metakritik der Erkenntnistheorie,* Neuauflage Frankfurt/M. 1970, S. 93, 106, 42. Ernst Bloch, *Geist der Utopie,* 1918, S. 256, 43 ff. Über die Rettung der Phantasie für die Erkenntnis durch die Gestaltkategorien vgl. das Kap. 34 in: Ernst Bloch, *Experimentum Mundi,* Frankfurt/M. 1975.

31 Vgl. zu dem Problem einer unstatischen Auszugsgestalt Ernst Bloch, *Tübinger Einleitung in die Philosophie,* Frankfurt/M. 1970, Kap. 29.

32 Vgl. Ernst Bloch, *Geist der Utopie,* 1918, S. 249-255.

33 Vgl. Karl Marx, *Brief an Feuerbach,* 3. 10. 1843, MEW Bd. 27, S. 420 f.

34 Vgl. zur kritischen Wendung dieses Begriffs gegen die Frankfurter Schule W. F. Haug, *Kritik der Warenästhetik,* Frankfurt/M. 1971, S. 12, 158 f.

35 Vgl. zu Adornos Verbot, das zukünftig Mögliche in Bildern zu fassen, seine Bestimmung der Hoffnung als Preisgabe alles zu Erhoffenden, in: *Negative Dialektik,* Frankfurt/M. 1966, S. 382, 392.

36 Georg Lukács, *Die Theorie des Romans,* Neuwied 1965³, S. 117 f.

37 Leszek Kolakowski, *Der Mensch ohne Alternative,* München 1964, S. 145 f.

38 Vgl. Hans-Jürgen Krysmanski, *Die Eigenart des utopischen Romans,* in: Villgradter/Krey, *Der utopische Roman,* a.a.O., S. 272 f.

39 Vgl. Platon, *Sämtliche Werke,* Bd. 3, Hamburg, 1969 (Rowohlts Klassiker), S. 152, S. 288, S. 298.

40 Vgl. Hans-Jürgen Krysmanski, a.a.O., S. 279.

41 Vgl. zu dem Vorgang einer Begriffserweiterung, die gerade durch Zunahme der Inhalts- wie Formbestimmungen und durch Differenzierung definitorischen wie normativen Schematismus enger Grenzziehung aufreißen möchte, die neuerliche Diskussion des literarischen Realismus in der Kafkadebatte von Liblice

(27./28. 5. 1963). E. Fischer und R. Garaudy vertraten einen umfassenden Begriff von Realismus, der auch Kafka, Joyce und Proust einzuschließen vermag. Das wurde ihnen vom Standpunkt des sozialistischen Realismus aus als unterwandernde Begriffsverwässerung angerechnet. Beide hatten aber keineswegs vor, den Realismus von Kafka und Joyce mit dem etwa Balzacs ineinszusetzen. Ebensowenig hat man es mit der utopischen Funktion vor, unterscheidungslos jedweden Vor-Schein zu bejubeln. Es geht um Erweiterung der Zukunftsperspektiven in differenzierender Weise gegen Schematismus und gerade nicht um kritiklose Unbestimmtheit dieser Perspektiven.

42 Vgl. zur Widerlegung der gestaltenden Phantasie als einer aufs individuierte Subjekt isolierten irrationalen Äußerungsweise durchs Argument intersubjektiv machender Mitteilbarkeit, die immer schon Ratio und Realitätsbezug enthält: Hans Holländer, *Surrealität und Perspektive*, in: *Wirklichkeit und Reflexion*, Festschrift für Walter Schulz, Pfullingen 1973, S. 293. Dasselbe Argument intersubjektiver Ratio in der Mitteilbarkeit gegen irrational isolierte Subjektivität als Bestimmung der Wachträume hat Gert Ueding für die Literatur eingebracht mit dem Hinweis auf ihr Medium der Sprache, vgl. seinen Aufsatz *Traumliteratur. Über literarische Erfahrung und ihre Wirkung*, in: *Ernst Blochs Wirkung*, Frankfurt/M. 1975, S. 264 f.

43 Vgl. Ernst Bloch, *Experimentum Mundi*, a.a.O., S. 56.

44 Vgl. Immanuel Kant, *Kritik der Urteilskraft*, Stuttgart, § 46.

45 F. W. J. Schelling, *Philosophie der Kunst*, Darmstadt 1966, S. 124 f., S. 130 f.

46 Vgl. Jürgen Habermas, *Theorie und Praxis*, 1967², S. 345 f.

47 F. W. J. Schelling, *Schriften von 1799-1801*, Darmstadt 1967, S. 289.

48 Zum richtigen Verständnis des Blochschen Teleologiebegriffs vgl. den Aufsatz des Verfassers in *Ernst Blochs Wirkung*, a.a.O., S. 362 ff.

Rolf Grimminger
Über Wahrheit und Utopie in der hermeneutischen Erkenntnis

Üblicherweise gilt Hermeneutik als Kunstlehre, die den alltäglich-natürlichen Akt des Verstehens und der Verständigung in den Rang eines wissenschaftlich plausiblen Erkenntnisprozesses erhebt. So bemüht sich auch die literaturwissenschaftliche Hermeneutik darum, die mögliche Unmittelbarkeit von Lektüreerfahrungen durch Argumente und das angehäufte Wissen um die Geschichtlichkeit der Literatur auf- oder auch abzuklären. Der Reflexionsüberschuß wissenschaftlich anerkannten Bewußtseins soll allerdings nicht nur nachträglich und als fremde Leistungsinstanz auf die vorgängig unmittelbare Lesehaltung aufoktroyiert werden, sondern diese bereits in sich selbst leiten. Jedenfalls ist das ein tradiertes Ausbildungsziel.[1]

Das Ziel ist so problematisch wie die gesamte Hermeneutik, und dies aus mehreren Gründen. Sie betreffen die Bedingungen alltäglichen Verstehens ebenso wie den Prozeß seiner Verwissenschaftlichung. Über beides nachzudenken geht über die Grenzen einer Fachwissenschaft, wie sie etwa die Literaturwissenschaft darstellt, allerdings hinaus. Denn die Problematik des Verstehens und seiner Wissenschaftlichkeit gilt ja nicht nur im Bereich der Literaturwissenschaft; Geschichtswissenschaft, Soziologie, Psychoanalyse etwa sind gleichermaßen von ihr betroffen.[2] Sie gilt also für denjenigen Erkenntnisakt schlechthin, der sich im Verstehen äußert – gleichgültig dann, in welcher Schuldisziplin er dies konkret und gegenstandsgebunden tut.

Sich mit Erkenntnis schlechthin zu beschäftigen, ist traditionellerweise ein Vorrecht der Philosophie. Zur philosophischen Hermeneutik gehören auch die folgenden Ausführungen dann noch, wenn sie sich mit ästhetischer Literatur beschäftigen. Sie fragen stets nach den Bedingungen wissenschaftlichen Verstehens, die auch die Bedingungen literaturwissenschaftlicher Hermeneutik sind. Insoweit begeben sie sich auf das Gebiet der Erkenntnistheorie. Sie fragen weiter nach den praktischen Zielen, die mit einer verstehenden Wissenschaft überhaupt verfolgt werden können – Zielen, die allesamt von utopischen Vorstellungen begleitet oder getragen werden, gerade auch in der Literaturwissenschaft. Insoweit begeben sie sich auf das Gebiet der philosophischen Ethik. Dies also soll thematisiert werden. Auf die Eigenart literarischer Interpretation, die letztlich durch die Eigenart des Kunstwerks als eines besonderen Gegenstands der Erkenntnis bestimmt sein muß, gehe ich jedoch nur am Rande und in der Absicht ein, illustrative Beispiele zu geben.

Die Konstitution von Sinn im menschlichen Subjekt

Im Mittelpunkt hermeneutischer Philosophie steht die Kategorie »Sinnverstehen«. Die im 18. Jh. entstehende, im 19. Jh. forcierte und bis heute anhaltende Rivalität zwischen dem sogenannten geistes- oder humanwissenschaftlichen und dem sogenannten naturwissenschaftlichen Erkenntnisprozeß tritt deshalb begreiflicherweise als Streit um die Kategorie »Sinn« und ihre wissenschaftliche Bewältigung im »Verstehen« auf.

Gegenstand der Naturwissenschaften sind die Tatsachen der Natur, »sofern sie von Gesetzen bestimmt ist« (Kant). Solche Gesetze werden in formalisierter Sprache zu logisch zusammenhängenden Theorien von deduktivem Anweisungscharakter ausgebaut und an der Natur experimentell erprobt. Theoretisches Ziel des Verfahrens ist die objektiv nachprüfbare Wahrheit über den Gegenstand »Natur«. An Versuchen, das Ziel sowohl wie das Verfahren auf die Humanwissenschaften zu übertragen, hat es seit der Entstehung der modernen Naturwissenschaften im 17./18. Jh. nicht gefehlt.[3] Letzter Ausläufer der langen Tradition ist der gegenwärtige Universalitätsanspruch des Neopositivismus (analytische Wissenschaftstheorie), worauf ich später noch eingehe.

Naturprozesse pflegen ihre gesetzmäßigen Ursachen zu haben, menschliches Verhalten aber hat seine Gründe.[4] Es konstituiert sich in Urteilsakten der Vernunft oder auch in spontan sich äußernden Bedürfnissen. Wie auch immer: es hängt davon ab, welcher Stellenwert dem jeweiligen Verhalten im Zusammenhang subjektbezogener Welterfahrung intentional zugewiesen wird. Die Zuweisungen sind absichtsvoll gelenkt, sie erfordern also Entscheidungen über alternative Möglichkeiten. Sie haben einen »Sinn«, der reflexiv ist, auf menschliche Subjektivität zurückverweist, und folglich auch nicht so konstant beobachtbar und objektiv gesetzeskonform wie ein Naturprozeß abläuft. Die »Kausalität der Natur« folgt Gesetzen; die »Kausalität menschlicher Freiheit« Entscheidungszusammenhängen (Kant). Im Gegensatz zur Naturwissenschaft ist der Gegenstand der Geistes- oder Humanwissenschaften folglich der Mensch, sofern er die Freiheit zur Entscheidung besitzt. In ihr entsteht aller Sinn.

Entsprechend braucht schon das alltäglichste Handeln die Interpretation seiner Bedeutung für die beteiligten Subjekte. Mit aller Unsicherheit rekonstruiert diese einen Grund: die Absicht des anderen oder auch meine eigene. Deutlich genug bildet sich die Struktur ferner auch im natürlichen Sprachgebrauch ab. Wörter als bloße Wahrnehmung von Lauten bedeuten für den Menschen zunächst nichts. Auch die konventionell eingeschliffene, langue-eigene Bedeutung des Lexikons zeichnet nur quasi-objektiv verbindlich vor, was man sich mit dem Lautkörper eines Wortes vorzustellen hat. Erst im Gebrauch werden die Wörter zu realen Elementen der Verständigung. Dort aber spiegeln sie die konkreten Verständigungsabsichten der Subjekte wider, weshalb ihre lexikalische Bedeutung (nicht nur syntaktisch) überformt wird. Von Meinungen, Absichten, expressiven Äußerungen durchsetzt, überschreitet die wirkliche Bedeutung der Wörter das normative Fundament der Sprachorganisation bei weitem. Und erst in diesem Zusammenhang gewinnen sie einen »Sinn«.[5] Die Kontingenz, Zufälligkeit und Vielfalt der Welt, in der Sprache kommunikativ verwendet wird, ist in ihm anwesend, und damit allemal etwas, das auf das Gattungssubjekt Mensch im Unterschied zur Natur zurückverweist.

Neben die immanente Organisation der Sprache und in sie hineinwirkend tritt so eine zweite: die Organisation der Welt, in der Subjekte miteinander verkehren. Der Verstehensakt hat sich notwendigerweise auf beides zu richten: hinter der zusammengesetzten Einheit von bezeichnender Sprache und bezeichneter Welt, von Sprachgebrauch und Welterschließung durch das Subjekt, kann er nicht zurückbleiben. Sinnverstehen ist ein aktiver Prozeß, der sich mit der Sprache zugleich auf die in ihr angesprochene Welt bezieht.[6]

Eine literarische Metapher etwa ist noch nicht damit verstanden, daß man die Regel der Vertauschung von Zeichen kennt. Ihr Sinn äußert sich erst dann, wenn die Erfahrungsbereiche, die da vertauscht werden, sowie der Zweck des Tausches gerade dieser Bereiche nachvollziehbar sind. Der Manierismus barocker Metaphorik hat dann aber einen ganz anderen, nämlich höfische Macht über die Sprach-Natur repräsentierenden Sinn als eine realistische Metapher, die im Prinzip nur der Steigerung sinnlicher Wahrnehmung dient, also privat bleibt.

Das sind einfache Tatsachen. Sie lassen sich nochmals zu dem Satz zusammenfassen: Gegenstand der Hermeneutik ist die Konstitution von Welt durch subjektbezogenen Sinn überhaupt und im besonderen durch den Sinn sprachlicher Mitteilungen. Da nun jede Wissenschaft von der Konstitution ihres Gegenstands abhängig ist, folgt, daß Hermeneutik mit der Objektivierbarkeit naturwissenschaftlicher Erkenntnis nicht konkurrieren kann und soll. Die Sinnkonstitution des Gegenstands begründet zwangsläufig auch jene Wissenschaftlichkeit, die Hermeneutik für sich in Anspruch nehmen muß.

Wahrheit als intersubjektiver Prozeß in Geschichte und Gesellschaft

Gegenstand der Hermeneutik ist alles, was einen Sinn besitzt, der auf die Auseinandersetzung des Menschen mit seiner eigenen Welt zurückverweist, auf Subjektivität. Im besonderen gehören dazu sprachliche Mitteilungen. Jede sprachliche Äußerung ist weiterhin Auslegung eines Ausschnitts von Welt und derart für die Orientierung der Subjekte in ihr notwendig. Sinn ist eine notwendige Orientierungsgröße, reflektierendes Bewußtsein ist in ihm ebenso aufgehoben wie affektive Weltzuwendung.

Nun lehrt die Geschichte gerade der ästhetischen Literatur, wie sehr die Sensibilität des Bewußtseins und des Affekts, der Umfang von Welterfahrung und die Mittel seiner sprachlichen Bewältigung sich zugleich im Laufe der Gattungsgeschichte des Menschen veränderten. Sinnzusammenhänge sind geschichtlich und ihre Änderung ist stets schon die Änderung eines historischen Zustands von Welt. Der Prozeß, der zur Bildung von Sinn führt, bleibt deshalb offen, unabgeschlossen und überholbar; zugleich aber auf der jeweiligen geschichtlichen Stufe begrenzt. Man kann sich die Epoche nicht aussuchen, in der man lebt; und also auch nicht den entwicklungsgeschichtlichen Zustand der Gattung, der die Grenzen sprachlich vermittelbarer Welterfahrung auch für die Individuen vorzeichnet.[7]

Daß Sinnzusammenhänge historisch kontingent sind, bestimmt in der Tat auch den wissenschaftlichen Status hermeneutischer Aussagen über sie: auch sie sind historisch sowohl überholbar wie begrenzt. Denn man muß an der historischen Welt teilnehmen, deren Sinn verstanden werden soll. Er läßt sich nicht zu einem puren Objekt neutralisieren, das dem Subjekt so fremd und andersartig gegenübersteht wie ein Stück Natur. Teilnahme und Verstricktsein in jene Sinnzusammenhänge, die man erkennen will, gilt bei der Erkenntnis von vergangenen Epochen zudem noch doppelt. Jede historische Erkenntnis setzt die aktive Teilnahme des Interpreten an verschütteten Entwicklungsstufen der Gattung voraus; zugleich aber kann er seiner eigenen geschichtlichen Identität nicht entkommen, und diese wird von der Gegenwart bestimmt.[8]

Teilnahme und Verstricktsein in historisch kontingente Sinnzusammenhänge sind ihrem erkenntnistheoretischen Status nach ein intersubjektiver Prozeß. Sinn wird im kommunikativen Verkehr der Subjekte untereinander erzeugt, mögen diese auch nur in der konservierten Existenz von Texten am Leben geblieben sein. Jeder Text trägt die Züge eines sprechenden Subjekts, gebrochen durch das Medium der Schriftlichkeit; und jede Lektüre hat den Charakter eines Gesprächs, einer Kommunikation, deren dialogischer Wechsel zwar an der Unberührtheit des Textes abprallt und faktisch zur Einbahnkommunikation gerinnt, sich aber dennoch im Kopf des Lesers fiktiv immer wieder herstellt.[9] Sinn existiert prinzipiell nur innerhalb menschlicher Mitteilungsprozesse. Die Naturwissenschaft dagegen hat ein objektives Substrat, die Natur redet nicht, schon gar nicht über ihren Sinn. Der Durchbruch zur modernen Naturwissenschaft ging deshalb auch mit einer zwar langsamen, aber radikalen Entmythologisierung der Natur Hand in Hand. Zugunsten objektiver Kalkulierbarkeit wurde anthropomorphes Denken, das Sinn in die Natur hineinprojizierte, in die Niederungen des Aberglaubens zurückgewiesen oder in eine Spielform von rein ästhetischem Reiz verwandelt (etwa in der Ballade).

Daß niemand beim Sprechen (miteinander und über etwas) sich von vornherein den gänzlichen Irrtum unterstellt, ist eine Trivialität. Da objektivierbare Kriterien zur Beurteilung der Wahrheit eines Sinnzusammenhangs aber nicht vorhanden sein können, bedarf es eines entsprechenden intersubjektiven Kriteriums, damit er als wahr gelten kann. In der Wirklichkeit kommunizierender Subjekte gilt dann in der Tat als wahr, was allgemeine Zustimmung findet. Wahr ist, was mit Beifall, mit Identifikation beantwortet wird. Entsprechendes gilt für das Gegenteil. Zum Paradigma der Hermeneutik ist deshalb auch die Rhetorik geworden, deren Wahrheit auch nicht objektivierbar ist, dafür aber eine andere Evidenz besitzt: den Konsensus, die intersubjektive Übereinstimmung.[10]

Ob rhetorisch oder hermeneutisch – intersubjektive Zustimmung muß erst erzeugt werden, die individuelle Sinnauslegung zu einem Ausschnitt der historischen Welt ist ohne (und sei's nur strategische) Rücksicht auf die Anerkennung der anderen Subjekte ebenso unmöglich, wie schon der Sprechakt an sich ohne die mindestens vorgestellte Existenz eines Angesprochenen ein Unding ist. Bei allen individuellen Schattierungen kann Sinn nie solipsistisch auf das einsame Individuum, das nur und privat Subjektive bezogen werden. Die Existenz der Gattung in den empirischen Grenzen der wirklich angesprochenen Adressaten setzt er stets schon voraus. Also setzt er auch intersubjektiv vereinbarte Grenzen der Anerkennung oder Ablehnung von Wahrheit stets schon voraus, und sei's auch, daß er sie kritisiert. Und er steuert auf intersubjektive Anerkennung zu, und sei's auch in einer Gemeinde der Kritiker.[11]

Die Kontrolle und Steuerung der Wahrheit von Sinn fällt folglich geschichtlichen »Kommunikationsgemeinschaften« zu (Apel). Sie üben »Sprach«- und Weltspiele ein, in ihrer Subjektivität konstituiert sich Sinn, und zugleich legt diese die Regeln fest, nach denen Wahrheit beurteilt und allgemein geltend akzeptiert werden kann. Praktisch ist in diesem kommunikationsphilosophischen Entwurf also immer ein sozialer Prozeß ausgemacht. Der Gesellschaft überhaupt (sowie Teilen der Subsysteme des gesellschaftlichen Ganzen wie etwa der Kommunikationsgemeinschaft der Wissenschaftler) wird es zugewiesen, mit dem Sinn zugleich die Regeln zu konstituieren, nach denen Wahrheit vom Irrtum unterscheidbar wird. Die Regeln werden entsprechend durch Sozialisation gelernt – durch Erziehung mit dem Lernziel ihrer Kenntnis und der Fähigkeit ihrer selbständigen Handhabung.[12]

Tatsächlich gibt es keinen Sinnhorizont ohne die Realität einer über sich selbst sprechenden Gesellschaft, ästhetische Literatur eingeschlossen. Und es gibt keine Gesellschaft ohne einen Sinnhorizont, den sie sich über sich sowohl wie über ihre Vergangenheit und Zukunft bildet, einschließlich der ästhetischen Literatur. Dies ist eine Trivialität, aber eine wichtige, weil konstitutive: die Grenzen der Interpretation von Welt sind die Grenzen ihrer gesellschaftlich möglichen Auslegung in Sprache. Überlegungen über die Konstitution und die Geltung von sinnvoller Wahrheit durch Kommunikation sind deshalb stets in Sozialphilosophie eingebettet. Und jede historische Erkenntnis von Sinnzusammenhängen ist von vornherein schon die Erkenntnis versunkener Gesellschaftsformationen, die in der sprachlichen Auslegung ihrer eigenen Welt weiterleben: also ein Stück Sozialgeschichte.

Sinnzusammenhänge sind dann nicht nur formaliter in Kommunikationsprozessen aufgehoben; auch materialiter, in der Thematik, die besprochen wird, begründen sie sich ausschließlich intersubjektiv. Die Thematik des Sinns gilt der historisch-gesellschaftlichen Existenz des Gattungssubjekts: zwischenmenschlichen Beziehungen, Regeln des gesellschaftlichen Verkehrs, individuellen Bedürfnissen im Rahmen eines normativ eingespielten Konsens usw. Die menschliche Welt steht zur Disposition kommunizierender Subjekte mit dem Zweck, zu verbindlicher Entscheidung über die Grenzen des Disponierfähigen zu gelangen. Redend und handelnd begründen die Subjekte einen Sinn, der sie beim Reden und Handeln zugleich leitet.

Wissenschaftliche Hermeneutik tritt in diesem Zusammenhang nicht nur als bloße Metaebene auf. Die vorgängige Konstitution von Sinn durch historisch-gesellschaftlich verwendete Sprache ist zwar ihr Objekt, sie erforscht es. Zugleich aber ist sie selber in der geschichtlich-gesellschaftlichen Sinnkonstitution ihrer eigenen Erkenntnis- und Mitteilungsprozesse befangen. Sie sieht sich deshalb einem Dilemma ihrer Wissenschaftlichkeit ausgesetzt. Mögen nämlich Sinnzusammenhänge in der Praxis gesellschaftlichen Lebens der zweifelhaften Wahrheit geltender Übereinkünfte folgen und also mehr oder minder aus bloßer Gewohnheit forttradiert werden – wissenschaftlicher Anspruch auf Wahrheit ist damit noch nicht gedeckt. Der empirisch nachweisbar bestehende Konsensus kann ja auch falsch sein. Die Erkenntnis der gesellschaftlich-geschichtlichen Konstitution von Sinn verlangt also nach einer Kompetenz, welche die eigene Befangenheit von jenen vorgängigen Sinnstrukturen, die es zu erkennen gilt, nochmals zu durchschauen weiß. Fehlt diese Kompetenz, so wird jede Hermeneutik tautologisch: sie reproduziert sozusagen bewußtlos das vorgängig Wahre oder Falsche, eine Gefahr, die gerade aus literaturwissenschaftlichen Interpretationen zur Genüge bekannt ist. Die Wahrheit des Sinns darf also nicht nur mit dem Hinweis auf ihren intersubjektiven Status und die Geltung eines Konsensus gegen die Objektivitätsideale der Naturwissenschaften und die entsprechende neopositivistische Wissenschaftseuphorie verteidigt werden – sie muß auch in sich selber argumentativ begründbar und gegen den Irrtum abgrenzbar sein. Gerade das Streben nach solchen Begründungen und Abgrenzungen zeichnet die wissenschaftliche gegenüber einer vorwissenschaftlichen Zustimmungsbereitschaft aus, die von allem möglichen getragen wird – auf keinen Fall überwiegend durch die Rationalität des Arguments. Und schließlich gibt es konkurrierende Konsensusbildungen, die sich gerade auch in der Tradition hermeneutischer Wissenschaften eingebürgert haben. Lassen sie sich überhaupt noch plausibel nach dem Grad ihrer Wahrheit unterscheiden? Oder ist jeder Konsensus eine gleich gute Wahrheit?

Die Möglichkeit der Unterscheidung eines wahren von einem falschen Konsensus setzt also voraus, daß trotz aller Verstrickung in die Sinnzusammenhänge der historisch-gesellschaftlichen Welt ein Akt ihrer Transzendierung zur wissenschaftlich begründbaren Erkenntnis möglich sei. Die undurchschaute Macht des Vorgängigen muß sie brechen; sie muß sie mindestens zur Transparenz der Vernunft und ihrer nachprüfbaren Verfahren aufklären. Die Verwissenschaftlichung des Verstehens kann zwar über den intersubjektiv begründeten Sinn nicht hinausgehen, ohne sich selbst aufzuheben und folglich auf die Erkenntnis von Sinn überhaupt zu verzichten. Sie muß aber vorgängig wahre von vorgängig falschen Konsensusbildungen unterscheiden können; es muß also eine richtige und eine falsche Art geben, damit Wissenschaft zu betreiben.

Die Wahrheit im Zirkel

Als logischer Zirkel gilt jede Erkenntnis, die das, was bewiesen werden soll, zugleich zur Voraussetzung des Beweises macht; oder auch das, was definiert werden soll, im Definitionsvorgang schon enthält. Üblicherweise wird diese Figur von der Hermeneutik für sich beansprucht, allerdings kaum in ihrer logischen Geltung. Der Zirkel siedelt sich vielmehr auf einer ganz anderen Ebene an, die je nachdem durch das Dasein der Subjekte selbst bestimmt, also existentiell begriffen werden kann; oder auch transzendental als die Bedingung der Möglichkeit sinnverstehender Vernunft definierbar ist. In jedem Fall bedeutet dies: was verstanden werden soll, nämlich der sprachlich mitgeteilte Sinn, ist bereits die Voraussetzung des Verstehens selber; was begriffen werden soll, nämlich das intersubjektive Vorurteil des Konsensus, ist ohne die Befangenheit des Interpreten in intersubjektive Vorurteile nicht möglich. Der Zirkel richtet sich also nur gegen strikt objektivierbare Erkenntnis; er verteidigt die reflexive, die auf Subjektivität zurückverweist, und dies ist eine »unhintergehbare« Voraussetzung.

Naturwissenschaftliche Erkenntnis beruht auf der Möglichkeit, daß sich gesetzmäßige Theorien, entworfen durch die Vernunft des menschlichen Subjekts, und das Verhalten der nicht-menschlichen Natur wenigstens prinzipiell voneinander unterscheiden lassen. Die Theorien haben deduktionslogischen Anweisungscharakter, ihre experimentelle Erprobung an der Natur ordnet sich unter. Wo die Unterordnung nicht gelingt, erweist sich entweder die experimentelle Anordnung oder die Theorie als falsch. Jedenfalls kann jede Theorie durch das Experiment objektiv falsifiziert werden, das Verfahren ist also in keiner Weise zirkulär im Subjekt befangen.

Bei hermeneutischer Erkenntnis ist dies der Fall: sie hat es eben mit intersubjektiven Sinnzusammenhängen zu tun, weshalb eine prinzipielle Unterscheidung des Subjekts vom Objekt ausscheidet. Zudem sind diese Sinnzusammenhänge aufgrund der Kontingenz der historisch-gesellschaftlichen Welt zu apriorischen Theorien nicht ausformulierbar. Mit der (aposteriorischen) Veränderung von Welt bleiben sie selber labil. Also scheidet auch der deduktionslogische Weg der Erkenntnis mindestens in seiner Idealform aus. Zugleich damit hat die konkrete Erfahrung einen besonderen Status: da sie nicht durch apriorisch geltende Gesetze strikt determiniert ist, ist sie auch nicht dazu imstande, solche Gesetze eindeutig zu falsifizieren.

In jeder Textlektüre etwa entfaltet sich ein Sinn, den ein verallgemeinerbares Vorurteil oder ein allgemein geltender Konsensus zwar auch, aber nicht in der Weise einer glatten Widerspiegelung klassifiziert. Er ist vielmehr von einer Menge sogenannter intervenierender Variablen gebrochen. Die konkrete Textgattungssituation, das konkrete Autor-Individuum, die konkreten Absichten der Verständigung nehmen einerseits allgemeine Bestimmungen gesellschaftlich-historischer Herkunft auf. Zum anderen aber behaupten sie die Eigendynamik individuell steuerbarer Entscheidungszusammenhänge, die vom Konsensus ganz bewußt abweichen können.

Der Konsensus ist eben kein kausal wirksames Naturgesetz, sondern eine sozial und historisch begrenzte Rahmenbestimmung menschlicher Freiheit, deren Geltungsanspruch je nach institutionalisierter Macht oder nur informell eingespielter Gewohnheit mehr oder minder schnell veränderbar bleibt. Der Konsensus zeichnet die Regeln intersubjektiver Verständigung lediglich vor; ihre Handhabung aber bleibt den Individuen überlassen. Auch der lexikalisch fixierte Konsensus der Wörter, das Beispiel wurde schon gebracht, vermittelt nur ihren Gebrauch; er determiniert ihn aber nicht.

Nach Theorien von strikt deduktionslogischem Anweisungscharakter kann sich hermeneutische Erkenntnis von Sinn deshalb nicht richten; ebensowenig kann sie induktionslogisch eindeutig falsifiziert werden. Vielmehr ist sie dialektisch angelegt. Zwischen der relativen Eigenbeweglichkeit der besonderen, individualisierbaren Erfahrung (etwa eines Textes oder Textteiles) und ihrer verallgemeinerbaren Sinnbestimmung (im Konsens einer historischen Epoche, einer Gesellschaft) hat sie zu vermitteln. Die geschichtlich-gesellschaftliche Totalität eines Konsensus ist im Bruchstück der Erfahrung aufgehoben, ohne es eindeutig und restlos zu bestimmen.

Vermittelndes Verstehen findet als Reflexion statt. Reflexion sucht nach den allgemeinen Bestimmungen im Besonderen, sie hat beides nicht schon apriori. Reflexion ist einerseits die Tätigkeit eines vergleichenden und analytisch unterscheidenden Verstandes: zergliedert und geordnet wird der Fluß der Erfahrung. Zum anderen ist sie die Tätigkeit einer Phantasie, die ständig Synthesen zum Sinnzusammenhang erzeugt, in dem sich das Kontinuum der Erfahrung entfaltet. Sie erzeugt also aus der bekannten und gerade erfahrbaren Teilwirklichkeit spekulativ und sozusagen auf Probe einen umfassenden und noch unsicheren Sinn – sowie umgekehrt: nur im Horizont der ständigen spekulativen Vorgriffe auf unsichere Totalität kann Erfahrung unterschieden und geordnet werden. In jeder Textlektüre finden derart die Vorgriffe der Phantasie und die differenzierende Analyse der Erfahrung zur Einheit des Reflexionsprozesses zusammen.

Diese Einheit ist spannungsreich; Phantasie und Erfahrung bestätigen sich ja nicht nur, sondern sie widersprechen sich auch. In der Reflexion sind Versuchs- und Irrtumsprozesse aufgehoben, in denen wechselseitig sowohl die spekulativen Vorentwürfe eines allgemeinen Sinns wie die Zergliederungsrichtungen der Erfahrung sich ändern. Was zum Zeitpunkt »t_1« für die Phantasie noch als richtiger Sinnzusammenhang, glaubhaft durch Erfahrung gestützt, auftrat, erweist sich zum Zeitpunkt »t_2« auf Grund neuer Erfahrungen bereits als vorschneller Zugriff, der revidiert werden muß. Damit erscheinen aber auch die Erfahrungen, die zum Zeitpunkt »t_1« gemacht wurden, im revidierten Licht der Phantasie neu. Über Versuch und Irrtum nähert sich die Reflexion schließlich jener Grenze an, an der die Vermittlung von Erfahrungselementen und Sinnzusammenhängen geglückt scheint; an der die beobachtbaren Teile und das synthetisch erschlossene Ganze widerspruchslos ineinander aufzugehen scheinen.

Reflexion ist deshalb auch nie ein Prozeß bloßen Verstehens allein, sondern stets schon ein Begründungsverfahren. Begründet wird final, in Richtung auf das Allgemeine, das die

Phantasie stets vorentwirft und als Bedingung der Möglichkeit von Erfahrungszergliederung begreift; in Richtung auf den Konsens, der die Möglichkeit auch individueller Abweichungen von ihm konstituiert. Der Verstehensprozeß ist also erst dann (relativ) abgeschlossen, wenn er allgemein begründbar geworden ist.[13]

Als Reflexion erscheint der Prozeß ferner nicht nur deshalb, weil er auf der spekulativen Suche nach den allgemeinen Bestimmungen im Besonderen ist. Reflexion ist er auch noch in einer anderen und ebenso wesentlichen Hinsicht. Bei der Korrektur der vorauseilenden Vorgriffe der Phantasie spielt sich nämlich stets ein Stück Selbsterkenntnis des Interpreten ab. Selbstreflektierend beugt er sich überhaupt auf jene Vorurteile, jene Topoi zur Totalität, jene vagen Vermutungen zum Sinn, jene Klischees zum Konsens zurück, die er eingebracht hat, und im besonderen auf jene, die sich im Laufe der Erfahrung als revisionsbedürftig erwiesen; die falsche Begründungszusammenhänge unterstellten, weil sie in der Art einer bloßen Projektion der Phantasie verfuhren.

Vom Neopositivismus (analytische Wissenschaftstheorie, kritischer Rationalismus) wird zum einen behauptet, daß dieser Reflexionsprozeß kein logischer Zirkel, zum anderen, daß er wissenschaftlich irrelevant sei.[14] Ein logischer Zirkel sei er nicht, weil er nichts anderes illustriere als den trivialen Vorgang der Aufstellung und Überprüfung von Arbeitshypothesen zu einem beliebigen Gegenstandsbereich. Das ist richtig, allerdings hat die Hermeneutik auch nie von sich behauptet, logisch zirkulär zu sein. Zum anderen beginne jede wissenschaftliche Entdeckung von Neuland mit dem reflektierenden Erproben von Vermutungen, also mit Möglichkeitshandlungen der Phantasie. Insofern habe der Reflexionsprozeß dann auch durchaus einen heuristischen Wert, führt er doch zu jener Grenze, an der wissenschaftlich plausible, weil theoretisch überprüfbare und experimentell falsifizierbare Hypothesen vorliegen. Unterhalb der Grenze aber herrsche vorwissenschaftliches Herumtasten. Die Reflexionstätigkeit des Verstehens und Begründens in der Hermeneutik bleibe also im vorwissenschaftlichen Stadium stecken, sie sei zwar heuristisch brauchbar, aber nicht zureichend für Wissenschaft. Diese beschäftige sich erst mit dem Produkt der Erkenntnis;

seine Entstehungsgeschichte sei ihr gleichgültig.

Sicher liegt kein logischer Grund dafür vor, hermeneutische Aussagen über Sinn nicht in jenem Schema zusammenzufassen, das Hypothesen durch eine genügende Menge an Erfahrungsdaten intersubjektiv nachprüfbar macht. Das ist der rein formale Vorgang einer Schulmethode, die sich an naturwissenschaftliche Verfahren anlehnt und Wahrheit als nachprüfbare Adäquanz von Aussagen mit der Sache begreift, über die ausgesagt wird. Die Hermeneutik hat dieses Schema weitgehend ignoriert, ihr ging es allein um die Konstitution von Sinn und die Erkenntnistätigkeit der Reflexion. Indessen scheint es unnötig, wegen der Konstitutionsproblematik die mögliche Wahrheit neopositivistischer Verfahren zu ignorieren. Umgekehrt hängt sich die neopositivistische Kritik an der Hermeneutik seltsamerweise stets am Verfahren auf, ohne die Konstitution des Gegenstands zu berücksichtigen, auf den es angewandt werden soll. Das aber ist nicht nur unnötiges Ignorieren, sondern ein wissenschaftlicher Skandal. Denn wie soll die Nachprüfung hermeneutischer Hypothesen auch dann stattfinden, wenn sie ins ordentliche Schulschema eingesperrt und mit einer genügenden Datenmenge zur Überprüfung angeboten werden? Die Überprüfung von allgemeinen Aussagen über Sinn kann im Prinzip nicht durch eine statistische Anhäufung oder eine objektiv klassifizierbare Reihe von Daten vor sich gehen. Was hier als Empirie auftritt, nämlich die konkret individualisierbare Erfahrung eines Textes oder eines Textteiles, das sogenannte »Datum«, ist von umfassenden Sinnzusammenhängen ja schon vermittelt und also nur auf dem Wege der Interpretation als Datum überhaupt verfügbar. Folglich bleibt auch der Nachprüfung nichts anderes übrig, als ihrerseits den hermeneutischen Reflexionsprozeß zu wiederholen. Sie muß die Konstitution einzelner Daten durch den Sinnzusammenhang des Konsensus nachvollziehen, um beurteilen zu können, ob hier Wahrheit oder Irrtum herrsche.[15] Die Geltung und mit ihr die Überprüfung von Sinnaussagen ist von ihrer Genese im Reflexionsprozeß nicht abtrennbar und also auch nicht von dessen intersubjektiver Zirkularität.

Was sich beim Thema der Geschichtlichkeit und der sozialen Gebundenheit von Sinn zeigte, läßt sich für den immanenten Prozeß des Verstehens nur wiederholen: man muß an dem

Sprache-Weltverhältnis teilnehmen, das man erkennen will. Die Konstitution von Sinnaussagen im teilnehmenden Verstehensakt ist nicht transzendierbar. Der neopositivistische Wissenschaftsbegriff aber behauptet gerade das: das Produkt der Erkenntnis trennt er von seinem Entstehungsprozeß ab und verdinglicht es vergleichsweise zum marxberüchtigten Fetisch (Adorno). Wo es um die Erkenntnis von Sinnzusammenhängen, um intersubjektiv begründete Wahrheit geht, ist das nachweisbar falsch. Wird es dennoch vertreten, dann mit der Konsequenz eindeutiger Restriktionen. Das Hypothesen-Experimentschema wird zum Reflexions- und Phantasieverbot, neopositivistische Wissenschaft zur Zensur, die Sinnaussagen exkommuniziert. Dies ist nicht nur die logische Konsequenz eines für Hermeneutik untauglichen Wissenschaftsbegriffs, sondern auch in der Literaturwissenschaft beobachtbare Praxis geworden.

Wird umgekehrt anerkannt, daß sich Sinnverstehen im teilnehmenden Reflexionsprozeß und sonst nirgends konstituiert, dann allerdings kann das neopositivistische Schema wie alle anderen Methodenstandards durchaus den Wert haben, Aussagen über Sinn so anzuordnen, daß ihre Angemessenheit oder Unangemessenheit an der Sache besser überprüft werden kann. Wie jede Methode reguliert es wissenschaftliche Wahrheit durch die Rationalität von Verfahren. Hermeneutische Erkenntnis kann darauf so wenig verzichten wie jede andere Erkenntnis; wo sie sich in Verfahrenswidersprüche verstrickt, wird sie – wie jede andere Erkenntnis auch – falsch. Gadamer hat zwar mit Engagement die Dichotomie von Wahrheit und Methode vertreten; indessen kaum mit der absurden Unterstellung, das wissenschaftliche Verstehen spiele sich in anarchischer Regellosigkeit ab. Wohl aber hat er die Hypostasierung der Methode zur Wahrheit an sich abgelehnt, und dies zu Recht.[16] Erst dort also, wo schematisierbare Verfahren auf Grund der zweifelhaften Faszination von Ordnung und Sauberkeit und Sicherheit, die ihnen psychologisch gesehen anhaften, mit der Konstitution von Sinn und dem Reflexionsprozeß über ihn verwechselt werden, beginnt der Skandal. Wo dies nicht der Fall ist, bleibt (fast) jede Methode ein nützliches Mittel.

Also ist zwar jede wissenschaftliche Wahrheit auf methodisch gelenkte Rationalität regulativ angewiesen; das Problem aber, ob dann ein falscher oder ein wahrer Konsens, ein zutreffendes oder ein irriges Vorurteil regelmäßig rationalisiert wird, ist damit noch nicht gelöst. Neopositivistische Wissenschaftsgläubigkeit ist ja bekanntlich enorm rational; dennoch geht sie von einem falschen Konsens aus, auf den zudem noch der Vorwurf zurückfällt, den sie der Hermeneutik macht: daß sie ihren vorgängigen Konsens, ihr Vorurteil, nicht theoretisch begründen könne. Die Bedingung der Möglichkeit, eine der Naturwissenschaft angelehnte Wissenschaftstheorie bruchlos auf intersubjektive Verständigungszusammenhänge übertragen zu können, wurde von den Neopositivisten theoretisch ebenfalls nicht begründet, sondern in dogmatischer Einhelligkeit vorausgesetzt.

Dennoch bleibt der Vorwurf, welcher der Hermeneutik gemacht wird, zu Recht bestehen: auch sie befindet sich dort, wo es um die wissenschaftliche Begründbarkeit ihrer vorurteilenden Konsensusbildungen geht, in einem Dilemma. Die Konstitution von Sinn im Zirkel eines Konsens sagt noch nichts über seine Wahrheit aus. Auch der Irrtum ist zirkulär und im Konsens mit den Irrenden. Gleiches gilt für die Konstitution von Sinn durch Geschichte: daß etwas traditionell als wahr geglaubt wird, sagt noch nichts darüber aus, daß es auch wahr ist.

Die theoretisch notwendige Utopie intersubjektiver Wahrheit

Problematisch ist also die letzte Instanz, die über Wahrheit und Irrtum auch im wissenschaftlich rationalisierbaren Sinnverstehen entscheidet: der intersubjektive Konsens selber und seine Geschichtlichkeit. Auch wissenschaftliche Hermeneutik ist darauf angewiesen, daß in jener Geschichte und in jenem gesellschaftlich eingespielten Konsens, von denen sie während ihrer Erkenntnis befangen ist, Wahrheit wenigstens möglich ist. Daß es Vernunft in der Geschichte ebenso gibt wie in der Gesellschaft und der Sprache. Sie kann aber nicht naiv darauf vertrauen. Da sie vorgängig immer schon davon beeinflußt ist, muß sie vielmehr in einem Akt der Selbstreflexion die vorgängige Wahrheit vom vorgängigen Irrtum begründbar unterscheiden können.

Beginnen wir mit der Wahrheit, die Geschichte hat. Geschichte ist zwar einerseits ein sowohl kontingenter wie unabgeschlossener Prozeß, zum anderen aber geordnet durch die relativ konstante Geltung von Traditionen. Eine objektivierbare Erkenntnis von Geschichte kann es also nicht geben, denn das würde ja voraussetzen, daß ein Standpunkt jenseits ihrer erreicht worden ist. Erst das Ende der Geschichte könnte ein sicheres Wissen über sie ermöglichen (Hegel). Nicht in einzelnen Aussagen über die Geschichte liegt deshalb die volle Wahrheit, sondern in der Totalität des historischen Prozesses selber. Diese bleibt zwar an sich unerkennbar; in jeder einzelnen Aussage aber ist sie dennoch insoweit anwesend, als sie im jeweiligen »Jetzt« durch Tradition wirkt.

Geschichtlichkeit als Traditionsabhängigkeit auch der Erkenntnis läßt sich derart leicht, wie Gadamer dies im Anschluß an Heidegger unternahm, in eine ontologische Kategorie verwandeln: für menschliches Sein ist sie schlechthin konstitutiv. Jede Erkenntnis, die sich dieser Konstitution bewußt bleibt und sie selbstreflektierend bewältigt, ist deshalb a priori wahr, obgleich sie unabgeschlossen und überholbar bleibt. Das Gegenteil gilt dann für geschichtsblinde Erkenntnis. Hermeneutische Wahrheit findet folglich immer dort statt, wo sich die seinsbestimmende Autorität der Tradition ins Bewußtsein der Subjekte fortsetzt. Und dies ist möglich kraft einer zweiten seinsbestimmenden Macht: der Sprache. In ihr teilt sich Tradition und das Bewußtsein über sie zugleich mit. Im »Gespräch« lebt Geschichte wirksam und erkenntnisbildend weiter.

Die Kritik an Gadamers Konzept berief sich prinzipiell zum einen darauf, daß der ontologische Urbegriff der Tradition keine Urteilsregeln für die Wirklichkeit historischer Erkenntnis enthalte.[17] Tradition ist zwar a priori die Voraussetzung vernünftiger Erkenntnis; de facto aber splittert sie sich in kontingente, sich bekämpfende und sich überholende Traditionen auf. Die Entscheidung, welche empirisch bestehenden Traditionen dann dem ontologischen Urbild nahekommen und welche nicht, bleibt zwangsläufig willkürlich.[18] Gadamer selbst liefert ein Beispiel dafür: seine traditionelle Kritik an der Traditionskritik der Aufklärungstradition. Das Spiel mit dem Begriff »Tradition« soll ein Dilemma signalisieren: immer dann, wenn die ontologische Kategorie der Geschichtlichkeit des Menschen in die Kontingenz der empirisch vorhandenen Traditionen überführt werden soll, bleibt es offen, von welcher Tradition sich der Interpret selber geprägt fühlt, für welche er Partei ergreift. Daß es immer irgendeine ist, bleibt davon unberührt.

Zum zweiten moniert die Kritik, daß die Geschichtlichkeit der Erkenntnis ihrem erkenntnistheoretischen Status nach intersubjetiv ist, Gadamers »Gespräch« selber verbürgt es. Tradition ist also letztlich das Produkt einer gesellschaftlichen Willensbildung, die Dauer hat; sie geht auf einen Konsens zurück, der sich zu einer geschichtsbildenden Macht entfaltet hat. Die ontologische Letztbegründung von Wahrheit durch Geschichte wird damit erkenntnistheoretisch zu einem neuen Ausgangsproblem: welche Wahrheit kommt jenem Konsens zu, der sich da wirksam in die Geschichtlichkeit menschlichen Daseins eingeschaltet hat? Daß er es tat, kann nicht schon als Ausweis für Wahrheit gelten, denn auch Irrtümer überleben bekanntlich lange. Anciennität ist ebensowenig eine Bedingung für Wahrheit, wie konservativ bewahrende Haltung ein Ausweis für Vernunft ist. Falls Gadamer dies meinte, erscheint seine Aufklärungskritik noch in einem anderen Licht. Aufklärung beruft sich ja bekanntlich auf die Veränderung von immerschondagewesenen Traditionen durch Vernunft, sei dies evolutionär oder als Revolution gedacht. Gadamers Kritik daran verführt ebenso wie seine Kritik am Aufklärungsanspruch der Psychoanalyse[19] zu der Unterstellung, er setze die ontologische Macht der Tradition realiter mit der Tatsache konservativen Denkens gleich. Es ist aber gleichgültig, ob und daß oder wie er dies beabsichtigt; es liegt in der Konsequenz seiner Argumente, die jedes Aufklärungsengagement ausschließen, obwohl es historisch sehr wirksame Traditionen begründete. Ein derartiges Ausschlußverfahren hat also infolge eben des Hinweises auf Geschichte, durch den es sich rechtfertigt, keine Wahrheit. Es ist ein falsches Vorurteil.

Die ontologische Letztbegründung von Sein und Erkenntnis durch Geschichte hat dann zwar den kaum zu überschätzenden Wert, jede geschichtsblinde oder historisch verkürzte Erkenntnis als falsches Vorurteil auszuweisen; es leistet aber auch nur diese und keine andere Abgrenzung. Ein Kriterium für Wahrheit innerhalb der Geschichte gibt es nicht. Gleiches, so wurde gesagt, gilt nun aber auch für die Konsensustheorie: daß jeder Sinnzusammenhang empirisch durch einen gesellschaftlichen Konsens konstituiert wird, sagt noch nichts darüber aus, ob er auch als wissenschaftlich wahr gelten kann.

Daraus folgt, daß aus der Konstitution von Sinn durch die Empirie von Gesellschaft und Geschichte überhaupt kein zwingendes Kriterium für Wahrheit abgeleitet werden kann. Empirie ist kontingent und deshalb apriori nicht zwingend als wahr oder falsch zu beurteilen. Materiale Bestimmung von Wahrheit in Geschichte und Gesellschaft ist nicht möglich.

Läßt derart die Konstitution von Sinn durch Geschichte und Gesellschaft materialiter kein Kriterium für Wahrheit zu, so heißt das freilich nicht, daß nicht nach einer anderen Möglichkeit gesucht werden könne: nach der formalen Bestimmung der Wahrheit durch die Legitimität von Verfahren, nach einer »regulativen Idee« (Kant). Dergleichen unternimmt auch der Neopositivismus: sein gesamter Wahrheitsbegriff ist auf der Legitimität wissenschaftlicher Verfahrensweisen aufgebaut. Indes ignoriert er die Konstitution von Sinn durch Gesellschaft und Geschichte; seine Verfahren haben deshalb für die Wahrheit hermeneutischer Erkenntnis nur relativen, nämlich äußerlichen Wert. Umgekehrt muß jede regulative Idee der Wahrheit dann, wenn sie der Hermeneutik angemessen sein will, auf die Konstitution von Sinn durch das Gattungssubjekt und seine Gesellschafts-Geschichte beziehbar bleiben.

Wo die regulative Idee der Wahrheit im Gattungssubjekt selber gesucht wird, beginnt das Bemühen der Transzendentalphilosophie. Sie untersucht von Haus aus (Kant) ein menschliches »Vermögen« der Vernunft, das es gestattet, zu allgemein gültiger Erkenntnis kraft bestimmbarer Regeln vorzustoßen, die allgemeine Geltung eben a priori erzeugen. Wird sie darüber hinaus wie bei Habermas und Apel auf Verständigungssituationen bezogen, so untersucht sie entsprechend ein Vermögen menschlicher Vernunft, das es gestattet, zu allgemein gültiger Wahrheit im Konsens kraft bestimmter Erzeugungsregeln vorzustoßen. Die Vernunft des Gattungssubjekts kommt intersubjektiv zur Geltung, und dies bedeutet dann, daß sie sich in der sprachlichen Struktur der Verständigungsakte auch auffinden lassen muß.

Daraus folgt zunächst die Theorie von der natürlichen Umgangssprache als notwendigem Organ der Wahrheit.[20] Ihre Grammatik (langue) ist ohnehin intersubjektiv verbindlich. Darüber hinaus gestattet ihre wirkliche Verwendung theoretische Unterscheidungen von wahren und falschen Tatsachenbehauptungen ebenso, wie sie praxiswirksame Selbstreflexion der Subjekte über sich selbst und ihr Handeln zuläßt. Jede wissenschaftliche Verfremdung von Sprache, die auf der Suche nach eindeutiger Mitteilung den metasprachlich definierten Begriff und die formalisierte Syntax entwirft, ist deshalb auf die natürliche Umgangssprache als ihre letzte transzendentale Grundlage angewiesen. Wo die Formalisierungen nicht mehr dazu dienen, deren Regeln des Objekt- und des reflexiven Subjektbezugs abzubilden, werden sie zu einem leeren Konstrukt. Der Begriff zielt am Gegenstand der Hermeneutik, an intersubjektiven Verständigungssituationen, planvoll vorbei. Wissenschaftliche Metasprache bleibt demnach in der Hermeneutik ebenso zirkulär auf die natürliche Sprache angewiesen, wie das wissenschaftliche Verstehen zirkulär in einem vorgängigen Konsensus befangen bleibt. Da neopositivistische Theorien die gesamte Konstitution von Sinn aus ihrem Theoriehorizont ausgesperrt haben, folgt, daß sie auch ihre sprachphilosophische Komponente kopfschüttelnd abweisen.[21] Der wissenschaftliche Skandal hat mehrere Ebenen.

Wahrheit hat folglich ein empirisches Substrat: in jeder sprachlichen Verständigung ist sie intentional angestrebt, was prognostisch auch für jede Verständigung der Zukunft unterstellt werden kann. Wo ich nicht mehr daran glaube, daß in Kommunikation Wahrheit erzeugt werden kann, bleibt als Konsequenz nur noch Verstummen oder Gewaltanwendung. Die Tatsache, daß ich rede, setzt den Glauben voraus, daß Wahrheit in der Verständigung angestrebt sei. Sie unterstellt das Ethos der »Wahrhaftigkeit« (im Gegensatz zur Lüge, zur bewußten Täuschung) als eine Regel, die jede Kommunikation mindestens auch leitet. Der Wahrheitsanspruch jeder natürlichen Kommunikation ist regulativ für sie und deshalb unbegrenzt wirksam, solange kommuniziert wird. Zugleich freilich ist er gebrochen durch die Kontingenz faktisch wirksamer Zwänge in Geschichte und Gesellschaft. Die Realität des Gattungssubjekts ist vernünftig und unvernünftig in einem, und jede transzendentale Begründung von Vernunft hat sich deshalb die Arbeit zuzumuten, das Vernünftige vom Gegenteil zu trennen. In der Tat ist dies das alte (transzendentale) Aufklärungskonzept von der »natürlichen« Vernunft des Menschen, die zirkulär Gegenstand und Voraussetzung auch der wissenschaftlichen ist. Die historische Aufklärung über das Subjekt (im 18. Jh.) verwendete es polemisch gegen das Schulschema syllogistischen Schließens, das von Scholastik und Naturwissenschaft dogmatisch institutionalisiert wurde und den Anspruch erhob, daß Wahrheit nur in der »förmlichen« Kunstdisziplin einer von der natürlichen Vernunft des Subjekts abgehobenen Wissenschaft möglich sei. Die gegenwärtige Aufklärung über das Gattungssubjekt wehrt sich entsprechend gegen das Schulschema der Hypothesenbildung in wissenschaftlicher Metasprache, das ihr die gegenwärtige Scholastik aus Neopositivismus und Naturwissenschaft aufdrängen will. Der Skandal hat eine lange Geschichte.

Die geschichtlichen Vergleiche stellen sich nicht zufällig ein. Gleich ist auch die Selbstbefreiung der natürlichen Vernunft des Gattungssubjekts von der unvernünftigen Kontingenz faktischer Zwänge. Kant entwirft regulative Ideen wahrer Erkenntnis und allgemeingültigen Handelns; Habermas thematisiert Sprache und entwirft folglich die regulative Idee eines Diskurses, der von expressiven Affektäußerungen ebenso entlastet sein muß wie von kontingenten Handlungszwängen, die den Prozeß der sprachlichen Selbstverwirklichung von Wahrheit über den Menschen und durch ihn stets von außen zu unterbinden drohen. Vernunftgeleitete Intersubjektivität in natürlicher Sprache wird also autonom gesetzt: dies ist die Bedingung der Möglichkeit für ihre Wahrheit. Wahrheit setzt eine ideale Sprechsituation voraus. Analog gedacht ist auch Apels »ideale Kommunikationsgemeinschaft«, die sich durch symmetrische Beziehungen zwischen den Partnern, Unbegrenztheit der Diskussion und gleichfalls Entlastung von Außenzwängen auszeichnet.[22]

Die transzendentale Idee ist in der Tat die einzige Möglichkeit, überhaupt noch ein Kriterium für die Wahrheit intersubjektiver Konsensusbildungen aufzustellen. Nur dort, wo Subjekte sich gegenseitig als vernunftfähig anerkennen, Widersprüche rein argumentativ bewältigt werden und die »kommunikative Synthese« von Vormeinungen ausschließlich unter den Bedingungen intersubjektiver Selbstreflexion verläuft, kann ein wahrer Konsens erzeugt werden. Annäherungsweise trifft die Idee auf wissenschaftliche Diskussion zu. Sie definiert also die Bedingung der Möglichkeit, Wahrheit im Verständigungsprozeß der Wissenschaftler untereinander zu finden. Also ist die transzendentale Letztbegründung für jede wissenschaftliche Verständigung dann ein apriori, wenn diese das Prädikat für sich in Anspruch nehmen will, wahrhaft zu sein.

Zugleich ist sie »utopisch«, sofern darunter eine intentionale Kategorie verstanden werden soll[23]: sie entwirft aus der gegebenen und durch Falsches gestörten Welt der Kommunikation den Idealzustand einer möglichen und wahren. Die Utopie ist einerseits für Wissenschaft notwendig erkenntnisleitend: ohne sie hätte sie keinerlei begründbare Selbstrechtfertigung ihres Tuns. Sie ist gebrochen und entstellt aber auch in der historischen Wirklichkeit kommunikativer Willensbildung in der Gesellschaft vorhanden. Aus ihr wurde sie ja abstrahiert und zur Bedingung auch der Wissenschaft gemacht. Die alltägliche Kommunikation hat, mit Bloch zu reden, den »Vor-Schein« einer Wahrheit, der sie mithin auch leitet und durch die transzendentale Selbstreflexion der hermeneutischen Wissenschaft zur idealen Existenz finden läßt.

Zirkulär ist also wissenschaftliche Hermeneutik überhaupt: von der natürlichen Umgangssprache und ihrem intersubjektiven Sinn bleibt sie ebenso befangen wie von dem fragmentarischen Vorschein ihrer Wahrheit. Zugleich freilich geht sie unter der erkenntnisleitenden Idee der autonomen Vernunft stets schon über die faktische Gebrochenheit des Wahren im naturwüchsigen Prozeß der Kommunikation hinaus: und dies erst macht sie zur Wissenschaft. Was vordem nur »Vor-Schein« war, verselbständigt sich im wissenschaftlichen Reflexionsprozeß zur Idealität des Daseins. Die Verselbständigung findet im selbstkritischen Prozeß der wissenschaftlichen Verständigung statt: diese hat sich von all jenen vorurteilenden Konsensbildungen oder auch Teilen davon abzusetzen, denen die regulative Idee der Wahrheit nicht zukommt. Mit der regulativen Idee der Wahrheit ist folglich auch ein Maßstab zur Kritik am falschen Konsens notwendig aufgestellt.

Als nicht wahrhaft kritisiert wird, was der vernunftgeleiteten Intersubjektivität heteronom bleibt. Dies ist die Kontingenz des Faktischen überhaupt und also zunächst die empirische Geschichte. Die transzendentale Utopie der Wahrheit läuft, absolut gesehen, auf Kritik an der falschen Geschichte mit dem Ziel hinaus, die in ihr mögliche Wahrheit aus dem bloßen Schein zu befreien und ihr zur annäherungsweise idealen Existenz zu verhelfen. Die erkenntnisleitende Utopie der Wahrheit muß im Falle der Hermeneutik das Ende der nicht-wahren Geschichte mitdenken: dies meint der Terminus der »Universalgeschichte« (bei Habermas).

Die Geschichte des Gattungssubjekts ist die Geschichte seiner Gesellschaft. Also muß die Utopie der Wahrheit zwangsläufig auch zur Kritik des nicht-wahrhaften Konsensus im Prozeß gesellschaftlicher Willensbildung führen, und mit dem Ende einer falschen Geschichte auch das Ende einer falschen Gesellschaft mitdenken.

Die theoretisch notwendige Utopie der Wahrheit schlägt so in ein praktisches Erkenntnisinteresse um. Dieses ruft zur transzendentalen Selbstbefreiung der Vernunft in Gesellschaft und Geschichte vom Gegenteil auf: von all jenen heteronomen Zwängen, die Wahrheit verhindern; von intersubjektiv sich einspielenden Zwangsverhältnissen, von dogmatisch institutionalisierter Herrschaft des Menschen über den Menschen. Wo sie vorhanden sind, ist sowohl die ideale Kommunikationsgemeinschaft wie das Diskursmodell de facto außer Kraft gesetzt und also auch die Bedingung der Möglichkeit für Wahrheit. Die praktische Kritik ist erkenntnistheoretisch notwendig eben deshalb, weil die Bedingung der Möglichkeit für einen wahren Konsens die Abwesenheit von intersubjektiven Zwangs- und Gewaltverhältnissen voraussetzt. Die theoretische Vernunft der Hermeneutik ist von ihrer praktischen folglich nur unter dem Preis eines falschen Vorurteils abtrennbar.

Die praktisch notwendige Utopie des guten Lebens

Praktische Vernunft ist von jeher am humanen, am guten Leben interessiert, an der ethisch »sinnvollen« im Gegensatz zur ethisch »sinnlosen« Existenz. Zwar hat jede Existenz Sinn, denn sie ist durch die Intersubjektivität eines normativ geltenden Konsensus geprägt. Dies bedeutet aber nicht, daß der Sinn schon gut und einsichtig sei; daß er einen »Wert« habe, ein »bonum« verwirkliche. Sinnvolle Existenz kann dann praktisch Vieles und Widersprüchliches meinen: die Möglichkeit der individuellen Befriedigung von Bedürfnissen, von Liebe ebenso wie von Sicherheit und ihrer Verdinglichung im Besitz oder von Herrschaft. Dergleichen steht gerade auch in der ästhetischen Literatur immer zur Debatte: der gute Sinn wird ebenso wie der schlechte diskutiert. Darüber hinaus aber ist es das universale Ziel der praktischen Vernunft, eine sinnvolle Existenz zu denken, die im Rahmen gesellschaftlichen Zusammenlebens widerspruchsfrei bleibt. Sie reflektiert also über den Zusammenhang individuellen und gesellschaftlichen Seins mit dem Ziel, zur Möglichkeit des allgemeingültigen »Friedens« im sittlich begründbaren Rechtszustand vorzustoßen (Kant)[24]. Die Konflikt- und Repressionsfreiheit des »Friedens« ist ein Denkmotiv, das alle einzelnen und konkreten Probleme individuell befriedigender Existenz in das universale und nicht mehr transzendierbare Konzept einer ethisch begründbaren Gesellschaft stellt. Sinn ist der ethisch regulativen Idee nach dort gut, wo das Gattungssubjekt Mensch mit sich selbst in Frieden lebt.

Zugleich ist dieser total ethische Sinn eine Utopie. Bereits der Gedanke an sich wie seine Mitteilung in Sprache sind stets schon geprägt durch sein Gegenteil: durch die Erfahrung des heillosen Widerspruchs, die Realität von Gewalt; durch den gesellschaftlichen Kriegszustand, in dem sich individuelle oder kollektiv organisierte Bedürfnisse nach dem guten Leben gegenseitig bekämpfen; durch das Unrecht. Und wie die theoretisch regulative Idee der Wahrheit daraus entsteht, daß sie in der Erfahrung bereits als »Vor-Schein« gegeben und vom Gegenteil bereinigt worden ist, so hat auch die praktisch regulative Idee des guten Lebens durchaus ein empirisches Substrat. Als »Vor-Schein« und vermischt mit dem schlechten Leben ist auch sie stets historisch erfahrbar gewesen. Zur Utopie wird sie also erst dort, wo sie als reine Idee gedacht wird, die in die Zukunft verweist.

Hermeneutik ist von jeher an der Erhaltung und Verbesserung der menschlichen Kommunikation interessiert gewesen (und sei's auch in der Interpretation von ästhetischen Texten). Ihr ethisches Engagement, ihr »Gutes« liegt ebenso wie die

Idee ihrer Wahrheit im Interesse an friedlicher Verständigung auf der Basis gegenseitiger Anerkennung. Diese aber ist in der Geschichte nie ungebrochen vorhanden gewesen, die Traditionen intersubjektiver Freiheit waren immer schon von Traditionen intersubjektiver Zwangsverhältnisse durchsetzt. So ist auch die Selbstverwirklichung der Vernunft bei Kant an die Voraussetzung der Freiheit mündig diskutierender Bürger gebunden. Wo sie von Herrschaftszwängen des absolutistischen Staates gegängelt bleiben, ist mit der Wahrheit der Vernunft auch die Ethik ihres kategorischen Imperativs de facto zerstört.[25] Dies ist politisch gedacht, doch es läßt sich übersetzen ins zwischenmenschlich Private. Seit der Aufklärung eines Thomasius oder eines Lessing tritt die wahre und gute Kommunikation mit einem Sollanspruch an die Individuen auf: selbstreflektierend haben sie sich von der dogmatischen Rechthaberei zwanghaft geltender Normen zu befreien. Das Gegenteil der Rigidität zwanghafter Normen aber ist Toleranz und eine Sympathiebereitschaft gegenüber dem noch unverstandenen Fremden – die Zuwendung aus vernunftgeleiteter Achtung vor der Verletzbarkeit der Subjekte durch ihren eigenen Zwangs-Konsensus ist.

Die praktische Utopie des guten Lebens enthält derart einen Sollanspruch, der erst mit dem Ende des schlechten Lebens irrelevant wäre: mit dem Ende historischer Zwangsverhältnisse, die sich allgemein institutionalisieren und individuell reproduziert werden. Wie die Geschichte, so ist auch das Interesse an ihrer Verbesserung ein unabgeschlossener Prozeß. Das Wahre muß gegen das Unwahre und die »Humanität« gegen die »Brutalität« (Herder)[26] immer wieder neu durchgesetzt werden. Jede Gesellschaft, die diesen Impuls aufgibt, gibt nicht nur den Gedanken an eine bessere Zukunft auf; sondern sie regrediert in die Brutalität ihres »Naturzustands«. Die Utopie stellt sich zwar nie vollends ein. Als bewußtseins- und handlungsleitende Richtlinie kann sie jedoch nur um den Preis der Selbstzerstörung ignoriert werden. Die Utopie des Humanen hat denselben notwendigen Orientierungswert wie die Utopie des Wahren; und beide sind begründbar voneinander abhängig.

Die Exkurse verweisen auf das zentral-emanzipatorische Denkmotiv der praktischen Vernunft, das sich mit der Entstehung der modernen bürgerlichen Gesellschaft im 18. Jh. außerordentlich verbreitet und vertieft und bis heute erhalten hat. Im Gegensatz zu diesem Denkmotiv steht traditionell der pragmatische Zweck, den naturwissenschaftliche Erkenntnis verfolgen muß. Zweck ihrer objektivierbaren Wahrheit über Natur ist deren technische Beherrschung durch den Menschen, die Emanzipation des Menschen zielt hier auf Unterwerfung der Natur. Theoretisch durch Wissenschaft ermöglicht, realisiert sich der Zweck in der Sphäre von produzierender Arbeit. Da die gesamte neopositivistische Wissenschaftstheorie sich ans Paradigma der Naturwissenschaft anlehnt, übernimmt sie mit dem Objektivitätsideal der Erkenntnis folglich zugleich deren instrumentalen Zweck: sie behandelt die intersubjektive Wirklichkeit der Gattung Mensch wie ein Stück Natur, das zur Disposition technischer Herrschaft steht. Das Modell der Befreiung von Naturzwängen kehrt sich so gegen den Menschen selbst.

Der Streit zwischen dem gegenwärtigen Positivismus und der gegenwärtigen Hermeneutik ist also letztlich und traditionellerweise ein Streit um die Notwendigkeit und die Legitimität der praktischen Vernunft in der Wissenschaft: um ihre Wertgebundenheit vs. Wertfreiheit (Positivismusstreit).[27] Mit der neopositivistischen Ablehnung der Hermeneutik als Wissenschaft ist dann zwangsläufig ein Akt praktischer Ablehnung von Humanität als Gegenstand und Voraussetzung der Wissenschaft verbunden.

In diesem Zusammenhang hat die Transzendentalhermeneutik einen kaum zu überschätzenden, wissenschaftsstrategischen Wert. Sie begründet das Gute nicht mehr aus Gründen des Engagements, sondern als notwendige Voraussetzung jeder Wahrheit, die sich im intersubjektiven Konsens über Sinnzusammenhänge aufhält. Sie greift den Gegner mit dessen eigenen Mitteln der Wissenschaftsgläubigkeit an: wo Wahrheit in intersubjektiven Sinnzusammenhängen begründet wird, gilt, daß sie nicht nur nicht wertfrei sein kann, sondern daß sie unwahr werden muß, sobald sie sich dem Postulat der Wertfreiheit unterwirft. Der wissenschaftsstrategische Wert wirkt sich in der »Falsifikation« des Gegners aus, und insofern ist er zunächst und hauptsächlich negativ nach außen bezogen: man greift aus der Defensive an.

Positiv begründet er das Engagement der älteren Kritischen Theorie, wie sie vor allem von Horkheimer entwickelt wurde.[28] Mit ihr teilt auch die Transzendentalhermeneutik die Behauptung, daß jede Wissenschaft über den Menschen zugleich theoretische und praktische Vernunft aufzunehmen habe, daß sie Wissenschaftstheorie, Gesellschafts- und Geschichtstheorie in einem sein müsse. Jedes Vorurteil, das Wissenschaft autonom setzt und von den vorgängigen Bestimmungen der Geschichte und der Gesellschaft befreit, ist apriori falsch, denn es verfehlt mit der Konstitution des Gegenstands auch die Möglichkeit seiner wissenschaftlich wahren Erkenntnis; sowie weiterhin die Möglichkeit, die Evolution der Gattungsgeschichte zur Zukunft der Wahrhaftigkeit des Konsensus und der Sittlichkeit des guten Lebens wenigstens zu denken.

Horkheimer berief sich noch auf den ursprünglich marxistischen Garanten der Zukunft, auf das Proletariat und den intersubjektiven Konsens des Klassenbewußtseins. Habermas verzichtet auf die materiale, nämlich durch politische Ökonomie bestimmte Wahrheit im Selbstbewußtsein der Klasse; ihm geht es allein noch um die Wahrheit im Konsens schlechthin, um ihre transzendentale Struktur. Wissenschaftsgeschichtliche und politische Bedingungen, die zur Transformation der älteren Kritischen Theorie führten, lassen sich angeben und sind zum Teil auch angegeben worden (s. o.). Sie können hier ebensowenig zum Problem gemacht werden wie die Evolutionstheorie, die sich (bei Habermas und Apel) der Transformation anschloß. Wesentlich in unserem Zusammenhang ist allein die Tatsache, daß die neuere Kritische Theorie eine Begründung hermeneutischer Erkenntnis auch in der Literaturwissenschaft liefert, die im Prinzip kaum überholbar sein dürfte. Das »szientistische« Legitimationsloch der Hermeneutik, das sie seit Dilthey offen in die chronische Selbstrechtfertigung hineintrieb und sich ähnlich auch im Legitimationsloch der älteren kritischen Theorie (gegenüber dem Standard des Wissenschaftsbetriebs) äußerte, ist mindestens grundsätzlich bewältigt. Zugleich damit ist ein Maßstab für Kritik gesetzt, der nun allerdings neben dem Neopositivismus auch die traditionelle Hermeneutik betrifft.

Die regulative Idee der Wahrheit und des guten Lebens

erstellt einen notwendigen Maßstab für (Ideologie-)Kritik, so wurde schon gesagt. Von Momenten der Unwahrhaftigkeit und des schlechten Lebens durchsetzt ist bisher jeder Konsensus gewesen. Wo Hermeneutik nicht das Moment historischer Zwänge mitreflektiert, das sich in ihr mit der Notwendigkeit der Geschichte behauptet, wird sie zwangsläufig zu deren Rechtfertigung: sie tut so, als seien jene Wahrheit und jene Humanität historisch schon erreicht, die erst in einer endlosen Zukunft einlösbar sind. Sie denkt die Autonomie des Gattungssubjekts Mensch, ohne die Konstitution des Gedankens durch heteronome Zwänge zu berücksichtigen. Der Wunsch ist der Vater des hermeneutischen Gedankens.

Damit ergibt sich allerdings auch ein erstes empirisches Dilemma. Jene Unterstellung der Wahrhaftigkeit und der Zurechnungsfähigkeit nämlich, welche die Transzendentalhermeneutik mit der natürlich gesprochenen Sprache auch den sprechenden Subjekten zukommen lassen muß, um ein Kriterium für den wahren und guten Konsens zu gewinnen, wird im Prozeß der Ideologiekritik wieder liquidiert. Das bessere belehrt das schlechtere Bewußtsein in einer Weise, die am Paradigma des Psychoanalytikers illustrierbar ist: dieser behandelt den Patienten nicht als gleich-zurechnungsfähigen Partner, sondern als ein Opfer undurchschauter Zwänge, das solange in den zwanghaften Verzerrungen seines schlechten Lebens auch sprachlich befangen bleibt, solange es die transzendentale Mündigkeit des Psychoanalytikers nicht im Prinzip selber erreicht hat.[29] Die Modellsituation läßt sich auf Ideologiekritik im Zusammenhang von Gesellschaft und Geschichte übertragen: hier ist das olympische Bewußtsein – dort sind die Niederungen »selbstverschuldeter Unmündigkeit« (Kant). Mit derselben Notwendigkeit also, mit der sich die Ideologiekritik am transzendentalen Maßstab des wahrhaften und guten Lebens oder der Vernunft im Gattungssubjekt orientieren muß, verletzt sie ihn empirisch. Dem Gegenüber spricht sie die Qualifikation ab, die mögliche Vernunft des autonomen Gattungssubjekts auch tatsächlich verwirklicht zu haben. Mehr als ein »Vor-Schein« ist ihm nicht anzumerken. Sie belehrt folglich einseitig und autoritär, wenn auch mit der friedlichen Autorität der Vernunft, die auf die Überzeugungskraft ihrer richtigen Vorurteile und auf ihre

Rhetorik vertraut.

Der Widerspruch ist notwendig, die Utopie der freien, gleichen, gegenseitigen und unbegrenzten Kommunikation hat ihre empirischen Grenzen auch für denjenigen, der sie vertritt.[30] Jede Utopie von Wahrheit und Humanität muß dort, wo sie sich empirisch mit der gegebenen Welt einläßt, prinzipiell einiges an der Aura ihrer Idealität einbüßen. Sie wird zum »Schein« (Kant), zum »kontrafaktischen« Regulativ (Habermas), das nicht ungeschoren an der Faktizität des Daseins vorbeikommt, dennoch aber notwendige Orientierung bleibt.

Daraus folgt nun allerdings ein weiteres Dilemma sowohl für die konkret-empirische Gegenstandserkenntnis der Hermeneutik wie für das konkrete zwischenmenschliche Handeln in Gesprächssituationen. Die regulativen Ideen, so notwendig sie sind – sie sind keineswegs dagegen gefeit, falsch angewendet zu werden. Ob sie in die konkrete Gegenstandserkenntnis (etwa eines Textes) auch richtig umgesetzt werden, ist ein Problem, das offen bleibt und gerade für Ideologiekritik sehr wichtig ist. Empirisch gibt es ja immer nur die annäherungsweisen Formen des »Vor-Scheins« von Wahrheit und Humanität. Wer garantiert nun dafür, daß die Relation von Wahrem und Falschem, Gutem und Schlechtem empirisch adäquat erkannt wird? Daß einerseits nicht zur schon erreichten Idealität hochstilisiert wird, was deutlich die Spuren historischer Zwänge trägt; zum anderen aber auch nicht als pure Ideologie abgewertet, was immer noch, und sei's auch noch so gebrochen, die transzendentalen Konturen der Wahrhaftigkeit und des guten Lebens an sich hat?

Es ist dies das Problem bereits in Kants *Kritik der Urteilskraft.* Dem Urteilsvermögen bleibt es überlassen, die allgemeinen Regeln der Vernunft auf den besonderen Fall der Erfahrung zu übertragen, die Dialektik zwischen beiden zu bemeistern. Eine empirische Garantie für Wahrheit gibt es dabei aber nicht, die Transformation des Allgemeinen ins Besondere ist selber nicht mehr schematisierbar. Folglich steht man vor dem Dilemma, daß es zwar wahre und begründbare Vorurteile der transzendentalen Form nach gibt; materialiter aber, auf Empirie bezogen, kann es dennoch falsche Erkenntnis geben. Wie jedes hermeneutische Vorurteil apriori falsch ist, wenn es die transzendentalen Bestimmungen der Wahrhaftigkeit und der Humanität ignoriert; so ist auch jeder konkret-empirische Verstehensakt dann falsch, wenn er den Reflexionsprozeß nicht bis zu einem Ende durchführt, das der Sache adäquat ist – mag auch das Vorurteil stimmen.

Die regulativen Ideen der Wahrheit und der Humanität haben folglich zwar den sowohl wissenschaftsstrategischen wie geschichtlich und gesellschaftlich wichtigen Wert, grundlegende Probleme intersubjektiver Existenz als grundlegende Probleme der Wissenschaft notwendig auszuweisen; sie begründen die Legitimität der praktischen Vernunft in der Hermeneutik wissenschaftlich. Über die materiale, die empirische Wahrheit konkreter Gegenstandserkenntnis aber können sie ebensowenig etwas befinden wie Gadamers Geschichtsontologie etwas über die Wahrheit der wirklich vorhandenen Traditionen zu sagen wußte.

Die regulativen Ideen müssen vorausgesetzt werden, sie grenzen den Problemhorizont ab, innerhalb dessen sich hermeneutische Erkenntnis bewegen muß. Herrscht darüber ein grundsätzlicher Konsens, so kann dann erst jedes Problem, ob eine hermeneutische Aussage dem Gegenstand adäquat sei oder nicht, wieder auf dem Weg des rein empirischen Konsens gelöst werden: die Zustimmung der anderen entscheidet. Solche Zustimmung bleibt wie üblich historisch überholbar, verbesserbar in der endlosen Diskussion; und sie bleibt weiterhin auf eben die Verbindung von differenzierender Analyse und spekulativ vorauseilender Phantasie angewiesen, die Reflexion heißt.[31]

Die ästhetische Form des wahren und guten Lebens

Die Begründung der Hermeneutik samt ihrer Problematik muß, wenn sie richtig sein soll, für alle Wissenschaften gelten, die sich mit intersubjektiven Sinnzusammenhängen befassen, also auch für die Literaturwissenschaft. Insofern ist für deren Belange nichts hinzuzufügen. Es muß jedoch weiterhin begründbar sein, weshalb nicht nur primär philosophische, politische oder soziale Verständigungssituationen für hermeneutische Erkenntnis legitimerweise ausgewählt werden können und müssen, sondern auch ästhetische, und insofern ist noch einiges nachzutragen. Hinzuzufügen nämlich ist der Nachweis, daß auch ästhetische Kommunikation regulativ von den Utopien der Humanität und der Wahrheit geleitet wird.

So historisch gebrochen und ästhetisch verfremdet die praktische Vernunft des Friedens in der ästhetischen Literatur auch auftreten mag – sie ist in der Tat regulativ für sie, mithin eine transzendentale Bestimmung dafür, daß es sie gibt. Ohne das zentrale Denkmotiv der praktischen Vernunft ist bislang noch keine ästhetische Literatur aufgetreten, und sei's auch, daß sie es kritisiert. So behaupten auch Unsinnsgedichte in der anarchischen Freisetzung der Phantasie die Legitimität einer praktisch sinnvollen Gestalt mindestens für einen Leser, der mit dem Bewußtsein seiner Alltagszwänge zugleich die Impulse ihrer Zerstörung oder die Sehnsucht nach ihrer Aufhebung mitträgt. Darüber und über Vergleichbares gibt es ästhetische Theorien, die von der Aufklärung bis in die Gegenwart reichen. Betont wird stets, daß das gute Leben nicht nur in der Botschaft der Texte thematisiert oder problematisiert, sondern zugleich zur formalen Regel wird, nach der ästhetische Kommunikation sich abspielt.

Erzeugt wird ja stets die unzerstörte, die totale Wahrnehmungs- und Erfahrungsfähigkeit des Subjekts. In jedem ästhetischen Text verbinden sich im Prinzip die akustische Musikalität sprachlicher Rhythmik und Melodiebildung, die visuelle Eindringlichkeit konkreter Bilder und das Reflexionsvermögen der natürlichen Sprache zur Einheit seiner ästhetischen Struktur. Jedes mögliche Verhältnis des Subjekts zu seiner Welt ist hier aufgehoben; in jeder Textlektüre wird es dem Leser als Gesamtreiz angeboten, den er kreativ zu übernehmen hat, wenn er ihn verstehen will. Es ist dann gleichgültig, ob die ästhetische Erfahrung als eine »Versöhnung« der sonst aufgesplitterten Empfindungs- und Denkvermögen des Menschen interpretiert wird, die transzendentaler Friede des Subjekts mit sich selbst ist (Schiller); ob sie als Harmonie des sonst gespaltenen Weltzustands begründet wird (Hegel); oder ob sie als Prozeß begriffen wird, der kreatives Spiel mit Sprach- und Weltsituationen immer wieder freisetzt und derart zur »Innovation« und Evolution des Subjekts in Richtung auf ein besseres, ein offenes Verhältnis zu seiner Welt verhilft (Mukařovsky). Die Interpretationen sind unterschiedlich, halten dabei aber ein Identisches fest: die ästhetische Erfahrung ist ein privilegiertes, ein gutes Verhältnis des Subjekts zu seiner Welt. Die Thematik wie die Regeln ästhetischer Kommunikation sind also ästhetische Äußerungen der praktischen Vernunft und nichts anderes. Ein utopischer Vorschein auf das gute Leben findet immer dort statt, wo Kunst ist.

Nicht anders verhält es sich mit der regulativen Idee der Wahrheit im ästhetischen Gewand. Der Fiktionalitätsvorbehalt besagt ja weiter nichts, als daß (mit Ausnahme von Schlüsselromanen und anderen dokumentarisch-fiktiven Mischgattungen) nichts dargestellt wird, was sich authentisch in der Geschichte zugetragen hätte; daß weiterhin ein Leser vorausgesetzt wird, der die illusionäre, die fiktive Tatsachenwelt in der Literatur von der Wirklichkeit draußen unterscheiden kann und will. Das heißt: Unterscheidungen zwischen wahren und falschen Tatsachenbehauptungen sind im Prinzip hinfällig. Es besagt aber nichts über die immaterielle Wahrheit des mitgeteilten Sinns. Denn daß jeder Text dem Leser gegenüber beansprucht, wahre Aussagen über subjektbezogene Welt und die Möglichkeit des guten Lebens zu machen, dies kann ebenso unterstellt werden wie bei jeder beliebigen mündlichen oder nicht-ästhetischen Kommunikation.[32] Ebenso, daß sich jeder Leser ästhetischer Literatur prinzipiell auch vom Lektüremotiv der Wahrheit leiten läßt, und also unenttäuscht die Kommunikation nur solange aufrechterhalten kann, als er dem Wahrheitsanspruch des Textes zustimmt.

Desgleichen sind die Bedingungen ästhetischer Unwahrheit identisch mit allen anderen Verständigungssituationen. Zwar ist der ästhetische Verständigungsakt a priori friedlich und zwanglos, ja, er ist ein Paradigma für die praktische Vernunft des Friedens (s. o.). Dennoch gehen sowohl die ästhetische Form wie die ästhetische Thematik des guten Lebens auf einen Konsens zurück, der durch vorgängige Zwänge der historischen Welt schon entstellt ist und dem Schönen selbst heteronom bleibt. In der politischen und moralischen Zensur nach dem Prinzip der Aufrechterhaltung von Herrschaft und in der ökonomischen Zensur nach dem Prinzip der Profitmaximierung sind sie am offensichtlichsten. Hier wird der Wahrheitsanspruch des guten Lebens im ästhetischen Gewand massiv verzerrt: er wird zur ästhetischen Oberfläche vorgängiger Zwangsakte, zur Herrschafts- oder Warenästhetik, die – Beispiel Trivialliteratur – für das Subjekt primär kompensatorische Funktion erfüllt. Allerdings verliert das Schöne auch in seiner Verzerrung nie gänzlich den ursprünglichen Charakter. Es ist dies wie mit den regulativen Ideen der Wahrheit und der Humanität – auch wenn sie empirisch gebrochen werden, bleiben sie als transzendentaler Schein erhalten.

Besondere Aufgabe literaturwissenschaftlicher Hermeneutik ist es, die historisch-gesellschaftlichen Verzerrungen in der ästhetischen Regel des guten Lebens zu begründen. Das kann sie einerseits nur dann, wenn sie wie jede kritische Hermeneutik zugleich Gesellschafts- und Geschichtstheorie ist. Zum anderen nur dann, wenn sie die transzendentalen Regeln der wahren und der falschen Konsensusbildungen auf die Besonderheit ästhetischer Texte bezieht. Ihre zirkuläre Befangenheit in der Struktur der ästhetischen Mitteilung kann sie also nicht gänzlich sprengen, ohne aufzuhören, eine Wissenschaft von der ästhetischen Literatur zu sein. Sie muß aber die Idee des wahren ästhetischen Konsensus mit der oder gegen die Wirklichkeit, aus der ihre ästhetischen Texte hervorgehen, aufarbeiten; sonst hört sie auf, eine theoretisch begründbare Wissenschaft über intersubjektive Sinnzusammenhänge zu sein. Dies ist zugegebenermaßen ein schwieriges Geschäft, bei dem leicht entweder die Idealität des Schönen oder die Realität der Gesellschaft zu kurz kommt.

Auch diese Schwierigkeit hat ihre Tradition. Die transzendentalhermeneutische Ableitung des wahrhaft Schönen läßt sich ebenso leicht wie die transzendentalhermeneutische Ableitung von Wahrheit und Humanität überhaupt auf Kants philosophisches System zurückbeziehen: idealiter schön ist demnach allein ein spielerisches Verhältnis zur Wirklichkeit, nicht diese selbst. Sobald man sich darauf einläßt, die Realität selber zu bestimmen, ist das Erfahrungs- und Reflexionsspiel der Ästhetik zerstört. Man kann und soll diese transzendentale Idee als Regulativ für literaturwissenschaftliche Hermeneutik aufrechterhalten; zugleich muß man sie dann zerstören, wenn es eben jenseits von ästhetischen Problemen um die Wirklichkeit geht, die ästhetisiert wird. Denn ohne die Konstitution durch den nicht-ästhetischen Konsensus gesellschaftlich-geschichtlicher Herkunft tritt kein ästhetisch regulierter Verständigungsprozeß auf. Die Geschichte der praktischen

Vernunft und die Geschichte der Zwangsverhältnisse verleihen sich gleichermaßen die Humanität des ästhetischen Scheins – dieser ist stets durch das Nicht-Schöne oder Häßliche konstitutiv bestimmt, und an eben diese Gebrochenheit hat sich schließlich auch jede Literaturwissenschaft zu halten, die ihrem Gegenstand adäquat sein will.

Jede Veränderung ästhetischer Spielformen ist folglich ein Indikator für gesamthistorische Prozesse, sie verweist auf Änderungen in der Wirklichkeit der Gesellschaft zurück. Eine Theorie der Evolution ästhetischer Erfahrungsmöglichkeiten hat deshalb nur im Zusammenhang einer Evolutionstheorie der Gesellschaft einen Wert, der der Konstitution und der Regel des Schönen angemessen ist. Daß es solche Theorien nicht gibt, bedeutet nicht, daß man sie nicht anzustreben hätte; und also mit dem Ende der unwahren und der schlechten Geschichte sich nicht auch ein weiteres Ende vorstellen müßte: das Ende der nichtschönen Geschichte. In der Tat ist die Utopie von der Aufklärung über die Klassik und Romantik bis zur kritischen Theorie Blochs und H. Marcuses überliefert. Nicht, daß sie historisch nicht verwirklicht werden kann, falsifiziert sie; falsifiziert wäre sie erst dann, wenn schlüssig nachgewiesen werden könnte, daß sie intentional nicht in jeder ästhetischen Kommunikation angestrebt ist; daß sie keine transzendental begründbare Regel wäre, auf Grund derer man liest und, unter anderem, auch handelt.

Geschrieben im Juli 1976

Anmerkungen

1 Das Ziel liegt dem sogenannten Methodenpluralismus schon voraus. Auseinandersetzungen um die »richtige« Methode sind Auseinandersetzungen um die Art und Weise, das Ziel zu verwirklichen, nicht um es selbst. Dies deshalb, weil »Lektüreerfahrung« die einzige empirische Basis ist, welche die Literaturwissenschaft für sich beanspruchen kann. Sie grenzt einen Gegenstand (Text) und die Erfahrung des Gegenstands (Lektüre) als Gebiet der Literaturwissenschaft von anderen Wissenschaften ab. Es ist dies also die einzige Abgrenzungsmöglichkeit, welche die Literaturwissenschaft hat. Dies ist im folgenden vorausgesetzt.

2 Vgl. dazu W. Dray, *Laws and Explanation in History*, Oxford 1957; J.

Habermas, *Zur Logik der Sozialwissenschaften,* in: *Philosophische Rundschau* 1967, Sonderheft; H. J. Giegel, *Reflexion und Emanzipation,* in: *Hermeneutik und Ideologiekritik,* Theorie-Diskussion, Frankfurt/M. 1971, S. 244-282; A. Lorenzer, *Sprachzerstörung und Rekonstruktion,* Frankfurt/M. 1974.

3 Festzuhalten ist jedenfalls, daß sich mit der Entstehung der modernen Naturwissenschaften und in Auseinandersetzung mit ihnen ein »geistes- und humanwissenschaftliches« Selbstbewußtsein überhaupt erst entwickelte. Im 18. Jh. spielte sich das im Kampf um die sogenannte »geometrische Methode« (Syllogismus) ab, die als Objektivitätsideal der Erkenntnis galt und etwa von der Schule Christian Wolffs (nach seinem eigenen Vorbild) unterschiedslos auf alle Erkenntnisgegenstände übertragen wurde. Dagegen richtete sich schon früh Christian Thomasius, und zwar bezeichnenderweise mit ausdrücklichem Hinweis auf den Status hermeneutischer Erkenntnis. Zur weiteren Diskussion vgl. H. G. Gadamer, *Wahrheit und Methode,* Tübingen 1965².

4 Vgl. etwa K. O. Apel, *Szientistik, Hermeneutik, Ideologiekritik.* Entwurf einer Wissenschaftslehre in erkenntnisanthropologischer Sicht, in: *Hermeneutik und Ideologiekritik,* S. 7-44; G. H. von Wright, *Erklären und Verstehen,* Frankfurt/M. 1974.

5 Im Zusammenhang mit Literaturwissenschaft vgl. R. Grimminger, *Abriß einer Theorie der literarischen Kommunikation,* in: *Linguistik und Didaktik* 3, 1972, S. 277-293; 4, 1973, S. 1-15.

6 Jeder Versuch, die im Zeichen zusammengehaltene und zu einer sinnvollen Gestalt verwandelte Welt in linguistische Organisationsformen hier und außersprachliche Wirklichkeit dort definitiv auseinanderzureißen und auf Einzelwissenschaften zu verteilen, geht deshalb mit Notwendigkeit an der Konstitution von Sinn und der Möglichkeit des Verstehens vorbei.

7 Dies meint auch die Rede von der perspektivischen Begrenztheit und Unhintergehbarkeit der hermeneutischen Vorurteile, soweit sie auf Geschichte bezogen ist (H. G. Gadamer, s. Anm. 3). Auf Grund der historischen Kontingenz von Sinn hat hermeneutische Erkenntnis kein prinzipielles Ende, sie ist so unabgeschlossen wie die Entwicklungsgeschichte der Gattung selber, mit der sie sich beschäftigt. Zugleich ist sie vom jeweiligen Zustand der Geschichte bestimmt, über den Umfang und die Qualität der hier und jetzt erreichten Welterfahrung kommt sie nicht hinaus.

8 Vgl. Gadamer (Anm. 3). Gegen seine These von der Applikation der Vergangenheit an die Gegenwart oder der Aktualisierung der Vergangenheit für Gegenwart: E. E. Betti, *Die Hermeneutik als allgemeine Methodik der Geisteswissenschaften,* Tübingen 1962; K. O. Apel, *Szientistik, Hermeneutik, Ideologiekritik* (s. Anm. 4).

9 Vgl. Gadamer (Anm. 3); Grimminger (Anm. 5).

10 Vgl. Gadamer, *Rhetorik, Hermeneutik und Ideologiekritik.* Metakritische Erörterungen zu »Wahrheit und Methode«, in: *Hermeneutik und Ideologiekritik* (Anm. 2), S. 57-82; Habermas, *Der Universalitätsanspruch der Hermeneutik,* ebd., S. 120-159.

11 Vgl. dazu insgesamt Apel, *Transformation der Philosophie,* 2 Bde., Frankfurt/M. 1976, insb. Bd. 1, Einleitung.

12 Es ist dies die ursprüngliche »Wittgensteinthese«, auf die sich sowohl Apel wie Habermas zurückbeziehen.

13 Vgl. insgesamt v. Wright (Anm. 4); Habermas, *Erkenntnis und Interesse,* Frankfurt/M. 1968; Gadamers und Habermas' Position referierend: J. Hauff, A. Heller, B. Hüppauf, L. Köhn, K. P. Philippi, *Methodendiskussion, Arbeitsbuch zur*

Literaturwissenschaft, 2. Bde., Bd. 2, Frankfurt/M. 1971.

14 Grundlegung: K. R. Popper, *Logik der Forschung,* Tübingen 1966². Anwendung auf Literaturwissenschaft u. a.: H. Göttner, *Logik der Interpretation,* München 1973; S. J. Schmidt, *Literaturwissenschaft als argumentierende Wissenschaft,* München 1975. Die Auseinandersetzung um die »szientistische« Theoretisierung der Literaturwissenschaft referierend: G. Pasternak, *Theoriebildung in der Literaturwissenschaft,* München 1975.

15 Daran ändert auch das u. a. von Schmidt (Anm. 14) vorgeschlagene Verfahren einer quantifizierenden Rezeptionsforschung nichts; die Tatsache, daß sich über einen Text etwa ein statistisch nachweisbarer Konsens bei den Rezipienten gebildet hat, sagt, wie jeder empirische Konsens, nichts über Wahrheit aus.

16 Vgl. die Einleitung zur zweiten Auflage von *Wahrheit und Methode.*

17 Vgl. die Kritik von Habermas und Apel in den zitierten Schriften u. C. von Bormann, *Die Zweideutigkeit der hermeneutischen Erfahrung,* in: *Hermeneutik und Ideologiekritik,* S. 83 ff.

18 Oder sie führt zur historischen These, daß alle konkreten Traditionen gleichberechtigt als historische Gegebenheiten zu behandeln seien, was Gadamer aber gerade nicht will.

19 Vgl. Gadamer, *Rhetorik, Hermeneutik, Ideologiekritik* (Anm. 11).

20 Vgl. zum folgenden: Habermas, *Der Universalitätsanspruch der Hermeneutik,* (Anm. 11); ders., *Vorbereitende Bemerkungen zu einer Theorie der kommunikativen Kompetenz,* in: J. Habermas / N. Luhmann, *Theorie der Gesellschaft oder Sozialtechnologie,* Theorie-Diskussion, Frankfurt/M. 1971.

21 Vgl. etwa Schmidt (Anm. 15).

22 Vgl. Apel (Anm. 4 und Anm. 12).

23 Also weder eine gegenstandsbezogene Kategorie (Staatsutopie, Gesellschaftsutopie), noch eine geschichtliche (das utopische Denken zu Staat und Gesellschaft in der Geschichte bis zu Marx), vgl. dazu: (Hrsg. A. Neusüss), *Utopie,* Neuwied und Berlin 1968, Einführung.

24 Vgl. dazu sowohl I. Kants *Kritik der praktischen Vernunft* wie seine konkrete Utopie in der Schrift *Zum ewigen Frieden.*

25 Vgl. Kant, *Beantwortung der Frage: Was ist Aufklärung.*

26 Vgl. J. G. Herder, *Briefe zur Beförderung der Humanität.*

27 Vgl. den entsprechenden Band: *Der Positivismusstreit in der deutschen Soziologie,* Neuwied/Berlin 1969.

28 Max Horkheimer, *Kritische Theorie,* 2 Bde., Frankfurt/M. 1969.

29 Vgl. dazu: Apel, *Szientistik, Hermeneutik, Ideologiekritik* (Anm. 4); Habermas, *Der Universalitätsanspruch der Hermeneutik* (Anm. 11); Giegel, *Reflexion und Emanzipation* (Anm. 2).

30 Giegel, *Reflexion und Emanzipation* (Anm. 2); zustimmend: Gadamer, *Replik,* in: *Hermeneutik und Ideologiekritik* (Anm. 2), S. 283-317.

31 Dies bedeutet, daß ich an der Möglichkeit, aus der transzendentalhermeneutischen Begründungstheorie der Wahrheit empirische Theorien von gleichem oder ähnlichem Geltungsanspruch für wahre (adäquate) Aussagen etwa über den Gegenstand »Literaturgeschichte« ableiten zu können, prinzipiell zweifle: ich halte es erkenntnistheoretisch für schlicht unmöglich, die kontingente Wirklichkeit empirischer Konsensusbildungen nochmals durch Subtheorien von apriorischem Charakter zwingend als wahr zu begründen. Reflektierende Phantasie für die Wirklichkeit, die sich im Rahmen der Kommunikationsgemeinschaft durch intersubjektiven Widerspruch verändert und durch methodisch geordnete Überprüfbarkeit ausweisen

muß, ist hier nicht transzendierbar. Sie ist folglich auch kein Defizit, das sich wissenschaftlich in dieser oder jener Weise zugunsten einer Norm überwinden lassen sollte (so Pasternak, *Theoriebildung in der Literaturwissenschaft*, Anm. 15).

32 Ähnlich auch Gadamer in *Wahrheit und Methode* (Anm. 3). In diesem Zusammenhang ist allerdings eine prinzipielle Differenz zum Wahrheitsanspruch in der idealen Kommunikationssituation des Diskurses festzuhalten: expressive Äußerungen mindern dort den kognitiven Gehalt und seine Überprüfbarkeit an der gemeinten Sache. Sie stören die Rationalität des Arguments. Die ästhetische Form der Wahrheit muß sich zwar auf etwas beziehen lassen, das rational begründbar ist; sie muß aber vom Begründungsverfahren selber abweichen, da sie ein ganz anderes intersubjektives Ziel verfolgt: die Integration von kognitiven und affektiven Erfahrungsfähigkeiten, die Lust am reflektierenden Spiel mit sinnlicher Wahrnehmung (s. o.).

Gert Ueding
Die Wahrheit lebt in der Täuschung fort
Historische Aspekte der Vor-Schein-Ästhetik

1.

Im ästhetischen Vollzug ihrer Gedanken gipfelt die deutsche Aufklärung, und das sowohl praktisch in der deutschen Literatur wie auch theoretisch in den großen Ästhetiken des deutschen Idealismus. Der Zusammenhang dieser Entwicklung, die in der europäischen Geistesgeschichte einzigartig ist, mit der deutschen Geschichte, jener Kette aus Unreife und Unterdrückung, die die Erbschaft des Dreißigjährigen Krieges bildet, ist immer wieder betont worden. Das »Schlüsselproblem der neueren europäischen Geschichte«, der »Übergang vom mittelalterlichen Feudalismus zum neuzeitlichen bürgerlichen Kapitalismus«[1] ist das ungelöste Problem der deutschen Geschichte noch im 19. Jahrhundert geblieben. Es liegt als ungelöste und im Laufe des 18. Jahrhunderts immer unerträglicher werdende Spannung allen kulturellen Äußerungen des Bürgertums zugrunde. Im Gegensatz zur Ökonomie- und Sozialgeschichte des deutschen Bürgertums, die inzwischen hinreichend erforscht und dargestellt wurden, sind die sozialpsychologischen Reaktionsformen als Folge von wirtschaftlicher Rückständigkeit, politischer Schwäche und sozialer Desintegration bislang nur selten Gegenstand wissenschaftlichen Interesses gewesen.[2] Das wohl auch deswegen, weil das Material einer solchen Untersuchung so außerordentlich vieldeutig ist und nur selten einfache, kausale Schlüsse zuläßt. Die ästhetische Erfahrung aber sollte sich von ihrem utopischen Wesen her als besonders geeignet erweisen, dem Bürgertum seine Versagungen nicht allein dauernd kritisch-aktivierend vorzuhalten, seine gesellschaftliche Existenz, die es untergründig immer als Angst vor sozialer Bestrafung erlebte, als vorläufiges Exil darzustellen, sondern in der ästhetischen Versöhnung die Realisierbarkeit des menschlichen Wesens als eines in sich zur Harmonie kommenden Geschöpfes vorzuspielen, das dann auch zur Natur und seiner sozialen Umwelt in ein harmonisches Verhältnis zu treten vermöchte. Eben diese sehr verschieden ideologische Wirksamkeit der Ästhetik, hier im Sinne Baumgartens als Einheit von aesthetica utens und aesthetica docens gefaßt, machte es notwendig, ihre Voraussetzungen zu bestimmen, das aber hieß zuallererst, ihre besondere Erkenntnisweise philosophisch zu untersuchen.

2.
Es ist also völlig konsequent, wenn die Ästhetik als philosophische Disziplin von dem deutschen Philosophen A. G. Baumgarten entwickelt wurde, obwohl, so der philosophiehistorische Allgemeinplatz,[3] noch völlig von dem rationalistischen Vorurteil vom Wertunterschied der verschiedenen Erkenntnisweisen geprägt. Allein, über dieser Feststellung vernachlässigte man allzu häufig diejenigen Momente seiner Ästhetik, mit denen Baumgarten an die Grenze der rationalistischen Philosophie stieß und sie damit, der Tendenz nach, bereits überwand.

Von ihren Anfängen als selbständige philosophische Disziplin an konzentriert sich Ästhetik auf das Verhältnis von philosophischer und künstlerischer Wahrheit, entwickelt sich also in Konkurrenz zur Logik, der Wissenschaft der Vernunft, als Wissenschaft der Empfindung und Anschauung. Ars pulchre cogitandi nannte Baumgarten die ästhetische Doktrin, und wenn von ihm auch die ästhetische Erfahrung als untere Erkenntnis eingestuft wird, die noch dunkel und verworren ist, so bedeutet sie doch nicht bloßes Durchgangsstadium zur deutlichen Erkenntnis, so wie der Nacht nicht »gleich heller Mittag [folgt], sondern es ist eine Dämmerung dazwischen« (§ 7).[4] Kunstwirkung wird als besondere Erfahrungsweise beschrieben, die genuin menschlich ist und nicht einfach, sei es selbst durch die deutliche Erkenntnis, ersetzt werden kann. »Wenn man den Philosophen als einen Fels vorstellet, der bis über die Hälfte in die Wolken geht, mit der Überschrift non perturbatur in alto, so vergißt man den Menschen und bedenkt nicht, daß die Stoiker mit ihren Weisen schon lächerlich wurden. Der Philosoph bleibt ein Mensch, folglich behält er Sinnlichkeit, und auf dieser Verbesserung muß er auch als Philosoph denken.« (§ 6) Noch vorsichtiger zwar als Vico, der in Italien fast gleichzeitig am Problem der spezifisch künstlerischen Wahrheit arbeitet und in ihr die notwendige Durchgangsstufe zur Wahrheit des reflektierenden Denkens sieht, aber doch entschieden betont Baumgarten das Besondere der sinnlichen Erkenntnis, und streicht man einmal in Ansehung der wissenschaftshistorischen Entstehungsbedingungen der Ästhetik alle Entschuldigungen, alle weitläufigen Begründungen für seine Beschäftigung mit einem derart unwürdigen Gegenstand, wie es die sinnliche, niedere, undeutliche Erkenntnis ist, so formuliert schon er alle wesentlichen ästhetischen Probleme, die in der Folgezeit Lessing und Winckelmann, Moritz und Sulzer, auch Kant und Schiller beschäftigen werden, wo allerdings das Interesse an der unersetzbaren ästhetischen Weise der Wahrheitsvermittlung ergänzt wird durch das Problem der objektiven Konstitution der Schönheit.[5] Das »Problem der Kunst«, so betonte Ernst Cassirer, »schließt sich bereits in seiner ersten theoretischen Erörterung mit dem Problem der Humanität zusammen. Nicht im Logischen, sondern im Ästhetischen vollzieht sich die wahrhafte humane Bildung.«[6] Denn für Baumgarten gehört die ästhetische Weise des Denkens und der Erfahrung notwendig zum Menschen, ist Bestandteil seiner Menschlichkeit und stellt erst die Totalität seiner Natur her. Die gänzliche »Ausrottung des Sinnlichen« hieße, »die menschliche Natur ablegen« (§ 12), und wenn man auch »die Logik die ältere Schwester der Ästhetik in Ansehung der Theorie« nennen muß, so würde doch »in Ansehung der Ausübung die Ästhetik die ältere sein« (§ 13). So gehört zwar die ästhetische Erkenntnis auf der Werteskala der rationalistischen Philosophie nach unten, historisch aber an den Anfang und der natürlichen Verfassung des Menschen entsprechend zu seinen unverzichtbaren Vermögen, die auch nicht in der rationalen, deutlichen Erkenntnis restlos aufzugehen vermöchte. »Der Geist tritt in zwei Klassen auseinander, neben dem ›logischen Horizont‹ erhält der ›aesthetische Horizont‹ sein eigenes Recht.«[7] Was dem ästhetischen Horizont an Deutlichkeit abgeht, ersetzt er durch Weite. Die verworrenen sinnlichen Empfindungen sind offen für Erfahrungen, die jenseits der veritas logica liegen – und das nicht nur hinsichtlich der subjektiven Unvollkommenheit, die notwendig der sinnlichen Erkenntnis anhaftet, sondern auch hinsichtlich des Gegenstandes, der eben selber keiner deutlichen Verstandeskonstruktion zugänglich ist. »Wer schön denken will, muß in die Zukunft sehen. Eine neue Eigenschaft eines schönen Geistes. [. . .] Er muß die Sprache des Herzens reden, das ist rühren, soll er andere rühren, so muß er selbst zuvor gerührt sein.[8] Er kann nicht rühren, wann er nicht Begierden erregt, und er kann nicht Begierden erregen, wann der Gegenstand derselben nicht zukünftig ist. Ja, will er besonders schön sein, so muß er zuweilen alle Empfindungen unterdrücken können, und die Einsicht in die Zukunft allein herrschen lassen, und über alles erheben. Er muß die mittlere Erkenntnis (Scientia media) stark üben. Er muß immer gewisse Welten sehen, die wirklich wären, wann gewisse Hypothesen wären. So stark muß er dichten und das Vorhersehungsvermögen üben.« (§ 36) Nun dürfen derartige Lehrsätze nicht darüber hinwegtäuschen, daß solcher Zukunftsschau von Baumgarten selber wieder Grenzen gezogen werden, wie ja überhaupt die Leibnizsche Doktrin von der besten aller möglichen Welten zwiespältigen Charakter besitzt. Einerseits bedeutet sie eine Rechtfertigung der gegebenen unvollkommenen Wirklichkeit, andererseits erscheint eben diese »enger als alles, was hätte sein können«. Denn die »bestehende Welt [. . .] bedarf zum ursächlichen Verständnis ihrer zufälligen Tatsachen-Wahrheiten [. . .] eines zureichenden Grundes, der sie zweckhaft, aus den Absichten des Schöpfers erklärt; nur die ›ewigen Wahrheiten‹ haben ihren Grund in sich selbst, nämlich im Prinzip der Widerspruchslosigkeit, der Unmöglichkeit des Gegenteils. Läßt man die theologische Mythologie beiseite, so bleibt das höchst merkwürdige, daß die Möglichkeit, wenn auch als rein logisch-hypostasierte, einen Primat vor der Wirklichkeit erlangt und letztere als zufällige Tatsache auf dem Hintergrund der vor ihr bestehenden Möglichkeiten erscheint [. . .].«[9] Diese Zwiespältigkeit charakterisiert auch die auf ihr beruhende Ästhetik Baumgartens, kann in ihr überhaupt erst recht fruchtbar werden. So wird der Dichter als Schöpfer verstanden, der eine ästhetische Welt hervorbringt und dazu »in eine andere mögliche Welt eingehen muß« (§ 502). Obwohl Baumgarten derart den Leibnizschen Möglichkeitsbegriff in die Ästhetik einführt, bleibt er doch auch noch innerhalb der damit gesteckten Grenzen. »Die gegenwärtige Welt ist die beste, die Gott hat erschaffen können, wie aus der Metaphysik bekannt ist. Soll ein anderer Zusammenhang der Dinge noch gut sein, so muß er nicht in allem von dem gegenwärtigen abgehen, sondern in vielen Stücken demselben gleich sein.« (§ 592) Wenig später warnt er den Künstler davor, »sich nach Utopia zu verirren« (§ 596), nachdem er ihm vorher unter gewissen Bedingungen »einen Streif« selbst in solch zweifelhafte Gegenden gestattet hatte (§ 514). Doch trotz aller peniblen Treue zur eigenen philosophischen Herkunft läßt sich Baumgarten immer wieder zu Äußerungen hinreißen, die seinem an der Leibniz-Wolffschen Philosophie geschulten Denken wenn nicht widersprechen, so doch öfter auf ungewohnte Sprünge helfen. In der Tat wäre ja die Vorstellung von einer anderen Welt als der bestehenden kaum so erstrebenswert und lustvoll, wie Baumgarten es darstellt, wenn *diese* Welt überzeugungskräftig die beste aller möglichen genannt zu werden verdiente. »Der schöne Geist ist nicht verbunden, immer bei der Wahrheit dieser Welt, bei der eigentlichen historischen Wahrheit stehen zu bleiben. Er muß öfters in eine andere mögliche Welt oder in Erdichtungen eingehen, weil er sonst nicht immer seinen Zweck erhalten würde. Es könnten sich z. E. Gelegenheiten eräugen, wo er ein edles Gemüt auf edle Beispiel führen soll. Da alle Menschen in ihren Handlungen sehr viel Schwachheiten einfließen lassen, so gibt es in den Exempeln immer Lücken, die der lautern Hauptabsicht schaden können. [. . .] Wie oft wird der Weg durch eine Erdichtung eher erlanget als durch eine wahre Begebenheit.« (§ 585)[10] Aus der so offen zutage liegenden Unvollkommenheit der Welt also, die schon Leibniz so viel Kopfzerbrechen bereitete, ergibt sich nicht nur die Lizenz, sondern sogar die Verpflichtung für den Künstler, von der historischen Wahrheit abzugehen. Schon für Leibniz selber erwuchs ja aus dieser Erkenntnis »ein gewisser Zwiespalt zwischen dem metaphysischen Interesse der Substantialität der Einzelwesen, mit dem sich das Moralische der Abwehr des Fatalismus verbindet, und dem entgegengesetzten religiösen Interesse«,[11] ein Zwiespalt, der schon den »utopischen Horizont« des Leibnizschen Denkens ausmacht und zur Konzeption einer Erziehung des Menschengeschlechts führte, an deren Ende erst Freiheit und Glück, das commune bonum stehen sollte.[12] Er geht auch in die Ästhetik ein, konstituiert die ästhetische Erkenntnis als ihrem Wesen nach zukunftsbezogen, die ästhetische Vorstellung als Einbildung der Zukunft und von Möglichkeiten, die zwar wahrscheinlich, aber noch nicht nachweisbar sind, weil ihnen noch keine historische Erfahrung entspricht. »Es kann im Schönen ungemein schädlich sein, wann man das Vorurteil aus der Psychologie mitbringt, man könne von der Zukunft nichts erkennen. Wann der schöne Geist die Psychologie gründlich studiert hat, so wird er die Falschheit dieses Vorurteils leicht einsehen und sich nicht selbst viele Quellen des Schönen verschließen.« (§ 580) »Man siehet leicht aus diesen Betrachtungen, daß sich der schöne Geist mehrenteils im Reiche des Wahrscheinlichen aufhalten muß, da er sehr selten die strenge Wahrheit wählen kann. Wie wenig ist das Gegenwärtige, davon er komplett und mathematisch gewiß denken kann! Wie wenig komplette Gewißheit hat er von dem Vergangenen, wie oft muß er glauben! Und von der Zukunft kann er mehrenteils nur ungewiß denken; das Wahrscheinliche ist das Feld der Schöndenkenden.« (§ 584) Immer wieder gibt es in Baumgartens Erörterungen Passagen, die nachdrücklich zeigen, daß es ihm darum geht, die Besonderheit des ästhetischen Denkens nicht bloß in seiner Verworrenheit und Dunkelheit gegenüber der Deutlichkeit und Klarheit des logischen Denkens abzugrenzen, sondern sogar um eine Rehabilitierung dieses ›unteren‹ Erkenntnisvermögens. »Wir sind Geister, wir müssen Deutlichkeit haben, aber wir sind endliche Geister und müssen also auch Sinnlichkeit haben. Es ist gut, beides zu verbinden, wann es nur nicht verwechselt wird.« (§ 567) So nehmen die Erörterungen über die veritas aesthetica, die ästhetische Wahrheit denn auch in Baumgartens Überlegungen einen breiten Raum ein. »Diese Wahrheit, die sinnlich bleibt und nie deutlich gemacht wird, ist die ästhetische Wahrheit.« (§ 423) Selbst wenn sie zusammen mit der Wahrheit des logisch Denkenden auf die eine veritas bezogen bleibt, so kommt ihr doch eine eigentümliche Qualität zu: »Der schöne Geist gehet in der ästhetischen Wahrheit immer herunter bis auf singularia, welches in den Gegenständen der Wissenschaften nicht geschieht. Er stellt sich die Gegenstände dieser und anderer möglicher Welten vor, und beides macht die ästhetische Wahrheit im weitläufigen Verstande.« (§ 441) Wenn es Baumgarten auch auf dem Felde der Ästhetik nicht gelingt, die Grenzen des rationalistischen Denkens hin auf eine historische Konzeption zu überschreiten, so kündet sich doch schon in der Verbindung der ästhetischen Wahrheit mit dem Horizont der Zukunft eine Überwindung der bloß auf die Vollkommenheit der sinnlichen Erkenntnis zielenden Ästhetik an. Eben diese Widersprüche in seiner Theorie selber haben weitergewirkt. Die Vollkommenheit der Welt, die das Kunstwerk vergegenwärtigt, ist eben nicht bloß die ästhetische Vorstellung jener Vollkommenheit, die die Philosophie auf abstrakte Weise begreift, sondern gestattet gleichzeitig die »Einsicht in das Zukünftige« (§ 580) und vermittelt so den Menschen mit dem Prozeß seiner eigenen Entwicklung. »So wird der Mensch in seinem empfindenden und fühlenden Verhältnis zur Welt mit der Ästhetik zum Subjekt, dem in den schönen Wissenschaften und in den Künsten die Wahrheit, die die seine ist, als ästhetische Wahrheit vergegenwärtigt wird.«[13]

Je klarer die Erkenntnis wurde, daß die historische Wirklichkeit dem Aufklärungsoptimismus Leibniz-Wolffscher Prägung nicht entsprach, um so deutlicher tritt die Antizipation als Grundzug der ästhetischen Erfahrung, die utopische Möglichkeit als Gegenstand ihrer spezifischen Erkenntnis hervor, das nun nicht in der Weise einer Flucht aus der Misere des täglichen Lebens, dem populären Vorurteil entsprechend, dem utopisches Denken immer nur Symptom und Ergebnis sozialer und politischer Resignation ist; vielmehr tritt die utopische Wirksamkeit der Kunst nur um so klarer hervor, je allgemeiner das soziale Interesse an ihr – aus objektiv historischen Gründen – ist. Selbst der so vielfach wie töricht geschmähte Gottsched schloß ja diese Wirksamkeit der Kunst in seine Theorie ein, wenn er im vierten Kapitel des ersten Teils seiner *Critischen Dichtkunst* die Fabel ein Stück aus einer anderen Welt nennt und auf ihr seine ganze Erörterung aufbaut. Schließlich war ihm die Konstruktion der Ästhetik von kulturpolitischer Bedeutung und eminent wichtig für die Verwirklichung der historischen Aspirationen der sich entwikkelnden bürgerlichen Klasse. Die Klarheit der Regeln selbst, diese ganze klassizistische Geometrie, enthält eine besondere Wunschvorstellung und bedeutet nicht bloß epigonales Nachäffen französischer Konventionen, wie man geglaubt hat.[14] »Er schätzte die französische Poesie nicht als solche, sondern als den Exponenten eines Stilideals, dem er vorbehaltlos huldigte«,[15] weil in ihm sich der historische Wille nach einem klaren, deutlichen, ungestörten Zusammenhang aller Dinge und menschlichen Verhältnisse offenbarte. Gleichgewicht, Harmonie, Klarheit, die konstruktive Form sollten nicht der ästhetischen Erkenntnis ihren utopischen Grundzug rauben, sondern als dessen Ausdruck an der Veränderung der menschlichen und natürlichen Beziehungen wirken. Auch Baumgarten, der das ästhetische Denken der ersten Jahrhunderthälfte in Deutschland zusammenfaßt und zum Abschluß bringt, teilt noch jenes statische Wunschbild einer geordneten, regelhaft geometrischen Vollkommenheit des Klassizismus; indem er aber der ästhetischen Wahrheit den Horizont der Zukunft öffnet, bereitet er auch schon die historische Konzeption der Ästhetik vor, wie sie später durch Herder, Solger und Jean Paul, Schelling und schließlich Hegel zur Vollendung geführt werden sollte.[16] Friedrich Schiller ist der Vermittler zwischen dem klassisch-rationalistischen Denken, dem sich die Utopie des Ästhetischen als die ideale Entfaltung möglicher Welten im menschlichen Vorstellungsleben erwies, und einer Ästhetik, die ihre Wahrheit in die historische Verwirklichung, an den Endpunkt der Geschichte versetzt[17] – Vermittler auch in dem Sinne, als sein Werk sowohl von der eher räumlich gefaßten Utopie des Rationalismus wie auch von der zeitlich situierten des späteren geschichtsphilosophisch bestimmten Denkens geprägt ist und beide Konstruktionen in der ästhetischen Utopie zu vereinen sucht.

3.

Im allgemeinen wird der *Geisterseher* als »das letzte Werk von Schillers erster schöpferischer Phase« angesehen, dem nun die »unproduktiven Jahre« folgen, »die nur mit historischen oder philosophischen Schriften gefüllt sind« (16, 383).[18] In der Tat ist dieses in seiner ganzen Meisterschaft und Wirksamkeit für die Entwicklung des Romans noch längst nicht eindringlich genug gewürdigte Werk einer Zwischenphase mehrfach interessant. Denn es markiert einmal, besonders augenfällig im »Philosophischen Gespräch«, Schillers Überwindung seiner theosophischen Jugendphilosophie und die Hinwendung zu einer zunächst eher immanenzphilosophischen Anschauung. Andererseits künden sich hier bereits Gedanken an, die dann in der Konzeption einer ästhetischen Erziehung gipfeln werden, hier aber ins Handlungsgeschehen integriert sind; so daß in diesem Roman nicht nur seine eigene Poetik mitgeliefert und erprobt, sondern diese Poetik auch dauernd ihrer ästhetischen Grundlegung konfrontiert wird, so daß der Leser Zeuge eines höchst reizvollen Wechselspiels von Handlung und ihrer poetologischen Reflexion wird, die ihrerseits dauernd auf die ästhetische Grundproblematik von Wahrheit und Täuschung verweist. Obwohl er für sie hier noch keine Lösung anbieten kann, visiert Schiller ihre historische Überwindung immerhin schon an.[19]

Die Handlung des Romans[20] ist eine Kette aus geheimnisvollen, unerklärlichen Zufällen und Gegebenheiten samt ihrer Analyse, der schließlich die Aufklärung folgt. Dabei wird jede der Mystifikationen, denen der Prinz zum Opfer fallen soll, bis zu einem Höhepunkt getrieben, der durch ihre Voraussetzungen nicht mehr gestützt wird, so daß die Täuschungsabsicht hervortritt. Die vernünftige Ordnung der Dinge vorausgesetzt, ist schließlich jede Täuschung zum Verschwinden verurteilt, da sie, sollte sie wirklich an die Stelle der Wahrheit treten, zuletzt auch die ganze natürliche Ordnung der Welt verkehren müßte.[21] Kaum ist daher der letzte Betrug mißglückt, die Geistererscheinung bis auf die Schnürbodentricks durchschaut, als der Prinz nun auch alle vorherigen rätselhaften Geschehnisse Schritt für Schritt aufklärt, wobei das Geständnis des Sizilianers zunächst noch die Aufgabe hat, das Geheimnis des Armeniers (»Bei uns kennt man ihn nur unter dem Namen des *Unergründlichen.*« 16, 74) um so dunkler und unerklärlicher zu machen: »Nach dem, was man uns eben von dem Armenier erzählt hat, sollte sich der Glaube an seine Wundergewalt eher vermehrt als vermindert haben«, (16, 90) resümiert der Graf von O., bisher in der Rolle des aufgeklärten Zweiflers. Die aber wird jetzt vom Prinzen übernommen, der sich nun auch diesem »Gewebe seines Betrugs« (16, 91) mit analytischem Mißtrauen zuwendet. So bleibt am Schluß nur noch ein kleiner Rest, die erste Prophezeiung auf dem Markusplatz, mit der der Roman beginnt und die dem Prinzen den Tod seines Cousins in der Sterbestunde gemeldet hatte. Eine vernünftige Erklärung hat der Prinz inzwischen auch dafür, hält sie aber selber für etwas zu »gekünstelt«, als daß sie wirklich überzeugen könnte (16, 101). So ist das Thema des Romans der Wechsel von Täuschung und Aufklärung, wobei allerdings gerade diese Aufklärung den Prinzen reif macht für die nun gar nicht wunderbare, sondern höchst rationale Intrige, die seiner wartet. Schlüsselpassage ist das sehr ausführliche Gespräch des Prinzen mit dem Sizilianer, in das die Geschichte vom Brudermord eingeschoben ist, ein Kabinettstück schauerromantischer Novellistik. Dieses Gespräch weist über die Grenzen der Romanhandlung hinaus und weitet sich zu einer Analyse künstlerischer Wirkungen aus, die auch in ästhetischer Terminologie geführt wird. All die unerklärlichen Erscheinungen während der Ausflugsfahrt des Prinzen sind das »Werk« des Sizilianers, der die »Rollen« verteilt und die spektakuläre Schlußveranstaltung unter dem Primat der Wirkung hin auf sein Publikum resp. den Prinzen organisiert hat, um »durch das Ungewöhnliche« seine »Einbildungskraft zu spannen« (16, 73). In der eingeschobenen Novelle verrät dieser Künstler auch einige wichtige Techniken, die garantieren sollen, daß der einmal erreichte ästhetische Eindruck nicht wieder verschwindet.[22] So entpuppt sich auch diese Novelle als ein weiteres Exempel seiner ästhetischen Anschauungen.[23] Damit kein Irrtum möglich ist, wird der Prinz wenig später selber die Parallele zur dramatischen Illusion ziehen, welcher der Zuschauer eben deswegen zum Opfer fällt, weil er mitgerissen wird: »Ich habe Richard den Dritten von Garrick gesehen – Und waren wir in diesem Augenblick kalt und müßig genug, um unbefangene Beobachter abzugeben?« (16, 98)

Noch sehr viel detaillierter als hier möglich läßt sich der *Geisterseher* nicht allein als die spannende Geschichte vom Kampf der aufklärerischen Vernunft mit Spuk, Schwindel und Vorurteil lesen, sondern auch als theoretische Auseinandersetzung mit zentralen Problemen der zeitgenössischen Ästhetik, um Wahrheit und Wahrscheinlichkeit, Illusion und Wirklichkeit, Täuschung durch die Macht der Einbildungskraft und schließlich der Lüge durch die Intrigen des Verstandes. Am Schluß des ersten Teils ist der Prinz, der zu Anfang als ungebildet und weltabgewandt geschildert wird, zu einem vorurteilslosen, aufgeklärten, geselligen und ganz der Gegenwart[24] lebenden Hof- und Weltmann, kurz zum aufgeklärten Menschen geworden, der seine Vernunft wohl zu verteidigen, seinen Verstand recht zu gebrauchen gelernt hat. Aber gerade dadurch sind die Voraussetzungen geschaffen für jene »unerhörte Teufelei«, die nun kein Spuk mehr ist, sondern ein »Bubenstück«, ein »schwarzer Anschlag«, ein »Verbrechen«,[25] nicht Opfer der Täuschung wird der Prinz, sondern Opfer der Wirklichkeit, der jesuitischen Politik. Damit aber ist bereits das Problem der ästhetischen *Briefe* gestellt, seine Lösung anvisiert. Eine allein auf Anspannung der Einbildungskraft zielende, mit Illusionen als dem lügnerischen Schein arbeitende Kunst macht den Menschen zum Raub einer bloß flüchtigen Täuschung, die sich alsbald selber entlarvt (vgl. 16, 98). Der solcherart *ent*täuschte Mensch, der illusionslos sich den Zwecken seines augenblickshaften Daseins unterordnet, dem weder die Zukunft (vgl. 16, 161) etwas bedeutet, noch daß er irgendeine Dauer, einen Zweck oder Sinn im menschlichen Leben erblicken könnte,[26] dieser Aufgeklärte ist um so aussichtsloser jener Verkehrtheit ausgeliefert, die für Schiller das Ergebnis dieser Kultur ist (vgl. 20, 319 ff.).[27] Der hierin zum Ausdruck kommende pessimistische Realismus, Spiegelbild der desillusionierten Aufklärung, wird zum Stachel einer neuen Ästhetik, in der eine andere Kunst als die auf bloßer »betrügerische[r] Schminke« (20, 402) beruhende Einbildungskraft theoretisch begründet und gemäß ihrer Bedeutung für die Entwicklung des Menschen in ihrer individuellen wie historischen Dimension untersucht wird. Doch nicht in dieser Verbindung allein, die häufig genug herausgestellt wurde, liegt das eigentlich Zukunftsweisende der Schillerschen Ästhetik, sondern vielmehr in seiner besonderen Konzeption der Kunst als Schein der Wahrheit, die von der Wirklichkeit preisgegeben wurde. Die veritas aesthetica vermag für Schiller ihre utopische Wirksamkeit paradoxerweise erst dadurch zu entfalten, daß sie vom Künstler gänzlich jenem »Gleichgewicht des Schlimmen« (20, 321) entfremdet wird, als das sich die historische Wirklichkeit ihrem Kritiker präsentiert. »Nur soweit er *aufrichtig* ist, (sich von allem Anspruch auf Realität ausdrücklich lossagt) und nur soweit er *selbständig* ist, (allen Beystand der Realität entbehrt) ist der Schein ästhetisch. Sobald er falsch ist und Realität heuchelt, und sobald er unrein und der Realität zu seiner Wirkung bedürftig ist, ist er nichts als ein niedriges Werkzeug zu materiellen Zwecken, und kann nichts für die Freyheit des Geistes beweisen.« (20, 402)[28] Schillers Theorie vom aufrichtigen und vom falschen Schein, eine erste Erörterung des Ideologieproblems seiner dialektischen Struktur nach, bedeutet, wie er selber zu Beginn seiner *Briefe über die ästhetische Erziehung* betont, nur scheinbar eine Ablenkung von den politischen Problemen seiner Zeit, in Wahrheit aber eine Bestimmung der Wirksamkeit der Kunst innerhalb eines weitreichenden Programms zu ihrer Lösung. Im *Geisterseher* hatte Schiller die Möglichkeiten einer auf dem falschen Schein beruhenden Kunst ausprobiert, mit dem Ergebnis, daß nicht einmal dessen Zerstörung durch Aufklärung, geschweige denn seine Affirmation, den Verfall der moralischen, politischen und historischen Welt aufzuhalten vermochte. Indem sie sich nicht von ihr distanzierte, ein ihr Fremdes wurde, wurde sie vielmehr Teil der Zerfallsgeschichte und beförderte sie gar. Die Handlung des vieldeutigen Romans führt also unmittelbar an die Schwelle eines neuen, dialektischen Entwurfs der Ästhetik, der nun innerhalb des alten Bedingungsgefüges nicht mehr zu verwirklichen gewesen wäre. Auch deshalb ist der *Geisterseher* Fragment geblieben.

Die Brisanz von Schillers gesellschaftskritischer Einsicht liegt nicht allein darin, daß er den ökonomischen Apparat im berühmten *Sechsten Brief* als Ursache der Entfremdung des Menschen begriffen hat, sondern daß er die Gewalt dieses Apparats in seiner ganzen ausweglosen Totalität zu einer Zeit erfassen konnte, da der revolutionäre Optimismus in einen blinden Voluntarismus überging, der gerade seine Ohnmacht nicht wahrhaben wollte. Indem er das Scheitern der bürgerlichen Revolution als notwendig erkannte, wurde für ihn der Vollzug der Revolution nur als Scheitern denkbar: »Das große Bedenken also ist, daß die physische Gesellschaft *in der Zeit* keinen Augenblick aufhören darf, indem die moralische *in der Idee* sich bildet, daß, um der Würde des Menschen willen seine Existenz nicht in Gefahr gerathen darf.« (20, 314) Schiller erkennt, daß die revolutionäre Veränderung der Gesellschaft dies Bedenken nur für einen *Augenblick* ausräumt, der selber bloß eine Konstruktion ist, weil jede Revolution, um das Errungene zu sichern, sogleich Maßnahmen ergreifen muß, die ihren eigenen Prinzipien zuwiderlaufen. Oder mit den Worten Merleau-Pontys, der die französische Revolution im Vergleich mit der russischen analysiert: »Das Wesen der Revolution liegt ganz in jenem Augenblick, da die gestürzte Klasse nicht mehr und die aufsteigende Klasse noch nicht herrscht.«[29] Da dieser Augenblick keine historische Wirklichkeit hat, in Schillers Gleichnis dieses Uhrwerk sich nicht wie zu einer Reparatur anhalten läßt und die Revolution ihre Widerlegung schon in sich trägt, wenn sie beginnt, andererseits aus dieser Erkenntnis aber kein pessimistischer Fatalismus folgen darf, der ja auch dem Schuldzusammenhang nicht entkäme, bedarf es ganz anderer Anstrengungen, als bislang wirksam geworden sind.

4.

Schillers Theorie des ästhetischen Scheins vereinigt die wichtigsten Entwürfe des utopischen Denkens, um sie schließlich in der spezifischen Utopie des Ästhetischen aufgehen zu lassen. Seit Thomas Morus einer ganzen Romangattung den Namen gab, wurde Utopia meist räumlich bestimmt; seine historische Konstitution als Höhe- und Endpunkt der Geschichte dominiert in der Neuzeit nicht nur, weil sie Ergebnis des historischen Denkens ist, das mit Vico beginnt, sondern auch, weil die Erde keine Räume mehr hergibt, in die man glaubwürdigerweise den Idealstaat verlegen könnte.[30] Die Faszination des alten Musters ist gleichwohl heute noch so ungebrochen, daß die meisten Zukunftsromane mit Zukunft wenig, dafür um so mehr mit räumlichen Vorstellungen verbinden. Auf Wahrscheinlichkeit ist aber gerade die literarische Utopie angewiesen, insofern sie die Möglichkeit einer Verwirklichung ihrer Vorschläge nicht von vornherein und unglaubwürdig machen will.[31]

Die Staatsutopien der Renaissance wie auch vielfach noch die Sozialutopien des 18. Jahrhunderts entwerfen insgesamt Modelle, ihre Verfasser erproben ihre Zielvorstellungen von einer im weitesten Sinne richtigen Organisation der Gesellschaft in für diese geschaffenen isolierten, künstlichen, oftmals künstlerischen Verhältnissen. Die Insel Felsenburg etwa ist durchaus nicht allein dieses idyllische Asyl, als die sie den europamüden Einwanderern erscheint, sondern eben auch eine Art Laboratorium, in dem alle Möglichkeiten einer ökonomischen, sozialen und kulturellen Organisation durchprobiert werden.[32] Was wäre wenn? ist die Leitfrage dieser Literatur: Wie läßt sich die untergeordnete und oft genug schimpfliche Stellung der Frau ändern? Indem man sie schon in der Arbeit den Männern gleichstellt, antwortet Schnabel. Wie lassen sich Wucher, Verschuldung und alle mit dem Geldbesitz und mit Eigentum verbundenen Ungerechtigkeiten verhindern? Indem nur Gemeineigentum existiert und alle Schätze, die Einwanderer irgend nur mitbringen, in eine gemeinsame Schatzkammer verlegt werden, denn auf der Insel braucht sie niemand. Schnabels Felsenburger Utopie ist trotz der darin vorgeschlagenen patriarchalischen Staatsorganisation deshalb wegweisend für die aufklärerische Staatsutopie, weil sie bis in Details, bis in Tabellen, statistische Belege und Kataloge hinein ihrer Möglichkeit Realität verleihen möchte.[33]

Kennzeichen aller Sozialutopien ist ihr Experimentcharakter, sie sind Produkt einer ars inveniendi, und wenn Bacon auch seiner im *Novum organon* vorgetragenen Absicht, nicht nur das Resultat, sondern auch der Weg zu ihm hin müsse antizipiert werden, im Roman widerspricht, weil die technischen Voraussetzungen fehlen, so bemühen sich doch alle anderen Utopien, nicht nur das Modell, sondern auch dessen Funktionieren vorzuführen. Trotz aller methodischen Vereinfachung, Abstraktion, obwohl idealtypische Verhältnisse geschildert werden wie die geographische Isolation, verbunden mit überaus günstigen klimatischen, geologischen und natürlichen Verhältnissen, wird der Leser mit einer Art von Versuchsanordnung konfrontiert, die, in Bewegung gesetzt, alle nur denkbaren Möglichkeiten durchspielen soll. Die Utopie in diesem ihrem ursprünglichen Sinne als ein Entwurf, der geplant ist und gemacht werden soll, der ein Modell der Wirklichkeit, wie sie sein soll, darstellt, bringt in die Ästhetik einen sozialutopischen Zug und präzisiert über die Bestimmungen der rationalistischen Kunsttheorie hinaus das Verhältnis des Kunstwerks zur historischen Realität. Gewiß krankten die klassischen Staatsutopien daran, daß sie aus dem Kopfe konstruiert, nicht aus den sozialen Verhältnissen entwickelt waren, wie Engels hinreichend deutlich gemacht hat. Die Erkenntnis einer ungerechten, ihre Mißstände stetig wiederholenden gesellschaftlichen und politischen Ordnung und die kritische Distanzierung von ihr sind die Voraussetzungen von Morus' wie von Campanellas Projekten. Indem allein aber der denkenden Vernunft die Veränderungen zugetraut wurden, blieben sie auch zur Abstraktheit verurteilt. »Es handelt sich darum, ein neues vollkommenes System der gesellschaftlichen Ordnung zu erfinden und dies der Gesellschaft von außen her, durch Propaganda, womöglich durch das Beispiel von Musterexperimenten aufzuoktroyieren.«[34] Was Engels hier leicht verächtlich und sachlich falsch zur Propaganda erklärt, ist in Wahrheit rhetorischer Überzeugungswillen und von jener bedeutend unterschieden,[35] trifft allerdings den Nerv aller abstrakten Utopien, die, starr der Wirklichkeit gegenübergesetzt, in ihrem Widerspruch verharren. Andererseits steht Engels in diesem Aufsatz von 1882 noch ganz unter dem Bann seiner bisherigen historischen Erfahrungen, die er später in der so mannigfach interpretierten Einleitung (1895) zu Marx' Untersuchung der *Klassenkämpfe in Frankreich 1845-1850*, in den Briefen an Joseph Bloch (1890) oder Conrad Schmidt (1890) entscheidend modifizieren wird. Die Unterschätzung des Musterexperiments Utopie und seiner sozialen Wirksamkeit wirkt selber wie eine jener undialektischen Vereinfachungen, die Engels den Ökonomisten im Brief an Schmidt (»Was den Herren allen fehlt, ist Dialektik«)[36] vorwirft. Sozial- und Staatsutopien sind zwar musterhafte Gedankenexperimente, können aber deswegen gesellschaftliche Praxis stimulieren, korrigieren oder überhaupt erst freisetzen – von ihrer Wirksamkeit als produktive Erinnerung ganz abgesehen. Jede Sozialutopie ist derart ein Versuch, der probiert sein will, der trotz aller systematischen Konstruktion Offenheit als Ergänzungsbedürftigkeit zeigt und daher immer das Fragment bleibt, dem die Realisierung noch fehlt. Schiller markiert deshalb einen freilich vorbereiteten Wendepunkt in der Geschichte der deutschen Ästhetik, weil er den Auszug der Sozialutopie aus dem politischen Denken, ihre Konzentration und Verwandlung in der Kunst als erster selber philosophisch bedacht und im Werk zu verwirklichen gesucht hat. Damit wird nicht, wie Brecht argwöhnen möchte, »die politische Erziehung zu einer Angelegenheit der Ästhetik« gemacht,[37] sondern ästhetisch, durch die besondere Wirksamkeit der Kunst, vorbereitet und ermöglicht. Eben darin liegt die von Philosophen wie Bloch, Marcuse oder Kofler betonte Aktualität der Schillerschen Ästhetik. Denn Sozialutopie und Ästhetik gehen beide aus derselben Quelle hervor, sind Ergebnisse des utopischen Denkens. In Schillers Abhandlung über die ästhetische Erziehung wird dieser Zusammenhang nicht allein durch die Konzeption eines Idealstaates hergestellt, sondern ist beispielhaft aufgehoben in seiner Auffassung vom ästhetischen Schein, der als Widersacher der Wirklichkeit sowohl modellhaft den Endzustand menschlicher Freiheit vorwegnimmt, als Durchgangsstadium aber zugleich dessen Verwirklichung vorbereitet. Voraussetzung dafür, so Schiller, ist die Bestimmungsfreiheit, die der ästhetische Zustand schafft, so daß der Mensch zwar fähig ist, bestimmt zu werden, ihn aber keine Bestimmung schon bindet.[38] Dieser nicht leere, sondern offene Zustand führt »die menschliche Natur gleichsam in ihre Ursprünglichkeit zurück, in den ungetrennten harmonischen Gesammtzustand ihrer Kräfte«, wie Kuno Fischer es beschrieben hat.[39] »Jeder andere Zustand, in den wir kommen können, weist uns auf einen vorhergehenden zurück und bedarf zu seiner Auflösung eines folgenden; nur der ästhetische ist ein Ganzes in sich selbst, da er alle Bedingungen seines Ursprungs und seiner Fortdauer in sich vereinigt. Hier allein fühlen wir uns wie aus der Zeit gerissen; und unsre Menschheit äußert sich mit einer Reinheit und *Integrität,* als hätte sie von der Einwirkung äußerer Kräfte noch keinen Abbruch erfahren.« (20, 379)

Der ästhetische Zustand als Zustand umfassender Potentialität ist die Voraussetzung dafür, daß die Kunst ihre Absicht verwirklichen kann, »den Menschen nicht bloß in einen augenblicklichen Traum von Freiheit zu versetzen, sondern ihn wirklich und in der Tat frei zu *machen*«. (11, 816)[40] Wird das auch nicht dadurch geschehen können, daß »das Materielle durch Ideen« beherrscht wird (11, 817), so besteht in der philosophischen Bestimmung der ästhetischen und historischen Wirksamkeit von Kunst ihrer dialektischen Verschränkung nach das nicht überholbare Verdienst der Schillerschen Ästhetik. »Was ist das Leben der Menschen, wenn ihr ihm nehmet, was die Kunst ihm gegeben hat? Ein ewiger aufgedeckter Anblick der Zerstörung. Ich finde diesen Gedanken sogar *tief*, denn wenn man aus unserem Leben herausdenkt, was der Schönheit dient, so bleibt nur das *Bedürfniß;* und was ist das Bedürfniß anders, als eine Verwahrung vor dem immer drohenden Untergang.«[41]

5.
Schelling und Hegel haben auf jeweils verschiedene Weise die Kernprobleme der Schillerschen Ästhetik neu aufgenommen und formuliert; dem einen wird das künstlerische Schaffen zum Vorbild aller schöpferischen Produktivität in der Wirklichkeit, dem anderen zum notwendigen Durchgangsstadium auf dem Wege des Geistes zur Verwirklichung seiner Freiheit. Schelling isoliert die Kunst streng von Politik, Moral und allen äußeren Zwecken, betont ihre »Heiligkeit und Reinheit«,[42] sieht in der Tragödie ihre höchste Erscheinung, in der »die Nothwendigkeit siegt, ohne daß die Freiheit unterliegt, und hinwiederum die Freiheit obsiegt, ohne daß die Nothwendigkeit besiegt wird«,[43] und betrachtet sie schließlich als »das einzige wahre und ewige organon zugleich und Document der Philosophie«. Sie ist dem Philosophen das Höchste, »weil sie ihm das Allerheiligste gleichsam öffnet, wo in ewiger und ursprünglicher Vereinigung gleichsam in einer Flamme brennt, was in der Natur und Geschichte gesondert ist, und was im Leben und Handeln, ebenso wie im Denken, ewig sich fliehen muß.«[44] Wahrheit und Schönheit fallen im Kunstwerk als dem Gegenstand der intellektuellen Anschauung zusammen. Von dieser Konzeption des »Ästhetische[n] als philosophische[r] Utopie«[45] rückt Schelling später ab und nimmt auch die enthusiastische Bewertung der Kunst zurück, spürbar schon in der *Philosophie der Kunst,* jedenfalls ihrer Würzburger Redaktion nach, die die Grundlage für die Veröffentlichung bildete. Doch was Sandkühler eine »permanente Überforderung des Ästhetischen durch die Philosophie« nennt,[46] ist, unterm Aspekt ihrer utopischen Funktion betrachtet, der höchste und zweifellos pathetische Ausdruck der Utopie des Ästhetischen im idealistischen Denken;[47] denn »hatte Schiller

den ästhetischen Zustand des Spiels als den wahrhaft menschlichen bezeichnet, so erklärte Schelling die ästhetische Vernunft für den Schlußstein des idealistischen Systems.«[48] Mit der Schellingschen Ästhetik als der »Wissenschaft des All in der Form oder Potenz der Kunst«[49] und dem auf der Hypostasierung der ästhetischen Vernunft beruhenden Primat der Kunst vor allen anderen Bereichen der Theorie und Praxis wird allerdings Schillers dialektische Konstruktion der historisch-gesellschaftlichen und ästhetischen Sphäre rückgängig gemacht, beide fallen in eines, sind rücksichtlich des einheitlichen Lebenszusammenhangs einer inneren, dem ganzen Universum eingeborenen Kunst identisch. Erst Hegel wird die besondere Wirksamkeit der Kunst und ihre historische Entfaltung wieder in Abgrenzung zu Religion und Philosophie als das sinnliche Scheinen der Idee bestimmen. Allerdings wird damit auch der Anspruch der Kunst, nämlich eine bestimmte Weise darzustellen, »sich des Absoluten bewußt zu sein«, historisch relativiert:[50] »Die eigentümliche Art der Kunstproduktion und ihrer Werke füllt unser höchstes Bedürfnis nicht mehr aus. [. . .] Der Gedanke und die Reflexion hat die schöne Kunst überflügelt.«[51] So daß Hegel schließlich zu der so häufig fehlinterpretierten Einsicht gelangt, daß »die Kunst nach der Seite ihrer höchsten Bestimmung für uns ein Vergangenes« bleibt,[52] da ihre Höhe und Vortrefflichkeit »in der ihrem Begriff gemäßen Realität von dem Grade der Innigkeit und Einigkeit abhängen, zu welcher Idee und Gestalt ineinandergearbeitet erscheinen«.[53] Der Depotenzierung der Philosophie bei Schelling hält Hegel die Depotenzierung der Kunst entgegen, die zwar weiterbesteht und auch einem absoluten Bedürfnis des Menschen entspricht, von ihrem Ideal der unmittelbaren Einheit von Subjekt und Objekt, Individualität und Substantialität sich aber mehr und mehr entfernt – auf Kosten der Substantialität, die sich auflöst und zerfällt. So daß Hegel sagen kann, daß die Kunst »zu ihrem neuen Heiligen den *Humanus* macht, die Tiefen und Höhen des menschlichen Gemüts als solchen, das Allgemeinmenschliche in seinen Freuden und Leiden, seinen Bestrebungen, Taten und Schicksalen.«[54] Der historisch notwendige Zerfall des klassischen Kunstideals befreit die Kunst, indem sie ganz in die künstlerische Subjektivität eingeht und nur noch das darzustellen hat,

»worin der Mensch überhaupt heimisch zu sein die Befähigung hat«.[55] In der Reflexion ihres zeitgenössischen Stands konzipiert Hegel Kunst als eine noch offene, nirgendwo erschöpfte Erscheinung des Menschlichen. »Das Erscheinen und Wirken des unvergänglich Menschlichen in seiner vielseitigsten Bedeutung und unendlichen Herumbildung ist es, was in diesem Gefäß menschlicher Situationen und Empfindungen den absoluten Gehalt unserer Kunst itzt ausmachen kann.«[56] Damit aber wird Kunst zu einem ganz spezifischen Utopikum in einer Wirklichkeit, die den Menschen sich selbst entfremdet, seine Bedeutungen reduziert und seine geschichtliche Bestimmung von allen humanen Zwecken trennt. Die Aktualität der Hegelschen Ästhetik erweist sich auch darin, daß der historische Stand der Sache, von der sie handelt, der unsere geblieben ist, und zwar unbeschadet aller ideologischen Versuche, der Kunst jene Substantialität zu oktroyieren, die darin besteht, sie nur noch als Erscheinung einer zuvor gefälschten Wirklichkeit gelten zu lassen, so als sei jenes unvergänglich Menschliche, mit dem es Hegel umschreibt, schon zu seiner historischen Erscheinung gelangt.[57] Gibt Hegels Ästhetik so einerseits »einen historischen Aufbau der künstlerischen Ideale« und erstrebt sie damit »einen zeitlich entspringenden, gesellschaftlich orientierten, geschichtsphilosophisch geordneten Aufbau der künstlerischen Ideale als vollendet ausgedrückter und charakteristisch vollendeter Dinge, Menschen, Handlungen«,[58] so begründet sie zugleich andererseits die Notwendigkeit der Kunst auch nach dem Zerfall des klassischen Kunstideals, insofern sie ihr in einer entfremdeten und entzweiten Wirklichkeit zum Organon des Menschlichen in all seinen geschichtlichen Gestalten und Situationen wird. Auf dem Höhepunkt ihrer Entwicklung als philosophische Disziplin erinnert die Ästhetik mit dieser Bestimmung an ihren Anfang. In der freien Entfaltung der gesamten Menschlichkeit hatte Alexander Gottlieb Baumgarten die spezifische Wirkungsweise der Kunst gesehen.

1 Eberhard Jäckel, *Geschichtliche Grundlagen des gegenwärtigen Deutschland,* in: A. Grosser, E. Jäckel u. a., *Wirtschaft, Gesellschaft, Geschichte,* Stuttgart 1974, S. 5.

2 Vgl. etwa Wolf Lepenies, *Melancholie und Gesellschaft,* Frankfurt/M. 1969.

3 Hans Mayer, *Außenseiter,* Frankfurt/M. 1975; Gerhard Sauder, *Empfindsamkeit,* Stuttgart 1974.

3 Vgl. etwa: »So erwuchs die Ästhetik als philosophischer Wissenszweig nicht aus Interesse an ihrem Gegenstande, sondern mit entschiedener Geringschätzung desselben [...].« – Wilhelm Windelband, *Lehrbuch der Geschichte der Philosophie,* erw. u. hrsg. v. H. Heimsoeth, Tübingen 1957[15].

4 Alexander Gottlieb Baumgarten, *Ästhetik,* nach einer Kolleghandschrift hrsg. v. B. Poppe, Bonn/Leipzig 1907. Nach dieser von Poppe publizierten Handschrift, die überschrieben ist »A. G. Baumgarten. Kollegium über die Ästhetik« werden im folgenden die Paragraphen zitiert. Baumgarten hat seiner Vorlesung die Aesthetica zugrunde gelegt. Vgl. Poppe, S. 62 f.

5 Damit vollzieht Schiller, wie Lukács gezeigt hat, den Übergang zur objektividealistischen Ästhetik: »Die Schönheit ist für ihn bereits die Schönheit des realen, konkreten Gegenstandes, sie tritt nicht in einer äußerlich hinzugefügten Weise zur Gegenständlichkeit des Objekts hinzu, wie bei Kant, sondern ist eine neue Formung des bereits gegenständlich existierenden, also bereits geformten Gegenstandes [...]« – G. Lukács, *Zur Ästhetik Schillers,* in: G. L., *Probleme der Ästhetik,* Neuwied 1969, S. 54.

6 Ernst Cassirer, *Freiheit und Form,* Berlin 1916, S. 124. Baumgarten wurde damit zum eigentlichen Vermittler des rhetorisch geprägten Bildungs- und Kunstideals an die deutsche Ästhetik. Seine Auffassung von der ästhetischen Erkenntnis »als cognitio sensitiva und analogon rationis im Sinne einer legitimen, durch die theoretische Philosophie nicht ersetzbaren Weise der Wahrheitsvermittlung« (Willi Oelmüller, *Die unbefriedigte Aufklärung,* Frankfurt/M. 1969, S. 17) ist in der rhetorischen Diskussion um die Abgrenzung von Dialektik und Rhetorik vorgeprägt. So etwa legt Aristoteles die Rhetorik auf das Wahrscheinliche fest und trennt die Rede scharf vom Lehrgespräch. Wobei das Wahrscheinlichmachen einer Sache die rhetorische Weise der – wirkungskräftigen – Wahrheitsvermittlung darstellt, die wesentlich auch auf den emotionalen Überzeugungsgründen beruht; Baumgarten spricht vom »schön denken«, eine Formulierung, die später Schiller als »darstellend denken« aufnehmen wird und in der die Einheit der rationalen und emotionalen Erkenntnisweisen als spezifisch ästhetisch ausgedrückt wird. Vgl. mein Buch *Schillers Rhetorik – Idealistische Wirkungsästhetik und rhetorische Tradition,* Tübingen 1971, bes. S. 109 ff.

7 Joachim Ritter, *Ästhetik,* in: (Hrsg. J. Ritter), *Historisches Wörterbuch der Philosophie* Bd. 1, Darmstadt 1971, S. 557.

8 Vgl. dazu Klaus Dockhorn, *Macht und Wirkung der Rhetorik,* Bad Homburg v. d. H. 1968, bes. S. 46 ff. Dockhorn hat den Einfluß der Rhetorik auf wesentliche ästhetische Doktrinen der Neuzeit untersucht. In dieser Richtung müßte systematisch weitergearbeitet werden.

9 Ernst Bloch, *Das Materialismusproblem, seine Geschichte und Substanz,* Frankfurt/M. 1972, S. 195.

10 Baumgarten variiert auch hier eine rhetorische Grundüberzeugung, vgl. etwa: Cicero, *Orator,* LXXI, 237.

11 Richard Falckenberg, *Geschichte der neueren Philosophie*, Berlin/Leipzig 1927⁹, S. 264.

12 Vgl. Hans Heinz Holz, *Einleitung* zu: G. W. Leibniz, *Politische Schriften*, 2 Bde., Frankfurt/M. 1967, Bd. 1, S. 8 ff.

13 Ritter, *Ästhetik*, S. 558.

14 Vgl. etwa Arnold Hauser, *Sozialgeschichte der Kunst und Literatur*, München 1953, S. 625. Eine gerechtere Beurteilung gibt: Werner Rieck, *Johann Christoph Gottsched.* Eine kritische Würdigung, Berlin 1972.

15 Sigmund von Lempicki, *Geschichte der deutschen Literaturwissenschaft bis zum Ende des 18. Jahrhunderts*, Göttingen 1920, S. 245.

16 Vgl. dazu etwa Peter Szondi, *Poetik und Geschichtsphilosophie*, 2 Bde., Frankfurt/M. 1974, und Willi Oelmüller, *Die unbefriedigte Aufklärung.*

17 Peter Hahn sieht in seinem sonst sehr aufschlußreichen Aufsatz zu ausschließlich nur die geschichtsphilosophische Konzeption der Kunst als Utopie. Vgl. Peter Hahn, *Kunst als Ideologie und Utopie.* Über die theoretischen Möglichkeiten eines gesellschaftsbezogenen Kunstbegriffs, in: *Literaturwissenschaft und Sozialwissenschaften*, Stuttgart 1971, bes. S. 172 ff.

18 Wenn nicht anders angegeben, werden Schillers Werke zitiert nach der Nationalausgabe, hrsg. v. Julius Petersen u. Gerhard Fricke u. a., Weimar 1943 ff. Die erste Ziffer in der Klammer gibt die Bandzahl, die zweite die Seitenzahl an.

19 Viel ist über die Gründe spekuliert worden, die Schiller bewogen haben mögen, die Arbeit am *Geisterseher* zu verzögern, schließlich gar abzubrechen. Ein Grund liegt sicher auch in der fehlenden Lösung des ästhetischen Problems, das sich Schiller hier gestellt hat.

20 Konsequent als Aufklärungsroman, der die psychologischen und sozialen Probleme der Epoche reflektiert, hat Benno von Wiese den Roman interpretiert, seiner ästhetischen Dimension aber nur beiläufig Beachtung geschenkt. Vgl. B. v. Wiese, *Schiller*, Stuttgart 1959, S. 315 ff.

21 Schiller verarbeitet kunstvoll die Motive des Aufklärungsromans, den Hell-Dunkel-Kontrast, den Einfall des Lichts durch das Fenster, das die Aufklärung bringt: 16, 159.

22 »In einer Reihe außerordentlicher Erscheinungen müßte, deucht mir, just die *wahrscheinlichere* stören. [. . .] Aber die überraschende Neuheit und Schwierigkeit der Entdeckung ist hier gleichsam eine Gewährleistung des Wunders, wodurch sie erhalten wird – denn wer wird nun das Übernatürliche einer Operation in Zweifel ziehen, wenn das, was sie leistete, durch natürliche Kräfte nicht geleistet werden kann?« (16, 85)

23 Vgl. 16, 88. Ein Motiv, das E. T. A. Hoffmann für seine *Elixiere des Teufels* übernommen hat.

24 Die philosophische Begründung dafür liefert das philosophische Gespräch.

25 Vgl. 16, 102.

26 »Zweck überhaupt hätten wir nie sagen sollen.« (16, 163)

27 Vgl. 20, 319 ff., und Kuno Fischer, *Schiller als Philosoph*, Heidelberg 1891, S. 108.

28 Hier könnte eine Theorie der ästhetischen Wertung ansetzen.

29 Maurice Merleau-Ponty, *Die Abenteuer der Dialektik*, Frankfurt/M. 1968, S. 252.

30 Das Hauptproblem aller fiktionalen Literatur: die Begründung der subjektiven Phantasie in der Wahrscheinlichkeit.

31 Die literarische Form der utopischen Staatsromane dient diesem Zweck.

32 Dem Zusammenhang dieses Romans mit Andreäs Utopie ist m. W. noch nicht nachgegangen worden. Mehrfach weist Schnabel seine Felsenburg deutlich als religiöse Utopie eines neuen Paradieses aus.

33 Worauf besonders Arno Schmidt hingewiesen hat. Vgl. A. Schmidt, *dya na sore*, Karlsruhe 1958, S. 54 ff.

34 Friedrich Engels, *Die Entwicklung des Sozialismus von der Utopie zur Wissenschaft*, in: Marx/Engels, *Ausgewählte Werke* Bd. 2, S. 112, Berlin 1963.

35 Vgl. Hans Mayer, *Rhetorik und Propaganda*, in: H. Mayer, *Zur deutschen Literatur der Zeit*, Reinbek 1967.

36 Engels an Schmidt, in: Marx/Engels, *Ausgew. Werke*, Bd. 2, S. 466.

37 Bertolt Brecht, *Gesammelte Werke*, 20 Bde., Frankfurt/M. 1967, Bd. 18, S. 165.

38 Vgl. den 22. Brief, 20, 379 ff.

39 K. Fischer, *Schiller*, S. 315.

40 Die Vorrede zur Braut von Messina wird zitiert nach: F. Schiller, *Sämtliche Werke*, hrsg. v. G. Fricke, u. H. G. Göpfert, 5 Bde., München 1965, Bd. 2.

41 Schillers Briefe, *Kritische Gesamtausgabe*, hrsg. v. Fritz Jonas, 7 Bde., Stuttgart 1892 ff., Bd. 2, S. 210.

42 F. W. J. Schelling, *Das System des transzendentalen Idealismus*, Hamburg 1957, S. 291.

43 F. W. J. Schelling, *Philosophie der Kunst*, Darmstadt 1966, S. 334.

44 F. W. J. Schelling, *Sämtliche Werke*, Stuttgart/Augsburg 1856 ff., Bd. 3, S. 627.

45 Szondi, *Poetik* II, S. 208. Zur Kritik vgl. Dieter Jähnig, *Schelling*. Die Kunst in der Philosophie Bd. 1, Pfullingen 1966, sowie Hans Jörg Sandkühler, *Freiheit und Wirklichkeit*. Zur Dialektik von Politik und Philosophie bei Schelling, Frankfurt/M. 1968, bes. S. 108 ff.

46 Sandkühler, ebenda, S. 113.

47 Die auch von Schiller, wie gezeigt, nicht nur »in anthropologischer Begründung als Bildungsmittel pragmatisch als ein Thema der Praxis anerkannt« wurde, wie wiederum Sandkühler meint, der auch im übrigen allzu voreilig »die unmittelbare Verwiesenheit der Theorie auf Praxis« fordert. Ebenda, S. 113 u. S. 243.

48 Windelband, *Geschichte*, S. 523.

49 F. W. J. Schelling, *Philosophie der Kunst*, S. 12.

50 G. W. F. Hegel, *Ästhetik*, 2 Bde., hrsg. v. F. Bassenge, Fankfurt o. J., Bd. 1, S. 21.

51 Hegel, ebenda.

52 Hegel, ebenda, S. 22.

53 Hegel, ebenda, S. 79.

54 Hegel, ebenda, S. 581.

55 Hegel, ebenda.

56 Hegel, ebenda, S. 582.

57 Wie es die Doktrin des sozialistischen Realismus voraussetzt. – Eine Geschichte der Ästhetik als die historische Konstruktion der Entfaltung des utopischen Wesens der Kunst steht noch aus. Sie hätte freilich mit dem Beginn der nachromantischen Kunst, in der jedes Werk neu definiert, was seine Ästhetik ist, mit beinah unüberwindlichen Schwierigkeiten zu rechnen.

58 Ernst Bloch, *Ästhetik des Vor-Scheins*, 2 Bde., hrsg. v. Gert Ueding, Frankfurt 1974, Bd. 1, S. 151.

Ernst Osterkamp

Utopie und Prophetie

Überlegungen zu den späten Schriften Walter Benjamins

Doch das Menschenkind hat noch kein Zuhause.
Walter Benjamin (III/536)

Daß im Kunstwerk Utopie bewahrt sei, dieser Gedanke verbindet in der avancierten ästhetischen Theorie noch solche häufig gegensätzlichen philosophischen Positionen wie die Adornos und Blochs. Doch während dieser noch im ästhetisch Mißlungenen, im künstlerisch Abseitigen, wie in Kitsch und Kolportage, in Schlager und Bänkelsang, dem Vor-Schein eines gelungenen Weltzustands, den Wunschbildern und Traumfiguren in Richtung auf Befreiung der Erniedrigten und Beleidigten, der Mühseligen und Beladenen, detektorisch nachspürt, insistiert Adorno mit Entschiedenheit auf der Authentizität des Kunstwerks, aus welcher ihm in seiner Kompromißlosigkeit und Intransigenz gegen die unverbrüchlich schlechte Totalität seine Statthalterschaft für Utopie allererst erwächst. Damit aber gewinnt für Adorno die Kategorie des Utopischen in der ästhetischen Theoriebildung allerhöchste Bedeutsamkeit: Nur das Kunstwerk, in welchem die Utopie nicht ans Bestehende verraten ist, darf als authentisch gelten, wie umgekehrt nur das authentische Kunstwerk noch die Erinnerung an die vom mißlungenen Weltzustand unverzerrte Utopie ungeschwächt ausspricht. Konstitutiv geht so Utopie in die Bestimmung des Kunstwerks ein: »Das Neue ist die Sehnsucht nach dem Neuen, kaum es selbst, daran krankt alles Neue. Was als Utopie sich fühlt, bleibt ein Negatives gegen das Bestehende, und diesem hörig. Zentral unter den gegenwärtigen Antinomien ist, daß Kunst Utopie sein muß und will und zwar desto entschiedener, je mehr der reale Funktionszusammenhang Utopie verbaut; daß sie aber, um nicht Utopie an Schein und Trost zu verraten, nicht Utopie sein darf. Erfüllte sich die Utopie von Kunst, so wäre das ihr zeitliches Ende.«[1] Die Intention aufs Neue verlischt im Kunstwerk; nur dann leuchtet Utopie in ihm auf, wenn nicht im erschlichenen oder erzwungenen Vorgriff aufs schlechthin andere des gelungenen Weltzustands diesem die mißratenen Züge aller bisherigen Geschichte erneut eingezeichnet werden. Deshalb ist das Kunstwerk Utopie einzig als Negation: »Das Neue als Kryptogramm ist das Bild des Untergangs; nur durch dessen absolute Negativität spricht Kunst das Unaussprechliche aus, die Utopie.«[2] So sind die Kunstwerke nicht Utopie, denn damit höben sie sich selbst auf; sie geben auch nicht deren Bild, weil sie dieserart das Utopische immer schon unters Zeichen der Heteronomie stellten; sondern indem sie auf ihrer Undenkbarkeit, ihrer Unaussprechbarkeit unbeirrt beharren, halten sie an der Utopie fest. Die Kunstwerke, in welchen die disiecta membra der historischen Welt zur Konfiguration eines anderen zusammentreten, setzen sich dieser autonom entgegen und sprechen so von der Möglichkeit einer Welt, in der Heteronomie ein Ende hat. So liegt der »Glanz« der Werke in der Erscheinung »eines Nichtseienden, als ob es doch wäre. Sein Anspruch zu sein erlischt im ästhetischen Schein, was nicht ist, wird jedoch dadurch, daß es erscheint, versprochen. Die Konstellation von Seiendem und Nichtseiendem ist die utopische Figur von Kunst.«[3] Wie sich das Utopische begrifflich allenfalls mit den Mitteln negativer Theologie erfassen läßt,[4] so hält auch Kunst ihm in dem die Treue, worin sie negativ gegen das Seiende sich abhebt. Wenig Sinn ergibt es demnach, als »tragende Idee in Adornos kunsttheoretischer Konstruktion« die Negation der Utopie überzuordnen:[5] In der Negation ist die Utopie bewahrt, wie ebenso ohne die Utopie die Negation um ihren Sinn gebracht wäre. In Adornos ästhetischer Theorie rettet das Kunstwerk in der Negation die Utopie.

Adornos Kunsttheorie hat, von den frühen dreißiger Jahren[6] bis zu ihrer abschließenden Formulierung in der *Ästhetischen Theorie,* in steter Auseinandersetzung mit Benjamins Werk ihre spezifischen Züge ausgeprägt, wie ebenso Benjamins späte Arbeiten den Untersuchungen und der Kritik des jüngeren Freundes viel verdanken; beide verhielten sich als Lernende zueinander. Wenn also Adorno in resümierendem Rückblick zu Benjamins Ästhetik bemerkte, daß sie in Kunst »gegenüber der geschichtlich-gesellschaftlichen Basis ein Moment hinausführenden Fortschritts« entdecke, so könnte sich hieraus der Eindruck ergeben, daß Benjamin in seiner Kunsttheorie dem Utopischen den gleichen zentralen Ort wie Adorno einräume, und dies um so mehr als diesem der Utopiebegriff als das »Zentrum von dessen gesamter Theorie« gilt.[7] Adorno kann sich hierbei auf Tiedemanns Untersuchung zu Benjamins Philosophie stützen, in welcher der Begriff des Utopischen den Kernpunkt bildet. Allerdings konnte Tiedemann, als er aus Benjamins Schriften Utopie als das verborgene Zentrum von dessen Philosophie herauspräparierte, sich auf keine Texte stützen, die mit annähernd gleicher begrifflicher Klarheit vom Utopischen sprechen, wie dies bei den oben erläuterten Ausführungen Adornos der Fall ist. Nur mit Hilfe diffiziler Rückübersetzungen von Benjamins idealistischer Begrifflichkeit und unterstützt von Adornos Kunsttheorie gelingt es ihm, aus der Wahlverwandtschaftenarbeit und dem Trauerspielbuch einen Begriff vom Kunstwerk zu gewinnen, der in seinen utopischen Gehalten wesentlich als Präfiguration der Adornoschen Theorie erscheint: In der Erinnerung an den »nie gegebenen Bestand des Ideals« nehme das Kunstwerk »eine Gestalt der Utopie« vorweg.[8] An die Zitation des Spes-Aphorismus aus der *Einbahnstraße* schließt Tiedemann eine Interpretation an, die dessen Gehalt völlig im Sinne Adornos erschließt: Ästhetische Theorie habe zu zeigen, »daß Kunst den Menschen von der Versöhnung, von einer vom Prinzip des Nutzens emanzipierten Welt, in der nicht länger alles und jedes der Reproduktion der Arbeitskraft diente, nicht sprechen kann, ohne in eins damit doch immer wieder am eigensten Interesse der Menschen sich zu vergehen, indem sie die Versöhnung als bereits geleistete vorwegnimmt.«[9] Formulierungen wie die zuletzt zitierte wird man bei Benjamin nirgends finden – an diesen simplen Tatbestand zu erinnern ist deshalb nicht müßig, weil in Tiedemanns Untersuchung Benjamins und Adornos Kunsttheorie in ihrer Relation zum Utopischen bis zur Ununterscheidbarkeit einander sich angleichen. – Freilich gibt es auch Bemühungen in umgekehrter Richtung. Wie Tiedemann Benjamins Werk für dessen jüngeren Freund zu retten sich bemüht, so Hans Heinz Holz für den älteren: Was Benjamin zur Utopie zu sagen wisse, darüber könne man sich kurz fassen, handele es sich doch dabei allenfalls um »Ergänzungen, Modifikationen« der grundlegenden Untersuchungen Ernst Blochs; Benjamin, in dessen Arbeiten Jetztzeit und Vergangenheit in einer Konstellation zusammentreten, »findet in der Geschichte und der Gegenwart immer antizipierende, utopische Momente, die auf das Ziel aller Geschichte hinweisen, weil ja jede epochale Situation eben dieses Ziel als Tendenz in sich trägt«.[10] Damit nun werden sicher zentrale Aspekte des Blochschen Werkes erfaßt, »Tendenzkunde« des Weltprozesses und »Tendenzgestalten« in Richtung aufs Utopikum bilden Zentren von dessen Argumentation; ob sich jedoch gleiches von Benjamins Arbeiten behaupten läßt, ist mit Fug zu bezweifeln – zumal jene Vorstellung einer Tendenz auf das Ziel der Geschichte Benjamins Denken fremd ist. Und doch steht Holz mit seiner Ansicht nicht allein: Eine neuere, historisch reflektierte Literaturgeschichte meint bei der Erörterung von *Einbahnstraße* und *Spuren,* den »bedeutendsten Prosawerke[n] aus der Epoche der Weimarer Republik«,[11] beide, Bloch und Benjamin, wenn es in ihr heißt: »Jede Rückspiegelung ins Vergangene wird gemieden. An deren Stelle tritt der radikale Rückgriff in die Geschichte, die daraufhin befragt wird, ob sie wenigstens Bausteine des noch unvorstellbaren Zukunftsentwurfs bereitzustellen vermag.«[12] Auch dies gilt für Bloch durchaus, für Benjamin aber, wie noch zu zeigen ist, keineswegs mit gleicher Entschiedenheit. Bereits in einem ersten Überblick zeigt sich, daß verglichen mit denen Blochs die materialen Analysen Benjamins nahezu völlig gegen Zukunft abgedichtet sind.

Nicht zum wenigsten verdankt die Möglichkeit einer Reklamation der Benjaminschen Kunsttheorie für verschiedene philosophische Schulen sich dem Umstand, daß im Unterschied zu den Sekundäranalysen, in denen der Begriff des Utopischen abundiert, Benjamin selbst kaum Gebrauch von ihm machte. Nur selten einmal, daß Benjamin in seinen Schriften von Utopie spricht, und noch in diesen wenigen Fällen verfährt er ohne begriffliche Strenge. So werden im Kraus-Essay »Utopie« und »Hirngespinst« im gleichen Sinne verwendet (II/344)[13]; zu Hillers aktivistischen Essays fällt ihm die schöne Formulierung von »einem eristischen Utopien« (III/351) ein, das nicht auf »historischem Terrain« verortet sei; und an einer Arbeit über Fourier hebt er hervor, daß in ihr die »utopischen und pittoresken Elemente« von den »konstruktiven« in dessen

Theorie unterschieden seien (III/428). Einem russischen Revolutionsroman rühmt er nach, daß er »die Utopie, auch die bescheidenste«, meide, statt dem sich »engstens an die Wirklichkeit« halte (III/160), wie auch Jochmann darin gelobt wird, daß er »die künftige Gesellschaft nicht mit den bunten Farben des Utopisten« ausmale (II/584). Brechts *Mutter* schließlich beweise ihren »gesunden Menschenverstand« darin, daß man ihr mit »Utopien« nicht kommen dürfe (II/513). Deutlich genug schält aus diesen wenigen Belegen ein Utopiebegriff sich heraus, in dem das schlechthin nicht Machbare, die fruchtlose Phantasterei, das mit dem historischen Prozeß nicht vermittelte Zukunftsbild, kurz: all das erfaßt sein soll, was bei Bloch im Unterschied zur konkreten abstrakte Utopie heißt. In diesem Sinne gilt selbst noch der Idealismus als utopisch, weil er vom Standort des Denkenden in der Gesellschaft sich weigert Kenntnis zu nehmen (III/112), wie ebenso die idealistische Hellasvorstellung des deutschen Bürgertums utopisch genannt ist, weil sie als Idealbild eines Vergangenen nicht Vorbild für gesellschaftliche Praxis zu werden vermochte (was nicht hindere, daß diese Praxis ihr Bestes jenem Bilde zu verdanken gehabt hätte, wenn an ihm festgehalten worden wäre) (III/117 f.). Mag auch im letzten Beleg als positives Element von Utopie die weitertreibende Freiheitsvorstellung anklingen, so gilt doch für die anderen Fälle, daß in ihnen Benjamin die Kategorie des Utopischen zur Kennzeichnung des Wirklichkeitsfremden und Realitätsblinden einsetzt; sie markiert Ideallandschaften der Phantasie, die an keiner Stelle mehr ans historische Umfeld grenzen.

Merkwürdig hebt von Benjamins Übung, den Utopiebegriff so weit als möglich auszusparen, sich der wichtige Text *Paris, die Hauptstadt des XIX. Jahrhunderts* ab; er war, als Exposé der Passagen-Arbeit, nicht zur Veröffentlichung bestimmt. In ihm nun begegnet der Utopiebegriff gehäuft, und dies durchaus nicht mit dem eindeutig pejorativen Beiklang, der seine sonstige Verwendung auszeichnet. So hebt Benjamin an Grandvilles zeichnerischen Phantasien deren »Zwiespalt zwischen ihrem utopischen und ihrem zynischen Element« hervor.[14] Zynisch an ihnen ist, daß sie den »Warencharakter aufs Universum« übertragen, Mikrokosmos und Makrokosmos nach den Gesetzen der Ware »modernisieren« und so deren universale Geltung zum Gegenstand des Amüsements erheben. Utopisch an ihnen ist, daß sie die Unterwerfung noch der Bereiche organischer und anorganischer Natur, die deren Herrschaft bisher sich entzogen, unter die Gesetze der Warenwelt graphisch vorwegnehmen. »Der Saturnring wird ein gußeiserner Balkon, auf dem die Saturnbewohner abends Luft schöpfen. Das literarische Gegenstück dieser graphischen Utopie stellen die Bücher des Fourieristischen Naturforschers Toussenal dar.« Das Moment von Utopie liegt hierbei weniger im architektonischen Phantasiebild, dem Saturnring, der zum gußeisernen Balkon umgebildet wird, als im endgültigen Sieg der Ware, der in ihm seinen Ausdruck findet. Daß der Fetisch Ware totalitär über die organische und anorganische Welt herrsche, darin liegt die Utopie; sie ist negativ. Nicht so freilich für Grandville, der als zynischer Mitläufer der Ware graphisch derem Fetischismus applaudiert. Die Maschen des Netzes, das die Bewegungen der Ware zieht, werden von ihm dichter geknüpft und ins Universale verlängert; ist hier von Utopie die Rede, so ist es die finstere universaler Verdinglichung. Utopie ist von Benjamin nicht zur Kennzeichnung des völlig anderen, des wahrhaft Neuen eingesetzt, sondern sie markiert den endgültigen Sieg des Bestehenden, die Subsumtion alles Wirklichen und Möglichen unter das eine Gesetz der Ware. »Die Operette ist die ironische Utopie einer dauernden Herrschaft des Kapitals.« So lautet der letzte Satz des Abschnitts über Grandville. – Daß sich nun freilich der Utopiebegriff nicht in der Vorwegnahme völliger Finsternis erschöpft, dafür gibt der gleiche Aufsatz mehrfach Zeugnis. Benjamin hebt an der Architektur des 19. Jahrhunderts die zunehmende Verwendung des Glases hervor, die allerdings durch die mangelnde Entwicklung der gesellschaftlichen Verhältnisse gehemmt gewesen sei, und schließt den Satz an: »Noch in der ›Glasarchitektur‹ von Scheerbart (1914) tritt sie in den Zusammenhängen der Utopie auf.«[15] In eben dieser *Glasarchitektur* sei Scheerbart dem »Utopisten Fourier« »verwandt«, so heißt es zwei Seiten später. Benjamin hat Paul Scheerbart zu den bedeutendsten Autoren der neueren deutschen Literatur gezählt; noch 1931 nennt er den damals längst Vergessenen mit Brecht, Kafka und Döblin (III/302) in einem Atem.[16] Was an diesem Autor ihn so fesselte, beschreibt er selbst in seiner Besprechung der Briefe Max Dauthendeys. In ihr stellt er Dauthendey »in die Gesellschaft jenes großen Planetenbürgers, der Paul Scheerbart hieß und der in einer Sprache, die so klar und farblos ist wie Glas, die größten Linsen zur Vorschau in die Zukunft geschliffen hat. Nun blieb zwar Dauthendey ein Träumer, während Scheerbart bei seiner Linsenschleiferei – wie einst Spinoza – Weiser wurde.« (III/385) Sind nun gewiß Scheerbarts Linsen vollendet geschliffen, so besteht doch ihr Material aus den trüben Erfahrungen einer leidvollen Gegenwart, und nur spärlich sickert das Licht einer besseren Zukunft durch sie hindurch. Scheerbarts Bücher sind Weltfluchtliteratur; sie siedeln das Bessere nicht in irdischer Zukunft sondern im kosmischenAbseits an. Die Asteroiden, auf denen seine Phantasiegestalten tätig sind, bleiben Gegenwelten, positiv darin, daß sie hermetisch gegen die wilhelminische Misere abgedichtet sind. Ihr gänzliches Anderssein aber verdanken Scheerbarts Fluchtgestalten ihrer hoffnungslosen Fesselung an jene Gegenwart, die sie hervorbrachte, und die sie verleugnen. Darum gleichen sie weniger Linsen, die auf die Zukunft gerichtet sind, als vielmehr Spiegeln, in denen die Gegenwart seitenverkehrt erscheint. Der Weise, als welchen Benjamin Scheerbart erkannte, sinnt, nur scheinbar von ihm abgehoben, über das Material der Gegenwart nach, die Zukunft dagegen ist besser bei den Träumenden aufgehoben. Noch Scheerbarts kühnste Konstruktionen reden nicht von einer Zukunft, die ihre Herstellung möglich macht, sondern von der Enge der bürgerlichen Welt, an der sie scheitert. Scheerbart, der zur Besatzung eines Weltraumschiffes, das eine achteckige Flasche ist, sich drei Germanisten auswählt, als Autor der Zukunft zu verstehen, ist ein Mißverständnis. Zwar kehrt er der Gegenwart den Rücken, wendet den Blick aber nicht in die Zukunft sondern nach innen. Einzig das oberflächliche Kriterium des außerterrestrischen Schauplatzes könnte dazu berechtigen, in Scheerbarts Hauptwerk *Lesabéndio* (1913) mit Scholem einen »utopischen Roman«[17] zu erblicken, und doch hat auch wohl Benjamin ihn so verstanden, lag doch seiner großen Lesabéndio-Kritik »Der wahre Politiker« die Ansicht zugrunde, »daß der Pallas die beste aller Welten sei«.[18] Diese Arbeit ist ebensowenig erhalten wie Benjamins umfangreiche Kritik von Blochs *Geist der*

Utopie; beide Texte wären für das Verständnis der Utopievorstellung des jungen Benjamin von größtem Belang gewesen. Doch erlauben bereits die wenigen erhaltenen Bemerkungen zu Scheerbart die Interpretation, daß Benjamin durchaus die mit dem realen Weltprozeß unvermittelte, die abstrakte Utopie positiv zu würdigen wußte, sobald sie ihm philosophisch durchdrungen schien. Das gilt für Fouriers Schriften, die das Spätwerk häufig zitiert, ebenso wie für die Scheerbarts, des »Weisen«, dessen Lesabéndio seinen Nietzsche viel zu gut kennt, als daß eine andere Herkunft denn die irdische zu vermuten wäre. Utopisch ist der *Lesabéndio* nicht im Sinne einer auszubildenden Zukunft, sondern allenfalls als verspäteter Nachfahr der frühen Staatsutopien, in dem freilich die reaktionären die fortschrittlichen Elemente überwiegen. Benjamins Vorliebe für Scheerbart deutet, neben einem eskapistischen Grundton, der das gesamte Frühwerk durchdringt, auf ein für sein Denken zentrales Problem, das schließlich seinen schärfsten Ausdruck in den Geschichtsphilosophischen Thesen fand: den Bruch zwischen der realen Bewegung der Geschichte und dem Reich der Freiheit, das außerhalb ihrer liegt. So wie Benjamin Scheerbarts historisch unvermittelte Gegenwelten als Zukunftsbilder, auf die hin sich Geschichte bewegt, mißversteht, so wird später sein Denken die »messianische Zeit« als Ende der Geschichte ihr vermittlungslos entgegenstellen, ohne je auf den Umschlagspunkt konkret sich einzulassen. Wie die »messianische Zeit« weniger Resultat der Geschichte als deren positives Gegenbild ist, so stellen auch die Scheerbartschen Phantasiewelten nicht so sehr Transzendierungen des historisch Mißlungenen dar als vielmehr imaginäre Wunschlandschaften, die sich weigern, nach den Gesetzen der Geschichte sich zu ordnen. Hier ist Utopie das schlechthin andere außerhalb der Geschichte.

Noch eine dritte Verwendung des Utopiebegriffs begegnet im Passagen-Exposé. Im Abschnitt über Fourier notiert Benjamin die grundsätzliche Überlegung: »In dem Traum, in der (!) jeder Epoche die ihr folgende in Bildern vor Augen tritt, erscheint die letztere vermählt mit Elementen der Urgeschichte, das heißt einer klassenlosen Gesellschaft. Deren Erfahrungen, welche im Unbewußten des Kollektivs ihr Depot haben, erzeugen in Durchdringung mit dem Neuen die Utopie, die in tausend Konfigurationen des Lebens, von den dauernden Bauten bis zu den flüchtigen Moden, ihre Spur hinterlassen.«[19] Am Begriff des Kollektivbewußtseins, der diesem Text zugrundeliegt, hat Adorno die nötige Kritik geübt;[20] er soll uns hier nicht weiter beschäftigen. Wichtiger aber noch als das Subjekt des Traums, in welchem das Bild des Neuen sich formt, ist für den hier entwickelten Utopiebegriff die innige Verbindung, die das Uralte und das Allerneueste in ihm eingehen. Der fortgeschrittenste Stand der Produktivkräfte verschwistert sich in ihm mit der Erinnerung an die klassenlose Gesellschaft, die aus der Urgeschichte bis in die Moderne sich bewahrte. Das Modell hierfür gibt Fouriers Utopie ab: Eine gesellschaftliche Organisation, die sich nach dem fortgeschrittensten Stand der Produktivkräfte ausrichtet, »produziert das Schlaraffenland, das uralte Wunschsymbol«. In diesem Konzept von Utopie verbinden sich regressive Züge mit progressiven; regressiv an ihm ist, daß die klassenlose Gesellschaft, deren Gedächtnis das kollektive Unbewußte die Treue hält, weniger am Anfang als vor aller Geschichte verortet ist: Sie steht außerhalb ihrer. Das Immergleiche eines unhistorischen Wunschbildes füllt sich in stetem Wandel mit den allerneuesten Farben der historischen Wirklichkeit auf. Die Vorstellung der klassenlosen Gesellschaft, die aus den Tiefen der Vorgeschichte bis in die Utopien der Moderne sich rettete, bildet insofern das genaue Pendant zur »messianischen Zeit«: Beide gehören nicht ins Kontinuum der Geschichte, die erste ist ihm vorgelagert, die zweite setzt ihm ein Ende. Utopie verhält sich konträr zu Geschichte.

Von diesem Gedanken sind zumal die Thesen *Über den Begriff der Geschichte,* Benjamins letzte Arbeit, durchdrungen. Als Reaktion auf den Hitler-Stalin-Pakt formulieren sie die Kritik an einem Fortschrittsbegriff, in dem die gläubige Erwartung der Sozialdemokratie, mit der fortschreitenden Entwicklung der Produktivkräfte werde ihr der Sieg über den Kapitalismus wie eine reife Frucht in den Schoß fallen, kulminierte. Auf die Erkenntnis, daß Geschichte als Kontinuum sich einzig unter dem Zeichen von Herrschaft konstituiere, reagiert Benjamin mit dem Konzept einer von Jetztzeit erfüllten Vergangenheit, deren Epochen sich erst dadurch erschließen, daß sie aus dem homogenen Geschichtsverlauf herausgesprengt werden. So tritt an die Stelle der kontinuierlichen Geschichte von Unterdrückung die Diskontinuität der Geschichte der Unterdrückten: »Die Geschichte ist Gegenstand einer Konstruktion, deren Ort nicht die homogene und leere Zeit sondern die von Jetztzeit erfüllte bildet.« (I/701) Dies bedeutet, daß Geschichte nicht einen unerschöpflichen Fundus beliebig zitierbarer Überlieferung abgibt, die sich gleichgültig zum Zeitpunkt ihrer Erkenntnis verhielte: »Denn es ist ein unwiederbringliches Bild der Vergangenheit, das mit jeder Gegenwart zu verschwinden droht, die sich nicht als in ihm gemeint erkannte.« (I/695) Diesen von den Siegen der Herrschenden überstrahlten, gleichsam unterirdischen Bezug der Vergangenheit aufs Gegenwärtige umschreibt Benjamin in aller Absicht mit theologischem Vokabular: »Ist dem so, dann besteht eine geheime Verabredung zwischen den gewesenen Geschlechtern und unserem. Dann sind wir auf der Erde erwartet worden. Dann ist uns wie jedem Geschlecht, das vor uns war, eine *schwache* messianische Kraft mitgegeben, an welche die Vergangenheit Anspruch hat.« (I/694) Jene »*schwache* messianische Kraft« vermag sich allein dann um die Impulse, die ihr aus dem Gewesenen zukommen, zu kräftigen, wenn es dem historischen Materialisten gelingt, die Tradition den Usurpationsversuchen der herrschenden Klasse, die sie wie ihre Empfänger zu Werkzeugen herabzuwürdigen bemüht ist, zu entreißen. »In jeder Epoche muß versucht werden, die Überlieferung von neuem dem Konformismus abzugewinnen, der im Begriff steht, sie zu überwältigen. Der Messias kommt ja nicht nur als der Erlöser; er kommt als der Überwinder des Antichrist.« (I/695) In der Umklammerung durch die herrschende Klasse, den »Antichrist«[21], droht die messianische Kraft, die aus der Tradition erwächst, zu erstikken; deshalb sind die Augenblicke, in denen der historische Materialist »ein Bild der Vergangenheit festzuhalten« strebt, stets solche der Gefahr. Einzig die Rettung der Tradition erlaubt es, aus dem Leid, aus den Niederlagen der Toten »Funken der Hoffnung« zu schlagen. Dies aber heißt zugleich, daß die kämpfende Klasse Haß und Opferwillen »an dem Bild der geknechteten Vorfahren, nicht am Ideal der befreiten Enkel« nährt (I/700); die messianische Kraft gewinnt ihr Vermögen nicht aus dem Bild zukünftiger Befreiung, sondern aus vergangenem Unrecht und Elend. Die Geschichtsphilosophischen Thesen handeln davon, wie die Spannung zwischen Gegenwart und Vergangenheit für Zukunft fruchtbar zu machen ist.

Die Antwort darauf, wer nun der Messias, der Erlöser ist, und worin die schwache messianische Kraft besteht, die den gegenwärtig Kämpfenden aus der Vergangenheit zu Hilfe kommt, entgegnet zugleich auf die Frage nach dem Verhältnis, in dem Utopie und Kunst in Benjamins Werk zueinander stehen. Benjamins Versuch, in den Geschichtsphilosophischen Thesen dem Historischen Materialismus mit Hilfe der Theologie seine alte Kraft zu restituieren, hat, zumal er in ihnen konzessionslos auf metaphorischer Darstellung beharrte, zu der Interpretation geführt, der Messias, von denen sie reden, sei der gleiche, von dem die jüdische Theologie spricht. Von ihm wußten die Juden, daß sein Kommen unvorbereitet, plötzlich sich vollziehen werde. Dem entsprechen die letzten Sätze der Thesen: »Den Juden wurde die Zukunft [. . .] nicht zur homogenen und leeren Zeit. Denn in ihr war jede Sekunde die kleine Pforte, durch die der Messias treten konnte.« (I/704) Der Messias setzt am Jüngsten Tag der Geschichte ein Ende und erlöst die leidende Menschheit; eine Interpretation, die die folgende Textpassage nicht als metaphorisch versteht, findet eben dies theologische Argument in ihr wieder: »[. . .] erst der erlösten Menschheit ist ihre Vergangenheit in jedem ihrer Momente zitierbar geworden. Jeder ihrer gelebten Augenblicke wird zu einer citation à l'ordre du jour – welcher Tag eben der jüngste ist.« (I/694) Gerhard Kaiser hat in einem Kabinettstück unhistorisch-immanenter Interpretation den Messiasbegriff im eben skizzierten Sinn als nichtmetaphorischen aufgefaßt, die »messianische Zeit« dementsprechend ins »Gottesreich« umgewandelt und, weil von der »erlösten Menschheit« die Rede ist, rasch auf eine Erlösungsbedürftigkeit von außen geschlossen. Da nun freilich Benjamin auf dem marxistischen Verständnis der Geschichte als einer von Klassenkämpfen beharrt, sieht Kaiser sich zur folgenden Deutung der Thesen gezwungen: »Der Mensch ist Träger einer *schwachen* messianischen Kraft, weil Praxis wohl Voraussetzung, aber nicht Ursache für das Erscheinen des Gottesreiches ist. Es wird vom Menschen ermöglicht, aber nicht herbeigeführt.«[22] Nach Benjamins »Überzeugung« sei der Klassenkampf »überhaupt [...] nicht unmittelbar aufs Reich Gottes bezogen, sondern nur mittelbar, als Ermöglichung, nicht als Verursachung dessen, was zufallen muß«.[23] Als Erlöser dann trete der Messias auf. Mag diese These auch bei Kenntnis des Benjaminschen Spätwerks, zumal der Vorarbeiten der Geschichtsphilosophischen Thesen, abwegig erscheinen, so ist sie doch nicht der Kuriosität halber zitiert: Nirgends tritt schärfer als in ihr die Kluft zutage, die sich in Benjamins Denken zwischen der Wirklichkeit der Geschichte und dem Utopikum, das jenseits ihrer liegt, auftut.

Die »messianische Zeit« ist nicht das Gottesreich, das zu seiner Herstellung eines Erlösers bedarf; ein Blick in die Vorarbeiten bestätigt dies schnell: »Marx hat in der Vorstellung der klassenlosen Gesellschaft die Vorstellung der messianischen Zeit säkularisiert. Und das war gut so.« (I/1231) Und nicht der Messias der Theologie ist der Erlöser: »Die Tradition der Unterdrückten macht die Arbeiterklasse zur Erlöserin.« (I/1246)[24] Gemeint ist allemal in den Thesen der Kampf der Arbeiterklasse für die klassenlose Gesellschaft; eines Erlösers transzendenter Provenienz bedarf es hier nicht. Die Annahme freilich, daß sich hierin die Metaphorik der Thesen erschöpfe, hieße davon auszugehen, daß sie sich dem Gehalt des Textes gegenüber gleichgültig verhalte; eine derartige stilistische Willkür aber ist bei keinem Autor weniger als bei Benjamin zu gewärtigen. So verweist die messianische Metaphorik zurück auf die historischen Entstehungsbedingungen des Textes, auf die Situation zur Zeit des Hitler-Stalin-Paktes. Mit ihm war, nach der stalinistischen Verhärtung, nach dem Umschlag in die Diktatur, nach den Prozessen, der revolutionären Idee die schwerste Niederlage beigebracht; der Barbarei des Faschismus stand die stalinistische gegenüber, angesichts derer auf eine Verwirklichung des revolutionären Inhalts des Marxismus in der Sowjetunion nicht mehr zu hoffen war. In dieser Situation erinnert Benjamin mit dem Begriff des Messianischen an den wahren Zielpunkt des Klassenkampfes, an das Reich der Freiheit, an das Ende von Elend und Leid, von Unterdrückung und Erniedrigung in der Welt des Menschen. In den Vorarbeiten heißt es: »Dem Begriff der klassenlosen Gesellschaft muß sein echtes messianisches Gesicht wiedergegeben werden, und zwar im Interesse der revolutionären Politik des Proletariats selbst.« (I/1232) Angesichts staatlich verordneter Umfälschung der Marxschen Theorie zur Herrschaftswissenschaft des Parteiapparats, angesichts des durchgängig proklamierten Primats der Realpolitik hält Benjamin unbeirrt am utopischen Kern des Marxismus fest, von dem dessen bestallte Verwalter nichts mehr wissen wollen.

Die Messias-Metaphorik geht freilich in ihren geschichtsphilosophischen Gehalten nicht in der Erinnerung ans Utopikum auf; sie spricht selbst noch davon, wie das Reich der Freiheit sich zur Geschichte verhält: Es steht zu ihr exterritorial. Ließ Marx mit der klassenlosen Gesellschaft die Geschichte allererst beginnen, so bildet sie bei Benjamin deren Ende – dies nun aber nicht so, als habe die Geschichte sie in ihrem Verlauf vorbereitet: »Der Messias bricht die Geschichte ab; der Messias tritt nicht am Ende einer Entwicklung auf.« (I/1243) Damit aber geraten dieser Geschichtsphilosophie die historischen Bedingungen jeder Revolution, der Grad der Organisiertheit der kämpfenden Klasse, die Widersprüche im Verhältnis von Produktivkraftentwicklung und Produktionsverhältnissen, die politische Macht der Herrschenden, vollständig aus dem Blick. Wenn Benjamin schreibt: »Wer wissen wollte, in welcher Verfassung sich die ›erlöste Menschheit‹ befindet, welchen Bedingungen das Eintreten dieser Verfassung unterworfen ist und wann man mit ihm rechnen kann, der stellt Fragen, auf die es keine Antwort gibt.« (I/1232), so insistiert er mit Recht auf dem Bilderverbot, das über dem Reich der Freiheit liegt, und mit gleichem Recht auf der Unmöglichkeit einer futurologischen Vorwegnahme der positiven Bedingungen, unter denen die Revolution einzutreten hat. Darüber hinaus aber leugnet er mit der gleichen These ebenso die Möglichkeit, über jene Situationen etwas auszusagen, in denen die Revolution nicht eintreten kann, mehr noch, er zeigt sich an dem historischen Bedingungsgefüge, an der Unterscheidung zwischen revolutionären und nichtrevolutionären Verhältnissen desinteressiert. Spontaneistisch wischt er diese Trennung beiseite: »Dem revolutionären Denker bestätigt sich die eigentümliche revolutionäre Chance jedes geschichtlichen Augenblicks aus der politischen Situation heraus.« (I/1231) Eben hieran beweist sich der politische Gehalt der

Messias-Metaphorik, und hieran auch zeigt sich, wie sehr Benjamin Kaisers theologisierender Interpretation in ihren Mißverständnissen vorgearbeitet hat. Denn wenn auch die Arbeiterklasse das Subjekt des revolutionären Prozesses ist, als dessen Resultat sich die »messianische Zeit« darstellt, so verhält sie sich doch indifferent zur Verfassung des Wirklichen, darin dem Messias gleichend, der nach der letzten These in jeder Sekunde dem Verlauf der Geschichte ein Ende setzen kann. Die Mode, so heißt es in der XIV. These, sei »der Tigersprung ins Vergangene. Nur findet er in einer Arena statt, in der die herrschende Klasse kommandiert. Derselbe Sprung unter dem freien Himmel der Geschichte ist der dialektische als den Marx die Revolution begriffen hat.« (I/701) Dieser Sprung aber setzt gleichsam über die historischen Verhältnisse hinweg, von denen aus er allererst zu geschehen hätte. Die Revolution, die zur Zeit der Niederschrift jener Thesen ferner war denn je, wird in einem Verzweiflungsakt gegen den realen Verlauf der Geschichte herbeizitiert; nicht anders vermochte Benjamin sich die Hoffnung zu bewahren, als daß er die Differenzen, die partialen Fortschritte in Geschichte in eine Konfiguration des Immergleichen aus Unterdrückung und Knechtschaft umschmolz[25], die Barbarei des Faschismus aufs immer gleiche Maß der Geschichte herabnivellierend, die erfüllte Zeit in immer gleicher Ferne zur Geschichte ansiedelnd, die doch zugleich eine Nähe ist, eben weil das messianische Reich vermittlungslos zu dem der Geschichte steht.[26] Hoffnung erhält um den Preis ihre schwache Kraft, daß sie sich blind macht gegen die konkrete historische Verfaßtheit, aus der das Neue erwächst.

Wohl nirgends tritt Benjamins Denken in einen schärferen Gegensatz zu dem Blochs als mit diesem Verständnis des Messianischen. Denn bei Bloch heißt es, nachdem er auf dem »Wissenwollen, Wissenkönnen der Hoffnung« insistierte: *»Das Messianische ist das rote Geheimnis jeder revolutionär, jeder in Fülle sich haltenden Aufklärung.«*[27] Aufklärung über den realen Weltzustand macht erst den Weg frei zu dem Zielpunkt des Geschichtsprozesses, für welchen das Messianische steht; sie erst leistet die Vermittlung zwischen dem Reich der Freiheit und der schlechten Gegenwart, weil sie aus dem Gegenwärtigen jene Elemente herauszukristallisieren vermag, in denen das Zukünftige, wie unscheinbar und schwach auch immer, sich vorbereitet. Sie gibt dem Menschen die Ansatzpunkte für eine Praxis in die Hand, die ins Ende aller Entfremdung, ins Humanum zu münden vermöchte. Praxis jedoch wird von Benjamin mehr beschworen, als daß er sie als die zwischen Gegenwart und Zukunft vermittelnde Kategorie entwickelte. »Das Subjekt historischer Erkenntnis ist die kämpfende, unterdrückte Klasse selbst. Bei Marx tritt sie als die letzte geknechtete, als die rächende Klasse auf, die das Werk der Befreiung im Namen von Generationen Geschlagener zu Ende führt.« (I/700) Als Würgeengel, der endlich Schluß macht mit der einzigen Katastrophe, als welche alle bisherige Geschichte sich darstellt (vgl. I/683), betritt die kämpfende Klasse den Plan der Geschichte; ihre Praxis ist Destruktion. »Die Zerstörung als das Klima echter Humanität.« (I/1243), notierte Benjamin in den Vorarbeiten, und: »Funktion der politischen Utopie: den Sektor des Zerstörungswürdigen abzuleuchten« (I/1244). Rolf Tiedemann hat in seiner vorzüglichen Analyse der Thesen[28] weitere Belege für Benjamins Verwechslung politischer Praxis mit Destruktion beigebracht und hieraus wie aus der Indifferenz der Thesen gegenüber den historisch immanenten Ansatzpunkten für Praxis darauf geschlossen, daß »auch in den Thesen von 1940 Benjamins Vorstellung politischer Praxis eher die enthusiastische des Anarchismus als die nüchterne des Marxismus« sei.[29] Benjamin hat in seiner Jugend – die Briefe und Scholems Erinnerungen bezeugen dies – sich offen zu anarchistischen Gedanken bekannt und, zumal in dem frühen Aufsatz »Zur Kritik der Gewalt«, auch theoretisch Gehalte des Anarchismus entwickelt. Die Gestalt der Arbeiterbewegung, von deren Faszination das Spätwerk Benjamins am entschiedensten kündet, ist – nach Fourier – die des Aktionisten Blanqui, dessen Namen noch die Thesen rühmend erwähnen. Deren anarchistische Züge also bilden genuine Bestandteile von Benjamins Geschichtsphilosophie; notwendig treten sie in ihrer durchdachtesten Formulierung, eben den Thesen *Über den Begriff der Geschichte,* am deutlichsten hervor. Kaisers Interpretation reagiert hierauf: Tatsächlich sind in den Thesen politische Praxis, deren historischer Ort und das Reich der Freiheit, auf das sie zielt, so wenig miteinander vermittelt, daß die Arbeiterklasse die Gestalt jenes Messias annehmen kann, der den Plan der Geschichte betritt, ohne daß die Menschen diesen zuvor für sein Nahen bereitet hätten. Da die partikularen Fortschritte in Geschichte geleugnet sind, verhält jede ihrer Phasen sich gleich unmittelbar zum Reich der Freiheit; es liegt in der Konsequenz dieses Gedankens, daß über die Praxis, die zu ihm führt, sich nichts anderes sagen läßt als daß sie zerstört. Eben deshalb auch leugnet Benjamin, daß über den Zeitpunkt der Revolution sich auch nur das geringste aussagen ließe – damit wäre ja gleichsam der Messias in seiner Wahlfreiheit eingeschränkt, bestimmte Epochen müßten ihm näher stehen als andere. So gehen denn in der Kategorie des Messianischen politischen Aktionismus und die Insistenz auf dem utopischen Inhalt des Marxismus eine innige Verbindung ein; in einem unvorhersehbaren Akt schüttelt die Arbeiterklasse ihre Ketten ab und tritt mit einem Schritt ins Reich der Freiheit, aus der Flamme der Zerstörung erhebt sich strahlend das Unvordenkliche, das völlig Neue der Utopie. Die Utopie bereitet sich in Geschichte nicht vor, sie setzt ihr ein Ende. Die Kürze des Schrittes, der aus dem Reich der Geschichte in das der Freiheit führt, verhält sich umgekehrt proportional zur Tiefe des Abgrunds, der sich zwischen beiden auftut.

Benjamins Geschichtsphilosophie stützt in ihrer formulierten Hoffnung auf das Neue als Utopie sich auf den subjektiven Faktor, die Potenz, und vergißt hierüber den objektiven Faktor, die Potentialität; ausgespart bleibt dabei »das begriffen Mögliche als Offenheitskategorie katexochen eines durch Tun Veränderbaren«.[30] Deshalb sperrt diese Philosophie sich ab gegen jedes differenzierende Eingehen auf das In-Möglichkeit-Sein eines Neuen im historisch Gegenwärtigen: Die Utopie ist nicht die endliche Erfüllung eines geschichtlich Möglichen, sondern die Vernichtung der Möglichkeiten von Geschichte. Wenn aber menschliche Praxis sich nicht auf die Latenz des utopischen Zielinhalts im gegenwärtig Realen stützen kann, wenn dessen mögliches Sein nicht aus dem historisch Seienden sich herausprozessiert, dann läßt vom Eintreten des Reiches der Freiheit nicht anders sich reden denn prophetisch. Nicht anders als prophetisch ließ sich auch vom Messias sprechen; die inspirierte Rede der Propheten aber, die dessen endliche Erscheinung beschwört, ist zugleich eine gegen die

Zeit, in der sie vorgetragen wird. Damit ist die dritte Schicht der Messias-Metaphorik freigelegt; in ihr reflektiert sich das Spannungsgefüge, in dem Vergangenheit, Gegenwart und Zukunft zueinander stehen. Wenn mit der radikalen Exstirpation des Fortschrittsbegriffs die real vermittelnde Kategorie zwischen den Zeitstufen fortfällt und Geschichte sich dem Historiker einzig noch unter dem Zeichen von Diskontinuität erschließt, dann überbrücken die Brüche zwischen den monadischen Konstellationen, als deren intermittierende Folge die Geschichte so sich darstellt, einzig noch die Prophetien, die eine Zeit gegen sich selbst in ihren Objektivationen auf die ihr folgenden Epochen ausspricht. In der Prophetie durchdringen sich Einspruch gegen den Gang der Zeit und Verkündigung des Novum; visionär an ihr ist, daß sie sich weigert, aus dem Material der Gegenwart aufs Zukünftige zu schließen. Die Prophetie schafft allererst Verbindung zwischen den disjunkten Zeitmodi; im Immergleichen der Geschichte, in der Kontingenz ihres Verlaufs, schlägt sie die Brücken zwischen dem Gewesenen, dem Gegenwärtigen und Zukünftigen. Das Unvordenkliche, als welches in Benjamins Geschichtskonzeption jede Zukunft für die ihr vorangehende Gegenwart sich darstellt, erfährt seine prophetische Vorwegnahme in den Gestalten des objektiven Geistes; zentraler Ort dieser Prophetien sind die Kunstwerke. Mit dem Begriff der Prophetie schafft sich der späte Benjamin die Vermittlungsinstanz zwischen dem Kunstwerk als Monade und der es deutenden Gegenwart. In den Paralipomena zur 2. Fassung der Reproduktionsarbeit heißt es: »Vielmehr gibt es nichts Wandlungsfähigeres im Kunstwerk als diesen dunklen und brauenden Raum der Zukunft, aus dem von jenen Prophetien, die die beseelten Werke von den gepfuschten scheiden, niemals eine einzige sondern stets eine Folge, wenn auch eine intermittierende, im Verlauf der Jahrhunderte an den Tag tritt. Damit diese Prophetie aber faßlich werde, müssen Umstände zur Reife gekommen sein, denen das Kunstwerk, oft um Jahrhunderte oft auch nur um Jahre vorauseilte.« (I/1046 f.) So wirkt Benjamins Geschichtsverständnis auf seine Kunsttheorie zurück – wie sehr, zeigt der Abstand zu Blochs Ästhetik des Vor-Scheins. In dessen Philosophie ist der Zukunftsraum in den Kunstwerken mit den Farben des Noch-nicht-Gewordenen in der Realität selbst ausgemalt; das Antizipatorische am Kunstwerk ist untrennbar vom realen zielgerichteten Weltprozeß, ja ist Teil seiner. Kraft ihrer ästhetischen Organisation offenbaren die Kunstwerke das Unfertige an der Welt und verweisen damit zugleich auf die Vielfalt möglichen Seins, auf die Möglichkeit eines gelungenen Weltzustands, der sich prozeßhaft aus dem Bestehenden herausmodelliert. Ihre utopische Sprengkraft verdankt die Ästhetik des Vor-Scheins ihrer Fundierung auf dem vorausdeutenden Noch-Nicht der Realität selbst; das macht ihr den Begriff des Prophetischen unangemessen. Benjamins Geschichtskonzeption aber gründet im Prinzip der Diskontinuität; erkennbar wird Geschichte erst, wo sie schockhaft zur Monade sich »kristallisiert« (I/703). Dem entspricht als Konkretion des Zukunftselements in Kunst deren Prophetisches als die sprunghafte Vorwegnahme des Neuen. Den Brüchen im Geschichtsverlauf entsprechen die Spatien, die in deren »Folge« die einzelnen Prophetien im Kunstwerk voneinander sondern.

Die Prophetien der Kunstwerke werden dem Historiker als solche erkennbar einzig als in seiner Gegenwart erfüllte oder sich erfüllende. Der Historiker hebt die Prophetien an den Tag ihrer realen Verwirklichung. Dies bestimmt Benjamins Auffassung von der Aufgabe der Kunstgeschichte: »Die Geschichte der Kunst ist eine Geschichte von Prophetien. Sie kann nur aus dem Standpunkt der unmittelbaren, aktualen Gegenwart geschrieben werden; denn jede Zeit besitzt die ihr eigene neue aber unvererbbare Möglichkeit, die Prophetien zu deuten, die die Kunst von vergangnen Epochen gerade auf sie enthielt.« »Es ist die wichtigste Aufgabe der Kunstgeschichte die der Epoche ihrer Abfassung geltenden Prophetien in den großen Kunstwerken der Vergangenheit zu entziffern.« (I/1046) Der Historiker leuchtet den dunklen Zukunftsraum in den Kunstwerken mit dem Licht seiner eigenen Gegenwart aus und erschließt, was in ihm unbegrifflich geborgen war, im Medium der Sprache seiner Zeit. Verborgen schlummert die Wahrheit, die das Werk über jede Gegenwart zu sagen wüßte, in seinem Inneren; damit ihre Prophetie laut werde, bedarf es der Stimme des Historikers: Er wird zum Sprachrohr jener Prophetien, die die Werke für seine Zeit geben. Der so verstandene Historiker ist aber nicht der begriffslose Agent der Kunstwerke, der von ihrer Gestalt inspiriert ihnen seine Stimme zur Verkündigung ihrer Prophetien leiht, sondern er muß über einen genauen Begriff seiner Gegenwart, über die präzise Einsicht in ihre strukturellen Zusammenhänge verfügen, wenn anders es ihm gelingen soll, die Wahrheit der Werke ins Licht seiner Zeit, seine Zeit ins Licht ihrer Wahrheit zu stellen. Benjamin hat zumal in den Geschichtsphilosophischen Thesen darauf insistiert: »Auf den Begriff einer Gegenwart, die nicht Übergang ist sondern in der die Zeit einsteht und zum Stillstand gekommen ist, kann der historische Materialist nicht verzichten. Denn dieser Begriff definiert eben *die* Gegenwart, in der er für seine Person Geschichte schreibt.« (I/702) In den Vorarbeiten fährt er an dieser Stelle fort: »Diese Gegenwart ist, so seltsam das klingen mag, der Gegenstand einer Prophetie. Dieselbe verkündet also nicht Künftiges. Sie gibt nur an, was die Glocke geschlagen hat.« (I/1250) Das Postulat einer Stillstellung des Geschichtsverlaufs in der Gegenwart des Historikers formuliert am präzisesten die Insistenz auf der begrifflichen Erfassung des Gegenwärtigen als der unverzichtbaren Voraussetzung jeder Entschlüsselung der in den Werken verborgenen Prophetien. Die verstandene Gegenwart wird in Benjamins Kunsttheorie der Umschlagsort aller geschichtlichen Wahrheit, auf den hin fluchtlinienartig die Prophetien der Werke sich ordnen. Der Historiker, der »die Konstellation, in die seine eigne Epoche mit einer ganz bestimmten frühern getreten ist« (I/1248), erfaßt, dechiffriert im Licht der begrifflich erhellten Gegenwart in den Werken die Wahrheit, die jener aus der Vergangenheit zukommt.[31] Unmöglich ist es deshalb dem Historiker, weiter in den Zukunftsraum der Werke vorzudringen, als die Helle der Gegenwart reicht, und etwa noch die Prophetien zu bergen und zu entschlüsseln, die einer ferneren Zukunft gelten. Das Künftige liegt außerhalb seiner Reichweite, deren enger Radius sich nach der fixierten Gegenwart bemißt. Das Vorausdeutende an den Werken ist einzig von jener Jetztzeit aus erkennbar, in der deren Prophetien Wirklichkeit wurden. Nichts anderes meint schließlich jene häufig zitierte Formulierung aus dem Jahre 1931, die ihre Beliebtheit wohl dem Umstand verdankt, daß sie nicht in geschichtsphilosophischen Zusammenhängen erscheint: »Denn es handelt sich ja nicht darum, die Werke des Schrifttums im Zusammenhang ihrer Zeit darzustellen, sondern in der Zeit, da sie entstanden, die Zeit, die sie erkennt – das ist die unsere – zur Darstellung zu bringen.« (III/290)

Als derjenige, der jener Wahrheit über die Gegenwart in den Werken der Vergangenheit zur Sprache verhilft, ist der Historiker ein »rückwärts gewandter Prophet«; daß Benjamin dieser Wendung höchste Bedeutsamkeit beimaß, zeigen die zahlreichen präzisierenden Formulierungsversuche, mit denen er sich in den Vorarbeiten zu den Geschichtsphilosophischen Thesen ihrer gültigen Fixierung zu nähern suchte. In den Thesen selbst taucht die Formel nicht mehr auf; dort ist sie im Bilde des Angelus Novus aufgegangen, des Engels der Geschichte, der seinen Rücken gegen die Zukunft kehrt und sein Antlitz dem »Trümmerhaufen« der Geschichte zuwendet, der »vor ihm zum Himmel wächst«. (I/698) In den Vorarbeiten aber heißt es noch: »[. . .] der Historiker ist ein rückwärts gekehrter Prophet. Er kehrt der eignen Zeit den Rücken; sein Seherblick entzündet sich an den ins Vergangene verdämmenden (!) Gipfeln der frühern Ereignisse. Dieser Seherblick ist es, welchem die eigene Zeit deutlicher gegenwärtig ist als den Zeitgenossen, die mit ihr Schritt ›halten‹.« (I/1235; ähnlich auch I/1237) Der seherische Blick des Historikers, der an den vorausdeutenden Manifestationen im Vergangenen sich schärft, gilt seiner eigenen Gegenwart, die in deren Licht präziser erfaßt wird, als wenn sie unhistorisch aus sich selbst heraus begriffen werden sollte. Kein Zweifel, daß Benjamin sich in diesem Sinne als rückwärts gewandten Propheten verstanden hat; zumal die programmatischen Bemerkungen zum Passagenwerk bezeugen dies. »Mit der Erschütterung der Warenwirtschaft beginnen wir, die Monumente der Bourgeoisie als Ruinen zu erkennen, noch ehe sie zerfallen sind«, mit diesem Satz schließt das Exposé.[32] Und in einem Brief an Horkheimer vom 16. 10. 1935 heißt es: »Diesmal handelt es sich darum, den genauen Ort in der Gegenwart anzugeben, auf den sich meine historische Konstruktion als auf ihren Fluchtpunkt beziehen wird. Wenn der Vorwurf des Buches das Schicksal der Kunst im neunzehnten Jahrhundert ist, so hat uns dieses Schicksal nur deswegen etwas zu sagen, weil es im Ticken eines Uhrwerks enthalten ist, dessen Stundenschlag erst in *unsere* Ohren gedrungen ist.«[33] Die Deutung von Kunst dient der Erhellung der Gegenwart des Historikers; die antizipatorische Kraft von Kunst – ihr entspricht auf der Subjektseite des Künstlers »die Fähigkeit, einem gesellschaftlichen Bedürfnis zu entsprechen, noch ehe es als solches ist formuliert worden« (III/584)[34] – vermag dort, wo sie in der Deutung an den Tag tritt, Wesentliches an der Gegenwart, der ihre Prophetie galt, freizulegen. Insofern entspricht das Bild vom rückwärts gewandten Propheten genau der oben gegebenen Erläuterung der Benjaminschen Bestimmung von Kunstgeschichte als einer »Geschichte von Prophetien«.

Andere Varianten freilich beziehen die seherische Kraft des rückwärts gewandten Propheten keineswegs mit gleicher Eindeutigkeit auf die Gegenwart: »Der Seherblick entzündet sich an der rapid sich entfernenden Vergangenheit. Das heißt der Seher ist der Zukunft abgewandt: ihre Gestalt erschaut er im Abendgrauen der in der Nacht der Zeiten vor ihm hinschwindenden Vergangenheit. Dieses seherische Verhältnis zur Zukunft gehört obligat zu der von Marx bestimmten Haltung des durch die aktuale gesellschaftliche Lage determinierten Historikers.« (I/1245) Daß hier keineswegs Zukunft mit der vom Kunstwerk aus gesehen historisch späteren Gegenwart des Historikers identisch ist, geht eindeutig aus dem auf der gleichen Manuskriptseite dem obigen Zitat vorangehenden Hinweis auf die Jochmanneinleitung hervor; in ihr schrieb Benjamin über Jochmann: »Der Zukunft, von welcher er in prophetischen Worten spricht, wendet er gleichsam den Rükken, und sein Seherblick entzündet sich an den immer tiefer ins Vergangene hinschwindenden Gipfeln der früheren heroischen Menschengeschlechter und ihrer Poesie.« (II/577 f.) Zukunft meint in diesen Sätzen nicht die intermittierende Folge von Gegenwarten, in denen sich stets aufs neue der Zukunftsraum der Werke öffnet, um andere Prophetien aus sich zu entlassen, sondern die hier angesprochene Zukunft steht für das messianische Ende von Geschichte, als welches Benjamin die klassenlose Gesellschaft verstand. Dafür bieten die Texte selbst Anhaltspunkte. Denn ein »seherisches Verhältnis zur Zukunft« – nach Benjamins mißverständlicher Formulierung – forderte Marx vom Historiker allenfalls in bezug auf den Zielinhalt des revolutionären Prozesses, eben die klassenlose Gesellschaft, über deren reale Gestalt aus der Gegenwart Informationen nicht zu gewinnen sind. Über Jochmanns Zukunftsbild, über sein Konzept der künftigen Gesellschaft aber schreibt Benjamin: »Die strenge privative Formulierung, in der die gleiche Sache bei Marx hervortritt: die ›klassenlose‹ Gesellschaft, scheint in dem Jochmannschen Text eher als in denen der Utopisten einen Vorläufer zu besitzen.« (II/584) Marx' und Jochmanns Zukunftsvision also gilt dem Reich der Freiheit. Nicht anders sind mithin hier die Texte zu verstehen, als daß sich an den Kunstwerken der »Seherblick« auf die klassenlose Gesellschaft, auf die messianische Zeit »entzündet«. Die Prophetien der Werke reichen über alle Geschichte hinaus, sie gelten zuletzt dem Utopikum selbst; in der Immanenz ihrer ästhetischen Organisation bewahren sie die Erinnerung an den endlich gelungenen Weltzustand, an eine Zukunft, die nach Benjamins Verständnis außerhalb aller Geschichte liegt und die deshalb zu ihrer sprachlichen Formulierung allein in den Worten des Sehers findet.

Weshalb aber das Kunstwerk für die Erinnerung an Utopie einsteht, darauf deutet eine weitere Variante aus dem hier diskutierten Zusammenhang: »Der Historiker ist ein rückwärts gewandter Prophet. Er erschaut seine eigne Zeit im Medium von verflossenen Verhängnissen.« (I/1250) Das letzte Wort gibt hier den Schlüssel ab. Nicht neutral ist von vergangener Geschichte die Rede, aus deren Erkenntnis sich die Zeit des Historikers deutet, sondern von den Verhängnissen, dem Sammelbegriff für alles Elend und Leid, für alle Unterdrükkung und Not, als dem Inbegriff von Geschichte; sie sind der eigentliche Gegenstand des Historikers. In den Verhängnissen aber wohnt die messianische Kraft. Am »Bild der geknechteten Vorfahren, nicht am Ideal der befreiten Enkel« nähren sich Haß und Opferwillen der kämpfenden Klasse, so hieß es in der XII. These. Der Schmerzensschrei, der aus der Vergangenheit in jede Gegenwart hinüberklingt, weckt die »*schwache* messianische Kraft« in den Kämpfenden, an die sich die Hoffnung auf Rettung des Vergangenen, auf endliche Befreiung knüpft. Incitament des Klassenkampfes, der in den Abbruch der Geschichte münden soll, sind erlittenes Unrecht und Unterdrückung in der Vergangenheit; ihr Bild aber drückt sich in den Kunstwerken ab. Die vorweggenommene

Versöhnung in den Werken bleibt deshalb untrennbar an ihre Abkunft gebunden; diese aber ist von einer Art, die der Historiker »nicht ohne Grauen bedenken kann«. Denn das Kunstwerk »dankt sein Dasein nicht nur der Mühe der großen Genien, die es geschaffen haben, sondern auch der namenlosen Fron ihrer Zeitgenossen. Es ist niemals ein Dokument der Kultur, ohne zugleich ein solches der Barbarei zu sein.« (I/696) Eben diese ihre Abkunft aber macht die Werke selbst zu Trägern messianischer Kraft. Indem sie am Elend der Vergangenheit partizipieren, haben sie zugleich teil an der Kraft zur Utopie, die aus der Unterdrückung erwächst. Mit der Barbarei, die sie dokumentieren, nehmen sie in ihre Organisation als Konterbande jenen mit ihr unlöslich verbundenen utopischen Sprengstoff auf, der ihr schließlich ein Ende bereitet. Einzig als Dokument der Barbarei erinnert so Kunst an Utopie. Die »Verhängnisse«, die in ihr aufgegangen sind, bringen zugleich die Gegenkräfte in sie ein; diese haben ihren Ursprung in den dunklen Reihen der Verlierer, die vergessen zu werden drohen. Eben deshalb kann Benjamin sagen, daß dort, wo dem historischen Materialisten der geschichtliche Gegenstand »als Monade entgegentritt«, er in dessen Struktur »das Zeichen einer messianischen Stillstellung des Geschehens, anders gesagt, eine revolutionäre Chance im Kampfe für die unterdrückte Vergangenheit« erkennt (I/703). Die zum dialektischen Bild erstarrte Konstellation, in der Gegenwart und historischer Gegenstand zusammengetreten sind, gewinnt damit utopische Bedeutung als eine »unwillkürliche Erinnerung der erlösten Menschheit« (I/1233). Der historische Materialist, der das Kunstwerk als Dokument der Barbarei zu lesen gelernt hat, schlägt eben damit aus ihm einen messianischen Funken, der noch die eigene Gegenwart zu entzünden vermag. Denn der historische Materialist zitiert die Kunstwerke als Zeugen der »unterdrückten Vergangenheit«; bereits 1928 schreibt Benjamin in einer Kritik von Julien Greens »Adrienne Mesurat«, das Kunstwerk sei »ein unscheinbares und freilich um so wesentlicheres Beweisstück in einem historischen Prozeßverfahren, das noch gar nicht eröffnet wurde« (III/155). Der Prozeß, von dem hier die Rede ist, ist jener, der an deren Ende aller Geschichte gemacht werden wird; dem Geschick des historischen Materialisten ist es aufgegeben, die

Kunstwerke in diesem Verfahren für die Unterdrückten und Leidenden aussagen zu lassen, damit der Prozeß zu ihren Gunsten sich wende. Als lebendige Dokumente der Barbarei sprechen die Werke so von deren Ende. In ihre ästhetische Organisation, nach Benjamins Wort: in ihre Faktur, nehmen die Werke die Kräfte des Widerstands auf und erheben sich so über die Barbarei, von der sie nicht aufhören zu reden. Indem sich in den Kunstwerken alles, was die Geschichte »Unzeitiges, Leidvolles, Verfehltes von Beginn an hat«, ausprägt, wie Benjamin an der barocken Allegorie belegt (I/343), realisiert sich zugleich in ihnen jene »Vision des Glücks«, die er an Kellers Prosa gewahrte (II/288). Jene Vision aber ist zuletzt immer die, in der sich dem Historiker das Reich der Freiheit, die Utopie zeigt: »Es schwingt ... in der Vorstellung des Glücks unveräußerlich die der Erlösung mit.« (I/693)

Walter Benjamin, der rückwärts gewandte Prophet: In den Werken der Vergangenheit spürt er den Prophetien auf eine Gegenwart nach, die vor dem Bilde der Utopie, auf die sie die Hoffnung nähren, selbst schon vergangen erscheint.

Anmerkungen

1 Theodor W. Adorno, *Ästhetische Theorie,* Frankfurt/M. 1970, S. 55 f.

2 A.a.O.

3 Adorno, a.a.O., S. 347.

4 Vgl. Adornos Bemerkung in dem Gespräch mit Ernst Bloch aus dem Jahre 1964: »Ja, die Utopie steckt jedenfalls wesentlich in der bestimmten Negation, in der bestimmten Negation dessen, was bloß ist, und das dadurch, daß es sich als ein Falsches konkretisiert, immer zugleich hinweist auf das, was sein soll.« *Gespräche mit Ernst Bloch,* hrsg. von Rainer Traub und Harald Wieser, Frankfurt/M. 1975, S. 70.

5 So O. K. Werckmeister, *Ende der Ästhetik,* Frankfurt/M. 1971, S. 28.

6 Bereits 1932 hatte Adorno ein Seminar übers Trauerspielbuch abgehalten.

7 Theodor W. Adorno, *Vorrede,* in: Rolf Tiedemann, *Studien zur Philosophie Walter Benjamins,* Frankfurt/M. 1973², S. 10.

8 Tiedemann, a.a.O., S. 73.

9 Tiedemann, a.a.O., S. 125.

10 Hans Heinz Holz, *Prismatisches Denken,* in: *Über Walter Benjamin.* Mit Beiträgen von Theodor W. Adorno u. a., Frankfurt/M. 1968, S. 105.

11 Klaus Günther Just, *Von der Gründerzeit bis zur Gegenwart,* Geschichte der deutschen Literatur seit 1871, Bern/München 1973, S. 401.

12 Just, a.a.O., S. 400.

13 Benjamins Arbeiten sind nach den *Gesammelten Schriften* zitiert, soweit sie bisher vorliegen. In diesen Fällen sind im Anschluß ans Zitat Band und Seitenzahl in Klammern angegeben. Sonst werden die Zitate im Anmerkungsteil belegt.

14 W. B., *Schriften*, Bd. 1, Frankfurt/M. 1955, S. 413.

15 W. B., *Schriften*, Bd. 1, a.a.O., S. 407.

16 Benjamin habe, so berichtet Scholem, ihn damit für Brecht zu gewinnen versucht, daß er dessen »von aller Magie gereinigte Sprache« mit der Scheerbarts auf eine Stufe stellte. Gershom Scholem, *Walter Benjamin – die Geschichte einer Freundschaft*, Frankfurt/M. 1975, S. 258.

17 Scholem, a.a.O., S. 52.

18 W. B., *Briefe*, hrsg. und mit Anmerkungen versehen von Gershom Scholem und Theodor W. Adorno, Frankfurt/M. 1966, S. 223. Zu Benjamins Scheerbart-Bild vgl. des weiteren *Paul Scheerbart: Lesabéndio* (ca. 1918; II/618-20), wo es heißt: »Von dem Größeren – der Erfüllung der Utopie – kann man nicht sprechen – nur zeugen.« Und *Sur Scheerbart* (aus den späteren dreißiger Jahren; II/630-632).

19 W. B., *Schriften*, Bd. 1, a.a.O., S. 408.

20 W. B., *Briefe*, a.a.O., S. 672 ff.

21 Wen Benjamin unter dem Antichrist zur Zeit der Abfassung der Thesen verstanden hat, geht eindeutig aus der 1938 entstandenen Besprechung von Anna Seghers' Roman *Die Rettung* hervor. Der Beginn des Faschismus heißt in ihr »das Heraufkommen des Antichrist. Dieser äfft bekanntlich den Segen nach, der als messianischer verheißen wurde. So äfft das dritte Reich den Sozialismus nach.« (III/535)

22 Gerhard Kaiser, *Walter Benjamins ›Geschichtsphilosophische Thesen‹*. Zur Kontroverse der Benjamin-Interpreten, in: DVjs 46, 1972, S. 588.

23 Kaiser, a.a.O., S. 602.

24 Auch diese Formulierung findet sich in der Seghers-Rezension vorbereitet. In ihr heißt es über die Arbeitslosen in den ersten Jahren des Faschismus: »Werden sich diese Menschen *befreien?* Man ertappt sich auf dem Gefühl, daß es für sie, wie für arme Seelen, nur noch eine *Erlösung* gibt.« Als Erlöser werden dann die »Proletarierkinder« in Aussicht gestellt. (III/537 f.)

25 »In dieser totalisierenden Perspektive werden die kumulative Entfaltung der Produktivkräfte und die gerichtete Veränderung in den Strukturen der Interaktion zu einer ununterscheidbaren Reproduktion des Immergleichen zurückgespult.« Jürgen Habermas, *Bewußtmachende oder rettende Kritik – die Aktualität Walter Benjamins*, in: (Hrsg. Siegfried Unseld), *Zur Aktualität Walter Benjamins*, Frankfurt/M. 1972, S. 218.

26 Wie rasch, zumal in der bedrückenden Situation des Exils, dies Geschichtsverständnis in Fatalismus umzuschlagen vermochte, dafür gibt Benjamins Brief an Werner Kraft vom 28. 10. 1935 ein bewegendes Zeugnis; in ihm heißt es, wieder in Anspielung auf Scheerbarts *Lesabéndio:* »Im übrigen unterliege ich kaum der Nötigung, mir auf diesen Weltzustand im großen und ganzen einen Vers zu machen. Es sind auf diesem Planeten schon sehr viele Kulturen in Blut und Grauen zugrunde gegangen. Natürlich muß man ihm wünschen, daß er eines Tages eine erlebt, die beide hinter sich gelassen hat – ja, ich bin, ganz wie Scheerbart, geneigt, anzunehmen, daß er darauf wartet. Aber ob *wir* ihm dieses Geschenk auf den hundert oder vierhundertmillionsten Geburtstagstisch legen können, das ist eben furchtbar fraglich. Und wenn nicht, so wird er uns schließlich zur Strafe, als seinen unaufmerksamen Gratulanten, das Weltgericht auftragen lassen.« W. B., *Briefe*, a.a.O., S. 698.

27 Ernst Bloch, *Atheismus im Christentum.* Zur Religion des Exodus und des Reichs, Frankfurt/M. 1973, S. 265. (= suhrkamp taschenbuch 144)

28 Rolf Tiedemann, *Historischer Materialismus oder politischer Messianismus?* Politische Gehalte in der Geschichtsphilosophie Walter Benjamins, in: (Peter Bulthaup) (Hrsg.), *Materialien zu Benjamins Thesen »Über den Begriff der Geschichte«.* Beiträge und Interpretationen, Frankfurt/M. 1975, S. 77-121.

29 Tiedemann, *Materialismus,* a.a.O., S. 109. – Vgl. auch Tiedemanns Nachwort in: W. B., *Charles Baudelaire.* Ein Lyriker im Zeitalter des Hochkapitalismus, hrsg. von Rolf Tiedemann, Frankfurt/M. 1974, S. 206 f.

30 Ernst Bloch, *Experimentum Mundi.* Frage, Kategorien des Herausbringens, Praxis, Frankfurt/M. 1975, S. 139.

31 Vgl. Krista R. Greffrath, *Der historische Materialist als dialektischer Historiker.* Zum Motiv der Rettung in Walter Benjamins Thesen »Über den Begriff der Geschichte«, in: Bulthaup, a.a.O., S. 224.

32 W. B., *Schriften,* Bd. 1 a.a.O., S. 422.

33 W. B., *Briefe,* a.a.O., S. 690.

34 Benjamin zitiert in diesem Zusammenhang zustimmend die *Encyclopédie Française,* der der Künstler als »Prophet – Vates –« gilt (ebd.).

II. Teil:
Exemplarische Analysen

Bernd Steinbrink

Die Hochzeit von Himmel und Erde

Die Rosenkreuzer-Schriften und die Sozialutopie Johann Valentin Andreaes

In seinem Aufsatz über die Staats-Romane weist Robert von Mohl im Jahre 1845 auf die 1741 erschienene Staatsutopie *Reise nach der Insel Caphar Samalis* hin, »welche den Zweck hat, das Muster einer nach protestantisch-pietistischen Ansichten eingerichteten Gesellschaft zu geben«.[1] Mohl war es nicht möglich, »den Namen des Verfassers zu erkunden«[2], doch war hinter den angegebenen Initialen des Verfassers – D. V. A. – auch zu diesem Zeitpunkt längst kein Unbekannter mehr verborgen: D. (Johann) Valentin Andreae. Bei dem Mohl vorliegenden Buch handelt es sich um die von David Samuel Georgi herausgegebene und wahrscheinlich auch von ihm übersetzte deutsche Ausgabe[3] der bereits 1619 in Straßburg in lateinischer Sprache erschienenen Staatsutopie des Johann Valentin Andreae.[4]

Im 17. und 18. Jahrhundert war Andreae bekannt durch seinen Einfluß auf den Pädagogen Johann Amos Comenius[5], auf Philipp Jacob Spener und seine Collegia Pietatis, schließlich noch durch die Wertschätzung, die Herder in seinen *Zerstreuten Blättern* und den *Briefen das Studium der Theologie betreffend* ihm angedeihen ließ; heute gehört Andreae allerdings weitgehend zu den Vergessenen.[6]

Seine Staatsutopie wurde zumeist – wenn überhaupt erwähnt – lapidar mit wenigen Worten abgetan, er wurde als Plagiator bezeichnet, bei dem die Utopie des Dominikanermönches Tommaso Campanella in die Enge der Verhältnisse des kleinen Ortes Vaihingen gezwängt worden sei, in dem Andreae 1614 ein Diakonat bekommen hatte: »Das Buch ist eine ganz geistlose Paraphrase der Campanellaschen ›Civitas solis‹ vom (protestantisch-)christlichen Standpunkte«[7], der »biedre Schwabe tritt neben den feurigen Italiener«.[8] Die Aufzählung von Urteilen dieser Richtung ließe sich noch weiter fortführen; es wird jedoch selten versucht, die Christianopolis im Zusammenhang mit den anderen frühen Schriften Andreaes und als Auseinandersetzung mit den Problemen der Gesellschaft und der lutherischen Kirche gegen Ende des 16. und zu Anfang des 17. Jahrhunderts zu betrachten.

Johann Valentin Andreae, geb. am 17. August 1586 in Herrenberg (gest. 1654), stammte aus einem traditionell-lutherischen Hause; bereits sein Großvater, Jacob Andreae (auch bekannt als »Schmidlin« und »Fabri«; 1528-90), war Theologe und als Probst und Kanzler der Universität Tübingen entscheidend an der Abfassung der Konkordienformel beteiligt, die die Streitigkeiten innerhalb der lutherischen Kirche unter Ablehnung der Lehre der reformierten Kirche und der Richtung Melanchthons beilegen sollte; Johann Andreae (1554-1601), Valentins Vater, war vom Jahre 1591 bis zu seinem Tode Abt von Königsbronn, doch war sein Ruf nicht ganz unbefleckt: er widmete den »größte[n] Teil seiner Nebenstunden den Problemen der mutatio metallorum«,[9] wie die Alchimisten ihre Versuche zur Umwandlung von Metallen nannten; diese Versuche des Goldmachens sollten später auch einen Einfluß auf die Betätigung seines Sohnes haben und hier werden auch die Gründe berührt, warum dieser erst im Jahre 1614 seine Stelle als Diakon von Vaihingen bekam, nachdem ihm vorher bereits mitgeteilt worden war, daß er nicht mit der Einstellung in den Dienst der württembergischen lutherischen Kirche rechnen dürfe: »[e]r galt als Abtrünniger der reinen lutherischen Lehre, als Ketzer, Mystiker, Schwenckfeldianer, Rosenkreuzer und Wiedertäufer«,[10] ein Ruf, der ihm zeit seines Lebens anhaftete.

Johann Valentin Andreae lebte in einer Zeit, in der die feudale Gesellschaftsordnung mehr und mehr durch frühbürgerliche Vorstellungen in Frage gestellt wurde. Schon zu Zeiten Luthers, in denen der Handelskapitalismus einen (wenn auch in Deutschland aufgrund der ungünstigen Handelswege nicht sonderlich starken) Aufschwung erlebte, wurden die Lasten dieses Überganges durch die unteren Volksklassen getragen. Die Schilderung der Zustände, die Thomas Morus am Anfang seiner *Utopia* von den Verhältnissen seiner Zeit in England gibt und die ihn schließlich veranlassen, den Plan eines idealen, auf Gemeinbesitz beruhenden Staates zu entwerfen, trifft nicht nur auf England zu, sondern ähnliche

Verhältnisse führten auch in deutschen Gebieten dazu, daß sich Gruppen und Sekten bildeten, die ihren Traum von der sozialen und gerechten Gesellschaft verwirklichen wollten; die Sektenbewegung konnte zuerst durch die lutherische Reformation weitgehend aufgesogen werden, doch als sich die Lehre Luthers in der Praxis als »ein Sichzufriedengeben mit der Ordnung, wie sie ist, mit ihrer ständischen Schichtung und der Fesselung des Individuums an seinen Platz, mit aller Anerkennung der überkommenen Obrigkeit«[11] entpuppte, bei der die Glaubensfreiheit sich mit einer Flucht ins Innere verband und als Absage für die an die zukünftige Gestaltung der Realität verknüpfte Hoffnung erwies, erstarkte die Sektenbewegung. »Die vom Luthertum aufgesogene Sektenbewegung setzt von frischem ein, ja sie erlebt nun geradezu eine neue Epoche des Aufstiegs, und bereits um 1535 vernimmt man die radikalen Strömungen im ganzen Lande.«[12] Es wird eine neue Reformation gefordert, die auch die chiliastischen und schwärmerischen Ideen der Sekten einlösen soll.

Deutschland gehörte nicht zu den Ländern, in denen das Handelsbürgertum ausgesprochen stark entwickelt war und sich der Rationalismus, der die Realität von den durch die mittelalterliche Religion geschaffenen Ansichten entmystifizierte, besonders durchsetzen konnte; vielmehr waren die den Sekten verbundenen kleinbürgerlichen Bevölkerungsschichten auch noch vom feudalen und religiösen Geist beeinflußt, nur daß die gegebene Realität nicht mehr nur als von Gott gegeben angesehen wurde, sondern die zukünftige im Sinne der Herstellung des Reiches Christi herbeigesehnt wurde, somit diese Form der Religiosität gerade dazu diente, »das kirchlich-feudale Weltbild von innen her auszuhöhlen und zu entnerven«.[13] Von den Vorstellungen und Hoffnungen her, die die Chiliasten und Schwärmer an die Realität heranbrachten, wurde eine »Ablenkung der Rationalisierungstendenz ins Mystische [erzwungen]. Und dieses Moment bestand in der unausweichlichen praktischen Notwendigkeit, im Widerspruch von gegenwärtiger Welt, mit der man sich mehr oder weniger abfinden mußte, und künftiger Erlösung, von der man andererseits die Gegenwart kritisieren und verdammen mußte, zu verharren«.[14]

Nur vor diesem Hintergrund sind die Erwartungen dieser

Zeit zu verstehen, die an die Berechnungen des Eintretens der Zeit der Erlösung aufgrund der Verheißungen von Bibelstellen geknüpft wurden und an die Verheißung des »dritten Reiches« des Abtes Joachim di Fiore gebunden waren, die bei den Sekten stets guten Nährboden fand; ja schließlich glaubte man, daß mit dem Erscheinen des Bösen, des Widersachers, auf Erden (womit das Jesuitentum gemeint war) auch Elias, der Artist[15] (d. h. der Alchimist) auftreten und – mit Bezug auf das »Buch der Könige« – ein für allemal den falschen Glauben auf der Welt beseitigen und so die Voraussetzungen für das »letzte Reich«, das »Reich Christi«, schaffen werde; Elias, von dem man erwartete, daß er die »Streitigkeiten unter den Lehrern beylegen, auch schwere Rechtshändel entscheiden wird«.[16] Er ist der Vorläufer für die Wiederkunft des Messias; damit verknüpften sich nun auch astrologische Spekulationen: das Auftauchen eines neuen Sterns wurde als Zeichen für die baldige Geburt des Erlösers interpretiert, zeigte doch bei der Geburt Christi auch ein Stern das Ereignis an. Die Spekulationen bezogen sich in vielen Teilen auf die dunklen Stellen in der Offenbarung Johannes. Bereits der heilige Hieronymus erklärte im 4. Jahrhundert n. Chr., daß, sollte die Apokalypse den Buchstaben nach verstanden werden, jüdische Ideen adoptiert werden müßten;[17] auch jetzt griffen die Chiliasten auf jüdisches und gnostisches Gedankengut zurück, die Beschäftigung mit der Kabbala nahm besonders zu. Als Instrument der Erkenntnis wurde nicht allein die ratio begriffen, sondern man trat ein Erbe all der »wissenschaftlichen« Aussagen und Disziplinen an, die eine Interpretation der Realität im Sinne einer möglichen Realisierung der chiliastischen Träume gestattete, »das Gegebene hat sich der Idee zu fügen«.[18] Die Wissenschaft ist hier somit nicht befreit von religiösen Vorstellungen, sondern »natürliche« – d. h. sinnliche und verstandesmäßige – Erkenntnis verbindet sich mit »übernatürlicher«, die durch den Glauben und die Gnade Gottes bewirkt wird;[19] es sind gerade die religiösen Implikationen, die die Realität am Wunsch, an biblischer Verheißung, am ersehnten Glück im goldenen Zeitalter messen lassen und somit das revolutionäre Moment der Sekten, Wiedertäufer, Schwenckfeldianer und Weigelianer ausmachen.[20] »Weigel lehrt, daß es drey Weltalter oder Sekula gebe, das Sekulum des Vaters, das bis zur Zukunft

Christi in das Fleisch gewährt hat. Das Sekulum des Sohns, welches bis zum Anfange des tausendjährigen Reichs, wovon in der Apokalypse geredet wird, dauert, und eben das Sekulum des heiligen Geists, welches eben dieses Reich in sich begreift.«[21] Das Motiv, die Dreifaltigkeit mit Epochen der Weltgeschichte zu verbinden, war weit verbreitet; vielfach wurde es auf die Böhmsche Lehre von den drei Zeitaltern übertragen, wieder andere glaubten den Eintritt des sechsten Zeitalters vorhersagen zu können und beriefen sich auf Hesiod und die antiken Autoren: nach dem goldenen, silbernen, ehernen Zeitalter, der Zeit der Heroen und dem eisernen Geschlecht solle nun wieder – und hierbei hatten Prophezeiungen der Bibel Pate zu stehen – vor dem endgültigen Untergang der Welt das Zeitalter, das keine Sorgen und Schuld, Alter und Krankheit kennt, das »güldene erste Weltalter, worinn ewige Jugend, Überfluß an allen Dingen, und immer blühende Gesundheit den Menschen beglückte«,[22] wiederkehren.

Eine der bedeutendsten der verschiedenen Gruppen, die chiliastische Vorstellungen verbanden, waren die Rosenkreuzer, »ihre Ideologie war geradezu ein Sammelbecken sowohl paracelsisch-alchimistischer wie spiritualistisch-chiliastischer Ideen«.[23] Als einer der Gründer der Bruderschaft des Rosenkreuzes gilt Johann Valentin Andreae, häufig wird deren Name aus dem Wappen Andreaes, in dem vier Rosen um ein Kreuz geordnet sind, abgeleitet, andere Interpretationen geben dem Namen seinen Ursprung in alchimistischer Symbolik.

Im Jahre 1614 erschien zu Cassel anonym zusammen mit der Übersetzung von Trajan Boccalinis *Allgemeine und General Reformation der gantzen weiten Welt* die *Fama Fraternitatis, Deß Löblichen Ordens des Rosenkreutzes / an alle Gelehrte und Häupter Europae geschrieben*, im Jahre darauf folgte die *Confessio Fraternitatis oder Bekanntnuß der löblichen Bruderschafft deß hochgeehrten Rosen Creutzes an die Gelehrten Europae geschrieben*, schließlich erschien im Jahre 1616 die *Chymische Hochzeit: Christiani Rosencreutz. Anno 1459* in Straßburg in vier nur geringfügig voneinander abweichenden Ausgaben. Dieses sind die bekanntesten Rosenkreuzer-Schriften, als Verfasser der letztgenannten bezeichnet sich

Andreae in seiner Selbstbiographie;[24] jedoch geht er mit wenigen Worten über sie hinweg, wie er auch verschiedene Episoden seines Lebens als Tübinger Student verschweigt, galt er doch auch nach seiner Einstellung in den Dienst der württembergischen Kirche noch vielen als Ketzer und hatte sich noch häufig der Vorhaltungen zu erwehren, er sei ein Schwärmer. In den Jahren nach 1612, in denen er häufigen Umgang mit dem bekannten Theologen Hafenreffer pflegte, der ihn »auf die rechte Bahn«[25] brachte, hatte er sich allmählich und in späteren Jahren immer mehr von den Rosenkreuzern und denen, die sich als solche ausgaben, distanziert, und so wollte er in seiner Autobiographie dieses Thema nur soweit berühren, als es sich nicht umgehen ließ; doch schon aus den Andeutungen in der Lebensbeschreibung ist zu entnehmen, daß sein Leben vor 1611 nicht so verlief, wie er es sich später als Kirchenmann wünschte. So ist auch eine Verfasserschaft Andreaes für *Fama* und *Confessio* nicht unwahrscheinlich, zumindest läßt sich ziemlich sicher behaupten, daß diese beiden Schriften aus Kreisen stammen, denen Andreae – wie auch Christoph Besold, Tobias Heß und David Mögling – angehörte, auch eine gemeinsame Autorenschaft mit anderen der lutherischen Orthodoxie kritisch gegenüberstehenden Mitstreitern ist möglich.

Andreae schreibt in seiner Selbstbiographie über seine frühen Schriften, er wolle lieber, alle seine »Schreibereien lägen in Vergessenheit, als daß jetzt so viele dem Neide ausgesetzt sind. Daher beklage ichs auch nicht daß so manche flüchtige Arbeiten jener Zeit zu Grunde giengen«[26] und daß der »Anfang des J. 1610 [...] verschiedenen Aufsätzen gewiedmet wurde, deren einige in der Folge von andern ans Licht genöthigt wurden«;[27] auch berichtet er von dem Buchdrucker Winter zu Lauingen, den er besuchte, »was ich aber, außer dem fleißigen Unterrichte, daselbst that, verdient mehr getadelt als erzählt zu werden«;[28] ebenfalls ist seine Bitte, ein Kirchenamt zu erhalten, anfangs sicher nicht nur deshalb abgeschlagen worden, weil er in einen Skandal mit »Buhlschwestern jener Zeit«[29] verwickelt war.

Als Gründer des Rosenkreuzerordens wird in der zuerst erschienenen *Fama Fraternitatis* »der weyland Andächtige, Geistliche und Hocherleuchtete Vatter Fr. C. R. [d. i. Frater

Christian Rosencreutz], ein Teutscher unserer Fraternitet Häupt«[30] angegeben; »er war für sein Jahrhundert der Mann, der durch göttliche Offenbarung, durch erhabenste Imaginationen, durch unermüdliches Bestreben den Zugang fand zu den himmlischen und menschlichen Mysterien und Geheimnissen.«[31] Zwar stimmt die Nachricht, das Grab habe Christian Rosencreutz »für 120 Jahre den Augen der Welt entzogen«[32] nicht recht mit dem Sterbejahr des Paracelsus überein, ansonsten lassen sich jedoch erstaunliche Parallelen in dem in der *Fama* geschilderten Lebenslauf des Rosencreutz und dem des Theophrast feststellen. Mit der Figur des Rosencreutz ist die Vorstellung eines Bildungsideals verbunden, dessen Quellen im Humanismus zu finden sind; die Kenntnis der alten Sprachen, Griechisch und Latein, wurde Rosencreutz in einem Kloster »im fünfften Jahr seines Alters«[33] vermittelt; das Kennenlernen des »Liber mundi« auf seinen ausgedehnten Reisen, die ihn in verschiedene Länder der Erde führten, lehrte ihn zu bemerken, »worinnen es unsern artibus fählete und wie ihnen zu helffen, worauß die gewisse Indicia volgender seculorum zunehmen und worinnen sie müssen mit den vergangenen concordiren, wie der Ecclesiae mangel und die gantz Philosophia moralis zu verbessern«.[34] Die Bildung, die Rosencreutz erworben hat, dient zur Erklärung der und Einflußnahme auf die Welt und richtet sich auf die »res«, wendet sich damit gegen den scholastischen Wissenschaftsbetrieb, in dem sich die »verba« gegenüber den »res« verselbständigt haben. »Die Fraternitet bekennt selber / das sie ihnen die Realia naturae mehr unnd höher lassen angelegen sein / als zierlichkeit vielerhand Zungen / und billig / Sintemal selbige mehrers nicht als blosse notitiae umbrae rerum, quae quicquid sunt propter res sunt, wir aber nehmens wenig in acht / und ist der gelehrten gröste kunst / von zweifeligen quaestionibus ein gantzen tag fein purè putè Logicè ohne betrachtung der Sachen selber zu discurirn. [. . .] Sie sehen auff die Terminos unnd lassen die res, nehmen die schatten für die Wand.«[35] Rosencreutz belehrt die alten »Gelehrten in Hispania«: »Er zeigte ihnen newe Gewächs, newe Früchte, Thiere, die sich nicht nach der alten Philosophia richteten und gab ihnen newe axiomata für die Hand, so durchauß alles salvierten, aber es war ihnen alle lächerlich und weil es noch new, besorgten sie, ihr grosser Nahme würde geschmälert, so sie erst lehrnen und ihre vieljährig irrung bekennen sollten.«[36] Ebenso wie gegen die scholastischen Gelehrten richteten sich die Rosenkreuzer auch gegen die Orthodoxie in der lutherischen Kirche, gegen die Glaubensfreiheit, die nur im Innern gewährt wird und durch Anerkennung aller Obrigkeit und Knechtschaft dem Moment der aktiven Einwirkung auf die Umwelt das passive Erdulden voranstellt. Sie verkünden in der *Fama:* »Europa gehet schwanger und wird ein starkes Kind gebären, das muß ein grosses Gvattern Geld haben.«[37] Das »Gvattern Geld«: »mehr Goldt, als der König in Hispania auß beyden Indien bringet«,[38] doch ist nicht der Tauschwert dieses Goldes gemeint, dieses Gold soll qualitativ anders sein: es ist, entsprechend alchimistischer Bildlichkeit, das Herausbringen des »goldenen Zeitalters« bedeutet (s. u.).

Der Gegensatz chiliastischer Träume zu deren Vereitelung durch gesellschaftliche Realität evozierte die Mystifizierung des Verhältnisses von ersehnter Veränderung und zu verändernder Welt, was auf die Wissenschaften der Interpretation der Realität den Einfluß ausübte, daß gerade sie in Ausgleichung der entstandenen Diskrepanz konzipiert wurden und so die ersehnte Veränderung als möglich und nah erscheinen ließen. Entsprechend dieser Aufgabe wurde das wissenschaftliche Erbe vergangener Zeiten angetreten. »Also seyn auch zeiten gewesen, die gehört, gerochen und geschmecket haben. Nun ist noch übrig, daß mit Abkürtzung der Zeit, der Zungen auch ihre Ehre gegeben und durch dieselbe, was man vorzeiten gesehen, gehöret und gerochen hat, nun endtlich einmal außgesprochen werde, wenn die Welt nemblich von ihrem schweren Schlaff auffwachen und der new auffgehenden Sonnen, mit eröffnetem Hertzen, entblöstem Haupt und nacketen Füssen frölich und frewdig entgegen gehen wird.«[39]

Bei den Rosenkreuzern spielte neben der Alchimie (s. u.) als Erbe der Kabbala und jüdischen Mystik die Suche nach einer magischen Sprache eine wichtige Rolle, die die Wörter enthält, die gleich wie ein Passepartout, der in das Schloß gesteckt und herumgedreht wird, die Erkenntnis aller Dinge öffnen. Die Buchstaben dieser Sprache sind durch Mystifikationen der Bibel entlehnt; es soll sich um die Sprache handeln, die vor dem Sündenfall existierte, als der Mensch in Einklang mit seiner Umwelt lebte, die aber mit dem Paradies verloren ging und nun – eine Anlehnung an Böhmes drei Zeitalter wird offensichtlich – im letzten Weltalter wiedergefunden wird. »Müssen demnach dieses allhie wol mercken und jederman zu verstehen geben, daß Gott gewiß und eigentlich beschlossen, der Welt vor irem Untergang, welcher bald hernach erfolgen wirdt, noch eben ein solche Warheit, Liecht, Leben und Herrlichkeit wiederfahren zu lassen und zu geben, wie der erste Mensch, Adam nemlich, im Paradeiß verloren und verschertzet hat, da hernach seine Nachkommen mit ihm ins Elend verstossen und vertrieben worden.«[40] Die magische Sprache[41] verkündet also das Paradies; sie läßt die Dinge erkennen und sie wird, da sie deren »wahres Wesen« enthüllt, überzeugen und zur Herstellung des idealen Zustandes beitragen. Die Hoffnungen, die von den Rosenkreuzern an diesen idealen Endzustand geknüpft werden, sind in der *Confessio* vage angedeutet: »Were es nicht gut, daß man sich weder für Hunger noch Armut, weder für Kranckheit noch Alter zu besorgen und zu befahren hette?/ Wehre es nicht ein köstlich Ding, daß du köndtest alle Stunde also leben als wenn du von Anfang der Welt bißher gelebet hettest, und noch ferner biß ans Ende derselben leben soltest? [. . .] Wehre es nicht ein köstlich Ding, daß du also lesen kündtest in einem Buch [gemeint ist das »liber mundi«], daß du zugleich alles, was in allen Büchern, die jemals gewesen, noch seyn oder kommen und außgehen werden, zu finden gewesen, noch gefunden wird und jemals mag gefunden werden, lesen, verstehen und behalten möchtest?/ Wie lieblich wehre es, wenn du also singen köndtest, daß du an statt der Steinfelsen eitel Perlen und Edelsteine an dich brechtest, an statt der Wilden Thiere die Geister zu dir locketest und an statt deß hellischen Plutonis die mächtige Fürsten der Welt commoviretest und bewegetest?«[42] Die aus der Unwissenheit führende Erkenntnis wird zwar nur Wenigen zuteil,[43] doch indem der erkennende Philosoph zum Berater des Herrschers wird kommt sein Wissen dem allgemeinen Nutzen zugute.

Die dritte der bekanntesten Rosenkreuzer-Schriften ist die von Johann Valentin Andreae verfaßte *Chymische Hocheit: Christiani Rosencreutz;* bereits durch den im Titel steckenden Verweis auf bestimmte Bibelstellen wird das Ziel der Hochzeit erkennbar: Vermählung des Himmels mit der Erde[44] durch Christus, Herstellung des Himmels auf Erden in christlicher Gemeinschaft. »Das Himelreich ist gleich einem Könige/ der seinem Son hochzeit machte/ Vnd sandte seine Knechte aus/ das sie den Gesten zur hochzeit ruffeten«;[45] zur Hochzeit gerufen ist Christian Rosencreutz, der am Vorabend des Ostertages[46] beschließt, sich auf den Weg zu machen; auf dem Weg, bei den Vorbereitungen und schließlich bei der Hochzeit beschreitet er den »Weg der Erkenntnis«. Die »chymische Hochzeit« ist ein alchimistisches Werk; die einzelnen Etappen des Weges zu »der geistigen Erleuchtung sind in der *Chymischen Hochzeit* sehr genau beschrieben«,[47] wobei der Stufengang des Erkennens den »Prozeß der Herstellung des Steins der Weisen widerspiegelt«.[48] Das ganze Stück ist als Allegorie zu verstehen, diese literarische Form wird benötigt, um die dunklen Vorstellungen der Rosenkreuzer zu bedeuten; so verweist der Titel nicht allein auf Bibelstellen, ebenfalls impliziert er andere Bedeutungen. Es findet die Hochzeit des Hohen Paares statt; Andreae greift hier auf ein altes, Glück verheißendes Motiv zurück; »die Hohe-Paar-Imago [...] imaginierte nichts Geringeres als die Begegnung, Verbindung, Konjunktur von Mond und Sonne in irdischer Liebe«.[48a]

So sind auch in dem Symbol, dem das konstantinische »In hoc signo † vinces«, in diesem Zeichen wirst du siegen, beigestellt ist, eschatologische Bedeutungen impliziert; dieses Zeichen findet sich am Anfang der *Chymischen Hochzeit* und verweist nicht nur auf die Dreifaltigkeit und die damit verbundenen Bedeutungen, sondern es rekurriert ebenfalls auf eine Symbolik, die südarabischem, hadramautischem und minäischem Götterglauben entliehen, also außerchristlicher Provenienz ist. Es sind dort die Zeichen für die Planeten verarbeitet; die verschiedenen Planeten waren mit ihren Bedeutungen von den Alchimisten bestimmten Metallen zugeordnet worden; schon hierin ist die Abwertung der Astrologie gegenüber der Alchimie erkennbar, es wird die »utopische *Alchimie* über fertige, regimentshafte Astrologie«[49] gestellt. Nicht länger wurde die Astrologie als Wissenschaft verstanden, die die Stellungen der Gestirne als prädestinierend für das irdische Geschehen zu interpretieren hatte, sondern ihre Bedeutungen dienten fast nur noch dazu, auf Metalle und die alchimische

»mutatio metallorum« übertragen zu werden.

Die Möglichkeit der Umschmelzung aller Metalle zu Gold, der alchimische Prozeß, wird also, wie im vorangestellten Zeichen angedeutet, in der *Chymischen Hochzeit* berührt, doch wird Gold nicht zu rein materiellen Zwecken herbestellt. »Darumb sprechen die Philosophē / daß jr Goldt vñ Silber nit ein solches Goldt vñ Silber sey / wie der gemeyne Mann im Brauche habe.«[50] Es läuft bei diesen Goldmachern die Hoffnung auf ein goldenes, Glückseligkeit versprechendes Zeitalter mit. »Das Gold, das Glück, das ewige Leben befinden sich im Bleigefängnis; der gefangengehaltene Christus, die Gold-Entelechie aller Dinge und Wesen, muß durch die Generalreformation, deren die Alchimie ein Gleichnis ist, aus dem Kerker des Status herausgeführt werden.«[51]

So wird auch in den alchimistischen Schriften der Prozeß des Goldmachens nicht nur als eine mechanische Tätigkeit zur Gewinnung materiellen Reichtums beschrieben, vielmehr wird vom Goldmacher eine bestimmte Einstellung zu seiner Tätigkeit gefordert: er soll »Gott zu Ehren / dir zum wolstandt / und deinem Nechsten zu trost und hülff / nicht zum Geitz / stoltz / pracht / oder üppigkeit Goldt machen«.[52]

Mit der Herstellung des Goldes ist ebenfalls die Hoffnung auf die Erkenntnis der Natur, des »Aufstiegs zu Licht«, verbunden. »Denn das Lichtpathos selber, als die ›Geburt‹, als der fortschreitende ›Prozeß‹ des Lichts (Golds), kommt aus der Alchimie her: ›Aufklärung‹ selbst ist ursprünglich ein alchimischer Begriff, genauso wie ›Prozeß‹ und sein ›Resultat‹.«[53] Ziel des Alchimisten ist es also, im goldenen Zeitalter »alle mysteria, seyt der Welt anfang hero zu verstehen und zu lernen«,[54] sich selbst (Mikrokosmos) als Teil der Natur und des ganzen Alls (Makrokosmos) und als damit identisch kennenzulernen, wobei die Kunst der Alchimie der Natur zu dem Durchbruch helfen soll, das zu sein, was sie ihrer Möglichkeit nach ist;[55] Natur und die zu findende Identität von Mikrokosmos und Makrokosmos sind also nicht von vornherein fertig, die alchimische Kunst muß erst Herausprozessieren; dieser Prozeß, der eben auch den Weg der Erkenntnis darstellt, ist in der *Chymischen Hochzeit* allegorisch beschrieben, ein Prozeß, der »[s]o etwas wie Katharsis der Gegenstände, zugleich mit der der Seelen«[56] ist. Entsprechend stehen auch die Begriffe des »Steins der Weisen«, der »Tinktur« – Umwandlungsmittel bei der »mutatio metallorum« – und des »Homunculus« im Mittelpunkt alchimischer Terminologie: Herausbilden der neuen, noch verdeckten Natur durch die mutatio metallorum und des neuen Menschen, des »Homunculus«, im Prozeß der Erkenntnis, also bei der »Herstellung des Steins der Weisen«; dies geschieht in der *Chymischen Hochzeit*.

Die Sprache, in der die Rosenkreuzer sich das künftige Zeitalter ausmalten, bediente sich der Metaphorik und Symbolik der Alchimie; sie war bunt, Obscuritas und Vieldeutigkeit wurden zum notwendigen Stilmittel: das Ziel ihrer angestrebten Gesellschaft lag im Dunkeln; dem war die Sprache angemessen. Sie konnte nicht bezeichnen, nur bedeuten mit Begriffen wie etwa »goldenes Zeitalter« oder Harmonie von »Mikrokosmos« und »Makrokosmos«, Begriffe, die zwar nicht den Plan einer neuen Gesellschaft enthielten, wohl aber die Wünsche und Hoffnungen auf eine zukünftige Welt, in der das Verhältnis der Menschen zueinander und zur Natur besser geregelt sein sollte als im Jetzt.

Als die Rosenkreuzer-Schriften Andreaes erschienen, waren bereits Jahre seit ihrer Entstehung vergangen; Andreae hatte häufigen Umgang mit dem Theologen Hafenreffer gepflegt, er hatte sein Diakonat in Vaihingen erhalten, er hatte etwas Abstand von seiner Tübinger Zeit gewonnen. Da die Rosenkreuzer keine fest organisierte Vereinigung darstellten, sondern mehr oder weniger durch Bekenntnis des Einzelnen zu den in den Schriften vertretenen Ansichten locker verbunden waren, nutzten auch Betrüger die Hoffnungen, die mit dem Rosenkreuzertum verknüpft waren und wendeten sie, indem sie sich als Mitglied der Bruderschaft ausgaben, für ihre Zwecke; auch Autoren, die vorher nichts mit den Rosenkreuzern zu schaffen hatten, gaben Verteidigungsschriften heraus, in denen sie sich der Autorität der Bruderschaft für ihre Ziele bedienten.[57] So distanzierte sich Andreae bereits 1617, also gleich nach dem Erscheinen der *Chymischen Hochzeit*, von den Rosenkreuzern und lud zur Gründung einer christlichen Sozietät ein.[58] Dabei ist zu beachten, daß trotz dieser Distanzierung noch viel vom Gedankengut der Rosenkreuzer in seine anfänglichen Vorstellungen eines einzurichtenden Christenstaates überging.

Im Jahre 1619 erschien die Utopie seines christlichen Idealstaates *Reipublicae christianopolitanae descriptio.* Im »Vorbericht an den Leser« bezeichnet Andreae seine Utopie als ein »Spiel [ludicrum], das man bei dem berühmeten Thomas Morus nicht mißbilligt hat«.[59] Bereits seiner *Chymische Hochzeit* hatte Andreae in seiner Selbstbiographie als ein Spiel [ludibrium] bezeichnet; deshalb wurde häufig behauptet, es handele sich schlichtweg um eine Posse. Der Begriff des Spiels wurde durch die Gleichsetzung mit Scherz dem ernsthaften Bestreben gegenübergesetzt. Das Spiel hat bei Andreae jedoch durchaus ernsthaften Charakter; es bewirkt, daß die Möglichkeiten, die in der Realität liegen, hervorgebracht und fiktiv in Realität umgesetzt, durchgespielt werden. »Hier [in der *Christianopolis*] wurde also mit der Möglichkeit des ›wahren Lebens‹ gespielt. Dahinter stand die Hoffnung, dieses Spiel möge einmal Wirklichkeit werden, si quis offerat.«[60] Spiel verliert also den Charakter des Unverbindlichen und Scherzhaften, sein Zweck ist das prodesse et delectare.

Mittel, um das Spiel mitspielen zu können, ist die Phantasie. »Jeder, der das, was die Griechen φαντασίαι nennen – wir könnten ›visiones‹ (Phantasiebilder) dafür sagen –, wodurch die Bilder abwesender Dinge so im Geiste vergegenwärtigt werden, daß wir sie scheinbar vor Augen sehen und sie wie leibhaftig vor uns haben: jeder also, der diese Erscheinung gut erfaßt hat, wird in den Gefühlswirkungen am stärksten sein. Manche nennen den εὐφαντασίωτος (phantasievoll), der sich Dinge, Stimmen und Vorgänge am wirklichkeitsgetreuesten vorstellen kann.«[61] Aus der Phantasie ergibt sich die Verdeutlichung, »die Cicero ›illustratio‹ (Ins-Licht-Rücken) und ›evidentia‹ (Anschaulichkeit) nennt«.[62] Um das »Ins-Licht-Gerückte«, Gespielte und Noch-Nicht-Verwirklichte möglichst wirklichkeitsgetreu zu gestalten, so als ob es wäre, ist die Kenntnis der Dinge, ist Wissenschaft erforderlich. Unter diesen Aspekten betrachtet, liest sich Andreaes erstes Kapitel der ›Christianopolis‹ geradezu als Erklärung zu dem, was er unter seinem Spiel verstanden wissen will: »Während ich als Fremdling auf dieser Welt umherirre, durch die Herrschaft der Tyrannei, Sophisterei und Heuchelei leiden mußte und den Menschen noch nicht finden konnte, nach dem ich sorgenvoll suchte, habe ich mich gleichwohl entschlossen, noch einmal die Fahrt auf das Akademische Meer hinaus zu wagen, das mir doch so oft übel mitspielte. So bestieg ich das Schiff der Phantasie.«[63] Mit Hilfe des Spiels stellt Andreae also den Staat und den Menschen vor, den er in der Realität nicht finden kann; durch die Anschaulichkeit (evidentia) versucht er so auf die Gefühle des Lesers zu wirken, daß er sich einbilden kann, er wäre ein Mitspieler, daß er die christlichen Spielregeln akzeptiert und sie ebenfalls in der Realität befolgt.

Als ein »schlichtes, eintöniges Buch«[64] erscheint Kirchenheim die *Christianopolis*, von »dürren Worten« spricht Kleinwächter, mit denen die Einrichtungen der Christenstadt beschrieben seien; »hieran knüpft sich jedesmal eine im trockenen Predigertone gehaltene, mit dem Gegenstande selbst in gar keinem Zusammenhang stehende theosophische Betrachtung. So sagt der Verfasser beispielsweise an einer Stelle, daß in der Christenstadt die Straßenbeleuchtung eingeführt ist, und knüpft daran eine langathmige Betrachtung, daß *Satan* der Fürst der Finsterniss ist, daß er dem Lichte des Christenthums weichen muß u. dgl. m.«[65]

Kleinwächter hat recht, wenn er vom Predigertone spricht. »Die rhetorischen Mittel aber, die vom Ziel überzeugen, sind die der Kanzel. Ist so die *Christianopolis*, philosophisch-soziologisch gesehen, eine Utopie, ist sie unter religionsgeschichtlichem Aspekt eine Anleitung zur Meditation, so erweist sie sich in ihrer literarischen Struktur als Predigt.«[66]

Andreae hatte sicherlich Gründe, warum er seinem Idealstaat nicht die Form des von ihm sonst so geschätzten pädagogischen Dialoges gegeben hat; er hatte das Beispiel von Morus' *Utopia* vor Augen, das Manuskript von Campanellas »Sonnenstaat« war ihm ebenfalls von dem Freund und Campanella-Schüler Tobias Adami zur Verfügung gestellt worden und hat sicherlich einen Anstoß zur Abfassung der *Christianopolis* gegeben; trotzdem verläßt Andreae die Form dieser Utopien und stellt zur Beschreibung seines Staates Predigten zusammen, in denen er zumeist zu Beginn den Idealzustand in seiner *Christianopolis* schildert, um sodann Reflexionen daran zu knüpfen, theosophische Digressionen und Beschreibungen, die die Zustände seiner Zeit beleuchten, mit der Absicht, dort Abhilfe zu schaffen; dem Lob des Idealstaates wird der Tadel der Verhältnisse seiner Zeit gegenübergestellt. Andreae wählte diese Form der Predigt, um sowohl die Möglichkeit zu besitzen, einen idealen Staat im Spiel zu gestalten, als auch, mit stetem Verweis auf die Realität, der dieses entgegengesetzt wird, die Leser zum christlichen Handeln auch in der ihn umgebenden Realität zu bewegen; auch spricht die Tatsache, daß die einzelnen Predigten zumeist ohne Zusammenhang mit den anderen gelesen werden können, für die Annahme, daß diese Form dem Buch auch den Charakter eines praktischen Ratgebers geben sollte, dessen Publikum – wie auch bei den Rosenkreuzer-Schriften »alle Gelehrte und Häupter« – durch die Abfassung in lateinischer Sprache bestimmt wurde.

Die Intention Andreaes, seinen Idealstaat in der Praxis zu gestalten, ist auch in den Bemühungen um die Gründung einer christlichen Sozietät zu bemerken. Der Bund, aus dem diese hervorgehen sollte, nannte sich in Anlehnung an Campanellas »Sonnenstaat« »Civitas solis«; zu seinen Gründern gehörten neben Andreae auch die Campanella-Schüler Wense und Adami. In seinem Nachruf auf Wense schreibt Andreae 1641, dieser wollte mit der Gründung der »Civitas solis« »eine Anzahl von Männern, die an der Besserung ihrer Zeit arbeiten wollten und konnten, in einer Art Bund zusammenfassen. [...] Es sollte sich eine Anzahl rechtgläubiger Lutheraner von hervorragendem Wissen, bewährtem Wandel, ohne Ansehen von Stand und Geburt, aber deutschen Stammes unter einer Art Gesetz und einem Oberhaupt (zu welchem wir wenigstens in unseren Gedanken den Herzog Ernst von Lüneburg, diesen Phönix unter den Fürsten[67] und die Personifikation unseres ganzen Planes, bestimmten) zusammentun, um mit Ernst der Pflege der unverfälschten Religion, der Besserung der eingerissenen Sittenverderbnis und der *Widerherstellung der in Verfall geratenen Literatur* obzuliegen sowie angesichts der Wechselfälle des Lebens einander mit gegenseitigem Zuspruch beizustehen«.[68] Unter der Protektion von Herzog August will Andreae seine Christianopolis, die im Buch als »Republic« gefaßt ist, verwirklichen. Die Durchsetzung dieses Ziels soll durch Überzeugung geschehen. Untadlige, christliche Bürger sollen die Möglichkeit dieses Staates vorleben; der Bürger der Stadt Christianopolis stellt das vir-bonus-Ideal Andreaes dar; er greift damit zurück auf »seinen« Cicero, dessen »Maiestät« ihn begeisterte:[69] »Viel also trägt zur siegreichen Führung der Sache bei, daß der Charakter, die Grundsätze, die Handlungen und der Lebenswandel derer, die als Sachwalter auftreten, und derer, für die sie auftreten, Beifall [. . .] finden [. . .]. Zum Wohlwollen werden die Gemüter gestimmt durch die Würde des Menschen, durch seine Taten und durch den guten Ruf seines Lebenswandels.«[70] Mit der Vereinigung einer Anzahl bedeutender und angesehener Lutheraner wollte Andreae auch die gewünschten Bürger von Christianopolis vorstellen, da »[w]eder der Staat, noch die Kirche oder einzelne [. . .] die Früchte der christlich-geistigen Lebenshaltung darzustellen vermochten. Andreaes praktisches Programm bezog sich auf die vorbildliche Repräsentation dieser Haltung durch eine Elite, der erst im Zusammenschluß die Grundlage zur reformatorischen Aktion gegeben sein würde.«[71] Das Ziel der Aktivitäten Andreaes war stets die Christenstadt, deren Bürger das christliche Staatsideal vorleben und damit zur Nachahmung anregen sollten,[72] wenn sich auch der Inhalt dieses Ideals nach Abfassung der *Christianopolis* änderte (s. u.).[72a]

Wenn Andreae die Christianopolis ausmalt und fordert, der Welt zu entsagen, so bedeutet das keinen Verzicht auf deren Realisierung, es bedeutet Anklage der bestehenden Welt. »Die Welt dagegen geht mit brüderlichem und unschuldigem Blut verschwenderisch um, spielt damit, schreit gleich die erste Todesstrafe heraus, die ihr in den Mund kommt, und glaubt sich auf die Ausrede berufen zu können, sie sei es nicht selbst, die Schwert, Strick, Rad und Feuer gebraucht, sondern nur ein Diener des Gesetzes. Das ist – bei Christus! – ein sauberer Grundsatz zu einem christlichen Staat, schwache Menschen zu Dieben zu machen, Ungezügelte zu Ehebrechern, Vagabunden zu Mördern, Buhlerinnen zu Hexen, um nur jemanden zu haben, mit dessen Blut man dem rächenden Gott opfern kann!«[73] Andreae gibt sich nicht damit zufrieden, der Welt ein in geschichtsloser Unverbindlichkeit schwebendes Ideal entgegenzusetzen, das den diesseitigen Übeln ein Stück Jenseits in der Idee bei Vertröstung auf das ewige Leben nach dem Tod gegenüberstellte; sein Ziel war die Realisierung dieser Gesellschaft. »Es wird sie [die Welt] niemals reuen, aus der Finsternis zum Licht gebracht, aus der Knechtschaft zur Freiheit ermuntert worden zu sein.«[74] »Daher haben wir [die

Christianopolitaner] uns lange schon einen Wohnsitz gewünscht, der zwar unter dem Himmel, aber über dem Unrat dieser bekannten Welt liegt.«[75] Es ist nicht Andreaes Sache, auf ein himmlisches Leben zu verweisen, es kommt ihm darauf an, schon auf der Erde ein solches dem himmlischen Idealzustand ähnliches Leben zu verwirklichen, den Himmel mit der Erde zu vermählen.[76] »Er [der Richter von Christianopolis] glaubt nämlich, daß dies die beste Staatsform sei, die dem Himmel am nächsten komme, und da er sehr fromm ist, hält er einen geneigten Gott für das Heil der Stadt, einen erzürnten aber für ihr Verderben.«[77]

Bei der Ausmalung des Idealzustandes, der gesellschaftlichem Elend ein Ende bereiten soll, ist Andreae durch verschiedene Quellen angeregt worden; die wichtigsten liegen in der Bruderschaft des Rosenkreuzes (trotz seiner Abwendung), in Tommaso Campanellas Sonnenstaat, sicher aber auch in einem Besuch in Genf.

Wünsche, die die Rosenkreuzer an die Realität brachten, werden in der *Christianopolis* als bereits erfüllt geschildert. War es ein Ziel des Rosenkreuzerordens, daß die Menschen glückselig leben, daß sie »in Zukunft weder Hunger noch Armut, noch Krankheit, noch unvermögliches Alter zu fürchten haben«,[78] so sind die Christiansstädter diesem Ziel schon nahe. Durch entwickelte Technik sind Hygienebedingungen entstanden – ein Wasserleitungs- und Abwässersystem[79] –, die Krankheiten und Seuchen entgegenwirken. Auch versorgt der außerhalb der Stadt liegende große »Nutzgarten« der Insel die Bewohner mit ausreichenden Lebensmitteln; durch Arbeitsfleiß und gemeinsame Nutzung von Gütern sind die Christianopolitaner der »vielfache[n] und beschwerliche[n] Sorge für Essen und Trinken und das tägliche Füllen der Bäuche«[80] enthoben; ist ihr materielles Leben gesichert, so können sie sich unbesorgt der Philosophie und Theologie widmen, denen das höchste Ziel die Erkenntnis Gottes in der Natur und im Menschen und der Gottesdienst ist.[81]

In Christianopolis – hierin folgt Andreae Campanella und Morus – gibt es Allgemeinbesitz. Die Wohnungen werden den Bürgern vom Staat gestellt, auch gilt Geld innerhalb des Staates nichts. Materielle Gleichheit aller Bürger ist verwirklicht. »Niemand besitzt Geld, und zu privaten Zwecken hat es auch keinerlei Wert [. . .] Gerade darin sind die Einwohner glücklich zu achten, daß niemand durch Besitz von Reichtum den andern übertrifft, weil Tüchtigkeit und Geist hier mehr gefragt sind und Sittlichkeit und Frömmigkeit sich höchster Wertschätzung erfreuen.«[82] Den Dienst als Magd oder Knecht bei einem Herren gibt es in der Christenstadt nicht, mit der Ausnahme, falls dies »ein Krankheitsfall oder ein besonderes Ereignis erfordert«.[83] Andreae nimmt hier die Forderungen der unteren gesellschaftlichen Klassen, die sich in den Sektenideologien niederschlugen, auf, Forderungen, die Gemeineigentum verlangten, die auch die bürgerliche »Freiheit des Christenmenschen« in der Abschaffung aller Privilegien der Geburt durchsetzen wollten. »In diesem Staate gibt es keine Erbfolge der Würde oder des Blutes ohne die Tugend.«[84] Die Christianopolitaner sind somit materiell und in ihrer Geburt gleichgestellt. Sie leben, durch gemeinschaftliche Planung, ohne materielle Sorgen, doch nicht mit Überfluß und privatem Reichtum; es »ist ein fröhlicher Menschenschlag und geschickt zu allem, was sie auf dieser Welt zu tun haben. Was sie an Gottes Gaben besitzen, verteilen sie an die Gemeinschaft und behalten nahezu nichts für sich zurück.«[85] Diese asketischen Elemente entwickelten sich innerhalb der Sekten; sie sind »vorerst zu verstehen [. . .] als Äußerungen des Protestes der ärmeren kleinbürgerlichen und der proletarischen Klassen gegen den Reichtum«,[86] gegen den Überfluß des Hofes und der den adeligen Lebensgewohnheiten verbundenen Handelsbourgeoisie. So ist auch der Handel in der Christenstadt verboten, er beschränkt sich lediglich auf den staatlichen Außenhandel zur Bedarfsdeckung der Bürger, denn der zu erstrebende Tauschvorgang soll nicht zur Bildung von Reichtum und Überfluß führen. »Und hier wird der wahre Wert des Tauschvorganges deutlich, der es nicht auf Nutzen und Gewinn, sondern auf die Mannigfaltigkeit des Gegenstands absieht.«[87]

Im Gegensatz zum Sonnenstaat gibt es in Christianopolis die Ehe, die Familie, der der Mann vorsteht. »Eheliche Keuschheit erstreben und schätzen sie ganz besonders, damit sie sich nicht durch Wollust verzehren und schwächen. Sich fortzupflanzen, trägt Würde in sich, die Glut sinnlichen Begehrens dagegen ist zu verurteilen.«[88]

In der gesamten Konzeption der Christenstadt hat Andreae seinen Besuch in Genf verarbeitet. In seiner Selbstbiographie schreibt er: »Ausser der vollkommenen Form eines Freistaats, besitzt die Republik eine besondere Zierde und eine Zuchtanstalt an dem Sittengerichte, das wöchentlich die Sitten der Bürger, auch die kleinsten Ausschweifungen, untersucht [...]. Dadurch werden alle Karten und Würfelspiele, Schwören und Fluchen, Muthwillen, Geilheit, Zank, Haß, Tüke, Betrug, Geldschneiderei, Schmausen, Schwelgerei, Trägheit, unmässiger Zorn, Grobheit verhütet, noch mehr also grössere Verbrechen, die hier fast unerhört und ungewöhnlich sind [...]. Entfernte mich nicht der Unterschied der Religionen von Genf, so hätte mich die Harmonie der Sitten auf immer an diese Stadt gefesselt.«[89] Ähnliche Stellen, an denen Andreae von der Beseitigung der Laster spricht, sind in der *Christianopolis* häufig zu finden. War die »Kraft der Sekte« im Calvinismus aufgegangen,[90] waren dort die Forderungen der unteren Klassen aufgesogen und mit der Moral und dem Arbeitsethos einer sich aus den »seit jeher religiös gebundenen handwerklichen Kreisen [...] allmählich [entwickelnden] Manufakturbourgeoisie«[91] verbunden, so fiel es Andreae leicht, seine Erfahrungen in der Stadt Genf in seiner *Christianopolis* einzubauen, wobei er das, was von den Rosenkreuzern durch vage Andeutungen im dunkeln und offengelassen wurde, mit den Farben des Calvinismus kolorierte, diese somit wieder in den Zusammenhang mit den Vorstellungen der Sekten brachte.

So verurteilt Andreae »die fleischlich Gesinnten[, sie] ekelt es auf verkehrte Weise, Erde, Wasser, Stein, Holz und dergleichen zu berühren, sie halten es jedoch für großartig, sich mit Pferden, Hunden, Dirnen und dergleichen zu ergötzen. Die Christianopolitaner spotten darüber recht geistreich, da sie in ihrem Wappen nicht die Werkzeuge der Gewalt und Hoffart, sondern der Menschlichkeit und Arbeit zeigen und so den anderen das Bekenntnis zur Eitelkeit und Roheit vorwerfen.«[92]

»Work is the main condition of existence, and this good community faces it. It is a pretty contrast to the attitude of the leisured classes«,[93] schreibt Mumford. Die von den Christiansstädtern hochgehaltenen Tugenden[94] der Zucht und Demut dienen nicht zur Unterordnung unter Zwecke, die den Einwohnern fremd sind. Demut wird gegenüber Gott gefordert, nicht einem Fürsten oder Tyrannen gezollt; wohlgeordnet läuft die Arbeit ab, doch arbeiten die Christianopolitaner nicht, um Reichtum zu akkumulieren – dies ist ja weder erwünscht noch möglich –, sondern sie arbeiten lediglich zur Bedarfsdeckung. Sie kennen zwei Arten der Arbeit, die notwendige, die getan werden muß und die sich auch bei der Mitwirkung aller Christiansstädter innerhalb weniger Tagesstunden erledigen läßt, und die Arbeit, die nicht aus Notwendigkeit betrieben wird, sondern mit der Absicht, »einen künstlerischen Wettstreit im Gange zu halten, damit der menschliche Geist ein Mittel habe, sich durch mancherlei Werkzeuge auszudrücken, und damit die Vernunft, oder vielmehr der in uns verbliebene göttliche Funke, die Möglichkeit bekomme, in jedem uns verfügbaren Material herrlich hervorzuleuchten.«[95]

Um die notwendige Arbeit zu erleichtern, werden die Wissenschaften und der wissenschaftliche Unterricht gepflegt. Die »freien Künste« sind um den naturwissenschaftlichen Unterricht erweitert. Die im Trivium zusammengefaßten Künste dienen zum Lob und der Erkenntnis Gottes; zwar wird die Dialektik zur Suche einer vernunftmäßigen Norm für die Wahrheit betrieben, doch dieser wird nicht alles unterworfen, »geschweige denn Gott. [...] Dies aber ist aller Vernunft letzter Schluß, daß wir demütig auf Gott hören, der fern von allem Irrtum und Schein ist und immer ganz verbunden mit der Wahrheit.«[96] Dieses Nebeneinanderlaufen der vernunftmäßigen Erkenntnis der Dinge und des irrationalen Momentes, das durch die Wahrheit in der Offenbarung Gottes gebildet wird, ist nicht in sich widersprüchlich, sondern komplementär. Gott ist nicht durch eine feste Lehre über alle Individuen gestellt, sondern er offenbart sich dem Individuum durch Selbsterkenntnis, durch Einkehr in das Innere; Erkenntnis Gottes ist somit in das einzelne Individuum verlegt, das sich selbst in »seiner Menschlichkeit [...], oder wenn man's hinzufügen darf, seiner Göttlichkeit«[97] erfahren soll und regt zur Tätigkeit, nicht zum Stillhalten an. Gott trägt auf, das von ihm Geschaffene »im rechten Maße zu gebrauchen und genau zu betrachten. Selig, die sich der Welt so weit bedienen, wie Gott in seiner Großmütigkeit es zugegeben hat:

möge nicht die Welt sich ihrer bedienen! Denn wer die Freiheit eines Christenmenschen erkennt, wird sich niemals der schändlichen Knechtschaft der Geschöpfe unterwerfen.«[98]

Die Rhetorik und Grammatik, die anderen beiden Disziplinen des Triviums, dienen zum Lobe Gottes, wobei die Grammatik als Voraussetzung der Rhetorik verstanden wird. Lehrt jene »die Vielfalt der Dinge und Handlungen [. . .] zu benennen«[99] – als recte dicendi scientia *richtig* zu benennen –, so jene – als ars bene dicendi – die göttliche Wahrheit angemessen zu verkünden.

Die im Quadrivium zusammengefaßten Künste betreiben die Christianopolitaner zur Erkenntnis der Natur und Gottes. In der Arithmetik üben sie sich, weil sie täglich etwas in ihr finden, »was sie bestaunen, was den Geist schärft, was ihre Arbeiten verringert«.[100] Von der Beschäftigung mit den Zahlen erwarten die Bewohner, daß sie mit dem Davidischen Schlüssel die göttlichen Maße entdecken und, »wie er [Gott] in unaussprechlicher Harmonie alles zusammenhält, alles machtvoll und weise bewegt«.[101] Die Anlehnung an die Kabbala ist hier unverkennbar, wenn Andreae auch mahnt, damit vorsichtig zu sein und seine Mutmaßungen zurückzuhalten. Die Kenntnis der göttlichen Maße und Zahlen erfolgt durch Offenbarung. So ist auch die ganze Stadt Christianopolis mathematisch angelegt; ihre Maße bezieht sie von dem in der Offenbarung Johannes XXI beschriebenen »heilige[n] Jerusalem / hernider faren aus dem Himel von Gott«.[102] Auch hier wird die Verbindung von *Christianopolis* mit der Bruderschaft des Christian Rosenkreuz erkennbar, ebenso wie in den Naturwissenschaften, die in *Christianopolis* einen wichtigen Stellenwert innerhalb der Wissenschaften einnehmen.

Die Idee der naturwissenschaftlichen Darstellungen auf Mauern ist sicherlich von Campanella übernommen, gefunden werden die »göttlichen, der Erde aufgeprägten Geheimnisse«[103] aber woanders: im Laboratorium, das der »chymischen [d. i. alchimischen] Forschung gewidmet«[104] ist. Hier wird die alchimische Kunst zur »Hebamme der Natur [. . .], hier wird der Himmel mit der Erde vermählt«;[105] um jedoch sogleich diese Anknüpfung an die Rosenkreuzer unverfänglich zu gestalten, läßt Andreae in Sklavensprache vernehmen, daß er wohl mit der Schilderung des Laboratoriums gegen den

Hochmut und das Vorurteil vieler verstoßen habe, diese ihm aber verzeihen werden, wenn sie hören, daß er »diese Kunst nicht ausgeübt, sondern nur besichtigt habe und [...] ein wenig gelinder und schonungsvoller ausgelegt habe.«[106] So »arbeitet an dieser Sozialutopie, wie schon bei der des Morus, ein alchimisches Bewußtsein, konträr zum astrologischen [– von der Astrologie bleibt in *Christianopolis* nicht viel übrig, die Astronomie wird ernsthaft betrieben –]; denn Christianopolis hebt sich betont antithetisch, wie herausprozessiert, aus den ›Schlacken der verkehrten, grundverderbten Welt‹. Und die Wissenschaft ihrer Weisen, in drei Stufen geteilt, ist nicht statisch und abgeschlossen, wie bei Campanella, sondern das letzte Lehrstück in der Oberklasse heißt: ›Weissagungen des letzten Status‹, ›prophetische Theologie‹. Mit diesem ist der Bogen zur ›Generalreformation‹ wieder geschlagen, zum Rosenkreuzertum«.[107]

Die Regierung von Christianopolis besteht – wie auch die des »Sonnenstaates« – aus einem Triumvirat, »zu dem nur die Besten und Erfahrensten zugelassen sind«.[108] Mit ihren Gattinnen ›Gewissen‹, ›Vernunft‹ und ›Wahrheit‹ bilden sie eine »physisch-spirituelle Einheit mit besonderem Zuständigkeitsbereich. Wenn so der oberste Priester mit dem ›Gewissen‹ verheiratet ist, der oberste Richter mit der ›Vernunft‹ und der oberste Wissenschaftler mit der ›Wahrheit‹, so ergibt sich aus diesen Beziehungen weit mehr als bloße Allegorie, denn das Weibliche ist hier ein Prinzip, ohne das das – obwohl dominante – Männliche gar nicht zu agieren vermag: beide sind so eng aufeinander angewiesen, daß es erlaubt ist, hier an jene Vorstellungen aus den östlichen Religionen zu denken, die, vor allem im späten Buddhismus, die Gottheiten in Umarmung mit ihrem weiblich physisch-schöpferischen Äquivalent darstellen, mit ihrer ›Shaktis‹.«[109] Sicherlich ist diese Verbindung von Männlichem mit Weiblichem im Triumvirat von Christianopolis auch darauf zurückzuführen, daß das Herrschaftsprinzip – dargestellt im Männlichen – verbunden ist mit den es ergänzenden verzeihenden, mildtätigen Prinzipien mutterrechtlicher Provenienz, ohne die ein christlicher Staat für Andreae nicht denkbar ist; bereitet doch das Mutterrecht »durch physisch-mütterlichen Überfluß (Milch und Honig) und durch aequitas das Goldene Zeitalter«,[110] von dem der

Rosenkreuzer und Utopist Andreae träumte.

Später beginnt Andreae jedoch die Hoffnung auf das goldene Zeitalter aufzugeben. »Th.[eophilus]: Was wird geschehen, wenn diese Welt in Trümmer fällt? E.[usebius]: Dann werden die Toten und die Lebendigen vor Gericht berufen. Th.: Wird aber nicht noch vorher das goldene Zeitalter kommen, wie es so vielfach gewünscht und ersehnt wird? E.: Im Gegenteil, eine Zeit voll Trübsal, so daß es kaum die Gotteskinder durchmachen können.«[111] Bei Andreae geht die Aufgabe der Hoffnung auf das goldene Zeitalter einher mit der Aufgabe des Gleichheitsprinzips; er beraubt die Begriffe der Armut und des Reichtums ihrer materiellen Substanz und verwandelt sie in geistige vor Gott. Er schreibt schon gleich 1619 nach der *Christianopolis:* »Damit sich der Christ durchaus als das Widerspiel der Welt beweise, so erwehlt er die Armuth vor allen Schätzen. Nicht zwar eine solche, welche gar keine Güter und Vermögen hat, sondern diejenige, welche den Menschen selber in den Augen GOttes vernichtet. Diese Armuth kan unter Kronen und Sceptern, und unter grossen Schätzen seyn. Denn sie ist nur eine *Armuth des Geistes,* oder eine Vernichtung, da der Christ ganz von GOttes Barmherzigkeit abhangt, nichts für sein Eigenthum, ja sich selber als ein *Nichts* erkennt.«[112] Der Begriff der Armut wird hier schon seiner abgrenzenden, sozialkritischen Implikationen beraubt und als durchaus denkbar in Zusammenhang mit Reichtum gesehen, wobei dieser als in Abhängigkeit von göttlicher Barmherzigkeit und Prädestination als nicht-eigen bezeichnet wird. Später wird der Wandel Andreaes deutlicher, wenn er im Nachruf auf Wense schreibt, wie er sich die Realisierung der Christenstadt vorstellt: »die Begüterten sollten materielle Mittel, die minder Wohlhabenden ihre Arbeitskraft beisteuern und so die einzelnen Genossen aus dieser Gemeinschaft die Früchte christlicher Liebe, ehrbaren Vergnügens und gegenseitiger Hülfe ziehen«,[113] in Gottesverehrung und im steten »bürgerlichen Gehorsam gegen die Obrigkeit«.[114]

1 R. Mohl, *Die Staatsromane,* Ein Beitrag zur Literaturgeschichte der Staatswissenschaft, in: *Zeitschr. f. d. ges. Staatswissenschaft,* Jhrg. 1845, 1. Heft, S. 51.

2 Ebenda.

3 Der vollständige Titel lautet: D. V. A. Reise nach der Insul Caphar Salama und Beschreibung der darauf gelegenen Republic Christiansburg, Nebst einer Zugabe von Moralischen Gedancken, in gebundener und ungebundener Rede, herausgegeben von D. S. G., Esslingen 1741.

4 [Johann Valentin Andreae], Reipublicae christianopolitanae descriptio. Argentorati,/ Sumptibus haeredum Lazari Zetzneri./ Anno MDCXIX.

5 Vgl. dazu Richard van Dülmen, *Johann Amos Comenius und Johann Valentin Andreae.* Ihre persönliche Verbindung und ihr Reformanliegen, in: *Bohemia,* Jahrb. d. Collegium Carolinum, Bd. 9, München 1968, S. 73-87; Franz Zoubek, *Johann Amos Comenius als Theolog,* Leipzig u. Heidelberg 1881, S. 334-354; Max Möhrke, *Johann Amos Komenius und Johann Valentin Andreae, ihre Pädagogik und ihr Verhältnis zueinander,* Diss. Phil. 1904; Rudolf Windel, *Der »Theophilus« des Johann Valentin Andreae, besonders in seiner Bedeutung für die Pädagogik des 17. Jahrhunderts,* in: *Festschrift zur 200jährigen Jubelfeier der Frankeschen Stiftung,* Halle 1898, S. 39-50; Karl Hüllemann, *Valentin Andreae als Paedagog,* in: *Abhandlung zu dem Programm der Thomasschule in Leipzig für das Schuljahr Ostern 1883 bis Ostern 1884,* Leipzig 1884, S. 1-22.

6 Es ist erfreulich, daß sich dieses mit der Diskussion um die Staatsutopien zu verändern scheint; neben der deutsch-lateinischen Ausgabe von Christianopolis, hrsg. v. Richard van Dülmen, Calwer Verlag Stuttgart 1972 (im Rahmen einer Werkausgabe in drei Bänden), die auf den Ausgaben 1619 und 1741 basiert, ist eine bessere und genauere Übersetzung von Wolfgang Biesterfeld, Stuttgart 1975 erschienen. Ein Auszug der alten Ausgabe ist ebenfalls abgedruckt in (Hrsg. Helmut Swoboda), *Der Traum vom besten Staat,* München 1972, S. 134-165.

7 Friedrich Kleinwächter, *Die Staatsromane.* Ein Beitrag zur Lehre vom Communismus und Socialismus, Wien 1891, S. 55.

8 [Arthur von Kirchenheim], *Schlaraffia Politica.* Geschichte der Dichtungen vom besten Staate, Leipzig 1892, S. 93. Eine Ausnahme in der Beurteilung stellt Lewis Mumford, *The story of Utopias,* London/Calcutta/Sydney 1923, S. 81-99, dar.

9 R[ichard] Kienast, *Johann Valentin Andreae und die vier echten Rosenkreutzerschriften,* Leipzig 1926, S. 10.

10 Max Möhrke, a.a.O., S. 9.

11 Leo Kofler, *Zur Geschichte der bürgerlichen Gesellschaft,* Neuwied und Berlin 1971 (1. Aufl. Halle 1948), S. 273.

12 Ebenda, S. 277.

13 Ebd., S. 241.

14 Ebd., S. 211.

15 Vgl. dazu Will-Erich Peukert, *Die Rosenkreutzer,* Jena 1928, bes. S. 45-50.

16 Heinrich Corrodi, *Kritische Geschichte des Chiliasmus,* Frankfurt u. Leipzig 1781, 1. Bd., S. 299/300.

17 Vgl. ebd., 2. Bd., 1781, S. 55.

18 Ernst Bloch, *Das Prinzip Hoffnung,* Frankfurt/M. 1959, Bd. 1 (Gesamtausg. Bd. 5), S. 675.

19 Vgl. dazu Johann Valentin Andreae, *Confessio Fraternitatis,* in: J. V. Andreae, *Fama Fraternitatis / Confessio Fraternitatis / Chymische Hochzeit: Christiani Ro-*

sencreutz Anno 1459, Stuttgart 1973, S. 34: »Was nun das erste Stück belanget, von demselben halten wir also, daß die Meditationes, Erkundigungen und Erforschungen unsers geliebten Christlichen Vatters gemeint ist Christian Rosencreutz über alle das jenige, so von Anfang der Welt her von menschlichem Verstandt entweder durch *Göttliche Revelation und Offenbarung oder durch der Engel und Geister Dienst* oder *durch Scharffsinnigkeit deß Verstandes oder durch langwirige Observation, Übung und Erfahrung* erfunden, erdacht, herfürgebracht, verbessert« etc. Hervorhebungen von mir. Vgl. auch Wolfgang R. Heilmann, *Die Sozialutopien und der Sozialutopismus*, Diss. (masch.), Tübingen 1959, S. 33: »Die christliche Offenbarung hat zu allen Zeiten eine große Rolle für die Begründung der sozialutopischen Ideale gespielt, erreichte aber später nie wieder diese Bedeutung, die ihr im 17. Jahrhundert zukam. In der Geschichte der Sozialutopien läßt sich dieses Jahrhundert geradezu als dasjenige des Zusammenschlusses von Sozialutopismus und Protestantismus kennzeichnen. Deutlichen Ausdruck findet diese Synthese bei Joh. Valentin Andreae.«

20 Vgl. die Herstellung der Verbindung von Erkenntnislehre mit der Apokalypse V, 1-5 bei Valentin Weigel, *Der güldene Griff alle Ding ohn Irrthumb zu erkennen vielen Hochgelährten unbekandt und doch allen Menschen nothwendig zu wissen*, Halle 1613, auch bei den Rosenkreuzern: Vgl. Abdruck *Die Offenbarung durch die Pansophie.* Aus der Breslauer R. C.-Handschrift, in: Peuckert, Rosenkreutzer, a.a.O., S. 24/25.

21 Corrodi, a.a.O., Bd. 3, 1783, S. 315.

22 Ebd., S. 298.

23 Richard van Dülmen, *Einleitung*, in: Joh. Val. Andreae, *Fama Fraternitatis*, a.a.O., S. 8.

24 Johann Valentin Andreae, *Selbstbiographie*, in: *Selbstbiographien berühmter Männer*, gesammelt von Prof. Seybold, Bd. 2, Wintherthur 1799, S. 16.

25 Ebd., S. 45.

26 Ebd., S. 29.

27 Ebd., S. 32.

28 Ebd., S. 26.

29 Ebd., S. 21: »Die Sache mag nicht schlimmer gewesen sein als anderes, was aus den Studenten- und Professorenkreisen Tübingens aus dieser Zeit bekannt ist.« Paul Joachimsen, *Johann Valentin Andreae und die evangelische Utopie*, in: *Zeitwende*, Monatsschrift, 2. Jhrg., München 1926, S. 630.

30 Joh. Val. Andreae, *Fama Fraternitatis*, a.a.O., S. 17.

31 Ebd., S. 27 (Neuübersetzung der lat. Grabinschrift aus dem Text).

32 Ebd.

33 Ebd., S. 17.

34 Ebd., S. 19.

35 Vgl. dazu Florentinum de Velentia, *Rosa Florescens contra F. G. Menapii calumnias.* Das ist: Kurtzer Bericht und Widerantwort etc., o. O. 1617, ohne Seitenzählung; in Pseudonym-Lexika wird der Verfassername Florentinum de Valentia Joh. Val. Andreae zugeordnet; die Verfasserschaft dieser Schrift ist meiner Ansicht nach zweifelhaft.

36 Joh. Val. Andreae, *Fama*, a.a.O., S. 19.

37 Ebd., S. 23.

38 Ebd.; zu beachten ist – unter Berücksichtigung der Gegenreformation – wie auch im obigen Beispiel die stete Abgrenzung gegen »Hispania«.

39 Joh. Val. Andreae, *Confessio Fraternitatis*, a.a.O., S. 39.

40 Ebd., S. 38.

41 Vgl. J. V. Andreae, *Fama,* a.a.O., S. 21, und *Confessio,* a.a.O., S. 39.

42 Joh. Val. Andreae, *Confessio,* a.a.O., S. 35.

43 Vgl. dazu die in dieser Zeit beliebte Umdichtung des platonischen Höhlengleichnisses in der *Chymischen Hochzeit,* a.a.O., S. 47 ff.

44 Vgl. Joh. Val. Andreae, *Christianopolis,* a.a.O., S. 69 u. 20. Ich benutze die Übersetzung von Wolfgang Biesterfeld.

45 D. Martin Luther, *Die gantze Heilige Schrift,* hrsg. v. H. Volz, München 1972, 2 Bde.; Matthcus XXII, 2. Die Andeutung im Titel bezieht sich auch auf die Offenbarung des Johannes, XXI, 9.

46 Sicherlich deutet der Zeitpunkt auf Ostern und das Auferstehungsmotiv hin.

47 Bernhard Koßmann, *Alchimie und Mystik in Johann Valentin Andreaes »Chymischer Hochzeit Christiani Rosencreutz«,* Diss. Phil., Köln 1966, S. 69.

48 Wolfgang Biesterfeld, *Nachwort,* in: J. V. Andreae, *Christianopolis,* a.a.O., S. 156. Dieser Prozeß wird hervorragend in seiner Bedeutung analysiert bei Koßmann, a.a.O.; es empfiehlt sich ebenfalls, Kienast (a.a.O.) zu Rate zu ziehen.

48a Ernst Bloch, *Atheismus im Christentum.* Zur Religion des Exodus und des Reichs, Reinbek bei Hamburg 1970, S. 193; vgl. dort auch die folgenden Seiten.

49 Ernst Bloch, *Thomas Münzer als Theologe der Revolution,* Frankfurt a. M. 1969, (Gesamtausg. Bd. 2), S. 61.

50 Arnaldus de Villa Nova, *Rosarius Philosophorum* etc., Franckfurt am Mayn 1604, S. 75, zit. n. Koßmann, a.a.O., S. 35.

51 Ernst Bloch, *Das Prinzip Hoffnung,* a.a.O., S. 752.

52 Anonym, *Fortalitium Scientiae,* Das ist: Die unfehlbare volkommeliche/unerschätzliche Kunst aller Künsten und magnalien etc., o. O. 1617, ohne Seitenzählung.

53 Bloch, a.a.O., S. 742.

54 *Fortalitium Scientiae,* a.a.O., Titelblatt.

55 Diese erstrebte Erkenntnis stellt das Ergon der Rosenkreuzer dar – die Umstände, die dies bewirken (materielle Umstände, Leben etc.) das Parergon.

56 Bloch, a.a.O., S. 753.

57 Bspw. Robert Fludd; er »schrieb wider die Gegner der Rosenkreuzer [. . .] verschiedene Werke, aus denen man deutlich sieht, wie er nach seiner eigenthümlichen Ansicht die Ideen der *Fama*« verändert. Wilhelm Hoßbach, *Johann Valentin Andreae und sein Zeitalter,* Berlin 1819, S. 90. Auch J. Sperber wird von Hoßbach unter denen genannt, die Verteidigungsschriften »in einem ganz andern Sinn und Tact« schrieben.

58 In die Jahre 1617-1620 fällt auch die Entstehung der *Christenburg,* einer allegorischen Dichtung; »das ganze Gedicht [ist] eine grosse Parabel [. . .] von dem Leiden und dem Siege des Christentums in der Evangelischen Gemeinde«. Carl Grüneisen, *Vorwort,* in: J. V. Andreae, *Die Christenburg.* Allegorisch-epische Dichtung, Leipzig 1836, S. 9. Über die Brüderschaft des Rosenkreuzes läßt Andreae in seinem Dialog *Menippus* diskutieren: »A. Wie denkst du von jener Brüderschaft, welche jetzt so viel Aufsehen macht? B. Nicht eben besonders gut. A. Hast du dich ihr nicht auch angeboten und zwar vergebens? B. Ich sehe eben hier und dort, daß dieses Anbieten vielen nichts hilft. A. Wie nun glaubst du, daß es solche Brüder giebt, oder hälst du das Ganze für eine Verspottung der Neugierigen? B. Das kann ich kaum sagen; mich schmerzt nur, daß so viele gute Männer in ihrer Hoffnung und ungewöhnlichen Erwartung getäuscht werden. A. Das eben gebührt ihnen, da ihnen statt des einfachen Weges Christi ein künstlerischer und ungewöhnlicher gefällt. B. Ich wollte in der That aus Ekel an der Welt mit redlichem Gemüthe zu ihnen

wandern, ohne irgend eine Rücksicht auf Gewinn.« J. V. Andreae, *Menippus,* Fraternitatis, zit. n. Hoßbach, a.a.O., S. 115/116.

59 J. V. Andreae, *Christianopolis,* a.a.O., S. 14.

60 Harald Scholtz, *Evangelischer Utopismus bei Johann Valentin Andreä.* Ein geistiges Vorspiel zum Pietismus, Stuttgart 1957, S. 13.

61 Marcus Fabius Quintilianus, *Ausbildung des Redners,* Zwölf Bücher, 2 Bde., hrsg. u. übers. v. H. Rahn, VI/2/29-30.

62 Ebd., VI/2/32.

63 Andreae, a.a.O., S. 19.

64 Arthur von Kirchenheim, a.a.O., S. 99.

65 Kleinwächter, a.a.O., S. 56.

66 W. Biesterfeld, a.a.O., S. 165.

67 Gemeint ist Herzog August von Braunschweig-Lüneburg; vgl. dazu E. L. Th. Henke, *Herzog August von Braunschweig und Joh. Val. Andreä,* in: *Deutsche Zeitschrift für christl. Wissenschaft u. christl. Leben,* Berlin 1852, 3. Jhrg., Nr. 33-35; S. 260-264, 265-268, 273-275.

68 Joh. Val. Andreae, *Nachruf auf Wense.* Zit. n. R. Pust, *Ueber Valentin Andreaes Anteil an der Sozietätsbewegung des 17. Jahrhunderts,* in: *Monatshefte der Comeniusgesellschaft f. Kultur u. Geistesleben,* Bd. 14, Jena 1905, S. 242/243.

69 Vgl. Joh. Val. Andreae, *Selbstbiographie,* a.a.O., S. 17.

70 Marcus Tullius Cicero, *Vom Redner (de oratore),* übers., eingel. u. erläut. v. R. Kühner, München o. J., 2/XLII/182.

71 Scholtz, a.a.O., S. 88.

72 Entsprechend berichtet Andreae auch vom Theologen der Christenstadt, »[e]s sei ihm eine Schande, andere zu etwas anzuhalten, was er nicht selbst zuvor geleistet habe. So belehrt er auch, wenn er nur schweigend in der Versammlung dasteht.« J. V. Andreae, *Christianopolis,* a.a.O., S. 53.

72a Vgl. dazu Martin Brecht, *Joh. Val. Andreaes Versuch einer Erneuerung der württembergischen Kirche im 17. Jahrhundert,* in: *Quellen u. Forschung zur württ. Kirchengeschichte 1,* Stuttgart 1967, S. 53-82. »In Andreäs sich durchhaltendem Interesse für das wahre christliche Leben und die rechte Gestalt der Kirche scheint das einheitliche Zentrum des Wollens und Wirkens des jungen und des alten Andreä zu liegen.« (S. 58)

73 J. V. Andreae, *Christianopolis,* a.a.O., S. 39.

74 Ebd., S. 59.

75 Ebd., S. 141/142.

76 Ebd., S. 69.

77 Ebd., S. 57.

78 Paul Joachimsen, a.a.O., S. 634.

79 J. V. Andreae, a.a.O., S. 133.

80 Ebd., S. 35.

81 Vgl. dazu Anm. 55.

82 Andreae, a.a.O., S. 35.

83 Ebd., S. 126.

84 Ebd., S. 39.

85 Ebd., S. 106.

86 Leo Kofler, a.a.O., S. 305.

87 Andreae, a.a.O., S. 29.

88 Ebd., S. 127.

89 Andreae, *Selbstbiographie,* a.a.O., S. 37/38.

90 Vgl. Kofler, a.a.O., S. 215.
91 Ebd., S. 286.
92 Andreae, *Christianopolis,* a.a.O., S. 42.
93 Lewis Mumford, a.a.O., S. 87.
94 Siehe auch von Andreae, *Tugendt Spiegel vnnd Lebens Regel Eines Christen,* in: *Die Christenburg,* a.a.O., S. 57-59.
95 Andreae, *Christianopolis,* a.a.O., S. 33.
96 Ebd., S. 85.
97 Ebd., S. 95/96.
98 Ebd., S. 99.
99 Ebd., S. 81.
100 Ebd., S. 88.
101 Ebd., S. 90.
102 Offenbarung des Johannes XXI; vergleiche dazu auch die ins Auge fallende Ähnlichkeit des Stiches von Christianopolis mit der Illustration Neu Jerusalems in der ersten Lutherbibel.
103 Andreae, *Christianopolis,* a.a.O., S. 69.
104 Ebd.
105 Ebd., vgl. auch ebd., S. 20.
106 Ebd., S. 70.
107 Bloch, *Das Prinzip Hoffnung,* a.a.O., S. 745.
108 Andreae, *Christianopolis,* S. 47.
109 W. Biesterfeld, a.a.O., S. 162.
110 Ernst Bloch, *Naturrecht und menschliche Würde,* Frankfurt 1972, S. 123.
111 Joh. Val. Andreae, *Theophilus,* lat. u. deutsch (übers. v. F. Oehler), eingel. u. hrsg. v. R. v. Dülmen, Stuttgart 1973, S. 71.
112 J. V. Andreae, *Abriß eines rechtschaffenen und thätigen Christentums,* Tübingen 1775 (lat. 1. Ausg. 1619), S. 114.
113 Andreae, *Nachruf auf Wense,* in: Pust, a.a.O., S. 243.
114 J. V. Andreae, *Calwer Totenklagen,* in: *Ein schwäbischer Pfarrer im Dreißigjährigen Krieg,* Heidenheim a. d. Brenz, 1970, S. 89. Die hierin enthaltene *Selbstbiographie* ist aufgrund starker Kürzungen zu wissenschaftlichen Zwecken unbrauchbar.

Joachim Campe
Utopie und Schizophrenie – über Jean Pauls ›Hesperus‹

1.
Koselleck hat zu Recht die Antithese von Moral und Politik in der Aufklärung hervorgehoben.[1] Doch ihm entgeht dabei die Differenzierung moralischer Ordnungsvorschriften. Sie ließe sich beschreiben als Gegensatz zwischen liberalen, gesellschaftsbezogenen Theorien und altruistischen, die das Staatswohl über den einzelnen stellen. Der extreme Individualismus des Bürgertums widerspricht der Idee des großen Ganzen.

Die altruistisch bestimmten Organisationsformen wiederholen dabei auf bürgerlicher Stufe etwas Vorbürgerliches: den Gedanken des Ordens. Nicht mehr Gott und die Geheimnisse der Religion, Ordensvorsteher und klerikale Hierarchie bestimmen den Orden. »Hinter dem Geheimnis formierte sich nicht nur eine vom Staate unabhängige Gewalt, sondern zugleich plante diese – das war das arcanum der oberen Grade – das moralische Herrschaftssystem, das innerhalb des Ordens bereits verwirklicht wurde, auch nach außen auszudehnen.«[2] Die altruistische, opfermütige Haltung wird nicht selten durch eine Übernahme hierarchischer Strukturen moralisch abgesichert; diese selbst sind nicht etwa mit der bürgerlichen Klassengesellschaft identisch, das »Geheimnis« bezieht sich nicht auf bestimmte Momente der kapitalistischen Gesellschaft, es wird vielmehr vergeistigt. Als rein geistiges Prinzip könnte die Moral Individualismus und Totalität aber nicht vermitteln; die Subordination unter die Gesetze des Ordens zeigt in ihrer Abstraktheit, verglichen mit den realen Machtverhältnissen in Deutschland, wenig an aufklärerischen Momenten; in der Literatur wird neben dem Moment der Subordination unter eine mystifizierte Moralvorstellung noch die sexuelle Fesselung der Helden hervorgehoben; die Tilgung der privaten Sphäre freilich verdankt sich nicht nur einseitig einer Rezeption Rousseaus, die mehr die diktatorischen Züge hervorhebt, sondern auch einer insgeheim theologischen Wendung.

In Schillers Entwurf zu der Tragödie »Die Malteser« heißt es über den Großmeister: »La Valette steht unter den Rittern wie das personifizierte Gesetz.«[3] St. Elmo ist von den Türken bedroht, die Malteser haben keine Chance, die Insel lebend zu verlassen. Korruption, Nachlässigkeit, Aufbegehren reißen ein. Dem »personifizierten Gesetz« steht bürgerlicher Abenteuerdrang gegenüber: »St. Priest ist ein jugendlicher Rinaldo, seine Schönheit ist mit fruchtbarer Tapferkeit gepaart.«[4] Schönheit und Tapferkeit sollen die individuellen Konturen hervortreten lassen; nicht der Antagonismus der liberalen Gesellschaft, vielmehr gerade dessen Beseitigung zugunsten von Krieg und Abenteuer werden gezeigt. Als sittlich geläuterter, auch nach Winckelmannschen Maßstäben goutierbarer Räuber ist St. Priest »der schöne Ritter, und seine Schönheit gibt ihm gleichsam die Qualität eines Mädchens«. Heterosexualität ist aus dem Stück fast ganz verbannt, da die beiden Liebenden, Crequi und St. Priest, sich vor dem Großmeister – dem »personifizierten Gesetz« – nun durch »einen herrlichen Heroism« zu rechtfertigen trachten.[5] Die Aufopferung fürs große Ganze, die auch gleichzeitig Hingabe für den Geliebten ist, verdankt sich der Erpressung durch üble Nachrede. Die moralischen Gesetze, die von jedem Mann »herrlichen Heroism«, Einsatz seiner physischen und psychischen Kräfte verlangen, werden von Schiller verteidigt. Die Verschränkung homosexueller Gefügigkeit und blinder Tapferkeit ist wohl symptomatisch: Den Figuren der Abenteurer haftete stets etwas leicht Irrationales, Gewalttätiges, Antizivilisatorisches an.

Die Idee des »Ordens« veranschaulicht »Brüderliche Eintracht«. »Die Aufgabe wäre also die Verwandlung einer strengen pflichtmäßigen Aufopferung in eine freiwillige, mit Liebe und Begeisterung vollführte. [. . .] Die Existenz des Moralischen kann nur durch die Totalität bewiesen werden.«[6] Gegen Kant läßt Schiller hier das »Idealistische« als eine Art moralischen Rauschzustand der Gesellschaft erscheinen; die mit »Begeisterung« vollzogene »Aufopferung« mochte einst einer unbefragten göttlichen Autorität gelten. Die homosexuelle Liebe, die – dank übler Nachrede – gerade Männlichkeit und Heldentum provoziert, bindet die Individuen durch moralischen Druck an eben das Idealistische, das die Gesellschaft prägen soll.

Zweifelsohne homosexuell im Gehalt ist auch F. v. Meyerns Roman *Dya-Na-Sore*, der die unmittelbare Vorlage für Jean Pauls *Hesperus* bildet. Schema des Freundschaftskultes ist innerhalb des Pietismus, Rasch zufolge,[7] die mystische Liebe zum Himmelsbräutigam, die ihrerseits auf den amor benevolentiae (Leibniz) im Gegensatz zum amor concupiscentiae, der heterosexuellen Liebe verweist. Neben schwärmerische Verehrung tritt der politische Grundsatz der Brüderlichkeit. Meyerns – scheinradikale – Kritik entzündet sich an der puritanischen Familie: »Der Mann lernt herrschen in seiner Familie, wo er allein spricht. [. . .] Aber da, wo er die Allgemeinheit seiner Handlung auch einem allgemeinen Urteile entgegeneilt [. . .] da lernt der Geist in der Beziehung auf das große Ganze den Maßstab seiner Tätigkeit finden.«[8] Die Vermittlung von Einzelnem und großem Ganzen werde durch die Reproduktion der Herrschaft in der Familie verhindert; statt des Bezugs aufs große Ganze, nur die private Unterdrükkung in der Familie. Dieser Zusammenhang begründet Meyerns Theorie der Homosexualität. »Kampfspiele eröffnen die Feier, [. . .] Preise werden verteilt. Sein [d. i. des Jünglings] ältester Freund ist sein Lehrer. [. . .] Die Wissenschaft des Soldaten ist endlich Theil in der Erziehung, in dessen Bestimmung alle übrigen zusammentreffen müssen. Das Bild des Krieges, das sich mit aller Majestät des Pompes zeigt [. . .] ist hier nicht bloß Schule des Körpers, sondern auch der Gesinnungen.«[9]

Die volonté générale wird in ein erotisch-ästhetisches Bild übersetzt: die kämpferisch-männliche Gemeinschaft. Die »Kampfspiele« ersetzen nun keineswegs die Unterdrückung in der Familie durch offeneren Liberalismus: Meyerns Ideal ist vielmehr ein Volk, das »der Täuschung ohne Furcht sich vertraute und den Schein zum Gehilfen des Willens brauchte«.[10] Aber nicht nur Demagogie tritt an die Stelle der Familie. Nur einer der Helden kennt den genauen Zeitpunkt der Erhebung gegen König Ilwend; überraschend leistet ihm ein freies, der Natur nahes Volk im Revolutionskrieg Sukkurs – er selbst fordert die auf der »Insel der Vereinigung« herangebildete Elitetruppe an. In einer Art Männerkloster wird der elitäre Nachwuchs betreut; das Verhältnis von Lehrer und

Zögling sieht Meyern päderastisch.

Immerhin gibt es bei Meyern Revolutionskriege, eine an Rousseau und Locke geschulte Verfassung wird in einer Volksversammlung durchgesetzt, das Königtum gestürzt. Doch dem steht nicht nur die fragwürdige Demagogie entgegen, zudem die homoerotische Gleichung von Führer und Geliebtem; sondern – ähnlich wie bei Schiller – die Verwirklichung der Liebe im Tod. »Laßt uns nie [. . .] vergessen, [wie] wir alle [. . .] uns umschlangen, um mit den Kräften der Liebe, der Tugend und der Unsterblichkeit uns ewig blühende Freiheit zu erkaufen.«[11] Aber der Tod des einzelnen im Revolutionskrieg zählt weder menschlich noch politisch; er zählt metaphysisch: die Brüder, die das unwegsame Indien durchstreifend Ilwends korrupten Staat zu reformieren suchten, bemühen wiederum die Theologie: »Die ewig blühende Freiheit.« Der einzelne stirbt vor dem Kollektiv – als besitze es göttliche Würde – im Namen der Brüderlichkeit (»umschlangen«) und Freiheit. Der Tod hebt endgültig die progressiven Ansätze Meyerns auf.

Die Verdrängung des deutschen Jakobinertums in ein apolitisches Gesetz, die Transzendenz der Religion, zeigt, daß sich das bürgerliche Klassenbewußtsein, wo es »kämpferisch« nuanciert ist, nur negativ bestimmen kann: nicht durch die egoistische Gleichheit der Interessen, sondern die altruistische Unterwerfung unter das Gesetz. Der Orden bei Schiller, die verschiedenen Formen männlicher Gemeinschaft bei Meyern schaffen das psychisch-sexuelle Klima des Verzichts noch auf die – scheinbare oder wirkliche – homoerotische Liebe. Abenteurertum wird längst vor der Kolportage des 19. Jahrhunderts zum manifesten Ersatz politischer Handlung; die Distanz von politischen Formen wird von den Autoren als altruistische, wiewohl heroische Lösung einer subjektiven Unterwerfung unter staatlichen Normen genutzt. Darin verrät sich lediglich die merkwürdige Verschränkung faschistischer und rousseauistischer Tendenzen, die Arno Schmidt an einzelnen Motivzügen des *Dya-Na-Sore* hervorgehoben hat.[12]

Die Erziehung knüpft nicht an die kritische Tradition der Aufklärung an, deren Ergebnis zumindest eine Stärkung des Individuums zugunsten kollektiver Gegebenheit sein könnte. Vielmehr wird diese, irreal genug – als Gesetz bei Schiller, als kriegerische Gemeinschaft bei Meyern – konstruiert: ein utopisches Denken (Moralität bei Schiller, Revolution bei Meyern) liegt in Deutschland, dem eine konkrete materielle Emanzipation des Bürgertums fehlt, immerhin nahe; so kehren alte Motive – die Theologie – in unkritischer Fassung wieder, um die Einheit der Klasse ästhetisch zu suggerieren. Psychologisch: Homosexualität, die anstelle liberaler Geschäfts- und Freundschaftsbeziehungen affektbetont die Einsamkeit der einzelnen kompensieren soll, erscheint in einer bestimmten Tradition[13] der Deutung als naturgegebenes Verhältnis von Führer und Geführtem, Stark und Schwach.

2.
Das macht deutlich, warum Jean Paul nicht nur der Darstellung des Freundschaftskultes einen breiten Raum gewähren mußte, sondern auch der Kritik der Theologie. – Er versucht die beiden Welten, die der Moral und die der Politik, durch die Kraft individueller Genialität zu versöhnen: »Wenn es nun aber Menschen gibt, in welchen der Instinkt des Göttlichen deutlicher und lauter spricht als in andern; wenn er in ihnen das Irdische anschauen lehrt, [. . .] wenn er die Ansicht des Ganzen gibt und beherrscht: so wird Harmonie und Schönheit von beiden Welten widerstrahlen und sie zu einem Ganzen machen.«[14] Das heißt: »Die Aussöhnung der beiden Welten ist das sogenannte Ideal.«[15] Keine Restauration theologischen Ordnungsdenkens also, sondern vielmehr kraft des genialen »Instinktes« bewirkte Harmonie von Transzendenz und staatlicher Ordnung, Wahrheit und Geschichte. Das »Ideal« soll dem Individuum bewußt-aufklärerisch metaphysische Prädikate zuschreiben. So beklagt Jean Paul die trivialrealistischen Romane: »Und so fehlt ihrem [d. sind die Helden] Schmerze ein Himmel und so gar ihrer Freude ein Himmel. Sogar das Erhabne der Wirklichkeit treten sie platt, z. B. das [. . .] Sterben, dieses Verleben zwischen zwei Welten, und so die Liebe, die Freundschaft.«[16]

Dieses scheinbar metaphysisch-starre Modell scheint ähnlich wie Schillers Gesetz oder Meyerns Vorstellung vom Führertum die Macht des Individuums zu leugnen. Deutlicher heißt es in der *Levana:* »Nicht für die Gegenwart ist das Kind zu erziehen [. . .], sondern für die Zukunft, ja oft wider die nächste.«[17] Das Ideal ist gleichwohl nicht zeitlos-abstrakt. »Je höher die Dichtung steht, desto mehr ist die Charakteristik eine Seelenmythologie, [. . .] bis sie sich in wenige Wesen, wie Mann, Weib und Kind, und hierauf in den Menschen verliert.«[17] Eben das Allgemein- oder »Rein-Menschliche« sei mit dem »Ideal«[18] identisch; handfest setzt Jean Paul bürgerliche Klasseninteressen (Struktur der Kleinfamilie) und metaphysische Wahrheit gleich, deren Ausgleich im Namen des »Ideals« zu leisten sei. Das ist nur möglich, wenn die Wirklichkeit transzendente Wahrheit zuläßt; wenn Wahrheit und liberale Freizügigkeit konvergieren. Anders als jene ominöse »dämonische Suche«[19] nach dem Ideal, die Georg Lukács postuliert, denkt Jean Paul hier – im Sinne Meyerns – an eine Verschwörung, die den Staat umwälzen müsse. Meyern hatte im Reiche König Ilwends seine Helden im Verborgenen agieren lassen, sie in freimaurerischen Klubs organisiert, bis schließlich die Volksversammlung einberufen werden konnte. Solch abenteuerlich-naiver Direktheit steht jedoch der Duodezabsolutismus im Wege. Seine Kabalen verhindern eine ungebrochene Lösung, die das »Ideal« in einem vorgezeichneten biographischen Werdegang der Helden aufsuchen könnte. Lukács und Goldmann[20] scheinen bei ihrer Apologie des *Wilhelm Meister* nicht nur dessen restaurative Tendenzen[21] zu vergessen, sondern auch die merkwürdige Tatsache, daß Goethe statt realer Herrschaft die Gesellschaft vom Turme zeigt, also auf den Bundesroman und seine Requisiten zurückgreift.[22]

Jenes Nebeneinander von liberaler Gesinnung und veralteten feudalen Herrschaftsformen erzeugt in Jean Pauls Romanen die fruchtbare Spannung, die eher negativ zu beschreiben wäre: als Kritik an deutschen Zuständen, die durch das hochgestimmte, auf eine immanente Zukunft gerichtete »Ideal« abgelöst werden soll. Der konkrete Inhalt der Staatsutopie ist – anders als etwa noch bei Wieland, vollends in barocken Romanen – nicht recht faßbar. Der Inhalt, so könnte man formulieren, wäre die Kritik selbst; sie hält die metaphysische Wahrheit ebenso wie die politische in ihrer psychischen Vermittlung deutlich fest.

3.
Kaum eine der größeren Monographien über Jean Paul geht auf Eigentümlichkeiten des Stils ein. Die Stilqualitäten aber repräsentieren unterschiedliche Sichtweisen, die zuerst unvermittelt wechseln, auch miteinander verschränkt sind. Ganz deutlich im Erhabenen, Humoristischen, Sentimentalen. Freud definiert den »Humor [...] als höchststehende dieser Abwehrleistungen« gegen Psychoneurosen. »Er verschmäht es, den mit den peinlichen Affekt verknüpften Vorstellungsinhalt der bewußten Aufmerksamkeit zu entziehen und, wie es die Verdrängung tut, diese [...] in Lust zu verwandeln. [...] Die Erhebung [des] Ichs, von welcher die humoristische Verschiebung Zeugnis ablegt – deren Übersetzung doch lauten würde: Ich bin zu groß[artig], als daß diese Anlässe mich peinlich berühren sollten – könnte er [d. i. der Humorist] wohl aus der Vergleichung seines gegenwärtigen Ichs mit seinem kindlichen entnehmen.«[23]

Diese Analyse des Humors wirft ein neues Licht auf Jean Pauls bekannte Theorie von den »Drei Wegen, glücklicher [...] zu werden«. »Der erste, der in die Höhe geht, ist: soweit über das Gewölke des Lebens hinauszudringen, daß man die ganze äußere Welt mit ihren Wolfsgruben, Beinhäusern, Gewitterableitern von weitem unter seinen Füßen nur wie ein eingeschrumpftes Kindergärtchen liegen sieht.« Der erhabene und der humoristische Stil – denn das Humoristische ist das umgekehrte Erhabene[24] – distanzieren sich von der äußeren Welt; die Erhebung aber wirkt nach Freuds Analyse aufklärerisch: anders als in der Verdrängung bleibe der Vorstellungsinhalt, der zugunsten des Ideals abgewehrt werde, bewußt. Bestandstücke des Ich – Empfindsamkeit etwa – werden so einer permanenten humoristischen Kritik unterworfen; Humor ist aber ästhetische Form, nicht diskursives Urteilen; so kann es dazu kommen, daß unter Umständen die Figuren die Antithese zwischen Ideal und Realität nur reproduzieren, und, ins Innere gewendet, den Gegensatz zwischen hochfliegendem Idealismus und sozialer Misere als Schizophrenie erleiden.

Das Erhabene bedeutet die Auflösung dieses humoristischen Konflikts. Ausdrücklich meldet Jean Paul Kritik an der Kantischen Verschmelzung von sinnlich Erhabenem und moralischer Pathetik an.[25] Ein riesiger Berg, so argumentiert er, wäre dann erhabener als Gott. Vor allem aber der Schmerz, den Kant[26] postuliert, tilgt Jean Paul aus seiner Lehre vom Erhabenen. Das Sentimentale, das vag-zerfließende Gefühl erweist sich als Komplement zum heroisch-zerstörerischen Humor.

Jean Pauls Hinweis auf die Kindheit legt eine psychologische Rückführung der Stilqualitäten nahe. Sie sind – vergleicht man sie etwa mit den normativen französischen Begriffen von Stil[27] – reaktiv: in ihnen schlägt sich Psychisches, sprachlich virtuos instrumentiert, nieder. Sprache und mitgeteilter metaphysischer Inhalt – bis hin zum Unendlichen – sind dabei nicht bloß philosophische Wahrheit, sondern sie gehören in den Umkreis von Reaktionsbildungen gegen eine übermächtige Realität.

Mag Jean Paul auch die moralisch-politisch, nicht ökonomisch fundierte Vorstellung der puritanischen Innerlichkeit kritisieren; gerade die Innerlichkeit reagiert sentimental, humoristisch, pathetisch. Das ist nicht theologisch zu verstehen, etwa als Erleuchtung der Innerlichkeit durch eine transzendente Wahrheit; die historisch gegebene Innerlichkeit wird vielmehr auf ihre produktiven und destruktiven Leistungen hin untersucht.

Damit hängt auch Jean Pauls Kritik der puritanischen Erotik zusammen. Herder formulierte, den Freundschaftskult abwehrend: »Auch Ehe soll Freundschaft werden.«[28] Die Liebe soll gegenüber dem amor benevolentiae (Leibniz) zwar aufgewertet werden, wird alsbald aber durch den Tugendeifer Herders wieder zur Strecke gebracht. Tatsächlich wertet Herder den Genuß ab: »Der Genuß ist Vereinigung [. . .] er ist eben damit geendet, denn nun ist der Gegenstand verschlungen und zerstört.«[29] Hier folgt Herder der Moral Richardsons, die für Romanschreiber, Philosophen und Theaterdichter des 18. Jahrhunderts eine wichtige Anregung bot: »Sadismus [ist] letztlich die Erscheinungsform, die die Auffassung des 18. Jahrhunderts von der Rolle des Mannes involvierte. [. . .] Das Komplement ist die masochistische, asexuelle Frau.«[30] Mehr: Wie das Handlungsschema der *Clarissa* zeigt, soll Clarissa Harlowe dem himmlischen Bräutigam sich zuwenden; am besten das Kind ihrer Eltern bleiben. Ihr Ausbruch aus dem Elternhaus, mit der unbewußten Provokation einer Vergewaltigung durch Lovelace,[31] ist falsches weltliches Empörertum. Männlicher Grausamkeit steht überlegen weibliche Empfindlichkeit (delicacy)[32] gegenüber.

Die Fixierung – zumal in den Werken Richardsons – auf Sexualität und Psychologie ersticken jegliche sonstige Reflexion; der widersprüchliche Charakter der heterosexuellen Ehe bindet die Emotionen nicht weniger als die homosexuelle Freundschaft bei Meyern. Was für den jugendlichen »Rinaldo« das Ideal ist, ist für die puritanische Gattin der Ehemann.

»Alkestis: Nur dein [d. i. Admet] Verdienst zog mich zurück ins Leben
solchem Gemahl und König solchem Mann
wollte die Parze selbst sein Glück nicht rauben.«[33]

Das Verdienst des Mannes soll in der liberalen Gesellschaft, Herders Drama zufolge, das durchAlkestis' Opfertod heraufbeschworene Schicksal suspendieren: Die progressive Idee wird verfälscht durch die Geschlechtsmetaphysik, derzufolge nicht das Opfer belohnt wird, sondern derjenige, dem man es bringt – der Mann. Die Vorstellungen der sich aufopfernden Mutter, die schon Rousseaus Texte durchziehen, bemüht Herder auch.

Richardsons Roman hatte mit wünschenswerter Deutlichkeit ausgesprochen, wie der Gewissenszwang, der die Individuen voneinander entfremdet, stabilisiert wird: durch die protestantische Religion.[34] An Wielands *Agathon* anknüpfend, findet Jean Paul eine Möglichkeit der Kritik an der puritanischen Familie; zumal in Deutschland Familie und liberale Ökonomie noch nicht restlos verbunden sind. Vereinzelung also schafft das Moment der reaktiven Stilgebärden: gleichwohl ordnet Jean Paul sie zu einem kontinuierlichen, prozessualen Ablauf.

Das Moment des Ablaufs erst ist es, das den Ästhetizismus[35] nicht ontologisch, sondern logisch zu überwinden sucht. Jean Pauls Romane sparen jede gefällige Vermittlung aus, oft sogar nähere Angaben darüber, was eigentlich genau in der Vergangenheit geschehen sei; das mobilisiert aber auch die Aktivitäten der Leser. Damit aber setzte sich Jean Pauls Werk der Mißverständlichkeit aus. Ein kompetenter Leser, Friedrich Schiller, urteilte: »Daß in Weimar jetzt die Hundsposttage grassieren, ist mir ordentlich psychologisch merkwürdig; denn man sollte sich nicht träumen lassen, daß derselbe Geschmack so ganz heterogene Massen vertragen könnte, als diese Produktion und Clara du Plessis ist.«[36]

4.
Die Forschung hat einesteils immer wieder den abstrakten Gedanken der Dissonanz[37] hervorgehoben, oder aber stark inhaltlich bezogene Analysen[38] geliefert, ohne die stilistische Dimension zu beachten. Viktor, der Held des Romans, ist in der weltfernen Pfarrei St. Lüne eingetroffen; er gilt als Sohn des mächtigen Lord Horion, der als allmächtiger Günstling am Hof des Fürsten Jenner in Flachsenfingen herrscht. Bisher konnte er als altruistischer Intrigant das Land beherrschen, muß aber nun vor seinem Gegner, der Partei des Ministers v. Schleunes, nach England fliehen. Er soll die verlorenen illegitimen Söhne des Fürsten wiederaufspüren, und hofft, so dessen wetterwendische Gunst wiederzuerlangen. Das Motiv der Brüderlichkeit wird vorab ironisch gebrochen: zwar stellen sich hinterher die revolutionär Gesinnten tatsächlich als Brüder heraus, sie stammen jedoch von dem launischen Fürsten und seinen diversen Mätressen ab. Viktors Freund, der »Regierrat« Flamin, angeblich Sohn des Pfarrers Eymann, soll als Jurist auf Wunsch des Lords in der Hauptstadt arbeiten. Viktor, geschmeidiger und kultivierter als der aufbrausende Flamin, soll Leibarzt des Fürsten werden, um das Ansehen des Lords bei Hofe zu vertreten. – Der 3. Hundsposttag beginnt humoristisch.

»Am Hofkaplan will mans rühmen, daß er den invaliden Mops, der an den Hinterfüßen das Podagra und an den Vorderfüßen das Chiragra hatte, ruhig in seinem Wohn- und Schlafkorb wieder unter den Ofen schob, die Säulenordnung der Sessel ohne Keifen herstellte und den kleinen Bastian [. . .] wiegte [. . .]« (I, 524 f.).[39] Verhohlenes Zartgefühl, Verlegenheit und Pedanterie verschränkt Jean Paul in der Zeichnung des Pfarrers Eymann. Eymann ist durchaus nicht der weise, aufgeklärte Pfarrer der deutschen Trivialromane.[40] Er ist vielmehr ein Haustyrann, der nur ausnahmsweise das kleinbürgerlich-ärmliche Interieur des Pfarrhauses samt »invalidem Mops« wiederherstellt.

Doch der Pfarrer ist auch empfindsam: Er hat im Garten die Namen aller Familienangehörigen in verschiedenen Salatsorten ausgesät. Empfindsamkeit ist symbolsüchtig; sie braucht zur Vergegenwärtigung die Medaillons, Bilder, bevorzugten Plätze, um Realität und Phantasie zu vermitteln. Unwillentlich parodiert der spießbürgerliche Pfarrer solches Empfinden.

»Man sah da die Säulenordnung des Schöpfers, die Schweizerberge, stehen und den Rhein mit seinen Schiffen ziehen. Am Turm waren zwei von der Natur ineinander gewundne Lindenbäume hinaufgestiegen, um oben mit ihrem Gesträuche, das man zu einer grünen Nische ausgehöhlet und mit einer Grasbank unterbauet hatte, zuweilen einen gerührten Eiländer zu fächeln. Das liebende Personale erstieg die Zinne und brachte in der ländlichen Brust eine Ruhe mit, die darin sanft den äußern stillen Himmel nachmalte, der diese Guten mit seinen verhüllten Sonnen umzog. Noch eine Wolke glühte sich ab, aber sie zerfloß, ehe sie ausbrannte.« (528)

Humor und Sentimentalität sind verschränkt: Sie passen als Reaktionen auf ein und dieselbe begrenzte, enge Wirklichkeit. – Für Eymann bedeutet die Sentimentalität die Verzierung seines Sonntagsspaziergangs. Der Humor kann die »Erhebung des Ichs« (Freud) zugunsten des Ideals noch besser festhalten als solch niedere Sentimentalität. Gerade das Moment der subjektiven Freiheit, der Erhebung, wird von den Requisiten fast ganz absorbiert: Die grüne Nische, die ineinandergewundenen Lindenbäume, die Berge. Nur matt wird die symbolgeladene Idylle durch Naturerleben kompensiert. Vinçon merkt an: »Die Laube stellt [. . .] ein nochmals verkleinertes Eden dar [. . .] Bild des Herzens.«[41] Diese Interpretation ist kurzschlüssig; sie übersieht den produktiven Charakter sentimentalen Naturerlebens, das die Enge sprengt und die Ferne des Himmels (verhüllte Sonne) mit dem allernächsten (ländliche Brust) kommunizieren läßt.

Erst im Charakter Viktors aber wird der Doppelcharakter von Humor und Sentimentalität übers kleinbürgerliche Empfinden auf die Stilhöhe des italienischen, hohen[42] Romans gebracht; die Projektion, die die Pfarrleute vornehmen, mag trivial sein, sie wird »erklärt« durch Viktors Monolog. Damit wird keine Einheit der Klassen vorgetäuscht, aber eine gewisse Analogie behauptet.

»Leib, Seele und Geist setzte ich an mir aus so vielen Fingerspitzen und Fühlfäden zusammen, daß ich es schon spürte, wenn unsere Schatten [d. i. Viktor und eine Frau] zusammenstießen – ein schmales Endchen Band wären eine gute Ableitkette des elektrischen Äthers.« Er spricht von dieser ersehnten Frau als von einem Engel, »dessen allmächtige und doch leise Harmonika des Herzens ich so gerne höre, in dessen Augen ich so außerordentlich gern die Tropfen der weichern Seele und den Blick der höhern sehen möchte, unter der ganzen opera buffa und seria des Lebens«. (531)

Viktors Bewußtsein ist ambivalent: Er fühlt die Überempfindlichkeit (delicacy) schmerzlich als scheinbare Macht der Frauen, die er jedoch geradezu humoristisch-sarkastisch zerstört (Ableitkette des elektrischen Äthers, zwei Schatten), auf der andern Seite zärtlich beschwört (Harmonika des Herzens, Tropfen der weichern Seele, Blick der höhern). Bleibt die Sentimentalität im erotischen Empfinden zunächst an Konvenienzen gebunden, so soll doch die Vorstellung von den »zwei Schatten«, die erhabene Vorstellung von dem »Blick der höhern« Seele die sentimentale Konvention durchdringen: nicht ohne Grund. Nicht nur ist der humoristische Passus aggressiv. Auch die Metaphern sind ambivalent. Die Glasharmonika, ihres melancholischen Tones wegen im 18. Jahrhundert sehr geschätzt, die Tränen – alles das weist auf die Rolle der Frau als bloßen Gefühlswesens hin. Neben dem Technizismus der eingeschliffenen Sentimentalität (Glasharmonika) steht der barocke Aufschwung (Schatten, opera buffa und seria des Lebens). Jäh bricht Viktors Monolog ab: Liebe wird im beschränkt-bürgerlichen Idyll, das die puritanischen Zwänge höchstens verstärkt, nicht realisiert. Die Schizophrenie des Helden, zwischen zärtlicher Treue und zynischem Donjuanismus, zwischen seiner verinnerlichten Liebe zu der Heldin und seiner Identifikation mit Lovelace,[43] gibt es vorerst kein vermittelndes Prinzip, keine Aktivität, die vom Gift der Aggressivität frei wäre.

»[. . .] So gern [möcht ich neben ihr stehen], sag' ich, damit der arme Sebastian [Viktor] doch, wenn am heiligen Abend des Lebens sein Schatten immer länger würde, und die Gegend um ihn selber zu einem weiten Schatten zerflösse, und er selber, damit ich doch *beide* Schattenhände, – (die eine hielt gerade Flamin) – beschauen und ausrufen könnte: – – –« (532) Welcher Zweck gemeint ist, erschließt Viktor noch nicht. Lyrisches Schwärmen, Erhebung über die Realität verurteilt seine tastende Reflexion zu bloß religiöser, ästhetizistischer Erbaulichkeit. Nicht die Hand einer Freundin, sondern eines Freundes faßt Viktor: so schließt denn das Kapitel mit der Darstellung der im bürgerlichen Idyll einzig möglichen Liebe, der zwischen den beiden Freunden.

Angeblich hat Flamin sich zwar in die Tochter des Schloßherrn Le Baut, Klotilde, verliebt; doch er hat sie nur von fern gesehen – das ist eher puritanische Sitte als daß darin eine Lösung Flamins vom Elternhaus erkennbar würde. Meyern folgend, hat Jean Paul in der Gestalt Flamins einen latent homosexuellen Mann gezeichnet; Schema dieser Homosexualität ist – wie bei Meyern und Schiller – die Vorstellung von Brüderlichkeit und pathetischer, abenteuerlicher Revolte.

»Stumm gingen die Wirbel der Liebe um beide und zogen sie näher – sie öffneten die Arme füreinander und sanken ohne Laut zusammen, und zwischen zwei verbrüderten Seelen lagen bloß zwei Körper – hoch vom Strome der Liebe und Wonne überdeckt, drückten sie sich auf eine Minute die trunknen Augen zu; und als sie wieder aufgingen, stand die Nacht erhaben mit ihren in ewige Tiefen versunknen Sonnen vor ihnen, die Milchstraße ging als der Ring der Ewigkeit um die Unermeßlichkeit, die scharfe Sichel des Erdenmondes rückte schneidend in die kurzen Tage und Freuden der Menschen.« Flamin beschwört nun Viktor, ihm treu zu sein: »Viktor! in dieser Nacht gib mir deine Freundschaft auf ewig und schwöre mir, daß Du mich nie in meiner Liebe zu dir stören willst [. . .] schwöre es und hebe deine Hand auf und versprich mir, wenn du mich auch hast unglücklich gemacht, daß du mich doch nicht verlässest und nicht hassest‹ . . . (Viktor preßte ihn an sich) ›Sondern wir gehen hieher, wenn wir uns nicht mehr aussöhnen können – o es tut mir auch wehe, Viktor! – – – hieher und umfassen uns und stürzen hinab und sterben‹ – ›Ja!‹ (sagte Viktor erschöpft und leise) ›o Gott! ist denn etwas vorgegangen?‹« (533 f.)

Die erhabene Naturszenerie wird pathetisch vergegenwärtigt (Wirbel der Liebe, Strom der Liebe, versunkne Sonnen, Ewigkeit, Unermeßlichkeit, kurze Tage und Freuden des

Menschen). Erhabenheit eben versucht jenen Zirkel, den Vinçon beschreibt, zu sprengen: »Intimität« entdecke sich »naiv« in der Landschaft wieder, so bleibe Innerlichkeit allemal als im »Kreis gehende Identität objekthaft«.[44] Der subjektiven Anschauung des geordneten Kosmos aber spricht schon Rousseau Aktivität des Intellektes zu.[45] Zwar ist die Blindheit der beiden Freunde, die sich die Augen zudrücken, künstlich, aber Jean Pauls Stil kennzeichnet ihre Beobachtung (ewige Tiefen, versunkne Sonnen, Milchstraße, Unermeßlichkeit) eindeutig als erhaben. Und die Natur als geordnet im Sinne von Rousseaus durch Anschauung vermitteltem kosmologischem Gottesbeweis.[46] Hinzu kommt das Moment des Dynamischen, Gefühlvollen: Die Ströme der Liebe; historisch konkret knüpft die Metaphorik von Strom, Wirbel, Bewegtheit wohl an die mystisch-pietistische Metaphorik vom Lebensstrom[47] an. Rationale Ontologie wird nicht nur erlebt, sondern in ihrer Bewegtheit bildet die Naturszenerie eine Analogie zur Bewegtheit von Viktor und Flamin.

Die homosexuelle Verliebtheit, die bei Meyern und Schiller ungebrochen-naiv vorgetragen wurde, ist zwar bis zum Absoluten, dem Liebestod, zärtlich; die Aufforderung an Viktor, sich gegebenenfalls auch vom Turm herabzustürzen, wirkt aber eher melodramatisch und komisch: Flamin ist zwar nicht der Revolutionär, wie Harich meint,[48] aber doch der Bürger par excellence. Er ist pathetisch. Nicht im Sinne Jean Pauls, der ausdrücklich den »Schmerz« vom Erhabenen fernhält, und metaphorische Wahrheit und Subjektivität durch aktiv-organisierende Beobachtung der Natur verbindet, sondern vielmehr im Sinne Kants und Schillers. Symptomatisch ist Schillers Verklärung des Schmerzes: Er schreibt, »daß das höchste Bewußtsein unserer Natur nur in einem gewaltsamen Zustande, im Kampf, erhalten werden kann, und daß das höchste moralische Vergnügen jederzeit von Schmerz begleitet wird«.[49] Das theologische Moment, der Bußkampf des Pietismus, rettet sich in die ästhetischen Überlegungen Schillers; als anthropologische These unterstellen sie offenbar eine Art von lustvollem Schmerz, der dann, in Schillers Gedankenarchitektonik, ins Erhabene aufgelöst wird. In der moralischen Selbstquälerei, dem lustvollen Schmerz der Pathetik wohnt latent die Verdrängung der Homosexualität; statt sexueller Auseinandersetzung zwischen den beiden Freunden plant Flamin eine erhabene Handlung: nämlich, sich mit dem Freunde vom Turm herabzustürzen, wenn man einander nicht mehr versteht. Der Schmerz, den die Theorie heiligt, setzt sich, wie Jean Paul deutlich macht, in psychisch-sexueller Anfälligkeit für großartige Gesten fort, mögen sie dem Individuum auch fremd gegenüberstehen. Dabei ist nicht daran gedacht, Homosexualität an sich mit Masochismus zu identifizieren; doch die opfermütigen Gestalten Meyerns, auch Schillers, der Freundschaftskult des deutschen 18. Jahrhunderts, scheint eine fast pathologische Neigung zu haben, moralische Einheit zu konstruieren, wo es keine sexuelle geben darf. Flamin ist somit, genau wie Viktor, zeittypischer Charakter.

Wenn Klotilde im Garten des Pfarrhauses eine Arie vorträgt, heißt es von Viktor, der sich von den übrigen entfernt hat: »Durch dieses Eden, worüber ein doppeltes Schneegestöber von Funken und von Tropfen zwischen einem Staubregen von Blütendüften spielte und wirbelte, und worin Klotildens Töne wie verirrte Engel sinkend und steigend umherflogen, durch dieses Zaubergewimmel wankte Viktor geblendet – überströmt – zitternd – und weinend hin und sank müde in die Laube nieder. [. . .] Klotildens Töne [. . .] flossen [. . .] wie verirrte Echo aus fernen Hainen in diesen stillen Garten herein. [. . .] ihm war, als wollte seine Brust aufspringen, als wär' er selig, wenn er jetzt geliebte Menschen umschlingen und an ihnen im seligen Wahnsinn seinen Busen und sein Herz zerquetschen könnte.« (580 f.) Auffällig häufen sich die Reizvokabeln pietistischer Mystik. Sie eigentlich ermöglicht erst die hohe Sentimentalität, deren Analyse die Stilkritik beenden soll. Vorab die Vorstellung des Zerfließens (Tropfen, Staubregen, überströmt, flossen). Die »magische Natur« (579) wird als übermächtiges Ganzes erfahren; nicht mehr als sinnvoll geordnetes, wie in der Szene mit Flamin. Das Bild ist in punktuelle Reize einerseits (Schneegestöber, Funken, Töne, verirrte Engel, verwirrte Echo),[50] in das vag Fließende andererseits unvermittelt auseinandergerissen. Klotildes Gesang, der wie »geschmolzene Silberpunkte auf seinen Busen tropfte«, expliziert den magischen Reiz: Viktors gefühlshaftes Erleben der Natur wird von einer Provokation seiner Sinnlichkeit ausgelöst. Das fließende Ganze tritt hinter dem punktuell Vereinzelten, der Zusammenhang hinter Vereinzelung zurück. Um nur kein gefühlsroher Mann zu sein, flüchtet sich Viktor in Passivität, die sich von punktuellen Eindrücken überwältigen läßt; hilfloses Ungestüm und Reizsamkeit sind verschränkt. Die nächtliche Szenerie, voller Bewegung und Glanz,[51] weist auf zwei Vorstellungen: die Vollkommenheit Gottes und die Übertragung dieser Vorstellung auf die Geliebte (Töne wie verirrte Engel). Die Verehrung des Jünglings versteigt sich, die Geliebte – auch das ist bürgerlich-puritanischer Topos – als fast Religiöses, Fernes mit der Transzendenz, die unerreichbar ist, nahezu gleichzusetzen. Die unmäßige Kraft von Viktors Sehnsucht wird so selbstzerstörerisch: er kann nur das eigene Herz zerstören, nicht die Bedingungen, die ihn von Klotilde fernhalten.

Der masochistische Charakter ist auch der heterosexuellen Liebe zugeordnet: als selbstzerstörerische Sehnsucht. Die Mystik kann – anders als die Pathoslehre – jedoch auf die ständige Verklärung des Schmerzes verzichten. »Und doch sprang aus seinem [d. i. Viktors] Herzen eine hohe Quelle der Liebe, die bis zum entferntesten Bruder drang, und doch war er so sehr ohne Ichsucht, [. . .] wenn die Natur alle Röhren des Lebenstromes öffnete. [. . .] Alles ward eines – alle Herzen wurden ein größtes [. . .]« (616 f.)

Die unio mystica ist nicht mehr nur durch subjektive Verzücktheit gegeben; der ruhige Kommentar des Erzählers bekennt sich zum Pantheismus, wie ihn Jean Pauls Freund Jacobi lehrte.[52] Er bereichert Jacobis erkenntnistheoretische und moralische Gedanken noch um eine politische Dimension: Brüderlichkeit und Liebe, mögen sie vorerst nur im einzelnen wohnen, sind vermittelt durch das Modell des mystischen »Lebenstromes«, dem die Anschauung der Natur entspricht. Auch Jean Pauls Konzeption der Brüderlichkeit ist altruistisch: Ohne »Ichsucht« vermag Viktor den Morgen zu genießen. Die Projektion in die Natur ist anders als die Schillers und Meyerns ins Gesetz, die revolutionär-abenteuerlichen Begebenheiten nicht von vornherein mit der Metaphysik von Tod, Schmerz und Entsagung verknüpft.

5.
Das »Ideal« hat Jean Paul in vielfachen Brechungen dargestellt: Ob durch humoristische Distanz, durch lyrisch-pathetische oder sentimental-lyrische Erhebung. – Die Analyse des dritten Kapitels, das prozeßhaft auf die pathetische Ordnung des Universums und die dazu querstehende Freundschaft Flamins und Viktors führte, hat gezeigt, daß Jean Paul das »Ideal« als Realisierung von Möglichkeiten begreift, die die deutsche Kultur des 18. Jahrhunderts nahelegt; zwar wird Flamins überflüssige, pathetische Eifersucht verspottet, die Freundschaft und die Orientierung an der rationalen Ontologie aber erscheint produktiv. Dieser prozeßhafte Ablauf – vom beschränkten Idyll bis zur erhabenen Naturszene – bietet eigentlich die Utopie: daß die Wirklichkeit grundsätzlich zielgerichtet, auf jeweils verschiedene Zwecke zu strukturieren sei. Flamins und Viktors Freundschaft überwindet dessen Schizophrenie zugunsten der erhabenen Ordnungsvorstellung. Viktor ließ auch die Verschränkung von Humor und Sentimentalität, aggressivem Spott und zutraulicher Idyllik erkennen. Eine spätere Szene zeigte, daß diese gefühlsmäßige Ambivalenz der polemischen Vereinzelung, wie sie der Humor, und der Verbindung, wie sie die lyrische Sentimentalität liebt, zu verdanken ist: als Ausgeburt von Viktors innerer Unreife, die erotisch begründet ist. Jean Paul, der vom »Ideal« anders als Schiller und Kant die Vorstellung des Schmerzes fernhält, kommt zu einer gewaltlosen Vorstellung der altruistischen Brüderlichkeit: das »Ideal« setzt Jean Paul mit sentimental gestimmter Sehnsucht gleich.

Hinzu kommt noch eine ästhetische Kategorie, auf deren zentrale Bedeutung bereits Max Kommerell aufmerksam gemacht hat. Die der Situation. Er faßt sie als »Ausdruck eines geistigen Erlebnisses«.[53] Das wird besonders evident in dem Moment der Distanzierung: der Anschauung des nächtlichen Himmels etwa. Das geistige Erlebnis des »Ideals« zeigt den beiden Freunden einen Freiraum außerhalb des zwanghaften Pfarridylls. Diese »sprechenden Lagen« (Kommerell) sind deshalb nicht nur Allegorien; vielmehr wird eben das Prinzip einer ästhetisch plausiblen Utopie nach der Seite handlungsmäßigen Verlaufs durch eine fast tableauhafte[54] Szenentechnik ergänzt. – Die Freunde gehen nicht nur spazieren, wie etwa in einem realistischen Roman, dieser Spaziergang hat in der »Situation« (Kommerell) Bedeutung. Das erste Buch führt beides vor: Den bürgerlichen Helden des Romans und den aristokratischen Intriganten, Lord Horion; Situationen bürgerlichen Lebens und ihre einschränkende Bedingung. Anders als Meyern, der von vornherein die Intrige gegen den Höfling Elkanaar und den König Ilwend in die Hände der fortschrittlich gesinnten Helden legt, stellt Jean Paul den Gegensatz zwischen feudal-aufgeklärtem Intrigantentum und Bürgertum dar.

Mystik scheint – wie bei Wieland – eine legitime Gegentendenz zum berechnend-feudalen Wesen zu sein; Intrige setzt auf eine berechenbare Funktion herab, während die unio mystica mit dem absoluten Geist kommunizieren läßt. Minder hat jedoch auf die merkwürdige Dialektik zwischen fester Bedeutung des Individuums und dem bloßen Nichts[55] hingewiesen: In der unio mystica verschwimmen die Grenzen. Der Geist, den die Mystik beschwört, ist nicht nur ungefährlich, denn sie ist Technizismus des Psychischen: sowohl der verworrenen Intrige als auch der Mystik haften Irrationalität und Berechnung zugleich an. In der Nachfolge Wielands[55] sieht Jean Paul jedoch in der geistig-intellektuellen Tendenz der Mystik eine Chance, das eigene Ich gegen Hof und Intrige zu behaupten.

Schizophrenie war bisher psychisch erklärt worden: Durch Viktors Konflikt zwischen humoristisch-aggressiver Erhebung und lyrischem Schwärmen, das durch die Tradition und die Erziehung des Puritanismus vermittelt ist, zwischen intellektueller Männlichkeit und hilfloser Kindlichkeit. Jean Paul fügt diesem psychologischen Motiv ein politisches hinzu.

Die »Insel der Vereinigung« – der Name ist aus Meyerns Roman übernommen – ist Ort der gegen den Hof gerichteten Verschwörungen, Schauplatz der düstren Geheimniskrämerei Lord Horions. Dem »Tore gegenüber lag der 27ste Stein. Viktors Vater verrückte ihn, nahm einen Magnet heraus, bog sich nieder und hielt dessen *südlichen* Pol in die Lücke. Plötzlich fingen Maschinen an zu knarren und die Wellen an zu wirbeln – und aus dem Wasser stieg eine Brücke von Eisen auf. Viktors Seele war von Träumen und Erwartungen überfüllt. Er setzte schauernd hinter seinem Vater den Fuß in die magische Insel. Hier berührte sein Vater einen dünnen Stein mit dem *nördlichen* Ende des Magnets, und die Eisenbrücke fiel wieder hinunter«. (656)

Das Verfahren ist ebenso spitzfindig wie komisch durch seine Umständlichkeit. Lord Horion gibt sich fast den Anschein des Zauberers (magische Insel), dessen Kunststück dank der technischen Mechanik jedoch peinlich auf die Produktion weist – die Brücke knarrt. Die Allmacht des Vaters, magisch-technisches Arrangement, findet sinnfällig ihre Grenzen an der Natur. Extravertierter Schauder, der mit Hilfe eines Magneten ausgelöst wird.

Als Inbegriff der Intrige hat die bürgerliche Ästhetik, zumal Diderots, den jähen coup de théâtre angesehen.[56] »Die coups de théâtre sind am Hof zu Hause, sie spiegeln die Wandelbarkeit fürstlicher Launen, die Unbeständigkeit der Koalitionen dort.« Als »incident imprévu« wird er empfunden, »weil für die bürgerliche Gesellschaft das Unvorhergesehene realiter verfemt war«.[57] Nicht nur stehen Pfarridyll und düstere Insel, familiäre Beziehungen und Intrige gegeneinander; die leichte Komik, die dem Schauder anhaftet, entwertet das aristokratische, höfische Prinzip des Handelns, die Intrige. Doch sie schlägt unerwartet in das scheinbar friedvolle Familienidyll von St. Lüne. »Der Vater begann: ›Flamin ist *Klotildens* Bruder und des Fürsten Sohn.‹« (659) Ein Satz des Intriganten vermag sowohl die Identität von Flamin und Klotilde wie den sozialen Rang, wie die persönliche Konstellation der Haupthelden grundlegend zu ändern: Viktor steht es nun frei, nachdem er weiß, daß Flamin Klotildes Bruder ist, um sie zu werben. Da er das Geheimnis Flamin nicht anvertrauen darf, muß das freilich heimlich geschehen.

6.

Die schaurige Todeswelt der Insel hat insgesamt barocke Züge: Die Eitelkeit des Irdischen wird ins Äußere projiziert, wie sie der Mystiker innerlich erfahren mag. Zwei Zeitalter, das feudale und das bürgerliche, stoßen aufeinander; versöhnt in der Gestalt Viktors, der nicht nur bürgerlich-puritanische Züge hat, sondern auch durchaus elegant-aristokratische, versetzt mit jener Dosis Laune, die im deutschen 18. Jahrhundert als Zeichen englischer Kultur galt. Sein aggressiver Humor ist durch das Medium der virtuosen Sprachgestaltung einer aristokratischen Position zumindest angenähert.

Im dritten Band wird gegen die Welt von Hof und Intrige bürgerlich politisches Bewußtsein ausgespielt. Drei Engländer sind in St. Lüne eingetroffen, freilich nur als Badgäste. Sie halten einen politischen Klub ab. Viktor, den die Scheinwelt des Hofs, die Distanz zu Klotilde unglücklich gemacht haben, nähert sich gegen Ende des zweiten Buches innerlich immer mehr der erhaben-mystischen Metaphysik des Todes, die Emanuel-Dahore, sein und Klotildens Lehrer, verkündet.

Die gesellschaftlichen Widersprüche zwischen aristokratischer Rolle und bürgerlichem Gefühl drohen, unterstützt durch die charakterliche Disposition Viktors zur Schizophrenie überhaupt, in Wahnsinn umzuschlagen. Aus dem »Leichensermon auf sich selber« seien einige Stellen zitiert. »Ich! Ich! du Abgrund, der im Spiegel des Gedankens tief ins Dunkle zurückläuft – Ich! du Spiegel im Spiegel – du Schauder im Schauder! – Ziehet den Schleier vom Leichnam[58] weg! Ich will den Toten keck anschauen, bis es mich zerstört.« (939)

Das reflektierende Bewußtsein, letzter fixer Punkt für Viktor, ist grundlos, selbst reflexiv: Spiegel im Spiegel; Abgrund, der im Spiegel des Gedankens weit zurückläuft. Viktor verklagt weder die Machenschaften des Lords, noch wagt er, um Klotilde offen zu werben. Zwar herrscht jenes barocke System der Intrige über die Gesellschaft des deutschen ancien régime, aber ein barockes Bewußtsein entspricht dem nicht mehr: Leibniz' Monade stellte als Spiegel das gesamte Universum vor; die Gnade des Schöpfers glich im Bewußtsein die Kontingenz der Welt aus.[59] Wenn das Bewußtsein aber letztes, in sich reflexives Moment, ist, so bleibt nur die Flucht in den Wahnsinn[60] oder politische Empörung. Das Ich beantwortet die Drohungen der Außenwelt mit Regression. Der »Schauder im Schauder« markiert seine drohende Zerstörung. Hinzu kommt die Selbstentfremdung vom eigenen Körper: Die Wachsstatue, die ihn »zerstören« soll, ist Viktors geisterhafter Leib; Jean Paul macht das deutlich, wenn Viktor sich an die Stelle der Statue stellt, damit Klotilde ihn von ferne beobachten könne. Es ist der abgespaltene Teil seines Bewußtseins, den er in den Leib projiziert: »er war zu weich zur Freude – zu unbesonnen – zu heiß – fast zu phantastisch. Er wollte gar lieben (bei seinen Lebzeiten), und es war nicht zu tun.« (939 f.) Auch die erotischen Widersprüche, zwischen unglücklichem, reflektierendem Bewußtsein und Glücksverlangen werden manifest: Das Bewußtsein ist sich selbst entfremdet, wie der Leib dem Ich.

Die Schizophrenie schafft sich ein alter ego; die Freundschaft zu Flamin ist durch Viktors Beziehungen zu Klotilde belastet, der Belastete ist einsam. – So wird der bürgerliche Empörer Schoppe im *Titan* zugrunde gehen müssen, wenn er seinen Freund Siebenkäs wiedersieht, der ihm physisch vollkommen ähnelt,[61] während der Aristokrat Albano die bedrohlichen Wachsstatuen zerstören konnte.[62] Zeichen politischer Ohnmacht, die sich auch in psychisch-sexueller Selbstentfremdung fortsetzt.

Lösung gewährt zunächst die Metaphysik Emanuels, der Traum von der zweiten Welt. »Ach in solchen Tönen schlagen die zerlaufenden Wellen des Meeres der Ewigkeit an das Herz der dunklen Menschen, die am Ufer stehen und sich hinübersehnen! – Jetzo wirst du, Horion, von einem tönenden Wehen aus dem Regendunst des Lebens hinübergehoben in die lichte Ewigkeit! – Höre, welche Töne umlaufen die weiten Gefilde von Eden! Schlagen nicht die Laute, in Hauche verflogen, an fernen Blumen zurück und umfließen, vom Echo geschwollen, den Schwanen-Busen, der selig-zergehend auf Flügeln schwimmt und ziehen ihn von melodischen Fluten in Fluten und sinken mit ihm in die fernen Blumen ein, die ein Nebel aus Düften füllt, und im dunkeln Dufte glimmt die Seele wieder an wie Abendrot, eh' sie selig untergeht?« (949) Die Synästhesie von Duft, Flut, Tränen macht sensuell wieder zum Genuß, was psychisch Schmerz ist: die Zerstörung der Seele. Indem der Traum vom Jenseits nicht nur verschiedene Sinnesempfindungen verbindet, sondern auch Nähe und Ferne (Fluten in Fluten; in die fernen Blumen) verschmilzt, projiziert das Ich den eigenen Schmerz und die eigene Bedeutung in die – transzendente – Welt; doch die pantheistische Formel vom alles verbindenden Lebensstrome ist getilgt: »selig zergehend« wird Viktor der organischen und anorganischen Natur im Traumbilde gleich. Leben und Tod verschwimmen. Die Mystik repräsentierte in ihren Sinnesempfindungen Leben; die genußhafte erotische Passivität, die schon den Jüngling Agathon zur leibhaften unio mystica verlockte, ist unmäßig gesteigert: Findet Viktor sein Glück nicht im Diesseits, so phantasiert er ein Jenseits zurecht; jener genußhaftregressive Zug ist die Kehrseite mystischen Erlebens, in den es katastrophal umzuschlagen vermag. Ist das Idyll auf Erden nicht greifbar, so im Jenseits. Die Metaphorik solcher Passagen dürfte in eben diesem Sinne auf die Romantik eingewirkt haben, auf Novalis und später auf Richard Wagner.[63] Religion als Trost über Versagung schafft sich selbst die ästhetische Erlösung. Die Spätromantik, Wagner vor allem, setzt freilich die Welt des Tages und der Nacht absolut;[64] die Zuflucht der Utopie wird von den romantischen Reaktionären abgeschwächt; das Katastrophale ist a priori das metaphysisch Höhere und nicht weiter Ableitbare.[65] Demgegenüber hält Jean Paul, im Sinne Wielands, an einer dialektischen Erfahrung der Mystik fest.

Die Erfahrung gerade des Zerstörenden wird für das Liebespaar Viktor und Klotilde zum Verbindenden: Sie gestehen einander ihre Liebe, sentimental-dezent. Freilich ohne daß sie die Intrige als Werkzeug der Zerstörung so recht durchschauten. Die Gebildeten, die Geist absolut setzen, vergessen platonisch die Realität: Sie gleichen zwei »schneidende[n] Engel[n]«. (957)

Auch Flamin gerät in ähnliche psychische Verwicklungen: zwischen bürgerliche Existenz als »Regierrat« und Freundschaft zum Aristokraten Viktor gestellt; zwischen seinen Hang zu feuriger Expression und den mysteriösen Zusammenhang der Intrige, der ihm keine Chance läßt, männlich zu handeln.

»Du schwurst mir, dich hinabzustürzen mit mir, wenn du mir alles genommen hättest, alles – oder etwan *ihre* Liebe [. . .]« (1004). Nicht ganz klar wird, auf wen eigentlich Flamin eifersüchtig ist, auf Viktor, wegen Klotilde, auf Klotilde, des Freundes wegen. Das disjunktive »oder« scheidet: »ihre Liebe« und etwas, das Flamin zwar nicht ausspricht, aber mit »alles« bezeichnet und noch über diese Liebe stellt. Deutlicher als das, was Flamin sagt, ist die Art, wie Flamin spricht. Die pathetische Wiederholung (alles/alles) erinnert an Schillersche Sprachfiguren,[66] die Szenen zwischen Carlos und Posa vor allem. Das ist um so wahrscheinlicher, als Flamin den Liebestod von Viktor verlangt, den Posa wirklich stirbt; überhaupt ihm die in Schillers Sinne pathetischen, moralisch-revolutionären Handlungen anvertraut sind. Die drängende Leidenschaft im *Don Carlos* rechtfertigt die rhetorisch auffällige Figur: hier aber bleibt Dynamik ohne Ziel; Liebe, die nicht ihr Ziel, nicht einmal ihr Objekt, so recht bestimmt.

Der pathogene Todeskult Meyerns, realistisch auf eine vage Eifersucht zurückgeführt, enthüllt sich einmal als unbefriedigte Triebdynamik, zum andern als ultima ratio des unbefriedigten pathetischen Bürgers.[67] Was meist in der Melancholie bewältigt wurde, notgedrungene politische und gelegentlich erotische Entsagung, führt Flamin bis zum Selbsthaß. Er zertritt seinen Namenszug, den Eymann gesät hat. »›Ich hasse mein gequältes Ich, und ich möcht' es zermalmen wie meinen Namen hier: für wen soll er?‹« (1014) Das trotzige Pathos Flamins hat seine infantilen Züge: Er zertritt wütend die »Herzblätter der Kohlrabi« (1014).

Seine Physiognomie weist ihm dagegen ein andres Schicksal zu: »Flamin hatte eine große männliche Gestalt, seine ineinander- und zurückgedrängte schmale Stirn war der Horst des Muts, seine durchsichtigen blauen Augen [. . .] waren von einem denkenden Geiste entzündet; seine [. . .] Lippen waren in die menschenfreundliche Erhebung zum Kusse befestigt [. . .]« (1009). Die Stelle ist unmittelbar einer Passage bei Meyern nachgebildet;[68] schon das männlich-heroische Aussehen soll darauf verweisen, daß der zukünftige Fürstensohn Flamin in seinem Handeln Einzelnes und Allgemeines vermitteln werde: die »menschenfreundliche Erhebung zum Kusse« soll auf seine liebevoll-passionierte Natur, die ihre Verdrängungen gleichzeitig in den Gesamtzusammenhang der Gesellschaft projiziert, zeigen. Darf er Viktor schon nicht küssen, so wenigstens, wie es in Schillers »An die Freude« heißt, die ganze Welt. »Flamin stammelte glühend und sterbend: ›Nimm nur meine Geliebte, und bleibe mein Freund!‹« (1014) Die exaltierte, jünglingshafte Expression, die Viktor gilt, zeigt, daß – ein ohnehin nicht allzugroßer – moralischer Schmerz süß ist: Flamin genießt den Verzicht auf Klotilde. Bis zum Ende des Romans wird Flamin die Ambivalenz von jähem Herzensüberschwang und düstrer Pathetik, liebevoll-zärtlichen Momenten und unerbittlich moralischer Gesinnung beibehalten;

Viktor, der Aristokratie zugehörig, wird erzogen; Flamin, der bürgerlich arbeiten muß, wird die Unreife nicht verlieren.

7.
Der sentimentale Stil von Viktors Traum hatte durch Evokation der Selbstzerstörung wohl ein Höchstmaß an Distanz zur Wirklichkeit erreicht. Nun führt Jean Paul das Liebespaar, Viktor und Klotilde, in die Realität zurück. Die Idyllen von Maienthal sind weder an die barocke Welt des Schauders gebunden, wie die »Insel der Vereinigung«, noch an die familiäre Gemeinschaft, wie das Pfarrhaus St. Lüne. – Die Wahrnehmung der Natur wird nun plastischer; sie provoziert zielgerichtetes Handeln, weder objektlose Sehnsucht, noch Depression. Pathetik und Lyrik, Erhebung und Sentimentalität werden im Stilgestus vereint.

»Die Gesträuche verwuchsen zur Gartenwand. [. . .] Und die Allee und der unter ihr aufgewachsene Laubengang grünten ineinander hinein, um mit ihren zusammenfallenden Blütenhüllen nur eine einzige Nacht zu machen. – Dann versperrte in der grünen Dämmerung ein Jelängerjeliebergespinst und Blütengeniste die Laube. [. . .] Und wenn man [es] zerteilte: sank man in ein Blütengeklüft, in eine enge durchwachsene Gruft, gleichsam in einen vergrößerten Blumenkelch. In dieser delphischen Höhle der Träume war der Polster aus hohem Gras gemacht. [. . .] Und da heute Viktor [. . .] die [. . .] aus Blüten gewobene Tapetentür [. . .] auseinandertat: siehe! da – o der Selige diesseits des Todes! – ruhte darin eine Heilige mit weinenden Augen, in Philomelens verklungne Klagen untergesunken [. . .]« (1041 f.). Statt habitueller Reihung, logische Verbindung durch Konjunktionen (um/dann/wenn). Die Wahrnehmung gilt nicht einzelnen Naturerscheinungen, die die Ideen der Mystik offenbarten. Vielmehr einem optischen und handlungsmäßigen Kontinuum. Einzig die Sphäre des Traumes behält den Charakter ungreifbarer Ferne (Harmonika- und Abendglocken des Traumes), die mit subjektivem Erleben vermittelt wird. Der Traum ersetzt aber nicht mehr als Ausdruck metaphysischer Sehnsüchte die Realität; Ziel der Wahrnehmung ist die Laube.[69] Die Mündungen der Bäche gliedern die Laube in die Gesamtlandschaft ein; der Traum der Geliebten weist auf subjektiv erfahrbare Ferne. Viktor aber gewinnt seine Identität nicht – wie im sentimentalen Traumbild – dank der prekären metaphysischen Gleichung von Fern und Nah, sondern durch die Wahrnehmung der Geliebten. Das »Geäder des Lebensstromes«, die »Schöpfungflut«, das »klingende Meer« (1048 f.) – das Vokabular und die lyrisch-strömenden Vorstellungen der Mystik bleiben unvergessen; die pantheistische Einheit des Ganzen wird durch bestimmte, unterscheidende Wahrnehmung ergänzt.

Viktor, Klotilde und einer der Engländer geben am Abend ein Kinderfest. »Der Mond gab jetzo durch den Widerschein der Sonne, womit er dieses Kinderparadies versilberte, der Freude hellere Farben, und unter dem vertieften Schatten der Maienbäume wuchs der kindliche Mut. Alles war beglückt – alles war fesselnlos – alles war friedlich – kein giftiges Auge warf Blitze [. . .] Der laue flatternde Äther des Frühlings sog an den Blüten sich voll Düfte und trug sie wie Honig in die Brust des Menschen. – Und als die Pulse voller schlugen, spielten stumme kühlende Blitze um die Nebel des Horizonts und der Mond sog Lebenluft aus den Blättern, um auf ihr den abgezognen Geist ihrer Kelche gesünder zuzuführen.« (1067)

Harmonie und Zweckmäßigkeit der Natur lösen das mystische Erleben ab. Rationale Ordnung, statt sentimental in die Natur projizierter Bewegung. Damit verbindet Jean Paul das Motiv des Kinderfestes, das er wohl von Rousseau übernommen hat.[70] Glück und Freude bestehen nicht in sentimentaler Distanz, vielmehr im Zusammenwirken, im Tanz der Kinder. Das Kinderfest, wo die Kinder »kühner durch die Gegenwart der Mütter« werden, antizipiert gelungene Erziehung, die das Individuum weder durch familiäre noch religiöse noch politische Autorität fesselt. Symbol sind die »Freiheitbäume«. Natürlichkeit und Ordnung überblendet Jean Paul; das Fest als Kategorie ist feudal: es wird aus dem höfischen Zusammenhang in den natürlich-idyllischen gestellt: nicht nur Bild von Viktors »Kinderträumen« (1069), sondern auch die einzige Passage des Romans, die – ohne humoristische Brechung – kollektives Handeln vorführt, wenn auch nur im kindlichen Spiel.

Die drohende Schizophrenie wird im Idyll endgültig überwunden; das Ideal ist erreicht, »denn in ihren Herzen war Gott« (1085). Die beschworene Transzendenz soll die nüchterne Realität zugunsten allgemeinmenschlicher Bedeutsamkeit übersteigen. Dennoch ist die Wirkungsmacht der Intrige noch nicht gebannt: »›Schurke!‹ – schrie der herausstürzende Flamin mit sprühenden Blicken, mit schneeweißen Wangen, mit wie Mähnen herunterhängenden Locken, mit zwei Taschenpistolen in den Händen – ›Da nimm, nimm, Blut will ich‹ [...]« (1086). Unklar, was Falmin eigentlich will. Sein melodramatischer Einfall, die beiden Liebenden in Maienthal zu überraschen und sich mit Viktor zu duellieren, kommt aus der Eifersucht: auf wen aber? Dem Glück Viktors stellt der enttäuschte Flamin seine Würde gegenüber: Sobald Viktor geschossen hat, konstatiert Flamin, der Geliebte sei seiner nicht würdig. So wird der impulsive Flamin Werkzeug des intriganten Hofjunkers Matthieu, der Viktors Tod wünscht.

Dieser inszeniert ein makabres Duell zwischen sich und dem Kammerherrn Le Baut. Statt seiner – das Duell wird in Masken ausgetragen – schießt Flamin. Wird Flamin, der Fürstensohn getötet, hofft Matthieu die Gunst der Fürstin Agnola zu erringen. Stirbt der Gegner, so bringt das auch Vorteile. Kiner ist er selbst. Der funktionelle Zusammenhang der Intrige tauscht Identitäten aus, um verborgen kalkulierte politische Zwecke durchzusetzen. Schließlich erschießt Matthieu Flamins Gegner, flieht aber. Flamin, der Matthieus Tat auf sich nimmt, will auf dem Richtplatz zur Revolte gegen das ancien régime aufrufen. Die absurde Idee verbleibt in Flamins Phantasiehorizont von spontan ersonnenen Aktionen. Einsicht ins ancien régime hat Flamin durchaus: »Seht, ich war sonst mit dabei und sah, wie man euch schindet – und die Herren vom Hofe haben eure Häute an.« (1166) Aber ihm fehlt kritische Selbstbescheidung. Er will sich durch die heroische Tat über den Verlust des Geliebten trösten; die revolutionäre Aktion pervertiert zum Narzißmus. Bildung als Selbsterkenntnis, wie Viktors Geschick zeigt, und moralisch-politisches Engagement, wie Flamins Geschick zeigt, sind einander entfremdet; Geist und politische Moral können im ancien régime nicht wirken; die stagnierende Intrige droht sie beide zu zerstören.

Identität erscheint als gesellschaftlich-politisches Problem, für das es keine Lösung gibt. Doch der Roman geht – dank eines neuen coup de théâtre – gut aus. Klotildes Mutter, die Lady, ist in St. Lüne eingetroffen; obwohl Viktor, wie sich herausgestellt hatte, nur der Sohn des Kaplans Eymann ist – woraufhin er zunächst auf Klotilde verzichtet hatte –, vermählt die Lady ihre Tochter und Viktor.

Die Freunde versöhnen sich. Flamin wollte »vor Reue vergehen und drückte verschämt sein Angesicht tiefer nur an Viktors Brust« (1210).

Der groteske Schluß zeigt, wie sich Jean Paul auf die Suche nach seinen Helden macht. Es stellt sich heraus, daß er der vermißte fünfte Fürstensohn ist. Lord Horion ernennt die Freunde zu Verwaltern des Staats; ihre feierlichen Versprechungen besiegelt er mit dem Selbstmord. »Gute Rezensenten, dacht' ich, lässest du über den Mangel an einer Finalkadenz sich mit dem Posthunde und biographischen Leithammel so lange herumbeißen, als sie wollen . . .« (1218) Dieser Schluß – zumal auch die neue Staatsverfassung, die der Lord gibt, ziemlich unklar bleibt – ist nicht allzu gewichtig zu nehmen; zwar erblickt Jean Paul im ancien régime Tendenzen, die die feudale Ordnung überwinden könnten – Geist und Moral –, doch endgültig gebannt wird die Gefahr der depressiven Selbstzerstörung der Bürger erst durch das Eingreifen des Lords, die Revolution von oben. Dies Eingreifen aber steht zu den doch radikalen Grundsätzen Flamins, zu dem Individualismus Viktors einigermaßen im Widerspruch. Der »Mangel an einer Finalkadenz« ist ein Mangel der deutschen Wirklichkeit selber.

Die ästhetische Organisierung der scheinbar chaotischen Wahrnehmungen, die Reaktionen auf die unbefriedigende Realität darstellen, zu einem Prozeß, in dem falsche zeitsymptomatische Haltungen korrigiert werden, enthält die eigentliche Utopie des Romans. Statt Ergebung in Tod und Schizophrenie, die allen Intellektuellen Jean Pauls droht, klare Organisierung der Wahrnehmung, statt der nur reaktiven Momente schließlich im Maienthal-Idyll aktive Züge.[71]

1 R. Koselleck, *Kritik und Krise,* Frankfurt/M. 1973 (stw 36), II. Kapitel.
2 A.a.O., S. 76.
3 F. Schiller, *Werke,* Hrsg. Fricke/Göpfert, Bd. III, S. 182.
4 A.a.O., S. 174.
5 A.a.O., S. 172.
6 A.a.O., S. 186.
7 W. D. Rasch, *Der Freundschaftskult und Freundschaftsdichtung im deutschen Schrifttum des 18. Jahrhunderts,* Halle 1936, S. 68.
8 F. v. Meyern, *Dya-Na-Sore,* 3 Bde., 1789 ff., 2. Bd., S. 275.
9 A.a.O., S. 119.
10 Meyern, Bd. I, S. 463.
11 Meyern, Bd. III, S. 211.
12 Vgl. Arno Schmidt, *Dya-Na-Sore,* Gespräche in einer Bibliothek, Karlsruhe 1958.
13 Der Zusammenhang mit dem Faschismus wird besonders deutlich in einer Bemerkung des George-Schülers Hildebrandt: Er erhofft sich von einer »staatlich gepflegten Knabenliebe« eine »Steigerung des Männlichen«. K. Hildebrandt, *Norm, Entartung, Verfall,* Stuttgart 1939, S. 207. – Die Tradition überdauert noch als Apologie der Pädophilie in Deutschland, vgl. dazu Dannecker/Reiche, *Der gewöhnliche Homosexuelle,* Frankfurt/M. 1974, S. 294 ff.
14 Jean Paul, *Vorschule der Ästhetik,* III. Programm, § 15. Zitiert wird nach der Ausgabe von N. Miller (= *Werke* Bd. V, S. 66).
15 Ebenda.
16 Ebenda.
17 A.a.O., S. 221 (X. Programm, § 59).
18 A.a.O., S. 75 (IV. Programm, § 18).
19 G. Lukács, *Die Theorie des Romans,* S. 73 ff. Neuwied (Sonderausgabe Luchterhand), 1971.
20 Vgl. Lukács, S. 127; Die mystifizierende Deutung der Gesellschaft vom Turme. Lucien Goldmann, *Soziologie des Romans,* Neuwied und Berlin 1970, S. 24. Zur Kritik: F. Schiller, Brief an Goethe vom 5. Juli 1796.
21 Gemeint ist vor allem der Schluß, wo Schiller pragmatisch die »Mésalliancen« – also den Kompromiß zwischen Adel und Bürgertum hervorhebt.
22 Vgl. dazu M. Thalmann, *Die Romantik des Trivialen,* München 1970, S. 19-25.
23 S. Freud, *Der Witz,* Fischer-Taschenbuch, S. 191.
24 Jean Paul, *Vorschule der Ästhetik,* a.a.O., S. 129.
25 Vgl. a.a.O., S. 108 f.
26 Kant, *Kritik der Urteilskraft,* Erster Teil, I, 2, § 29.
27 Vgl. etwa Stendhals programmatisches Vorwort zu »Armance«.
28 Herder, *Liebe und Selbstheit,* Werke, Bd. 15, Hrsg. Düntzer, Berlin o. J., S. 50.
29 A.a.O., S. 47.
30 Ian Watt, *Der bürgerliche Roman,* Frankfurt/M. 1974 (stw 78), S. 271.
31 Jean Paul, *Hesperus,* in: *Werke* I, S. 848.
32 Watt, a.a.O., S. 188 ff.
33 Herder, *Admetus Haus,* in: *Werke* Bd. 2, Hrsg. Düntzer, Berlin o. J.
34 Vgl. dazu Watt, S. 260, 274, 278.

35 Die Kategorie des Ästhetischen – obwohl nicht allein diese – spielt Kierkegaard später gegen Hegels geschichtsphilosophische Konstruktionen aus. Zum Ästhetizismus vgl. Adorno, *Kierkegaard,* Frankfurt/M. 1960³, S. 121.

36 F. Schiller, Brief an Goethe vom 17. Dezember 1795.

37 Vgl. W. D. Rasch, *Die Erzählweise Jean Pauls;* P. Michelsen, *Laurence Sterne und der deutsche Roman des 18. Jahrhunderts,* Göttingen 1962, Schlußkapitel.

38 W. Harich, *Jean Pauls Revolutionsdichtungen,* Hamburg 1974; Heinz Schlaffer, *Der Bürger als Held,* Frankfurt/M. 1973.

39 Jean Paul, *Werke* Bd. I, Hrsg. N. Miller, München 1960.

40 Etwa die unförmigen Romane *Siegwart.* Eine Klostergeschichte, von J. M. Miller, oder *Sophiens Reise von Memel nach Sachsen,* von J. Th. Hermes.

41 Vinçon, *Topographie.* Innenwelt – Außenwelt bei Jean Paul, München 1970, S. 196.

42 Jean Paul, *Vorschule,* XII. Programm, § 72.

43 Vgl. Anm. 31.

44 Vinçon, a.a.O.,

45 Rousseau, *Emile,* Hrsg. Rang, Reclam, IV. Buch, S. 562 f.

46 A.a.O., S. 570 ff.

47 R. Minder, *Glaube, Skepsis, Rationalismus,* Frankfurt/M. 1973 (stw 43), S. 112 ff.

48 Harich, a.a.O., S. 293.

49 F. Schiller, *Werke* Bd. V, Hrsg. Fricke/Göpfert, S. 364; Über das Vergnügen an tragischen Gegenständen.

50 Vgl. Minder, S. 201 u. 197.

51 Vgl. Minder, S. 197.

52 F. H. Jacobi, *Werke* Bd. I, Brief an Hamann, S. 392. – Gegen Kants Erkenntnistheorie verteidigt Jacobi eine rationalistische, an Platon orientierte Philosophie. Er tadelt die Unerkennbarkeit des »Dings an sich« und verlangt von der Philosophie Einsicht in objektives Sein. – So ergibt sich ein Paradox: Als Schüler des eher reaktionären Jacobi wird Jean Paul zum hellsichtigen Kritiker der Transzendentalphilosophie, die – anders als der Rationalismus des 17. Jahrhunderts – zwar Objekte, aber kein von der göttlichen Vernunft geprägtes Objekt kennt. Die idealistische Tendenz der deutschen Philosophie, vor allem im System Fichtes, deutet Jean Paul als Kompensation der Realität.

53 Max Kommerell, *Jean Paul,* Frankfurt/M. 1966⁴, S. 72.

54 Zum Begriff der Ästhetik des Tableaus vgl. P. Szondi, *Tableau und coup de théâtre,* in: *Lektüre und Lektionen,* Frankfurt/M. 1973.

55 R. Minder, a.a.O., S. 90 f.

56 Szondi, a.a.O., S. 23.

57 Szondi, a.a.O., S. 22.

58 Eymann hatte, als Viktor St. Lüne verließ, um an den Hof zu gehen, Viktors Statue in Wachs »bossieren« lassen und im Fenster aufgestellt.

59 G. W. Leibniz, *Monadologie,* § 63.

60 Vgl. auch C. H. Spieß, *Biographien der Wahnsinnigen,* Hrsg. W. Promies, Darmstadt-Neuwied 1976.

61 Jean Paul, *Titan,* in: *Werke* Bd. III, S. 800.

62 A.a.O., S. 671.

63 Vgl. Hans Mayer, *Anmerkungen zu Richard Wagner,* Frankfurt/M. 1966, S. 72.

64 A.a.O., S. 75.

65 Ebenda.
66 F. Schiller, *Don Carlos*, I, 2.
67 Vgl. F. Schiller, *Briefe über den Don Carlos*, in: *Werke* Bd. II, S. 262 ff.
68 F. v. Meyern, *Dya-Na-Sore;* zitiert nach A. Schmidt, a.a.O., S. 37.
69 Vgl. Anm. 41.
70 Vgl. Rousseau, *Träumereien eines einsamen Spaziergängers.*
71 Diesen Ansatz habe ich in meiner Arbeit »Der programmatische Roman« weiter ausgeführt.

Anselm Maler

Exotische Hütten

Im Paradies des Populärromans zwischen Restauration und Revolution

Der kollektive Weltschmerz, die sentimentale Erkrankung der europäischen Gesellschaft gegen Ende des 18. Jahrhunderts, ist in der Zeitstimmung der Restauration europamüde geworden, ein Feuilleton Gutzkows erinnert daran: »Wer verließe nicht gern einmal Europa, diesen Welttheil mit gefurchter Stirn, Europa, den verschmachtenden, leberlosen Prometheus, der, angeschmiedet an die Gürtel der Welt, in seinem Haupte die Wissenschaft aller Jahrhunderte trägt, zum Spotte seiner Fesseln, Europa, diese schon veraltete Offenbarung des Weltgeistes, jung nur noch in schwermüthigen Liedern, Menschen erzeugend, welche statt das Leben zu genießen, schon in der Wiege daraus ein Kunstwerk machen müssen!«[1] Die Betrachtung führt Zweifel an, die das liberale Denken in den dreißiger Jahren vielfach beschäftigte. In ihren Stichworten begegnet der Vorbehalt der nachromantischen Generation gegen eine durch Wissenschaft entfremdete Praxis, gegen die Last der Geschichte, gegen die Schwermut der von der Macht Getrennten, die sich am Ideal der Kunst schadlos halten. Die Romantiker waren gern ins räumlich und zeitlich Entlegene, zur exotischen Urwelt – Chateaubriand zu den Natchez, Chamisso in die Südsee – geflohen, ein Mittel der Lebensheilung, das im Vormärz neue Auslegungen erfährt: »Geht über den Ozean! Werdet geboren, wie das Lama, das Hausthier des Indianers, sein Junges wirft: Schwebt in einer Matte aus Bast zwischen zwei Kokosbäumen; lernt spät laufen, spät sprechen, lernt Religion aus dem Donner, Moral aus den Liebkosungen des jungen Lama's, das mit euch geboren wurde!«[2] So äußert sich nicht der romantische Fluchttrieb, sondern der Pragmatismus der jungdeutschen Moderne – »Ihr müßt Alles aus Euch selber schaffen [. . .].«[3]

Im dritten Jahrzehnt des 19. Jahrhunderts nimmt sich die primitivistische Gebärde mehrdeutig aus. Die von Rousseau überkommene und romantisch transzendierte Einheit von Zivilisationsskepsis, Melancholie und Naturverklärung zerfällt und weicht einem unbestimmten Evasionsdrang, der sich in zahlreichen Äußerungen verschieden entlädt. Doch zeigt er sich konsistent in der Topik, die seine erzählende Darstellung bestimmt. Schon um 1800 fällt im Bereich der Unterhaltungslektüren ein Romantypus auf, der mit Fabeln der Europaflucht an den Geschmack des großen Publikums appelliert. Gutzkows Räsonnement in der *Augsburger Allgemeinen Zeitung* (1835) kann auf die Bekanntschaft der Leser mit den melancholischen Ergießungen dieses älteren Überseeromans rechnen. Sie sind sowohl in den Neuauflagen seiner Evergreens als auch im Repertoire des ethnographischen Reise- und Abenteuerromans gegenwärtig, der an Cooper und Sealsfield orientiert die Rührlektüren des romantischen Exotismus ablöst.

Exotisches Arkadien

Das bürgerliche Publikum der Restaurationszeit findet die Grundzüge seiner melancholischen Lebenssicht in den beharrlich kursierenden Erfolgsbüchern Bernardins de Saint-Pierre und Chateaubriands. Bernardins Roman von *Paul et Virginie* (1788), ein knappes Jahrhundert lang als europäische Erziehungslektüre verbreitet, entwirft das Programm einer sentimentalen Idylle, die erstmals den idealen Fluchtraum der arkadischen Hirtenwelt mit dem realen einer tropischen Insel vertauscht. Über die Koppelung mit dem naturkundlichen Interesse des Verfassers, der in den Jahren 1768 bis 1770 sich auf Mauritius aufgehalten hatte, erhält die arkadische Utopie des ausgehenden 18. Jahrhunderts, der Traum vom Goldenen Zeitalter, den man in Deutschland fast ausschließlich antikisierend träumte,[4] den Anschluß an die heraufkommende Moderne: »J'ai tâché d'y peindre un sol et des végétaux différents de ceux de l'Europe. Nos poètes ont assez reposé leurs amants sur le bord des ruisseaux, dans les prairies et sous le feuillage des hêtres. J'en ai voulu asseoir sur le rivage de la mer, au pied des rochers, à l'ombre des cocotiers, des bananiers et des citronniers en fleurs. Il ne manque à l'autre partie du monde que des Théocrites et des Virgiles, pour que nous en ayons des tableaux au moins aussi intéressants que ceux de notre pays.«[5] Damit ist das arkadische Erfüllungsmodell als Paradigma des Klassizismus suspendiert, und der ethnographische Exotismus der Folgezeit ist eingeleitet. Über die Andeutung Bernardins und die Aufwertung des Interessanten hinaus, die Friedrich Schlegel zum Zweck einer kritischen Differenzierung der Moderne gleichzeitig vornahm,[6] bevorzugt die Reise- und Sittenbildliteratur des 19. Jahrhunderts diese Kategorie, um das Angebot ihrer Evasionsräume zu rechtfertigen.

Die Geschichte von *Paul et Virginie* gehört zu den Grundfabeln des sentimentalen französischen Exotisme: Zwei Hütten stehen auf der Ile-de-France im waldumkränzten Felsental. Hier leben, dem unruhigen Leben der nahen Hauptstadt Port Louis entzogen, Madame de la Tour und Madame Marguerite mit ihren schwarzen Dienern. Im Frieden der Natur lassen sie Paul und Virginie heranwachsen, »en pensant qu'un jour, leurs enfants plus heureux, jouiraient à-la-fois, loin des cruels préjugés de l'Europe, des plaisirs de l'amour et du bonheur de l'égalité.«[7] Doch eine Reise Virginies zu ihrer Erbtante nach Frankreich bringt Unglück über die kleine Gesellschaft. Die Liebenden lernen den Schmerz der Trennung kennen. Virginie ist von den Ränken und Lastern Europas enttäuscht und kehrt enterbt zur Ile-de-France zurück. Als bei der Ankunft das Schiff in einem Orkan zerschellt, ertrinkt Virginie vor den Augen Pauls, der sie nur wenige Wochen überlebt. Bald bricht der Gram auch den Müttern und Dienern das Herz und die Hütten, idyllischer Schauplatz einer Tragödie natürlicher *sensibilité,* verfallen.

Die Ausstattung der *pastorale* versammelt die Topoi der sentimentalen Idylle. Der umschlossene Naturschauplatz, ein Raum geschichtsloser Privatheit; der konzentrisch errichtete *locus amoenus,* Reservat intimer Geselligkeit, sie bilden den Aufenthalt der von der Großen Welt Abgewandten seit dem späten Rokoko. Auch die erotische Stilisierung des intimen Milieus und ihre familiäre Auslegung, die der Roman betreibt, vollziehen die sentimentale Verwandlung des galanten Naturgefühls, und sie steigert sich im Einsamkeitskult der Erzählung: Während die Helden noch Wielands in anmutiger Wildnis mit antiker Flora Einsamkeit und unschuldige Ruhe genießen,[8] gibt hier die leidende Weltflucht Rousseaus das Maß vor.

»C'est un instinct commun à tous les êtres sensibles et souffrants de se réfugier dans les lieux les plus sauvages et les plus déserts [. . .]«[9]

Es beruht danach weniger auf der Neuheit seiner Motive, daß Bernardin de Saint-Pierre mit seinem Roman das Lebensgefühl seiner Generation so verbindlich noch für das Lesepublikum der Restaurationszeit formulierte, wie es die Aufnahme bezeugt, als vielmehr auf der besonderen Interpretation der geläufigen Muster. Ihre Wirkung ist von zwei Momenten her verstehbar.

Ausgehend vom ersten *Discours* seines Lehrers und Freundes Rousseau hat Bernardin in der naiven Gemeinschaft Pauls und Virginies dessen primitivistische Kulturkritik auf eine überlegt einfache Weise zur Anschauung gebracht. »Toute leur étude étoit de se complaire et de s'entraider. Au reste, ils étaient ignorants comme des Créoles, et ne savaient ni lire ni écrire. Ils ne s'inquiétaient pas de ce qui s'etait passé dans les temps reculés et loin d'eux; leur curiosité ne s'extendait pas au-delà de cette montagne. [. . .] Jamais des sciences inutiles n'avaient fait couler leurs larmes.«[10] Die Befreiung von unnützen Wissenschaften und Kulturtechniken und der Verzicht auf das Unruhe stiftende Laster der Neugierde, mit dessen Entlarvung Rousseau der vernünftigen Wahrheitssuche seiner Zeit zu begegnen gedachte,[11] als Garanten unschuldigen Glücks, das waren Vorstellungen, die im frühen Industriezeitalter – für die Gesinnung der Zeitgenossen sprach Gutzkow – als Bestandteile der Utopie vom Entkommen aus den Zwängen der kulturellen Gegenwart neuen Sinn erhielten. Darüberhinaus macht der Widerspruch zwischen der Wissenschaftspolemik und der botanischen Akribie, mit der er die Urwelt der Tropennatur, das Paradies der Kindheit und der kreolischen edlen Wilden beglaubigt, den Roman Bernardins zum Referenzbuch der gespaltenen Sehnsüchte der Europamüden in der Moderne.

Das zweite Moment bildet die Räsonnement und Aktion gleichermaßen einsetzende Technik der sentimentalen Affekterregung, mit der die Erzählung dem Leser fühlende Einsicht in die Harmonie der Natur vermitteln will. Das läßt die Grenze zu den kommerziellen Erregungs- und Harmonisierungslektüren, zum populären Unterhaltungsroman, fließend erscheinen, der sich mit den Repliken August Lafontaines denn auch bald an das Oeuvre Bernardins anschließt.[12] Sowohl in den unterhaltenden als auch – und das zeigt sich hier – in den bildenden Lektüren bewirkt ein vordringliches Interesse am Affekt des Lesers, daß sich der Sinn der Konzeption verunklärt. Goethes späte Kritik des Romans von *Paul et Virginie* vermag nicht zu sagen, »was er eigentlich bringt und was ihm fehlt«; so schreibt er ihm – ein Zeugnis für die vielseitige Beanspruchung der rousseauistischen Fluchtlektüre – unter dem Eindruck seiner Verbreitung und der Zeitstimmung des Julijahres 1830 überhaupt zu, »alles dasjenige zur Sprache zu bringen, was die Menschen in Frankreich damals bedrängen mochte [...], was die Notablen zusammen berief, die General-Staaten nöthig machte und zuletzt die völlige Umwälzung des Reiches bewirkte.«[13]

Bernardin hat die Gedanken des Rousseauschen Diskurses über die Ungleichheit in seinem Hüttenroman von 1791, *La chaumière indienne,* noch einmal zur Darstellung gebracht: Die Suche nach Wahrheit führt einen Londoner Gelehrten nach Bengalen. Doch nicht in den Palästen der hochmütigen Brahminen, sondern in der Hütte des ärmsten Paria findet er gastliche Aufnahme. Das Programm der exotischen Idylle ähnelt dem des ersten Romans: Hütte, Garten und Quelle liegen im geschützten Tal; die Familie des Paria bildet mit Katze und Hund eine kleine Gesellschaft; und das erotische Thema ermöglicht die moralische Entlarvung der großen Welt: Mit rührenden Gesten der Liebe hat der geächtete Paria die junge Brahminenwitwe bewogen, der drohenden Verbrennung, der unmenschlichen Konvention, zu entfliehen. In der Ruhe des Waldes suchen die Liebenden die *solitude à deux,* die vom Feuer der Liebe beseelte Natur, wie Rousseau seine Formel deutet,[14] in der Einsamkeit sind sie einander alles. Unbelastet vom Wissen um die vergangenen Dinge leben beide in geschichtslosem Glück. Und der Doktor, erkennend, daß Wahrheit nur mit einfältigem Herzen zu suchen, nur in der Natur zu finden ist, verabschiedet sich von den Bewohnern der indischen Hütte im Schutz des großen Paradiesfeigenbaums.

Unter den vorromantischen Schriftstellern, die es wie Mercier oder Florian unternahmen, edle Wilde und exotische

Natur rousseauisch zu feiern, war Bernardin wohl am entschiedensten bemüht, den familiären Arkadienentwurf mit der Paradiessage zu koppeln und utopisch zu modellieren. Gerade dieses, die prinzipielle Verwandtschaft seiner idyllischen Konzeptionen mit dem Staatsroman, wird selten gesehen und doch tritt sie vielfach hervor: Der von Europa weit abgelegene Schauplatz, im ersten Stück sogar eine Insel; die Erörterung sozialer Normen und menschlicher Fähigkeiten im Interesse der familiären Gemeinschaft; deren glücklicher, Melancholie – zeitweilig – ausschließender Zustand, sie geben dem Hüttenmotiv einen weit komplexeren Status als den von den moralisch-politischen Engführungen der Goethezeit gewohnten.[15] Bernardin selbst erläutert ihn programmatisch: »J'ai désiré réunir à la beauté de la nature entre les tropiques la beauté morale d'une petite société.«[16]

Für die romantische Steigerung des sentimentalen Naturkults hat wohl Chateaubriand das berühmteste Beispiel gegeben. Seine Erzählungen aus der Wildnis Nordamerikas, *Atala* (1801) und *René* (1803), »écrité sous les huttes mêmes des Sauvages«,[17] haben auf das europäische Lesepublikum der Restaurationszeit nachhaltig gewirkt und den melancholischen Habitus der Moderne maßgeblich geprägt.

Schon *Atala*, das Grundbuch des primitivistischen Exotismus der französischen Frühromantik, enthält Motive und Darstellungsweisen, die sich in den Gebrauchslektüren der folgenden Jahre rasch verbreiten. Zu ihnen gehört die groß entfaltete Landschaftsschilderung, wie das exotische Panorama des Anfangs sie vorführt, das Naturgemälde des *nouvel Eden,* wie Chateaubriand vom Mississippiland sagt; daneben aber auch die Dramatisierung des Liebesmotivs: »Les amours de deux sauvages dans le désert« (Untertitel). Sie sind abgehoben von der familiären Interpretation der arkadischen Liebe bei Bernardin: Atala und Chactas ziehen sich nicht in die Einsamkeit zurück, um eine moralisch schöne Gesellschaft zu begründen, sondern sie entfliehen der Gesellschaft ihrer Stämme in die Wildnis, ohne seßhaft zu werden. »Chaque soir nous allumions un grand feu, et nous bâtissions la hutte du voyage.«[18] Atala verweigert sich dem inständigen Wunsche Chactas', am Tennessee einen Hausstand zu gründen und verborgen zu leben. Ihr Schicksal ist romantische Wanderschaft mit dem Ziel, das der Mutter gegebene Gelübde zu halten und in der Einsamkeit des Klosters Nonne zu werden. Damit bringt die Erzählung das zum Verständnis des exotischen Fluchtmilieus noch bei Gerstäcker *(Tahiti)* oder Karl May *(Winnetou)* so wichtige religiöse Thema ins Spiel. Der Konflikt zwischen Atalas Liebe und ihrem Glauben wird zum Ausgangspunkt der Tragödie ihres selbstgewählten Todes. Im letzten Zuspruch des Missionars erfährt diese ihre archaistische Interpretation: »Sans doute, ma fille, les plus belles amours furent celles de cet homme et de cette femme sortis de la main du Créateur. Un paradis avait été formé pour eux, ils étaient innocents et immortels. [. . .] S'ils n'ont pu toutefois se maintenir dans cet état de bonheur, quels couples le pourront après eux?«[19] Es erfolgt schließlich die Verklärung des Liebesopfers durch das Grabzeremoniell für Atala. Chactas beerdigt sie nach den Obsequien, und in der Wildnis erhebt sich ihr Grabhügel.

Es wird zu sehen sein, wie die Stilisierung Arkadiens zum exotischen Paradies und die Verklärung der Wildnis in den Erzählungen von *Atala* und, später zu besprechen, *René* als Spielarten utopischer Lebensschilderung seit der Jahrhundertwende auch im deutschen Roman zu finden sind. Anlehnung an Rousseau und Bernardin sucht schon Sophie La Roche, deren *Erscheinungen am See Oneida* (1798) vom natürlichen Leben eines der Revolution entflohenen französischen Paares erzählen, oder J. F. Albrecht sprechender mit seinen *Szenen der Liebe aus Amerikas heißen Zonen* (1810). Es sei jedoch hier zum Vergleich auf den »größten Treffer« des exotischen Romans in der Goethezeit[20] eingegangen, *Die Prinzessin von Wolfenbüttel* (1804) von Zschokke.

Den historischen Stoff, das nach M. Bossus Erwähnung in seiner *Amerikareise* (1768) noch mehrfach aufgenommene Schicksal der Großfürstin Christine von Wolfenbüttel am Zarenhof, unternimmt Zschokke exotisch zu fassen und in ein Fluchtmärchen umzudeuten: Christine ist nicht, wie die Historie überliefert, in Moskau gestorben, sondern hat ihr Begräbnis vorgetäuscht, um den Qualen des Hoflebens und der Ehe mit dem rohen Zarewitsch zu entkommen. In Louisiana beginnt sie ein bürgerliches Leben und findet ihr Glück an der Seite des schon am Zarenhof heimlich geliebten

D'Aubant.

Die Ausstattung der Fabel bindet die auffälligsten Motive der sentimentalen Weltflucht. Ein bärtiger Greis, »gleich einem Brahminen am Ganges«, weist der vom Schmerz Ergriffenen den rechten Weg: »Dies ist Amerika!« sprach er, »und hier sollst du, wie eine Selige wohnen!«[21] Die exotische Vision bewegt die Prinzessin zur Flucht. Noch unterwegs erfährt sie bei russischen Bauern den Vorgeschmack auf ein geschichtsfernes Hüttenglück: »Seligkeit des unbemerkten Einsamlebens, nur gekannt von wenigen Guten, die uns lieben, welches Glück der Welt darf dir gleichgeachtet werden!«[22] Die arme Familie, die den Fliehenden Obdach gibt, ist das Musterbild einer kleinen Gesellschaft, und das Ideal, das den Umzug der Prinzessin vom Palast in die exotische Hütte legitimiert, ist gefunden: »Wie bezauberte mich die stille Zufriedenheit und Genügsamkeit dieser Armen! Alles, was ihr Herz wünschte, lag im Umkreis ihrer Hütte. Sie kannten die Herrlichkeit und das Elend der Großen nicht; sie wußten nichts von den Ereignissen, welche rings umher die Welt erschütterten.«[23] Doch neben den idyllischen Topoi Bernardins, neben Brahminenweisheit und Einsamkeit, kleiner Gesellschaft und Geschichtsferne kommen auch die melancholischen ins Spiel. Wie Chateaubriands René ergeht sich Christine in schmerzlicher Enttäuschung über die Alte Welt. Über Frankreich gelangt sie nach St. Domingo – »noch zu nahe an Europa [. . .], jenem mir so furchtbar gewordenen Welttheil.«[24]

In die exotische Natur drängt es die Prinzessin: »Ich will nach Louisiana. Dahin zieht mich meine Sehnsucht. Dort werd' ich im Schatten tausendjähriger Haine verborgen und vergessen leben; dort werd' ich mir ganz gehören. Und vielleicht – [. . .] süß ist mein Wahn – ich bin in jenen Wildnissen dann so einsam nicht, mir ist's, wie eine Weissagung, so mir geschehen.«[25] Solche Folgen verkörpern Replik: Auch René geht nach Louisiana; er lebt verborgen in den Wäldern, um sich selbst zu finden; in der Geschichte seiner Flucht ist die Beseelung der Wildnis durch eine romantische Liebe vorgegeben; und die religiöse Naturverklärung Chateaubriands wird in Zschokkes Darbietung zu erbaulichem Gemeingut: »Gute Nacht denn, Weltgethümmel, aus welchem wir alle scheiden mit verwundetem Herzen! – Empfanget mich, ihr stillen

Wildnisse der Fremde, und gebet mir die längst entbehrte Ruhe. Dort hört der furchtbare Wechsel der Schicksale auf. Unsere Tage verfließen dort in milder Einförmigkeit, wie sanftes Träumen, in klösterlicher Stille, bis sie unsern Staub in den friedlichen Schoos der Erde senken. [...] Seid mir gegrüßt, ihr heiligen Wildnisse, die noch der Ehrgeiz, die Wollust und der Golddurst keines Europäers entweihte! Nehmt mich auf in eure kühlen Schatten; ich gehöre nicht mehr dem Getümmel der Welt und ihrer Leidenschaft; ich werde fortan leben in meinem harmlosen Selbst.«[26]

Parallel zur melancholischen Flucht der Prinzessin erzählt der Roman vom Europamüden D'Aubant. Außer dem Wunsch, vergangene Leiden zu vergessen, bringen ihn praktische Überlegungen nach Übersee: Er reist als Kolonist in die Louisiana, und der Zufall fügt, daß er Christine in ihrer »Einsiedelei« wiedertrifft. Getreu Rousseau gerät beiden »diese romantische Einsamkeit zum Zaubergarten«,[27] der Tod des Zarewitsch macht eine Verbindung möglich, und »eine Reihe seliger Monde und Jahre blühete dem hochbeglückten Paare in Louisiana's Einsamkeit auf [...].«[28] Spät erst verkaufen sie ihre Pflanzungen mit großem Gewinn und kehren in den Lebensabend nach Europa zurück.

Nach Einschätzung ihres Verfassers gehört *Die Prinzessin von Wolfenbüttel* zu den »leichten Produkten einer überströmenden Gemüthsseligkeit«, durch deren Verfertigung er sich »mit der abstoßenden Wirklichkeit zu versöhnen pflegte«.[29] Zschokkes Gemeinschaft mit der Unterhaltungs- und Illusionsproduktion im frühen Überseegenre könnte kaum besser beschrieben werden. Sein wiederholender, unterhaltender Umgang mit den Vorstellungsreihen des arkadischen Programms der Jahrhundertwende macht einen Teil der Glückserwartungen sichtbar, nach denen man bis in den Vormärz den Traum vom Entkommen allgemein träumte.

Solitude à deux

»Heute spazierten wir abends mit Reinbecks, und kamen an einem Minimum von *Hütte* vorüber. Reinbeck bemerkte, wie genügsam der Mensch doch sein könnte, in solcher Hütte wohnen zu können. O! rief ich aus, unter gewissen Umständen möchte ich gleich da drin wohnen!«[30] Der Liebeszettel Nikolaus Lenaus, der dies für Sophie Löwenthal zum 8. August 1837 notiert, kann auf die Angabe der Umstände verzichten. Sie werden in Versen genannt, die Lenau Jahre zuvor an Sophie übersandt hatte und die die damals beendete transatlantische Reise deuten –

Urwald in deinem Brausen
Und ernsten Dämmerschein
Mit der Geliebten hausen
Möcht ich allein – allein!

Von deinen schlanksten Bäumen
Baut ich ein Hüttlein traut
Mir aus zu Himmelsräumen;
O komm, du schöne Braut![31]

In Lenaus Lyrik haben die archaistischen Entwürfe der sentimentalen Tradition, das stürmische Arkadien Bernardins, die geteilte Einsamkeit Rousseaus, der christliche Liebestraum Chateaubriands begonnen, zu Klischees zu verfallen. Mit wenigen Chiffren ruft er sie ab, um dem Amerikaaufenthalt im Winter 1832/33 poetischen Sinn zu geben, während man in seinen Briefen liest, daß die wahren Beweggründe zur Reise andere sind, daß seine Absichten der Legende vom sehnenden Dichter und Europamüden wenig entsprechen. Nur drei bis vier Wochen will er bleiben und sein Geld in einer Farm anlegen. Mit einem Auswanderer hat er schon vor der Überfahrt einen Pachtvertrag abgeschlossen. Sein Besitz soll eine Rente abwerfen, bald wird der Wert des Landes sich versechsfacht haben.[32] Dennoch betreiben die Briefe die melancholische Stilisierung des Unternehmens. Lenau beabsichtigt, sein Herz unterwegs »durch und durch in Schmerz zu mazerieren«,[33] und es gelingt, anders als geplant, in der großen Amerika-Enttäuschung, über welcher ihm schließlich auch das kommerzielle Interesse an seinem Besitz in Ohio abhanden kommt.

Die wirklichkeitsbrechende Anwendung des Hüttenmotivs auf den Liebesalltag in Brief und Vers kehrt wieder in der Ambivalenz, die Lenau sowohl in sein Überseeunternehmen wie in seine Liebesbeziehung legt. Der von materieller Nutzerwägung und genießender Verzweiflung bestimmten Amerika-Utopie entspricht, mit ihr zusammengedacht, das zwischen Wunsch und Wirklichkeit errichtete Verhältnis zu Sophie. Wiederholt sprechen die Briefe an sie in den späten dreißiger Jahren von Hüttenglück und Einsamkeit zu zweit an fernen Orten.[34] Doch immer bleibt es bei einer irrealen Option. Eingestandenermaßen unfähig, »die Sphäre der Poesie und die Sphäre des menschlichen Lebens«[35] auseinanderzuhalten, entsagt er der mit seinem Freund Löwenthal verheirateten Frau, aber »niederkämpfen werde ich die Liebe nicht«.[36]

Lenaus Heiligung der Urwaldhütte zum »Himmelsraum« ist der Ausdruck seines Verzichts auf Erfüllung mit dem Sinn, seine unentschiedene Liebe zu Sophie zu legitimieren. So gerät das utopische Motiv in den Dienst der gesellschaftlichen Konvention, wird es zu einem Mittel der Konfliktvermeidung und enthüllt die Unverbindlichkeit der exotischen Wunschbilder, in denen es zur Darstellung gelangt. Lenau bringt damit über das exotische Thema den Kult der ästhetischen Verzweiflung, den die europäische Dichtergeneration im Weltschmerz errichtet, in die Nähe des Trivialen. Vom Schmerz des Lebens, vom Gedanken an den eigenen Untergang »mit einer Art wollüstigen Grauens« gefesselt, wie er gern gesteht,[37] gelingen ihm Anleihen am besten. Die Auskunft, »daß ich schon als Kind eine gewisse Freude am Unglück hatte«,[38] ist ein Bekenntnis zur Haltung Renés, der in der Einsamkeit der amerikanischen Urwälder räsoniert, »avec un secret mouvement de joie, que la douleur n'est pas une affection qu'on épuise comme de plaisir.«[39]

Das Beispiel Lenaus vermag für die anerkannte Literatur der Restaurationsepoche zu zeigen, wie die arkadische Utopie im *mal du siècle* zur Illusion verfällt. Lenaus künstlerische Lebensdeutung ist nicht daran interessiert, den mißbilligten Zeitverhältnissen den Entwurf ihrer Heilung entgegenzuhalten; sie hebt den Widerspruch zwischen Ideal und Wirklichkeit in der Verklärung des Schmerzes auf. Dabei weist sein Rang als mittleres Talent auf das Allgemeine des Vorgangs hin. Denn er setzt keine neuen Standards, er beteiligt sich vielmehr an der epigonalen Verwendung poetischer Muster, die lange vor ihm ausgebildet waren. Wieder ist es Chateaubriand, dessen politisch bedingte Überseetour (1791/92) als Vorbild wirkt und die melancholisch erlebte Geschäftsreise Lenaus an den Ohio ins Verhältnis setzt. Dabei erweist sich der Liebesverzicht Lenaus zugleich vorgebildet in der exotischen Stilisierung, die Chateaubriand seiner Reise durch die Erzählung von *René* gegeben hatte. Die Eröffnung führt die Bedingungen aus, nach denen das paradiesische Leben in der Wildnis möglich wird: »En arrivant chez les Natchez, René avait été obligé de prendre une épouse, pour se conformer aux moeurs des Indiens; mais il ne vivait point avec elle. Un penchant mélancolique l'entraînait au fond des bois; il y passait seul des journées entières, et semblait sauvage parmi des sauvages.«[40] Das heißt, das romantische Paradies Renés verkörpert nicht wie das Arkadien des 18. Jahrhunderts bewohnte Natur, sondern die unbewohnte *heilige Wildnis*, wie es im Vokabular des primitivistisch argumentierenden Exotismus der europäischen Romantik heißt. Die Erzählung, in allem auf sein Programm verpflichtet, sieht deshalb vor, daß René durch die Verbindung mit einer Indianerin den Status des Naturmenschen erwirbt. Doch erst der Verzicht auf die Gemeinschaft mit ihr und dem Natchez-Stamm, erst die völlige Einsamkeit in den Wäldern verschafft René neben dem sozialen auch den moralischen Status des Wilden und somit die Identität als Subjekt der romantischen Melancholie. Eingelagert in die rousseauische Erlösungssage ist die Liebesgeschichte Renés in Europa:

Abgestoßen vom Leben in der Zivilisation der Großstadt und der großen Welt seiner Kavalierstour, war René in die heimatlichen Wälder geflohen »pour m'ensevelir dans une chaumière«.[41] In der Einsamkeit erschüttert ihn das gewaltige Schauspiel der Natur, er verfällt dem Schmerz, der ihn ganz beansprucht; nur verlangt es ihn nach einer idealen Liebe, vermißt er »une femme selon mes désirs [. . .] une Eve tirée de moi-même [. . .] Beauté celeste«,[42] mit der er die melancholischen Ekstasen seines Naturerlebens zu teilen vermöchte. Tatsächlich lebt dieses bibelarchaisch unterlegte, subjektivistische Wunschbild in Gestalt Amélies. Aber sie ist seine Schwester, was beider Unglück beschleunigt. Amélie opfert sich für den Glauben und stirbt demütig im Kloster dahin. René bricht mit seinem bisherigen Leben und verläßt den Schauplatz seiner Verzweiflung: »Mon chagrin était devenu une occupation qui remplissait tous mes moments: tant mon coeur est naturellement pétri d'ennui et de misère! Je pris donc subitement une autre résolution; je me déterminai à quitter l'Europe, et à passer en Amérique.«[43] Und noch im Unvermittelten des Entschlusses (das auch den Entscheidungen Chamissos oder Lenaus zu ihren Reisen eignet) zeigt sich die Anwendung des *ennui* auf die exotische Idylle: Renés Gesellschaftsflucht, seine naturverklärende Erlösungssehnsucht vertragen sich nicht mit den Sitten der Natchez, für die der greise Chactas, längst zum Christentum bekehrt, ähnlich wie in *Atala* ein vorromantisches Lebensideal preist – »il n'y a de bonheur que dans les voies communes«.[44] René folgt der Ermahnung des Wilden und kehrt aus den Wäldern zu seiner indianischen Gattin zurück. Das Glück aber findet er selbst in der kleinen Gesellschaft des Stammes nicht. Von Sehnsucht nach dem Grenzenlosen verzehrt, kommt er im Krieg der Natchez gegen die Franzosen um, und immer noch, so der aitiologische Schluß, zeigt man den Felsen, auf dem er bei Sonnenuntergang zu ruhen pflegte.

Chateaubriands Ideal einer transzendentalen Selbsterfüllung im gesellschaftslosen Zustand, wie sie *René* für das europäische Milieu in die Fabel von der entsagenden Geschwisterliebe, für das romantische Arkadien in die Fabel vom zerstörten Liebesglück des Europamüden in der Wildnis faßt, wird nicht nur von Ästheten des Weltschmerzes übernommen. Dem Gefälle, das zwischen den zeitkranken Räsonnements seiner exotischen Erzählungen und der nachahmenden Attitüde Lenaus liegt, entspricht ähnlich dasjenige zwischen der epigonalen Dichtung des spätromantischen Hochstils und den populären Lektüren, die den aus *Atala* und *René* beziehbaren Vorrat an Motiven und Schlagworten gemütserregend verwerten. Dabei bietet besonders das Thema vom rassisch gemischten Liebespaar Gelegenheit, dem Evasionsbedürfnis des großen Publikums entgegenzukommen.

Ein Beispiel aus dem Bereich der Leihlektüren liefert Amalie Schoppe mit ihrem Roman *Die Colonisten* (1836). Die einst populäre, heute allenfalls wegen ihres Engagements für Hebbel bekannte Verfasserin läßt die für die exotischen Unterhaltungslektüren des früheren 19. Jahrhunderts charakteristische Appellstruktur gut erkennen. Ihre sich sorglos aus Geographie und Reisebericht bedienende, räsonierend verknüpfte Erzählung führt nach »Neu-Holland« und bildet ein deutsches Ergänzungsstück zu den nach der Reise Cooks und dem Bountyskandal beliebten englischen Südseegeschichten.

Arthur, der Sohn eines Deportierten, verachtet die weiße Siedlergesellschaft in Sidney. Er flieht aus der Hauptstadt »in die reizende Wildniß heraus, in eine Natur-Einsamkeit, wie sie in Europa selten zu finden sein dürfte«.[45] Hier zu weilen, bedeutet ihm Wohltat und »unabweisbares Bedürfniß«, so daß er sich »Tage, Wochen und Monden von der civilisirten Welt entfernte und in diesen Wildnissen lebte, [. . .] wo er sich minder selbst haßte und verabscheute, als an anderen Orten und im Verkehr mit der gebildeten Welt.«[46] Damit hat die Exposition die Verfassung des Helden mit dem Natur- und Einsamkeitskult Renés bestimmt und das fast einzige Motiv der personenarmen Handlung kann entfaltet werden: Auch Arthur hat eine *beauté celeste,* eine Eva im Überseeparadies gefunden. Es ist die Häuptlingsschwester Daringha, deren Hütte »am Rande der Wildnis« steht. Periodisch aus Sidney entwichen, sann Arthur auf beider Lebensglück: »Oft träumte er in der Wildniß einen schönen Traum, der aber nur zu bald wieder verschwand. Er wollte sich an der schönsten, fruchtbarsten Stelle der weiten Ebene, neben einem murmelnden Bache, unter schön belaubten Kasuarina-Bäumen eine Hütte bauen und in diese Daringha als sein Weib, als die treue Gefährtin seines Lebens führen. Für sie zu wirken, zu schaffen, ihren Verstand aufzuhellen, [. . .] sie von den Banden des finsteren Aberglaubens zu befreien, das erschien ihm dann als eine würdige Aufgabe seines Lebens und er konnte wieder an Glück, Ruhe und Seelenfrieden denken [. . .]. Dann aber erwachte plötzlich die Sehnsucht nach den Seinen in seinem Herzen, und Bedürfnisse fanden sich wieder ein, [. . .] die, eben weil sie rein geistiger Art waren, nur inmitten der Civilisation befriedigt werden konnten. Er verließ die Wildniß, zertrümmerte sein erträumtes Paradies, nahm Abschied von Daringha, [. . .] und kehrte zu den Seinen, zu Vater, Mutter und Schwester zurück [. . .]. Nicht lange duldete es ihn aber in ihrem Kreise; bald verletzte etwas sein wundes Gefühl; der Dämon erwachte in seinem Herzen und er wußte nur dadurch Rettung vor sich selbst zu finden, daß er wieder in die

Wildniß, zu Daringha, floh und an ihrer reinen Brust seinen tiefen Lebensschmerz ausweinte.«[47]

Die Mitteilung zur seelischen Lage des Helden charakterisiert sowohl Ideologie als auch Leserstrategie des Werks. Für beide ist es bezeichnend, daß der Text den Traum von der Hütte in Übersee an Werthaltungen bindet, die weder zu den Errungenschaften des Vormärz gehören noch, wie es die transatlantischen Romane etwa Sealsfields für die modernen Literaturbestrebungen der dreißiger Jahre vorbildlich vorführten, zu einer zeitengagierten Tendenz zusammengefaßt werden. Stattdessen sind Ausstattungswerte des klassischen Lustorts (Wiese als »Ebene«, Bach, Baumschatten) mit Vorstellungen des aufgeklärten Eudämonismus gekoppelt (mit der Erhellung des Verstandes verbinden sich Ruhe und Seelenfrieden), wird an die soziale Zuflucht des aufgeklärten Bürgers erinnert: Arthur zieht es in die Familiengemeinschaft. Längst obsolete Versatzstücke der idyllischen Tradition sind eingesetzt, um störenden Problemstoff herauszuhalten und doch zeitgemäß zu wirken: Die Verwendung von Elementen des sentimentalen Arkadienideals assoziiert biedermeierliche Häuslichkeit und bewirkt den Anschein aktueller Lebensdeutung, den die Anleihen beim Reizvokabular des *mal du siècle* noch verstärken. Wie unverbindlich die Konzeption dabei bleibt, zeigt im Fortgang der Erzählung Arthurs Benehmen gegenüber Daringha. Zwar scheint es der Haltung Renés zu gleichen, da auch Arthur auf das Zusammenleben mit der »indianischen« (!) Wilden verzichtet. Doch die Begründung kommt nicht aus der gesellschaftsfeindlichen Melancholie des romantischen Europamüden, sondern aus den Konventionen der bürgerlichen Moral – »die rohe Begierde schwieg in ihrer Nähe, obgleich Daringha schön war wie der junge Morgen«.[48] Chateaubriands Psychologie ist damit suspendiert. Arthurs Liebe ist weniger an Kategorien seelischen Leidens als an der objektiven gesellschaftlichen Norm der Tugend orientiert, was denn auch gegen Schluß des Romans zur Entschuldigung dafür beitragen wird, daß er den Bund mit der Tochter des Gouverneurs von Sidney und die Rückkehr zur Gesellschaft der Weißen dem Liebesleben in der Wildnis vorzieht. Ähnlich ist überall dafür gesorgt, daß die bürgerliche Moral keinen Anstoß nimmt und die mit der Wahl des exotischen Schauplatzes mittelbar versprochene Lizenz beschränkt bleibt. Selbst die schöne Wilde bedarf einer Aufwertung der Person durch Anpassung an die europäische Gesittung. Daringhas Veredelung durch den geistig höherstehenden Arthur erfolgt deshalb um den Preis ihrer Entfremdung von ihrem Stamm. Wie eine Byronsche *child-wife*, ein »unschuldsvolles erwachsenes Kind«, und durch rassische Merkmale abgehoben – »Ihre Haut, obgleich sie sich in Hinsicht der Farbe der der Süd-Europäer näherte, war fast durchsichtig zu nennen«, nämlich »schön und weiß«[49] – erscheint sie prädestiniert für die tragische Rolle der Liebenden zwischen den Rassen.

Wie eine *sylphide* Chateaubriands als heiliges Naturwesen über die rohen Stammesgenossen gestellt, deren häßliche, triebhafte, abergläubische Protagonisten dem Leser verächtlich werden, entscheidet sie sich für ein Leben in der Nachbarschaft der Weißen und übt aus Liebe zu Arthur Verrat an ihrem Stamm. Anders als in der Erzählung Chateaubriands trägt also hier das Naturkind die Unkosten des Rassenkrieges. Denn Daringhas moralisches Opfer bringt Arthur nicht aus dem Banne Olivias und der hauptstädtischen großen Gesellschaft zurück. Dem Glück in der einsamen Wildnis folgt bald die Peripetie, und die Rollen verkehren sich: Daringha verzehrt sich in Schmerz nach dem verlorenen Paradies: »O könnte es wieder werden, wie es früher war, wo ich weder Sünde noch Unrecht kannte, wo ein Tag dem andern schönen Tage glich, [...] wo wir Beide die besten und glücklichsten Wesen in der Wildniß waren, und nur füreinander lebten!«[50] Noch einmal entfalten ihre Räsonnements den Traum vom Entkommen zur *solitude à deux* in einen Raum der natürlichen Privatheit: »Komm, Geliebter, entflieh mit mir [...] Ich kenne außer dieser noch schöne glückselige Gegenden, wo die Lüfte mild wehen, wie hier. [...] Dahin will ich Dich führen, dort sollst Du Herrscher sein über die ganze Natur und über mein Herz; dort will ich Dir eine Hütte bauen, Dir ein Lager bereiten von den weichsten und duftigsten Kräutern, und einschlummern sollst Du in meinen Armen, erwachen in den Armen der Liebe.«[51] Doch die Ergießung, dem Tone Mignons nachempfunden, bleibt ohne Wirkung. Als letztes Mittel, Arthur zurückzugewinnen, dient Daringha ein Liebestrank, von dem sie nicht weiß, daß die tückische Stammeshexe ihn vergiftet hat. Als Arthur stirbt, bricht auch Daringha das Herz; im Tode sind die Liebenden vereint, »und freundlich werfen Sonne, Mond und Sterne ihre Strahlen auf das einsame Grab in der Wildniß«.[52]

Die Fülle beiläufiger Reminiszenz aus zeitgenössischen Bildungslektüren, die in die Erzählung eingeht, die der europäischen Romantik entnommenen Motive sind damit sicher nicht vollständig, die Entlehnungen aus der ethnographischen Literatur noch gar nicht vorgeführt. Dennoch erlaubt der Befund, einige Schlüsse auf die Absicht zu ziehen, mit der das Thema von der natürlichen Liebe hier dargestellt erscheint. Zuerst einmal appelliert der Roman an Leser, denen Anleihen bei der Weltflucht der sentimentalen Idylle, der Europamüdigkeit Renés, beim Sylphiden-Ideal Chateaubriands und Byrons, bei der Evasionsthematik des *Wilhelm Meister* willkommen sind, weil sie sich mit ihrer Substanz identifizieren. Die Verfasserin täuscht damit ein Kalkül vor, das auf andere Weise wenig früher dem »großen Unbekannten« Sealsfield zum Erfolg verholfen hatte: »Obwohl übrigens dieses Buch für alle Klassen der bürgerlichen Gesellschaft geschrieben ist, so glauben wir doch, um Niemandes Erwartungen zu täuschen, beifügen zu müssen, daß nur der höher Gebildete [. . .] wahren und hohen Genuß schöpfen wird [. . .].«[53]

Das rassisch gemischte Liebespaar erscheint angesichts dieser unausgesprochenen Vorgabe als Figurenkonstellation besonders geeignet, erotische Libertinage anzubieten, ohne gegen das bürgerliche Moralempfinden zu verstoßen. Ist doch die edle Wilde Daringha an das Sittengesetz der bürgerlichen Gesellschaft nicht gebunden; das freie Liebesleben stürzt sie nicht in Konflikte – ein Grund für die Erzählerin, offenzulassen, wie lange nach vielen Nächten, die Arthur in Daringhas Hütte zubringt, seine Tugend vorhält. Bräche er aber auch mit ihr, wie man andeutungsweise erfährt, oder verließe er Daringha, wie es der Schluß des Romans signalisiert – zu inneren Zweifeln kann es bei der voraus garantierten Überlegenheit des zivilisierten Liebenden nicht kommen. Nach dieser beschwichtigenden Logik wird das australische neue Eden für den Leser zu einer Zone der moralischen Unverbindlichkeit. Abermals zeigt sich, wie die Substanz der romantischen Hochliteratur – die Miltonrezeption seit Chateaubriand (der mit dem *Paradise lost* auf das genaueste vertraut war)[54] – durch zweideutigen Gebrauch zu Unterhaltungsware wird. Wohl lockt die Erzählung mit dem Wunschbild vom gesellschaftsfernen Liebesglück. Sie entwertet es aber zugleich mit dem Hinweis auf seine illusionäre Beschaffenheit, auf den Verlust des Paradieses, und nimmt damit die pikante Konzession an das Unterhaltungs- und Fluchtbedürfnis des Lesers wieder zurück. Ähnlich fungieren am Ende Liebestrank und Liebestod mit dem Sinn, die erotische Utopie zu verklären und zugleich zu widerlegen: Indem der Romanschluß dem Tod des gesellschaftsflüchtigen Paares die Gloriole des Tragischen verleiht, setzt er den Ordnungswillen des bürgerlichen Lesers wieder ins Recht.

Man sieht am Beispiel der Schoppe, wie der exotische Roman als räsonierende Unterhaltungslektüre mit Kompromissen zwischen Reiz und Beschwichtigung, zwischen Sinnangebot und Konfliktvermeidung, zwischen Problemverdrängung und bürgerlicher Selbstbestätigung dem Evasionsbedürfnis gebildeter Leser entgegenzukommen sucht. Dabei gehören der Umgang mit der romantisch-arkadischen Liebesidee, der Einsatz weltschmerzlicher Topik, die Inszenierung exotischen Milieus zu einem erzählerischen Repertoire, dessen Anziehungskraft am Ende auf seiner Eignung beruht, ein verbreitetes, in den vormärzlichen Zeitverhältnissen begründetes Unbehagen mittelständischer Schichten an der Lebenswirklichkeit – ein diffuses, das politische Thema bleibt unberührt – zu entlasten und kommerziell zu nutzen.

In den *Colonisten* begegnet das exotische Liebesparadies, das Lenau programmatisch gegen die Wirklichkeit der gesellschaftlichen Konvention gehalten hatte, nur mehr als Ware. Sie bleibt allerdings gefragt, die ethnographischen Erzähler auch des strengen Realismus zögern nicht, sie weiter zu handeln. Gerstäcker unterzieht mit der tragisch-idyllischen Fabel vom gemischten Liebespaar seinen umfangreichen Zeitroman *Tahiti* (1854). Der Held der Geschichte, René (!), ist europamüde in die Südsee gelangt und von einem Walfänger auf die Insel Atiu desertiert. Das Eingeborenenmädchen Sadie rettet ihn vor seinen Verfolgern, und der Wunschtraum des Zerrissenen, im tropischen Arkadien Ruhe zu finden, scheint der Erfüllung nahe: »Rastlos, von einem inneren Drang getrieben, dem ich keinen Namen zu geben wußte, jagte es mich in der Welt umher – die Afrikanischen Wüsten und Canadischen Wälder konnten die Sehnsucht nicht befriedigen, die mich weiter und weiter drängte; als Soldat zog ich in die Raubstaaten der Algierer – umsonst – als Jäger in die Felsengebirge Amerikas – umsonst – selbst die See versuchte ich, und in den Eismeeren des Nordens glaubt' ich vielleicht den Punkt zu finden, der mir nicht Rast noch Ruhe ließ [. . .] Da fand ich Dich, Sadie – [. . .]. Werde mein Weib – laß uns auf dieser freundlichen Insel, fern von den Sorgen, dem gefühllosen Treiben der Welt, unsere Heimat gründen.«[55] In der Verborgenheit der Palmenlaube ist für René der »Himmel« gelegen.

Der unter dem Eindruck der Tahitibücher Melvilles verfaßte, breit dokumentierte Roman mobilisiert die bekannten Muster: Nachdem der Missionar das Paar verbunden hat, leben die beiden mit ihrem Töchterchen als glückliche Familie, bis der englisch-französische Kolonialkrieg um Tahiti René in die Hauptstadt verschlägt. Eingefangen vom großen Gesellschaftsleben Papeetes, verliebt er sich in die Amerikanerin Susanne und geht mit ihr als Gesandter nach Paris. Als er neun Jahre später, wiederum europamüde und »ein Greis«, nach Atiu zurückkehrt – hier dient das Wunschbild von der exotisch-arkadischen solitude à deux zur Verklärung des bürgerlichen Familienideals –, lebt nur seine junge Tochter: Nachdem Sadie von seiner Untreue erfahren hatte, war ihr das Herz gebrochen. René rudert auf das offene Meer hinaus und bleibt verschollen.

Es bestätigt Gerstäckers Rang als realistischer Volksschriftsteller, daß er die tragische Idylle vom gemischten Liebespaar zwar noch mit den Motiven, kaum aber mit Räsonnements der sentimentalen oder romantischen Weltflucht bestreitet, sondern versucht, sie als eine Parabel zur Zeitgeschichte glaubhaft zu machen. Das freilich bewirkt, daß ihre Motivik vor dem Hintergrund der in die Schilderungen aufgenommenen europäischen Südseekolonisation verbrauchter erscheint als in dem Bildungsmärchen der Schoppe, das auf die zeitgeschichtliche Folie verzichtet.

So läßt sich als folgerichtig verstehen, daß Armand (H. Strubberg) seine Version der evasorischen Liebesromanze einem Roman, *An der Indianergrenze* (1859), vorschaltet und so das sentimentale vom kultur- und sittenbildlichen Erzählangebot trennt. Auch die zeitgenössische Kritik unterscheidet inzwischen die poetische Illusion vom lebenswahren Bericht. Arrmand, so heißt es im bürgerlichen Urteil, leistet das Bedeutende auf ethnographischem Gebiet, nicht in der künstlerischen Gestaltung. »Das Poesievollste, das Armand je geschaffen, ist die kleine, Farnwalds Liebesidyll mit der Indianerin Owaja und deren tragisches Ende schildernde Episode am Anfang dieses Buches, die ein reizendes Epos für sich bildet und mit der übrigen Erzählung in fast gar keinem Zusammenhang steht.«[56]

Farnwald, ein deutscher Arzt und Westmann, hat, mit der Welt zerfallen, jenseits aller amerikanischen Grenzsiedlungen »in diesem paradiesischen Himmelsstrich, umgeben von tropischer Riesenvegetation [...] seinen einsamen Wohnsitz aufgeschlagen.«[57] Er liebt Owaja, die Häuptlingstochter vom Stamm der Lepan-Indianer. In der Einsamkeit der Prairie tauschen die Liebenden Seligkeiten, und Farnwald plant ein neues Leben – »ich verlasse das Land, wo ich jetzt wohne, wenn Du es willst, ich ziehe mit Dir, wenn es sein muß, fort in die Gebirge, wo weder die rothen, noch die weißen Männer unserer Liebe feindlich entgegentreten können, nur mit Dir allein kann ich glücklich sein!«[58] Aber Hargo, der rohe Wilde, verfolgt die Liebenden mit seiner Eifersucht und tötet Owaja, bevor noch Farnwald ihn niederschießen kann. Nahe bei Farnwalds Hütte erhebt sich Owajas kleiner Grabhügel in der Wildnis.

Auch dieser Erzählung sind die Themen der sentimentalen Tradition unterlegt, die Sehnsucht des Europäers nach Einsamkeit und Ruhe, das Liebesversteck, die Verklärung des Naturkindes, selbst die seit *Atala* obligate Glaubensfrage (die dann in Gerstäckers Liebesgeschichte missionskritisch aufgenommen wird). Aber die mit den fünfziger Jahren auch im ethnographischen Realismus zunehmende Vorliebe für Spannung und Überraschung, für die Mittel des Aktionsromans, drängen ihre räsonierende Entfaltung zurück. Daneben beeinträchtigt die Lösung der idyllischen Liebesfabel aus dem Zusammenhang des Romans, vermindern ihre Durchdringung mit Landschaftsschilderung und Indianergenre sowie die Sättigung mit authentischer Anschauung des Verfassers die Überzeugungskraft der paradiesischen Utopie vom fernen Westen. Die Doppelbödigkeit ihrer bald von Entlastungs-, bald von Bestätigungsfunktionen bedingten Aussagen bedeutet denn auch gegenüber Gerstäcker einen Rückfall in die Unterhaltungsstrategie der Schoppe – »bei jeder Gelegenheit hatte die Civilisation über die Rohheit den Sieg davon getragen«.[59]

Die Variationen, die das Thema in Vers und Prosa während des 19. Jahrhunderts erfährt, seien hier nicht verfolgt. Es genüge, für das eine an den großen Erfolg zu erinnern, den Longfellows Indianerepyllion *Hiawatha* (1855) errang, ein exotisches Genrestück, das auch deutschen Repliken als Vorbild diente.[60] Ihre exklusive Form verrät als den Adressaten der poetisch gefaßten Liebesromanze den gebildeten Geschmack. Die populäre Unterhaltungsstrategie dagegen opfert das ästhetische Beiwerk einer nicht durch Kunstschönheit, sondern durch Spannung bewirkten Affekterregung: In Gerstäckers Erzählung vom *Walfischfänger* (1860), einem Sittenstück vom Frauenraub des weißen Seemanns in der Südsee, ist das sentimentale Thema der Kolportage verfallen.

Die anhaltende Brauchbarkeit des Themas vom gemischten Liebespaar und seiner tragisch-idyllischen Inszenierung enthüllt einen für das Verständnis der exotischen Evasionsangebote überhaupt aufschlußreichen Zusammenhang. Ganz allgemein kommt seine Behandlung kollektiven Wünschen nach Befreiung von gesellschaftlichem Zwang und nach sexueller Triebbefriedigung entgegen, wobei die psychologische Differenzierung der Literaturgeschichte des Abenteuers auch vor Karl May die Genese und Funktion der fiktional gespiegelten Syndrome noch zu klären hätte, in denen die Selbsterfahrung so breiter Leserschichten des 19. Jahrhunderts aufgehoben liegt. Im Besonderen der erörterten, leicht zu vermehrenden Beispiele tritt, bedingt vom Zusammengehen der exotistischen mit der utopischen Tendenz,[61] ein für das Wunschbild von der *solitude à deux* konstitutiver Widerspruch hervor: Der utopische Ordnungsentwurf verbietet die Melancholie;[62] der exotistische aber – als negativer – gründet in ihr, und seine unterhaltende Darstellung ist darüber hinaus bedacht, melancholische Stimmungen affekterregend zu nutzen. Die Unverträglichkeit beider Positionen erscheint im Exotismus der populären Lektüren als Zweideutigkeit. Doch auch das populäre

Räsonnement der zeitgenössischen Kulturphilosophie unterscheidet nicht zwischen exotistischem und utopischem Antrieb der Melancholie – »Kultivirte Nationen kennen die Melancholie aus dem Grunde nicht, weil sie die adamitischen Paradies-Träume verloren haben, weil das bißchen Seelenleben und elementare Natur in dem Formalismus und in der Convenienz längst abhanden gekommen ist. Der Grundzug des gebornen Dichters, als des Naturmenschen unter den Culturmenschen ist und bleibt Melancholie, Paradiestraum: mitten in der Wüste der Civilisation!«[63]

Emigranten

Von der frühen Entdeckerzeit bis an die Wende zum 19. Jahrhundert kommt die Kenntnis der Überseewelt in Europa aus Berichten, deren Information vor allem über den Gewürzhandel, die Mission und die großen Forschungsreisen erhoben waren. Solange auch bleibt ihre Deutung, die Interpretation der frühen Kolonialgeschichte von archaistischer Anthropologie, von Sehnsucht nach dem Paradies bestimmt. Kolumbus hatte es, auf die Bibel gestützt, an den Quellen des Orinoco vermutet, und die Konquistadoren sprachen von anderen Orten. Zugleich geht das wichtigste materielle Motiv der Entdekkerreisen, die Suche nach Gold und Bereicherung, in die Sage ein, denn »im Gold fing sich der irdische Abglanz des Himmels und des Göttlichen«,[64] das Paradies konnte Eldorado werden. Dem Widerschein dieses doppelsinnigen Mythos der Entdeckerzeit noch in Lenaus wirtschaftlich-weltschmerzlicher Reiseabsicht liegen die theoretische Auflösung der Paradiessage durch die aufgeklärten Erörterungen des Edlen Wilden, ihre Säkularisierung durch den kulturkritischen Archaismus und Futurismus zumal in der Folge Rousseaus voraus, die sich in Robinsonaden, in Utopien und den ersten Überseeromanen gegen 1800 jeweils verschieden niederschlagen.

Das beginnende Industriezeitalter bedingt, daß die alten mythischen und sozialutopischen Deutungen der außereuropäischen Welt an Geltung verlieren. Dampfschiffahrt und Imperialismus, Walfangwirtschaft und Expeditionswesen lassen die exotischen Länder zugänglicher erscheinen; Hungerjahre, Pauperismus und Proletarisierung führen zu einem

Ansteigen des sozialen Drucks, besonders in den südlicheren Ländern des deutschen Bundes, dem die Fürstenregimes zu ihrer Entlastung mit einer energischen Förderung der Auswanderung zu steuern suchen. Durch die großen Emigrationsschübe über die Metternichzeit hinaus wird die Berührung mit der Überseewelt und vor allem mit Nordamerika zu einer deutschen und europäischen Massenerfahrung, deren literarisches Korrelat – weitgehend unbeachtet – im Vorrat jener Populär- und Gebrauchslektüren zu finden ist, die unter den Etiketts des Abenteuerromans und des Reiseberichts, des Ratgeberbuchs und der Jugendschrift, des See- und exotischen Romans u. a. in der Ballastmasse unseres literarischen Kanons aufgehen. Noch hat die Literaturgeschichte die Aufgabe nicht gelöst, das Verhältnis zwischen dem geschichtlichen Vorgang der großen Bevölkerungsbewegung von Europa nach Übersee und ihrer Legende im fiktionalen Niederschlag gerade der populären zeitgenössischen Erzählungsliteratur zu erkunden und darzustellen. Sie konnte es nicht, denn kaum einer der folgenträchtigen Vorgänge des 19. Jahrhunderts ist so beiläufig auch in die geschichtliche Überlieferung selbst eingegangen wie die europäische Massenemigration. Die in ihr beschlossene Summe persönlicher Schicksale, politischer Absichten und kultureller Wandlungen ist historiographisch nicht gezogen, die umfassende Beschreibung und Deutung der Aus- und insbesondere auch der Rückwanderung fehlt.[65] So fällt es vorerst und vor allem dem exotischen Roman und seinen populären Varianten zu, deren Autoren in beträchtlicher Anzahl die Reisenden, Aus- und Rückwanderer vermehrten, von denen sie schrieben, die historische Darstellung und Deutung der transatlantischen Bevölkerungsbewegung durch fiktionale Zeugnisse zu ersetzen. Auswanderung aus politischen, wirtschaftlichen oder persönlichen Motiven erwähnt ein großer Teil der Literatur auch des bürgerlichen Kanons im 19. Jahrhundert. Doch begegnet das Thema im gehobenen Roman vielleicht als zeitgeschichtliche Reminiszenz, die Entfaltung seiner sozialen Problematik und ihre Gestaltung selbst im Angebot exotischer Fluchtträume durch ethnographische Schilderungen entfällt weitgehend.[66] Es bezeichnet daher die Bedeutung des populären Genres für die Bewußtseinsbildung der mittleren und aufsteigenden Leserschichten, daß es die

Geschichte der Massenauswanderung in einen eigenen Typus, den *deutsch-amerikanischen Auswanderer- und Abenteuerroman* aufnimmt.[67] Im Jahr 1839–40 erscheinen *Die deutsch-amerikanischen Wahlverwandtschaften* von Sealsfield, 1847 von Gerstäcker *Der deutschen Auswanderer Fahrten und Schicksale.* Vom Leben deutscher Exilanten nach der Achtundvierziger Revolution handeln Griesingers *Emigrantengeschichten* (1858). Und in Anlehnung an die weithin kursierenden Ratgeberbücher schildert Louise Weil *Amerikanische Lebensbilder oder Erlebnisse deutscher Auswanderer in Amerika* (1865). Es sind Beispiele für ein Korpus von Erzählungen, das die exotische Ferne Amerikas nicht mehr allein als romantisches Paradies, als Fluchtreich stilisiert, sondern es auch unternimmt, sie am Angebot ihrer realen Existenzbedingungen zu messen. In der Ambivalenz der sich hieraus ergebenden Amerikalegende bleiben die idealistischen Anschauungsmuster jedoch erhalten.

Vor allem die Stimmung der enttäuschten Liberalen im Vormärz entlädt sich noch einmal in einer exaltierten Steigerung der Utopie vom »Lande der Hoffnung, dem Erdtheil der Erlösung«,[68] wie sie Willkomm in seinem Roman *Die Europamüden* (1838) darbietet. Das Werk faßt aus der Sicht des modernen Pessimismus, durch seine Briefform an den älteren, sentimental räsonierenden Überseeroman angeschlossen, die Spielarten des mal du siècle, die Argumentation der Europaskepsis, die Werthaltungen des zerrissenen Lebensgefühls umfassend zusammen. In den pathetischen Abrechnungen seiner Figuren mit den Übeln Europas, den kranken Geistern seiner Bewohner, erhebt das »Bild großer Lebensschmerzen, kein Kunstwerk«, wie der Verfasser im Hinblick auf die Publikumserwartung mitteilt, die Vereinigten Staaten zu einem Reich der Erlösung, dem der Held, Sigismund, als Führer einer kleinen Schar Emigrationswilliger zustrebt. »Drüben aber über den Wogen des atlantischen Ozeans liegt das Land der Verheißung im heiligen Schatten des Urwalds gebettet [...]! Dorthin hat sich geflüchtet die Natur, als Europa sie vertrieb. In der durchsichtigen Fluth des Ohio bespiegelt sie sich, schuldlos, weil sie *stark,* und fromm, weil sie *frei* ist. Über ihr aber zittert das Auge Gottes, und Freudenthränen rollen als Welten über ihr hin, und Amerika's Söhne blicken hinauf zu dem großen Tempel, den der freie Gott in ihnen gewölbt hat zur allgemeinen Verehrung.«[69]

Willkomms Buch entwirft im Panorama der europamüden Melancholie, der liberalen und zeitleidenden Gesinnungen seiner Figuren das utopische Programm des romantischen Amerika-Exotismus. Seine Ausführung aber, nämlich die Schilderung fremder Landschaft und Sitten, wie das Überseegenre sie vorschreibt, der Fortsetzungsband mit den Lebensbildern vom Mississippi, den Willkomm verspricht, sie bleiben aus. Zu einer Zeit, da die Berichte der Rückwanderer den euphorischen Erwartungen der Mazerierten des Vormärz zu widersprechen beginnen, nachdem selbst Duden, der reisende Arzt und Verführer so vieler Amerikafahrer, seinen ersten jubelnden Bericht vom Ohio hatte widerrufen müssen, rettet Willkomm die Legende vom amerikanischen Paradies, indem er das Paradies nicht zeigt – »Hoffnung, Hoffnung ist mein Glück«.[70] Dieses erfüllt sich nach der Logik der Fabel, die Sigismunds Vorbereitungen beinhaltet, im Augenblick der Abreise der kleinen Emigrantenschar; nach den Gesetzen der Affekterregung und Bestätigung des Lesers in der Wiederholung der von Chateaubriand und Lenau bekannten Gesten – »Fort nur trage ich aus Europa, als einzigen Raub vom Busen der Mutter, meine Geliebte. Ich will Europa's poetische Liebe verpflanzen in Amerika's poetische Urwelt.«[71]

Immer wieder erweist sich gerade dieses Motiv als eines der zählebigsten und anpassungsfähigsten im Angebot des Überseeromans. Ein zeitgenössisch wohlwollend aufgenommenes Werk der Talvj (d. i. Therese Jacob), *Die Auswanderer* (1852), nach dem Urteil des nationalliberalen Literaturhistorikers Gottschall dazu angetan, »den Sinn unserer Nation offen zu halten für die großen Erscheinungen des Völkerlebens, kleinen und beschränkten Interessen gegenüber, und im Bunde mit den Naturwissenschaften und Reiseschriften jeder Art unseren geistigen Horizont immer mehr zu lichten«,[72] bindet es an die von den Sittenlehrern des mittleren Jahrhunderts, den Goltz und Riehl, empfohlenen Werthaltungen des nationalbürgerlichen Familienideals. Die thematische Verschiebung hat entlastenden Sinn, die Erzählung vom Schicksal des Achtundvierziger Flüchtlings legt Wert auf Innerlichkeit, problematische Überraschungen erspart die Autorin dem Leser:

»Namentlich habe ich die Politik absichtlich ganz aus dem Spiele gelassen, und sie nur berührt, wo es unvermeidlich war.«[73]

Der Student Franz Hubert, wegen seiner Teilnahme am Frankfurter Aufstand verurteilt und dank einer Intervention seines Professors vorzeitig entlassen, willigt gern in die Auflage der Justiz ein, umgehend auszuwandern. Ihn ekelt der »verfaulte Boden Europas«, in Amerika will er sich mit einer Erbschaft ankaufen und mit seiner Verlobten Klotilde jungvermählt ein neues Leben beginnen. Dabei lenken ihn die während der ca. fünf Jahrzehnte des Gebrauchs im Unterhaltungsgenre zu populären Klischees erstarrten Wunschbilder der rousseauistischen Amerikaromantik:[74] »Nicht in den Städten des Ostens laß uns weilen, den geschäftigen Märkten unersättlicher Habgier, den halbcivilisirten Sitzen politischer Ränke, [. . .] des aus der alten Welt exilirten Lasters, [. . .] in den heiligen Urwäldern des fernen Westens, auf dem Teppich der Natur, der blumenreichen Prairie laß uns Hütten bauen! Du sollst meine, ich will Deine Welt sein.«[75]

Der Roman unternimmt es, die idyllische Vision vom Entkommen mit der amerikanischen Wirklichkeit zu konfrontieren, deren Schilderung die Autorin teils aus eigener Anschauung (als verheiratete Robinson), vor allem aber aus der seit den dreißiger Jahren um sich greifenden negativen Legende Amerikas beschickt. Dieses Entgegenkommen der Verfasserin gegenüber der beim amerikanischen Thema allgemein zweigeteilten Publikumserwartung begründet hier das tragische Scheitern des familiären Lebensglücks. Hubert bewältigt die gesellschaftliche Praxis der Neuen Welt nicht, er bleibt ein deutscher Idealist, und sein philanthropisches Eintreten für die Negersklaven stört die amerikanischen Verhältnisse. Nach kurzem Eheglück wird er das Opfer eines Verbrechens und Klotilde, die in der fremdschönen Landschaft des Ohio »das Land der Deutschen mit der Seele suchend«[76] sinniert, hofft, mit ihrem Kind aus der transatlantischen Tyrannei in ein freies und geeintes Vaterland heimzukehren.

Die desillusionierende Tendenz ist symptomatisch für den deutsch-amerikanischen Auswandererroman der fünfziger Jahre. Dennoch behält die positive Amerikalegende mit ihrem evasorischen Idealismus und ihren paradiesischen Wunschbildern in der Geschichte des Genres ihren Platz. Denn ihre Desillusionierung hat, wie sich aus der Anlage der *Auswanderer* ergibt, auch apologetische Funktion. Sie erst macht sichtbar, daß das Ideal, das Amerikas Wirklichkeit so schmerzlich verfehlt, noch besteht.

In Kürnbergers Roman *Der Amerikamüde* (1855) ist dieses Prinzip dann umgeschlagen in die negative Utopie. Das Buch entfaltet die Legende einer bürgerlichen Ideologie, die in Amerika seit dem Unabhängigkeitskampf ein »Hauptprojektionsfeld der unterschiedlichsten sozialen und politischen Utopien [sah]; zum anderen aber wurde es – vor allem im Zuge wachsender Realerfahrungen von Auswanderern oder anderen Amerikafahrern und damit vermehrter Information – speziell in Deutschland seit den zwanziger Jahren des 19. Jahrhunderts gleichzeitig zum Modellfall des negativen Entwicklungsganges einer Gesellschaftsformation, die nur von geschäfte- und profitmachenden Privatleuten bestimmt gesehen wird [...]«[77]

Moorfeld, in dessen Person der Roman den Amerikafahrer Lenau darstellt, versucht, im Westen ein freies Leben in der unverstellten Natur zu begründen. Das Scheitern des Planes, die tiefe Enttäuschung des Europaflüchtlings, bilden den Inhalt des Werks, das auf Grund sorgfältiger Lektüre und Recherche des Verfassers alle Aspekte der zeitgenössischen Amerikapolemik versammelt. Ohne die erzählerische Modellierung hier abermals nachzuzeichnen,[78] die ein Schreckbild zivilisatorischer Versündigung an der Naturschönheit des Westens aufbaut, sei an die Konzeption erinnert, die Kürnberger zu Grunde legt: Der barbarische Augenschein hat Moorfeld – »der idealistische Glaube an Amerika hat in der Brust unseres Helden längst ausgelebt«[79] – bewogen, »in diesem Lande nicht Muster zu sehen, sondern Muster zu geben«.[80] Es sind Muster der Freiheit, Menschlichkeit und Natürlichkeit, die Moorfelds Versuch bestimmen, ein Siedlerleben im Hinterwald zu führen. Mitgegeben aber sind – und sei es mittelbar – die Muster jener paradiesischen Amerikalegende, die Bernardin und Chateaubriand in ihre Gemälde vom Hüttenglück in der Wildnis gefaßt hatten. Die realistisch orientierte ethnographische Unterhaltungs- und Spannungsliteratur gibt dieses Ideal zugunsten authentischerer Schilderung auf; aber sie setzt sich unablässig auch mit ihm auseinander und sorgt durch ihre Korrekturen am Edenmythos zugleich für die Weitergabe der älteren Standards. Gerstäcker eröffnet seine Erzählung *Das Auswandererschiff* (1858) mit einem Wunschtraum der Passagiere: »Amerika, das ist das Ziel jetzt dem sie entgegen streben, [...] und durch den tausendfarbigen Regenbogen der Hoffnung liegt ihnen das ferne Land schon jetzt in Paradieses Pracht und Schmuck vor Augen.«[81] Das Schema bleibt im Geltungsbereich der unterhaltenden Evasionslektüren unverzichtbar, definiert es doch ebensogut wie den melancholischen Abenteurer den melancholischen Emigranten. Der eine wie der andere nämlich »vernichtet den Raum, der ihm die Bedingungen des Abenteuers und des Entkommens bietet, indem er mit ihm vertraut wird und so das Fremde zum Bekannten macht«.[82] Deshalb muß im Bereich des Abenteuers auch dieser Prozeß wieder vernichtbar, widerrufbar erscheinen. Was Kürnbergers Konzept vor Augen führte, wird in Raabes großangelegtem Amerikapanorama *Die Leute aus dem Walde* (1863) ausgesprochen: »Wo die Axt klingt, wo die Büchse knallt, ist nicht mehr der wilde Westen; die vorschreitende Kultur hat nur ihre Grenzen ein wenig hinausgerückt, und der wilde Westen ist ein wenig weiter vor ihr zurückgewichen. Das Zauberland, über welchem allabendlich die Sonne untergeht, wo unbekannte majestätische Ströme durch unbekannte Täler rollen, wo unendliche Schätze offen und doch unerreichbar daliegen, bleibt immer in derselben Ferne; das Sehnen nach ihm bleibt immer dasselbe.«[83]

Anmerkungen

1 K. Gutzkow, *Öffentliche Charaktere,* in: *Gesammelte Werke,* Bd. 2, Frankfurt/M., 1845, S. 76. (Erstm. in: *Augsburger Allgemeine Zeitung,* 1835, s. t. *Mehemed Ali.*)

2 Ebda., S. 77.

3 Ebda., S. 77.

4 Vgl. M. K. Flavell, *»Arkadisch frei sei unser Glück.«* The myth of the golden age in eighteenth-century Germany, in: *Publications of the English Goethe Society,* N. S. XLIII, 1973, S. 1-27.

5 [J. H.] Bernardin de Saint-Pierre, *Paul et Virginie,* ed. P. Trahard, Paris 1964, S. CXLV. (Zit. P. et V.)

6 Erörterung bei P. Szondi, *Poetik und Geschichtsphilosophie* I, Frankfurt 1974, S. 113–115.

7 *P. et V.*, S. 89.

8 Vgl. das Beispiel bei A. Anger, *Landschaftsstil des Rokoko, in: Euphorion* 51, 1957, S. 163.

9 *P. et V.*, S. 82.

10 Ebda., S. 90.

11 Vgl. H. Blumenberg, *Der Prozeß der theoretischen Neugierde*, Frankfurt, 1973, S. 230-232.

12 August Lafontaine, *Der Naturmensch oder Natur und Liebe* (1800), bietet eine Replik zu Bernardin, *La chaumière indienne* (1791), s. u.; Lafontaines dreibändiges Werk *Arkadien* (1808) beruft sich schon im Titel auf das Vorbild: Bernardin, *L'Arcadie* (1788).

13 J. W. Goethe, *Sämtliche Werke* (Sophienausg.), Abt. I, Bd. 42^2, S. 490.

14 Vgl. J. Babbitt, *Rousseau and Romanticism*, Boston, New York, 1926, S. 302.

15 Vgl. H. Meyer, *»Friede den Hütten, Krieg den Palästen«*, in: *Jb. Deutsche Akademie für Sprache und Dichtung*, Darmstadt 1974, S. 20-31.

16 *P. et V.*, S. CXLV.

17 [R.] Chateaubriand, *Atala, René, Les aventures du dernier Abencerage*, ed. F. Letessier, Paris 1962, S. 2.

18 Ebda., S. 80.

19 Ebda., S. 131.

20 Vgl. H. Oppel, *Die deutsche Siedlung in Louisiana im Spiegel des Amerika-Romans der Goethezeit*, in: (Hrsg. A. Ritter), *Deutschlands literarisches Amerikabild*, Hildesheim, New York, 1977, S. 321.

21 H. Zschokke, *Gesammelte Schriften*, Bd. 7, Aarau, 1851^9, S. 93.

22 Ebda., S. 103.

23 Ebda., S. 103.

24 Ebda., S. 131.

25 Ebda., S. 131.

26 Ebda., S. 140 f.

27 Ebda., S. 155.

28 Ebda., S. 188.

29 Oppel, a.a.O., S. 206.

30 H. Bischoff, *Nikolaus Lenaus Lyrik*. Ihre Geschichte, Chronologie und Textkritik, Bd. 1, Berlin 1920, S. 386.

31 N. Lenau, *Sämtliche Werke in zwei Bänden*, hrsg. E. Castle, Bd. 1, Leipzig o. J., S. 181.

32 Lenaus weltschmerzliche Pose entlarvt eine Gegenüberstellung mit zeitgenössischen Amerikaschilderungen von M. Durzak: *Nach Amerika*. Gerstäckers Widerlegung der Lenau-Legende. In: (Hrsg. S. Bauschinger u. a.), *Amerika in der deutschen Literatur*, Stuttgart, 1975, S. 135-153.

33 Zit. W. Martens, *Bild und Motiv im Weltschmerz*. Studien zur Dichtung Lenaus, Köln, Graz, 1957, S. 111.

34 Belege: Bischoff, a.a.O., S. 386.

35 Martens, a.a.O., S. 116.

36 Ebda., S. 111.

37 Ebda., S. 110.

38 Ebda., S. 110.

39 Chateaubriand, a.a.O., S. 234.

40 Chateaubriand, *René*, a.a.O., S. 181.
41 Ebda., S. 208.
42 Ebda., S. 215.
43 Ebda., S. 235.
44 Ebda., S. 244.
45 A. Schoppe, *Die Colonisten*, Bd. 1, S. 26.
46 Ebda., S. 27.
47 Ebda., S. 28 f.
48 Ebda., S. 36.
49 Ebda., S. 26.
50 Ebda., Bd. 2, S. 116.
51 Ebda., S. 294.
52 Ebda., S. 320.
53 Ch. Sealsfield, *Der Virey und die Aristokraten*, Bd. 1, Zürich, 1834, S. III.
54 Vgl. D. J. Spininger, *The Paradise Setting of Chateaubriand's »Atala«*, in: *PMLA* 89, 1974, S. 530-536.
55 Fr. Gerstäcker, *Tahiti*, Bd. 1, Leipzig, Berlin 1854, S. 103.
56 H. Ethé, *Essays und Studien*, Berlin, 1872, S. 91 f.
57 Armand, *An der Indianergrenze*, Bd. 1, Hamburg, 1859, S. 24.
58 Ebda., S. 19.
59 Ebda., S. 24.
60 Vgl. Freiligraths Übersetzung. Das prägnanteste Beispiel einer tragisch-idyllischen Replik mit dem Thema des gemischten Liebespaares gibt A. Strodtmann, *Rohana*. Ein Liebesleben in der Wildnis, 1857.
61 »Die der Staatsutopie und der exotischen Dichtung gemeinsame utopische Tendenz beinhaltet den über das literarische Kunstwerk hinausweisenden Willen oder Wunsch.« W. Reif, *Zivilisationsflucht und literarische Wunschräume*, Stuttgart, 1975, S. 15.
62 »Nicht nur in Utopien, die sich ausdrücklich als solche bezeichnen, ist der Gedanke des Melancholie-Verbots enthalten; er findet sich auch in dem, was man ›utopische Programme‹ nennen könnte.« W. Lepenies, *Melancholie und Gesellschaft*, Frankfurt, 1969, S. 39.
63 B. Goltz, *Die Großmächte und Mysterien im Menschenleben*, Berlin, 1858, S. 91.
64 U. Bitterli, *Die »Wilden« und die »Zivilisierten«*. Die europäisch-überseeische Begegnung, München 1976, S. 378 f.
65 Vgl. G. Moltmann, *Deutsche Amerikaauswanderung im 19. Jahrhundert*, Stuttgart, 1976, S. 1-5.
66 Das ergibt sich aus der Sichtung von W. Imhoof, *Der ›Europamüde‹ in der deutschen Erzählungsliteratur*, Horgen-Zürich, Leipzig, 1930, pass.
67 Vgl. Fr. Kreyßig, *Vorlesungen über den deutschen Roman der Gegenwart*. Literatur- und culturhistorische Studien, Berlin, 1871, S. 139 ff.
68 E. Willkomm, *Die Europamüden*. Modernes Lebensbild, Faksimileausgabe derl. Aufl. 1838, Göttingen, 1968, Tl. 1, S. 108.
69 Ebda., S. 353 f.
70 Ebda., S. 109.
71 Ebda., S. 356.
72 R. Gottschall, *Die deutsche Nationalliteratur in der ersten Hälfte des neunzehnten Jahrhunderts*, Bd. 2, Breslau 1855, S. 626.
73 Talvj, *Die Auswanderer*. Eine Erzählung, Tl. 1, Leipzig, 1852, S. IX.

74 Vgl. auch Willkomms briefliche Formulierung an Fanny Tarnow: »Geht nicht in die Städte, sondern geht in die Wälder, traut Euch der Natur an [...]«, a.a.O., S. 7*.

75 Ebda., S. 31.

76 Ebda., S. 114.

77 R. Steinlein, *Ferdinand Kürnbergers »Der Amerikamüde«.* Ein »amerikanisches Kulturbild« als Entwurf einer negativen Utopie, in: *Amerika in der deutschen Literatur,* a.a.O., S. 155.

78 Zuletzt Steinlein, ebda.

79 F. Kürnberger, *Der Amerikamüde.* Amerikanisches Kulturbild, Leipzig, 1865^2, S. 429.

80 Ebda., S. 429.

81 F. Gerstäcker, *Blau Wasser.* Skizzen aus See- und Inselleben, Leipzig, 1858, S. 96.

82 G. Ueding, *Glanzvolles Elend.* Versuch über Kitsch und Kolportage, Frankfurt, 1973, S. 81.

83 Zit. nach F. Martini in: *Amerika in der deutschen Literatur,* a.a.O., S. 189.

Cornelie Ueding

Utopie auf Umwegen

Zwei Szenen in Fontanes Roman ›Cécile‹

1. Ein Umweg und das Dahinter

Es empfiehlt sich, den direkten Weg zur Roßtrappe zu meiden und statt dessen einen Umweg einzuschlagen, »der sich nicht bloß durch das, was er habe (darunter die schönsten Durchblicke), sondern viel, viel mehr noch durch das, was er *nicht* habe, höchst vorteilhaft auszeichne« (II,156)[1] – so Gordon Leslie, weitgereister Zivilingenieur und Cicerone seiner neuen Bekannten, Oberst St. Arnaud und dessen Frau Cécile, beim ersten gemeinsamen Ausflug vom Harzer Luftkurort Thale aus in Fontanes 1886 erschienenem Roman.[2] Die Konstellation ist vielversprechend: das ausgesparte Nicht-Sehenswürdige, ein Fehlendes also, macht ein an sich schon zu freudigen Erwartungen berechtigendes Unternehmen besonders reizvoll, und dem zu Erholungs- oder Forschungszwecken die Literatur Bereisenden, »dem Leser eine Vielfalt von Durchblicken [!] und Verständnismöglichkeiten zu eröffnen«,[3] kennzeichnet genau auch Fontanes schriftstellerisches Verfahren.

Der Hinweis auf etwas Fehlendes, ein in mehrfach abgewandelter Form immer wiederkehrendes Motiv, führt auf das thematische Zentrum nicht nur dieses Romans hin. Letzten Endes ›lebt‹ auch die Beziehung Cécile/Gordon, solange sie bestehen beziehungsweise in der Schwebe bleibt, nur vom Fehlen jener Alltagsschwere, die hier geradezu programmatisch gemieden werden soll: »Hütten, Kinder und aufgehängte Wäsche« (II,156) – die krude Wirklichkeit, die allzu eindeutige Armut der Harzbewohner bleibt ausgespart. Weltflucht, so scheint es, zwangslos motiviert durch das Ruhebedürfnis der Erholungsuchenden, ermöglicht überhaupt erst den Genuß landschaftlicher Umgebung. Doch der Hinweis auf Coopers Pfadfinder, mit dem Fontane gerade dieses Sich-auf-den-Wegmachen versieht, will nicht überlesen sein.

Pfadfinders sicheres Wege-Geleit durchs Unwegsame nämlich schützt die Protagonisten auch in Coopers Lederstrumpfromanen keineswegs vor persönlichen Verwicklungen – noch gar vor Gefahren, die überhaupt erst durch die Segnungen jener zivilisierten Welt und ihrer Gesellschaft akut werden, die, so Cooper, so Fontane, in ihrer bisher realisierten Form allemal als Pervertierung ursprünglicher Konzeptionen humaner Daseinsmöglichkeiten erfahren und kritisiert werden. All das ist kaum gemeint, klingt aber vorausdeutend mit in dem, was Cécile unbewußt anspielungsreich in der den Ausflug präludierenden Absprache eher dahinsagt als ins Gespräch bringt: Gordon mache den Eindruck, »wie zum Führer und Pfadfinder geboren zu sein« (II,157). Céciles frappierende Unkenntnis all dessen – nicht nur auf literarischem Gebiet –, was »für die Kreise, darin wir leben oder doch wenigstens leben sollten, [. . .] sehr viel« bedeutet (II,170), ist hier wie so oft im Roman Anlaß für durchaus nicht nur eheliche Doppelsinnigkeiten (und nicht zuletzt der Mutmaßungen über ihre Herkunft).[4] St. Arnaud greift nämlich das Stichwort Pfadfinder beziehungsvoll auf, und erst die damit bedeuteten Weiterungen geben Anlaß zu Gordons zunächst überraschend unangemessen erscheinender Verstimmung und berechtigen zur Frage nach dem Stellenwert dieser Episode.[5] Das Dahingesagte, Beiläufige und so unerheblich Scheinende bildet hier nicht, wie meist bei Fontane, den Ausgangspunkt längerer Erörterungen, sondern findet auf indirekte Weise »unterwegs« seine Fortsetzung: in Gordons nur verschlüsselt angedeuteter Motivation für seine Unmutsreaktion, im weiteren Verlauf dieses Ausfluges, schließlich im Fortgang des Romans selbst. Die Cooper-Reminiszenz ist zugleich Vorausdeutung und Signal für die Komplexität des doch kaum schon berührten Problems. Gordons Eindruck, sie könnte »sich ebenso gegen ihn wie gegen Cécile richten« (II,157), mag den Pfad ebnen zum Verständnis der in der Tat vielgestaltigen Bezüge zwischen Coopers *Pfadfinder* und der Konstellation in diesem Roman Fontanes. Sie reichen, bei freilich nicht unerheblichen Unterschieden, von dem, was philologisch gemeinhin mehr kurz als schön die »Liebeshandlung« heißt, bis hin zur Motivierung ihres in beiden Fällen unglücklichen Ausgangs: Gordon ist, wie Natty Bumppo, der Dritte, der den normalen, d. h.

konventionell geregelten Verlauf einer Liebesbeziehung durch sein Dazwischentreten »stört«. Eine Situation, die, modellhaft vereinfacht, zweierlei verdeutlicht: solange beider Beziehungen zu der verehrten und geliebten Frau naturwüchsig-spontan, persönlich anteilnehmend, d. h. aber menschlich nah und gesellschaftlich nicht präformiert verlaufen, scheint die Ahnung einer glücklichen Gemeinsamkeit, eines paradiesischen Zustandes auf, der freilich weder von Dauer ist noch auch nur überhaupt in Realität zu überführen. Das falsche Wort an falscher Stelle, derart, daß sich ein Interesse im Sinne eines gesellschaftlich geprägten Vorverständnisses über die Art zwischenmenschlicher Beziehung artikuliert, setzt zwar nicht den Traum vom Glück ins Unrecht, zerstört aber die Hoffnung, ihn zu verwirklichen und denunziert sie als Illusion: Mabel Dunham liebt nicht Natty, sondern Jasper Western und Cécile darf die Liebe Gordons – die freilich, es wird davon die Rede sein, nur unter bestimmten Voraussetzungen und dann als Anspruch geltend gemacht, nur noch Reste ihrer ursprünglichen Qualität aufweist – nicht erwidern. Für die Betroffenen bedeutet das »selbstgewähltes« Exil oder den Tod. Der Fluchtversuch aber aus der Gesellschaft, sei's in die wilde Weite amerikanischer Wälder oder auch nur, daß einer die alltägliche Misere zu umgehen sucht, stößt allenthalben auf sozial verbindliche Wegemarken und Schranken.[6] Das macht die Melancholie Pfadfinders aus und – hier endet die Gemeinsamkeit – begründet gerade die weltgewandt-lehrhafte Indifferenz Gordons, der keineswegs im Sinne hat, gegen die gesellschaftliche Reglementierung des Lebens aufzubegehren. Denn was wie ein Anachronismus aussah, dessen Lächerlichkeit Gordon fürchten mochte: im Gefolge Natty Bumppos zurück zur unberührten Natur (deren Tage, das war schon eines der großen Themen Coopers, gezählt sind), erscheint unversehens in einem ganz anderen Licht, versehen mit dem Makel der Absichtlichkeit: Gordon hatte den poetischen Pfad wegen eines Mangels an konkreter Wirklichkeit empfohlen, um eben dieser im Gewande einer Märchenvilla zu begegnen.[7] Was nämlich dem eingeschlagenen Pfad fehlt, die Verbindung zum Leben, bezeichnet nicht einfach eine Leerstelle, sondern wird zur Lehrstelle: die »schönsten Durchblicke« (II,156) lenken das Auge auf »das ›verwunschene Schloß‹ im Märchen«

(II,157), das aber eben verwunschen ist und deshalb bloße Kulisse. Stätte des Unglücks, nicht des Glücks, der Starre und Reglosigkeit, nicht des Friedens, wie Cécile wünscht und hofft.

Man mag diese Villa samt ihrer von Gordon festgelegten Bedeutung, der Warnung davor, »ein Idyll oder gar ein Glück von außen her aufbauen zu wollen« (II,157), als objektives Korrelat für die Ehe der St. Arnauds, ihre Vorgeschichte und ihr Ende auffassen – glänzende Fassade und trübes Dahinter –, doch hat das Haus, wie das ganze Kapitel, einen doppelten Boden. Auch der Umweg führt nicht zu dem Ort, an dem menschliches Glücksverlangen einzulösen wäre. Wer das außer acht läßt, ist ebenso in Gefahr, ein Glück (schon eine Einschränkung!) nur von außen her aufzubauen wie derjenige, der sich das Gerüst dafür innerhalb des konventionell zugestandenen Raumes zimmert. Beide bleiben auf die Bausteine angewiesen, die die bestehende gesellschaftliche Realität zur Verfügung stellt, jene Verhältnisse, die sich immer zwischen das Individuum und seinen Anspruch auf Glück schieben. Die mit der Reise scheinbar gegebene Möglichkeit, sie könnte zu einer »Reise ins Glück« (II,144) werden, die Bereitschaft, sich und die Welt neu zu entdecken, erfährt an dieser Stelle eine radikale Negation. Die Ausfahrt erweist sich als zukunftslos, sie endet für Cécile in der immer schon festgelegten Welt, in der sie wieder und wieder auf die »Präsenz des Vergangenen« stößt.[8]

Sommerfrische, Ferienfreuden: der Ausnahmefall ist also ein wenig verläßlicher Baugrund für dauerhaftes Glück[9] – das sieht Gordon richtig –, weit zweifelhafter noch ist allerdings sein eigener späterer Versuch, eine Beziehung zu Cécile auf der Basis von unzweideutigen, verifizierbaren Informationen über ihre moralisch nicht einwandfreie Vergangenheit als Fürstengeliebte zu errichten, sie also auf den Ausnahmefall ihres von unglücklichen Umständen determinierten Lebens festzulegen, ihre Einbürgerung selbst in ein normales ›Glück‹ zu verhindern. Die Daten ihrer Vita, von Gordon auch auf allerlei Umwegen aufgespürt, bleiben ihrer Person, ihrer wirklichen Lebens*geschichte* so äußerlich wie der Besitzanspruch Gordons abstrakt ist, losgelöst von jeder inneren Beziehung zu der Frau Cécile, ihren Empfindungen und Bedürfnissen.

Die Ironie seiner »Predigt« auf dem Wege zur Roßtrappe liegt darin, daß er ihrer bedürftiger ist als seine Begleiter und sie schließlich auf ihn zurückfällt. Sein Tun hält dem eigenen Maßstab nicht stand, hier nicht und nicht im fordernd-anmaßenden Verhalten Cécile gegenüber. Spätestens dieses setzt seine volltönenden Tiraden ins Unrecht. Er geht mit der Person Cécile um wie hier mit dem Märchenschloß und bei späterer Gelegenheit mit der Bildergalerie, und nicht zufällig wird sein Verfahren, von außen ein unvollständiges Bild zu ergänzen, es mit vorgeblich objektiven Fakten einem gesellschaftlich geprägten Vorverständnis gemäß anzureichern, an Bildern, die das Leben stellt, erprobt und vorgeführt.

Der Durchblick auf die Villa, die Detailmalerei wie das malerische Arrangement der Details, die hervorgehobene Reglosigkeit und Unbelebtheit der Szene, all das entspricht dem angehaltenen Augenblick und »der arrangierte[n], erwartungsvolle[n] Szene«,[10] wie sie das Genre kennzeichnen. Das Genre ist, wie Sternberger schreibt, ebenso »der Ergänzung bedürftig« wie der »interessierte Betrachter begierig [ist], zu ergänzen [. . . und] mit den herausgeforderten Lüsten oder Tränen die Lücken auszufüllen und die Risse zu schließen, die das Stückwerk des Bildes vorweist«.[11] Der Appell der genremäßigen Szene, die »auf irgendeine Erfüllung« wartet,[12] ergeht also immer an den Betrachter. Die Wechselbeziehung von Gestalt und Appell des Bildes und seiner Anschauung vollzieht sich in einer »Kunstwelt«,[13] ist jedoch durchaus nicht auf das Gebiet der Kunst beschränkt. Die Erfahrung des Menschen selber schlüpft in genremäßig vorgegebene Muster. Wie alles Geschichtliche in solche Szenen zerfällt, so auch schließlich alles Menschliche.[14] Eine Momentaufnahme löst die andere ab, tritt an ihre Stelle oder neben sie: die Vermittlung liegt nicht in der Sache selber, sie leistet allein das Gefühl des Betrachters; die Wiederholbarkeit von Empfindungen ist damit garantiert, nicht jedoch auch ihre Dauer,[15] nicht auch ein Handeln, das die vorgeprägte Erfahrungs- und Lebensweise überschritte, dem also auch die Frage nach der Ursache für die besondere Art einer Konstellation vorauszugehen hätte. Die Erfahrung der Welt als Genre bestätigt sich unaufhörlich selbst ihr Genügen an dem Surrogat einer lebendigen Beziehung zu Menschen, Dingen und Begebenheiten. Das Leben erscheint als Bilderbogen, wird als Abfolge lebender Bilder erfahren, die nur jeweils eine Deutung zulassen. Gordons »Predigt« enthält zwar noch Hinweise auf die Abkunft des Genre von Allegorien, diese jedoch sind jetzt, unkenntlich und bloße Schemen ihrer selbst, eingesperrt »in menschliche Figuren und Szenen«.[16] Der dieses Denken beherrschende statische Zug ist an bestimmte historische Voraussetzungen gebunden, die Fontane je länger je mehr suspekt wurden und die er, implizit aber durchaus nicht versöhnlich[17], kritisiert und ästhetisch zu transzendieren sucht: immanent als starre Abfolge schematischer Reaktionen bei den verschiedensten Anlässen dargestellt, mißt er derartige Erfahrungs- und Handlungsmuster radikal an ihren inhumanen Konsequenzen. Dem hier zutage tretenden ethischen Rigorismus sind auch alle seine politischen Äußerungen und Überzeugungen verpflichtet.[18]

Zur Rettung des Menschlichen vor dem Rahmen, in das es gezwängt werden soll, bedarf es innerhalb der Szene, die Ausgangspunkt für die Überlegungen zum Genre war, einer Gordon entgegengesetzten Auffassung, einer anderen Weise, das Bild zu ergänzen: der einer Frau, darin freilich selbst dem Genre verpflichtet, in dem »Menschlichkeit, statt Sache der Menschen zu sein, zur besonderen Mission und Funktion des Geschlechts wird, welches zugleich das zarte oder schwächere genannt wird« – aber auch einer außergewöhnlichen Frau, die sich des Schutzes der »Familienzelle«[19] nicht rühmen konnte. Daß etwas hinter der empirisch wahrnehmbaren Realität steckt, eröffnet für Cécile die Aussicht auf eine nur noch verborgene, ersehnte Gegenwirklichkeit, die Korrektiv der schlechten Realität und erst ihre eigentliche Wahrheit wäre. Für Gordon dagegen determiniert die Geschichte »dahinter«[20] von vornherein, legt, weil einer nicht »über die bloße Kulisse« (II,157 f.) hinauskam, sich in den Netzen der Wirklichkeit verfing, statt diese, wie es sein Anspruch war, zu überschreiten, generell auf das schlechte Gewordene fest, reduziert um die Offenheit nach vorn, reduziert um all jene Momente eines menschlichen Anrechts auf humane Lebenswirklichkeit, die gerade Cécile mit den für sie identischen Begriffen von Glück und Frieden meint. Fontane macht durch ihren Wunschtraum, ihre so ganz andere Ergänzung des vor ihr liegenden, ergänzungsbedürftigen Bildes deutlich, daß das Gemeinte noch in seiner dem Menschen entzweiten, »verwunschenen« Gestalt kenntlich ist und betroffen macht. Gordon aber hat jenen Traum vom Glück längst aufgegeben, von dem nicht nur Cécile, sondern auch und nicht allein dieser Roman über sein bitteres Ende hinaus lebt: trotz Unglück und Leid, Tod und Zerstörung wird die Frage nach der Möglichkeit von Glück immer wieder variiert, immer aufs neue gestellt, und weder in Gordons Kommentar noch in Gang und Ausgang des Geschehens steckt das letzte Wort Fontanes.[21] Vielmehr setzt der »Perspektivismus der Wirklichkeitserschließung« »ein Sehen, Entdecken und Modifizieren in Gang [...], das seine innere Unabschließbarkeit besitzt.«[22] In dieser Öffnung nach vorn liegt die eigentliche Verbindlichkeit der Romane Fontanes.

Unter diesem Blickwinkel gewinnt die so hintersinnige Cooper-Reminiszenz eine weitere Dimension. Nicht allein nämlich, weil Gordon als unglücklicher Liebhaber aus den Ereignissen hervorgeht, richtet sich die Spitze dieser Anspielung gegen ihn (so gesehen, fiele ihr Sinn mit Gordons Perspektive zusammen), sondern vor allem deshalb, weil er eben jenen Widerstand gegen Macht und Wahrheitsanspruch der Wirklichkeit längst aufgegeben hat, für den Coopers Titelgestalt steht: Natty Bumppo begehrt *handelnd* auf gegen die Reglementierung des Lebens im Zuge des zivilisatorischen Fortschritts, und auch wenn ihm schließlich nur noch die Flucht westwärts bleibt, so ist doch selbst noch in seinem Zurückweichen vor der ebenfalls westwärts vordringenden Kolonisationsgrenze der Protest aufbewahrt. Und wo er auf seinen Reisen immer wieder Erfahrungen macht, mit Siedlern und Indianern, mit Natur und Gesellschaft, ist Gordons Weitgereistheit zu schierer Weltläufigkeit[23] verkommen: im Brief an die Schwester bekennt er selbst, »kein Freund von Strapazen als solchen [zu sein], und je bequemer ich den Kongo hinauf oder hinunter komme, desto besser. Ökonomie der Kräfte.« (II,186) Der Weg führt »stets in eine zubereitete Fremde«,[24] selbst der Zufall, das Abenteuer inmitten der Alltäglichkeit, wird – der Harz-Ausflug beweist es – inszeniert, selbst er soll noch der Domestizierung dienen. Auch in diesem Sinne fällt der Pfadfindervergleich zu Gordons Ungunsten aus: nicht Natty Bumppo organisiert das Abenteuer für andere, sondern das Abenteuer besteht gerade darin, sich und andere mit heiler Haut aus einer gefahrvollen Situation zu befreien, die überhaupt erst entstehen konnte durch ein Verhalten, das den natürlichen, örtlichen und sozialen Gegebenheiten nicht Rechnung trug, sondern das eigene Interesse zum Maßstab der Dinge machte. Coopers Abenteuer entstehen immer aus jenem entfremdeten Verhältnis zur Umgebung, wie es Leute vom Schlage Gordons gerade auszeichnet: es ist also höchst bedenklich, sich seiner Führung anzuvertrauen.

Er versteht es, auch das aus der Ordnung Fallende, den Zufall, immer wieder auf diese zurückzubeziehen, ein Verfahren, das die Begegnung mit der Wirklichkeit ausschließt, darum auch die Flucht vor ihr und die kritische Abkehr nicht kennt und ihrer nicht bedarf: der planvolle *Umweg* ist die ihm angemessene Beschreibung. Gordon weigert sich, die Dinge so zu nehmen, wie sie am Wege liegen – und ersetzt die Eindeutigkeit, die er sich nicht aufzwingen lassen will, durch eine andere: auf die *er* die Dinge festlegt. Er vermeidet die *Lebens*wirklichkeit und gibt sich (sehr ungleich dem Cooperschen Helden) mit dem on dit, mit *einer* Auslegung der Wirklichkeit zufrieden: *Pfadfinder* enthält auch die Abrechnung mit jener Verabsolutierung eines Standpunktes, der alles zum eindeutigen Indiz wird.[25] Gordon begegnet in der Märchenvilla nur dem Abgestorbenen darin, der Verlogenheit künstlicher Paradiese, Cécile dagegen trifft hier gerade auf das Fehlende. Daß nämlich ausgerechnet die so ganz und gar von Menschen unbewohnt scheinende Stätte eine so friedliche und glückverheißende Wirkung ausübt, zeugt für die Ortlosigkeit[26] des Glücks im menschlichen Lebenszusammenhang, widerlegt aber nicht den Wunschtraum, der hier nicht Wirklichkeit werden konnte. Daß Märchen »nur« Märchen, also nicht wahr sind, ist so richtig, wie daß in ihnen »oft schon Ununterwerfbares gemeint scheint, winzig, bunt, doch gar eindeutig«.[27] In Sehnsucht und Traum, das Wunschbild märchenhaft ausmalend, scheint jene utopische Vorstellung auf, die Cécile Glück und Frieden nennt. Sie sind das eigentlich Fehlende und der tiefere Grund des Spaziergangs als Umweg.[28]

Alles andere als ein Umweg führt zur nächsten Unternehmung der Ferienreisenden:[29] Geradenwegs wird Quedlinburg angesteuert. »Besichtigung von Schloß und Kirche, so lautete das Programm, *das* stand fest, und daran war nicht zu rütteln« (II,176) – keine Alternative also, kein entweder–oder wie bei der Wahl des ersten Spazierweges. Die ganz andersartige Anlage und von jenem ersten Ausflugsmodell so verschiedene Ausgangssituation dieser neuen Tour erweisen sich jedoch als trügerisch. Die Ähnlichkeiten sind nur übermalt. War es trotz Gordons planender Vorüberlegung nicht vorauszusehen gewesen, daß die Spaziergänger auf dem Umweg zur Roßtrappe gerade auf das eigentlich Fehlende stießen, so ist erst recht erstaunlich und dabei von ganz verwandter Art, was die auf Sehenswürdigkeiten bedachten Touristen im Schloß erwartet: wieder fehlt etwas, ist »längst fort« (II,177): das gesamte Inventar nämlich. Statt museale Kostbarkeiten zu verwalten, hütet der Kastellan einen leeren Schrein, ein Umstand, der sein Gebaren in mehr als einer Hinsicht prägt. Zunächst durch merkwürdige, nur allzu bald erklärliche Anzeichen schlechten Gewissens auffallend, unterzieht er sich in Ausübung seines Amtes ungewöhnlichen rhetorischen Mühen, »um durch Erzählkunst den absoluten Mangel an Sehenswürdigkeiten auszugleichen« (II,178). Dieses virtuose Spiel mit der Unangemessenheit[30] – je dürftiger der Gegenstand (gemessen auch an den Erwartungen der Schaulustigen), desto »volltönender und beinahe feierlich« (II,178) wird die Stimme des Kastellans – ist ein Kabinettstück parodistischer Prosa. Freilich ist die so unmittelbar eingängige Persiflage leidvoll durchgestandener Museumsbesuche durchaus hintergründig: auch hier macht Fehlendes den Blick erst frei für Charakter und Substanz des in Wahrheit Ausstehenden.

Im Mittelpunkt der Darstellung wie des Kastellansvortrages steht die ehemalige »Hauptsehenswürdigkeit des Schlosses: der Spiegel aus Bergkristall« (II,178): »die Besucher sehen nicht den Spiegel, sie hören seine Geschichte«[31] – und geben dieser dann (mit Ausnahme Céciles) sogar den Vorzug vor dem Gegenstand, auf den sie sich bezieht, den sie vertritt. Eine merkwürdig oszillierende Episode, die der Interpretation Ingrid Mittenzweis zufolge die Möglichkeiten geselligen Sprechens zugleich feiert wie auch, in Céciles schweigender Abwehrgebärde, relativiert.[32] Cécile nämlich »hätte sich gern in dem Kristallspiegel gesehen« (II,179), wie Fontane, mehr andeutend allerdings als deutend, hinzufügt,[33] und wendet sich »während der zweiten Hälfte der ihr viel zu weit ausgesponnenen Erzählung« ab und einem »offenstehende[n] Balkonfenster« zu (II,179). Entzieht man sich dem Sog der Titelfigur, die, was sie umgibt, auf ihre Person beziehen möchte, mit ›bloßer‹, d. h. nicht an sie gerichteter Rede mithin nichts anzufangen weiß,[34] widersteht also der Versuchung, diese ganze Episode von ihrem Ende her zu interpretieren und Céciles Reaktion als gültigen Maßstab für die Beurteilung der Kastellansrede anzuerkennen, stellt sich die Frage nach der Bedeutung dieser ungewöhnlichen Konstellation mit erneuter Dringlichkeit. Es geht darum, ob das, was sich bei der Schloßbesichtigung abspielt, nur dem in Fontanes Werk gewiß zentralen Konflikt zwischen Herz und Konvention eine neue Variante psychologischer Nuancierungskunst hinzufügt und ob die Vieldeutigkeit seiner Prosa hier in der Sehweise der Titelgestalt ihren Fluchtpunkt hat oder in ihrem Interesse aussetzt, oder ob nicht vielmehr »das Fehlen erkennbarer erzählerischer Vermittlungen«[35] den Leser gerade auf die Spannung zwischen Faktizität und Rede zurückverweist – aufgehoben im Medium der Sprache: als Modell, Wirklichkeit zu erfahren und verfügbar zu machen.

Céciles schweigende Abwehrreaktion, dem Leser schon von früherer Gelegenheit her vertraut,[36] richtet sich sowohl gegen die Erzählung des Kastellans wie auch, im Anschluß daran, gegen Gordons takt- und herzloses Schlagwort, mit dem er auf das »Denkmal für Hundetreue« reagiert, den Sandsteinobelisken, den Cécile im Schloßgarten entdeckt: »Brillant« (II,180). Das heißt, Cécile macht hier keinen Unterschied, wer was und in welcher Weise sagt. Fontane kommt es aber gerade auf diesen Unterschied an.[37] Denn sicher ist es kein Zufall oder bloß stimmiges Detail realistischer Prosa, daß Fontane im Schloß nicht Gordon zum Cicerone bestellt, sondern einen Außenstehenden, der Touristengruppe (und ihren interpersonalen Beziehungen) Fremden: eben jenen redegewandten Kastellan, mit dessen Wort das Schweigen Céciles in der Tat viel verwandter ist, als ihre Reaktion ahnen läßt; beider Bezugspunkt ist die »Musterniete« (II,177) von Schloß, in gewissem Sinne gleich dem Grabmal des Schloßhündchens ein Monument des Todes.

Dessen bemächtigt sich nun hier die menschliche Rede. Céciles stumme Geste ist dagegen Signal für die ins Innere des Subjekts verbannte Kritik an jener Schematisierung menschlicher Erfahrung, wie sie sich eben *auch* in der sprachlichen Abstraktion vom jeweils konkreten Lebenszusammenhang ausdrücken kann. Als Negation bestehender Konventionen weist das Schweigen auf eine Dimension, die dem fiktiv vorgeführten geselligen Umgang einer ganz konkreten Gesellschaftsschicht fehlt, fehlt auch an einem scheinbar so gesellschaftsfernen Ort, der jedoch nur neutral gedacht und ersehnt war. Schweigen, das Fehlen einer wie immer auch zu erwartenden Reaktion *deutet* also auf einen Mangel innerhalb des gesellschaftlichen Verkehrs historisch bestimmter Protagonisten, einen Mangel, der ihnen gleichwohl nicht individuell, etwa als moralischer Makel, zur Last zu legen ist.[38] Zugleich aber *ist* das Schweigen selbst ein Mangel, Zeichen fortgeschrittener Entfremdung von anderen wie von sich selbst. Gerade das bleibt, wenn sie verstummt, ins Innere der Person eingesperrt, was sie als Anspruch doch meint. Die stumme Geste markiert Resignation und Verzicht auf das Wagnis, das innerhalb bestehender Konventionen fordernd zu vertreten, was nach herrschender Übereinkunft in dieser Gesellschaft keinen anderen Ort hat als den des Todes. Cécile will vor festlegender Sprache bewahren, worum es ihr wesentlich zu tun ist, die Substanz des Fehlenden nur in der eigenen Verweigerung andeutend: eben jenen humanen zwischenmenschlichen Verkehr, dessen Verwirklichung das Ensemble gesellschaftlicher Einrichtungen entgegensteht. Der Sprachverlust aber bedeutet den Tod aller lebendigen Wechselbeziehungen und besiegelt damit den Verlust der Gemeinschaft.[39] In ihrem Selbstmord vollzieht sie diesen nur nach – erliegt sie dem Schweigen als besonderer Ausdrucksform der Entfremdung des Menschen.[40]

Céciles Schweigen ist also objektiv wie subjektiv Zeichen eines Defizits, Ausdruck ihrer Beziehung zu einem Nicht-Vorhandenen. Genau dies bestimmt entscheidend auch den Kastellansvortrag. Nach Fontanes genauer Angabe verwaltet der Kastellan nämlich nicht einen seiner Schätze entleerten Ort, sondern wird ausdrücklich als »Hüter ehemaliger Herrlichkeit« (II,177) eingeführt: eine durchaus paradoxe Formulierung, die weder das Widersprüchliche einebnet, noch auch rechtfertigt der eine Teil den anderen, vielmehr erscheint hier das Unvereinbarliche derart miteinander verbunden und aufeinander bezogen, daß ein persönliches, geradezu präsentisches Verhältnis des Katellans zu all dem Nicht-Vorhandenen, dem seine Rede gilt, hervortritt – nicht jedoch das Bestreben, »aus den Resten der Vergänglichkeit das Denkmal eines ›Unvergänglichen‹« zurechtzuzimmern.[41] Es bleibt aber auch *nicht* beim stummen Hinweis auf die nunmehr öde Stätte vergangener Pracht, sondern die zeigende Geste, die für sich genommen bedeutete, in achselzuckender Resignation den Verlust zu akzeptieren, wird ergänzt durch den »sich mit dem *Verschwundenen* beschäftigenden Geschichtsvortrag« (II,177). Dieser nun ist kein Ciceronenreferat herkömmlicher Provenienz, sondern Ergebnis eines vorausgegangenen schöpferischen Aktes, ist nicht der Versuch (am ohnehin untauglichen Objekt), des Schlosses Mängel zu kaschieren, sondern gewinnt Leben gerade aus der nicht aufgehobenen Spannung zwischen Vorhandenem und Fehlendem. Der Kastellan weiß die Diskrepanz zwischen dürftiger Tatsächlichkeit und anspruchsvoller Erwartung zu nutzen, um die Qualität des Fehlenden immer wieder aufs neue zu vergegenwärtigen, ein Verfahren, das sowohl das ergänzende Vorstellungsvermögen seiner Zuhörer anspricht wie an ihren historischen Sinn appelliert, so daß schließlich das Abwesende durch die menschliche Rede mehr Farbe und Leben gewinnt als Damasttapete und getäfelter Fußboden, die letzten noch vorhandenen – und eher Verlegenheit bereitenden – Zeugen »frühere[r] Herrlichkeit« (II,178): diese erinnern an endgültig Vergangenes; fehlender Kontext, ihr Objektcharakter in der musealen Bewahranstalt machen peinlich deutlich, daß sie ein für allemal ausgespielt haben, die Rede dagegen beschwört und verlebendigt Nicht-Vorhandenes.

Gleichwohl mangelt ihr selber das Vermögen, die Dinge neu ins Dasein zu rufen. So ist das Wort zugleich weniger als die Sache, für die es eintritt, und mehr, als es die bloße museale Konservierung wäre. Das Schweigen Céciles, in diesem Zusammenhang betrachtet, bezeichnet einen Mangel dieses – nicht nur des geselligen – Sprechens, eine Dimension, die sich der Verlebendigung solcher Rede entzieht: einer Rede, die zwischen dem Einst und dem Jetzt zu vermitteln vermag, jedoch überall da versagt, wo Unmittelbarkeit einer persönlichen, emotionalen oder auch sachlichen Beziehung gefordert ist. Der Kastellan erfaßt mit seinem Geschichtsvortrag nur eine, die historisch-prozeßhafte Komponente des Fehlenden. Céciles Blick, so will es Fontane, geht aus dem Fenster in die ferne und in die nahe Natur, schweift vom unwegsam-wilden Gebirge zur landschaftlich gestalteten Gartenanlage: fügt also der Ergänzungsbedürftigkeit menschlicher Beziehungen zur Geschichte diejenige seines Verhältnisses zur Natur hinzu – verweilt aber schließlich selber nur auf dem *Monument* einer, selber schon nicht mehr ursprünglichen, Beziehung von Mensch und Tier: dem Grabmal eines Schoßhundes. Ihre privat weil stumm bleibende Weise, darauf zu reagieren, muß es sich gefallen lassen, von Gordon in ein ihr unangemessenes Schema gepreßt zu werden: weil ihr das rechte Wort fehlt, das Besondere ihrer Erfahrung zu erfassen und auszudrücken, behält, wie die Dinge liegen, das unrechte recht.

Paradoxerweise ist also ausgerechnet die unwilligste, die so wenig hinhörende Cécile die beste Zuhörerin des Kastellans: gerade weil, was er sagt, für sie keinen Eigenwert besitzt, weil sie mit der Rede als *Alternative* zum Spiegel nicht einverstanden ist und wie »verwirrt [. . .] und ohne zu wissen, was sie tat, an die Wandstelle klopfte, wo der Kristallspiegel seinen Platz gehabt hatte« (II,180). In der wiederum stummen Geste gibt sie dem Verlangen nach Herstellung des Beschworenen in der Realität Ausdruck und verweist den Leser damit keineswegs auf ein Defizit der *Rede,* sondern bekräftigt auf ihre Weise denselben Mangel in der *Wirklichkeit,* der sujet der Kastellansrede war. Erst indem beider Ausdrucksmittel sich ergänzen, erfassen sie das Fehlende in seinem vollen Ausmaß, den Mangel, der gleichbedeutend ist mit der Entzweiung des Menschen von der Natur und von seiner Geschichte. Daß er sich dieser schlechten Faktizität stellt, macht die Überzeugungskraft des Kastellans aus. Im Freiraum des Schlosses schafft er der Rede einen Freiraum, von dem ausgehend er zu neuen Ufern aufbrechen kann. Indem er auf neue, zugleich adressatenbezogene Weise eine neue Erfahrung be-redet, entzieht er sich erfolgreich jeder Festlegung aufs Typische, aufs liebgewonnene Klischee: eine Möglichkeit, die Fontane immer nur der gesprochenen Sprache, in keinem seiner Romane aber dem Handeln seiner Protagonisten wirklich einräumt.

Nach dem Kastellansvortrag sinkt das Schloß in seine Leere zurück – ein Paradigma für die reale Wirkungslosigkeit verbal bleibender Antizipation. Doch der Öffnung des leeren Raumes nach außen und in die Vergangenheit liegt die Gewißheit zugrunde, daß etwas da war, das immer noch der Aktualisierung wert ist, ja, daß die Hauptsache, der Kristallspiegel, zwar eine wechselvolle Geschichte gehabt habe, aber eben nicht zerstört ist, sondern an einem bekannten Ort, im Stockholmer Ridderholm-Museum, aufbewahrt und gezeigt wird. Der Spiegel ist also gleichzeitig etwas Vorhandenes und Nicht-Vorhandenes. Als Vorhandenes wird er weit entfernt als antiquarisches Stück, als toter Gegenstand also registriert, als Nicht-Vorhandenes aber ist er von erstaunlicher aktueller Wirkung. Im Museum hat er einen Ort zugewiesen bekommen, von seinem ursprünglichen Platz jedoch ist er nicht spurlos verschwunden, es blieb in seinem Goldrahmen eine Leerstelle, die der Ergänzung bedarf. Die Qualität des Ausstehenden ist aber nicht identisch mit dem nun versunkenen, vom Schloß einstmals repräsentierten Ganzen, denn aller vormaligen Bedeutung buchstäblich ›entleert‹, wird es – schon in der fiktiven Gegenwart des Romans – als das vollkommen Fremde erfahren.[42] Das leere Schloß steht disparat zur Gegenwart, öffnet sich einem Neuen, das keine Restauration des Vergangenen meint, ist aber nicht auch der Ort, an dem allein es anzusiedeln wäre. Die luftige Brücke zwischen Rahmen und Spiegel, Traum und Realität, zwischen vergangener Vollkommenheit und neuartiger künftiger Harmonie schlägt die kunstvolle Rede im Verein mit betroffenem Schweigen.[43] Die Leerstelle aber rückt das eigentlich Fehlende erst recht ins Bewußtsein, das sich in ungeahnt herrlicher Weise mit dem leeren Rahmen verbinden und diesen erst seiner eigentlichen Bestimmung zuführen würde und damit einen Zustand herstellte, in dem die Dinge aufeinander bezogen wären, jene Übereinstimmung zwischen Innen und Außen, allgemeiner und besonderer Situation, die für Fontanes Gestalten Glück bedeutet.[44] Glück aber ist *das* Leitmotiv aller seiner Romane.

Fontane bezieht derartige Denkmodelle stets auf die gesellschaftliche Wirklichkeit zurück. So trifft immer auch auf schon Verfestigtes, wer in seinen Romanen auf das Fehlende stößt. Das romantische Idyll der Pfauenvilla erwies sich, kaum realisiert, als Falle, als Platz, »daran Blut klebt« (II,158); von einstiger Hundetreue zeugt nur ein Obelisk, Petrefakt aller sich daran knüpfenden Wünsche; an diejenigen schließlich, die das Schloß einst bewohnten und belebten, die Fürstabbatissinnen, erinnert nur eine Bildergalerie. Erstaunlich wenig beredt ist der Kastellan anläßlich dieser einzig doch wirklich vorhandenen Sehenswürdigkeit, sagt wenig mehr nur, als daß sie vollständig sei – um so mehr tritt Gordon, Advokat vorgefundener Faktizität, wieder in den Vordergrund. Das gewohnte Sehen und Rückschließen bedarf keiner Anleitung, es kann sich an der präsumtiven »Galerie von Magdalenen« (II,182)[45] aufs neue selbst bestätigen. Diese Reaktion seines Publikums widerlegt nicht den Anspruch des Kastellans,[46] bezieht seine kunstvolle Prosa jedoch auf die Wirklichkeit zurück, mit der sie zu rechnen hat: es war unterhaltsam, ihm zuzuhören, das Verständnis der Reisenden freilich weckte er nicht. Daß ihnen die Geschichte lieber ist als der Spiegel, zeugt unter diesem Blickwinkel kaum von Einsicht in die Besonderheit der Situation, sondern spiegelt nur das auch bei jeder anderen Roman-Gelegenheit wache voyeuristische Interesse an der Geschichte dahinter: gleichsam eine vorweggenommene Illustration zu Benjamins Satz: »Der Ausdruck der Leute, die sich in Gemäldegalerien bewegen, zeigt eine schlecht verhehlte Enttäuschung darüber, daß dort nur Bilder hängen.«[47] So ist es nur folgerichtig, daß die interpersonalen Beziehungen all der porträtierten Damen und ihrer Seelsorger ausgespart bleiben und dem auf derartiges erpichten Interesse der Besucher nicht preisgegeben werden.

Daß im Porträt »die Persönlichkeit nicht in der Dynamik ihres Lebens dargestellt« wird,[48] ist Grund genug für Gordon zu betonen, »daß es nichts Toteres gibt als solche Galerie beturbanter alter Prinzessinnen« (II,181),[49] daß ein Porträt die Persönlichkeit aber auch »in dem, was sie ist«[50] zu erfassen sucht, reizt – wieder mit Ausnahme Céciles, die »hingenommen von dem Bilde« (II,181) einer ihr lieben Romanheldin ist

– nur die Neugier der Besucher, jene Neugier (mit der schon St. Arnaud die Pfauenvilla gemustert hatte), der das Leben zur Abfolge statischer Bilder gerinnt, und die dann in Bild und Tableau nach den äußeren Indizien für innere Vorgänge forscht, die im Bilde immer nur das Vorgeformte, im Unüblichen immer nur den Skandal, die Bestätigung für eine bereits vorangegangene Festlegung sucht. Der Neugier jedoch bleibt tot wie dem Desinteresse, was Teilnahme durchaus zu beleben vermöchte. Daher ist Neugier ständig von neuen Reizen abhängig, bleiben diese aus, so verschiebt sich schnell der Akzent des Gesprächs: hier auf die Frage nach »Echtheit oder Unechtheit« eines Bildes. Doch »am Ende, wer will *an Bildern* Echtheit oder Unechtheit *beweisen?*« (II,181)[51] Aus den ›toten‹ Gefilden der Porträtgalerie kehrt Gordon wieder dorthin zurück, wo er sich auskennt, auf den Boden der Tatsachen, die »auch ohne Beweis« gelten: gesellschaftlich geprägter Geschmack und als gut definierte Sitte (vgl. II,182). Ablösbar vom Gegenstand, von ihm ganz deutlich nur ausgelöst und sich immer weiter von ihm entfernend, macht sich Gordon daran, was er sieht, mit dem Leben, wie er es versteht, zu verbinden und angesichts des, wie er meint, Toten und Abgestorbenen, mithin generell Verfügbaren, des Typischen und Unterschiedslosen ein weiteres Exempel an Lebensklugheit zu statuieren. Aufs neue erhebt er den moralischen Zeigefinger. Doch nicht bereits Gesagtes soll dieses neue Beispiel untermauern, nicht allein um die Kritik an einer dem Historismus verpflichteten »realistischen« Lebensauffassung geht es, die dem Nebeneinander des Faktischen und ihm allein Rechnung trägt, es geht auch um Fontanes Poetik, um die Beziehung von Kunst und Leben.[52]

Der kurze und scheinbar so funktionslose Disput über die Echtheit eines Bildes wird völlig unvermittelt und in scharfem Gegensatz zu Céciles persönlicher Betroffenheit von diesem Bild eingeführt und abgehandelt. Ihre Teilnahme an Geschichte, Roman und Bild plädiert für Echtheit im Interesse einer ästhetisch vermittelten Wechselbeziehung zwischen Vergangenheit und Gegenwart, Kunst und Realität. Gordon dagegen entwickelt unter dem Primat geltender Moralauffassung eine dieser genau zuwiderlaufende Auffassung von Bedeutung und Entstehung der Bilder: »Immer ältliche Herren [...] nicht zufrieden mit der wirklichsten Wirklichkeit [!]«, wollen die »jedesmaligen Mäzene, Stifter und Donatoren« der Bildergalerien »ihre Schönheiten auch noch in effigie genießen« (II,182). Ein Porträt, für den späteren Betrachter ohnehin tot, ist als bloße Verdoppelung eines real Vorliegenden überflüssig und seiner Herkunft nach überdies moralisch zweifelhafter Natur. Keinesfalls sei ihm also eine wie immer geartete Qualität zuzuerkennen. Diese Kunstauffassung gründet in einer Form angepaßter Gesellschaftsfähigkeit, von der sie nicht zu trennen ist. Sie verrät hier die Kehrseite jenes Besitzstolzes an Kulturgütern, den Gordon in anderem Zusammenhang an den Tag legt: beim kennerhaften Bildergespräch wie bei der Zusammenstellung des Ausflugsprogramms (vor allem berühmte Monumente empfehlen sich dem touristisch-voyeuristischen Interesse). Sie vereint Weltläufigkeit mit jener Lokalborniertheit, die überall nur das ohnehin Bekannte antrifft, und beinhaltet eine ebenso statische Auffassung von der menschlichen Natur wie von seiner Geschichte. Gordon leugnet die Vermittlung zwischen den beiden Polen des Einst der künstlerischen Produktion und des Jetzt des Betrachtens durch die Kunst. Abbildung erscheint als bloße Kopie und Typisierung des Originals, von produktiver Aneignung ist keine Rede, Rezeption bleibt Bestandsaufnahme. Er unterschlägt also das Individuelle, das »in der Form des Zuständlichen zum Ausdruck« gebracht wird, zugunsten der zweiten Bestimmung des Porträts, zugleich auch das Typische zu repräsentieren.[53] Lebendig ist hier allein das Vorurteil, das sich der Hintergründe, des Nicht-Bebilderten: des mutmaßlichen Skandals bemächtigt und trotz aller Ablehnung aus dem Kunstcharakter der ausgestellten Bilder immerhin die Legitimation bezieht, genußvoll im Verbotenen zu schwelgen, solcherart die negierte qualitative Beziehung zwischen Kunst und Leben auf pervertierte Weise beibehaltend. Bilder sollen wie Personen im liebgewordenen Klischee erstarren. So bleibt es auch mit Cécile beim »Bildergespräch« (II,170),[54] und was der Kunst das überschießende Moment absprechen, wo nicht austreiben will, hat im Leben zerstörerische Folgen.

Céciles schon zuvor für ihre Begleiter so peinvolle, weil Unwissenheit verratende Suche nach Ähnlichkeiten zwischen Rosas Bildern und der Landschaft, von Vorlage und Darstellung, Wirklichkeit und künstlerischer Gestaltung widerlegt dagegen ein formal bleibendes Verständnis, das Kunst sagt und Echtheit meint, Aura als rein materiellen Wert begreift, so als sei das Werk ablösbar von seinem lebendigen Gegenstand. Was sich hier so naiv und scheinbar verständnislos für die höheren Weihen der Kunst, unbekümmert auch um Qualität artikuliert, tritt in Wahrheit für eine Vermittlung zwischen vergangener und gegenwärtiger, produktiver und rezeptiver Lebenswirklichkeit ein und einer Tendenz entgegen, die in der Ablösung des Kunstwerks von seinem je konkreten Lebenszusammenhang auch die Trennung des Menschen von seiner Geschichte vollzieht. Gordon sieht überall Identisches, wo allenfalls Ähnlichkeiten bestehen, Céciles Bemühen, die Dinge wiederzuerkennen dagegen setzt voraus, daß nicht nur die Koordinaten stimmen und das Äußere getreu abgezeichnet wurde, sondern daß jene Stimmung, jene nicht nur persönliche Geschichte ins Bild eingegangen sind, die den Gegenstand erst in der subjektiven Brechung objektiv bedeutend machen und nicht nur wesentliches Moment realistischer Gestaltung sind, sondern Voraussetzung jeder Veränderung intendierenden Kritik. Ein solches Verhalten überschreitet seinem Anspruch nach die falsche Wahrheit des je Vorgefundenen auf ein Mögliches hin. In dem Kastellansvortrag erfährt es beispielhaft seine gültige theoretisch-programmatische Formulierung,[55] in Fontanes letztem Roman, im *Stechlin*, seine konsequenteste Realisierung. Die nicht-sehenswürdige Sehenswürdigkeit, ins Bild umgesetzte Negation des Vergangenheitskultes wie des Bestehenden, entspricht der Erzählweise Fontanes, die Verbindlichkeit der Faktizität immer aufs neue in Frage zu stellen, alle Gegenstände in »Debattierstoff« aufzulösen. So wie einerseits die Verweise und Dingsymbole in seinem Werk »die scheinbare Gegenständlichkeit der erzählten Welt entmaterialisieren: die Bedeutung der Dinge [. . .] ihre Dinglichkeit auf[hebt]«,[56] sind andererseits ganz besonders Rede und Gespräch dafür geeignet,[57] Inhalte und Bedeutungen aufzunehmen, die sich disparat zum bloß Vorgegebenen verhalten. Die menschliche Rede tritt an die Stelle des Nicht-Vorhandenen, gibt ihm dadurch Raum und leiht ihm eine Existenz: das »Wie« tritt für das »Was« ein[58] und erschließt der Imagination und dem Bewußtsein das mögliche

Neue, das noch ortlos ist und handelnd – hier liegen die historischen Gründe für das Primat des Gesprächs vor aller Handlung in Fontanes Romanen – unter herrschenden Bedingungen nicht zu realisieren ist. Die Sprache lebt aus der ungelösten Spannung zwischen dem Wirklichen und dem Möglichen und vermag daher die ortlos gewordene Humanität – im freilich privat bleibenden Miteinander – wieder mit dem geschichtlichen Prozeß zu vermitteln. Diese Spannung setzt in Fontanes Romanen das utopische Potential der Sprache frei: das Fehlende, das gesellschaftlich nicht, noch nicht Existierende bestimmt nicht erst Gestalt und deutlich politisch verstandenes Thema des *Stechlin.* Immer ist in Fontanes Romanen das rechte Wort gesucht, das das Bewußtsein des Menschen von den ihm vorenthaltenen Möglichkeiten wachhält und produktiv neu belebt. Ganz im Sinne jenes »Fritz Katzfuß« geheißenen späten Gedichts, das vor allem auch insofern Konfession, persönliches Bekenntnis ist,[59] als es die vielleicht bündigste, sicher bildkräftigste Formulierung dessen darstellt, was Kunst für Fontane bedeutet. Für den geplagten Lehrling in Witwe Marzahns Kramladen – zugleich Titelfigur des Gedichts und Identifikationsfigur seines Autors – ist ein Band Goethe-Gedichte selbstverständlicher Gebrauchsgegenstand und ein vielbenutzter dazu, wie starke und durchaus pietätlose Gebrauchsspuren (ein Streifen Schlackwurstpelle dient unter anderem als Lesezeichen) der neugierigen Witwe und dem Leser verraten. Ort und Assoziationsbereich der Goethereminiszenz sowie Art und Weise ihrer Wirkung gehören zusammen: »Der Band von Goethe gab mir Kraft und Leben,/ Vielleicht auch Dünkel. [. . .] All genau dasselbe« (VI,366)[60] – eine Formulierung, die sich, zusammenfassend, zwei vorausgehenden gesellt: »Wehr und Waffen« bedeuten diese Gedichte, Widerstand also ist hier aufgehoben gegen Witwe Marzahn und all das, was die Welt zum Kramladen macht,[61] in dem der Mensch nur als willfährig dienender, erniedrigter zugelassen ist. Der Gegenentwurf bleibt »Wunschlandschaft«:[62] das nicht-vorhandene, aber erträumte Italien der Mignon-Lieder: »›Dahin, dahin/ Möcht ich mit dir, o mein Geliebter, ziehn.‹« (VI,366) – aber es *bleibt* Wunschlandschaft! Gerade Mignon, mit Blochs Worten die heimatloseste Goethescher Gestalten, ist eben auch »pures Subjekt einsamer, unerfüllter Sehnsucht«,[63] einer Sehnsucht, die »disparat zu allem bereits gestaltet Bekannten, Bekanntgewordenen« ist und radikal »ins Unbedingte«[64] geht. Im Zeichen dieses Anspruchs identifiziert sich Fontane (im Bilde des Fritz Katzfuß) mit Goethe,[65] im Sinne dieses Postulats gelingt auch die genaue Bestimmung des Verhältnisses von Kunst und Leben. Goethes Sehnsuchtsgedichte und auch Fontanes realistische Beschreibung des im Hier und Jetzt Nicht-Vorhandenen durch den Kastellan, der gleichwohl, wie Fritz Katzfuß, ans Hier und Jetzt gefesselt bleibt, bedeuten die radikale Negation des schlechten Gewordenen und halten als Kunst-Werke den utopischen Anspruch des real Möglichen offen. Die Kastellansprosa ist einem Realismus verpflichtet, der nach Fontanes frühen Worten »nicht die bloße Sinnenwelt und nichts als diese [will]; er will am allerwenigsten das bloß Handgreifliche, aber er will das *Wahre*. Er schließt nichts aus als die Lüge, das Forcierte, das Nebelhafte, das Abgestorbene [. . .]«[66]: ein Manifest des utopischen Realismus, wenn man so will.

3. Anekdote und Utopie

Die Landpartie brachte es an den Tag: ein leeres Schloß mit Kastellan ist einem Museum mit oder ohne Führer vorzuziehen. Fontane selbst verrät en passant das Geheimnis dieser immerhin ungewöhnlichen Wirkung: Der Kastellan wandelte nämlich »mit vielem Geschick [. . .] den herkömmlichen, an *vorhandene* Sehenswürdigkeiten anknüpfenden Kastellansvortrag in einen umgekehrt sich mit dem *Verschwundenen* beschäftigenden *Geschichtsvortrag*[67] um. [. . .] Voll richtigen Instinkts ersah er hierbei den Wert der *historischen Anekdote,*[67] die denn auch beständig aus der Verlegenheit helfen mußte« (II,177) – ein Verfahren, das sich besonders im Falle des fehlenden Kristallspiegels bewährt.

Zweifellos teilt der Kastellan die Vorliebe fürs Anekdotische mit seinem Autor, man denke nur an Fontanes Vorliebe für den Erziehungsstil seines Vaters oder an das umfangreiche Projekt der *Wanderungen durch die Mark Brandenburg*, deren erste, im Verlauf des Schaffensprozesses freilich veränderte,[68] Konzeption vorsah, »die Marken, ihre Männer und ihre Geschichte [. . . u]m Vaterlands und künftiger Dichtung willen« darzustellen.[69] Das klingt – fast – so, wie man das zur Zeit des Historismus erwartet. Die Anekdote, die noch Friedrich Schlegel im Zusammenhang mit seiner Novellendefinition »eine noch unbekannte Geschichte« nennt, »so erzählt, wie man sie in Gesellschaft erzählen würde, eine Geschichte, die an und für sich schon einzeln interessieren können muß, ohne irgend auf den Zusammenhang der Nationen oder der Zeiten [...] zu sehen. Eine Geschichte also, die *streng genommen nicht zur Geschichte gehört* und die Anlage zur Ironie schon in der Geburtsstunde mit auf die Welt bringt«,[70] wird im Laufe des 19. Jahrhunderts nicht nur mit der Geschichte und geschichtlichen Gestalten verbunden, sondern Geschichte selbst erscheint zunehmend auf Anekdoten reduziert, ja ist schon mit Novalis' Worten nichts anderes als »eine zusammengeschweißte oder ineinander zu einem Continuo geflossene Reihe von Anekdoten«.[71] Diese Verengung des Geschichtsbegriffs auf eine Kette punktförmiger, ausdehnungs- und prozeßloser Einzeldaten beinhaltet die Zerstörung einer Auffassung vom Ganzen, das mehr wäre als die vollständige Summe seiner Einzelteile. Ihr entspricht auch eine signifikante Verschiebung in Definition und Gebrauch der Anekdote: es kommt nicht mehr auf getreue historische Überlieferung an, wenn man aus dem Entwicklungsgang der Geschichte nichts mehr lernen kann, das »historische Element« (Novalis) schrumpft auf die ›Größe des Mannes‹ zusammen, die Anekdoten werden, mit Börnes Worten, die»Henkel der großen Seelen [...], wodurch sie faßlich für den Hausgebrauch werden«.[72] Ihre vornehmste Funktion wird es, eine überragende Persönlichkeit zu charakterisieren und so den Ruhm der Träger der Weltgeschichte im Bewußtsein der Untergebenen zu begründen und zu mehren, auf daß das Unverständnis herrscherlicher Verfügungswillkür nicht Gewalt gewinne über staunende Bewunderung und im Gemüt des Volkes schlummernde Verehrung. Nur diese ist Garant vorbehaltloser Liebe zum Vaterland, wie es ist.[73] Nicht mehr die Neuheit, die unbekannte Begebenheit ist erstes Erfordernis der Anekdote, diese ist zur Pointe geronnen, wird zunehmend von ihr aufgesogen: entscheidend ist das Signalement des Typischen, Bewährten und Bekannten inmitten des Besonderen.[74] Die zu legendären Gestalten aufbereiteten preußischen Potentaten hatten als Identifikationsfiguren die Lücke zu schließen, die in Deutschland die Nichtidentifikation mit dem Geschichtsprozeß hinterließ. In ihnen, den von ihnen kursierenden Anekdoten feiert der Untertanengeist sich selbst. Die als Heiligenviten aufgemachten Lebensgeschichten sollen Kontinuität und Zusammenhang einer gesellschaftlichen Wirklichkeit garantieren, an der teilnehmen zu wollen den Bürger in die Schlüssellochperspektive zwingt; die Faszination des Unerhörten, des Skandals, der Pointe ist die depravierte Form einer tätigen Teilhabe am öffentlichen Leben, ist der Versuch, das schematische Gegenüber von Menschen und unerkannt nach eigenen Gesetzen funktionierender Geschichte einseitig zu durchbrechen, das ahistorisches Denken nicht mehr als geschichtlich gewordenes zu erfassen vermag. Die Folge von auf Abruf wiederholbaren Geschichten fixiert und popularisiert Geschichte als das »ewige Bild des Vergangenen«.[75]

Daß Fontane auch dieser preußischen Tradition verpflichtet ist, ihr in den fünfziger Jahren sogar teilweise recht nahe stand, ist bekannt, und so selbstverständlich ist einerseits der Gebrauch der Anekdote im Zeitalter des Historismus, so überzeugend andererseits Fontanes Vorliebe fürs Nebensächliche, Kleine, eben auch Anekdotische,[76] daß man darüber die entscheidende Qualität der Anekdote in Fontanes erzählerischem Spätwerk, seinen Romanen also, vernachlässigt hat:[77] Auch hier verstellt die Kenntnis des Typischen den Blick fürs Besondere. Freilich sind, um die grundsätzliche poetische Funktion der Anekdote zu bestimmen, Formkategorien, ihre Abgrenzung gegen andere Prosakurzformen so wenig hilfreich wie der Nachweis der vielen Bezüge der Romane Fontanes zu den *Wanderungen*,[78] wenngleich eine eingehende Untersuchung sie zu berücksichtigen hätte. Hier genüge der Hinweis auf Fontanes Erzählweise, in der die Anekdote eine ganz neue Bedeutung erhält.

Fontane läßt im 4. Kapitel des *Stechlin* den alten Dubslav im abendlichen Gespräch mit Czako eine Anekdote erzählen, die er bereits 35 Jahre zuvor etwas ausführlicher in den *Wanderungen* mitgeteilt hatte.[79] Eine Wurst aus Edelsteinen, »ein wunderschöner, rundlicher Blutkarneol mit Goldspeilerchen an beiden Seiten und die Speilerchen selber mit Diamanten besetzt« (V,43), ist der einfallsreiche königliche Dank für regelmäßige weihnachtliche Wurstspenden der Gräfin La Roche-Aymon, »›Wurst wider Wurst‹« der pointierte begleitende Kommentar zu diesem Geschenk. Die Auslassung, so geringfügig sie erscheinen mag, ist einschneidend: in der frühen Version erwies sich nämlich »[d]as königliche Aperçu [. . .] als klägliche Dublette« – einem Potsdamer Fleischermeister war dieselbe Ehre zuteil geworden. Reuter geht ausführlich den historischen Bezügen und Anspielungen dieser Anekdote nach, bezieht sie auf ihren Kontext, gelangt jedoch auf diesem Wege zu keiner überzeugenden Erklärung für die »Kupierung einer Anekdote um ihr Bestes, die historische Pointe«:[80] auch abgefeimte und versteckte Selbstzitate können schließlich vollständig sein. Ersichtlich geht es Fontane um etwas anderes, auf historische Genauigkeit kommt es ihm gar nicht an: »– sagen wir ums Jahr fünfzig –« (V,43), es hätte alles auch ein wenig früher oder später und ein wenig anders verlaufen können, alles Lob gilt einem »solchen guten Einfall« (V,43), um dessentwillen Dubslav gerade diese Anekdote erzählt. Vor allem aber will er, wie er vorausschickt, Czako »die Geschichte [. . .] als Andenken mitgeben. Andre schenken sich Photographien, was ich, selbst wenn es hübsche Menschen sind (ein Fall, der übrigens selten zutrifft), immer greulich finde.« (V,43) Diese Geschichte soll so etwas wie ein Bindeglied sein zwischen diesem, zu kurzen Besuch Czakos und einem erhofften Wiedersehen, bei dem Dubslav dann von der ›merkwürdigen Frau‹, eben jener Gräfin La Roche-Aymon, »geborene von Zeuner«, erzählen und Gut und Grabstein, »[a]lles ganz eigentümlich« (V,43), zeigen könnte. Und sie soll eine Erinnerung sein, nicht an König Friedrich Wilhelm IV., ihren ›Helden‹, sondern an diesen Abend, an den Erzähler, den alten Dubslav selber. Der gute Einfall, das Merk-Würdige, auch das nicht Gerade und Vorzeigbare, die Brüche und Widersprüche, mag sein das Inkognito eines Menschen oder eines Lebens, sie alle sind lebendig im Gedächtnis und beleben in mündlich überlieferten Geschichten Phantasie und Einbildungskraft des Erzählers und des Zuhörers. Nicht die Pointe ist das Neue, die das so oder so Gewesene als solches entlarvt, nicht um ihretwillen läßt Fontane Dubslav die Geschichte erzählen. Er kürzt die Anekdote um den pointierten *Abschluß*, der sie aufs Vergangene festlegt, in ihr nur das vollkommen Vergangene vergegenwärtigt, das »nicht mehr mit der Gegenwart im Streit liegt«,[81] und macht damit die Anekdote zum Exempel für neue Möglichkeiten. Die Einmaligkeit des Falles, wie er nun zu Gehör kommt, schließt aus, daß einer die Vergangenheit bloß kopiert[82] und genauso nach dem *Muster* des Königs handelt, das gesellschaftliche Ansehen aber der Personen, von denen die Anekdote erzählt, autorisiert das offen bleibende, phantasievolle *Modell* einer produktiven Aneignung von Wirklichkeit. Der gute Einfall sprengt die Determiniertheit kausaler Abläufe, die sonst nur dem gänzlich Irrationalen, dem Zufall zu durchbrechen vorbehalten ist.[83] Die Geschichte *statt* des Bildes, statt des Eindeutigen also und des Nur-Momenthaften der Photographie, die Vorübergehendes fixiert und die öffentliche Pose als gültiges Abbild einer Person ausgibt, zielt schon auf eine wechselseitige Interaktion zwischen dieser Geschichte und den beteiligten Romangestalten. Es gilt sie zu überführen in die des Menschen mit seiner Geschichte.

Ähnlich war auch in der Rede des Kastellans die Geschichte an die Stelle des Spiegels getreten. Die Anekdote vergegenwärtigt das Vergangene in der Erinnerung, das eben nicht abgelebt und abgestorben ist (selbst wenn es *auch* in die Annalen preußischer Herrschaftsgeschichte gepreßt wurde). Wie Fontane sie versteht und gebraucht ist die Anekdote kein totes Kultur- oder Bildungsgut, zum gängigen Marktwert gehandelt, sondern gerade die vom Pathos befreite Historie wird plaudernd beerbt, Detail um Detail dem Gegenwärtigen anverwandelt, ohne doch damit das Partikulare für das Ganze zu nehmen. Gleich der menschlichen Rede postuliert die gesprächsweise vermittelte Anekdote die Verbindung der Vergangenheit mit einer möglichen Zukunft. Historische Kontinuität wird am kleinsten Element geprobt, wenn sich auch die vielfältigen Einzelgeschichten vorläufig nur zum Kaleidoskop addieren.[84] Statt aber von Legendärem zu künden, ist jede für sich ein Plädoyer für Ergänzung, Vervollkommnung, für die Möglichkeit eines Neuen, Noch-nicht-Bekannten (so die *genaue* Übersetzung von ›Anekdote‹). Die Anekdote hat also in Fontanes Werk eine Vermittlerrolle und dabei selber Übergangscharakter. Benjamins auf Proust gemünztes Wort variierend, könnte man sagen, die Anekdote ermögliche, das Vergangene mit der höchsten Geistes-gegenwart zu laden.[85] Sie wird – in durchaus nicht vaterländischer Absicht – wieder mit dem historischen Prozß vermittelt, herausgelöst aus der Starre eines überzeitlichen Geltungsanspruchs. Das immer wieder aufs neue Unbekannte ist als Appell darin aufgehoben: aus einer Sache macht Fontane wieder tausend und beschreitet damit den umgekehrten Weg derer, dic die in Einzelbilder zerfallene Welt nach *einem* Bilde formen wollen. Die von Gedächtnis, Imagination und Rede geleistete Vermittlung des Zuständlichen mit einem historischen Prozeß bleibt freilich auf den Bereich des Persönlichen beschränkt und auf den der Erzählung, d. h. auch sie bliebe letztlich partikular, wäre sie nicht aufgehoben im Medium der Kunst. Einer Romankunst im Falle Fontanes, die, so anekdotenreich sie sich immer wieder darstellt, jeweils selber als ›kupierte‹, um die eindeutig fixierende Pointe gebrachte Anekdote aufgefaßt werden kann. Den meisten seiner Romane liegt ja eine tatsächliche Begebenheit zugrunde; Fontane erzählt aber immer diejenige Lebensgeschichte, die die Geschichte hinter all den bekannten Geschichten ist, d. h. er verfremdet das genremäßig Bekannte durch seine Art, die zeit- und gesellschaftsbezogenen Probleme darzustellen, so daß es auf ganz andere Weise typisch wird, als es die verordnete Übereinkunft des typisierenden Klischees will, dem alles eindeutig rubrifizierbar ist: Fürstenmätresse oder Ehebrecherin.[86]

Die anekdotische Erzählung weist also durchaus nicht nur innerhalb des Romans nach vorwärts, sondern sie transzendiert ihn auf die soziale Wirklichkeit hin. Die Anekdote als Leitmotiv[87] des Fontaneschen Werkes überhaupt führt über den Roman hinaus in eine des Neuen, der Humanisierung bedürftige Welt. Fontane macht damit die romantische Anekdotenauffassung fruchtbar,[88] wie sie vor allem Novalis in seinen Fragmenten entwickelt hat. Dieser unterscheidet »zwey Hauptklassen, karakteristische [meist didaktische, auf ein »fremdes Interesse« bezogene[89]] und poetische Anekdoten«,[90] diese interessieren »um ihrer selbst willen«.[91] Als wesentlichstes Merkmal der wahren Anekdote hebt er hervor: »Sie beschäftigt die Einbildungskraft«, d. h. »[s]ie erhält die Einbildungskraft im Schweben oder im Wechsel«, auch wenn sie eine ganz »gewöhnliche [!] Begebenheit« erzählt, denn

»[a]lle Poesie unterbricht den gewöhnlichen Zustand, das gemeine Leben [...], um uns zu erneuern – und so unser Lebensgefühl immer rege zu erhalten«.[92] Die romantisch gemeinte Poetisierung des Lebens wurde in der Praxis zu Weltflucht und Kompensation des Versagten durch die Kunst. Fontanes Schreiben jedoch, die Mischung von Phantasie und Wahrheit, in der »Darstellung und Wirklichkeit [...] nicht zweierlei« sind,[93] geschieht im Interesse des Lebens mit dem Blick auf die realen gesellschaftlichen Nöte und Versagungen. Poetisierung, auch wenn sie ›Verklärung‹ heißt,[94] meint Kritik der Verhältnisse, will ihre Humanisierung und ist deren künstlerische Antizipation. In diesem utopischen Sinne vor allem hat »das Poetische [...] immer recht; es wächst weit über das Historische hinaus« (IV,360).

Im *Stechlin* hat Fontane das einprägsamste Bild für dieses Verfahren gefunden: Wie seine Gestalt Dubslav zieht er eine fremde Pflanze an Stelle der kränkelnden Aloe und freut sich, wenn die Leute, statt genau hinzusehen, im Neuen das Erwartete bestaunen und – wie etwa bezeichnenderweise Rex – mit dem falschen Namen belegen, auf den sie sich eben nicht reimt (vgl. V,9). Ein Verfahren, das – augenzwinkernd – die genremäßige Rezeption in Kauf nehmen mußte[95] und sicher die lange Vergessenheit und Mißachtung des Dichters Fontane als bloß eines Unterhaltungsschriftstellers begünstigt hat. Fontane spielt mit der zeitgenössischen Weise, das Beeindruckende, Skandalöse auch für das Wahre zu halten und das aus seinem geschichtlichen Kontext gelöste Detail als Indiz für einen bestimmten, von vornherein festliegenden Zusammenhang zu betrachten. Die in Fontanes Romanen erzählten Anekdoten, die erlebten oder geliebten, legendären oder skandalösen exemplarischen Geschichten leben gerade aus der Spannung zwischen dem Anekdotisch-Offenen und seiner gängigen Rezeptionsweise als Indiz.[96] Daß innerhalb der Romanhandlung die soziale Festlegung recht behält, spricht deutlich gegen die gesellschaftlichen Zustände, die sich immer auf Kosten des Subjekts durchsetzen. Allein der künstlerischen Gestaltung ist es möglich, dieses Prinzip kritisch zu vergegenwärtigen und zugleich andere, humane Möglichkeiten durchscheinen zu lassen. Um noch einmal *Cécile* zu bemühen: in seiner Darstellung geht Fontane genau den umgekehrten Weg wie Gordon, dessen Bemühungen, die Vergangenheit zu enthüllen, er gleichwohl begleitet. Der Roman ermöglicht es der *Person* Cécile, sich gegen ihre Geschichte zu entfalten, in gleichem Maße, wie Gordon sie auf seine Informationen hin zum *Bild* einengt. Es kommt darauf an, die Möglichkeiten der Kunst in Wirklichkeit zu überführen. Als bloßer Rahmen wäre die Dichtung eine ebenso falsche Wahrheit wie es die bloße Ab-Spiegelung ist.

Anmerkungen

1 Zitiert nach: Theodor Fontane, *Sämtliche Romane, Erzählungen, Gedichte, Nachgelassenes* (*Werke, Schriften und Briefe* Abt. I), hrsg. v. Walter Keitel und Helmuth Nürnberger, Bd. II, München 1971[2]. Zitate aus dem IV., V. und VI. Band nach der 1. Auflage dieser Ausgabe: hrsg. v. W. Keitel. München 1962-66. Alle Nachweise stehen im folgenden in () hinter dem Zitat.

2 Der Roman entstand in den Jahren 1884-86, erschien 1886 als Vorabdruck in *Universum. Illustrierter Hausschatz für Poesie, Natur und Welt, Literatur, Kunst und Wissenschaft,* die Buchausgabe folgte ein Jahr später, 1887. Vgl. II,864 (Anmerkungsteil).

3 Horst Schmidt-Brümmer, *Formen des perspektivischen Erzählens: Fontanes »Irrungen Wirrungen«,* München 1971, S. 75.

4 Vgl. Gordons Brief an seine Schwester Klothilde im 9. Kap. (bes. II,186 ff.) des Romans: »aber was durchaus frappieren muß, ist das naive Minimalmaß ihrer Bildung«.

5 Formal ist diese Passage durch dreimaligen Perspektivenwechsel und dreifach variierte Redeweise hervorgehoben: Céciles Höflichkeitsbezeugungen gegenüber dem Reisebegleiter in indirekter, St. Arnauds Anspielung in direkter Rede, darauf die vom Autor bezeichnete und kommentierte Reaktion Gordons.

6 Zur jeweiligen gesellschaftlichen Bedeutung des Ortes in Fontanes Romanen, in denen »der gewählte Ort immer schon einen bestimmten Auffassungsmodus bildet« (Schmidt-Brümmer, S. 53) – berühmtestes Beispiel ist sicher ›Hankels Ablage‹, zugleich qualitativ utopischer Raum und realiter der Ort, an dem Fontane die determinierende Macht der gesellschaftlichen Wirklichkeit sinnfällig machte – vgl. die Arbeiten von Schmidt-Brümmer sowie Cordula Kahrmann: *Idyll im Roman: Theodor Fontane,* München 1973.

7 Gordons anschließende, den erhobenen Zeigefinger nicht einmal notdürftig kaschierende Ausführungen legen in einem ganz anderen als dem von Cécile gemeinten Sinne nahe, daß er »den ganzen Umweg vielleicht nur um dieser Stelle willen gemacht hatte« (II,157).

8 Kahrmann, S. 89. Vgl. auch den Nachweis der Verfasserin, daß gerade diejenigen weltmännischen, d. h. gesellschaftsbezogenen Qualitäten Gordons seinen Enthüllungsdrang bestimmen, mit denen er andererseits den St. Arnauds das Reiseidyll

überhaupt erst ermöglicht, weil, wie sie wissen, »Glück für sie nicht in der Gesellschaftsferne liegt« (ebd.; vgl. II,191).

9 Auch die beiden Berliner, die sich im Alltag so ganz anders gebärden als in der Sommerfrische, spiegeln im Roman die Unverbindlichkeit des Ausnahmefalls. Dagegen zeigt Rosas Mangel an Sensibilität fürs Außergewöhnliche (»Mit Rosa könnte man um den Äquator fahren, und man landete genauso, wie man eingestiegen«, II,288), welchen Preis man für solch ein zwar dauerhaftes, aber spannungsloses ›Glück‹ zahlt: »hier verfestigt sich Leben zum Bild« (Kahrmann, S. 96).

10 Dolf Sternberger, *Panorama oder Ansichten vom 19. Jahrhundert*, Frankfurt/M. 1974 (st 179), S. 60.

11 Ebd., S. 61.

12 Ebd., S. 60.

13 Ebd., S. 64.

14 Vgl. ebd., S. 61.

15 Vgl. ebd., etwa S. 61, 63, 70.

16 Ebd., S. 61. Vgl. auch Eberhard Seybold, *Das Genrebild in der deutschen Literatur*, Stuttgart 1967 (Studien zur Poetik und Geschichte der Literatur Bd. 3).

17 Die seit Brinkmann in der Forschung ständig wiederkehrende Formel vom strengen Zeitgenossen und versöhnlichen Dichter Fontane (Richard Brinkmann, *Theodor Fontane.* Über die Verbindlichkeit des Unverbindlichen, München 1967, S. 27 ff.) scheint mir weniger stichhaltig, als ihre weite Verbreitung zu gewährleisten scheint. Sie vernachlässigt gerade den von Fontane immer wieder hervorgehobenen Unterschied zwischen brieflich-alltäglicher Meinungsäußerung (auch wenn man seine Briefe mit Recht kunstvoll nennt, sind es keine Kunstwerke) und der anderen Gesetzen folgenden poetischen Behandlung eines Gegenstandes (Sprechblasenparolen sucht man in der Tat vergebens). Letzten Endes beruht dieses Urteil auf der Voraussetzung, als bliebe die nicht unmittelbar thematisierte gesellschaftliche Wirklichkeit auch außerhalb des Werkes, es kreidet also die eigene Fußnotensoziologie, die Trennung von hie Gesellschaftskritik, dort Dichtung, Fontane an. Die gesellschaftliche, gesellschaftskritische Verbindlichkeit des Werkes und seiner Bedeutungsstruktur zu erkennen bedeutet aber, es selber als Moment der konkreten gesellschaftlichen Wirklichkeit zu begreifen. (Vgl. hierzu Karel Kosík, *Historismus und Historizismus,* in: K. K., *Dialektik des Konkreten,* Frankfurt/M. 1967, S. 134 ff.

18 Zur ethischen Fundierung von Fontanes Geschichtsverständnis und seinen politischen Urteilen vgl. Kenneth Attwood, *Fontane und das Preußentum,* Berlin 1970, etwa S. 149, 163, 166, 171.

19 Sternberger, S. 77.

20 Vgl. Ingrid Mittenzwei, *Die Sprache als Thema.* Untersuchungen zu Fontanes Gesellschaftsromanen, Bad Homburg, Berlin, Zürich 1970 (Frankfurter Beiträge zur Germanistik Bd. 12), S. 78 und ff.

21 Ähnliches läßt sich auch beispielsweise für *Effi Briest* zeigen: daß sie Instetten sterbend verzeiht, bleibt durchaus *auch* im Rahmen genremäßiger Empfindungs- und Verhaltensmuster, von deren Repräsentanz ihre Ehe wesentlich lebte. Andererseits zeigen seine Reue und ihr Verzeihen, wohin es führt, wenn Menschlichkeit, »in die Oase des Gefühls verbannt« (Sternberger, S. 77), nicht mehr über die Person hinausreicht. Die immer wieder auftauchende Frage nach dem eigentlich Schuldigen für all das Unglück, vom alten Briest mit dem letzten Satz des Romans scheinbar als so unbeantwortbar beiseite geschoben, hat Fontane längst beantwortet: die Vielfalt aller möglichen Einzelverschuldungen entlarvt die Frage selbst als ideologisch. Gerade der nicht glückliche Ausgang ist, weil es kein richtiges Leben im falschen

geben kann, die eindringlichste Kritik an dem »Gesellschafts-Etwas« und ein Appell an den Leser des Romans. (Vgl. auch Schmidt-Brümmer, der von der »Appellstruktur des Romans« bei Fontane spricht; S. 196).

22 Schmidt-Brümmer, S. 196.

23 Die freilich auch ihre Wahrheit hat: in Fontanes Erkenntnis, daß die auf überseeische Gebiete projizierten Realisierungsmöglichkeiten kollektiver Wunschträume illusionäre Fluchtphantasien sind, die auch dort an der Wirklichkeit zuschanden werden.

24 Sternberger, S. 55.

25 Vgl. die in der Figur des Salzwasserseemanns Cap karikierte Verabsolutierung eines Prinzips und Indiziengläubigkeit, der auch die Konstruktion von Indizien nicht fern liegt; die Auseinandersetzungen zwischen ihm und Pfadfinder sowie die in Coopers Roman entfalteten Folgen von Erörterungen, »in denen wir die Erfassung der Wahrheit zum Vorwand nehmen, während sie in Wirklichkeit nur zur Kräftigung unserer Vorurtheile dienen« – James Fenimore Cooper, *Der Pfadfinder oder das Binnenmeer,* übers. v. C. Kolb, Leipzig o. J., S. 276 (14. Kap.).

26 Auch hier ist die Pfadfinder-Reminiszenz nicht ohne Bedeutung. Am Ende des Romans sieht sich Natty Bumppo aus dem Paradies seiner glücklichen Träume vertrieben und es gibt keinen Ort, an dem sich sein Ideal einer naturrechtlich fundierten Utopie verwirklichen ließe – ein Schicksal, das er mit Chingachgook, dem Häuptling ohne Stamm und ohne Zukunft, teilt.

27 Ernst Bloch, *Literarische Aufsätze,* Frankfurt/M. 1965, S. 199.

28 »Hütten, Kinder und aufgehängte Wäsche« (II,156), großer Kontrast zur Leblosigkeit der Villa und den Reisenden denkbar fremd, hätten den Mangel an Lebendigkeit und Glück als ihr individuelles Problem erscheinen lassen. Erst nachdem einmal der entscheidende qualitative Mangel des entfremdeten Lebens erfaßt ist, kann das damit *auch* Gemeinte wieder aufgegriffen werden: Möglichkeit von Glück und Lebensfülle als durchaus unidyllisches Gemisch von Glück und Sorgen (im Gespräch mit der jungen Förstersfrau auf dem dritten Ausflug des Romans, nach Altenbrak, zum dritten ›Schloß‹, der ›Burg Rodenstein‹, nach dem ›Märchenschloß‹ und dem leeren Quedlinburger Schloß). Vgl. dazu auch Kahrmann, S. 96.

29 Schmidt-Brümmer hat für *Irrungen Wirrungen* gezeigt, »daß die weitere Entfaltung der Liebesgeschichte eigentlich nicht durch äußere Vorgänge und Ereignisse, sondern vor allem durch das Auftauchen neuer Örtlichkeiten vorangetrieben wird« (S. 53). Das gilt modifiziert auch für *Cécile:* Das Motiv der Reise ermöglicht es, die von vornherein ohne festen Bezugsrahmen eingeführten Personen (die also soziale Außenseiter sind) in wechselnden Wirklichkeitsbezügen darzustellen (vgl. ebd., S. 57).

30 Inkongruenz »von standesgemäßem Standard und Vorhandenem« hat Preisendanz als Darstellungsprinzip und Grundproblem in den *Poggenpuhls* nachgewiesen. Wolfgang Preisendanz, *Die verklärende Macht des Humors im Zeitroman Theodor Fontanes,* in: (Hrsg. W. P.), *Theodor Fontane,* Darmstadt 1973 (Wege der Forschung Bd. CCCLXXXI), S. 286-328, S. 296. – Thomas Mann sollte später die Unangemessenheit zum poetologischen Prinzip erklären. Vgl. Walter Jens, *Der Rhetor Thomas Mann,* in: *Von deutscher Rede,* München 1972 (dtv 806), S. 98.

31 Mittenzwei, S. 84.

32 Vgl. ebd., S. 85: »Brillante Konversationskunst kann einen brillanten Kristallspiegel erfolgreich vertreten«, sowie »[...] nachdrücklicher kann er [der Roman] aber auch all dies nicht wieder relativieren als durch die unmittelbar folgende

Reaktion der Hauptgestalt, auf deren Charakterbild *er* aus ist: Céciles.« Dazu auch S. 81, 86 f.

33 Darin eine »sehr menschliche Reduktion des Objekts auf seine konkrete Brauchbarkeit«, »ein Gegengewicht zu allen Finessen der Geschichte« (ebd.) zu sehen, ist ebenso naheliegend wie unzureichend.

34 Vgl. dazu II,256: Gordon nimmt wahr, »daß Cécile, wie bei jedem unpersönlich bleibenden Gespräch, voll wachsender Abspannung dreinsah [. . .]« Auch Mittenzwei führt diese Stelle an – als Beleg für ihre These.

35 Schmidt-Brümmer, S. 37.

36 So reagiert sie beispielsweise auch auf Gordons »Predigt« bei der Pfauenvilla.

37 Wichtig ist in diesem Zusammenhang, daß Gordons Reden bei ihr Verwirrung und mechanische Reaktionen auslösen (sie »zählte [. . .] die Maschen des vor ihr ausgespannten Drahtgitters« (II,158) bzw. trat »verwirrt vom Fenster zurück [. . .] und [klopfte] mechanisch, und ohne zu wissen, was sie tat, an die Wandstelle [. . .], wo der Kristallspiegel seinen Platz gehabt hatte« (II,180)), die Kastellansrede ihr aber die Freiheit läßt, sich einfach abzuwenden und eine Art Eigeninitiative zu entfalten.

38 Deshalb auch genießt Gordon, trotz aller hier aufgezeigten weniger vorteilhaften Züge, durchaus die Sympathien des Lesers: »Er spricht nach, was ihm die Gesellschaft vorgedacht hat.« (Walter Müller-Seidel, *Thodor Fontane.* Soziale Romankunst in Deutschland, Stuttgart 1975, S. 193). Fontane treibt hier ein abgefeimtes Spiel mit der Identifikationsbereitschaft des Lesers: Dieser soll sich in ihm wiedererkennen und sich im Spiegelbild dann *er*kennen.

39 Vgl. Hans Heinz Holz, *Macht und Ohnmacht der Sprache.* Untersuchungen zum Sprachverständnis und Stil Heinrich von Kleists, Frankfurt/M., Bonn 1962, S. 25.

40 Im *Stechlin* stellt Fontane dieses Problem programmatisch in seinen gesellschaftspolitischen Zusammenhang. Vgl.: »Und vor allem sollen wir, wie der Stechlin uns lehrt, den großen Zusammenhang der Dinge nie vergessen. Sich abschließen, heißt sich einmauern, und sich einmauern ist Tod.« (V,271).

41 Heinz Schlaffer, *Jacob Burckhardt oder das Asyl der Kulturgeschichte,* in: Hannelore Schlaffer / Heinz Schlaffer, *Studien zum ästhetischen Historismus,* Frankfurt/M. 1975 (es 756), S. 84.

42 Es geht also gerade nicht um eine Identifikation mit längst abgelebter Historie »mittels ihrer ästhetischen Präsenz«, wie Heinz Schlaffer am Beispiel von Goethes »Saal der Vergangenheit« aus *Wilhelm Meisters Lehrjahren* und *Faust II* als für den Historismus typisch erläutert. (Vgl. das Vorwort zu dem angegebenen Band, S. 15, sowie den »Exkurs: Die Restauration der Kunst in Stifters ›Nachsommer‹«, S. 115 f.) Fontane fordert dem Immergleichen des Museums das Neue ab. Wieweit es sich bei dieser Konstellation in *Cécile* um eine absichtsvolle kritische Goethe-Reprise Fontanes handelt, ist demgegenüber von untergeordneter Bedeutung.

43 Sie tritt dem Wahrheitsanspruch falscher Verallgemeinerung ebenso entgegen wie dem einer, ihren Voraussetzungen nach ebenfalls ahistorischen, Aufsplitterung der Erscheinungen in ein starres Nebeneinander und verhindert damit letztlich auch die so naheliegende, ihrer Tendenz nach aber rückwärtsgewandte Verräumlichung von Utopie analog zum räumlichen Zeitverhältnis des Historismus. Vgl. Ernst Bloch, *Erbschaft dieser Zeit,* Frankfurt/M. 1962², S. 322. Zur Ambivalenz des Raumes, mithin der Möglichkeit des »ästhetisch elastischen Raum[s]« und seinen Kraftlinien »über das Gewordensein hinaus« vgl. Ernst Bloch, *Experimentum mundi,* Frankfurt/M. 1975, S. 108 und ff.

44 Vgl. Paul Böckmann, *Der Zeitroman Fontanes*, in: (Hrsg. W. Preisendanz), *Fontane*, S. 80-110, S. 100.

45 Zur Bedeutung dieses Motivs bei Fontane vgl. z. B. Schmidt-Brümmer, S. 70, Anm. 38, sowie Kurt Wölfel, *»Man ist nicht bloß ein einzelner Mensch«*. Zum Figurenentwurf in Fontanes Gesellschaftsromanen, in: *Zeitschrift f. deutsche Philologie* 82 (1963), S. 152-171, S. 170 f.

46 Sie verstärkt sogar dessen Totalität. Ein sofortiger ›Erfolg‹ hätte die Preisgabe der umfassenden Veränderungsperspektive beinhaltet und die Negation all jener Widersprüche, nicht ihre Aufhebung, die gerade in der grundsätzlichen Spannung zwischen den zur Veränderung drängenden Verhältnissen und bloßer Rede aufbewahrt sind, bedeutete letztlich also ebenso den Frieden mit dem Bestehenden wie borniertes Mißverstehen.

47 Walter Benjamin, *Einbahnstraße*, Frankfurt/M. 1972, S. 108.

48 Franz J. Böhm, *Begriff und Wesen des Genre*, in: *Zeitschrift für Ästhetik und allgemeine Kunstwissenschaft* 22 (1928), S. 166-191, S. 177.

49 Sofern in jeder Stilisierung, gar Monumentalisierung das Individuelle vom Typischen aufgesogen ist, zweifellos auch ein Urteil Fontanes. Man denke etwa an die ins Bild gebannte glorreiche Vergangenheit der Familie Poggenpuhl. (Vgl. dazu Preisendanz, S. 294 ff.)

50 Böhm, ebd.

51 Hervorhebungen von mir.

52 »Cécile, die Gestalt mit jenem Roman ›dahinter‹« mag »die erste Leserin *dieses* Romans« sein (Mittenzwei, S. 87) – sicherlich ist sie die befangenste und bezieht, worin ihr die Interpretation nicht folgen sollte, jede Philippika Gordons *allein* auf sich.

53 Böhm, ebd.

54 Vgl. auch Mittenzwei, S. 92.

55 Deutlicher ließe sich kaum ins Bild setzen, was mit Preisendanz' Worten Fontanes poetisches Verfahren kennzeichnet: daß »die Art der Vermittlung [. . .] verhinder[t], daß Wirklichkeitsdarstellung zu bloßer Bestandsaufnahme wird« (S. 302).

56 Heinz Schlaffer, *Das Schicksalsmodell in Fontanes Romanwerk*, in: *GRM* NF XVI (1966), S. 392-409, S. 396.

57 Der Hinweis auf die Bedeutungsvielfalt von Gespräch und Rede in Fontanes Romanen ist inzwischen ein Gemeinplatz der einschlägigen Forschung. Hier mag es genügen, den prinzipiellen Zusammenhang von Gespräch und Utopie anzudeuten.

58 Vgl. Brief vom 14. Febr. 1897. (*Briefe an seine Freunde*, Berlin 1925, Bd. 2, S. 418).) – Möglicherweise lohnte ein Vergleich des poetischen Verfahrens und seiner jeweiligen historischen Voraussetzungen bei Proust und Fontane: Bei Fontane ersetzt das Wie der Darstellung zunehmend das Was des Dargestellten, bei Proust ist nicht das Was der Erinnerung, sondern »das Weben seiner Erinnerung« das Entscheidende. Vgl. Walter Benjamin, *Zum Bilde Prousts*, in: *Illuminationen*, Frankfurt/M. 1961, S. 355.

59 Vgl. Hans-Heinrich Reuter, *Entwicklung und Grundzüge der Literaturkritik Theodor Fontanes*, in: (Hrsg. W. Preisendanz), *Fontane*, S. 111-168, S. 130. Doch verfehlt die Feststellung Reuters, daß hier »ein lebendiges literarisches Suchen und Ringen aufgehoben erscheint in der klassischen Klarheit Goethescher Dichtung« gerade die wesentlich utopische Bestimmung von Kunst. Ausführlicher geht er in seiner großen Fontane-Monographie auf dieses Gedicht ein; so überzeugend er hier die Dialektik der Leben-Kunst-Leben-Beziehung darstellt, so unglücklich ist es,

dann von »der Lebenshilfe, die Goethes Dichtung zu gewähren vermochte und tatsächlich gewährt hatte«, zu sprechen. Hans-Heinrich Reuter, *Fontane,* 2 Bde., München 1968, S. 783.

60 Hugo Aust (H. A., *Theodor Fontane: »Verklärung«.* Eine Untersuchung zum Ideengehalt seiner Werke, Bonn 1974.) verfängt sich beim Versuch, das Verhältnis von Kunst und Leben bei Fontane zu bestimmen, heillos in seiner eigenen schwammigen Begrifflichkeit und kommt trotz manch zutreffender Einzelbeobachtung zu dem Schluß, Kunst solle »den Leser dahingehend verwandeln, daß er sich aufs neue und in neuer Sinnerfüllung [!] dem Alltäglichen zuwendet« (S. 255), sei also »als Vermittler und Repräsentant des Lebenssinns relevant« (S. 254). Das Vokabular ist so verräterisch wie das Interesse offenkundig, Fontane zum Kronzeugen der Anpassung ans je Bestehende zu modeln.

61 Vgl. »*Eure* Welt ist Kram,/ Und wenn ihr Waschblau fordert oder Stärke, Blaut zu, soviel ihr wollt. *Mein* Blau der Himmel.« (VI,365).

62 Ernst Bloch, *Das Prinzip Hoffnung,* Frankfurt/M. 1959, S. 1171.

63 Ebd., S. 1167.

64 Ebd., S. 1169.

65 Vgl. auch Reuter, *Fontane,* S. 780.

66 *Unsere lyrische und epische Poesie seit 1848,* in: Th. F., *Aufsätze, Kritiken, Erinnerungen* (*Sämtl. Werke,* hrsg. v. Walter Keitel, Abt. III), Bd. I: *Aufsätze und Aufzeichnungen,* hrsg. v. Jürgen Kolbe, Darmstadt 1969, S. 242.

67 Hervorhebungen von mir.

68 Vgl. dazu die Kapitel 9 und 10 von Reuter, *Fontane* (S. 355 ff.).

69 Tagebucheintragung vom 19. August 1856. Zit. nach ebd., S. 355.

70 Friedrich Schlegel, *Nachricht von den poetischen Werken des Johannes Boccaccio,* in: F. S., *Kritische Ausgabe,* hrsg. v. Ernst Behler u. a., 1. Abt. Bd. 2: *Charakteristiken und Kritiken I* (1796-1801), hrsg. u. eingel. v. Hans Eichner, München, Paderborn, Wien 1967, S. 394. Hervorhebung von mir.

71 Novalis, *Schriften,* Band 2: *Das philosophische Werk* I, hrsg. v. Richard Samuel in Zus. m. Hans-Joachim Mähl und Gerhard Schulz, Darmstadt 1965, S. 567.

72 Zit. nach Heinz Grothe, *Anekdote,* Stuttgart 1971 (Sammlung Metzler 101), S. 10.

73 Franz Kuglers »Den Freunden des Vaterlandes« zugeeignete Einleitung seiner *Geschichte Friedrichs des Großen* (Mit 400 Illustrationen gezeichnet von Adolph Menzel, Leipzig 1906[6]) entwirft – um nur ein Beispiel zu nennen – ein impressionistisches Bild all der menschlichen Eigenschaften seines Helden, das seine ›Geschichte‹ dann ausmalen wird. Programmatisch formuliert er, daß »die Geschichte dieses seltenen Mannes« »nach den Lehren einer philosophischen Schule oder nach den Grundsätzen dichterischer Behandlungsweise glänzender zu gestalten« nicht nötig sei, um ihn der Teilnahme seiner Leser (erklärtes Ziel des Buches) zu empfehlen (S. VII). – Hier vom »Verfall der Anekdote im 19. Jahrhundert« zu sprechen, macht aus einem politischen und ideologischen ein Formproblem. (Zit. Grothe, S. 61.) – Vgl. auch Heinrich Manns *Der Untertan:* die angemaßte Bedeutsamkeit geschichtsmächtiger Einzelner bedarf unaufhörlich der Bestätigung; deren Ausdruck ist die Tautologie, »die persönlichste Persönlichkeit«. (Heinrich Mann, *Der Untertan,* München 1964 (dtv 256/57), z. B. S. 98.)

74 *Das* Beispiel par excellence, der alte Fritz, ist in allen Lebenslagen als ›er selber‹ erkennbar: abkonterfeit oder erzählerisch typisiert.

75 Walter Benjamin, *Eduard Fuchs, der Sammler und der Historiker,* in: *Angelus Novus,* Frankfurt/M. 1966, S. 304. Vgl. auch Heinz Schlaffer, *Historismus,* S. 12:

»Nicht mehr bestimmendes Moment des *Lebens* ist die außer Kraft gesetzte Vergangenheit, sondern Gegenstand des erkennenden und anschauenden *Bewußtseins.*«

76 Stellvertretend für eine Vielzahl möglicher Belegstellen sei auf den Brief vom 24. Mai 1890 verwiesen. (Hrsg. Hans-Heinrich Reuter, *Theodor Fontane, Von Dreißig bis Achtzig.* Sein Leben in seinen Briefen, München 1970[2], S. 343).

77 Mit Ausnahme von Preisendanz, dessen Ansatz allerdings bisher nicht weiterverfolgt wurde. In seiner Studie hebt er die der Anekdote eigene große »Spannweite zwischen dem Allgemeinen und Besonderen« hervor, die für Fontane »zum Spielraum [!] der humoristischen Verklärung wird« und Produktivität des, wie er einschränkt, »sprachlichen Weltverhaltens« ermöglicht, wo er »scheinbar ein Lebensbild« gibt (S. 304).

78 Reuter hat nachgewiesen, daß einiges von dem für die *Wanderungen* zusammengetragenen Material: Themen und Motive, Einzelbeobachtungen und Anekdoten, ja sogar Zitate und sprachliche Wendungen in den Romanen als nunmehr gestalteter Rohstoff wiederkehrt. (Vgl. *Fontane,* S. 376 ff.).

79 Vgl. ebd., S. 379.

80 Ebd.

81 Schlaffer, *Historismus,* S. 14.

82 Vgl. Wölfels Analyse des Rollenverhaltens vieler Gestalten bei Fontane, die sich nach Präfigurationen eines Ich-Entwurfs suchen (S. 163 ff.).

83 Vgl. Ernst Nef (*Der Zufall und die »Menschenordnung« im Spätwerk Theodor Fontanes,* in: E. N., *Der Zufall in der Erzählkunst,* Berlin, München 1970, S. 84-96, S. 94), der herausstellt, daß der Zufall in Fontanes Romanen immer Anlaß bleibt, für dessen Folgen die Personen verantwortlich sind.

84 Deshalb darf »das Denken nebenbei [. . .] auch nie überschätzt werden«. Seine Gefahr ist das »Vielerlei«, seine Bedeutung hat es als »ein wichtiges Antidoton [. . .] gegen uniformes Denken [. . .] wie erst recht gegen alles Simili-Monumentale.« (Bloch, *Literarische Aufsätze,* S. 206).

85 Vgl. Benjamin, *Proust,* S. 365.

86 Dieses Vorgehen ist durchaus zu unterscheiden von den Veränderungen, die Fontane »lediglich mit Rücksicht auf näher oder ferner Beteiligte« an ihm bekannt gewordenen Begebenheiten vornimmt, wenn er sie im Roman gestaltet. (Zit.: Hermann Lübbe, *Fontane und die Gesellschaft,* in: (Hrsg. W. Preisendanz), *Fontane,* S. 354-400, S. 364.

87 Herman Meyer hat die Wirkung der Leitmotive als »poetisierend und lyrisierend« bezeichnet (Herman Meyer, *Theodor Fontane.* ›L'Adultera‹ und ›Der Stechlin‹, in: (Hrsg. W. Preisendanz), *Fontane,* S. 201-232, S. 217). In bestimmtem Sinne trifft das – wie ich zu zeigen versuche – auch für die Anekdote zu.

88 Romantik ist, wie Reuter hervorgehoben hat, »für Fontane keine historische, sondern eine poetische Kategorie«. (Reuter, *Literaturkritik,* S. 114) Hier hätte auch eine, im Rahmen dieser Studie nicht zu leistende, Analyse des Zusammenhanges von Ballade und Anekdote in Fontanes Werk anzusetzen.

89 Novalis, Bd. 2, S. 569.

90 Ebd., S. 568.

91 Ebd., S. 569.

92 Ebd., S. 568. – Ähnliche Wirkungen schreibt er bezeichnenderweise dem Reisen zu. – Friedrich Schlegel betont in dem schon zitierten Aufsatz gerade auch die Möglichkeit, daß der Erzähler durch die *Kunst* des Erzählens »mit einem angenehmen Nichts, mit einer Anekdote, die, genaugenommen, auch nicht einmal

eine Anekdote wäre, täuschend zu unterhalten und das, was im Ganzen ein Nichts [sic!] ist, dennoch durch die Fülle seiner Kunst so reichlich zu schmücken weiß, daß wir uns willig täuschen, ja wohl gar ernstlich dafür interessieren lassen«. (S. 394) Ähnich vermag der Erzähler »auch bekannte Geschichten durch die Art, wie er sie erzählt und vielleicht umbildet, in neue zu verwandeln [. . .]« (S. 395)

93 Preisendanz, S. 325.

94 Vgl. Preisendanz' Nachweis, daß »Verklärung« bei Fontane nichts zu tun hat mit »Verschleierung«, »Vergoldung«, »unredliche[r] Beschwichtigung« und »Harmonisierung« (S. 304 und passim), sowie Brinkmann, S. 40. In neuerer Zeit hat Aust »Verklärung« zum Thema einer breit angelegten Untersuchung gemacht.

95 Vgl. hierzu auch die Vorbemerkung zur 2. Aufl. des 2. Bandes der Hanser-Ausgabe: II,818 f.

96 In diesem Kontext ist auch zu sehen, daß Fontane es aufgab, Kriminalromane zu schreiben, in denen ja schon qua Gattung dem Indiz ein großes Gewicht zukommt. Viel subtiler ist es, wenn beispielsweise Effi aufbewahrte Briefe zum Verhängnis werden, an denen ihr Herz *nicht* hängt, deren Zeugnis jedoch für die Gesellschaft schwerer wiegt als ihre persönliche Geschichte, während Botho, der weltklug vernichtet, was ihm bedeutend ist (Lenes Blumen) und erkennen muß: »Alles Asche. Und doch gebunden« (II,455), frei ist in den Augen derselben Welt, die Effi verfemt, weil der ›Fall‹ anders liegt.

Gerd Enno Rieger
Zur Dramaturgie des Utopischen bei Ibsen

Im Unterschied zum Sophokleischen *Ödipus* ist nach Szondi die Vergangenheit in Ibsens *John Gabriel Borkman* nicht Funktion der Gegenwart, vielmehr sei diese »nur Anlaß zur Heraufbeschwörung der Vergangenheit«.[1] Dies ist sicher nicht falsch, könnte aber doch schärfer gefaßt werden. Die dramatische Handlung wird in den späten Stücken Ibsens zunehmend zur Darstellung eines Bewußtseinsprozesses, in der die zeitliche Spannung von Gegenwart und Vergangenheit an Bedeutung verliert. Selbst wenn auf genaue Zeitangaben Wert gelegt wird, ist nicht zu verkennen, daß die traumatischen Erfahrungen, denen die handelnden Personen ausgesetzt sind, den Zeitablauf relativieren. Szondi spricht von einer Wahrheit der Innerlichkeit. »In ihr ruhen die Motive der zu Tage tretenden Entschlüsse, in ihr verbirgt sich und überlebt alle äußere Veränderung deren traumatische Wirkung.«[2] Allerdings hat diese Innerlichkeit, von der Szondi hier spricht, einen handfesten sozialpsychologischen Rahmen, aus dem sie nicht herausgelöst werden kann. Gerade ein Stück wie *John Gabriel Borkman*, das Szondi als Beleg zur Stützung seiner Einsichten heranzieht, macht dies mehr als deutlich. Die traumatische Erfahrung, die Borkman vor 16 Jahren gemacht hat, ist der Angelpunkt, um den sich das dramatische Geschehen dreht. Das »Weltereignis«[3], auf welches Borkman in all den Jahren wartet, ist ein Ereignis, das vor 16 Jahren durchaus in Erfüllung hätte gehen können. Einer realen Grundlage entbehren die Träume Borkmans nicht. »Ich stand knapp vor dem Ziel. Nur acht Tage Frist, um mich zu rangieren, und alle Depositen wären wieder eingelöst worden. Alle Wertpapiere, die ich mit kühner Hand angegriffen, die hätten wieder auf dem alten Platz gelegen. Um ein Haar wären die riesigen Aktiengesellschaften damals zustande gekommen. Kein einziger Mensch hätte einen Pfennig verloren –« (SW 9, 120)

Heute würde man sagen, Borkman habe das richtige timing verpaßt. Aufstieg oder Untergang in der kapitalistischen Gesellschaft des 19. Jahrhunderts hängen mehr oder weniger vom Zufall ab. Warum eine Erwartung nicht in Erfüllung geht, eine Intention nicht zu einem bestimmten Ergebnis führt, läßt sich rational nicht nachvollziehen. Gerade weil die bürgerlich-kapitalistische Gesellschaft die unwahrscheinlichsten Träume hat Wirklichkeit werden lassen, kann Borkman sich nicht damit abfinden, daß sein Traum nun gerade nicht in Erfüllung gegangen ist. Das Gefühl von Recht oder Unrecht tritt dabei völlig in den Hintergrund. Auch ob er sich an seiner unmittelbaren Umwelt, Ella Rentheim und ihrer Schwester, seiner Frau, vergangen hat, spielt keine Rolle. Entscheidend ist für ihn allein, daß seine Pläne wirtschaftlicher Expansion nicht in Erfüllung gegangen sind und er dafür zur Rechenschaft gezogen worden ist. Rechtmäßiges Handeln ist für ihn keine Alternative, weil er gar nicht anders hätte handeln können, als er gehandelt hat. »Die Menschen begreifen nicht, daß ich das *mußte,* weil ich eben *ich* war, – weil ich John Gabriel Borkman war, – und nicht ein anderer.« (SW 9, 144) Insofern ist er auch nicht bereit, seine Schuld anzuerkennen und zu bereuen. Er ist nach wie vor das sich als absolut begreifende Individuum, das nur deswegen Anklage gegen sich selbst erhebt, weil es die traumatische Erfahrung der Unvereinbarkeit von Traum und Wirklichkeit nicht hat bewältigen können. »Ich habe den ganzen Rechtsfall wieder aufgenommen, zu erneuter Prüfung – vor mir selber. Zu wiederholten Malen hab' ich ihn wieder aufgenommen. Ich bin mein eigener Ankläger gewesen, mein eigener Verteidiger und mein eigener Richter. Unparteiischer als irgend ein anderer, – das darf ich wohl sagen. Im Saale da oben bin ich hin und her gegangen und habe prüfend jede meiner Handlungen nach allen Seiten gedreht und gewendet. Habe sie von vorn betrachtet und von hinten – ebenso schonungslos, ebenso unbarmherzig wie nur irgend ein Advokat. Und der Rechtsspruch, zu dem ich immer wieder komme, lautet *so:* der Einzige, gegen den ich mich vergangen habe, – das bin ich selbst.« (SW 9, 145)

Ein sich in dieser Weise absolut setzendes Individuum fühlt keine Verantwortung für die Menschen, die ihm anvertraut sind. Den Einwand seiner Frau, ob er sich nicht auch gegen sie und ihren Sohn vergangen habe, wischt Borkman zur Seite. »Du und er, Ihr seid mit einbegriffen, wenn ich von meiner

Person rede. Frau Borkman. Und die vielen hundert andern? Die Du ruiniert haben sollst, wie die Leute sagen? Borkman *(heftiger)*. Ich besaß die Macht! Und dann das unbezwingbare Gebot in meinem Innern! Da lagen die gefesselten Millionen übers ganze Land, in der Bergestiefe, und riefen nach mir! Schrieen um Befreiung! Keiner von all den andern hörte es. Nur ich allein.« (SW 9, 145) Besessen von den Gedanken wirtschaftlicher Expansion, werden die Menschen zu Werkzeugen seines unermeßlichen Machtstrebens. Der Materie hingegen spricht er durchaus ein Recht zu, zu Leben erweckt zu werden, allein deswegen, weil er ohne sie sein Machtstreben nicht erfüllen könnte.

Die Mythisierung der Materie, die in den Träumen Borkmans stattfindet, hat ihre Entsprechung in gesellschaftlicher Verantwortungslosigkeit. Personen werden zu Objekten degradiert, die ausgetauscht werden können. »Du darfst aber nicht vergessen, daß ich ein Mann bin. Als Weib warst Du für mich das Teuerste auf Erden. Allein wenn's sein muß, so kann doch *ein* Weib durch ein anderes ersetzt werden –« (SW 9, 134) Das absolute Machtstreben Borkmans führt dazu, daß selbst die intimsten Gefühle sich nicht entfalten können. Borkman schneidet die Kommunikation zu seinen Nächsten selbst ab. Die schließliche Vereinsamung ist dann nur die logische Konsequenz.

Die Mythisierung der Materie, die Borkman betreibt, hat nicht nur mit Flucht vor der Wirklichkeit zu tun, die Borkman nach seinem gesellschaftlichen Scheitern angetreten hat, sondern war auch von vornherein kreativer Bestandteil seines Machtstrebens. Ella Rentheim kommt bei ihrer Wiederbegegnung mit Borkman auf seine alten Pläne zu sprechen. »Ich scherzte über deine Entwürfe und fragte, ob Du sie alle wecken wolltest, des Goldes schlummernde Geister. Borkman *(nickt)*. Auf den Ausdruck besinn' ich mich noch. *(Langsam)* ›Des Goldes schlummernde Geister‹.« (SW 9, 134)

Die poetische altertümelnde Genetivkonstruktion »des Goldes schlummernde Geister«[4] hat Borkman vollen Ernstes gebraucht, sie war Rechtfertigung und Incitament seines Machtstrebens zugleich. Die Mythisierung ist also von vornherein Bestandteil der Träume Borkmans. Da Borkman das gesellschaftliche Scheitern als die traumatische Erfahrung erlebt, von der er sich nicht mehr befreien kann, wird die Mythisierung seiner Expansionsträume zum Darstellungsmittel der Unvereinbarkeit von Traum und Wirklichkeit. Die Mythisierung, von welcher Borkman sich nicht lösen kann, wird so zum Indiz einer nicht bewältigten Realität. So ist es auf der andern Seite nur folgerichtig, daß für Borkman die Möglichkeiten zur Kommunikation mit seiner Umwelt auf ein Minimum geschwunden sind. Mythisierung und soziales Versagen sind und waren von Anfang an nicht voneinander zu trennen. Die dramentechnische Intrige, die hier von Ella Rentheim ausgeht, ist nur Anlaß, dies noch einmal unter Beweis zu stellen. Selbst als er stirbt, kann Borkman nicht Abschied von seinen Träumen nehmen. Eine Hand von Eis, die nach seinem Herzen greift, stilisiert er zu einer Hand von Erz um. Der Realitätsverlust, der von vornherein angelegt war, erfährt hier seine letzte Bestätigung. Je weniger die Mythisierung mit der gesellschaftlichen Wirklichkeit zu vereinbaren war, desto stärker trat ihr Reminiszenzcharakter in den Vordergrund. Sie wurde schließlich der letzte Rettungshaken, an dem sich der vereinsamte Borkman festhielt. Von Utopie ist hier insoweit nur noch etwas zu spüren, als in der Mythisierung etwas von einer Realisierungschance, die zu einem Zeitpunkt einmal bestanden haben mag, bewahrt wird. Der Reminiszenzcharakter des Utopischen wird vor allem deswegen deutlich, weil Borkman nicht in der Lage ist, sich von der traumatischen Erfahrung seines gesellschaftlichen Scheiterns zu lösen. Trotz der Zeitspanne, die verflossen ist, hat diese traumatische Erfahrung nichts von ihrer Intensität eingebüßt. Das Analytische dieses dramatischen Geschehens besteht eben nicht darin, daß Borkman durch die Analyse seiner Situation an Einsicht gewinnt. Einsicht gewinnt die Umwelt, repräsentiert vor allem durch die beiden Schwestern, die sich die Hände über dem toten Borkman reichen. Mit ihnen gewinnt Einsicht der Zuschauer, der etwas von dem Zusammenhang zwischen Kommunikationslosigkeit und rücksichtslosem Gewinnstreben wahrnimmt, einem Gewinnstreben, das sich auch durch Mythisierung nicht rechtfertigen läßt. Gesellschaftlicher Erfolg, der sich noch nicht einmal mit dem Verzicht auf Kommunikation erkaufen läßt, verliert so seine letzte Legitimation.

Die Mythisierung in den späten Stücken Ibsens wird man

nie isoliert von gesellschaftlich bedingten Verdrängungen sehen können. Gerade weil in der Mythisierung etwas von Utopie, die zu einem Zeitpunkt einmal möglich gewesen wäre, nachschwingt, spielt sie in der Analyse von Bewußtseinsprozessen eine wichtige Rolle. Der dramentechnische Aspekt darf nicht übersehen werden. Deutlich wird dies vor allem, wenn gesellschaftlich bedingte Verdrängungen sich in einem Bild kristallisieren, das als zentrales Indiz in der Darstellung eines Bewußtseinsprozesses gleichzeitig auch eine wichtige Funktion in dramentechnischer Hinsicht erfüllt. So umschreibt »Weinlaub im Haar« die Verdrängungen, die für Hedda Gablers Gefühlsleben bestimmend gewesen waren. Dieses Bild verweist auf die Partnerschaft mit Lövborg, die zu einem Zeitpunkt möglich gewesen war, zu der Hedda Gabler aber aus Gründen der Konventionalität nicht den Mut gehabt hatte. »Weinlaub im Haar« enthält einmal einen Hinweis auf die bacchantische Lebensweise Lövborgs, andererseits ist in diesem Bild etwas von der kreativen Aureole enthalten, die Lövborg gerade im Vergleich zu Heddas Mann, dem Stubengelehrten Tesman, auszeichnet.

Durch die Verheiratung mit Tesman hat sich Hedda Gabler in eine psychische Misere begeben, der sie sich nach der Rückkehr von der Hochzeitsreise immer mehr bewußt wird. Durch die von ihrer Umwelt, namentlich von Tante Juliane unterstellte Schwangerschaft wird sie in einer unerträglichen Weise auf die Partnerschaft mit ihrem Mann festgelegt, die ihrem Streben nach Selbstverwirklichung keinen Raum mehr läßt. Selbst die Hoffnung, daß ihr Tesman einen Lebensstandard bieten könnte, den sie als Kompensation für ein mangelndes emotionales Engagement akzeptieren würde, rückt nach dem Wiederauftauchen Lövborgs als eines potentiellen Konkurrenten ihres Mannes in weite Ferne. Daß sie nun Lustgefühle aus der Vorstellung entwickelt, ihr Mann könnte in einem Wettbewerb mit Lövborg unterliegen, kann nur als Entschuldigung für die Niederlage interpretiert werden, die sie sich durch die Wahl Tesmans zu ihrem Ehemann selbst zugefügt hat. Daß es dagegen zwischen Hedda und Lövborg nicht zu einer Partnerschaft gekommen ist, begründet Hedda mit ihrer schrecklichen Angst vor dem Skandal. Mut und Tapferkeit, Eigenschaften, durch welche sich gerade der Stand auszeichnet, aus dem Hedda stammt, haben ihr im entscheidenden Augenblick gefehlt, weil sie nicht imstande war, spontanes Handeln über die Regeln der Konvention zu stellen.

Individualpsychologisches Incitament der Intrige Heddas ist die Eifersucht auf Thea Elvsted, die in ihrem Engagement für Lövborg den Skandal nicht gefürchtet hat. Hedda Gabler braucht die Rivalitätssituation, um vor sich selbst ihre Intrige zu rechtfertigen. Hier kann sie die Spannung finden, die ihr in der Ehe mit Tesman abgeht. Daß es sich in Wirklichkeit um einen Konkurrenzkampf mit all seinen bitteren Konsequenzen handelt, will und kann sie nicht wahrnehmen. Für sie ist das eine Art Sport, der sich im Rahmen der Vorstellungen bewegt, die durch ihre Herkunft geprägt sind. In diesen Vorstellungen ist sicher ein spielerisches Moment enthalten, jedoch ein spielerisches Moment, das in Ernst umschlagen kann. Zwischen dem Schauspiel auf dem Turnierplatz und dem Zweikampf, in dem sich der Gedemütigte eine persönliche Genugtuung für eine erlittene Rechtsverletzung schafft, ist die Trennungslinie nicht immer strikt zu ziehen.[5] Insofern ist es Hedda wohl auch gar nicht von vornherein bewußt, welche Konsequenzen die Intrige, die sie in Gang setzt, nach sich ziehen kann.

Eine wichtige Rolle spielen dabei die von ihrem Vater ererbten Pistolen, die gleichzeitig in ihrem Verweischarakter als wichtige Indizien für das Ablaufen von Heddas Bewußtseinsprozeß angesehen werden müssen. Daß sie diese Pistolen von ihrem Vater geerbt hat, deutet darauf hin, in welchem Maße sie durch die Herkunft von ihrem Vater festgelegt ist. Daß es sich dabei um ein *Paar* von Pistolen handelt, zielt auf die Duellsituation. Die Vorstellung eines Duells, in dem sich zwei gleichwertige Partner aneinander messen, hat für Hedda etwas Verführerisches, dem sie sich nicht entziehen kann. Dies bestimmt sie auch in ihrer Haltung zu Thea Elvsted. Deswegen gewinnt sie der Konkurrenzsituation, in welche ihr Mann durch das Wiederauftauchen Lövborgs gerät, einen besonderen Reiz ab. Dahinter liegt die Vorstellung, daß die umworbene Dame dem Sieger in einem Zweikampf zufällt. Durch den Sieg über seinen Gegner hat sich der Sieger das Recht auf die Zuneigung der von ihm geliebten Dame erworben. Er ist für sie ein Partner geworden, den sie akzeptieren kann. Die

Rivalitätssituation, der die Männer um Hedda Gabler ausgesetzt sind, ist etwas von ihr Gewolltes bzw. etwas, das ihren innersten Wunschvorstellungen entspricht, weil sie auf diese Weise die Festlegung auf Ehe und Mutterschaft am ehesten verdrängen kann. Das Spiel, welches sie mit den von ihrem Vater ererbten Pistolen treibt, spiegelt ihr noch eine Wahlfreiheit vor, die sie in Wirklichkeit schon längst verloren hat. Ohne es zu wissen, ist sie zur Sklavin der Konkurrenzsituation geworden, die in ihrer Erbarmungslosigkeit kennzeichnend für die bürgerliche Gesellschaft des 19. Jahrhunderts ist.

Der Comment des Zweikampfes ist außer Kraft gesetzt, weil der Konkurrenzdruck eine Anerkennung des Gegners als gleichwertigen Partners nicht mehr zuläßt. Bei aller Sicherheit in Stilfragen kann auch Hedda sich den Mechanismen dieser Gesellschaft nicht entziehen. Sie empfindet die Konkurrenz Theas als so stark, daß ihr jedes Mittel recht ist, sie auszuschalten. Thea hat in der Tat durch die Mitarbeit an dem neuen Buch Lövborgs etwas von der Partnerschaft verwirklicht, zu der Hedda aus Gründen der Konvention nicht den Mut gehabt hat. Auch hat Thea es auf sich genommen, ihren Mann zu verlassen, nur um Lövborg nicht zu verlieren. Dies hätte Hedda nie gewagt.

Auf dem Hintergrund dieser Situation wird man auch das von Hedda beschworene »Weinlaub im Haar« interpretieren müssen. Sie greift erst zu diesem Bild, nachdem sie den von Thea auf den Pfad der Tugend zurückgeführten Lövborg durch ihre Intrige dazu gebracht hat, doch noch auf das Junggesellenfest bei Brack zu gehen. Wenn also Hedda dieses Bild in diesem Kontext verwendet, hat dies auch eine dramentechnische Funktion: Hedda gibt zu verstehen, daß sie tatsächlich Macht über Lövborg gewonnen hat, daß sie glaubt, die Intrige sei ihr geglückt.

FRAU ELVSTED *(ist aufgestanden und geht unruhig durch das Zimmer)*. Hedda, – Hedda, – was soll aus alledem werden!

HEDDA. Um zehn – dann kommt er also. Ich seh' ihn vor mir. Mit Weinlaub im Haar. Heiß und voll Freude –

FRAU ELVSTED. Ja, wenn's doch nur so wäre!

HEDDA. Und, sieh mal, dann – dann hat er über sich selbst wieder Macht bekommen. Dann ist er ein freier Mann für sein ganzes Leben.

FRAU ELVSTED. Ach Gott, ja, – wenn er nur so kommen möchte, wie Du ihn Dir vorstellst.

HEDDA. So und nicht anders kommt er! *(Steht auf und nähert sich ihr.)* Zweifle Du an ihm, so viel Du willst. Ich glaube an ihn. Und nun werden wir mal sehen –

FRAU ELVSTED. Du führst was im Schilde, Hedda!

HEDDA. Allerdings. Ich will ein einziges Mal in meinem Leben die Herrschaft haben über ein Menschenschicksal.

FRAU ELVSTED. Hast Du das denn nicht?

HEDDA. Hab' es nicht – und hab es nie gehabt.

FRAU ELVSTED. Aber doch über Deinem Manne seins?

HEDDA. Das wäre wohl der Mühe wert! Ach, könntest Du nur begreifen, wie arm ich bin. Und Dir soll's vergönnt sein, so reich zu sein! *(Umarmt sie leidenschaftlich.)* Ich glaube, ich senge Dir doch noch das Haar ab! (SW 8, 293 f.)

Heddas Intrige – dies wird hier ganz deutlich – hat ihre individualpsychologische Motivation in der Rivalität zu Thea Elvsted, der sie sich auch im Aussehen, besonders was den Haarwuchs betrifft, unterlegen fühlt. Heddas Vision (»Ich seh' ihn vor mir. Mit Weinlaub im Haar.«) ist ohne die Rivalitätskomponente nicht denkbar. Hedda, die ein einziges Mal Macht über ein Menschenschicksal haben will, ist ebenso dazu bereit, ihrer Rivalin die Haare abzusengen. Das Konstruktive kann jederzeit ins Destruktive umschlagen. Das Kreative, welches sich Hedda im Innersten ersehnt, ist unter den gegebenen gesellschaftlichen Voraussetzungen nicht zu verwirklichen. Die Chance, die es vielleicht einmal für eine mögliche Kommunikation gegeben hat, hat Hedda aus Gründen der Konventionalität nicht wahrgenommen. Ein Abglanz ihrer geheimen Wünsche ist in dem Bild »Weinlaub im Haar« wohl noch zu spüren. Dennoch wird das, was an Möglichkeiten in diesem Bild noch mitschwingt, durch den weiteren Handlungsablauf relativiert. Ja, noch mehr: Hedda greift erst zu diesem Bild, nachdem die Verwirklichung in nicht mehr zu erreichende Ferne gerückt ist.

In einer der Notizen, die Ibsen vor und während der Niederschrift des Stücks gemacht hat, spielt das »Unerschwingliche« eine wesentliche Rolle: »Das Stück soll vom ›Unerschwinglichen‹ handeln, vom Streben und Trachten nach etwas, das der Konvention, dem Herkömmlichen, im

Bewußtsein widerspricht – auch bei Hedda.«[6] Ibsen, der diesen Begriff in ein Spannungsverhältnis zur Konvention, zum Herkömmlichen setzt, gebraucht Anführungszeichen. Damit soll wohl kenntlich gemacht werden, daß wegen dieses nicht zu überwindenden Spannungsverhältnisses die Utopie in unerreichbare Ferne rückt. Die Darstellung des Bewußtseinsprozesses, dem Hedda Gabler ausgeliefert ist, wird so gleichzeitig zur Darstellung der Unvereinbarkeit gesellschaftlicher Konvention mit dem Streben nach dem Absoluten. Die Utopie, die aufgrund gesellschaftlicher Gegebenheiten immer mehr an Konkretheit verliert, rückt in die Ferne der Vergangenheit, aus der sie nur als Zitat hervorgeholt werden kann. Reminiszenzen sind die übriggebliebenen Bruchstücke von Hoffnungen, die sich nicht mehr verwirklichen lassen. Wenn Hedda Gabler diese Erinnerungsfragmente (»Weinlaub im Haar«) zudem für ihre Intrige nutzbar machen will, zeigt sich nur noch deutlicher, daß vom ehemaligen Wunschbild lediglich ein Ornament übriggeblieben ist. Im weiteren Handlungsverlauf wird das von Hedda beschworene »Weinlaub im Haar« zum dekorativen Abstraktum, das keinen Bezug zur Wirklichkeit mehr hat.[7]

Die Macht, die Hedda über Lövborg ausüben wollte, hat sich als Illusion erwiesen. Aus dieser Einsicht heraus setzt sie seinem Destruktionstrieb keinen Widerstand mehr entgegen. Wenn sie ihm eine der Duellpistolen mit dem Auftrag überreicht, in Schönheit zu sterben, ist dies eine Ersatzvornahme für ihre gescheiterte Intrige. Die Pistolen werden zu Insignien ihrer Machtlosigkeit. Wenn sie auf dem Tod in Schönheit besteht, entspricht dies ihrer Herkunft. Selbst in der Destruktion ist sie immer noch die Tochter ihres Vaters, des Generals Gabler. So wird der Rückgriff auf den Tod in Schönheit, den sie hier vornimmt, zu dem ihrer Herkunft und Erziehung angemessenen Eingeständnis ihrer Machtlosigkeit. Es ist nur folgerichtig, wenn sie unmittelbar nach der Übergabe der einen Pistole an Lövborg sein zufällig in ihre Hände gelangtes Manuskript, das von den Kulturmächten der Zukunft handelt, verbrennt. Damit hat sie endgültig Abschied von ihrer eigenen Zukunft genommen. Lövborg ist auch nicht in der Lage, den eigenen Tod in Schönheit zu vollziehen. Nachdem Hedda Schritt für Schritt die widrigen Begleitumstände seines Tods aufgedeckt werden, sie selbst in Gefahr gerät, hineingezogen zu werden und somit dem gesellschaftlichen Skandal, den sie fürchtet, nicht zu entgehen, bleibt ihr keine andere Wahl, als selbst in Schönheit zu sterben. Sie schießt sich mit der ihr verbliebenen Pistole in die Schläfe.[8] Zum ersten Mal in ihrem Leben handelt sie für sich selbst, weil es niemanden gibt, der für sie handeln könnte.

Das Weinlaub im Haar, das Hedda Gabler beschwört, ist auch im Werk Ibsens eine dichterische Reminiszenz. Dieses Bild taucht erstmalig in seinem weltgeschichtlichen Schauspiel *Kaiser und Galiläer* auf, das er Anfang der 70er Jahre in Dresden geschrieben hat. Kaiser Julian zieht im Dionysoszug durch die Straßen von Konstantinopel. Ein Mann auf dem Dach eines Hauses sieht ihn kommen und ruft: »Ich kann ihn sehen . . . Kaiser Julian. Mit Weinlaub im Haar.« (SW 5, 168) Der Dionysoszug, den Kaiser Julian in Szene setzt, kann an seiner Niederlage gegen das Christentum nichts mehr ändern. Schon aus der Beschreibung in den Regieanweisungen wird der Widerspruch zwischen Traum und Wirklichkeit deutlich: »Der Dionysoszug kommt die Straße herab. Flötenspieler voran; betrunkene Männer, zum Teil gekleidet wie Faune und Satyre, tanzen nach dem Takte. Mitten im Zuge sieht man Julian, auf einem Esel reitend, über den ein Pantherfell geworfen; er ist wie der Gott Dionysos gekleidet, trägt ein Pantherfell um die Schultern, einen Kranz von Weinlaub um die Stirn und in der Hand einen mit Grün umwundenen Stab, an dessen oberstem Ende ein Pinienzapfen befestigt ist. Halbnackte geschminkte Weiber und Jünglinge, Tänzer und Gaukler umringen ihn; die einen tragen Weinkannen und Trinkschalen, andere schlagen Tamburine und ziehen einher unter wilden Sprüngen und Gebärden.« (SW 5, 169)

Der Dionysoszug, den Kaiser Julian hier inszeniert, geht an der Wirklichkeit vorbei. Die Vergangenheit läßt sich nicht neu beleben. Sie ist durch den historischen Prozeß zu einer Reminiszenz an eine untergegangene Religion geworden. Immerhin ist das Weinlaub im Haar, das Kaiser Julian in einem Kranz um die Stirn trägt, Gegenstand der Darstellung, wenn auch parodiehafte Züge nicht zu verkennen sind. Bei *Hedda Gabler* wird der Reminiszenzcharakter noch deutlicher. Das Weinlaub im Haar ist zu einem Zitat erstarrt und kann nicht mehr darstellbar gemacht werden. Als Indiz psychischer Verdrängungen verweist es auf traumatische Erfahrungen, die Hedda Gabler gesellschaftlich determinieren. Die Sehnsucht nach Kreativität, nach Selbstverwirklichung, die in diesem Bild noch mitschwingt, rückt durch den Handlungsablauf in unerreichbare Ferne. Das Streben nach dem Unüberwindlichen läßt sich mit gesellschaftlicher Konvention nicht vereinbaren. »Der Widerspruch zwischen Können und Streben, zwischen Willen und Möglichkeit«, den Ibsen in dem Vorwort zur Neuauflage seines Jugendstücks *Catilina* 1875 schon in seinen frühesten Anfängen erkennen will,[9] wird in den analytischen Gegenwartsdramen sozialpsychologisch begründet. Der individualpsychologische Bewußtseinsprozeß, dem die handelnden Personen durch die Konfrontation mit ihrer Vergangenheit ausgesetzt sind, wird zum Darstellungsmittel sozialpsychologischer Mechanismen. Die Mythisierung von Reminiszenzen, die für die letzten Stücke der 90er Jahre kennzeichnend werden soll, macht deutlich, daß die Realisierbarkeit von Utopien in eine nicht mehr zu belebende Vergangenheit gerückt ist. Der Drang hingegen, sie zu realisieren, hat nichts von seiner Intensität eingebüßt. Wenn Ibsen so die Unvereinbarkeit von Traum und Wirklichkeit, in der Art der Darstellung bis an die Grenze der Absurdität gehend, herausarbeitet, ist damit der Boden für das Drama des 20. Jahrhunderts bereitet.

Anmerkungen

Die Übersetzungen der Zitate aus Ibsens Stücken sind der zwischen 1898 und 1904 erschienenen deutschen Gesamtausgabe in 10 Bänden entnommen.

1 Peter Szondi, *Theorie des modernen Dramas (1880-1950)*, Frankfurt am Main 1970[7], S. 28.

2 Szondi, a.a.O., S. 29.

3 Ibsen im Gespräch mit einem Kopenhagener Journalisten, hier zitiert nach *Dichter über ihre Dichtungen, Henrik Ibsen II*, Übertragen und herausgegeben von Verner Arpe, München 1972, S. 227.

4 Vgl. die Rolle eines ähnlichen poetischen Genetivs in *Die Wildente:* »Des Meeres Grund«. Wenn in der deutschen Gesamtausgabe das norwegische »havsens bund« mit »Meeresgrund« (SW 7, 276) wiedergegeben wird, geht die Poesie, die in dem bestimmten Artikel des Genetivs liegt, verloren.

5 Vgl. den Artikel »Zweikampf« in: *Meyers Großes Konversations-Lexikon*, Leipzig und Wien 1909[6].

6 Zitiert nach: *Dichter über ihre Dichtungen, Henrik Ibsen II*, a.a.O., S. 177.

7 Die Nähe des Jugendstils ist hier deutlich. Vgl. den Brief Adornos an Benjamin vom 2. 8. 1935 (Walter Benjamin, *Briefe*, Bd. 2, Frankfurt am Main 1966, S. 681).

8 Hans Mayer, *Außenseiter*, Frankfurt am Main 1975, S. 92, formuliert sehr treffend: »Der Skandal liegt in Hedda Gablers Todesart.«

9 Zitiert nach: *Dichter über ihre Dichtungen, Henrik Ibsen I*, a.a.O., S. 18.

Gotthart Wunberg

Utopie und fin de siècle

Zur deutschen Literaturkritik vor der Jahrhundertwende*

Daß das späte neunzehnte Jahrhundert besonders viel mit ›Helden‹ im Sinne hatte, ist – »heroes and hero-worship« waren an der Tagesordnung[1] – hinreichend bekannt; daß auch die Literatur der Zeit diese Vorliebe teilte, schon weniger. Ähnlich ist es mit der ›Zukunft‹. Je mehr es mit dem alten Jahrhundert zu Ende ging, desto größer wurden die Erwartungen, die man in das neue setzte. Das »heimliche Flügelschlagen der Zukunft«[2] vernahmen nicht nur die Literaten, weil sie ihren *Zarathustra* gelesen hatten; es war überall zu hören und drang bis in die Politik.[3] Die Literaturkritik schließlich machte den Helden, diesen Phänotyp des Jahrhunderts, und die Zukunft in mannigfachen Variationen zum Kriterium der Moderne.

Es ist interessant zu sehen, wohin das führt.

Speziell für die Literatur erhoffte man sich dementsprechend in den naturalistischen Kreisen der achtziger und neunziger Jahre zweierlei: eine »Zukunft der Literatur«, in der die Misere der zeitgenössischen Dichtung überwunden wäre; und einen Helden, der das zuwege brächte, der das gesunkene literarische Niveau etwas anhöbe und dadurch die deutsche Dichtung den ausländischen Vorbildern ebenbürtig machte: Skandinavien, Frankreich und Rußland vor allem; man wollte sich neben Ibsen, Zola und Dostojewski sehen lassen können, man wollte wieder konkurrenzfähig sein.[4]

Das war verständlich. Es war die Besinnung auf die etwas in Vergessenheit geratene liberale Tradition des ›Jungen Deutschland‹ der dreißiger und vierziger Jahre, auch des Vormärz; auf das,was sich mit Namen wie Heinrich Heine, Ludwig Börne oder Karl Gutzkow verband. Allzugern verstand und bezeichnete man sich selbst als die »Jüngstdeutschen«. – Es war auch die Reaktion auf *Gartenlaube* und *Daheim* oder das, was dort versandete; auf die Butzenscheibenlyrik Victor von Scheffels; die sogenannte Epigonendichtung Emanuel Geibels oder Paul Heyses; kurz, die Reaktion auf die ›Alten‹, das literarische establishment, als dessen Pendant man sich empfand, wenn man sich selbst als ›die Jungen‹ postierte; was in Roman- oder Aufsatztiteln allein hinreichend zum Ausdruck kam. Man wollte Neues und glaubte fest daran; man war überzeugt, daß es sich auch einstellen werde. Aber es bedurfte eben des Helden, des – wie man wörtlich formulierte – »Erlösers«, eines »Messias der Literatur«, der diese Entwicklung einleitete.[5]

Beides, Zukunft und Messias, wurden nicht allzu scharf voneinander getrennt; denn auch auf den Erlöser wartete man noch, auch er war noch nicht präsent und verfügbar. Henrik Ibsen nannte man gar einen »literarischen Johannes«, der die neue Literatur vorzubereiten hätte.[6] Man versah seine theoretischen Schriften zu diesem Problem – was die theologische Terminologie komplettiert – mit Überschriften wie »Glaubensbekenntnis«, »Die zwölf Artikel des Realismus« oder »Credo«.[7] So sehr beides ineinandergreift und sich wechselseitig bedingt, die genannten Phänomene lassen sich genauer unterscheiden und beschreiben.

Als Richard Wagner 1850 sein *Kunstwerk der Zukunft* veröffentlichte, war das Echo auf seine Thesen relativ gering; aber der Titel prägte sich ein und wurde zum Begriff für eine ganze Weltanschauung. Als er elf Jahre später seinen Brief »an einen französischen Freund« mit der Überschrift *Zukunftsmusik* versah, mußte er den zur Spottbezeichnung avancierten Ausdruck schon in Anführungsstriche setzen: aus dem eingängigen Titel eines langatmigen Aufsatzes war ein geflügeltes Wort geworden, das in den Büchmann gehörte.[8] Eine Generation später, um 1890, hatte ›Zukunft‹ im Zusammenhang mit Kunst nichts Anstößiges mehr; im Gegenteil: das Wort war inzwischen unentbehrlich geworden und gehörte in jedes literarische Programm. Es gab kaum eine Zeitschrift (und sicher keinen Essayband), wo dieses geradezu magische Wort gefehlt hätte. Zukunft und alles, was dazugehörte, oder was man dazu assoziieren wollte, war für die Literaturkritik zum Leitbegriff geworden.

Gerhart Hauptmann beschrieb kurz nach 1900 in seinem allerdings erst 1910 erschienenen Roman *Der Narr in Christo Emanuel Quint* die Situation, von der hier die Rede ist, folgendermaßen: »Wie die armen ländlichen Professionisten, die den Spuren des Narren gefolgt waren, auf das Tausendjährige Reich und auf das Neue Zion hofften, so und nicht anders hofften die sozialistischen Kreise und diejenigen jugendlichen Intelligenzen, die ihrer Gesinnung nahestanden, auf die Verwirklichung des sozialistischen, sozialen und also idealen Zukunftsstaats. Über vielen Biertischen politisierender Volkskreise schwebte damals, verquickt mit dem Bier- und Zigarrendunst, gleich einer bunten narkotischen Wolke, die Utopie. Was bei dem einen diesen, bei dem andern jenen Namen hatte, war im Grunde aus der gleichen Kraft und Sehnsucht der Seele nach Erlösung, Reinheit, Befreiung, Glück und überhaupt nach Vollkommenheit hervorgegangen: das gleiche nannten diese Sozialstaat, andere Freiheit, wieder andere Paradies, Tausendjähriges Reich oder Himmelreich«.[9]

Zukunftserwartungen hat die Menschheit bekanntlich immer gehabt. Aber es gibt Zeiten, in denen sie komprimierter auftreten, oder besser nachweisbar sind als in anderen. In Deutschland sind diese Zukunftsvorstellungen gegen Ende des 19. Jahrhunderts von drei völlig verschiedenen Voraussetzungen bestimmt: Sie waren marxistisch im Anstoß und christlich-soteriologisch in der Terminologie, aber Nietzsche verhilft ihnen – wenn auch verzerrt, übertrieben, reaktionär, moralisch (wie man will, jedenfalls mit dichterischer Verve) – zum Durchbruch. Auf diese drei Komponenten trifft man immer wieder; sie treten strenggenommen in der Literaturkritik fast nie isoliert auf.

In solchen sozialutopischen Zukunftserwartungen gibt es kulturoptimistische und kulturpessimistische Entwürfe, progressive und regressive. Für die erste Gruppe stehen Romane wie Theodor Hertzkas *Freiland*, der ein »soziales Zukunftsbild« geben wollte;[10] die *Romanimprovisation aus dem 30. Jahrhundert* von Michael Georg Conrad;[11] Theodor Herzls zionistischer Roman *Altneuland*;[12] oder Edward Bellamys *Looking Backward 2000-1887* – ein auch in Deutschland vielgelesenes Buch.[13] Das »Tausendjährige Reich«, das Nietzsches Zarathustra verkündet,[14] und Henrik Ibsens »Drittes Reich«, das zehn Jahre früher, 1873, in seinem inhaltlich wohl einflußreichsten Drama – *Kaiser und Galiläer* – proklamiert wurde,[15] gehen in die gleiche Richtung.

Daneben stehen zur gleichen Zeit dezidiert konservative, kulturpessimistische Zukunftsentwürfe. Den weitaus größten Einfluß hat neben den vielgelesenen *Deutschen Schriften* von Paul de Lagarde[16] das Buch *Rembrandt als Erzieher* von Julius Langbehn gehabt. Es war – 1890 – zunächst anonym erschienen. »Von einem Deutschen« – diese Notiz war alles, was man von seinem Verfasser wußte; der ›Rembrandtdeutsche‹ wurde geradezu zum konservativen Gütezeichen.[17] Er verstand die »geschichtliche deutsche Vergangenheit als eine Bildungsschule für die Zukunft«[18] und prophezeite ein künstlerisches Zeitalter, das das wissenschaftliche ablösen werde; im übrigen tadelten schon die kritischen Zeitgenossen, deren es immerhin einige gab, den verwirrten Stil und das irrationale Gebräu des Buches. Hier kam zweifellos am deutlichsten zum Vorschein, was als Alternativlösung zur literarischen Sozialutopie von Anfang an vorhanden war: Besinnung auf Bodenständigkeit und eigene Werte; das, was Ernst von Wildenbruch, preußischer Haus- und Hofpoet, allen Ernstes als *furor teutonicus* – er meinte, der hätte auch eine positive Seite – verstanden wissen wollte.[19]

Die Konzeption der literarischen Messiasfigur ist gradliniger. Der »Schrei nach dem Heiland«, der – wie man lesen kann – überall zu vernehmen war,[20] ist noch irrationaler als die Zukunftserwartungen; aber der Erlöser, den man sich erwartet, hat eine klar umrissene Aufgabe: er soll Neues bringen, nicht einfach wiederherstellen. Man dachte nicht an Restauration, wenn man vom »erlösenden Stil der Zukunft« sprach, sondern an eine »Überwindung« des Alten.[21]

Kein Jahrhundert hat sich so sehr an seine Helden gehalten, ihm so viele Denkmäler gebaut wie das neunzehnte. Zu keiner Zeit wurden von der Forschung so viele Biographica gesammelt, um sie zum Monument eines monumentalen Lebens zusammenzusetzen. Die Literaturkritik, die ihren Helden, ihren Messias forderte, wollte nichts anderes.

Solcher theologischen Terminologie entsprechen säkulare Formen. Das wieder hervorgeholte Genie des ›Sturm und Drang‹[22] wird als erstrebtes Leitbild propagiert. Es ist – das kommt hinzu – die Zeit, da der ›göttliche Wahnsinn‹ medizinisch genauer untersucht wird. Cesare Lombroso hatte 1864 sein berühmtes Buch über *Genie und Irrsinn*[23] veröffentlicht;

Max Nordau, sein wichtigster Adept auf seiten der Publizistik, widmete ihm 1893 sein nicht minder einflußreiches Buch *Entartung*.[24] Lange bevor er seinen Weg zu Herzl und zum Zionismus fand, der seine späte Lebensaufgabe werden sollte, schrieb er über den Geniebegriff seiner Zeit, das – wie er sagte – »Urteilsgenie«. Zionismus und Genieproblem lagen in derselben Linie oder hatten doch – um eines seiner Lieblingswörter zu verwenden – dieselbe Ätiologie. Beides war ein Zukunftsentwurf, der eine sozialutopisch, der andere messianisch formuliert.

Die Verbindung zu den Naturalisten stellte Karl Bleibtreu her. Seine Schrift *Paradoxe der conventionellen Lügen*, 1888, kontaminierte die beiden bekanntesten Titel Nordaus schon in der Überschrift.[25] Daß es gerade dieser Naturalist war, ist nicht verwunderlich. Zwei Drittel seiner eigenen literarischen Produktion, und die war nicht gering, hatten dieses Genie, wenn auch in anderem Sinne, zum Gegenstand: Napoleon und Byron, oder einfach den »Übermenschen«.[26]

Daß auch Nietzsche sein Teil zum Geniebegriff beisteuerte, ist selbstverständlich und fast überflüssig zu bemerken. Zarathustras Lehre vom »Übermenschen«[27] ist auf diesem Hintergrunde die aus der Säkularisation in den Mythos – und mag er noch so falsch gewesen sein – zurückgeholte Erlöser- und Führergestalt, die mit Moses und Christus mehr Ähnlichkeit hat, als dem Seher von Sils-Maria, wie seine Anhänger ihn nannten, wohl lieb gewesen wäre.

In diesen Zusammenhang gehört auch der Hinweis auf allgemeinere Zeitströmungen; wie denn ohne den geradezu modischen Individualismus der Zeit diese personalistischen Hypostasierungen nicht recht denkbar sind.[28] Auch sind die Querverbindungen vielfältig: der Autor von *Der Einzige und sein Eigentum*, Max Stirner, fand in dem in Berlin lebenden Naturalisten John Henry Mackay einen posthumen Verteidiger und Förderer seines Ruhmes.[29] – Stanislaw Przybyszewski, ein junger, ebenfalls in Berlin lebender polnischer Dichter, Begründer des literarischen Jung-Polen, der bis 1900 ausschließlich in deutscher Sprache schrieb, ist das deutlichste (und zugleich berüchtigtste) Beispiel eines solchen Individualismus.[30] Aber das wohl merkwürdigste Phänomen ist die Tatsache, daß diese Messiaserwartungen – ganz gleich, ob sie mehr soteriologischen oder mehr säkularen Charakter haben – mit konkreten zeitgenössischen Personen assoziiert werden. Im rein politischen Bereich war das nichts Besonderes: daß man seine politischen Hoffnungen auf Bismarck oder Wilhelm II. setzte, war wohl genauso normal wie vergeblich. Aber daß man sie auch als Veränderung und Überwindung bringende Heroen gegen die eigene literarische Misere verpflichtete, wirft ein eigenartiges Licht auf diese meist so militant-sozialistischen Naturalisten. – *Was erwartet die deutsche Kunst von Kaiser Wilhelm II.?*, unter diesem Titel veröffentlichte Conrad Alberti, der – neben Heinrich und Julius Hart, Henckell, Bleibtreu und Wilhelm Arent – führende Frühnaturalist, im Jahre 1888 eine Broschüre, die sich als »zeitgemäße Anregung« verstand.[31] Ein Jahr später schrieb Hermann Conradi, von dem gerade in diesem Zusammenhang gleich noch die Rede sein wird, seine – wie er das nannte – »zeitpsychologische Betrachtung« über *Wilhelm II. und die junge Generation.* Aber nicht nur in theoretischer Hinsicht reklamierte man den jungen Monarchen für sich und die eigene Sache. Man wußte ihn sozusagen auch praktisch zu verwenden. Als Conrad Alberti im Sommer 1890 in Leipzig wegen eines Romans vor Gericht stand, der den programmatischen Titel trug *Die Alten und die Jungen*,[32] verteidigte er sich mit einem Hinweis auf den Schluß seines Buches. Dort habe er die moderne Jugend aufgefordert, sich wie der Held des Romans (er hieß Treumann – nomen est omen!) »um das Banner der Person des Kaisers zu scharen und gegen den Übermut des Geldprotzentums sich aufzulehnen«.[33] Die parodistischen Überhöhungen solcher Figuren sind bekannter geworden als sie selbst: Diederich Hessling in Heinrich Manns »Geschichte einer öffentlichen Seele unter Wilhelm II.«,[34] wie der Autor seinen *Untertan* – zwanzig Jahre später – nennt; aber hier ist das Original.

Verlautbarungen wie Albertis Broschüre über Kaiser und Kunst blieben keineswegs im nationalen, gar provinziellen Bereich stecken. Der Pariser *Figaro* wußte unter dem 24. April des Jahres 1890 zu berichten, daß es wohl in der Hauptsache diesem Buche zu verdanken sei, wenn dem naturalistischen Dichter Heinrich Hart von Staats wegen eine finanzielle Unterstützung gewährt worden sei; was Alberti sich seinerseits zur Ehre anrechnete und in seinem Prozeß gezielt für sich vorbrachte.[35]

Auch der Literaturbetrieb selbst hatte Platz für solchen Personenkult, wie mancher heute sagen würde. Der mit siebenundzwanzig Jahren verstorbene Dichter Hermann Conradi gerierte sich als Student in seinem Leipziger Freundeskreis in einer Messias- und Christusrolle als eben jener Erlösertypus, den man sich vorstellte und erhoffte. Die Freunde waren offensichtlich nur allzu gern bereit, ihm diesen Anspruch zu bestätigen. Es ist denn auch bezeichnend, daß in aufschlußreicher Anspielung auf Richard Wagner die Redewendung von »Christus, Wagner und Conradi« überliefert ist; und daß man ihn und seinen Freund Oskar Hänichen als »Christus und Johannes« verspottete.[36] – Nach Conradis unerwartet frühem Tode brachte die *Gesellschaft* gar ein Photo von ihm auf dem Totenbett, das seine Freunde, unter ihnen Hänichen, aufgenommen hatten: es zeigt in der Anordnung von Haar und Bart einen geradezu zum Christuskopf stilisierten, stark an die Bilder von Guido Reni erinnernden Dichter. Das gleiche Bild ist noch der Ausgabe seiner Werke von 1911 vorangestellt.[37]

Die hier nur angedeuteten, teils sozialutopisch, teils individuell realisierten Zukunftserwartungen führen dazu, daß die Zukunft zur grundlegenden Kategorie der literarischen Kritik wird. Implizit oder explizit steht sie im Mittelpunkt jeder theoretischen Beschäftigung mit Literatur.

Karl Bleibtreu, der geradezu einen »Kampf ums Dasein der Literatur« führte und in seinem variationsreichen Geniekult auf einen »Shakespeare des Romans« hoffte, ging in seiner Messiaserwartung weiter als alle anderen: »Ob in mir dieser Messias schlummert, weiß ich nicht«,[38] schrieb er 1888. Er wählte, wie gesagt, mit Vorliebe den Helden, den heroischen, außerordentlichen Menschen zum Gegenstand seiner Dramen und Romane: Byron oder Napoleon, oder auch Friedrich den Großen. Es ist nur folgerichtig, wenn auch die Maßstäbe, die er an die zeitgenössische Literatur legt, aus derselben Umgebung stammen; wenn er die Wende der Literaturmisere in ähnlicher Gestalt erwartet. Zwei Jahre später sah er den »erhabenen Zeitpunkt«, den Tag X, schon kommen und setzte pathetisch ein Schillerzitat an den Schluß einer Philippica, die der »Revolution der Literatur« auf die Sprünge helfen sollte:

»Das Alte stürzt, es ändert sich die Zeit, und neues Leben blüht aus den Ruinen«.[39] Damit war auch er bei der Zukunft angelangt.

Leo Berg, einer der Begründer des literarischen Vereins »Durch« in Berlin und zugleich neben Arno Holz der wohl klarste kritische Kopf dieser »Jüngstdeutschen«,[40] schrieb neben vielen Essays 1897 ein ganzes Buch mit dem symptomatischen Titel *Der Übermensch in der modernen Literatur.*[41] Eine Essaysammlung, die er ein paar Jahre früher erscheinen ließ, hatte den in die gleiche, utopische Richtung gehenden Titel *Zwischen zwei Jahrhunderten.*[42] Er war nicht nur der Ansicht, man könne die moderne Literatur nach solchen Dichtern einteilen, die von Nietzsche beeinflußt, und solchen, die von ihm »völlig unberührt geblieben sind«,[43] sondern konstatierte geradezu: »Zwei Gedanken gehen durch die neueste Literatur: der der Wiedergeburt und der des neuen Menschen«.[44] So interpretierte er Sudermanns *Johannes* als »die Tragödie des Vorläufers« und zitiert im selben Zusammenhang das Wort Hebbels, daß es Zeiten gebe, »in denen in jeder Krippe der Messias gesucht wird«.[45]

Franz Servaes, einer der wichtigsten Berliner Kritiker dieser Zeit, heute total vergessen, faßte seine Aufsätze als *Präludien* zusammen[46] (der Titel war in seiner Verweisung auf das Kommende für sich schon ein Programm) und widmete sie dem wohl bekanntesten ›Überwinder‹ der zeitgenössischen Literatur, dem – mit Hermann Conradi zu sprechen – wohl bekanntesten »Übergangsmenschen«[47] seiner Generation: Hermann Bahr. »Die Kunst will der erste Ausdruck einer kommenden Menschheit, einer sich entschälenden Seele sein«, sagte auch er; und dabei verwies das Wort Seele bereits auf andere Zusammenhänge.[48] – Nach der Lektüre von Leopold Andrians *Garten der Erkenntnis* fragte er sich, ob ein solches Buch noch über sich selbst hinausweise und was »daraus noch für ein Neues, Zukünftiges« entstehen könne. Das »Notwendigste« in aller Kunst sei doch die »Zukunftsillusion«.

Für den Naturalisten Julius Hart schließlich standen diese Gedanken von Anfang an, sei es als »Lyrik der Zukunft«,[49] sei es – im Roman – als »Zukunftsland«[50] oder dann in den »Flugschriften zur Begründung einer neuen Weltanschauung«,[51] die er gemeinsam mit seinem Bruder Heinrich verteilte, im Vordergrund.

Auch Literaturkritiker, die entweder nur kurz mit dem Naturalismus in Berührung gekommen waren, wie etwa Hermann Bahr und allenfalls Richard Dehmel, oder solche, die von Anfang an eine Gegenposition einnahmen, wie Maximilian Harden, bezogen ihre Axiome mehr oder weniger aus den hier skizzierten Zeitströmungen.

Für Harden mag schon der Name symptomatisch sein, den er seiner berühmten, 1892 gegründeten Zeitschrift gab: *Die Zukunft*. Nicht zufällig ist ein Großteil seiner Aufsätze unter dem Titel *Köpfe*[52] erschienen. Der Mann Zola, der Mann Ibsen, oder – im Politischen besonders – der Mann Bismarck war für ihn der Anlaß zu seinen geradezu enzyklopädisch angelegten, äußerst erhellenden Analysen. Was ihn anzog, war nicht ein Abstraktum, nicht das literarische Werk als solches, sondern die Person; dasselbe, was Bleibtreu »Genie«, Nietzsche – und mit ihm viele andere – »Übermensch« nannten.

Für Hermann Bahr, der im Gegensatz zu Harden den Naturalismus zunächst begrüßt hatte, ihn aber bald als notwendigen »Zwischenakt«[53] – nicht mehr und nicht weniger –, als Übergangsstadium verstanden wissen wollte, gilt Ähnliches. Sein Überwindungseifer, den man ihm von Anfang an übelgenommen hat[54] und den die Literaturgeschichte bis heute mit dem Schlagwort vom ›Proteus der Literatur‹ quittiert, geht gepaart mit der Erlösererwartung für die darniederliegende Literatur und – worin er sich mit Servaes einig war – ebenfalls für die Kritik. Seine Maxime von der »Überwindung des Naturalismus« wurde zum Schlagwort.[55] Sie war gewissermaßen die Bahrsche Interpretation von Marx' elfter »These über Feuerbach«; wie denn auch der sozialistische Einfluß aus seinem Umgang mit Victor Adler und seiner Beschäftigung mit Marx und Lassalle, wie bei den meisten Naturalisten auch, schon biographisch genauso nachweisbar ist, wie der Nietzsches oder Schopenhauers.[56]

Aber es wurden von diesen Prämissen her auch Gegenpositionen bezogen. Die wohl stärkste durch Richard Dehmel, der 1892 in der *Gesellschaft* schrieb, das naturalistische Drama, die naturalistische Tragödie sei geradezu die »Tragödie des Naturalismus selber«.[57] In dezidiert prometheushaften, goetheschen, an Nietzsche geschulten Tönen verkündet Dehmel die gekommene Zukunft, die Zukunft, die schon begonnen hat: »mit jedem Tag, mit jedem Augenblick beginnt sie und – ist da, wenn ihr sie bringt! – Auf, laßt uns wieder Menschen machen! neue treibende! ein Bild, das uns gleich sei! uns, den Schaffenden! Propheten der Sonne, was säumt ihr?! –«.[58]

Die Schlagworte der Zeit werden zu Kategorien der Literaturkritik. Die Literatur der Moderne wird gemessen an ihrer Zukunftsfähigkeit und allem, was damit zusammenhängt. Alles andere hat sich dem unterzuordnen. Begriffe wie ›Erlöser‹ und ›Messias‹, ›Überwindung‹ und ›neue Menschen‹, ja auch einfach das beliebig und klischeehaft überall verwendete epitheton ›neu‹ beschreiben die literarische Moderne als Vorstadium, als Vorbereitung auf eine größere Zeit, die die Erfüllung erst noch bringen wird.

Mit solchen Prognosen, die Ermunterung und Herausforderung zugleich, und zwar an die eigene Adresse, bedeuteten, hatten sich Literatur und Literaturkritik – die schon deshalb nicht voneinander zu trennen waren, weil man zumeist Dichter und Kritiker in einer Person war – in ein Dilemma hineinmanövriert, das sich nicht auflösen, das sich nicht einmal mehr neutralisieren ließ. Die Überzeugung, für die man sich seit Jahren eingesetzt hatte, war von vornherein falsch angelegt. Diese Mischung aus Bescheidenheit gegenüber dem großen Kommenden einerseits und Verachtung der literarischen Mitwelt andererseits; aus Selbstbemitleidung, solche Zeiten literarischer Dürre durchleben zu müssen, Erlösererwartung und utopischen Entwürfen; aus individualistischer Selbstüberschätzung und Sozialismus, drängte unter beständiger Akzeleration auf eine Lösung. Diese Erlösung lag ausschließlich – und konnte ausschließlich liegen – in der Erfüllung des Erhofften, des verzweifelt Gewünschten und Prophezeiten, das sich aber eben nicht erfüllen konnte. Es war prinzipiell unerfüllbar, solange man keine verbindlichen Kriterien besaß, nach denen – um in der Terminologie zu bleiben – der Christ vom Antichrist zu unterscheiden gewesen wäre. War Conradi der Messias der Literatur, für den er sich hielt und als den seine Anhänger ihn ausgeben wollten? War das Kraftgenie Karl Bleibtreu von solchem Schnitt, daß man ihm die »Revolution der Literatur« getrost überlassen konnte? War Gerhart Hauptmanns Drama *Vor Sonnenaufgang*, wie

Theodor Fontane – dem Jargon der Zeit darin wörtlich verpflichtet – rezensierte, »einfach [. . .] die Erfüllung Ibsens«?[59] Und damit folgerichtig, wenn dieser Norweger – wie Hermann Bahr gemeint hatte – der literarische Johannes[60] war, also endlich der literarische Messias? War irgend etwas endgültig, was da geboten wurde? Wie gedachte man, das zu entscheiden? Man gedachte gar nichts; konnte nichts zu entscheiden gedenken. Denn über einen Messias wird nicht entschieden; der kommt und ist da. Erlöser werden erwartet; und so lange fehlen sie. Aber wenn sie da sind, merkt es jeder von selbst. So stellten sich auch die Literaturkritiker ihren eigentlichen Gegenstand, ihren utopischen großen Dichter vor. Eine solche Konzeption der Literatur mußte von vornherein jede Entscheidung über richtige oder falsche, über gute oder schlechte Literatur prinzipiell unmöglich machen. Was bei solcher Prämisse möglich war, geschah: chiliastische und eschatologische Beschreibungen des Zukunftsreiches und – eventuell – seiner personellen Verwirklichung; aber das kritische Unterscheidungsvermögen war absurderweise durch ein Erlebnis blockiert, das erst noch kommen mußte: blokkiert durch den Erlöser selbst.

Es gehört kein großes Einfühlungsvermögen dazu, sich das Dilemma vorzustellen, das aus einer zur Doktrin gewordenen Erwartung des literarischen Messias einerseits und der prinzipiellen Unfähigkeit, ihn unter diesen Umständen zu erkennen, andererseits, erwachsen mußte. Für ein solches Dilemma gab es keine Lösung. Der ›Ausweg‹, der sich schließlich fand, war ein »Weg nach Innen«;[61] allerdings in doppelter Hinsicht. Die Alternative hieß: die eigene Psyche, also, was man gemeinhin Décadence nannte; oder – die Heimatdichtung.

Mit dem letzten zu beginnen: man könnte es den territorialen Rückzug nennen; also die ländliche, die provinzielle Seite der Alternative. So disparat es aussehen mag: Seele und Heimat lagen nicht weit auseinander; jedenfalls war zu beiden ein Rückzug nötig. Mancher mochte sie gar verwechseln, oder sie für zwei, wenn auch verschiedene, so doch nacheineinander begehbare Wege halten. Bestes Beispiel: Maurice Barrès. Für die deutsche Literatur deshalb interessant, weil ihm seine Schüler – allen voran Hermann Bahr – mit ungebrochenem Vergnügen aus dem »culte du moi« in die Provinz, aus der er gekommen war, aus dem *Jardin de Bérénice*[62] ins Elsaß folgten; womit man – nicht erst durch das Stichwort Elsaß – bei Friedrich Lienhard, aber auch bei Ernst von Wildenbruch angelangt ist;[63] und also beim Konservativismus par excellence.

Michael Georg Conrad ist das wunderlichste und zugleich derbste Exempel dieser neuen Wende. Er, der jahrelang auf Zola geschworen hatte, verkündete 1901 in seinen *Erinnerungen zur Geschichte der Moderne,* die er in einer seitenlangen Widmung dem Heimatdichter Hermann Allmers zueignete: »Die Bauern in der Literatur, die Bauern in der Kunst – damit hebt allemal der neue Geisterfrühling an. [. . .] Das ist göttliche Naturordnung. So verstehen wir die Revolution der Poesie [. . .]«.[64] Das mag frappierend erscheinen, aber es war folgerichtig.

Das Abwandern in die Heimatdichtung, der außerordentliche Erfolg dieser Literaturbranche, hat viele Gründe; darunter einige, die bekannt sind: die zunehmende Stadt- und Industriephobie, und als Ausgleich dazu ein neues »retour à la nature«, das vor allem die sogenannte Jugendbewegung zur Mode erhob: das Bad im Waldsee und der freie Oberkörper; usw. usw. Für die Literatur selbst ist der Grund mehr im Stoffmangel zu suchen, der sich in dem Augenblick einstellen mußte, wo man der sozialen Problematik der Großstädte entwachsen zu sein glaubte, oder einfach überdrüssig war. Aber nicht nur das. Die Ursache war zu einem nicht geringen Teil die gescheiterte literarische Sozialutopie. Sich angesichts getäuschter Hoffnungen, und seien sie noch so absurd, aufs Land zurückzuziehen, ist zunächst nicht viel mehr als eine statistisch mehr oder minder häufig zu konstatierende Reaktion. Warum sollte man sie nicht auch der Literatur zubilligen. Die sozialutopischen Zukunftspläne und -visionen waren kosmopolitisch gemeint gewesen; jetzt, nach ihrem Scheitern, gab es nur eine folgerichtige Reaktion: den Rückgriff auf Provinz und Heimat. Diese Regression aber verläuft ganz offensichtlich (wie der mit ihr aufs engste zusammenhängende Nationalismus und Chauvinismus im Politischen) dem Weg parallel, den der sogenannte Décadent aus Frustration und Resignation zu sich selbst, zu seiner Seele eingeschlagen hat, – was uns zur zweiten Möglichkeit bringt.

Nicht alle zogen wie Dehmel die Konsequenz, aus so viel Zukunft nun endlich eine literarische Gegenwart zu veranstalten. Manch einer fühlte sich wohl in so großer Erwartung und versuchte wie die Brüder Hart,[65] seine Umgebung darauf vorzubereiten. Die weitaus meisten aber, das waren besonders die Jüngeren, die um 1870 Geborenen, reagierten geradezu simpel: mit einer Gegenbewegung. Sie schoben die soziale Problematik kurzerhand beiseite. Das war ein Zug derZeit; es war der Aufhebung des Sozialistengesetzes 1890 durch Wilhelm II. durchaus analog: in beiden Fällen glaubte man etwas abzuschaffen und in beiden Fällen blieb doch alles wie es war. Die ›soziale Frage‹ gab es nach wie vor und durch die de iure-Aufhebung des Gesetzes hatte sich an der de facto-Situation wenig geändert. Beidem haftete etwas Künstliches an, aber beides paßte auf diese Weise zueinander und in die Wilhelminische Ära.[66] Die soziale Frage blieb als literarisches Problem zwar erhalten,[67] aber sie gehörte zum Arsenal; sie war nicht mehr brennendes Problem. Das war kein Wunder, denn sie war bereits ausgiebig behandelt und verarbeitet und war dadurch zum literarischen Konsumgut geworden, das bezogen werden konnte. Die Konsequenz, die man aus dieser naturalistischen Überbetonung des Sozialen, der sozialen Misere zog, führte geraden Weges ins Private: man sonderte sich ab, man hielt sich exklusiv. Was bekanntlich, wenn man an Oscar Wilde, den Grafen Montesquieu, den jungen Joris Karel Huysmans denkt, oder die ›Tachtigers‹ in Holland, eine internationale Reaktion war. In Deutschland ist Stefan George für dieses literarische *odi profanum vulgus* der bekannteste, aber keineswegs der einzige Repräsentant geworden. Seine *Blätter für die Kunst* waren so exklusiv, daß sie anfangs nicht einmal käuflich zu erwerben waren, sondern lediglich »einen geschlossenen von den mitgliedern geladenen leserkreis« hatten. Andere literarisch-künstlerische Zeitschriften wie der *Pan*, der *Ver sacrum*, auch die *Wiener Rundschau* und *Die Insel* gingen in die gleiche Richtung.

In der Literatur selbst entsteht Entsprechendes; und aus den gleichen Beweggründen: aus Frustration und Übersättigung an den »états de choses«,[68] wofür der herrschende Individualismus einen guten Nährboden abgegeben hatte. Erwin in Leopold Andrians *Garten der Erkenntnis* (1895), Paul in

Richard Beer-Hofmanns *Tod Georgs* (1900), oder der Kaufmannssohn in Hugo von Hofmannsthals *Märchen der 672. Nacht* (1895)[69] sind die erklärten Anti-Helden, die alles andere als ein Messias sind oder auch nur sein wollen. Sie haben nichts von den Kraftgenies Bleibtreus oder Conradis; sie kennen keine Arbeiterviertel, die es noch gab, und keinen Zukunftsstaat (auf den man hoffte, damit es jene nicht mehr gäbe). Diese ›Jungen‹ protestieren auf ihre Weise gegen die ›Alten‹ – auch darin läßt sich die selbstgezogene Parallele zum ›Sturm und Drang‹ weiterverfolgen:[70] sie hielten gern wie Werther ihr »Herzchen wie ein krankes Kind«.[71] Wenn die Naturalisten sich selbst als Stürmer und Dränger empfanden, dann war dies eine ›neue Empfindsamkeit‹.

Gründe für solche Reaktion gab es genug. Die erwähnte Frustration angesichts der nicht erfüllten, aber sehr real erwarteten utopischen Lösung aller Probleme; die Übersättigung an den »états de choses«, was vor allem Hermann Bahr als wandlungsfähigster aller Kritiker geltend machte, die ganz von selbst das Verlangen nach anderen Dingen, eben den ›états d'âme‹ hervorriefen; und schließlich – mehr oder weniger alles bedingend – die allgemeinste Voraussetzung: der extreme Individualismus der Zeit, der seit Ibsen, Nietzsche, Stirner die wichtigste Komponente der Popularphilosophie geworden war.[72] Alles in allem läßt sich diese Reaktion am besten in einem Ausdruck zusammenfassen, den die Zeitgenossen selbst mit der Begeisterung dessen, der sich nicht nur verstanden, sondern auch formuliert sieht, verwendet haben: *»fin de siècle«.*[73] Zunächst ist dieses Wort nicht mehr als eine etwas banale Zeitbezeichnung; wie ›Jahrhundertwende‹ oder ›Vorkriegszeit‹. Aber auf dem Hintergrund des Gesagten werden seine Konturen schärfer. Dann bedeutet dieses Lieblingswort der Epoche, daß man sich abgefunden hat mit der Jahrhundertwende; mit der Utopie, die keine war (sondern eine Phantasterei); mit dem Jahr 1900 als einer Markierung, über die es nicht hinausgeht, und die keine Hürde ist, die man mit aller Gewalt nehmen müßte; daß man sich abgefunden hat mit dem vergeblichen Warten auf den erwarteten Erlöser und literarischen Messias.

Mit dem Wort ›fin de siècle‹ läßt sich dann der Antiheld der Décadence, ob er als Erwin in Andrians *Garten der Erkennt-*

nis oder als Kaufmannssohn in den Labyrinthen von Hofmannsthals *Märchen* herumirrt, genauso beschreiben wie die müde Resignation, mit der Maurice Barrès' »homme libre« seinen »culte du moi« pflegt, oder die fragile Existenz von Des Esseintes in Huysmans' *A rebours*.[74] Diese »Stimmung«, wie man zu jener Zeit gern sagte,[75] entsteht aus dem Überdruß an der Aktivität der Älteren nahezu von allein und ist zunächst nichts anderes als der Rückzug auf sich selbst. Das Ich, auf das man sich zurückzieht, liegt – vorbereitet durch den zeitgenössischen Individualismus – gewissermaßen parat. Es ist zu einer Chiffre geworden, zu einer Variante, die man nur überall dort einzusetzen brauchte, wo man vorher Milieu und Vererbung, Übermensch oder Erlöser gelesen hatte. Das Ich war sein eigener Messias geworden, auch in litteris.

›Fin de siècle‹ heißt dann auch alles andere, was durch solche Introversion wieder, oder zum erstenmal, entdeckt wird. Die »Mystik der Nerven«, die »Hohe Schule der Nerven« sagt man jetzt.[76] Nervosität galt als Zeichen raffinierter Verfeinerung – das Wort raffiniert selbst ist ›fin de siècle‹ –. Man trug Nervosität, wie man nach dem Zweiten Weltkrieg Existenzialismus trug. Es legitimierte und war chic wie die Klage über Kopfschmerzen, Wetterempfindlichkeit und Migräne, die sich als Topos durch die Briefliteratur dieser Jahre zieht.

Man hatte für das Ich, das hier gemeint war, auch ein neues, poetisches Wort, eines, das sich in der Dichtung besser sehen lassen konnte als das abstrakte Ich. Es trat an die Stelle des Helden und des Messias, des Erlösers und des Übermenschen: ›*Seele*‹. Sie vor allem war gemeint, wenn etwas ›fin de siècle‹ war. Wollte man in einer Konkordanz die Häufigkeit dieses Wortes aufführen, es würde ein voluminöses Opus. Die Naturalisten hatten das Wort nahezu gar nicht verwendet; man hätte sich – danach zu urteilen – nachgerade zu fragen, ob sie es überhaupt gekannt haben. Jetzt sprach man plötzlich von der Seele in den abenteuerlichsten Kombinationen: nicht nur von »seltenen«, »deutschen«, »europäischen« oder »künftigen Seelen«; neben den altbekannten »zwei Seelen« hatten »Revolutionen der Seele« oder »seelische Heimlichkeiten« Platz, man erfreute sich »seelischer Blutsverwandtschaften« und scheute selbst vor einem »Handel mit Seelenzuständen« nicht zurück.[77] Daß Sigmund Freud zu gleicher Zeit die Psychoanalyse für ein dringendes desideratum hielt, ist für den Literaturhistoriker nicht unbedingt überraschend.[78]

Seinen bekanntesten Ausdruck fand dieses Wort – obschon gerade hier in hohem Grade esoterisch gemeint – 1897 im Titel von Stefan Georges berühmtester Gedichtsammlung, im *Jahr der Seele*. Wie sich denn in Werk und Person Georges überhaupt die oben beschriebenen Phänomene von Erlösergestalt und Zukunftsreich mit dem der neu entdeckten eigenen Seele beispielhaft durchdringen: er usurpierte schon im *Algabal* (1892) mit rücksichtsloser Esoterik die Rolle des Dichters par excellence, den – wie gezeigt – bis dahin unbesetzten Messias- und Führertitel. George konnte in eine Lücke treten, die unerfüllte Utopien ihm gelassen hatten. Es lag von Anfang an in seiner Linie. Schon als junger Gymnasiast hatte er sich an einer Übersetzung von Ibsens Erstlingswerk *Caligula* versucht. George übersetzte: »Ich stehe an der Spitze/ Sagt – wollt ihr folgen!« Die Antwort war: »Ja wir folgen dir.«[79] Es war nur konsequent, daß die Kritik ihn als den »großen Reformator« begrüßte.[80] – Georges Erfolg bestätigt das demonstrierte soteriologische und utopische Bedürfnis besser als alles andere; denn wie dieses läßt sich das Phänomen George nur ästhetisch und soziologisch zugleich beschreiben.

Zusammenfassend läßt sich folgendes sagen: die so weit verbreiteten, teils christlich-soteriologisch, teils vulgärmarxistisch gefärbten Heils- und Erlösererwartungen, die die Kritik in eine kommende Literatur setzte, haben sich nicht erfüllt. Die Konsequenz ist erstens, daß die Sozialutopie einer ›Literatur der Zukunft‹ mit energischem Zugriff aus der Projektion ins Jetzt zurückgeholt wird, womit sich die Heimatdichtung nicht nur etabliert, sondern auch legitimiert sieht; zweitens, daß der enttäuschte Literat sich auf sich selbst zurückzieht: damit wird das ›fin de siècle‹ zur Chiffre seiner Resignation.[81]

Zukunftserwartungen und utopische Entwürfe hat es, wie gesagt, wohl immer gegeben; Endzeiterwartung und Chiliasmus, Messiasglaube und Erlösungshoffnung sind bekanntlich nicht auf den religiösen Bereich beschränkt. Das eigens zu betonen, ist seit Ernst Bloch nicht mehr sehr originell. Aber es gibt Zeiten, in denen bestimmte Phänomene stärker in den Vordergrund treten als sonst. Für das späte neunzehnte Jahrhundert ist das besonders eindringlich zu belegen; und weder

Literatur noch Literaturkritik haben sich diesen – oft sehr politischen – Zeitströmungen entziehen können.

Was liegt näher, als den so offensichtlichen Bezug zur eigenen Zeit herzustellen; einer Zeit, die oft manches darum gäbe, wenn ihre zu nichts führenden Revolten und vergeblichen Hoffnungen, ihre im Keime erstickten Aufstände gegen die Gewalt, oder auch die neuen alten Messiasgestalten, die man vor ihr aufrichtet, lediglich literarischer Natur wären; und die nichts heißer ersehnt als die Verwirklichung ihrer Utopien, wie immer sie sie verstehen mag. Das Wort Walter Benjamins, der noch immer mehr heraufbeschworen als gelesen wird, erst dann habe die Literaturgeschichte Sinn und Berechtigung, wenn sie in der dargestellten Zeit ihre eigene erkenne; und dadurch werde ihr Gegenstand, das literarische Werk, »zu einem Mikrokosmos oder vielmehr: zu einem Mikroäon« der Geschichte, gilt auch hier: »Denn es handelt sich ja nicht darum, die Werke des Schrifttums im Zusammenhang ihrer Zeit darzustellen, sondern in der Zeit, da sie entstanden, die Zeit, die sie erkennt – das ist die unsere – zur Darstellung zu bringen.«[82]

Anmerkungen

* Der vorliegende Aufsatz ist die erweiterte, deutsche Fassung meiner Leidener Antrittsvorlesung (openbare les) unter dem Titel *Literatuur als toekomstmuziek.* Enkele aspecten van de literaire kritiek in Duitsland omstreeks 1900, Leiden, Universitaire Pers, 1969.

Zum Thema vgl. neben den in den Anmerkungen erwähnten Arbeiten besonders:

Derek Maurice van Abbé, *Image of a People.* The Germans and their creative writing under and since Bismarck, 1964. – Walter Ackermann, *Die zeitgenössische Kritik an den deutschen naturalistischen Dramen (Hauptmann, Holz, Schlaf),* Diss. München 1965. – Ernst Bloch, *Das Prinzip Hoffnung,* 1959. – Ders., *Atheismus im Christentum.* Zur Religion des Exodus und des Reichs, 1968. – Karl Henckell, *Lyrik und Kultur,* in: *Lyrik und Kultur.* Neue Vorträge zu Leben und Dichtung, 1914, S. 1-36. – Jost Hermand, *Hauke Haien.* Kritik oder Ideal des gründerzeitlichen Übermenschen? in: *Wirkendes Wort,* Jg. 15, 1965, S. 40 ff. – Hans-Jürgen Krysmanski, *Die utopische Methode.* Eine literatur- und wissenssoziologische Untersuchung deutscher utopischer Romane des 20. Jahrhunderts, 1963 (= Dortmunder Schriften zur Sozialforschung 21). – Alexander Lauenstein / Curt Grottewitz, *Sonnenaufgang!* Die Zukunftsbahnen der Neuen Dichtung, 1890. – Max Lorenz,

Der Naturalismus und seine Überwindung, in: *Preußische Jahrbücher* 95/96, 1899. – Georg Lukács, *Deutsche Literatur während des Imperialismus.* Eine Übersicht ihrer Hauptströmungen, 1945. – Gerhard Masur, *Prophets of Yesterday.* Studies in European Culture 1890-1914, 1963. – Richard M. Meyer, *Der zukünftige Mensch*, in: *Neue Deutsche Rundschau*, 12. Jg. (Freie Bühne), 1901, S. 1121-1135. – Hans Wilhelm Rosenhaupt, *Der deutsche Dichter um die Jahrhundertwende und seine Abgelöstheit von der Gesellschaft*, 1939. – Dieter Schickling, *Interpretationen und Studien zur Entwicklung und geistesgeschichtlichen Stellung des Werkes von Arno Holz*, Diss. Tübingen 1965. – Gernot Sittner, *Politik und Literatur 1870/71.* Die Spiegelung des politischen Geschehens zur Zeit des deutsch-französischen Krieges in der zeitgenössischen deutschen Literatur, Diss. München 1966. – (Hrsg. E. Benz), *Der Übermensch.* Eine Diskussion, mit Original-Beiträgen von Ernst Benz, Hans Mislin, Ludolf Müller, Adolf Portmann, Joseph B. Rhine, Eugen Sänger, Peter Scheibert, Hugo Spatz und Otto Wolff, 1961. – Kurt Wilhelmi, *Ibsens Zukunftsreich*, 1909.

1 Vgl. Thomas Carlyle, *On heroes, hero-worship, and the heroic in history*, 1840. Für die Bedeutung, die schon die Zeitgenossen dem Einfluß von Carlyle beimaßen, kann die ausführliche Behandlung Carlyles als repräsentativ gelten, die sich in Leo Bergs Buch (*Der Übermensch in der modernen Litteratur.* Ein Capitel zur Geistesgeschichte des 19. Jahrhunderts, 1897) findet (S. 24-27 u. ö.).

2 Vgl. Friedrich Nietzsche, *Also sprach Zarathustra*, in: *Werke*, Hrsg. Alfred Bäumler, Bd. IV, 1930, S. 83: »Von der Zukunft her kommen Winde mit heimlichem Flügelschlagen; und an feine Ohren ergeht gute Botschaft«. – Vgl. Eduard Michael Kafka, der dieses Diktum zur Charakterisierung von Hermann Bahr verwendet: »Seine feinen Ohren lauschen gespannt allem heimlichem Flügelbrausen [sic!] der Zukunft, ob nicht neue Botschaft ergehe«. In: *Moderne Rundschau*, Bd. 3, Heft 5/6, 15. 6. 1891, S. 222 *(Der neueste Bahr)*.

3 Hierher gehört u. a. der berühmt gewordene Ausruf Wilhelms II.: »Unsere Zukunft liegt auf dem Wasser«, bei der Eröffnung des Freihafens in Stettin am 23. 9. 1898. – Vgl. Reden des Kaisers. Ansprachen, Predigten und Trinksprüche Wilhelms II. Hrsg. Ernst Johann, 1968, S. 80 f. – Diese Anekdote hier heranzuziehen, ist nicht so absurd, wie es scheinen könnte. Schon Michael Georg Conrad verwendete das Wort ironisch. In seinen »Erinnerungen zur Geschichte der Moderne«, die er unter dem Titel *Von Emile Zola bis Gerhart Hauptmann* herausgab (1902), vergleicht er das Frankreich Zolas mit Deutschland und schreibt: »›unsere Zukunft liegt auf dem Wasser‹, dem trügerischsten Elemente« (S. 137).

4 Vgl. die von Curt Grottewitz 1892 unter dem Titel »Die Zukunft der Literatur« veranstaltete Enquête, deren Ergebnisse er zunächst im ›Magazin für Literatur‹, dann aber auch als Buch, 1892, publizierte. – Vgl. hierzu Hermann Bahr, *Die Zukunft der Literatur*, in: *Studien zur Kritik der Moderne*, 1894, S. 5-19. –

Aus welchen Quellen sich dieser »Wille zum Wettbewerb« zum großen Teil speiste, ist nur allzu deutlich: Michael Georg Conrad schrieb unter der Überschrift *Die Franzosenherrschaft im neuen deutschen Reich* (*Gesellschaft*, November 1889, S. 1531-1536): »Wann wird unserem Volke ein Heiland erstehen, der die Schacherer und Mamonsdiener aus dem Tempel unserer Kunst hinauswirft, daß sie die Hälse brechen? Wann wird unserem Volke ein Held erstehen, der sich an die Spitze des Heerzuges vaterländischer Geister schwingt und der schmachvollen Fremdherrschaft Krieg auf Tod und Leben bringt, die wälschen Schaubuden im Lande niederreißt und Deutschlands Geist zum Herrscher ausruft, auf Gassen und Plätzen, in Hütten und Palästen?« (S. 1535). Die Analogie zuVergils, in der chauvinistischen

Praxis der Kriegervereine auf beiden Seiten gerne zitierten Versen *Exoriare aliquis nostris ex ossibus ultor* (Aen. IV, 625) ist unüberhörbar; auch aus den Gebeinen der Literaten sollte dereinst ein Rächer erstehen. Für unseren Zusammenhang ist besonders die Kombination mit dem Heiland, der die Schacherer aus dem Tempel wirft, interessant (vgl. u.; auch Anm. 5 u. 6). – Conrad blieb damit nicht im Theoretischen stecken. Er konkretisierte seine Ansichten in der Auseinandersetzung mit den Zeitgenossen. So schrieb er über den Verfasser eines Buches, das sich mit französischer Literatur beschäftigte (*Emil Burger: Emile Zola, Alphonse Daudet und andere Naturalisten Frankreichs,* in: *Gesellschaft,* ebd., S. 1655): »Auch wieder einer, dems in der Gurgel juckt, in deutschen Buchläden das hohe Lied von der Kunst der Franzosen zu singen, zu tun, als hätten wir daheim nichts vorgebracht, was sich den Arbeiten der Pariser als gleichwertig an die Seite stellen ließe«.

5 Vgl. Conrad Alberti (eig. Conrad Sittenfeld), *Die Alten und die Jungen.* Socialer Roman, 1889, sowie Hermann Bahrs Aufsatz dieses Titels in: *Moderne Dichtung,* Heft 5, Nr. 5, 1. 5. 1890, S. 307-311, auch in: *Zur Überwindung des Naturalismus.* Theoretische Schriften 1887-1904, Hrsg. Gotthart Wunberg, 1968, S. 38-44 (im folgenden zitiert als Bahr/Wunberg), sowie Rudolf Lothar, *Die Alten und die Jungen,* in: *Die Waage,* Jg. 2; Heft 11, 12. 3. 1899, S. 172-173. – Zu dem Begriff ›Erlöser‹ vgl. Hermann Bahr: *Das jüngste Deutschland,* in: *Studien zur Kritik der Moderne,* 1894, S. 49, Bahr/Wunberg a.a.O., S. 124, und Rudolf Lothar, *Kritisches,* in: *Die Zeit,* Bd. 4, Nr. 47, 24. 8. 1895, S. 123. – Bahr sprach sogar vom »lächelnden Erlöser«, in: *An die Jugend,* in: *Die Zeit,* Bd. 8, Nr. 100, 29. 8. 1896, S. 140; und viele andere. – Zu ›Messias‹: Hermann Bahr, in: *Die Moderne,* in: *Moderne Dichtung,* Bd. 1, Nr. 1, 1. 1. 1890, S. 14. Bahr/Wunberg: a.a.O., S. 36; »Messias der gegenwärtigen Literatur«: ders. in: *Henrik Ibsen,* in: *Deutsche Worte,* Heft 8 und 9, August und September 1889. Bahr/Wunberg, a.a.O., S. 4.

6 Bahr in seinem Aufsatz, *Henrik Ibsen,* a.a.O. (Bahr/Wunberg, a.a.O., S. 20). – Auch dieser Gedanke ist, wie »literarischer Messias«, »Erlöser« usw. ein viel früherer Topos. Vgl. dazu Friedrich Engels, *Alexander Jung und das Junge Deutschland,* in: *Deutsche Jahrbücher,* 1842 (jetzt auch in: (Hrsg. J. Hermand), *Der deutsche Vormärz.* Texte und Dokumente, 1967, S. 23). – Zur Verwendung theologisch-eschatologischer Terminologie im ›Jungen Deutschland‹ vgl. bes. die aufschlußreichen Belege bei Paul Konrad Kurz, *Künstler, Tribun, Apostel.* Heinrich Heines Auffassung vom Beruf des Dichters, 1967, S. 47, 103-107. – Zum Ganzen: Günter Bliemel, *Die Auffassung des Jungen Deutschland von Wesen und Aufgabe des Dichters und der Dichtung,* Diss FU Berlin 1955. –

Weitere Beispiele lassen sich häufen. So gehört in diesen Zusammenhang auch das *In his signis pugnabimus* der Brüder Hart, worin sie die Christus-Vision Konstantins des Großen variierten. (*Wozu, wogegen, wofür?* Kritische Waffengänge, Heft 1, 1882.) – Vgl. auch Henry Mackay's großes Gedicht *Wiedergeburt* in seinem Gedichtband unter dem gleichen Titel (= Der Dichtungen dritte Folge, 1896). – Isidor Gaiger, ein österreichisch-ungarischer Journalist, schrieb über den »Messias des 19. Jahrhunderts« einen Roman: *Ferdinand Lassalle,* 1873. – Vgl. auch das Gedicht *Der neue Heiland* von Hugo Salus (in: *Simplizissimus,* 4, 1899/1900, S. 27) und die *Messiaspsalmen* von G. Gradnauer in den *Modernen Dichtercharakteren* (vgl. Karl Bleibtreu, *Das jüngste Deutschland,* in: *Magazin für Literatur,* Jg. 56, Nr. 38, 17. 9. 1887, S. 554), Karl Maria Heidts *Promethidenpsalmen,* sowie schließlich Gerhart Hauptmanns *Promethidenlos,* 1885. – Leo Berg sprach ebenfalls bereits 1886 vom »Dichtermessias« (*Das eiserne Zeitalter in der Literatur,* in: *Magazin für Literatur,* Jg. 55, Nr. 34, 21. 8. 1886, S. 530).

In weiterem Sinne gehören hierher auch die *Ernsten Gedanken* Moritz von Egidys, 1890, sowie die Fülle von geistlich-sozial ausgerichteten Traktaten, die alle auf eine Erneuerung des Lebens zielten, und die sich fast alle der gleichen Terminologie bedienten. Vgl. z. B. das Kapitel *Jesus im Abendlichte des Jahrhunderts* in den »Essays und Skizzen«, die der Schriftsteller und Theaterrezensent Karl Strecker unter dem Titel *Frühtau* herausgab, 1898.

7 Conrad Alberti veröffentlichte in der *Gesellschaft* (Jg. 5, 1889, Heft 1) seinen Aufsatz *Die zwölf Artikel des Realismus.* Ein litterarisches Glaubensbekenntnis. Hermann Conradi hatte sich 1884 in den *Modernen Dichtercharakteren,* 1885, unter der Überschrift *Unser Credo* vernehmen lassen.

8 Vgl. *Richard Wagner im Spiegel der Kritik.* Wörterbuch der Unhöflichkeit [...] gesammelt von Wilhelm Tappert, 1903², in der Neuausgabe von Heinz Friedrich, 1967, S. 128-133. – Vgl. auch Hermann Bahr, *Von welschen Literaturen.* IV Spanischer Naturalismus, in: *Moderne Dichtung,* Bd. 2, Nr. 10, Heft 4, 1. 10. 1890, S. 645.

Die kritischen Bemerkungen von Ludwig Bischoff in der *Niederrheinischen Musikzeitung* (Nr. 41, 1859) gehen über eine einfache Tagespolemik weit hinaus: »All die Ungegorenheit, der Schwindel, all die Eitelkeit, all die Selbstbespiegelung, all die Trägheit, der Zukunft zuzuschreiben, was man selbst leisten müßte, all die Hohlheit und Salbaderei der ästhetischen Schwätzer – wie schön faßt sich das alles in dem einen Worte ›Zukunftsmusik‹ zusammen« (Tappert, a.a.O., S. 128). Denn letztlich rief die Kategorie Zukunft, wie sich zeigen wird, nicht nur Aktivität hervor, sondern führte auch zu einem Quietismus, der die literarische Aktivität auf weiten Gebieten lähmte.

9 *Sämtliche Werke,* Hrsg. Hans-Egon Hass, Bd. 5, 1962, S. 263 f. – Georg Lukács hat an entscheidender Stelle gerade auf diesen Passus bei Hauptmann aufmerksam gemacht. Vgl. *Deutsche Literatur im Zeitalter des Imperialismus,* in: *Schriften zur Literatursoziologie,* Hrsg. Peter Ludz, 1961, S. 452 ff. – Hauptmanns Vorliebe für diese Thematik ist bekannt, vgl. auch seine Erzählungen *Der Apostel* (1890) und *Der Ketzer von Soana* (1918).

10 1890, 10. Aufl. 1897.

11 *In purpurner Finsternis.* Romanimprovisation aus dem 30. Jahrhundert, 1895.

12 1902. – Herzl (1860-1904) versuchte, seine zionistischen Ideen nicht nur in Abhandlungen, sondern auch in literarischer Form bekannt zu machen. Vgl. sein Drama *Das neue Ghetto* (1897). – Vgl. Hermann Bahr, *Das neue Ghetto,* in: *Die Zeit,* Bd. 14, Nr. 171, 8. 1. 1898, S. 28.

13 Dieses Buch des Amerikaners Bellamy (1888) war von größtem Einfluß in der ganzen Welt und wurde in nahezu alle Sprachen übersetzt. Die Zeitgenossen stellten es neben Thomas Morus' *Utopia,* Bacons *Nova Atlantis* und Campanellas *Civitas solis.*

14 A.a.O., S. 264.

15 Das Drama bringt genau diejenigen Stichworte, die für diesen Zusammenhang interessant sind; auch den »Messias«. Gerade dieser Gedanke nimmt in der Ibsen-Rezeption vor und nach der Jahrhundertwende den breitesten Raum ein. Marie Herzfeld, der das Verdienst zukommt, Ibsen überhaupt erst weiteren Kreisen in Deutschland und Österreich bekannt gemacht zu haben, weist ausführlich darauf hin (*Die skandinavische Literatur und ihre Tendenzen,* in: *Wiener Rundschau,* Bd. 2, Nr. 16, 1. 7. 1897, S. 628). Vgl. auch Rudolf Lothar (*Henrik Ibsen,* 1902, S. 90-96), Emil Reich (*Ibsens Dramen,* 1894, S. 88-98) und Oskar Walzel (*Henrik Ibsen,* 1912), der gleich von einer »künftigen Adelsmenschheit eines kommenden

Dritten Reiches« sprach (S. 52). Schließlich beschäftigt sich J. Collin in seinem berühmten Ibsenbuch über mehr als hundert Seiten mit diesem Drama (*Henrik Ibsen.* Sein Werk – seine Weltanschauung – sein Leben, 1910, S. 370-474).

Es ist bezeichnend, daß *Kaiser und Galiläer* das erste Drama Ibsens war, das er nach eigener Aussage unter dem starken Eindruck des »deutschen Geisteslebens« – genauer gesagt: des deutsch-französischen Krieges – schrieb. (Vgl. hierzu seinen Brief an Julius Hoffory vom 26. 2. 1888, SW, X, S. 372 f.; auch Collin, a.a.O., S. 405 f., und David E. R. George, *Henrik Ibsen in Deutschland.* Rezeption und Revision, 1968 (= Palaestra 251)). – Bis zu Moeller van den Brucks Buch *Das dritte Reich* von 1923, das die Nationalsozialisten dann – wenn auch z. T. mit Vorbehalten – für sich requirierten, ist es kein allzu langer Weg; jedenfalls ist es wohl mehr als die Vokabel, was die vergleichsweise harmlosen Anfänge solcher Reichserwartung mit dem 30. Januar 1933 und den darauf folgenden Jahren verbindet. Interessant ist, daß die Erwartung eines ›dritten Reiches‹ schon unmittelbar nach der Proklamation des Zweiten Kaiserreiches so manifest werden konnte. Offensichtlich war damit keine reale politische Alternative gemeint, sondern eine mehr ideale Projektion im Sinne des marxschen ›Überbaus‹. Allerdings sind die Abstufungen mannigfach, wie etwa der »Berliner Roman« des einstigen Naturalisten Johannes Schlaf *Das dritte Reich* von 1900 belegen kann. Bekanntlich ging Schlaf als einer der ersten Naturalisten zum Irrationalismus über – wenn es für ihn dazu eines Überganges bedurfte.

16 2 Bde., 1871-1881.

17 [Julius Langbehn] *Rembrandt als Erzieher,* Von einem Deutschen, 1890. Das Buch brachte es schon im selben Jahr auf die dreizehnte Auflage, im Jahr darauf waren es schon siebenunddreißig. Nietzsches dritte *Unzeitgemäße Betrachtung* über *Schopenhauer als Erzieher* dürfte die Formulierung des Titels inspiriert haben; was dem Buch zweifellos, weil darin zugleich ein gewisser Kontrastwert lag, zu einem nicht geringen Teil seine übergroße Wirkung verschaffte. Hierher gehört auch – allerdings mehr auf Österreich und katholische Kreise beschränkt (da aber von stärkstem Einfluß) – Richard von Kralik. Vgl. Eduard Castle u. a., *Richard von Kralik und der ›Gralbund‹,* in: *Geschichte der deutschen Literatur in Österreich-Ungarn,* Hrsg. Eduard Castle, Bd. 2 (= Deutsch-Österreichische Literaturgeschichte, Bd. 4), S. 1600-1620 u. ö.

Es ist nicht uninteressant festzustellen, was die Zeitgenossen außerdem lasen: Marie Herzfeld führt unter der Überschrift *Die meist gelesenen Bücher* 1891 neben Ibsens Dramen, Bellamys Zukunftsroman und *Rembrandt als Erzieher* die *Wasserkur* des Pfarrers Kneipp an. Zur Gesundung wollte auch der Rembrandtdeutsche beitragen; man geht wohl nicht fehl, Kneipps Patienten in der Leserschaft Langbehns zu suchen; und umgekehrt. (Marie Herzfeld, in: *Wiener Literatur-Zeitung,* 2. Jg., Nr. 8, 15. 6. 1891, S. 1-3). Hierzu wie auch zu Lagarde und Moeller van den Bruck vgl. besonders Fritz Stern, *Kulturpessimismus als politische Gefahr.* Eine Analyse nationaler Ideologie in Deutschland, 1963.

18 Ebd., Illustrierte Volksausgabe, Weimar o. J., S. 63.

19 Vgl. Ernst von Wildenbruch, *Furor Teutonicus.* Eine Studie mit Nutzanwendung, in: *Nationalzeitung,* Nr. 328, Sonntagsbeilage Nr. 23 zum 7. 6. 1903; auch in: *Blätter vom Lebensbaum,* 1910, S. 331-346. –Auch hier ist übrigens vom Genie in diesem Sinne die Rede: »Noch ist das Genie nicht gekommen, [. . .] aber nicht verkennen und vor allem nicht unterdrücken soll man darum die Regungen und Bestrebungen, die zum Teil wenigstens geben möchten, was jener uns gewiß geben würde [. . .]« (ebd., S. 345).

20 Hermann Bahr, *Die Moderne,* in: *Moderne Dichtung,* Heft 1, Nr. 1,

1. 1. 1890, S. 13-15; Bahr/Wunberg: a.a.O., S. 35.

21 Vgl. Hermann Bahr, *Theater* (Aus einem Vortrage in der ›Grillparzer-Gesellschaft‹), in: *Die Zeit*, Bd. 3, Nr. 29, 20. 4. 1895, S. 44. – »Überwindung« war der von Bahr speziell zur Behebung der literarischen Misere initiierte Begriff.

22 Vgl. Erich Ruprechts Einleitung zu seiner Sammlung *Literarische Manifeste des Naturalismus, 1880-1892*, 1962, bes. S. 5; sowie Hermann Conradi, ebd., S. 45. – Vgl. auch bes. Karl Bleibtreu, *Revolution der Literatur*, a.a.O., S. 82.

23 Genio e follia. – Zur Rezeption Lombrosos durch die Naturalisten vgl. auch Conrad Alberti, *Zur Psychologie des Genies*, in: *Natur und Kunst*. Beiträge zur Untersuchung ihres gegenseitigen Verhältnisses, o. J. [1890], S. 31-48.

24 1892, 2 Bde.

25 Es handelt sich um *Die conventionellen Lügen der Kulturmenschheit* (1883) und *Paradoxe* (1885); vgl. bes. das Kapitel *»Psycho-physiologie des Genies und Talents«*.

26 Von den zahlreichen Napoleonbüchern Bleibtreus seien folgende genannt: *Napoleon bei Leipzig*, 1885; *Napoleon I.*, 1889; *Der Genie-Kaiser und die Welt*. Zur Centenarfeier der Krönung Napoelons, 1905. – Über Byron die Dramen: *Lord Byron, Lord Byrons letzte Liebe, Seine Tochter*, 1886; *Byron der Übermensch*. Sein Leben und seine Dichtungen, 1897; *Byrons Geheimnis* (Drama). 1900; *Das Byron-Geheimnis*, 1912.

27 Zum Übermenschenproblem, wie zum Genie- und Messiasbegriff vgl. die umfangreichen und erschöpfenden Arbeiten von Ernst Benz zu diesem Thema: *Das Bild des Übermenschen in der europäischen Geistesgeschichte*, und: *Das Bild des Übermenschen in der christlichen Religionsphilosophie der Gegenwart*, in: *Der Übermensch*. Eine Diskussion, 1961, sowie die Beiträge der übrigen Diskussionsteilnehmer im selben Band. – Vgl. auch Michael Georg Conrads Broschüre, *Der Übermensch in der Politik*. Betrachtungen über die Reichs-Zustände am Ausgange des Jahrhunderts. 1895.

28 Vgl. hierzu besonders Hermann Bahr, Die Weltanschauung des Individualismus, in: *Zur Kritik der Moderne*. Gesammelte Aufsätze. Erste Reihe, 1890, S. 35-49.

29 Vgl. John Henry Mackay, *Max Stirner*. Sein Werk und sein Leben, 1898. – Mackay gab im selben Jahr Stirners *Kleine Schriften und seine Entgegnung auf die Kritik seines Werkes »Der Einzige und sein Eigentum« aus den Jahren 1842 bis 1847* heraus.

30 Vgl. besonders seine Essays: *Zur Psychologie des Individuums*, 2 Bde., 1892.

31 Die Schrift erschien anonym, 1888.

32 1889.

33 A.a.O. (vgl. Anm. 35), S. 1213.

34 Vgl. Ulrich Weisstein, *Heinrich Mann*. Eine historisch-kritische Einführung in sein dichterisches Werk, 1962, S. 133, Anm. 4.

35 Vgl. das Gerichtsprotokoll in der *Gesellschaft* unter dem Titel, *Der Realismus vor Gericht*, August 1890, S. 1141-1232.

36 Vgl. Paul Ssymank, *Leben Hermann Conradis*, in: *Hermann Conradis Gesammelte Schriften*, Hrsg. Dr. Paul Ssymank und Gustav Werner Peters, Bd. 1, 1911, bes. S. 171 ff.

37 *Die Gesellschaft*, Mai 1890. – Vgl. dazu den Artikel von Mena*** [= Rosalie Nilsen], ebd. Mai 1890, S. 717 f. – Weitere Quellennachweise zu Nachrufen auf Conradi, die alle in die gleiche Richtung gehen, bei Ssymank, a.a.O., S. 238 f., Anm.

38 *Der Kampf ums Dasein der Literatur*, 1888, S. 72. – Zwei Jahre zuvor hatte er solches Sendungsbewußtsein als typisches Merkmal der »ganzen jüngsten Dichter-

generation«, als »Größenwahn« beschrieben; als »Größenwahn mit all seinen widerlichen Auswüchsen des Neides und der Anfeindung jeder anderen Bedeutung. In dieser Bohême tauchen alle Monate neue Genies auf, von denen man keine Ahnung hatte, und bilden neue Cliquen, die wieder auf frühere Cliquen losziehen. Kaum hat der Eine sich den Messias, der andere den Reformator genannt, kaum ist der eine als Jesus erbarmend in die Hütten der Armuth niedergestiegen, kaum hat Arno Holz über seinem gottgeweihten Haupte messianisch das Banner der Zukunft wallen gefühlt und sich als Wunder aller Wunder, als sein eigner Dalai Lama, dem Universum gnädigst vorgestellt – so sind schon wieder *neue* Messiasse, Reformatoren, Naturwunder und andere Hölzer da«. (*Revolution der Literatur,* 1886, S. 66.) – Materielle Unterstützung der Literatur hielt er für sinnlos: »Gott kann ihr helfen, nicht der Reichskanzler«, dekretierte er drastisch (ebd., S. 78).

39 a.a.O., S. 79.

40 Die Naturalisten wurden in Weiterführung der Bezeichnung ›Jungdeutsche‹ die »Jüngstdeutschen« genannt, eine Bezeichnung, die sie selbst übernahmen. – Zur Herkunft des Begriffes vgl. Karl Bleibtreu, *Das jüngste Deutschland,* in: *Magazin für Literatur,* Nr. 38, 17. 9. 1887, S. 553-555.

41 *Der Übermensch in der modernen Litteratur.* (Vgl. Anm. 1.)

42 *Zwischen zwei Jahrhunderten.* Gesammelte Essays, 1896.

43 Leo Berg, *Neue Essays,* 1901, S. 288.

44 Ebd., S. 375.

45 Ebd., S. 396. – Es wirft ein bezeichnendes Licht auf die Vorliebe, die die Naturalisten für Ernst von Wildenbruch empfanden (die Brüder Hart verurteilten Spielhagen und hoben Wildenbruch im selben Atemzuge auf den Schild), wenn Leo Berg in diesem Zusammenhang Wildenbruchs Drama *Christoph Marlow* neben Ibsens *Kronprätendenten* stellt.

46 *Praeludien.* Ein Essaybuch, 1899.

47 Vgl. Hermann Conradi, *Ein Kandidat der Zukunft – Übergangsmenschen,* in: *Die Gesellschaft,* Mai 1890, S. 662-678. Auch in: *Gesammelte Werke,* Bd. 3, S. 447 ff.

48 A.a.O., S. 9.

49 *Homo sum!* Ein neues Gedichtbuch. Nebst einer Einleitung: Die Lyrik der Zukunft, 1890.

50 *Zukunftsland.* Im Kampf um eine Weltanschauung, 2 Bde., 1899-1902; 1: *Der neue Gott.* Ein Ausblick auf das kommende Jahrhundert, 1899. – 2: *Die neue Welterkenntnis,* 1902.

51 *Das Reich der Erfüllung.* Flugschriften zur Begründung einer neuen Weltanschauung, 2 Bde., 1900-1901; I: *Vom höchsten Wissen. – Vom Leben im Licht,* 1900. – 2: *Die neue Gemeinschaft. Ein Orden vom wahren Leben.* Vorträge und Ansprachen, 1901. – Vgl. hierzu Leo Berg, *Neue Essays,* S. 377 ff. in dem Kapitel: »Die neue Gemeinschaft«.

52 *Köpfe,* 4 Bde., 1910-1924.

53 *Die Überwindung des Naturalismus.* Als »Zweite Reihe zur Kritik der Moderne«, 1891, S. 156; Bahr/Wunberg, S. 88.

54 Vgl. Hermann Bahr, *Selbstbildnis,* 1923, S. 256 f.

55 Das geht hauptsächlich auf Bahrs Aufsatzsammlung unter diesem Titel zurück, die als »Zweite Reihe zur Kritik der Moderne«, 1891, erschien (s. oben Anm. 53). Einer der Aufsätze hatte diesen Titel; aber auch von der »Krise des Naturalismus« war bereits die Rede; vgl. Bahr/Wunberg, S. 33-102.

56 Vgl. die Einführung zu Bahr/Wunberg, S. VIII f.

57 In: *Die Gesellschaft*, Jg. 8, 1892, Heft 4, S. 508-512.

58 Ebd., S. 512.

59 Theodor Fontane, *Hauptmann. »Vor Sonnenaufgang«*, in: *Sämtliche Werke*, Hrsg. Edgar Groß und Kurt Schreinert, Bd. XXII, 2, 1964, S. 713.

60 Vgl. oben Anm. 6.

61 Vgl. Hermann Hesse, *Weg nach Innen.* Vier Erzählungen, 1931.

62 Roman von Maurice Barrès (1891), der als dritter neben *Sous l'œil des Barbares* (1888) und *Un homme libre* (1889) die Romantrilogie *Le culte du Moi* bildete.

63 Vgl. Friedrich Lienhard, *Oberlin.* Roman aus der Revolutionszeit im Elsaß, 1910.

64 *Von Emile Zola bis Gerhart Hauptmann,* Erinnerungen zur Geschichte der Moderne, 1902, S. 8 f.

65 Vgl. oben Anm. 49, 50, 51.

66 Vgl. hierzu besonders Hans Schwerte, *Deutsche Literatur im Wilhelminischen Zeitalter,* in: *Wirkendes Wort,* 14. Jg. 1964, S. 254-270.

67 So etwa bei J. J. David, Philipp Langmann, auch Marie von Ebner-Eschenbach und Ferdinand von Saar.

68 Vgl. Hermann Bahr. Bahr/Wunberg, S. XI, 49, 55.

69 Richard Beer-Hofmann war dafür bekannt, daß er an den wenigen Sachen, die er verfaßte, lange schrieb. So ist auch *Der Tod Georgs* bereits lange vor 1900 entstanden.

70 Zum ›Sturm und Drang‹ vgl. Anm. 33.

71 Vgl. Johann Wolfgang Goethe, *Die Leiden des jungen Werthers,* Hamburger Ausgabe, Bd. 6, S. 10.

72 Vgl. Hermann Bahrs umfangreichen Aufsatz *Die Weltanschauung des Individualismus,* in: *Zur Kritik der Moderne.* Gesammelte Aufsätze. Erste Reihe, 1890, S. 35-49.

73 Vgl. Marie Herzfeld, *Fin-de-siècle,* in: *Menschen und Bücher,* 1893, S. 161-172.

74 Huysmans' Roman, 1884.

75 Alfred Gold sprach geradezu von einem »Netz von Stimmungen« (*Ästhetik des Sterbens,* in: *Die Zeit,* 24. 2. 1900, S. 122), Rudolf Lothar sogar von »Erkenntnisstimmung« (*Der Einacter,* in: *Die Wage,* 5. 3. 1899, S. 162).

76 Vgl. Bahr/Wunberg, a.a.O., S. 87 und 88.

77 Hermann Bahr in *Das junge Österreich,* in: *Studien zur Kritik der Moderne,* 1894, S. 87; Bahr/Wunberg, S. 151; – Hermann Ubell in: *Platen* (Zum hundertsten Geburtstag), in: *Die Zeit,* Bd. 9, Nr. 109, 24. 10. 1896, S. 76; – Hermann Bahr in *Maurice Barrès II* (Dezember 1892), in: *Studien zur Kritik der Moderne,* a.a.O., S. 169; – ders. in *Ein neuer Dichter,* in: *Die Zeit,* Bd. 7, Nr. 83, S. 76; – Julius Pap in *Unsere Jugend,* in: *Neue Revue,* Jg. 5, Nr. 10, 21. 2. 1894, S. 308; – F. Schick in *Charlotte Wolter,* in: *Wiener Rundschau,* Bd. 2, Nr. 16, 1. 7. 1897, S. 631; – Ernestine Pick in *Otto Sachs »Von zwei Geschwistern«,* in: *Die Wage,* Jg. 1, Heft 33, 13. 8. 1898, S. 555; – Max Messer in *Maurice Maeterlinck,* in: *Die Wage,* Jg. 2, Heft 20, 14. 5. 1899, S. 340; – Karl Kraus in *Der Gegenwartsschauspieler,* in: *Wiener Rundschau,* Bd. 2, Nr. 13, 15. 5. 1897, S. 513 (ironisch).

78 Dieser »Weg nach Innen« war bald zu Ende. Dort, wo die Verbindung zwischen der Außenwelt und dem, der ihn zur Erkundung seiner Seele beschritten hatte, abriß. Die meisten derselben Generation, die mit müder Geste sich selbst ›à la fin de siècle‹ zelebrierten, waren in ihrem späteren Leben um eine handfeste

konservative Position bemüht, wenngleich der stets etwas resignierte Unterton des einstigen Décadent auch dann noch mitschwang. Die Schopenhauersche und Nietzschesche Willens- und Tatmetaphysik, die sie schon sehr früh – kurz nach der Jahrhundertwende – für sich mobilisierten, macht das (wie andererseits Hofmannsthals Versuch, den »Weg zum Sozialen«, die »Verbindung zum Leben« zu finden) besonders deutlich.

79 Stefan George, Gesamtausgabe, Bd. XVIII, S. 122.

80 Hermann Ubell, *Die Blätter für die Kunst,* in: *Die Zeit,* Bd. 19, Nr. 242, 20. 5. 1899, S. 123.

81 Die Linien, die von hier aus – direkt oder auf Umwegen – zu dem führen, was man als ›Blut und Boden‹ bezeichnet, sind nicht zu übersehen. Sie führen aber auch – und das wird man, weil es die unerläßliche Differenzierung begründet, nicht vergessen dürfen – in ganz andere Richtungen. Hermann Brochs *Schlafwandler*-Trilogie, die bezeichnenderweise im Jahre 1888 beginnt, mündet dreißig Jahre später (am Ende des dritten Teils) aus in den Ruf nach dem »Führer«. »[...] der Heilsbringer wandelt im unsichtbarsten Gewande und vielleicht ist es der Passant, der jetzt über die Straße geht [...] sein Weg ist der Zionsweg, dennoch unser aller Weg [...]« (*Gesammelte Werke,* Bd. 2, o. J., S. 685 f.)

82 Walter Benjamin, *Literaturgeschichte und Literaturwissenschaft* (zuerst in: *Literarische Welt,* 17. 4. 1931), in: *Angelus Novus.* Ausgewählte Schriften 2, 1966, S. 456.

Klaus L. Berghahn

Ernst Wilhelm Lotz · Aufbruch der Jugend 1913

Aufbruch der Jugend
1913

Die flammenden Gärten des Sommers, Winde, tief und voll Samen,
Wolken, dunkel gebogen, und Häuser, zerschnitten vom Licht.
Müdigkeiten, die aus verwüsteten Nächten über uns kamen,
Köstlich gepflegte, verwelkten wie Blumen, die man sich bricht.

Also zu neuen Tagen erstarkt wir spannen die Arme,
Unbegreiflichen Lachens erschüttert, wie Kraft, die sich staut,
Wie Truppenkolonnen, unruhig nach Ruf der Alarme,
Wenn hoch und erwartet der Tag überm Osten blaut.

Grell wehen die Fahnen, wir haben uns heftig entschlossen,
Ein Stoß ging durch uns, Not schrie, wir rollen geschwellt,
Wie Sturmflut haben wir uns in die Straßen der Städte ergossen
Und spülen vorüber die Trümmer zerborstener Welt.

Wir fegen die Macht und stürzen die Throne der Alten,
Vermoderte Kronen bieten wir lachend zu Kauf,
Wir haben die Türen zu wimmernden Kasematten zerspalten
Und stoßen die Tore verruchter Gefängnisse auf.

Nun kommen die Scharen Verbannter, sie strammen die Rücken,
Wir pflanzen Waffen in ihre Hand, die sich fürchterlich krampft,
Von roten Tribünen lodert erzürntes Entzücken,
Und türmt Barrikaden, von glühenden Rufen umdampft.

Beglänzt von Morgen, wir sind die verheißnen Erhellten,
Von jungen Messiaskronen das Haupthaar umzackt,
Aus unsern Stirnen springen leuchtende, neue Welten,
Erfüllung und Künftiges, Tage, sturmüberflaggt![1]

Ernst Wilhelm Lotz teilt das Schicksal vieler poetae minores des Expressionismus: 1913 schrieb er eines der charakteristischen Gedichte des Frühexpressionismus – heute ist er vergessen.[2]

Seit 1913 veröffentlichte der damals 23jährige ehemalige kaiserliche Leutnant und Bohemien 21 Gedichte im *Sturm,* der bedeutendsten expressionistischen Zeitschrift neben der *Aktion.* Als er 1914 an der Westfront fiel, widmete ihm Kurt Hiller in der *Neuen Rundschau* einen hymnischen Nachruf.[3] Posthum erschien 1917 sein schmaler Gedichtband *Wolkenüberflaggt* als Band 36 der avantgardistischen Sammlung *Der jüngste Tag* bei Kurt Wolff.[4] 1919 war Lotz immerhin so berühmt, daß Kurt Pinthus sechs seiner Gedichte in die »Symphonie jüngster Dichtung« aufnahm und ihn damit als einen der »charakteristischsten von den vielen dem Expressionismus zugezählten Dichtern des Jahrzehnts 1910-1920« anerkannte.[5] Und noch 1937 stellte ihn Franz Leschnitzer in der Expressionismusdiskussion der deutschen Exilzeitschrift *Das Wort* als einen großen expressionistischen Lyriker gleichberechtigt neben Heym und Trakl.[6] Doch während die Literaturwissenschaft, die nach 1945 den Expressionismus unter einer vorwiegend ästhetisierenden Perspektive wiederentdeckte, Trakl und Heym schon bald das Prädikat des Zeitlos-Gültigen zugestand, fielen Ernst Wilhelm Lotz und sein Revolutionsgedicht dem Vergessen anheim.

Über die Entstehung dieses Gedichtes können wir, solange genaue Fakten zum Leben des Dichters noch nicht erarbeitet (bzw. veröffentlicht) sind, keine präzisen Angaben machen. Allerdings läßt sich der Jahreszahl 1913, die Pinthus dem Titel des Gedichtes hinzufügte, entnehmen, daß der Herausgeber der *Menschheitsdämmerung* diesen terminus post als sicher annahm.[7] Soweit wir die dichterische Entwicklung Lotz' überschauen können, scheint es tatsächlich kaum wahrscheinlich, daß er dieses Gedicht vor 1913 geschrieben haben könnte. Seine früheren Gedichte stehen noch deutlich unter dem Einfluß der Impressionisten und Symbolisten. In einem Brief vom 8. 11. 1911 bezeichnete er unter anderen Max Dauthendey und Stefan George als seine Vorbilder,[8] und noch im April 1913 wandte er sich an den Dichterfürsten Richard Dehmel, um sein Urteil über das Gedicht »Die Haide-Touristen« zu hören.[9] Seine erste Lyriksammlung *Und schöne Raubtierflecken . . .,* die Mitte 1913 als »Lyrisches Flugblatt«

bei Alfred Richard Meyer erschien, enthält noch nichts von jenem politischen Pathos, das im »Aufbruch«-Gedicht spürbar wird. Im Gegenteil: auch Lotz war »nach Süden krank«,[10] schuf seiner exotischen Sehnsucht phantastische Wortgemälde und sublimierte seinen Vitalismus in der Verherrlichung des erotischen Genusses. Dem fiktiven Vorwurf seiner Freunde, seine Dichtung sei verspielt, zu wenig engagiert, entgegnete er mit dem Gedicht »Begreift«, dessen 2. Strophe lautet: »Es wollen ernste Freunde mich bedeuten, / Ich sei zu leicht für diese Gründerjahre, / Weil ich, statt kampfgenössisch Sturm zu läuten, / Auf blauer Gondel durch den Äther fahre.« Das Gedicht endet programmatisch: »Begreift: Ich wirke, spielend freier Hand, / Mein helles Ethos silberner Beschwingung!«[11] Das ist noch jener dem Symbolisten eigene l'art pour l'art-Adel, der es dem Dichter verbietet, sich seine Hände an politischer Lyrik schmutzig zu machen. Nein, vor Mitte 1913 kann man sich die Entstehung unseres Gedichts kaum vorstellen.

Den »ernsten Freund«, der ihn wirklich verwandeln sollte, traf Lotz im Sommer 1913 in Berlin; es war Kurt Hiller. Unter seinem Einfluß entwickelte sich Lotz langsam zum engagierten Expressionisten. In seiner Gedenkrede für den gefallenen Freund beschreibt Hiller diese für Lotz so wichtige Wandlung: »Unter den paar deutschen Dichtern, die sich das Vorurteil, Äolsharfe zu sein, Reporter der Impressionen oder Registriermaschine für irrationale innere Verläufe, zusehends abgewöhnten und von Monat zu Monat deutlicher, dringender, bedrohlicher ihre prophetische Sendung, ihre Pflicht zum Aufruf, ihre Genötigtheit zur Weltläuterung und Menschheitsorganisation erlebten, war Ernst Wilhelm Lotz.«[12] Dieses Urteil ist mehr als eine verklärende oratio funebris, es umschreibt eine Tatsache, wie nicht nur unser Gedicht, sondern auch ein Aufruf für eine von Lotz und Meidner geplante Kunstzeitschrift zeigt: »Noch hell von Morgen, stehen wir als die vordersten, kühnsten Gründer in der Zeit, mit Lachen und Kampf gegen zurückgebliebene und -geschrittene Ästheten, Neo-Katholiken, Georgianer, Kunstgewerbler und Bibliophilen – gegen die blutarmen Formalisten –, mit nachdrücklichem Achselzucken über unbegeisterte Impressionisten!«[13]

»Aufbruch der Jugend« also lautet der Originaltitel. Dieser

Titel entsprach dem Selbstverständnis und dem revolutionären Anspruch dieser Generation, deren Protest sich in gleicher Weise gegen die Gesellschafts- und Herrschaftsformen der Wilhelminischen Ära wie gegen die herrschende Literatur richtete. Die Jugend lehnte sich auf gegen die traditionellen Ordnungsmächte in Staat, Gesellschaft und Kunst; sie revoltierte gegen das Bestehende, um es radikal zu verändern. Die alte Ordnung trug für sie das Signum des Verfalls und Untergangs, während die neue Generation in eine bessere Welt aufbrechen wollte. So ziehen sich das Motiv des Untergangs als kosmisches Ereignis, das Revolutionsmotiv als Ausdruck radikaler Tatgesinnung und das Aufbruchsmotiv als symbolstarke Geste, die in eine ideale Zukunft weist, durch die Literatur dieser Epoche. Den »Aufbruch« glorifizierten außer Lotz noch Stadler, Heynicke und Wegner; Stadler wählte diesen Titel programmatisch für seine 1914 erscheinende Gedichtsammlung.

Als Pinthus 1919 das lyrische Fazit dieser Epoche zog, nachdem ein barbarischer Weltkrieg und eine gescheiterte Revolution den Elan der Jugend längst gebrochen hatten, griff er nochmals zu einem Titel, der die Untergangsstimmung und Aufbruchsgesinnung jener Epoche signalisieren sollte: *Menschheitsdämmerung*. Freilich war dieser Titel kein Fanal mehr, eher ein Schwanengesang; aber er trifft den Geist dieser Lyrik, denn nicht Untergangspessimismus spricht aus dieser Sammlung, sondern die Hoffnung auf eine bessere Welt. Von den ausgewählten Dichtern sagt der Herausgeber: Sie fühlten, »wie der Mensch in die Dämmerung versank [. . .], sank in die Nacht des Untergangs [. . .], um wieder aufzutauchen in die sich klärende Dämmerung des neuen Tags«.[14] – Und von nichts anderem spricht unser Gedicht.

Es beginnt mit einem einfachen aber bedeutungsvollen Landschaftsbild: eine Spätsommerlandschaft aus Häusern, Gärten und Wolken erstellt und vom Wetterleuchten eines aufziehenden Gewittersturms gespenstisch beleuchtet. Daß diese Landschaft mehr bedeutet, als das Bild zeigt, dürfte aus dem Arrangement der Bildelemente und ihrer ahnungsvollen Attribute mehr als deutlich werden, selbst wenn die »flammenden Gärten« zunächst ein schönes Bild zu evozieren scheinen. Aber es ist eben eine Pracht, die in ihrer vollen Blüte den Untergang schon ahnen läßt; zudem stehen die dunklen Wolken in einem bedrohlichen Kontrast zu diesem farbigen Naturluxus. Wolken und Winde künden das bevorstehende Unwetter an. Das ganze Bild wird beleuchtet vom zuckenden Licht des Wetterleuchtens, wobei der Dichter die zerstörende Kraft der Blitze schon vorausempfindet. Deutet diese Lichtmetaphorik bereits auf die künftige Zerstörung, so bekommt das Gesamtbild noch eine zeitliche Tiefe, wenn man das Attribut »tief und voll Samen« als Symbol für alles Künftige deutet, das diesem Sturm folgen wird.

Die dargestellte Natur antizipiert als Bild und Sinn den bevorstehenden Untergang und künftigen Neubeginn. Lotz ging es nicht um eine selbstgenügsame Naturschilderung, sondern um den lebhaftesten Ausdruck seiner Untergangsahnungen und Aufbruchshoffnungen; das ist die poetische Funktion dieses Naturbildes.

Der zweite Teil der Strophe spricht vom Zustand der Menschen, aber bezeichnenderweise nicht von Menschen in der eben dargestellten Landschaft. Zwischen den Menschen und dem Landschaftsbild besteht kein sachlicher Zusammenhang, sondern der strukturell verfestigte Zusammenhang der Parallelität. Barg das Landschaftsbild düstere Stimmungen und Vorahnungen, so ist die Müdigkeit jener Menschen, die sich dem fehlgeleiteten Aktivismus »verwüsteter Nächte« hingegeben haben, metaphorisches Zeugnis für die von ihnen mitverantwortete und nun dem Untergang anheimfallende Lebens- und Kunstform. Denn Imperfekt und Blumenvergleich des Pleonasmus »Müdigkeiten welkten« machen recht deutlich, daß die Lebenshaltung der »köstlich gepflegten Müdigkeiten« für diese Generation schon der Vergangenheit angehört. Wir gehen wohl nicht zu weit, wenn wir diese Zeilen biographisch deuten und sie auf die anfangs skizzierte Wandlung des Dichters beziehen. In der Kostbarkeit der Metaphorik zeigt sich noch etwas vom Glanz jener zurückliegenden Epoche, aber es wird auch klar erkennbar, daß diese Epoche schon dem Untergang geweiht ist.

Schon in der ersten Strophe spricht das lyrische Ich für eine Gruppe, genauer aus einer Gruppe Gleichgesinnter. Das wird in den folgenden Strophen deutlicher, wenn nur noch in der ersten Person Plural gesprochen wird. »Wir«, das sind die um

1890 Geborenen, die jene Literaturrevolution inszenierten, die wir heute Expressionismus nennen. Diesen »Aufbruch der Jugend« als Bruch mit der literarischen Tradition skizzierte Kurt Hiller, der Theoretiker des Frühexpressionismus, folgendermaßen: »Den Impressionismus schreibt längst niemand mehr auf ein Panier. Man stellt sich unter ihm heut weniger einen Stil vor als eine unaktive, reaktive, nichts-als-ästhetische Gefühlsart, der man als allein bejahbar eine wieder moralhafte entgegensetzt (Gesinnung; Wille; Intensität; Revolution); und man neigt dazu, den Stil, den diese neue Gefühlsart erzeugt, wegen seiner konzentrierten Hervortreibung des voluntarisch Wesentlichen Expressionismus zu nennen.«[15]

In der ersten Strophe war der Aufbruch nur eine Vorahnung, die sich aus der Untergangsstimmung ableiten ließ; die folgenden Strophen nun entfalten und variieren das Aufbruchsmotiv.

Die Aufbruchsgesinnung der jungen Generation äußert sich in Strophe II als unmäßiges Kraftgefühl, als gestaute Energie, die zur Tat drängt. Dieser neue Aktivismus steht in deutlichem Gegensatz zur Müdigkeit, wie auch die »neuen Tage« mit den »verwüsteten Nächten« und die Kraft mit dem Welken kontrastieren. Doch wird diese antithetische Struktur, die sich inhaltlich wie verbal so klar abzeichnet, syntaktisch verwischt, denn die konsekutive Verbindung der beiden Strophen (»Also«) ließe sich immerhin auch so deuten, als wären die »köstlich gepflegten Müdigkeiten« die Voraussetzung der neuen Aktivität. Vielleicht ist diese Doppeldeutigkeit auch Absicht des Dichters, der auf diese Weise betonen will, daß der Aufbruch in der fin de siècle-Stimmung des Ästhetizismus keimhaft beschlossen lag; wie auch der Aktivismus in den »verwüsteten Nächten« schon anklingt, aber noch leer und sinnlos bleibt, während er in der folgenden Strophe verheißungsvoll und zielgerichtet ist. Der Aufbruch »zu neuen Tagen« wird herbeigesehnt, worauf die Variation des Topos »ex oriente lux« hinweist: der »Aufbruch der Jugend« ist getragen von einer Sehnsucht nach einer Erneuerung der Menschheit und schon an dieser Stelle ist die Erwartung messianisch stilisiert.

Wenn im Zusammenhang dieser noch sehr allgemeinen Aufbruchsstimmung militärische Bilder und Vergleiche verwendet werden, so sollte man darin nicht vorschnell einen Aktivismus sehen, der zum Kriege drängt, oder gar eine Kriegsvision.[16] Die militärischen Vergleiche zeugen von der militanten Einstellung dieser Generation gegenüber der engen bürgerlichen Lebensform und der quietistischen Scheinordnung der Zeit; die neue Lebensform muß erst noch erstritten werden. Ferner sollte man beachten, daß der Aufbruch, der ja weitgehend ein geistiges Erlebnis ist, durch den Vergleich mit den »Truppenkolonnen« vor der Schlacht anschaulicher und dynamischer wirkt.

In Strophe III verwandelt sich die gespannte Aufbruchsstimmung in Aktion, der Sturm bricht los. Der Untergang der morschen Welt wird als Vision beschworen, als übersteigerte Darstellung einer epochalen Weltkatastrophe, wie sie uns aus frühexpressionistischen Gedichten von van Hoddis, Heym und Trakl vertraut ist. Wie in dem Gedicht »Weltende« von Jakob van Hoddis, mit dem Pinthus bezeichnenderweise seine Sammlung eröffnet, wird der Sturm zur »Sturmflut«. Doch während das ganze Geschehen bei van Hoddis einer eschatologischen Katastrophe, einer Sintflut gleicht, ist es bei Lotz eine revolutionäre Jugend, die der alten Welt den Garaus macht, überzeugt, daß nur aus dem totalen Untergang eine neue Ordnung erstehen kann.

Was in der Eingangsstrophe nur Vorahnung war, »Häuser, zerschnitten vom Licht«, erfüllt sich hier als Untergangsvision, »Und spülen vorüber die Trümmer zerborstener Welt«. Beide Bilder mögen für sich betrachtet neu und kühn erscheinen, im Kontext der zeitgenössischen Kunst jedoch sind auch diese vertraut, wenn man sich an die berstenden Stadtlandschaften der Gedichte Heyms oder der Bilder Meidners erinnert.[17] Lotz war mit Meidner eng befreundet, und Otto Flake bemerkt wohl mit Recht, daß manche Gedichte von Lotz »eine Wortillustration zu Meidnerschen Zeichnungen« seien, »in denen die Häuserfronten gegeneinandertaumeln«.[18]

An ein weiteres bekanntes Bild der Zeit sollte man zum besseren Verständnis dieser Strophe zumindest erinnern, wenn man auch einen direkten Einfluß auf das Gedicht nicht nachweisen kann: Richard Seewalds »Revolution«, das programmatisch auf der Titelseite der 1913 erstmals in München erschienenen Zeitschrift *Revolution* vervielfältigt wurde.

Auch auf diesem Bild stürmen revolutionäre Massen unter wehenden Fahnen durch eine Stadt, deren gleichförmige Häuserfronten sich schon bedrohlich neigen. Aufbruch als Revolution – davon handeln die beiden folgenden Strophen.

Inhalt und Bilder dieser Strophen bleiben sehr im Allgemeinen, sind klischeehaft. Was Lotz hier darstellt, könnte für jede Revolution nach der französischen gelten: Sturz der monarchischen Ordnung, Befreiung und Aufruhr der gewaltsam Unterdrückten und politisch Entrechteten. Dabei erinnern die verwendeten Bilder vom Sturz der Throne, dem Aufbrechen der Gefängnisse, dem Aufstand der Straße und dem Sturm auf Barrikaden mehr an die französische Revolution als an eine revolutionäre Veränderung der politischen Wirklichkeit Deutschlands um 1913. Nur die »roten Tribünen« deuten an, daß es sich um eine moderne sozialistische Revolution handeln könnte.

Der Aufbruch gipfelt im Bild einer großen Revolution, ohne daß sich genauer fixieren ließe, wem diese Revolution schaden wird, wem sie nützt und welche Ziele sie hat. Die Revolutionsvorstellung ist rein formal, d. h. man weiß, daß sie sich gegen die herrschende Ordnung richtet und die Unterdrückten befreit, aber außer diesem revolutionären Schema wird kein Programm, keine Ideologie erkennbar. Das legt den Schluß nahe, daß auch diese Revolutionsbilder nur metaphorischer Ausdruck des Aktivismus sind, letzte Steigerung der Aufbruchssehnsucht, die aus dem ganzen Gedicht spricht.

Diese Auslegung der Revolutionsstrophen läßt sich stützen durch einige Beobachtungen zur letzten Strophe. Denn ihr Anfang gibt zu erkennen, daß der »Aufbruch der Jugend«, der im Verlauf des Gedichts zur Revolution wurde, im Grunde nur Vision war. »Beglänzt vom Morgen« heißt doch wohl, daß der Tag des Aufbruchs jetzt erst anbricht. Wir stehen wieder in der Aufbruchssituation des Anfangs. Die schon als wirklich imaginierte Revolution war nur fiktive Vorwegnahme, Schein. Die Phantasie ist der Tat vorausgeeilt, das Gedicht ist ein Aufruf zur Tat aus einer übersteigerten Aufbruchsstimmung. Das schmälert nicht den Impetus, der in diesem Gedicht spürbar wird; im Gegenteil, das Selbstverständnis der Jugend läßt sich nach Anspruch und Weite kaum überbieten.

Lotz bedient sich in der Schlußstrophe christlicher und

mythischer Topoi, um das Sendungsbewußtsein der Jugend ins Universelle zu steigern. Das ganze Arsenal christlicher Heilsvorstellungen wird geplündert, um die neue Generation zu Erlösern der Welt zu stilisieren: die Jungen sind die Erfüllung der auf Erlösung hoffenden Menschheit, sie sind die Erleuchteten und Lichtbringer und gemessen an ihnen, sind die Dichter früherer Epochen nur Propheten, die ihre Ankunft verheißen. So dienen umfunktionierte und säkularisierte christliche Messiasvorstellungen der übertriebenen Stilisierung ihres Selbstgefühls. Wenn die »neuen Welten« gar den Stirnen entspringen, so erscheint der geistige Entwurf der Zukunft fast als ein mythischer Kraftakt, der an die Geburt der Athene aus dem Haupte des Zeus erinnert.

Im »Aufbruch der Jugend« erfüllt sich die Sehnsucht der Menschheit nach Erneuerung. Erfüllte Gegenwart und hoffnungsvolle Zukunft werden im transitorischen Augenblick des Aufbruchs als Einheit erfahren. So besitzt das Aufbruchsmotiv am Ende eine Weite und Unbestimmtheit, die jedes konkrete irdische Ziel aus den Augen verliert; der Aktivismus mündet in eine universelle Revolutionsgeste. In diesem Gedicht wiederholt sich, was man an vielen Revolutionsgedichten des Expressionismus beobachten kann: »Der revolutionäre Ansatz dieser Bewegung hat ständig die Neigung, aus dem Konkreten ins Allgemeine, Menschheitliche, Utopische, ja Größenwahnsinnige umzuschlagen.«[19]

Soweit der thematische Aufbau des Gedichts als Variation des Aufbruchsmotivs. Die Form des Gedichts ist weniger revolutionär als der Inhalt, jedenfalls unternimmt Lotz keine großen Anstrengungen, die revolutionäre Thematik auch durch formale Mittel zu unterstützen, etwa durch freie Rhythmen. Sicher läßt sich schon beim ersten Lesen feststellen, daß dieses Gedicht nicht formstreng und regelmäßig gebaut ist: die erste Strophe hebt sich mit ihren sechshebigen Versen und dem getragenen Rhythmus von den folgenden ab, die weitgehend fünfhebige Verse aufweisen. Das Metrum ist unregelmäßig, Daktylen überwiegen, doch daneben finden sich auch Jamben und Trochäen; manchmal haben diese metrischen Unregelmäßigkeiten auch Ausdruckswert, so die Doppelhebung mitten in einer Verszeile (10): »Not schrie«. Aber im großen und ganzen ist dieses Gedicht recht konventionell gefügt: klare Strophengliederung mit einfachen Reimbändern. Doch tut das seiner Qualität keinen Abbruch, wie man sich überhaupt hüten sollte, auf diesem Sektor der Gestaltung die naive Erwartung zu hegen, als müsse ein Revolutionslied unbedingt die herkömmlichen Formen sprengen, um wirksam zu sein. Das Gegenteil ist häufig die Regel. Freie Rhythmen mögen für ein Revolutionsgedicht angemessen scheinen und für die formalästhetische Analyse recht anregend sein; der Revolutionsthematik und Absicht des Dichters aber könnten sie schaden, denn wirksame Revolutionslyrik sollte einfach, überzeugend und sangbar sein. Man stelle sich vor: die Marseillaise in freien Rhythmen; sie wäre dann vielleicht immer noch ein beachtliches Gedicht, aber man hätte sie nicht singen können und sie hätte nicht die zündende Wirkung gehabt, die von ihr ausgegangen ist.[20]

Die poetische Kühnheit dieses Gedichts liegt nicht in seiner Form, sondern in seiner Sprache, die so neu ist wie der Expressionismus jung. Gleich das Landschaftsbild der 1. Strophe läßt erkennen, worin der poetische Reiz dieser Sprache liegt: diese Landschaft ist nicht beschrieben, sondern erlebt, nicht impressionistisch nachgezeichnet, sondern aus der Perspektive des Dichters expressiv beseelt. Das stilistische Mittel, durch das Lotz sein subjektives Erleben ausdrückt, sind Verbalmetaphern, die das Vertraute fremd und das Statische dynamisch erscheinen lassen, wodurch das Bild phantastisch, bedeutsam und visionär wird: die Farbenpracht der Gärten wirkt durch das metaphorische Partizip grell und bewegt; die Wolken sind nicht einfach dunkel und aufgetürmt, wie es in einem alltäglichen Aussagesatz stünde, sondern »dunkel gebogen«, und dieses elliptische Zusammenrücken von Adverb und Partizip gibt der Wolkenformation eine bedrohliche Dynamik; die vom Licht zerschnittenen Häuser zeigen erst recht, daß Lotz kein Abbild geben wollte, sondern seine ahnende Gestimmtheit in das Bild projizierte.

Die Worte des Gedichts sollen weniger in einem äußeren Sinn treffend sein, objektiv darstellen, als innere Erregtheit, geballtes Gefühl artikulieren. Vor allem die Tätigkeitswörter veranschaulichen die Dynamik des Aufbruchs: rollen, ergießen, vorüberspülen, fegen, zerspalten, stoßen, türmen, umdampfen; an diesen Verben allein läßt sich der Aufbruchsimpuls ablesen. Hinzu kommen kühne Neubildungen: der Tag rötet sich nicht mehr, wie uns seit Klopstock vertraut ist, sondern »blaut«; eine ähnliche Intensivierung eines Adjektivs durch Verwandlung in ein Verb finden wir in »strammen«. Die Kühnheit dieser Metaphern beruht nicht allein auf der Verbalisierung des Adjektivs – das hatten schon Klopstock und die Dichter des Sturm und Drang zur Genüge geübt –, sie ergibt sich daraus, daß eine vertraute Vorstellung ganz leicht variiert wird. Im ersten Beispiel bewirkt eine Farbvariante den metaphorischen Schock, blau statt golden oder rot – wie es für den Expressionismus überhaupt charakteristisch ist, daß die Maler und Dichter den Ausdruckswert der autonomen Farbe entdeckten; im zweiten Beispiel wird die militärische Redensart »stramm stehen« variiert.[21] In gleicher Weise kann man eine andere Verbalmetapher erklären: Notschrei oder Notruf sind katachretisch so verbraucht, daß niemand sie mehr als Metaphern erkennt, doch das tpyisch expressionistische »Not schrie« ist nur eine kleine »Entstellung«[22] des Vertrauten, und schon wirkt die Verbalmetapher ungewöhnlich. Bei der Halbzeile »Grell wehen die Fahnen« steht es einem natürlich frei, die Wimpelchen der Jugendbewegung zu assoziieren und sich dabei aufzuhalten;[23] wichtiger scheint es jedoch, darin eine Variation des Hölderlinverses »Im Winde / Klirren die Fahnen« zu erkennen.[24] Natürlich »klirren« Fahnen nicht und wehen auch nicht »grell«, aber gerade dieser Widerspruch zwischen dichterischem Bild und Wirklichkeit macht den poetischen Reiz und den Assoziationsreichtum dieser Metaphern aus. Bei Lotz ist es gerade die Intensivierung des herkömmlichen Verbs durch ein Adjektiv, die diese Sturmmetapher so kühn und überzeugend erscheinen läßt.

Es dürfte durch diese ausgewählten Beispiele deutlicher geworden sein, daß es – wie bei vielen Expressionisten – vor allem die Verbalmetaphern sind, die der Dynamik des Aufbruchs die entsprechende sprachliche Ausdruckskraft verleihen. Hinzu kommen noch andere stilistische Mittel, wie Schwund der Artikel und Füllwörter, partizipiale und elliptische Verknappung der Sätze.[25] Die Eigenart dieses expressionistischen Stils hat Kasimir Edschmid treffend charakterisiert: »Die Sätze liegen im Rhythmus anders gefaltet als gewohnt. [. . .] Sie binden Spitze an Spitze, sie schnellen ineinander, nicht mehr verbunden durch Puffer logischer Überleitung. [...] Auch das Wort erhält andere Gewalt. Das beschreibende, das umschürfende hört auf. Dafür ist kein Platz mehr. Es wird Pfeil. Trifft in das Innere des Gegenstandes und wird von ihm beseelt. [...] Dann fallen die Füllwörter. Das Verbum dehnt sich und verschärft sich, angespannt so deutlich und eigentlich den Ausdruck zu fassen.«[26]

Das alles macht die Sprache auch dieses Gedichtes außerordentlich, enthebt sie der Mitteilsamkeit der Alltagssprache, läßt das lyrische Sprechen erregt und aktivistisch erscheinen, kurz: die Sprache des Gedichtes ist pathetisch.

Man ist, wenn die Rede aufs Pathetische kommt, vorschnell bereit, dieses Wort in die Synonymenreihe leer, hohl und phrasenhaft einzuordnen, statt sich mit dieser traditionsreichen literarischen Ausdruckshaltung gründlicher zu befassen. Besonders wir Deutsche haben eine seltsame Scheu vor der Rhetorik und dem Pathos. Dabei läßt sich der Stil des Gedichts – wie vieler expressionistischer Gedichte und Dramen – kaum deuten, ohne das »neue Pathos«[27] als eigentümliche Darbietungsweise zu berücksichtigen.[28]

Das lyrische Ich richtet sich nicht an eine erlesene Ästhetengemeinde, sondern an eine ganze Generation; das Gedicht ist weder monologisch noch esoterisch, sondern rhetorisch. Der Leser wird angesprochen wie ein Zuhörer; der Gestus des Dichters ist der eines Redners, der leidenschaftlich spricht, um Leidenschaften zu wecken. Wer zur Tat aufrufen will, muß notwendigerweise anders reden als ein Träumer. Das lyrische Ich spricht aus einer Gruppe, für eine Gruppe und zu einer Gruppe, zu den Generationsgenossen nämlich, denen das revolutionäre Gruppenbewußtsein noch fehlt und deren Aufbruchsbegeisterung pathetisch angestachelt werden soll. Der Dichter zeigt im Gedicht seine eigene Aktivität, Erregung und Begeisterung, damit sie sich auf den Leser übertrage, auch in ihm große Gefühle evoziere. Das Gedicht ist nicht mehr Selbstzweck oder Selbstgenuß des Gefühls, sondern Stachel, Zwang und Aufmunterung für den Hörer.

Die sprachlichen Mittel, durch die Lotz die Leidenschaften seiner Leser entfesseln will, sind vor allem – wie wir schon sahen – die dynamischen Verbalmetaphern, die als Ausdrucksgeste die Affekte der Leser wecken sollen. »Not schrie« mitten in einer Verszeile als Doppelhebung ist nicht unbedingt schön, aber wachrüttelnd; »Grell wehen die Fahnen« überzeugt als Bild des stürmischen Aufbruchs sofort, reißt mit. Die Bilder des Aufbruchs und der Revolution sind rednerisch einfach, Klischees, die in jedem Hörer Assoziationen auslösen, die Phantasie anregen, das Bild auszuschmücken. Daß ein überhitztes Gefühl, das den Leser durch eine überschwängliche Sprache aufpeitschen möchte, sich manchmal vergreift, ist nicht weiter verwunderlich; Banalität und Phrase bilden immer die Hauptgefahr einer pathetischen Sprache. Vor allem die Adjektive tun an einigen Stellen des Guten zuviel: »wimmernde Kasematten«, »verruchte Gefängnisse«, das erinnert stark an stereotype Wendungen des pathetischen Lyrikers Schiller, ebenso wie die gedankenblasse Phrase »wir haben uns heftig entschlossen« nach dem großartigen Bild der grell wehenden Fahnen.

Elliptische Sprache und unregelmäßiges Metrum tun das Ihre, um die Erregung des Sprechenden mitzuteilen; sie sind nicht harmonisch, sondern pathetisch, d. h. sie erwecken den Schein, als sei das Gedicht als Rede unmittelbar vor dem Hörer entstanden, als habe der Dichter nicht letzte Hand anlegen können, um noch zu glätten.

Nach Form und Aufbau pathetisch, steigert sich das Gedicht vom ruhigen Beginn zu einem revolutionären Inferno. Vor allem die Pointe der letzten Strophe macht nochmals auf das kräftige Pathos dieses Gedichts aufmerksam. Die revolutionäre Tat wird als wirklich vorgestellt, die lyrische Phantasie antizipiert die Tat, die erst noch vollbracht werden muß, um allein durch das Bild der Revolution so zu begeistern, daß der Leser aus seiner Trägheit aufgeschreckt wird. Der Dichter möchte den Leser mitreißen, die Vision der Revolution Wirklichkeit werden zu lassen.

Wenn der Dichter das Gedicht nicht mit dieser Vision beendet, sondern sich in der letzten Strophe an die Jugend richtet, die Träger der revolutionären Bewegung in einer Apotheose feiert, so ist das der letzte Appell an das Selbstbewußtsein der neuen Generation, die Revolution als messianische Tat für die Menschheit zu vollbringen.

»Sturmüberflaggt« lautet das Schlußwort des Gedichts und des Gedichtbandes *Wolkenüberflaggt*. Dieses geballte letzte

Wort variiert den Titel der Sammlung und nimmt das Wolkenbild der ersten Strophe wieder auf. Beide Metaphern deuten an, daß ein Sturm aufzieht; im transitorischen Augenblick des Aufbruchs nun wird der losbrechende Sturm visionär geschaut als Symbol kommender »Menschheitsdämmerung«.

So ist das Gedicht nach Stil und Redeweise ein pathetischer Aufruf zum »Aufbruch der Jugend«. Der Dichter möchte seine Begeisterung auf die ganze Generation ausdehnen. Aus diesem Grunde wohl hat der Herausgeber der *Menschheitsdämmerung* dieses Gedicht in die Abteilung »Aufruf und Empörung« aufgenommen.

Die Frage der Wertung, ob dieses Pathos phrasenhaft, leer und das Gedicht damit wertlos sei, wird nicht allein durch den Hinweis auf einige Klischees und banale Wendungen entschieden; fast ebenso wichtig ist die Frage nach der Glaubwürdigkeit des Dichters. Verbirgt sich hinter der pathetischen Geste ein Nichts, oder ist sie Ausdruck einer Überzeugung? Wird der Standort des Dichters, der sich durch die Überzeugungskraft der Sprache zu legitimieren sucht, glaubwürdig? Dieser Frage wollen wir uns abschließend zuwenden.

Das Gedicht ist ein Revolutionsgedicht, kein Zweifel. Aber was ist das für eine Revolution, zu der in diesem Gedicht aufgerufen wird? Bei dieser Frage kann man es sich leicht machen, indem man von einem westlich-ästhetischen Standpunkt urteilt: revolutionäres Lied – garstiges Lied;[29] oder vom östlich-marxistischen Standpunkt: ein schönes Lied – ein leeres Lied.[30] Die einen trennen Dichtung und Politik, die anderen lassen als politische Lyrik nur gelten, was ihrem ideologischen Konzept entspricht. Konservative Kritiker bemäkeln, diese Revolution habe keine konkreten politischen Ziele,[31] marxistische Kritiker verwerfen solch expressionistische Aufrufe zur Revolution, da sie eine »ideologische Aushöhlung des Begriffs der Revolution« darstellten.[32] Beide Lager gehen von einem einförmigen, unhistorischen Revolutionsbegriff aus, verkennen seine mögliche Vielfalt und unterschätzen die antizipierende Kraft einer ideologiefreien Revolutionsdichtung.

In unserem Fall sollten wir uns erst ein Bild vom revolutionären Bewußtsein des Verfassers machen und seinen historischen Standort genau bestimmen, bevor wir werten oder ihn gar in den Orkus des Vergessens stoßen.

Lotz' Revolutionsgedicht ist ein repräsentatives Zeugnis des Revolutionsmotivs im Expressionismus, das die gesamte Epoche durchzieht und nicht erst seit Kriegsbeginn oder gegen Kriegsende auftaucht. Der Expressionismus verstand sich von Anfang an »als ›Revolution‹, als Aufbruch, Erhebung oder Wandlung, die sich eine grundsätzliche Umwälzung der bestehenden Verhältnisse zur Aufgabe setzt«.[33] »Expressionismus als Revolution« ist die andere Seite der Epoche, die man über einer Betrachtungsweise, die sich vorwiegend am »ästhetisch Bleibenden« orientierte, zu leicht unterschlägt.

In der Entwicklungsgeschichte des expressionistischen Revolutionsbegriffs steht Lotz zwischen den Extremen der frühexpressionistischen Weltuntergangsvisionen, die bei Heym, van Hoddis und Trakl auftauchen, und einem politischen Engagement, das wir bei Rubiner, Hasenclever, Zech, Toller und Becher antreffen. Die Revolutionsthematik läßt sich in diesem Gedicht klar erkennen, wenn sie auch stark ins Visionäre tendiert und der politische Aktivismus idealistisch-utopische Züge hat. Daß Lotz die Schriften von Marx nicht gelesen hat, disqualifiziert ihn nicht eo ipso als revolutionären Dichter. Es gab im Frühexpressionismus einige Theoretiker, die von Marx nichts hielten, von einer Revolution jedoch sehr viel. Einer von ihnen war Kurt Hiller, der wesentlich dazu beitrug, daß sich Lotz vom ästhetisierenden Impressionisten zum engagierten Expressionisten entwickelte. Lotz wurde einer jener expressionistischen Dichter, die ihrer Unzufriedenheit mit der herrschenden Ordnung in Gesellschaft, Staat und Kunst Luft machten und zum Aufbruch, zur Erhebung und zur Revolution aufriefen. In seiner Rede »Begegnungen mit Expressionisten« erinnert sich Hiller an seinen Freund Lotz: »Hätte er überlebt – er wäre fraglos Mitträger, vielleicht Führender, einer fortschrittlichen, einer sehr sozialen und radikal-freiheitlichen Bewegung geworden. [. . .] Lotz repräsentiert unter den ›expressionistischen‹ Dichtern, zusammen mit Walter Hasenclever und Ludwig Rubiner, eindeutig den aktivistischen Typ.«[34] Zu dieser Charakteristik eines idealistischen Sozialisten und Aktivisten paßt es, daß Lotz einen utopischen Roman plante, in dem ein junger Held, angewidert von Europa, jenseits des Ozeans einen idealen Staat der Menschlichkeit gründet, der dann die ganze Welt erobert.

Die Unzufriedenheit mit der bestehenden Ordnung wird im Aufbruchsgedicht deutlich vernehmbar, die Kritik ist radikal, das Ziel der Revolte dagegen liegt im Nebel der Zukunft. Aber nur weil das Ziel sich aus dem Gedicht nicht begrifflich klar ableiten läßt, sollte man nicht das ganze Gedicht verwerfen. Lotz wußte, wogegen er war, und je radikaler der revolutionäre Impuls im Gedicht ist, um so stärker wird auch der Aufruf zur Veränderung der schlechten Wirklichkeit. Die nachrevolutionäre Wirklichkeit interessiert noch nicht, da sie auf jeden Fall besser als die Gegenwart sein würde; und allein die Utopie einer goldenen Zeit der Menschheit rechtfertigte schon die Auflehnung gegen die Götzen der bestehenden Ordnung. Aus diesem aktiven Geist der Utopie wurde schon manche alte Ordnung umgestoßen.

Es ist wahr, daß die Revolution in diesem Gedicht »nur« pathetisch gefordert, »nur« visionär geschaut wird. Die Absicht des Textes liegt jedoch darin, die Jugend aufzurütteln, durch den Appell das Bewußtsein der Zeitgenossen so zu beeinflussen, daß sie zur Revolution reif werden. Es wäre zynisch, aus dem Scheitern der literarischen und politischen Revolution des Expressionismus abzuleiten, das Sendungsbewußtsein dieser Generation sei schal, ihr Pathos leer gewesen; dann verkennt man vom ruhmlosen Ende her das Ethos des Beginns.

Andererseits solle man sich auch vor jener gängigen Simplifikation hüten, die revolutionäre Lyrik führe geradewegs zur politischen Revolution. Das wäre eine Überschätzung der Dichtung in ihrem Einfluß auf die realen Zeitereignisse. Die revolutionäre Lyrik des Expressionismus ist bestenfalls »voranzeigendes Symptom, geistige Blüte aus demselben Humus wie das spätere reale Geschehen. [. . .] Zusammenbruch, Revolution, Neuaufrichtung ward nicht von der Dichtung jener Generation verursacht; aber sie ahnte, wußte, forderte dies Geschehen.«[35]

So gesehen, ist das Gedicht *Aufbruch der Jugend* ein charakteristisches Dokument frühexpressionistischer Revolutionslyrik, die durch Aktivismus, Utopismus und Pathos ausgleicht, was ihr an Ideologie fehlt. Zugleich ist es ein bedeutsames Zeugnis für die Wandlung eines Impressionisten zu einem engagierten Expressionisten.

1 *Menschheitsdämmerung*, S. 225. – Ernst Wilhelm Lotz, *Wolkenüberflaggt*, Leipzig 1917 (= Der jüngste Tag, 36), S. 56.

2 Die Marbacher Expressionismus-Ausstellung von 1960 und die Herausgabe von Lotz' Feldpostbriefen und Prosaversuchen durch Helmut Draws-Tychsen (Ernst Wilhelm Lotz, *Prosaversuche und Feldpostbriefe*. Aus dem bisher unveröffentlichten Nachlaß. Hrsg. von Helmut Draws-Tychsen, München 1955) erinnerten wieder an diesen Dichter. Monographien und Einzeluntersuchungen zu seinem Werk fehlen. Das kurze Kapitel im Soergel-Hohoff ist sehr allgemein, ungenau und stellenweise falsch (Albert Soergel und Curt Hohoff, *Dichtung und Dichter der Zeit*. Vom Naturalismus bis zur Gegenwart, 2 Bde., Düsseldorf 1963, Bd. 2, S. 198-202). Nur Horst H. W. Müller, der eine Ausgabe der Briefe Lotz' vorbereitet und an einem Buch über Ernst Wilhelm Lotz' Leben und Werk arbeitet, veröffentlichte zwei Artikel über Lotz (*Die Briefe von und an Ernst Wilhelm Lotz*. Ein Verzeichnis mit biographischem Abriß und einem erstveröffentlichten Brief, in: *Jahrbuch der Deutschen Schillergesellschaft* 11, 1967, S. 566-576; *Richard Dehmel und Ernst Wilhelm Lotz*. Mit zwei erstveröffentlichten Lotzbriefen an Dehmel, ebd., 12, 1968, S. 88-93). Das Gedicht »Aufbruch der Jugend« wurde schon von Walter Schmähling interpretiert (*Lehrpraktische Analysen*. Folge 28: Gedichte des Expressionismus, Stuttgart 1968 (= Reclam Lesestoffe), S. 18-23).

3 Kurt Hiller, *Gedenkrede*, in: *Die Neue Rundschau* 26, 1915, S. 561-566.

4 Von dem Expressionisten Anton Schnack freundlich besprochen in: *Das literarische Echo* 20, 1917, S. 535-538.

5 Kurt Pinthus, *Nach 40 Jahren*, in: *Menschheitsdämmerung*, S. 7.

6 Franz Leschnitzer, *Über drei Expressionisten*, in: *Das Wort* 2, 1937, H. 12, S. 44-53.

7 Auch Rudolf Kayser spricht davon, daß E. W. Lotz »als erster den ›Aufbruch der Jugend‹ sang«, womit er doch wohl andeuten will, daß Stadlers *Aufbruch* später entstand (Rudolf Kayser, *Literatur in Berlin*, 1918, in: (Hrsg. Paul Raabe), *Expressionismus*. Der Kampf um eine literarische Bewegung, München 1965 (= Sonderreihe dtv 41), S. 132.)

8 Horst H. W. Müller, in: *Jb. d. Dt. Schillerges.* 12, S. 89, Anm. 11.

9 Vgl. ebd.

10 *Wolkenüberflaggt*, S. 53.

11 *Wolkenüberflaggt*, S. 13.

12 Kurt Hiller, *Gedenkrede*, a.a.O., S. 562.

13 Horst H. W. Müller, in: *Jb. d. Dt. Schillerges.* 11, S. 568, Anm. 4.

14 Kurt Pinthus, *Zuvor*, in: *Menschheitsdämmerung*, S. 25.

15 Kurt Hiller, *Die Weisheit der Langenweile*. Eine Zeit- und Streitschrift, 2 Bde., Leipzig 1913, Bd. 1, S. 103.

16 Der Dichter als Prophet ist ein alter Topos, und vor allem die Expressionisten sind als Kassandren des Ersten Weltkriegs reichlich mißdeutet und simplifiziert worden.

17 Vgl. Ludwig Meidners Bild »Die brennende Stadt« (1913).

18 Otto Flake, *Von der jüngsten Literatur* (1915), in: *Expressionismus*. Der Kampf um eine literarische Bewegung, a.a.O., S. 61.

19 Jost Hermand, *Expressionismus als Revolution*, in: ders., *Von Mainz nach Weimar, 1793/1919*, Stuttgart 1969, S. 302.

20 Für Thema und Form dieses Gedichtes dürfte es vielleicht interessant sein, daß

sich in Lotz' Bibliothek eine Klavierbearbeitung der »Marseillaise« befindet, die am 3. VII. 1913 gedruckt wurde; Lotz könnte sich dieses Exemplar also angeschafft haben, als er sein Revolutionsgedicht schrieb. (Diesen Hinweis gab mir Horst H. W. Müller.)

21 Daß es gerade solche »Nahmetaphern« sind, die die Dichtersprache der Moderne so ungewöhnlich machen, hat Harald Weinrich gründlich und sehr einleuchtend erklärt (*Semantik der kühnen Metapher*, in: *Deutsche Vierteljahrsschrift für Literaturwissenschaft und Geistesgeschichte* 37, 1963, S. 325-344.)

22 Hans Magnus Enzensberger, *Brentanos Poetik*, München 1964², S. 28.

23 Walter Schmähling, a.a.O., S. 19 f.

24 »Hälfte des Lebens«. Die Wiederentdeckung Hölderlins, vor allem seiner späten Lyrik, fällt in die Zeit vor dem ersten Weltkrieg. Hölderlin wurde in dieser Zeit einer der meistgelesenen Dichter.

25 Schmählings summarische Feststellung: Lotz »begnügte sich damit, das Sprachgut der neuromantischen Tradition beträchtlich zu aktivieren« (a.a.O., S. 23), trifft für dieses Gedicht nicht zu. Die Sprache ist typisch expressionistisch und 1913 modern.

26 Kasimir Edschmid, *Über den dichterischen Expressionismus (Herbst 1917)*, in: ders., *Frühe Manifeste*. Epochen des Expressionismus, Hamburg 1957, S. 37 f.

27 Die wohl beste theoretische Erläuterung dieses für den Expressionismus so wichtigen literarischen Begriffs stammt von Stefan Zweig (*Das neue Pathos*, 1909, in: *Expressionismus*. Der Kampf um eine literarische Bewegung, a.a.O., S. 15-22).

28 Diesen so wichtigen Aspekt expressionistischer Lyrik übergeht Edgar Lohner in seinem ausführlichen Beitrag zur »Lyrik des Expressionismus« (in: Hermann Friedmann und Otto Mann, *Expressionismus*. Gestalten einer literarischen Bewegung, Heidelberg 1956, S. 57-84). Die stilbildende Leistung der pathetischen Ausdruckshaltung muß er verkennen, da er zwischen der Sprache als dem »Bleibenden« und dem zeitbedingten Pathos unterscheidet (S. 62). Die Enge eines ahistorischen Formbegriffs schadet daher seiner Analyse.

29 Eine schönere Selbstdarstellung des ästhetischen Vorurteils gegenüber der revolutionären expressionistischen Lyrik, als E. Lohner sie unter dem Schlagwort »Der Dichter als Revolutionär« gibt, läßt sich kaum vorstellen (a.a.O., S. 68-70).

30 Vgl. hierzu: Georg Lukács, *›Größe und Verfall‹ des Expressionismus* (1934), in: *Expressionismus*. Der Kampf um eine literarische Bewegung, a.a.O., S. 254-273.

31 Walter Schmähling, a.a.O., S. 21.

32 Georg Lukács, a.a.O., S. 267.

33 Jost Hermand, a.a.O., S. 301.

34 In: Hrsg. Paul Raabe, *Expressionismus*. Aufzeichnungen und Erinnerungen der Zeitgenossen, Olten/Freiburg, 1965, S. 32 f.

35 Kurt Pinthus, *Zuvor*, in: *Menschheitsdämmerung*, S. 28.

Hermann Wiegmann
Musils Utopiebegriff und seine literaturtheoretischen Konsequenzen

Die Kategorie des Utopischen bestimmt – wie im folgenden gezeigt werden soll – den epischen Konnex des *Mann ohne Eigenschaften,* aber auch den Charakter der übrigen Werke Musils. Musils Utopiebegriff soll insbesondere bei seinem großen Roman, mit Ausblick auf Varianten und Analogien bei den *Schwärmern,* beim *Vinzenz* u. a. erläutert werden, um dann die Bezüge von sozialer Utopie, literarischem Wunschtraum und ästhetischer Utopie exemplarisch beim *Mann ohne Eigenschaften* zu verdeutlichen und schließlich die auf den Begriff gebrachten Erkenntnisse auf ihre möglichen literaturtheoretischen Konsequenzen zu befragen.

Bei der Analyse der Forschungsliteratur zum *Mann ohne Eigenschaften* fällt auf, daß das Gewicht des Utopiebegriffs selbstverständlich berücksichtigt ist – Ulrichs Utopien sind explizit formuliert und strukturieren, in Varianten bei Moosbrugger, Clarisse, Arnheim u. a. auch den Roman –, daß aber die verschiedenen Dimensionen der Utopie an keiner Stelle umfassend und präzise in ihrem Zueinander geklärt werden. So werden die Schwierigkeiten umgangen, die in Musils eigener, nicht stringenter Zuordnung der verschiedenen Utopiebegriffe vorgegeben sind. Die bisher umfassendste Untersuchung zu den Utopien Ulrichs, die Gerhard Müller[1] vorgelegt hat, leidet an dem Mangel, die Reflexionen Ulrichs von der Ausgangssituation einer »metaphysischen Verlassenheit« her quasi-metaphysisch zu interpretieren. Sein Versuch existenzphilosophischer Deutung des Utopiebegriffs muß gründlich in die Irre gehen, wenn die verschiedenen Dimensionen der Utopie von einer existenzialistisch verstandenen Transzendenz her geortet werden. Zu seiner methodischen Schwäche gesellt sich eine systematische, wenn das Gewicht der »Utopie des exakten Lebens« unterschlagen wird.

Einer der besten Musil-Kenner, Wolfdietrich Rasch,[2] vernachlässigt in seinem sonst so souveränen und treffenden

Zugriff zum *Mann ohne Eigenschaften* die Dimension der Utopie des motivierten Lebens, deren Bezüge zum »anderen Zustand« ungeklärt bleibe.[3] Ähnlich verfährt Brosthaus[4] in seiner Analyse des »anderen Zustands«, der eben diese Bezüge notwendigerweise thematisieren müßte. Bei anderen Forschungsbeiträgen ist die Diffusion hinsichtlich des komplexen Utopiebegriffs teils noch größer.

Utopien bedeuten im Roman Musils allgemein »ungefähr so viel wie Möglichkeiten; darin, daß eine Möglichkeit nicht Wirklichkeit ist, drückt sich nichts anderes aus, als daß die Umstände, mit denen sie gegenwärtig verflochten ist, sie daran hindern, denn anderenfalls wäre sie ja nur eine Unmöglichkeit; löst man sie nun aus ihrer Bindung und gewährt ihr Entwicklung, so entsteht die Utopie.«[5]

Nach dieser Begriffsbestimmung ließe sich Utopie als verwirklichbare Möglichkeit verstehen. Möglichkeit und Utopie können demnach nicht identisch sein, da es Denkmöglichkeiten gibt – wie Musil es zweifellos in Kenntnis des Modalitätenproblems in der Philosophie bemerkt –, die nicht realisierbar sind. So ist auch Unsinn denkmöglich und entspricht formal Möglichem, das aber keine begründete Vermutung eines Sein-Könnens erlaubt. Musils Möglichkeitsdefinition ist plausibler als etwa die Nicolai Hartmanns, nach dessen Realgesetz der Möglichkeit (»Was real möglich ist, ist auch real wirklich.«) es kein »zweites Reich frei herumlaufender Möglichkeiten« neben dem Reich des Wirklichen gibt. Nur im Bewußtsein könnten Denkmodi auseinanderfallen, möglich aber sei nur etwas total Mögliches. Hartmanns Begriffsgebrauch ist esoterisch, zudem falsch. Ein Spaziergang etwa, zu dem alle denkmöglichen erforderlichen *potentiae activae* und *passivae* gegeben wären (bei Musil als »Umstände« bezeichnet) bleibt reale Möglichkeit ohne den Willensentschluß zur Verwirklichung.

Als Bewußtseinskategorie entspricht der Utopie im *Mann ohne Eigenschaften* der Möglichkeitssinn, der sich als Fähigkeit beschreiben ließe, »alles, was ebensogut sein könnte, zu denken und das, was ist, nicht wichtiger zu nehmen, als das, was nicht ist«.[6] Der Möglichkeitssinn hat Experimentalfunktion, das Denken erfolgt unter Vorannahmen, die jederzeit korrigierbar, und initiiert Denkrichtungen, deren Bedingungsvariablen noch nicht ausgemacht sind. (»Utopie ist [. . .] eine Richtung.«[7])

Ulrich will sich die Totalität der Möglichkeiten offenhalten. Er reflektiert potentielle Alternativen zur Wirklichkeit und spielt sie gedanklich durch – mit notwendigerweise nur punktuell gelingender Verwirklichung im Romangeschehen –, um den Kausalitäten des Faktischen zu entgehen. Diese Situation hat Konsequenzen auch für das Kunstwerk selber. Musils Roman ist Gestaltung der Suche, die vorhandene Wirklichkeit proleptisch zu übersteigen und die eigentliche wünschenswerte Wirklichkeit zu entbergen. Sein Kunstwerk kontrastiert dem gesellschaftlich Antreffbaren, ohne einer vertrauten Wirklichkeit zu entkommen, dessen Bedingungen es überprüft, ohne sich je seiner Autorität zu unterwerfen. Indem die Reflexionen schicksalsprägend werden, wird das Werk zum Roman, anderenfalls die Gattungspoetik versucht sein könnte, es als moderne Variante der *Tusculanischen Gespräche* zu katalogisieren.[8]

Der Utopiebegriff im »Mann ohne Eigenschaften« umfaßt mehrere Dimensionen, welche den anthropologischen Komponenten des Möglichkeitssinns entsprechen. Alle im Denkexperiment und im Versuch der Verwirklichung angezielten Utopien im *Mann ohne Eigenschaften* korrelieren in sinnvoller Weise und entsprechen der Komplexität des Utopiebegriffs, der unterschiedliche Radikalisierungen in die eine oder andere Richtung erlaubt.

Ulrichs ratioide[9] Utopie des exakten Lebens geht vom Zweifel an der »Heiligkeit des Augenblickszustandes der Welt«[10] aus und betrachtet die Gegenwart als Hypothese, welche sich nicht als festgeschriebene Momentsituationen überschätzt. Der Möglichkeitssinn geht hier im Denkexperiment und im exakten Verfahren, das sich an die mathematisch-naturwissenschaftliche Methodik anlehnt, den utopischen Möglichkeiten nach. Man setzt dabei stets bei den *data*[11] an – das ist das aufklärerische Erbe des positivistischen Wissenschaftsbetriebs – und legt durch Kombination, Korrektur der gegebenen Bedingungen, durch Experiment mit erprobenswerten Variablen neue Möglichkeiten frei. Dabei geht es nicht um wissenschaftliche Erkenntnisse als Selbstzweck, sondern wie stets im *Mann ohne Eigenschaften* um die angezielte Utopie des rechten Lebens.[12] Dem Menschen als Niederschrift – wie es Musil formuliert –, als disponierter Charakter steht der potentielle Mensch gegenüber. Ein hypothetisches Leben impliziert anthropologisch, daß der Mensch ein unabgeschlossenes, offenes Wesen ist. Normative Setzungen entfallen, die Momentsituation des Menschen wird desavouiert. In eigenwilliger Begrifflichkeit verwendet Musil für dieses Verfahren auch den Begriff des Essayismus.[13] Ein Essay betrachtet einen Gegenstand von vielen Perspektiven her, dementsprechend: die Methodik des exakten Lebens als Essayismus. Die Experimentfunktion[14] dieser Utopie schließt auch die Selbstreflexion ein und berührt die paradoxe Verbindung von Genauigkeit und Unbestimmtheit insbesondere dann, wenn die exakten Verfahrensweisen auch auf die Leidenschaften angewandt werden. Ulrichs Vorschlag für ein »Generalsekretariat der Genauigkeit und Seele« zielt in diese Richtung. Ulrich setzt eine wünschenswerte phantastische Genauigkeit, die in der gegenwärtigen Wirklichkeit noch nicht erreicht ist, von einer pedantischen ab. Moosbruggers Geist etwa nach juristischer Gesetzlichkeit zu beurteilen, gleiche den »pedantischen Anstrengungen eines Narren, der einen freifliegenden Vogel mit einer Nadel aufspießen will«.[15] Die phantastische Genauigkeit ist auf mögliche, noch unberechenbare Veränderung gerichtet, ohne die exakt-experimentelle Methodik zu vernachlässigen. Ulrich erkennt freilich, daß ihm die Wirklichkeit »in praktische Melioration und unbekanntes Abenteuer«[16] zerbricht, er habe in »lauter Exaktheit jahrelang bloß gegen sich selbst gelebt«. Die Utopie des exakten Lebens scheitert, Ulrich nimmt zunächst »Urlaub vom Leben«.

Ulrichs Utopismus beinhaltet eine weitere Möglichkeit, die ihn zur Utopie des anderen Zustands führt, welche freilich im Zusammenhang mit der vorher genannten Utopie zu sehen ist. In der Forschungsliteratur ist die nicht-ratioide Utopie des anderen Zustands besonders häufig diskutiert und als mystische Ekstase verstanden worden, ehe Brosthaus[17] eine Wende in der Diskussion einleitete und für die Folgezeit seine differenziertere Begriffsbestimmung dominierend wurde, welche den Anteil des Bewußten im anderen Zustand deutlicher betonte. Für diese Art der Ek-stasis ist als entscheidendes Moment der Ich-Welt-Zusammenhang zu definieren. (»Ingefühl verband die Wesen ohne Raum.«[18]) Der andere Zustand ist eine Art CONTEMPLATIO, als welche Musil selbst die sensible Erfahrung, in der das Motorische suspendiert ist, bezeichnet, verbunden mit hellwacher Beteiligung des Bewußtseins (»taghelle Mystik«). Die Kluft zwischen Innen- und Außenwelt ist aufgehoben, das PRINCIPIUM INDIVIDUATIONIS geltungslos, und das Bewußtsein ist nicht nur »bei sich«, sondern auch »außer sich«. Die von Renate von Heydebrand[19] beobachteten Einflüsse Levy-Bruhls (mit seiner Untersuchung zur Denkart der Primitiven) und die Inversionstheorien Hornbostels und Machs können Aufschlüsse über den Werdegang dieser Utopievorstellung Musils liefern, auch das Erbe etwa eines Novalis könnte hier erkannt werden. Man wird freilich Musils erwiesene Kenntnis dieser Autoren methodisch nicht so nutzen dürfen, parallele und analoge Gedankengänge als Einflußbeweis zu verbuchen.[20] Wie die Mathematik ungeschichtlich ist, so auch die säkularisierte Mystik. Die Zeit- und Raumkategorien verlieren ihren Anspruch, der Erfahrungsbereich des Menschen erreicht auch Gegenstände und situative Momente, die sich einem rationalen Zugriff nicht fügen.

Utopie bedeutet im *Mann ohne Eigenschaften*, daß Denken und Gefühl wie auch Moral (»Ästhetik ist Ethik«) im gleichen Sinne zu verändern sind.[21] Diese Komponenten konstituieren auch den Utopiebegriff des anderen Zustands, der im Möglichkeitsdenken und im Steigerungsgefühl,[22] das der je neu erreichte Augenblick auslöst, seine deutlichsten Verbindungen zur Utopie des exakten Lebens zeigt. Auch die Utopie des anderen Zustands scheitert, die VITA ACTIVA korrigiert bei der Reise an den »Rand der Möglichkeiten« einen Utopismus, der seine praktikablen Möglichkeiten überschätzt.

Anteil an beiden Utopiebegriffen hat Musils Vorstellung von einer Utopie des motivierten Lebens, was in der Forschungsliteratur auffälligerweise noch nicht berücksichtigt worden ist. (Vgl. die eingangs vorgetragenen Bemerkungen zu Müller, Rasch, Brosthaus!) Die Utopie des motivierten Lebens intendiert den Versuch, den Kausalitäten zu entkommen und Motivationen nachzugehen, wobei Musil Motivationen in einem ganz eigenen Sinn versteht: »Ich habe das Wort gewählt, weil ich kein besseres fand, es ist wohl verwandt mit dem Ausdruck Motiv der Malersprache. Wenn ein Landschaftsmaler des Morgens auszieht, ein Motiv zu suchen, so wird er es meist finden, das heißt, etwas, das seine Absicht erfüllt; doch muß man richtiger sagen, das in seine Absicht paßt [...]«[23] Wobei die utopische Intention der Motivation freilich auf das »Erfüllen« zielt, wie aus dem Kontext hervorgeht. Das Motiv muß nämlich den »ganzen Menschen« bewegen und ergreifen,[24] die »Mitte unseres Wesens«[25] treffen.

Aus diesen und anderen[26] Formulierungen wird deutlich, daß auch die Utopie des motivierten Lebens der Frage nach der Utopie des rechten Lebens zu subsumieren ist. Motiviertes Leben teilt das »Steigerungsgefühl« mit den Utopien des exakten Lebens und des anderen Zustands und auch das Möglichkeits- bzw. Alternativdenken. Da wir im täglichen Leben fast fortwährend auf Reizeinflüsse und Notwendigkeit re-agieren und unsere Intentionen sich an den vertrauten Mustern der Lebensmechanismen orientieren, opponiert ein Leben aus Motivationen im Musilschen Sinne gegen die Festschreibungen des Vorfindlichen, setzt Phantasie und utopisches Denken gegen sie ein. Mit dem »anderen Zustand« berührt sich die Motivation auch im Moment des Nicht-Wollens,[27] das konstitutiv für den Motivationsbegriff ist, die Grenze zwischen Bewußtsein und Dingwelt, Subjekt und Objekt ist aufgehoben. Wenn Motiv ist, »was mich von Bedeutung zu Bedeutung führt«,[28] wird das »Bedeutungshafte« andererseits auch vom experimentellen Sondieren der exakten Verfahrensweisen, der »phantastischen Genauigkeit« erreicht. So wie man bei der Utopie des anderen Zustands den Anteil des »hellwachen Bewußtseins« nicht unterschlagen darf, anderenfalls der Begriff mystizistisch kolportiert würde, so darf man auch beim motivierten Leben nicht die diskursive Komponente vergessen und auch nicht die soziale, die sie vom »reinen«[29] anderen Zustand abgrenzt.

Als Fazit des Romans hatte Musil nach dem Scheitern des anderen Zustands die Utopie der induktiven Gesinnung vorgesehen. Ein praktikabler Utopismus hat sich am wirklichen Leben zu orientieren, Induktion bedeutet Vor-Annahmen, die aber – heuristisch gedacht – nicht unveränderlich bleiben können, wobei auch hier die Aporien eines Archimedischen Punktes (von dem Musil sich selbstkritisch entfernt weiß[30]), der den erkenntnistheoretischen wie auch moralischen und damit verbunden den plausibel ästhetischen Ansatz ermöglichen könnte, offen bleiben. In der Utopie der induktiven Gesinnung wird wenigstens die Richtung, die Intention der Utopie des rechten Lebens festgehalten, wobei sie realitätsbezogen das »Böse, Metrische und so weiter« einbeziehen soll, welches sie von der Utopie des motivierten Lebens »in Liebe«[31] nachdrücklich absetzt. Insbesondere aber hat die Utopie der induktiven Gesinnung eine eminent soziale Komponente.[32] Dieser Bereich wird von Musil in seinen Aufzeichnungen skizzenhaft angedeutet und ist unbedingt so zu verstehen, daß induktive Gesinnung wesenhaft einen moralischen Ansatz hat und methodisch als experimentell erwiesene und jederzeit zu überprüfende beste Verbindung von Mathematik und Mystik, Ratio und Gefühl wirklichkeitsbezogen verfährt, mit »induktiver Bescheidenheit«.

Romanstrukturierend variieren also die Utopien Ulrichs, beginnend mit der Utopie des exakten Lebens, welche im »Urlaub vom Leben« verabschiedet wird, später in den positiven Versuchen des motivierten Lebens und des anderen Zustands – bis zur Utopie der induktiven Gesinnung, welche nach dem Scheitern der anderen Utopien angezielt war, als methodisch selbstbescheidender, realitätsbezogener Versuch mit nicht minder intensiver utopischer Kraft.

Der Utopiebegriff im *Mann ohne Eigenschaften* schließt in seinen unterschiedlichen Varianten und Dimensionen, seinen je alternierenden experimentellen Versuchen immer die intendierte Verbindung von Ratio und Mystik, von Intellekt und Gefühl, von hypothetischem Ansatz und experimenteller Methode ein. Er meint immer die optimale Möglichkeit, welche die gegebene Wirklichkeit schon je überholt hat.

Allemann[33] und Rasch sehen m. E. richtig, daß die ironisierende Gestaltung ihren Grund im Möglichkeitssinn bzw. im utopischen Bewußtsein hat. Daß dabei ironische Perspektive auch immer wieder satirisch verblendet, was die vorhandene Wirklichkeit zeigt, ist offenkundig, so daß Arntzens Angriff gegen Allemann zum großen Teil überflüssig ist.[34]

In einzelnen Forschungsbeiträgen ist die Kategorie des Utopischen auch als interpretatorisches Prinzip bei der Analyse der anderen Werke Musils eingesetzt worden. So hat Schröder[35] einen analogen Utopiebegriff bei den *Vereinigungen* analysiert, Braun[36] die Funktion der Utopie des motivierten Lebens in den *Schwärmern* untersucht. Das Gesetz der Vereinigung des »Ungetrennten und Nichtvereinten« entspricht dem Utopiebegriff im *Mann ohne Eigenschaften*, der zwischen »zwei fixierte[n] Pfeiler[n]« einen Übergang, eine Vermittlung sucht, womit das Grundthema der *Vereinigungen* intoniert ist. Anselm in den *Schwärmern* spielt in verschiedenen Rollenspielen den Versuch des motivierten Lebens. In *Vinzenz und die Freundin bedeutender Männer* ist Vinzenz als »phantastischer Lügner« erkennbar. Er wirkt wie ein »reduzierter Ulrich«,[37] da Vinzenz' Aversionen gegen die Wirklichkeitssituation beiläufig werden, während Ulrich ernsthafte und glaubwürdige Versuche unternimmt, experimentell alternative Möglichkeiten durchzuspielen. Vinzenz' Utopien irren ab, werden phantastisch. Musil selbst bezeichnet *Vinzenz* als einen »Seitensprung ins Verantwortungslose«, was man vom Utopiebegriff gründlich diagnostizieren kann. In der *Portugiesin* ist die Verbindung von Phantasie und Intellekt episch konstitutiv, in *Grigia* der »andere Zustand« und das Möglichkeitsdenken thematisch. Im *Törleß* stehen Mathematik und welt-mystische Erfahrung in einer ähnlichen Korrespondenz wie in Musils großem Roman, die »Quadratwurzel aus minus eins« weist auf utopische Verbindung von Gefühl und Intellekt, Ratio und Mystik. Es wäre zu bedenken, ob die Ergebnisse früherer Forschungsbeiträge nicht u. a. deshalb unstimmig sind, weil sie das Gewicht der Kategorie des Utopischen für das Gesamtwerk Musils nicht berücksichtigten.[38] Das sollte jedoch nicht dazu führen, daß der Bezug zum *Mann ohne Eigenschaften* zum interpretatorischen Schlüssel wird, der sich der spezifischen Analyse des Werks in methodisch korrektem Zugriff enthebt und in müßigen Verweisen und Analogien erschöpft.

Es hat nicht an Versuchen gefehlt, Musils Dichtung auf geistige Vorfahren und dichterischen Einfluß zu untersuchen. Für den Utopiebegriff fehlt eine solche spezielle Untersuchung, die freilich mit »induktiver Bescheidenheit« anzusetzen hätte, wie Musil es sagen würde; denn Anklänge und Analogien sind nur schwer als verbriefte Einflüsse zu verbuchen. Die Komparatistik diskutiert gegenwärtig die Problematik des Aufweises methodisch korrekter Verfahrensmodelle.

Teils von Musil bestätigte, teils durch überzeugenden Vergleich struktureller Funktion poetologischer Komponenten erbrachte Ergebnisse lassen inzwischen auch für Musils Dichtung einige Assimilationen tradierter dichterischer und philosophischer Einflüsse wahrscheinlich werden, freilich in je spezifischer souverän-eigener Rezeption. Mir scheint, daß zwei entscheidende Entwicklungslinien für eine mögliche Adaption hinsichtlich seines Utopieverständnisses zu nennen wären, eine kommt von der Aufklärung her, eine andere von der deutschen Romantik, eine Sonderrolle spielt Nietzsche, wie sollte er auch anders?

In der Aufklärung sind die Phänomene das Gegebene, die Prinzipien das Gesuchte. So kommen Newton und Galilei aufgrund der methodisch exakten Analyse von Beobachtungen der Himmelsbahnen zu abstrahierenden Gesetzen, etwa zum Massenattraktionsgesetz. Die Kraft der Vernunft liegt in ihrer Funktion,[39] nicht in der überzeugenden Systematisierung des materialen Befundes. Wenn nun Sterne die Welt in ein Bündel von Ideen auflöst (»opinions« im Titel von *Tristram Shandy* bedeutet nichts anders als Ideenassoziationen im Bewußtsein Shandys), so bedeutet das ein Eingeständnis der Unmöglichkeit, der Weltwirklichkeit anders als durch Ideen und Namen beizukommen. Sterne reflektiert im Bewußtsein seines Helden u. a. Lockes Unterscheidung von »SENSATION« und »REFLEXION«, welche zum strukturierenden Prinzip erhoben wird,[40] und übt den Leser ein, die Wirklichkeitsphänomene auf ihr Gewicht, ihre Funktion und ihre potentiellen Möglichkeiten zu überprüfen, andererseits beherrscht er meisterhaft die epische Gestaltung der von den Zeitgenossen oft nur mühsam bewältigten Dialektik von »wit« und »sentiment«. Musils utopische Synthese von Gefühl und Intellekt, Ratio und Mystik hat hier ihren legitimen frühen Vorläufer.

In der Romantik wird »wit« zum kombinatorisch-schöpferischen Prinzip bei Schlegel, das die beengende Wirklichkeit aufbricht. Die Funktionsgleichung Utopie = Dichtung, die durch die regulative Funktion des Utopischen bei Schiller grundgelegt wurde, wird bei Schlegel zum poetologischen Prinzip progredierender Art. Das Prinzip der Mimesis als Naturnachahmung wird suspendiert, wenn analog zu Musil bei Novalis die Experimentfunktion der Kunst betont wird, wobei er von einer dem »physikalischen Experimentieren analogen Weise« spricht. Die Grenze zwischen Ich und Außenwelt ist aufgehoben, bei Jean Paul gelingt damit Dichtung als Darstellung utopischer Wirklichkeit, als poetische Dechiffrierkunst latenter Möglichkeiten.[41]

An dieser Stelle lohnt es sich m. E., den möglichen historischen Ansatz für Musils Utopiebegriff poetologisch deutlicher zu fixieren. In der Musil-Forschungsliteratur gibt es bisher keine eingehende Untersuchung zum poetologisch-historischen Stellenwert des Utopiebegriffs bzw. der Dichtungstheorie Musils. Die sehr umfangreiche Arbeit von Marie-Louise Roth[42] zur Ästhetik Musils versucht, einen systematischen Aufriß der ästhetischen Reflexionen Musils zu liefern, leidet aber an einer durchgängigen »Textimmanenz«. Eine gewaltige Fülle von Zitaten, welche sie in ihrem Vorwort zu begründen versucht, wird illustrierend und in argumentativer Absicht an seinen systematischen Ort eingefügt, insgesamt bleibt aber dieser Versuch eine Art »Vorschule« der Ästhetik, da außer sporadischer Diskussion des historischen Kontextes – so etwa bei den auch oft in anderen Forschungsbeiträgen benannten Abgrenzungen gegen Naturalismus und Expressionismus, welche Musil selbst mitgeliefert hatte – die Debatte mit der historischen Poetik und der modernen Ästhetik unterbleibt.

Eine rühmliche Ausnahme bildet nur der Aufsatz von Albrecht Schöne,[43] der eine methodisch korrekte und materialiter überzeugende Begründung der poetologischen Grundbegriffe Musils im Aufklärungsdenken vorlegt. Sein Beispiel hat leider nicht Schule gemacht, sondern die Flut von recht unnützen Vergleichen etwa mit Joyce, Saint-Exupéry (!) u. a. nicht eindämmen können. Musils Dichtung und insbesondere sein Utopiebegriff könnten dichtungstheoretisch verläßlicher geortet werden, wenn die poetologische resp. literarästhetische Position deutlicher umschrieben würde. Als Anstoß möchte ich den Blick auf die durch Schöne eingenommene Perspektive lenken und den dort eingeschlagenen Weg etwas weiter verfolgen. Es wäre zu hoffen, daß die ausufernde Musildiskussion sich zentraleren – und damit freilich oft ungeschützteren und komplizierteren – Sachverhalten zuwenden könnte.

Schöne trifft m. E. einen unverkennbaren historischen

Punkt der Poetik, wenn er Musils Utopievorstellung hinsichtlich des Möglichkeitsdenkens, der Mimesistheorie, der Relation von Wahrscheinlichem und Wunderbarem poetologisch in der Aufklärungspoetik fundiert, wobei er bei Gottsched und den Schweizern richtig auf eine aristotelische Richtung abhebt. Ich meine jedoch, daß diese Ortsbestimmung innerhalb der historischen Poetik zwar eine richtige Basis für Musils Utopiedenken trifft, aber die treffendere Position verfehlt. Die Utopien der Aufklärung entraten nicht der dominierenden Funktion des Vernunftprinzips, das zwar die Perspektive denkerischer Alternativen freigab, aber bei aller fortschreitenden Auflösung der normativen Regelhaftigkeit und einsetzenden Historisierung kunsttheoretischer Begrifflichkeit seine Kontrollfunktion nie suspendierte. Der Phantasie wird zwar in der Spätaufklärung eine gewisse Narrenfreiheit zugestanden, als dichterisches Erkenntnismedium steht sie aber noch unter Kuratel, – aufklärerische Variante des alten griechischen Rechtsstreits, der zugunsten philosophischer Erkenntnis entschieden wurde. Musils utopisch entworfene Poetik vernachlässigt nie den diskursiven Anteil der Gefühlskomponente, unterschlägt aber auch nicht den nicht-ratioiden Anteil des Möglichkeitsdenkens. Die intensiv verfolgten Entsprechungen zwischen Rationalem und Irrationalem werden ausgezogen, prolongiert auf die erhoffte utopische Identität hin. Es ist richtig, daß dabei exakte empirische Verfahrensweisen eingesetzt werden, es ist aber nicht zu übersehen, daß nicht nur ausrechenbare Details methodisch sondiert, sondern auch Gefühlserfahrungen, Phantasievorstellungen im Hinblick auf ihr Noch-nicht-zu-Ende-Gekommenes[44] – wie es Musil in seinen theoretischen Schriften nennt – ernstgenommen und in ihrem Erkenntniswert bestätigt werden. Musil mißtraute dem positivistischen Optimismus seiner Zeitgenossen und auch dem seines früheren Lehrers Mach, seine Kritik ihrer reproduzierenden, rein funktionalen Verfahrensweise trifft – die Aufklärung.[45]

Ich meine, daß es in der Wende um 1800 einen historisch-poetologischen Ort gibt, der in einer Position des Noch-Nicht und Nicht-Mehr die geschichtsträchtigen aufklärerischen Erkenntnisse fortschreibt und einen historisch treffenderen Ansatzpunkt für Musils Utopiedenken bietet.

Mit der neu einsetzenden »Querelle« in der Aufklärung und der sich mit Moritz' Korrektur des Winckelmannschen Ansatzes anbahnenden Historisierung der Poetik kommt es erst zu einer Entwicklung, die in den geschichtsphilosophischen und kunsttheoretischen Ansätzen der Schlegel, Schiller, Hölderlin um 1800 eine Position erreichte, welche die aufklärerische Dichtungstheorie entscheidend überholte. Hegels Ästhetik einerseits führt dann die geschichtsphilosophische Tendenz dieser Position folgerichtig fort, erledigt sie aber auch gleichzeitig und unüberholbar, andererseits werden durch spätere geistesgeschichtliche Fortschreibungen anderer Tendenzen (Dilthey, Gervinus u. a.) die Positionen der Schlegel, Schiller, Hölderlin bis zur Unkenntlichkeit verändert. Der Moderne etwa ab Baudelaire geht dann der Glaube an einen möglichen Wirklichkeitszusammenhang endgültig ab, Musil bemüht sich wie andere große Romanciers seiner Epoche,[46] einen epischen Zusammenhang ästhetisch zu begründen, der einem erkennbaren Wirklichkeitszusammenhang nicht mehr zu vermitteln ist. Das geht nur in einem utopischen Entwurf, wie später noch zu zeigen sein wird, und kann sich poetologisch an dem erwähnten Ansatz um 1800 orientieren.

Zur Begründung der Rückdatierung auf die Zeit der historischen Poetik um 1800 möchte ich Schönes Verweis auf Aristoteles nutzen und versuchen zu zeigen, daß Gottsched, Bodmer und Breitinger insgesamt Aristoteles' Position nicht entscheidend übersteigen können aufgrund mangelnder geschichtsphilosophischer Perspektive und damit auch die Basis für Musils Position verkürzen.

Der Mimesisbegriff des Aristoteles hat einige Verwirrung in der literaturgeschichtlichen Forschung angerichtet, da insbesondere die bekannte Definition der Kunst als einer »Mimesis der Praxis« häufig total irreführend mit »Nachahmung von Handlung« übersetzt und interpretiert wurde. »Nachahmung« zielt bei Aristoteles auf Gestaltung von Möglichem, das in der Wirklichkeit angelegt ist, und ist schon von daher keine Abbildung von Vorfindbarem, zumal POIESIS im weiteren Sinne auch Musik, Malerei meint und so die obengenannte Übersetzung rundum unsinnig wird. Man könnte die Mimesis der Praxis als darstellendes Hervorbringen in sich zweckvoller menschlicher Handlung als Fiktion des Möglichen umschreiben.[47]

Die Aufklärungspoetik kann die aristotelische Richtung der Poetik nutzen, wie es Schöne richtig sieht, und die Nachahmungstheorie, die in der »Querelle« dann auf die Nachahmung der Anciens bezogen wurde, auch hinsichtlich der Frage der VERISIMILITUDO[48] unterlegen. Freilich geben m. E. erst frühromantische[49] Tendenzen dem aristotelischen Ansatz jene Richtung, welche das utopische Denken in plausibler Weise zu poetologisch sanktionierter Methodik auch im irrationalen Bereich führt. Schlegels Kritik an Aristoteles ist Kritik am nicht-ästhetisch verstandenen Entwurf der Kunst. Unseren modernen Kunstbegriff gibt es bei den Griechen nicht; man muß sich hüten, etwa Platons Lehre vom Schönen axiomatisch für kunsttheoretische Deduktionen zu verwenden. Die ästhetische Gleichung Kunst = Das Schöne, welche in der Aufklärung folgenreich erörtert worden ist, bedeutet eine nicht-antike, vom Klassizismus bestimmte Setzung. Die Rangfolge des Schönen etwa im *Symposion* läßt die Poesie und die anderen Künste fehlen, der europäische Klassizismus greift dann besonders Aristoteles' Reflexionen über die Proportionalität des Schönen auf. Schlegel sieht richtig, daß bei Aristoteles die Kunst »nur physisch behandelt wird, ohne alle Rücksicht auf Schönheit, bloß historisch und theoretisch. Wo er gelegentlich ästhetisch urtheilt, da äußert er nur einen scharfen Sinn für die Richtigkeit des Gliederbau's des Ganzen, für die Vollkommenheit und Feinheit der Verknüpfung«.[50] Schönheit ist also für die Griechen kein ästhetischer Begriff, freilich bewegt sich alle Kunst bei Platon und Aristoteles im Bereich des KALON, beim erstern als Partizipation dritten Ranges[51] an der durchscheinenden Idee, beim letzteren als Mimesis entelechetischer Schönheit. Schlegel überholt Aristoteles ferner im geschichtsphilosophischen Verständnis der Poetik. Sein Entwurf einer romantischen Universalpoesie führt den frühromantischen Ansatz in seinem *Studium*-Aufsatz, in dem die Individualität des manierierten Stils und das Interessante als moderne ästhetische Begriffe vorbereitet werden, entscheidend auf ein utopisches Programm fort, in dem der Begriff des Schönen als Konvergenzpunkt die Antinomien von Antike und Moderne auflösen soll und andererseits eine Progression auf eine Identität von Irrationalem und Rationalem angezielt wird, dessen dynamisches Verständnis der Moderne den Weg bereiten konnte. Schlegel negiert nicht, er wertet um, so auch Musil.

Schillers Begriff des Schönen schließt Momente des Sittlichen ein (bei Kant ein analoges Verhältnis), womit er sich an Aristoteles' Bindung von Ästhetik und Ethik anlehnt, auch in der Definition der »Nachahmung einer mitleidswührdigen Handlung« und im Begriff des Pathetisch-Erhabenen.[52] Peter Szondi[53] hat – für mich sehr überzeugend – die Distinktionen naiv und sentimental als perspektivische Begriffe gewertet, welche geschichtsphilosophisch die ästhetische Berechtigung der Moderne und deren ästhetisch-souveräne Qualität sichern sollen. Beide, Schiller und Schlegel, gehen von der Mimesis als Naturnachahmung ab. Auf dem Boden aufklärerischer Denkarbeit lösen sie sich endgültig von der Dominanz der Wirklichkeitsorientierung, eine Autonomie der Kunst konnte von griechischem Kunstverständnis nicht gedeckt werden. Hölderlins »Geschik« steht dem griechischen Begriff »Techne« nahe, wie Szondis Analyse des Böhlendorff-Briefes erbrachte, freilich in deutlicher Abkehr vom Mimesis-Verständis.

Insgesamt ist bei Schlegel, Schiller, Hölderlin eine Position erreicht, welche einerseits deutlich mit der Naturnachahmung bricht, andererseits das dichtungstheoretische Utopiedenken auf eine Kongruenz von rationalen und irrationalen Momenten verfolgt und im Streit um die Bezüge von Antike und Moderne die vordem untergründige und hartnäckige Diskriminierung der Moderne abbricht und ihre souveräne Qualität bestätigt.

Eine umfassende Analyse anderer wichtiger dichtungstheoretischer Aspekte könnte das poetologische Profil der Utopie noch weiter verdeutlichen (Affektenlehre, Hermeneutik, Praxisbegriff, Dichtung-Gesellschaft, Geniebegriff),[54] in Musils theoretischen Schriften ist Material zu vielen tradierten Begriffen der Poetik zu finden, doch kann im Rahmen dieses Aufsatzes nur der Anstoß zu einer solchen Analyse gegeben werden.

Peter Nusser hat sicher Unrecht, wenn er urteilt, daß ästhetische Kategorien bei Musil keine Rolle spielten.[55] Eine gründliche Analyse der theoretischen Schriften Musils, die methodisch über die Arbeit von Marie-Louise Roth hinausginge und die poetologische Basis des Utopiebegriffs und der Dichtungstheorie Musils verdeutlichen könnte, ist dringendes Desiderat der Forschung.[56] In der Forschungsliteratur werden meistens die von Musil selbst geführten Auseinandersetzungen mit dem Expressionismus, Naturalismus oder auch seine Zuwendung zu Nietzsche u. a. diskutiert. Zweifellos ist gerade bei Nietzsche ein moderner Ansatz zu finden, dessen »Umwertung« Musil faszinierten konnte, aber letztlich seinem energischen Versuch, in methodisch korrekten Verfahrensweisen die dichterische Synthese von Gefühl und Intellekt, Ratio und Mystik antizipierend zu bedeuten, nicht die poetologische Basis liefern konnte. Die in der Forschung häufig benannten Verweise auf Nietzsche dienen oft dazu, Musil unmittelbar »nietzscheanisch« zu interpretieren und Nietzsche-Erkenntnisse als exegetisches Prinzip methodisch einzusetzen.

Ein bedenkliches Beispiel dieser Art ist Seidlers Arbeit zum »Nietzschebild Robert Musils«,[57] der den schon erwähnten Fehler begeht, analog klingende Gedanken als gesicherten Einfluß zu fixieren, wobei auch noch die Grundprinzipien der Philosophie Nietzsches – leider muß man das sagen – dilettantenhaft repetiert sind.[58]

Die Kategorie des Utopischen bestimmt die Dichtung Musils, und im Entscheidenden konnte der am wenigsten systematische Philosoph des 19. Jahrhunderts für den methodenbewußten Musil nicht vorbildhaft sein. Hans Heinz Holz[59] nennt die in Nietzsches punktuellem Seinsverständnis anklingenden Entwürfe abstrakt-utopisch, Schlechta[60] bemerkt richtig, daß Nietzsche die von ihm prätendierten neuen Werte nicht denkerisch entwickelt. So liefern zweifellos Nietzsches Gedanken etwa der »entgegengesetzten Denkweise«, der tiefen Abneigung, »in irgend einer Gesamt-Betrachtung der Welt ein für alle Mal auszuruhen«,[61] Anstöße zum Möglichkeitsdenken bei Musil, aber nicht mehr.[62]

Musils Kategorie des Utopischen enthält zweifellos tradierte Aspekte, dennoch zeigt der Utopiebegriff ebenso unumstritten unverwechselbare Musilsche Eigenprägung. Da gerade auch die soziale Utopie, der literarische Wunschtraum, die ästhetische Utopie in der Literaturgeschichte die verschiedensten Gestaltungen gefunden haben, ist an dieser Stelle zu bedenken, inwieweit Literatur *und* Utopie als auch Literatur *als* Utopie im *Mann ohne Eigenschaften* exemplarisch verwirklicht sind. Ersteres ist als unübersehbarer Befund so augenfällig, daß man es nicht mehr wiederholen sollte, die genannten utopischen Vorstellungen im Roman Musils sind hier nur auf ihren sozialen Aspekt und ihren sogenannten Wachtraum- oder Tagtraumaspekt zu untersuchen. Der soziale Aspekt der Utopie des motivierten Lebens wurde schon benannt, ebenfalls der der Utopie der induktiven Gesinnung, welchen Musil insbesondere in seinen Studien im Nachtrag zum Roman in der Perspektive der »induktiven Gesinnung für die vielen« erläuterte.[63] Das Soziale in seiner notwendigen politischen und ökonomischen Dimension wird zu einer utopischen Zielvorstellung, welche von einem anthropologisch einsichtigen und methodisch überzeugenden Ansatz aus approximativ erreicht werden soll, wobei einerseits utopisch-totalitaristische Tendenzen wirklichkeitsbrüskierender Art wie auch andererseits vage undynamische Utopismen abgewehrt werden.[64]

Der Wachtraumcharakter, der utopische Wunschtraum kommt gestalterisch besonders im »anderen Zustand« vor Augen. In mehreren längeren Passagen des Romans kommt es dann auch zu den wenigen ironiefrei gestalteten Schilderungen der Wirklichkeit – wie es Rasch richtig sieht –, wenn der Traum den ironischen Vorbehalt suspendiert und getrost vergißt. Es ist gerade das Faszinierende an Musils spezifischem Utopiebegriff, daß die Verbindung von Traum und Exaktheit, »Genauigkeit und Seele« als utopische Intention ausgewiesen, aber in jeweiligen alternativen Momentrealisationen versucht wird, wobei die Traumdimension in geglückten Momenten die »pedantische Genauigkeit« überführt, andererseits der nüchterne Blick für die selbsteingeschätzten realistischen Möglichkeiten des Menschen die Traumverstiegenheit korrigiert, ohne die unabdingbare Berechtigung des Traums, auch wenn er als einzige Möglichkeit eines Menschen in einer diffusen und hoffnungslosen Wirklichkeit ohne verläßliche Realisierungsmöglichkeit übrigbleibt, zu diskreditieren, er bleibt liebenswerte Variante des Prinzips Hoffnung »mit Trauerflor«.[65] Alle Utopien Ulrichs haben letztlich Wunschtraumcharakter, da sie alle immer auf die je optimale Verwirklichung angelegt sind und sich nicht mit dem vorletzten Schritt bescheiden.[66]

Von besonderer literaturtheoretischer Bedeutsamkeit ist die Klärung der Frage, ob wir es bei Musils Roman mit Literatur als Utopie, mit der Utopie des Ästhetischen im Sinne der schon bei Schiller explizit entwickelten Vorstellung zu tun haben. Thesenhaft ist schon im Eingangsteil dieser Untersuchung vorgetragen worden, daß der *Mann ohne Eigenschaften* Gestaltung der Suche sei, die vorhandene Wirklichkeit proleptisch zu übersteigen, daß es sich um ein Kunstwerk handle, das sich als autonom und fait social unter utopischer Perspektive präsentiert. Die durchweg ironisierende Gestaltung war von der dominierenden Funktion des Utopischen her erläutert worden. Für Musil ist der Roman Verkörperung der Erkenntnis des Dichters.[67] Demnach müssen Erkenntnisstrukturen in gestalterische umgesetzt werden, das aber geht nach Musil nur in approximativen Schritten und Teilergebnissen vorläufiger Art, die Musil als überprüfungsnotwendige Ansätze fortentwickelt und die sich einer utopischen Zielvorstellung in seinem Verständnis von Utopie nähern. Musil beabsichtigt den wünschenswerten Roman als »Bildungsroman einer Idee«, womit er selbst die werkstrukturierenden und charakterisierenden Momente eines epischen Kunstwerks als antizipierend und progredierend verstehen muß, wenn Möglichkeitsdenken auch die Idee heuristisch versteht. So erfordert der epische Plan ein utopisches Konzept, er repräsentiert eine ästhetische Wirklichkeit, die utopisch grundgelegt und zielgerichtt ist. Der Roman ist ästhetische Utopie. Musil hat – lange vor Adorno – in diskursiver Entwicklung ästhetischer Überlegungen und in dichterischer Gestaltung vorgeführt, daß Logik und Alogik, Traum und Wirklichkeit, Rationalität und nicht ausrechenbare Erfahrungsmodi die Dimension eines Kunstwerks ausmachen, welche ihre eschatologische Sinnkontinuität legitimerweise nur utopisch bezeichnen können, wobei das Kunstwerk die antreffbaren und interpretierbaren Tendenzen und Latenzen als utopisch-verweisende zu charakterisieren hat.

Es ist zu fragen, ob die Beobachtungen zur Literatur als Utopie bei Musil nicht Anlaß geben könnten, die Dimension des Utopischen als unverzichtbare innerliterarische Kategorie bei allen Kunstwerken hypothetisch anzusetzen und zu überprüfen, womit sich das Gemeinsame, aber auch die spezifische

Differenz der ästhetischen Utopie bei Musil deutlicher abgehoben und die literaturtheoretischen Konsequenzen der vorliegenden Ergebnisse benannt werden könnten. Der künstlerische Schein kann eine Wirklichkeit darstellen, welche die faktische, ihren Zwängen unterworfen, unterschlägt. Kunst ist Schein, dennoch gestaltet sich in jedem Kunstwerk Wirklichkeit, es ist nur aus seinen Bezügen zu einer vertrauten Wirklichkeit zu verstehen. So geht seine Seinsweise nicht im gesellschaftlich Antreffbaren auf, es konstituiert sich gerade in seiner Souveränität gegenüber dem Vorhandenen, dessen Autorität, nicht aber dessen Bedingungen es total entkommen kann. Das hat Konsequenzen für die ästhetische Begrifflichkeit, welche die autonomen wie auch die heteronomen Bezüge aufnehmen muß. In der gegenwärtigen Ästhetik-Diskussion um die Möglichkeiten eines Werkbegriffs attackiert man zudem einerseits mit Recht eine normative Begrifflichkeit,[68] andererseits beschränkt man sich nur auf die Dimensionen des reflektierenden Subjekts, womit Ästhetik als philosophische Disziplin zu psychologisierender Theorie ästhetischer Erfahrung inkliniert. Dann müßte man Ästhetik redlicherweise wieder auf klassische *aisthesis* neubegründen, man dürfte konsequenterweise der restlosen Integration in Erkenntnistheorie nicht mehr nachgeben.

Wenn nun freilich ein Kunstwerk als ästhetische Utopie verstanden wird, zeichnet sich ein möglicher Lösungsversuch in dieser Debatte ab, der das Unbehagen am herkömmlichen Werkbegriff und eine wünschenswerte unstarre Rahmenbegrifflichkeit des Kunstwerks in einem plausiblen Ansatz vereint. Wenn das Kunstwerk nämlich utopisch verstanden und auch mit einer neu entwickelten Begrifflichkeit des Utopischen, die den autonomen und den hineinspielenden heteronomen Anteil des Begriffs[69] von einer eschatologischen Sinnkontinuität hypothetisch ansetzt, ästhetisch erfaßt wird, ist das Ärgernis des Normativen und das Delikt des unberechtigten Verzichts auf die Gegenstandsbeschreibung mit all seinen wissenschaftstheoretischen Bedenklichkeiten[70] beseitigt. Wenn Kunst als ästhetische Utopie verstanden wird, ist zudem wieder systematische Literaturwissenschaft möglich ohne das Unbehagen an unzulänglichen normativen Voraussetzungen, ein Begriffsinstrumentarium ohne die bekannten wissenschaftstheoretischen Bedenklichkeiten und ohne Abstinenz bei der unverzichtbaren Gegenstandsbeschreibung. Der Utopiebegriff garantiert andererseits den Autonomiecharakter der Kunst, ohne ihn absolut zu setzen und die heteronomen Bezüge auszuklammern, er verdeckt nicht die potentiellen Alternativen der Wirklichkeit, sondern kann die vorfindbare Wirklichkeit benennen, ohne sie sklavisch wiederzugeben.

Der Utopiebegriff bietet die Möglichkeit, eine mögliche momentane Sinnkontinuität zwischen Ding und Bedeutung, Gegenstand und Begriff zu fragmentarisieren[71] zugunsten einer eschatologischen Kontinuität. Der spezifische Kunstcharakter erhält so seine adäquate, nicht normativ festgeschriebene Begrifflichkeit. Kafkas *Schloß* hebt sich bemerkbar von nicht-künstlerischer Informationsvermittlung ab, so daß Bubners[72] Behauptung, daß moderne Kunst auf Destruktion der Sonderstellung des Kunstwerks ziele, schwach begründet bleibt, wenn er sie mit dem Hinweis auf Futurismus und Kubismus argumentativ stützen will. Jeder Maler des Kubismus bringt ein Plus an »Information«, welches sich deutlich von alltäglicher Informationsvermittlung absetzt.

Boehm[73] hat am Beispiel des Künstlers Josef Albers auf die Bedeutung der malerischen Strukturen hingewiesen: Die ästhetische Funktion einer Linie auf einem Blatt Papier sei utopisch verweisend. Die Linie grenzt zwei Seitenfelder voneinander ab und setzt sie zugleich in gegenseitige Beziehung. Die Bedeutungsstruktur besteht aus Negativität (Abgrenzung) und Synthese (Zuordnung). Die Linie thematisiert ihre eigenen Möglichkeiten, indem sie sich von Darstellungsfunktionen befreit, sie zieht sich in ihre Möglichkeiten zurück und weigert sich, in Wirklichkeitsbenennung überzugehen. Die »Möglichkeit an ihr selbst« bestimmt ihre ästhetische Zeichenfunktion.

Diese Erkenntnisse verweisen auf die Vorläufigkeit ästhetischer Darstellung und Begriffe und entsprechen m. E. Musils ästhetischen Vorstellungen. Musils Dichtkunst verweist nachdrücklich darauf, daß Literatur als spezifischer Fall von Kunst eine notwendig utopische Dimension hat, wenn sie sich bloßer Wirklichkeitskopie versagt – daher Musils Angriffe gegen den Naturalismus und Impressionismus[74] – und der poetologischen Einsicht der Moderne folgt, der diffusen Wirklichkeit kontrastierende utopische Möglichkeiten gegenüberzustellen. Bei Ch. S. Peirce ist erstmals die Erkenntnis formuliert worden, daß Erkennen nicht zu denken sei, ohne daß in seinen Begriff das Bewußtsein der Möglichkeit zu irren hineingenommen wird, womit man den ästhetischen Code auch als Raster ästhetischer Utopie im Sinne Musils definieren könnte. Wenn die Wirklichkeit nicht total erkennbar ist auch in ihren potentiellen Alternativen, so ist die Literatur, die Sprache bedeutungshaft einsetzt, auch in ihrer Semantik utopisch, sie ist Teil einer utopischen Semiotik.

Nach Umberto Eco[75] ist ein Kunstwerk als offenes Werk zu definieren, dessen künstlerische Eigenart in seiner Mehrdeutigkeit liegt. Ein Werk, das seine Bedeutung abschließt und ausgedeutet vorgibt, ist demnach kein Kunstwerk. Auch die Beobachtungen der modernen Ästhetik zum Experimentalcharakter[76] der Kunst und ihrer bildverweisenden Funktion[77] ohne angebbares Ziel des verweisenden Zeichens lassen sich insgesamt unter dem werkkonstitutiven Begriff der Utopie subsumieren.

Die Erkenntnisse zu der bei Musil unübersehbaren dominierenden Funktion des Utopischen können den Blick dafür schärfen, die ästhetische und poetologische Bedeutsamkeit der Utopie literaturtheoretisch zu verfolgen. Die Literaturwissenschaft kann davon nur profitieren.

Anmerkungen

1 G. Müller, *Die drei Utopien Ulrichs in Robert Musils »Mann ohne Eigenschaften«*, Diss. Wien 1958. Es sind halt vier (!) bedeutsame Utopien – auch wenn die gesamte Forschung Müllers seltsame Arithmetik und aussparende Begrenzung widerspruchslos hinnimmt –, welche unterschiedliche Möglichkeiten der »Utopie des rechten Lebens« darstellen.

2 W. Rasch, *Über Robert Musils Roman »Der Mann ohne Eigenschaften«*, Göttingen 1967, S. 87-94.

3 Vgl. a.a.O., S. 128.

4 H. Brosthaus, *Zur Struktur und Entwicklung des ›anderen Zustands‹ in Robert Musils Roman ›Der Mann ohne Eigenschaften‹*, in: *DVjs* 39, 1965, Heft 3, S. 388-440.

5 R. Musil, *Der Mann ohne Eigenschaften*, hrsg. v. A. Frisé, Sonderausgabe Hamburg 1970, S. 246.

6 A.a.O., S. 16.

7 A.a.O., S. 1594.

8 Wie im *Faust* die Variationen der Helena-Symbolik als Metamorphosen auf unterer Ebene deutlich werden, so strukturieren die Variationen Ulrichs (Moosbruggers ekstatisches Erlebnis, Clarissens utopische Verformung u. a.) den Roman. Rasch widerspricht sich, wenn er das Prinzip der Variation für die Strukturierung unterstellt (S. 113, a.a.O.), aber den Romancharakter nur durch Ulrich garantiert sieht (S. 118).

9 Musil entschuldigt sich in seinen Tagebüchern für diesen sprachlich-esoterischen Ausdruck, der Methode und Gelingen des adäquat Rationalen gleicherweise bedeuten soll.

10 A.a.O., S. 304.

11 Das aufklärerische Denken setzt anstelle der rationalistischen Deduktion die Analyse, die Phänomene sind die *data*, die Prinzipien die *quaesita*. Anders als in den rationalistischen Systemen geht also der Weg von der Analysis (die Beobachtungen liefern die *data*) zur Synthesis mit Erhellung der Strukturgesetze. Vgl. Ernst Cassirer, *Die Philosophie der Aufklärung*, Tübingen 1932.

12 Vgl. a.a.O., S. 255.

13 Bei »gemehrtem geistigem Vermögen« anstelle des Begriffs Hypothese anzusetzen. Vgl. a.a.O., S. 250.

14 Vgl. a.a.O., S. 246: »Utopie bedeutet das Experiment, worin die mögliche Veränderung eines Elements und die Wirkungen beobachtet werden, die sie in jener zusammengesetzten Erscheinung hervorrufen würde, die wir Leben nennen. Ist nun das beobachtete Element die Exaktheit selbst, hebt man es heraus und läßt es sich entwickeln, – so wird man zu einem Menschen geführt, in dem eine paradoxe Verbindung von Genauigkeit und Unbestimmtheit stattfindet.«

15 A.a.O., S. 248.

16 A.a.O., S. 770.

17 H. Brosthaus, *Zur Struktur und Entwicklung des ›anderen Zustands‹ in Robert Musils Roman ›Der Mann ohne Eigenschaften‹*, in: *DVjs* 39, 1965, S. 388-440.

18 A.a.O., S. 125.

19 R. v. Heydebrand, *Die Reflexionen Ulrichs in Robert Musils Roman »Der Mann ohne Eigenschaften«*. Ihr Zusammenhang mit dem zeitgenössischen Denken, Münster 1966.

20 Wie es leider in unbefangener Art etwa bei I. Seidler (I. Seidler, *Das Nietzschebild Robert Musils,* in: *DVjs* 39, 1965, S. 329-349) geschieht.

21 Vgl. Brosthaus, a.a.O., S. 394.

22 *Mann ohne Eigenschaften,* a.a.O., S. 1212 ff.

23 A.a.O., S. 1210.

24 Nur in diesem Falle malt er »um sein Seelenheil«, sind Motivation und Wollen deutlich getrennt.

25 A.a.O., S. 1212. Vgl. auch a.a.O., S. 593 zum Charakter des Gleichnishaften, welches dem ästhetischen Phänomen des Bildhaft-Verweisenden entspricht (wovon im Schlußteil dieses Aufsatzes zu sprechen sein wird) und auf das Bedeutungshafte in der Verwandtschaft der Dinge verweist.

26 A.a.O., S. 1212, 1215.

27 A.a.O., S. 1210.

28 A.a.O., S. 1215.

29 A.a.O., S. 1579 und im Kontext seiner Studien im Nachtrag von Musil

verdeutlicht, wo auch der Essayismuscharakter dieser Utopie betont wird. Das Mystische (vgl. etwa a.a.O., S. 1590) wird dort ebenfalls hervorgehoben, freilich kann Musils Betonung des Nicht-Ratioiden – das für ihn die Dominanz der Ausnahme von der Regel des wissenschaftlich Systematisierbaren bedeutet – irreführen, wenn sie nicht als experimenteller Versuch gegen normative Setzungen, sondern als Suspension des Rationalen verstanden wird.

30 A.a.O., S. 1580.

31 A.a.O., S. 1579.

32 A.a.O., S. 1580 f. Das Utopisch-Soziale ist hier immer als Aufbrechen und Übersteigen der vertrauten und gewohnten sozialen Organisationen und Strukturen sowie Institutionen im soziologischen Verständnis der Robert Mac Iver und Talcott Parsons zu verstehen, wobei Status- und Rollenfunktion dem Alternativdenken unterworfen werden, andererseits gerät der soziale Utopiebegriff immer in die Nähe einer denkerischen Konstruktion »wider Hoffnung«, da Musil auch hier das je optimal Erreichbare intendiert, wobei er freilich bei der »induktiven Gesinnung für die vielen« scharfsichtig und im vernünftigen Sinne pragmatisch mit den ökonomischen Grundvoraussetzungen einsetzt.

33 Beda Allemann, *Ironie und Dichtung*, Pfullingen 1956; vgl. Ulrich Karthaus, *Musil-Forschung und Musil-Deutung*, in: *DVjs* 39, 1965, S. 464-466.

34 Vgl. ebd. Ich kann aber Arntzen nicht folgen, wenn er konstruktive Ironie als »Ergebnis satirischen Stils« definiert. Entweder wird dann die sprachliche Übereinkunft über die Semantik des Wortes Satire durchkreuzt, so daß man Satire sagt und eigentlich etwas Ähnliches wie Ironie meint, oder aber die Verweisungsfunktion satirischen Sprechens unberechtigterweise zum legitimen Ansatzpunkt und Grund ironisierender Wirklichkeitsdeutung erhoben. Satire folgt aus Ironie und nicht umgekehrt! Wohl kaum ist der notwendige Zusammenhang von Utopie und Ironie dichtungslogischer und konsequenter in epische Kunst umgesetzt worden als bei Musil.

35 J. Schröder, *Am Grenzwert der Sprache*, Zu Robert Musils ›Vereinigungen‹, in: *Euphorion* 60, 1966, S. 311-334.

36 W. Braun, *Musils Anselm and »the motivated life«*, in: *WSCL* 8, 1967, S. 517-527.

37 W. Rasch, *Robert Musils Komödie »Vinzenz und die Freundin bedeutender Männer«*, in: (Hrsg. H. Steffen), *Das deutsche Lustspiel II*, Göttingen 1969, S. 177.

38 So etwa P. Requadt, *Zu Musils ›Portugiesin‹*, in: *Wirkendes Wort* 5, 1954/55, S. 152-158.

39 Wobei freilich die Gefahr des Rückschlags in Mythologie nicht gebannt ist (s. Horkheimer/Adorno, *Dialektik der Aufklärung*, Neuauflage Frankfurt/M. 1969, S. 33), wenn sich Erkenntnis auf Reproduktion reduziert.

40 Vgl. E. Wolff, *Der englische Roman im 18. Jahrhundert*, Göttingen 1968[2], S. 90 ff.

41 Vgl. auch Arntzen zu Kleist (H. Arntzen, *Die ernste Komödie*, Das deutsche Lustspiel von Lessing bis Kleist, München 1968, S. 244).

42 M. L. Roth, *Robert Musil*, Ethik und Ästhetik, Zum theoretischen Werk, München 1972.

43 A. Schöne, *Zum Gebrauch des Konjunktivs bei Robert Musil*, überarb. Fassung des Euphorion-Aufsatzes (55, 1961) in: (Hrsg. J. Schillemeit), *Deutsche Romane von Grimmelshausen bis Musil*, Interpretationen, Frankfurt/M./Hamburg 1966, S. 290-318.

44 Siehe Anm. 67.

45 Vgl. Horkheimer/Adorno, a.a.O., S. 33.

46 Schon Rilkes *Malte Laurids Brigge* erfährt auch eine diffuse Wirklichkeit, er kann die absurd gewordenen Zusammenhänge der vorfindbaren Wirklichkeitsdetails nicht mehr unbefangen vermitteln. Walter Jens irrt, wenn er zu beobachten vermeint, daß im *Malte* das Subjekt vom Objekt vereinnahmt werde (W. Jens, *Statt einer Literaturgeschichte,* Pfullingen 1957). Dem widerspricht die Absage an das Faktische, die sensible Annäherung an das »Weltinnere«, der angestrengte Versuch der Subjekt-Objekt-Vermittlung. Wenn Emrich dagegen sagt, daß es im Menschen eine Instanz gebe (für Malte), die mehr weiß, als er selbst, und die doch mit ihm identisch ist, so könnte er dies auch als utopische Existenz beschreiben. Richard Brinkmann (R. Brinkmann, *Romanform und Werttheorie bei Hermann Broch,* Strukturprobleme moderner Dichtung, in: *DVjs* 31, 1957) hat auf die »Logik des Traums« und die Kontrapunktik im *Tod des Vergil* hingewiesen. Brochs plurale Wertaxiomatik ist nur von einem Möglichkeitsdenken zu begreifen, welche die beobachtete Simultaneität nicht einer faktischen, sondern einer utopischen Wirklichkeit zuschlägt. Ähnliche utopische Strukturen lassen sich bei Kafkas strenger Ökonomie des Erzählens, bei Th. Manns versuchter Objektivität des ironischen Vorbehalts finden.

47 Aristoteles formt die platonische Idee zur entelechetischen *forma* um, welche als prägendes Prinzip den Dingen der Erscheinungswelt selbst innewohnt, und nimmt damit die Realität des Individuell-Konkreten ernst. Bei ihm bildet das Kunstwerk nicht mehr wie bei Platon *eidola* ab, sondern reale Wirklichkeit qualifizierten seinshaften Ranges, freilich – und das ist das Wesentliche – spezifischer Art, nämlich möglicher Wirklichkeit. Nach dem philosophischen Axiom, daß das Seiende nicht aus Nicht-Seiendem entstehen kann – eine gut griechische Überzeugung – ist der *mimetes* bei Aristoteles der, welcher als Wissender etwas hervorbringt, wobei das Wort *poiesis* (etwa mit »Hervorbringung« zu übersetzen) auch die Gestaltung einer gänzlich fiktiven Handlung in sich begreifen kann. A. unterschied drei menscliche Tätigkeitsformen: *poiesis, praxis* (Handeln) und *theoria* (Betrachtung; ursprünglich: der Gottheit zugewandtes Anschauen). Jeder Tätigkeitsform ordnete er ein Wissen zu, der *poiesis* die *techne.* Die *mimesis* der *poietike techne* geht einerseits von auf Herstellung gerichtetem Wissen (Wissen der *techne,* die unterschieden ist von der *episteme,* die auf unveränderliches Sein bezogen ist, und vom bloßen Erfahrungswissen, dem die *techne* den Begriff von den Ursachen, Gründen ihrer angewandten Verfahren voraus hat) und dem Verfahren, welches dem Werden durch *physis* (Natur) ein Werden durch Herstellung mit Reflexion der angewandten Mittel entgegenstellt, aus. (Die *techne* vollende oder ergänze die Natur, sagt A. in der *Physik,* was später in der historischen Poetik oft ästhetisch adaptiert worden ist.) Die *Mimesis* »ahmt« insofern *praxis* nach, als Selbstzweckhandlung mit *praxis* gemeint ist (Denken etwa erbringt den Gedanken) unter ethisch belangvoller Hinsicht. *poiesis* soll den Menschen darstellen, wie er ist, oder aber besser oder schlechter.

48 Aristoteles korrigiert auch den platonischen *veritas*-Begriff. Sein Begriff des Wahrscheinlichen impliziert, daß der Dichter nichts Geschehenes darstellt, sondern, was geschehen kann, was nach den Regeln der Wahrscheinlichkeit und Notwendigkeit möglich ist, somit nicht Einmaliges und Wirkliches, sondern Allgemeingültiges und Mögliches, während Geschichtsschreibung auf Wirkliches und Besonderes geht. (Ein auch in der Barockpoetik noch oft diskutiertes Problem!) Kunst gerät so zur Darstellung in der Wirklichkeit als wesentlich aufscheinender Tendenzen und Latenzen. (Vgl. M. Kommerell, *Lessing und Aristoteles,* Frankfurt/M. 1940, S. 172, 175.)

49 Wen die Bezeichnung »frühromantisch« etwa hinsichtlich Schillers wundert, dem sei versichert, daß keine Epochalklassifizierung, sondern eine Tendenz gemeint ist. Vgl. Hans Robert Jauß, *Schlegels und Schillers Replik auf die »Querelle des Anciens et des Modernes«*, in: *Literaturgeschichte als Provokation*, Frankfurt/M. 1970, S. 83 f.

50 F. Schlegel, *Seine prosaischen Jugendschriften*, hrsg. v. J. Minor, 2. Aufl. 1906, S. 170.

51 Kunst ist Abbild von Abbildern, somit eine nur sehr abgeleitete und vermittelte Teilhabe am Schönen.

52 Vgl. Klaus L. Berghahn, *Das Pathetischerhabene*, Schillers Dramentheorie, in: (Hrsg. R. Grimm), *Deutsche Dramentheorien*, Frankfurt/M. 1973, S. 214-244.

53 P. Szondi, *Poetik und Geschichtsphilosophie* I, Studienausgabe der Vorlesungen, Bd. 2, Frankfurt/M. 1974, etwa auf S. 167.

54 Aufschlußreich in diesem Zusammenhang Musils Bemerkung in seinen Studien zum *Mann ohne Eigenschaften:* »Die Übereinstimmung der heutigen Geisteslage mit der zur Zeit des Aristoteles. Damals hat man Naturerkenntnis und religiöses Gefühl, Kausalität und Liebe vereinen wollen. Bei Aristoteles hat es sich gespalten; da setzt die Forschung ein [. . .]« (a.a.O., S. 1587).

55 P. Nusser, *Musils Romantheorie*, Diss. Göttingen 1963. (Aufgrund mißverstandener Äußerungen Musils!)

56 So könnte der Praxisbegriff der Poetik untersucht werden (Praktische Philosophie hat es mit Wahrscheinlichem zu tun, weil ihre Gegenstand nur eine begrenzte Allgemeinheit der Aussagen zuläßt.), der auch literarkritische Funktion hat. (Vgl. Claus von Bormann, *Der praktische Ursprung der Kritik*, Stuttgart 1974.) Weiterhin die Relation Hermeneutik–Utopie (vgl. Musils Formulierung »Dichtung gibt Sinnbilder« im 2. Band GW, S. 1180) oder die auffällige Verwandtschaft von Ethik und Ästhetik bei Aristoteles, Schiller, Musil, hinsichtlich des Möglichkeitsdenkens in der Moral ist der aristotelische hamartia-Begriff fortwirkend (hamartia bei A. keine persönliche Schuld, aber auch nicht Folge eines blinden Schicksals. A. korrigiert den sokratischen Intellektualismus). Über die kathartische Wirkung der Kunst äußert sich Roth (a.a.O., S. 257), ohne den poetologischen Kontext zu erkennen. Sie teilt auch aus den unveröffentlichten Nachlaßnotizen (Mappe IV, 11, S. 194 f.) Äußerungen zum Verständnis des Pathos als Mitfühlen mit, freilich ebenfalls methodisch gesehen »textimmanent«.

57 I. Seidler, *Das Nietzschebild Robert Musils*, in: *DVjs* 39, 1965, S. 329-349.

58 So ist der »Wille zur Macht« kein »Metaphysicum« (S. 334) – übrigens eine immer wiederkehrende triviale Deutung bei verschiedenen Nietzsche-Interpreten –, er ist eben keine metaphysische Entität wie bei Schopenhauer, keine ontologische Hypostase, sondern etwas triebhaft »Fließendes«, die Selbstentfaltung ist in diskontinuierlichen Quanten sich bestätigendes Sein! Daß Heidegger Metaphysik nennt, was ihm alle Späteren nachgeredet haben, hat seinen guten »Heideggerschen« Grund. Ferner: Nietzsches Rückführung der Sittlichkeit auf normativ verallgemeinerte Erfahrungen impliziert seine These von der Selbstaufhebung der Moral, die S. überhaupt nicht zu kennen scheint, sonst hätte er nicht Musils Moraldefinition (S. 344) Nietzsches These parallelisiert. In diesem Fall ist auch der Hinweis auf die vermeintliche Einflußnahme Nietzsches besonders entlarvend, da die Zuordnung von »Dauerzustand« und »Wiederholung« nicht »lediglich« ein Kriterium ersetzt, sondern totale Irreführung begünstigt.

59 H. H. Holz, *Einleitung* zur Studienausgabe von Nietzsches Werken, Bd. 4, Frankfurt/M. 1968, S. 22.

61 Nietzsche, *Der Wille zur Macht*, hrsg. A. Bäumler, Stuttgart 1930, S. 330.

62 Kimpels argumentativ gedachte Deutung des Eingangskapitels kann ebenfalls keinen unmittelbaren Einfluß nachweisen (D. Kimpel, *Über den Romanbegriff Robert Musils,* in: (Hrsg. R. Grimm), *Deutsche Romantheorien,* Bd. 2, Frankfurt/M. 1968, S. 418-439), er tut das, was er anderen vorwirft, selbst (vgl. a.a.O., S. 425, Anm. 27).

63 Vgl. a.a.O., S. 1580: »Es ist nicht das Wichtigste, Geist zu produzieren, sondern Nahrung, Kleidung, Schutz, Ordnung: das gilt heute noch immer von der Lage der Menschheit [. . .]« (in den »Grundnotizen einer Utopie der induktiven Gesinnung für die vielen«).

64 Karl R. Popper kritisiert die Unzulänglichkeiten utopischer Vorstellungen in *Utopie und Gewalt* (in: (Hrsg. Neusüss, Arnhelm), *Utopie,* Begriff und Phänomen des Utopischen, Neuwied, Berlin 1968, S. 313-326; erstmals in: *The Hibbert Journal,* Vol. XLVI, 1947/48, S. 109-116, übers. v. Herausg. zus. mit R. F. Schorling): Utopie sei eine »sehr anziehende Theorie«, welche aber aufgrund ihres totalen Planentwurfes in Verfolgung ihrer notwendigerweise irrationalen normativen Zielsetzungen Gewalt anwenden müsse, die er ablehne. Daher die Totalitarismusnähe! Ein noch so sachadäquates, pragmatisches Vorgehen exakt-methodischer Art enträt freilich nicht gänzlich allgemeiner Zielvorstellungen, was gegen Popper einzuwenden wäre.

65 Vgl. Ernst Bloch, *Zur Ontologie des Noch-Nicht-Seins,* in: E. Bloch, *Auswahl aus seinen Schriften,* hrsg. v. H. H. Holz, Frankfurt/M. 1967, S. 66. Die philosophische Diskussion des Utopiebegriffs hat in Ernst Bloch einen ihrer bemerkenswertesten Repräsentanten. Blochs intentional-entelechetischer Utopiebegriff betont das Gewicht der sich von der Prozeßmaterie her bestimmenden konkreten Utopie, welche die zukunfttragenden utopischen Real-Möglichkeiten in den Tendenzen und Latenzen der Jetzt-Wirklichkeit weitertreiben will. Er entwickelt den ideologiekritischen Utopiebegriff Karl Mannheims weiter auf eine ideologietranszendierende Funktion hin, welche erst einen plausiblen geschichtsphilosophischen und insbesondere ästhetischen Ansatz für eine moderne marxistische Theorie ermöglicht. Vgl. meine Arbeit *Ernst Blochs ästhetische Kriterien und ihre interpretative Funktion in seinen Literarischen Aufsätzen,* Bonn 1976.

66 Hier wäre natürlich insbesondere auch der Traum vom Tausendjährigen Reich zu nennen, der den utopisch-sozialen Wachtraum im *Mann ohne Eigenschaften* in besonderer Weise exemplifiziert.

67 Vgl. Peter Nusser, *Musils Romantheorie,* Diss. (Masch.) Göttingen 1963. Vgl. dazu Robert Musil, *Tagebücher, Aphorismen, Essays und Reden,* hrsg. v. A. Frise, Hamburg 1955, S. 916. Dort sagt Musil, daß die Dichtung »das Noch-nicht-zu-Ende-Gekommene des Menschen« erhält, womit er die antizipierende Funktion der Dichtung, ihren Verweis auf die utopisch-besseren Möglichkeiten des in der Jetzt-Wirklichkeit Angelegten betont.

68 Wie sie 1965 noch mit »übergeschichtlichen Normen« von W. Müller-Seidel angeboten wurde, der zweifellos erprobte und bewährte Kriterien nennt (das Wahre, Ganze, Öffentliche usw.), deren normative Sicherung aber suspekt bleiben muß.

69 Wenn das Kunstwerk »autonom und fait social« ist (Adorno), unterschlägt eine ausschließlich autonome Begrifflichkeit mit all ihren zu normativer Setzung drängenden Implikationen den zwangsläufigen Anteil an wirklichkeitsentlehnter, nicht auf Kunst bezogener Begriffsbildung, andererseits bietet etwa die Hegelsche Ästhetik ein Beispiel heteronomer Ästhetik, insofern Kunst einen fremdbestimmten Begriff enthält, der aus philosophischen Apriori und Axiomen abgeleitet wird.

70 Wissenschaftliches Erkennen setzt allgemein mit der präzisen Beschreibung des spezifischen Gegenstandes an und entwirft dann operationalisierbare Regeln erkenntnistheoretisch adäquater Art. Das Denkobjekt wissenschaftlichen Bemühens wird durch Selektion aus dem Wirklichkeitsbereich abgehoben, wobei sich alltägliches Erkennen von wissenschaftlichem unterscheidet, insofern letzteres bewußt überprüfbare Auswahlprinzipien und Regeln einsetzt. Die erkenntnisleitenden Interessen – wie es Habermas formuliert – werden in denkerischen Vorausannahmen benannt, deren Begriffe logisch und objektiv bzw. intersubjektiv konsistent sein müssen. – Das macht die Abstinenz bei der Begriffsbildung im Gegenstandsbereich verdächtig, wenn die ästhetischen Erfahrungsmodi ausschließlich beim reflektierenden Subjekt analysiert und der ästhetische Gegenstand nicht dem Aufgabenbereich wissenschaftlichen Erkennens zugerechnet wird, so etwa bei R. Bubner (R. Bubner, *Über einige Bedingungen gegenwärtiger Ästhetik,* in: *Neue Hefte für Philosophie,* Heft 5, Göttingen 1973, S. 38-73).

71 Zur poetologischen und ästhetischen Funktion des Fragments und den notwendigen Bezügen zum Utopiebegriff siehe: Gert Ueding, *Fragment und Utopie,* in: *Der Monat* 238, 1968, S. 64-72.

72 A.a.O., S. 62. – Wenn das Kunstwerk seinem Sondercharakter nicht vernehmlich und unmißverständlich absagt und sich selbst als Sonderfall bestreitet, verliert es auch nicht seine Identität. Im anderen Fall handelt es sich nicht um Kunst. Niemand aber kann bestreiten, daß es eine historische Vielzahl von Kunstwerken gibt, die sich selbst als solche präsentieren, und daß es moderne Kunst gibt, die mit spezifischem Anspruch auftritt.

73 G. Boehm, *Die Dialektik der ästhetischen Grenze,* in: *Neue Hefte für Philosophie,* Heft 5, Göttingen 1973, S. 118-138.

74 Freilich ist zu sagen, daß auch naturalistische und sicher impressionistische Poetik nach ästhetischen Auswahlprinzipien antritt, welche die abgebildete Wirklichkeit entweder desavouieren will und damit auf die je bessere verweist oder aber den ausgewählten Wirklichkeitsausschnitt schon in seiner Verweisungsfunktion abbildet. Alles andere wäre vordergründiges Mißverständnis.

75 Umberto Eco, *Das offene Kunstwerk,* Frankfurt/M. 1973 (*Opera aperta,* Mailand 1962), übers. v. G. Memmert.

76 Vgl. Brecht, Bloch, Benjamin u. a.

77 Die Dissoziationen moderner Kunst veranlassen, Benjamins und Gadamers Rehabilitierung der Allegorie neu zu bedenken, nachdem von Goethe über Fr. Th. Vischer bis zu Cassirer der Geltungsanspruch des Symbols bestätigt worden ist. Gerade der Allegorie, auch der absoluten Metapher, gelingt es, das zerstörte Sinnkontinuum von Bedeutung und Ding zu reflektieren. »Der Allegoriker greift bald da, bald dort aus dem wüsten Fundus, den sein Wissen ihm zur Verfügung stellt, ein Stück heraus, hält es neben ein anderes und versucht, ob sie zueinander passen.« (So Benjamin zum Allegoriker Baudelaire, in: W. Benjamin, *Charles Baudelaire,* hrsg. v. R. Tiedemann, Frankfurt/M. 1969, S. 182.)

Klaus-Detlef Müller

Utopische Intention und Kritik der Utopien bei Brecht

I.

Zu den bevorzugten Argumenten der frühen, denunziatorischen Brechtforschung gehörte der Hinweis, daß der Stückeschreiber es versäumt habe, seine Vorstellung einer befreiten sozialistischen Gesellschaft konkret darzustellen oder auch nur inhaltlich zu präzisieren. Charakteristisch ist etwa die folgende Argumentation: »Brechts Werk [. . .] enthält auch nicht die geringste konkrete Demonstration der Möglichkeit, geschweige denn der Natur des *Idealzustands,* der sein Ziel war. Brechts Werk ist durchwegs negativ – eine Anklage gegen den bestehenden Zustand. [. . .] Der Grund dafür liegt nur allzu klar auf der Hand: die positive Seite des Bildes ist nicht eine wissenschaftlich exakt demonstrierbare Tatsache, sondern nur ein *frommer* und *rührender Wunschtraum,* der von der Wirklichkeit stündlich und täglich Lügen gestraft wird.«[1]

Was Brecht hier vorgeworfen wird, ist das Fehlen einer konkreten Utopie, wobei jedoch unschwer zu erkennen ist, daß diese scheinbar ausgesparte Utopie vom Interpreten in Gedanken schon mitgesetzt ist und einer noch hämischeren Kritik unterliegt. Man wird indes davon ausgehen müssen, daß sich das Problem der Utopie in dieser simplifizierenden Weise für Brecht nicht formulieren läßt und daß deshalb auch die Hypothese einer taktischen Zurückhaltung oder einer dichterischen Redlichkeit gegenüber politisch-ideologischen ›Wunschträumen‹ keinen auch nur vagen Wahrheitsgehalt hat.

Die Frage ist anders zu stellen. Brechts literarische Intention richtete sich als Teil seines politischen Programms sehr wohl auf die Veränderung der bestehenden Verhältnisse und somit auf eine bessere Zukunft, aber er war dialektisch zu geschult, um aus dem historischen Prozeß einfach auszusteigen: nichts anderes könnte ja eine Realitätsgehalt beanspruchende inhaltlich konkrete Utopie hier bedeuten. Das impliziert freilich keinen generellen Verzicht auf Utopisches, nur ist es mehr im

Methodischen zu suchen, erscheint es als Prinzip der literarischen Verfahrensweise, nicht als deren Gegenstand.

Grundsätzlich kann man davon ausgehen, daß Utopie und Utopisches unmittelbar kein Gegenstand des Nachdenkens für Brecht waren. Die Utopie-Debatte der 20er Jahre hat er offenbar nicht registriert, die der 50er Jahre kaum noch erlebt. Daher kennt und verwendet er die Begriffe nur äußerst spärlich und dann negativ im Sinne von Marx und Engels: Utopie ist für sie eine Kategorie des vorwissenschaftlichen Denkens über Gesellschaft, wie es von den utopischen Sozialisten im Anschluß an die literarischen Utopien des 16. bis 18. Jahrhunderts entwickelt wurde. Seine relative Berechtigung verdankt dieses Denken den noch unentwickelten gesellschaftlichen Verhältnissen in der zerfallenden Ständeordnung, die zwar das Bedürfnis nach einer neuen und gerechten Gesellschaftsform weckten, ohne daß aber schon die Voraussetzungen für deren historische Verwirklichung gegeben waren. Der wissenschaftliche Sozialismus gilt deshalb als die Ablösung der alten Utopie, indem er als ›Gedankenreflex‹ des tatsächlichen Konfliktes zwischen Produktivkräften und Produktionsweise die Notwendigkeit einer Überwindung der antagonistischen Klassenverhältnisse und zugleich deren konkrete Möglichkeit historisch anzeigte. Der Titel von Engels' Schrift *Die Entwicklung des Sozialismus von der Utopie zur Wissenschaft* (1882) kennzeichnet die Zielrichtung der marxistischen Utopie-Kritik: man gesteht der Utopie eine historisch eingeschränkte Gültigkeit als vorwissenschaftliche Negation der antagonistischen Gesellschaftsstruktur zu, hält sie jedoch für inzwischen überholt. Dabei ist aufschlußreich, daß der wissenschaftliche Sozialismus *an die Stelle* der Utopie tritt, sie also ablöst, so daß bei einem weitergefaßten Utopie-Begriff, wie er dann vor allem von Ernst Bloch durchgesetzt wurde, der Sozialismus durchaus wieder als Utopie begriffen werden konnte, nämlich als die echte, prozeßhaft-konkrete, im Unterschied zur abstrakten und ungeschichtlichen. In diesem weiteren Horizont ist auch das Utopische bei Brecht zu suchen, wobei das nicht als eine krampfhafte Rettung zu verstehen ist, sondern als die Objektivierung einer Dimension seines Denkens und seines Werkes, die von zentraler Bedeutung für ein Gesamtverständnis ist.

Dabei entfällt für Brecht als materialistischen Dialektiker das Stilprinzip der eigentlich literarischen Utopie, die nur entstehen konnte, indem die bedingenden Gesetze der jeweils realen Wirklichkeit außer Kraft gesetzt wurden und auf der Grundlage hypothetischer, jedoch genau angegebener Prämissen eine in sich stimmige, vernünftig organisierte Gegenwelt konstruiert wurde, deren Gegenbildlichkeit gerade wegen ihrer durchgängigen Rationalität eine Kritik an der Unvernunft der geschichtlichen Verhältnisse ermöglichte. Die hypothetischen Prämissen waren das Prinzip der Fiktion, machten die Utopie erzählbar, bedingten aber zugleich den eingestandenen fiktiven Charakter solcher Utopien, deren Wesen im verbindlichen Spiel der Phantasie begründet war. Genau dies ist aber nicht mehr möglich, wenn die Utopie in die Geschichte hineingenommen wird, wenn also das Utopische nicht mehr fiktives Medium einer Gesellschaftskritik, sondern reales Ziel des geschichtlichen Prozesses ist. Jede konkrete Antizipation wäre dann schon potentielle Vergewaltigung einer zukünftigen historischen Gestalt. Die literarische Utopie im alten Sinne ist damit für Brecht nicht mehr möglich, und es ist deshalb töricht, ihm ihr Fehlen zum Vorwurf zu machen; zugleich wird aber das Utopische als Denkansatz in einer auf Veränderung der gesellschaftlichen Verhältnisse zielenden Dramaturgie beherrschend.

Der Utopie-Begriff, der hier zugrunde gelegt werden muß, ist der der Sozialwissenschaften, wie er am prägnantesten in dem Forschungsbericht von Arnhelm Neusüss formuliert wurde.[2] Als Utopie wird nicht mehr die literarische Utopie (der utopische Roman) und nicht mehr das auf sie zurückgreifende vorwissenschaftliche Denken über Gesellschaft (die Sozialutopie) verstanden, sondern eine *Intention* im Hinblick auf die künftige Gestaltung des gesellschaftlichen Zusammenlebens, die zugleich als Gesellschaftskritik praktisch wird: »Nicht in der positiven Bestimmung dessen, was sie will, sondern in der Negation dessen, was sie nicht will, konkretisiert sich die utopische Intention am genauesten. Ist die bestehende Wirklichkeit die Negation einer möglichen besseren, so ist Utopie die Negation der Negation. Der Kampf gegen die Utopie findet seinen Stachel nicht so sehr in ihren Vorstellungen von einer schöneren Zukunft, vielmehr in ihrer Kritik an einer schlechten Gegenwart.«[3]

Utopisches Denken in diesem Sinne geht von der Änderbarkeit der bestehenden Verhältnisse aus, postuliert diese Änderung jedoch nicht aufs Geratewohl, sondern orientiert sich an den historischen Möglichkeiten und ist insofern von der naiven Utopie unterschieden, die die Alternative im Horizont des Gegenwärtigen und mit dessen unveränderten Bestandteilen suchte und also unhistorisch war. Die geschichtliche Orientierung ist das zentrale Moment eines wissenschaftlichen Utopiebegriffs, der denn auch nicht von ungefähr sein antizipatorisches Moment primär in aktueller Kritik realisiert, eben darin aber die Zukunft als seine eigentliche Dimension ausweist. Ebenso wie Werner Krauss[4] hält Neusüss die *literarische Utopie* für überholt,[5] zugleich erscheint ihm aber die *utopische Intention* um so aktueller.

2.

Von einer utopischen Intention in diesem Sinne ist auch bei Brecht auszugehen. Er hat bekanntlich die Theorie seines epischen Theaters als eine ›Dramaturgie der Veränderung‹ verstanden, als den Versuch, mit den Mitteln des Theaters das Bewußtsein für die Notwendigkeit gesellschaftlicher Veränderungen zu wecken und ihre Möglichkeit zu bekunden. In Anlehnung an Marx' 11. Feuerbach-These hat Brecht die Voraussetzung für ein ›Theater des wissenschaftlichen Zeitalters‹ von hier aus verstanden: »Die theatralischen Künste [. . .] treten [. . .] aus dem Stadium, in dem sie die Welt interpretieren halfen, in das Stadium, in dem sie sie verändern helfen.« (WA 15, 246)

Das Theater will »eingreifendes Denken« lehren und bedient sich hierfür des Verfremdungseffektes. Diese Funktionsänderung des Theaters war aber gerade dadurch der Gefahr eines Mißverständnisses und einer Entschärfung ihres politischen Anspruchs ausgesetzt, daß sie zugleich als formale Erneuerung in Erscheinung treten mußte. Brecht hat kurz vor seinem Tode in einem Gespräch mit Ernst Schumacher beklagt, daß es ihm nicht gelungen sei, »klarzumachen, daß das Epische meines Theaters eine Kategorie des *Gesellschaftlichen* und nicht des *Ästhetisch-Formalen* ist«, und hat deshalb erwogen, »den Begriff des Epischen Theaters überhaupt fallen zu lassen«.[6] Als umfassenderer und präziserer Begriff bot sich der Terminus ›dialektisches Theater‹ an, den Brecht schon seit den 30er Jahren verwendete, in seiner Spätzeit aber bevorzugte. Diese Begriffsveränderung und -erweiterung ist insofern bedeutsam, als sie neben dem politisch-gesellschaftlichen Charakter dieser Dramaturgie zugleich auch ihre Geschichtsorientiertheit stärker verdeutlicht.[7]

In diesem Zusammenhang ist daran zu erinnern, daß Brecht von Anfang an auch den Verfremdungseffekt als einen Historisierungsvorgang verstanden hat: »Wir kommen hiermit zu einem entscheidenden Technikum, der *Historisierung.* Der Schauspieler muß die Vorgänge als historische Vorgänge spielen. Historische Vorgänge sind einmalige, vorübergehende, mit bestimmten Epochen verbundene Vorgänge. Das Verhalten der Personen in ihnen ist nicht ein schlechthin menschliches, unwandelbares, es hat bestimmte Besonderheiten, es hat durch den Gang der Geschichte Überholtes und Überholbares und ist der Kritik vom Standpunkt der jeweilig darauffolgenden Epoche aus unterworfen. Die ständige Entwicklung entfremdet uns das Verhalten der vor uns Geborenen.« (WA 15, 347) – »Verfremden heißt also Historisieren, heißt Vorgänge und Personen als historisch, also als vergänglich darstellen.« (WA 15, 302)

Das richtet sich zunächst gegen die Einfühlungsdramatik, die den historischen Abstand zu den dargestellten Vorgängen zu fiktiver Unmittelbarkeit aufzuheben trachtet. Wichtiger aber ist die Anwendung dieses »Technikums« auf aktuelle Gegenstände, auf die der Veränderungswille dieser Dramatik ja ausgerichtet ist: »Der Schauspieler nun hat diesen Abstand zu den Ereignissen und Verhaltungsweisen, den der Historiker nimmt, zu den Ereignissen und Verhaltungsweisen der Jetztzeit zu nehmen. Er hat uns diese Vorgänge und Personen zu verfremden.« (WA 15, 347) Es geht aber nicht allein um Verfremdung, sondern zugleich um eine historische Aufhebung der Gegenwart, die zum Moment in einem geschichtlichen Prozeß wird: »So wie die Einfühlung das besondere Ereignis alltäglich macht, so macht die Verfremdung das alltägliche besonders [. . .]. Nicht länger flüchtet der Zuschauer aus der Jetztzeit in die Historie; die Jetztzeit wird zur Historie.« (WA 16, 610)

Die Historisierung macht also die Gegenwart für den Zuschauer zum Feld der Praxis und schafft so die Voraussetzung zu ihrer Veränderung. In diesem Zusammenhang wird die utopische Intention wirksam. Denn wenn Änderungswille und Anleitung zur Praxis mehr sein wollen als eine Kritik des Bestehenden, dann bedingen sie eine wissenschaftlich fundierte Orientierung an der Totalität des Geschichtsverlaufs, so daß Historisierung der Gegenwart nur als historischer Vorgriff möglich ist. »Kritik vom Standpunkt der jeweilig darauffolgenden Epoche« bedeutet für die Jetztzeit Kritik aus der Perspektive der Zukunft. Der Standpunkt, den zunächst Autor und Schauspieler, und durch sie vermittelt das Publikum, einzunehmen haben, ist ein historischer: »Um dem Zuschauer den Schlüssel zu ihrer [der Jetztzeit, KDM] Behandlung [. . .] auszuhändigen, muß er auf einem Punkt stehen, der nicht nur außerhalb der Sphäre der Figur, sondern auch *weiter vorn in der Entwicklung* liegt. Die Klassiker haben gesagt, daß der Affe sich am besten vom Menschen aus, seinem Nachfolger in der Entwicklung, begreifen lasse.« (wa 16, 610)

Die Geschichte wird so zum Modell für die Wahl einer Perspektive, die es erlaubt, das Bestehende zu transzendieren, weil es selbst geschichtlich ist. Was der Mensch für den Affen ist, das ist die sozialistische Utopie für die schlechte Gegenwart. Allerdings ist es charakteristisch, daß das Zukünftige nicht inhaltlich antizipiert, sondern methodisch zur Kritik der Gegenwart eingesetzt wird: die reale Perspektive ist die Praxis aktueller Veränderungen. Daß man dennoch so weit gehen kann, die sozialistische Utopie als Medium der Kritik anzunehmen, und nicht nur ein vages Verständnis von Vergänglichkeit zugrunde legen muß, ist in Brechts Verständnis der Historisierung selbst begründet: »Bei der *Historisierung* wird ein bestimmtes *Gesellschaftssystem* vom Standpunkt eines anderen *Gesellschaftssystems* aus betrachtet. Die Entwicklung der Gesellschaft ergibt die Gesichtspunkte.« (wa 16, 653)

Wenn notwendigerweise nur ein anderes Gesellschaftssystem als Grundlage für die historisierende Verfremdung der Gegenwart fungieren kann, dann ist die Kritik nur als konkrete Antizipation möglich, die sich am erkannten Gesetz der Geschichte (der ›Entwicklung der Gesellschaft‹) orientiert und es erlaubt, den »Standpunkt der darauffolgenden Epoche«

einzunehmen. Insofern ist utopisches Denken eine fundamentale Voraussetzung der Brechtschen Dramatik.[8] In dem gleichen Maße, in dem die Utopie so zur methodischen Voraussetzung der kritischen Darstellung gegenwärtiger Probleme auf dem Theater und zum programmatischen Horizont einer geschichtlichen Negation wird, kann sie jedoch selbst nicht zum Gegenstand des Theaters werden. Gemessen an dem wissenschaftlichen Anspruch eines ›Theaters des wissenschaftlichen Zeitalters‹ wäre eine konkrete literarische Utopie naiv und undialektisch, weil sie mit einem normativen Anspruch auftreten müßte und nicht den eingestandenen Fiktionscharakter eines literarischen Bildes – die Prämisse jeder echten Utopie – bewahren könnte. Deshalb widerspricht der Mimesis-Charakter der Dramatik der vorgegebenen Verpflichtung auf die Dialektik des Geschichtsprozesses. Insofern ist dem wissenschaftlichen Anspruch eines marxistischen Theaters im Sinne Brechts zwar die *utopische Intention* inhärent, die *Utopie* als solche aber fremd. Das entspricht genau der Ablösung des utopischen durch den wissenschaftlichen Sozialismus bei Marx und Engels. Das Utopische ist auf Methode und Zielrichtung der Kritik beschränkt: eine inhaltliche Antizipation der geschichtlichen Entwicklung verbietet sich im Interesse der gesellschaftlichen Praxis, auf die die Ausbildung des historischen Bewußtseins zielt.

Das zeigt sich etwa an Brechts *Messingkauf*, dessen Gegenstand der »Umbau des Theaters in das Theater des Philosophen« ist (wa 16, 500). Durch diesen »Umbau« soll das Theater zum Medium wissenschaftlicher Experimente im Dienst der Gesellschaftswissenschaften werden. Es soll »Modelle« entwickeln und in ihnen »Vorfälle aus dem gesellschaftlichen Zusammenleben der Menschen, welche der Erklärung bedürftig sind, nachahmen, so daß man diesen plastischen Vorführungen gegenüber zu gewissen praktisch verwertbaren Kenntnissen kommen könnte« (wa 16, 529 f.). Solche Modelle sind aber – und das ist ebenso charakteristisch wie konsequent – in allen Beispielen, die der ›Messingkauf‹ nennt, niemals Antizipationen, sondern ausschließlich historisierende Interpretationen und aktuelle Zeitkritik. Nicht einmal in Form des Experiments oder Modells greift Brecht also zur konkreten literarischen Utopie. Andererseits ist aber das neue Theater

(›Thaeter‹) selbst, das Theater des Philosophen, als Instrument der Gesellschaftswissenschaften bereits ein Vorgriff auf eine veränderte Gesellschaftsordnung, d. h. es setzt eine erst noch zu verwirklichende Theaterpraxis schon als gegeben voraus, um zugleich deren Möglichkeiten und die Probleme der intendierten Veränderung zu zeigen. Das gilt ebenso für das Programm eines ›Theaters des wissenschaftlichen Zeitalters‹, wie es im *Kleinen Organon* entwickelt wird. Brecht geht hier von »dem Zeitalter, das kommt« (WA 16, 670), aus und bestimmt es dahingehend, daß in ihm »die Kunst die Unterhaltung aus der neuen Produktivität schöpfen [wird]« (ebd.). Das bedingt, daß das Theater »so nahe an die Lehr- und Publikationsstätten« rückt, wie es möglich ist, um die Zuschauer die »besondere Sittlichkeit« dieses Zeitalters, »welche aus der Produktivität fließt«, genießen zu lassen (WA 16, 672 f.). Auch hier handelt es sich um einen methodischen Vorgriff, der das Theater von einer neuen Funktion her bestimmt und diese Funktion aus einem impliziten Vorwissen der zukünftigen gesellschaftlichen Entwicklung gewinnt. Inhaltlich ist aber über diese Zukunft nicht mehr gesagt, als daß sie das Ende der entfremdeten Arbeit beinhaltet und insofern die Produktivität zum Genuß zu machen vermag.

3.

Auf solche vorsichtigen, eher pragmatischen als inhaltlichen Festlegungen beschränkt sich auch das einzige Werk, in dem Brecht sich näher und konkreter auf Aussagen über die sozialistische Utopie eingelassen hat: das *Me-ti.*[9] Es ist charakteristisch, daß es sich dabei nicht um ein geschlossenes mimetisches Werk handelt, sondern um eine lockere Reihung parabolischer, apophthegmatischer und anekdotischer Kleinformen, in denen sich ein Denkprozeß artikuliert,[10] dessen punktuelle Prozeßhaftigkeit zur Form wird, indem zugleich – vermittelt durch die Denk-Figur des Me-ti – ein relativ kohärenter Reflexionshorizont angegeben ist. Wichtig ist aber, daß in dieser Form eine gewisse Abstraktheit und Theoriebezogenheit der Einzelaussagen begründet ist. Das hat zur Folge, daß sich viele Analogien zwischen dem *Me-ti* und aphoristischen Einzelüberlegungen in den *Schriften zur Kunst* und *Schriften zur Literatur und Gesellschaft* feststellen lassen.[11] Der Übergang zur rein theoretischen Aussage ist also kontinuierlich. Nur im Rahmen solcher vorgängigen Abstraktion äußert sich Brecht über die Inhalte seines utopischen Denkens.

Als Utopie kann insbesondere die Vorstellung einer ›großen Ordnung‹ (Sozialismus) gelten, die mit Hilfe der ›großen Methode‹ (Dialektik) zu verwirklichen ist. Es ist aber charakteristisch, daß Brecht sich schon im *Arbeitsjournal* in seiner Eintragung vom 7. 3. 1941 von der ›definition des sozialismus als einer *großen ordnung*‹ wieder distanziert hat: »er ist hingegen viel praktischer als *große produktion* zu definieren«, wobei Produktion im weitesten Sinne als »befreiung der produktivität aller menschen von allen fesseln« verstanden wird.[12] Das ist die Zurücknahme der Utopie in den Prozeß ihrer Verwirklichung (die der Sache nach auch im *Me-ti* vorliegt) und ein abermaliger Verzicht auf eine noch so vorsichtige Festlegung. Derartige Festlegungen kennt das *Me-ti* nur in der Form von Zielen. Dabei geht es Brecht vor allem darum – und hierin wird das utopische Denken wieder historisch konkret –, die Widersprüche zu verstehen, in die die UdSSR auf dem Wege zum Sozialismus geraten ist, um so das historische Ziel im geschichtlichen Prozeß sichtbar zu machen.[13] Zentrales Kriterium aller Urteile ist vor allem die »Weiterentwicklung der Produktivkräfte«: »Jedoch darf man sich diese Ordnung nicht als etwas mit einem einzigen Tage Verhängtes, als eine in allen ihren Teilen fertige, in allen ihren Teilen andere als die alte Ordnung vorstellen.« (wa 12, 508)

Ihre Verwirklichung vollzieht sich vielmehr in der Durchführung des jeweils »nächsten möglichen Schrittes« (wa 12, 512). Die ›große Ordnung‹ ist insofern kein »fertiger Plan, den es zu verwirklichen gilt«: »das Neue ergibt sich aus dem Alten und ist seine nächste Stufe. [. . .] Das Neue entsteht, indem das Alte umgewälzt, fortgeführt, entwickelt wird.« (wa 12, 527) »Die Einführung der ›Großen Ordnung‹ ist [. . .] ein langer Prozeß und eine Produktion.« (wa 12, 528) Ohne die Augen vor den »Widersprüchen in Su« (wa 12, 524) zu verschließen, ist Brecht so in der Lage, die gegenwärtige Realität im Horizont des utopischen Ziels zu verstehen. Die derart gewonnene Apologie beruht auf dem gleichen Prinzip wie die Kritik an der bürgerlichen Gesellschaft: sie ist orientiert an der utopischen Intention und am Verständnis der Geschichte als Prozeß. Daraus folgt für die bürgerliche Gesellschaft die kritische Negation, für die Verwirklichung der ›großen Ordnung‹ aber die Negation einer Kritik, die einen widerspruchsfreien Weg postuliert. Für eine sachgerechte Beurteilung der UdSSR läßt Brecht nur die Überlegung gelten, ob etwas »zum Aufbau der Produktion sozialistischer Art nötig ist«: »Und man [hat] davon Kenntnis zu nehmen, ob diese Art der Produktion die These, daß diese Unterschiede [noch bestehende Einkommensunterschiede, KDM] verschwinden werden, erlaubt oder nicht. Die Revolutionen sind nicht nur juristische Akte; es kann nicht von einem zum anderen Tage dekretiert werden, daß nunmehr Sozialismus zu herrschen habe. Der Aufbau des Sozialismus ist der Aufbau einer sozialistischen Produktion.« (wa 20, 107) Die These, daß bestehende Mängel verschwinden werden, bezeichnet hier die utopische Intention.

Im Zusammenhang mit seinem *Leben des Galilei* hat Brecht sich am Vorabend des 2. Weltkriegs geweigert, von dem »versunkenen Atlantis« zu reden (wa 17, 1105), d. h. sich nostalgisch an einer vergangenen Utopie zu orientieren und vor der »Finsternis« zu resignieren; zugleich hat er aber verdeutlicht, daß sich das Neue nicht von selbst behauptet: »Die glücklichen Zeiten kommen nicht, wie der Morgen nach durchschlafener Nacht kommt.« (wa 17, 1106) Immerhin ist aber im Begriff der ›glücklichen Zeiten‹ ein utopischer Anspruch formuliert. Der allmählichen Verwirklichung, dem Prozeßcharakter der Utopie, entspricht es, wenn der Stückeschreiber zugleich davor warnt, allzu vollständige Weltbilder zu konstruieren:[14] »Hütet euch vor den Leuten, die euch predigen, ihr müßtet die *Große Ordnung* verwirklichen. Das sind Pfaffen [. . .]. In Wirklichkeit handelt es sich für euch doch darum, eure Angelegenheiten zu ordnen; das machend schafft ihr die *Große Ordnung*. [. . .] Hütet euch, die Diener von Idealen zu werden; sonst werdet ihr schnell die Diener von Pfaffen sein.« (wa 12, 507) D. h. die konkrete, als ideales Bild verstandene Utopie ist eine Form der Ideologie. In der so begründeten expliziten Bilderfeindschaft ist der Verzicht auf die literarische Utopie zugunsten der utopischen Intention ausdrücklich formuliert. In diesem Sinne hat Brecht André Gide als Utopisten kritisiert: in dessen aufsehenerregender Schrift *Voyage en URSS* sah er die Enttäuschung eines ›Individualisten‹, der in der UdSSR nicht »*sein* neues Land« gefunden hatte: Gide suchte in Wahrheit ein Land, »das er selber gebaut hatte, und zwar in seinem Kopf. Er fand dieses Land nicht. Es liegt anscheinend nicht auf diesem Planeten«. (wa 19, 434) In diesem eigentlichen Sinne eines irrealen Bildes ist die Utopie für Brecht eindeutig negativ, und nur in dieser Bedeutung gebraucht er den Begriff Utopie selbst.

Trotz des generellen Bilderverbots sind jedoch im *Me-ti* einige Zielrichtungen der utopischen Intention angegeben. Abgesehen von der in jeder Hinsicht grundlegenden Entfaltung der Produktivkräfte (der Entfesselung des Produktiven) und der darin enthaltenen Perspektive der Freiheit[16] ist der Gedanke eines Absterbens des Staates formuliert (›Die Regierung als Dialektikum‹[17]). Besonders wichtig und breit ausgeführt ist sodann die Utopie einer neuen Ethik, eines der Zentralthemen des *Me-ti*: sie ist bezogen auf einen zunächst nur vorstellbaren »Zustand des Gemeinwesens, in dem der, welcher für sich selber sorgt, zugleich für das Gemeinwesen sorgt«. (wa 12, 433) Wahre Sittlichkeit besteht darin, dafür zu sorgen, »daß keine besondere Sittlichkeit nötig ist« (wa 12, 456). Brecht plädiert nicht für die Abschaffung der Tugenden, sondern für die Organisation einer Ordnung, zu deren Fortbestehen sie nicht notwendig sind:[18] erst durch ihre Entbehrlichkeit werden sie eigentlich produktiv.[19]

Systematische Kritik an den Tugenden, die praktische Konsequenz dieser utopischen Intention, wird vor allem in den *Flüchtlingsgesprächen* durchgeführt, wo Ziffel und Kalle die verschiedenen Tugenden als erzwungene Kompensation von Mängeln durchschauen und deutlich machen, daß eine Tugend nur dann in besonders hohem Kurs steht, wenn sie geeignet erscheint, einen gesellschaftlichen Mißstand zu verbergen oder zu entschärfen. Unter diesem Aspekt werden die verschiedenen Länder, die Ziffel und Kalle als Emigranten kennengelernt haben, kritisch gemustert, wobei sich jeweils die Forderung nach einem *anderen Land* als Raum einer besseren Ordnung ergibt. Ein Land, wo man ohne selbstmörderische Anstrengung, »ohne denkerische Operationen von gigantischem Ausmaß« (wa 14, 1484) überleben kann,[20] wo auch der durchschnittliche Mensch (»gewöhnliche Leute in Mittelgröße« (wa 14, 1497)) glücklich sein kann, »wo es einen

Sinn hat, unkeusch zu sein« (wa 14, 1417) usw., das ist nach den Erfahrungen der Emigranten in vielen Ländern recht eigentlich ein Nirgendwo-Land, eine Utopie: »Überall wird Übermenschliches verlangt, wo sollen wir noch hin? Nicht nur ein Volk oder zwei Völker erleben eine große Zeit, sondern sie rückt unaufhaltbar für alle Völker herauf, sie kommen ihr nicht aus [...] Über dem ganzen Kontinent nehmen die Heldentaten zu [...]. Die Welt wird ein Aufenthaltsort für Heroen, wo sollen wir da hin?« (wa 14, 1496)

Angesichts dieser trostlosen Perspektive erweist es sich als eine »überraschende Wende«, daß ein solches gleichsam utopisches Land doch zumindest vorstellbar ist, freilich als ein erst zu verwirklichender »Zustand«, als ein »Ziel«: »Sie haben mir zu verstehen gegeben, daß Sie auf der Suche nach einem Land sind, wo ein solcher Zustand herrscht, daß solche anstrengenden Tugenden wie Vaterlandsliebe, Freiheitsdurst, Güte, Selbstlosigkeit so wenig nötig sind wie ein Scheißen auf die Heimat, Knechtseligkeit, Roheit und Egoismus. Ein solcher Zustand ist der Sozialismus.« (wa 14, 1498) Freilich setzt dessen Verwirklichung noch einmal die gesteigertste Aktivierung aller abzuschaffenden Tugenden voraus. Während das Land, das Gide suchte, »nicht auf diesem Planeten« liegt, ist das Land, in dem Ziffels und Kalles Emigration ihr gutes Ende finden könnte, *noch nicht* wirklich, aber als Perspektive vorstellbar: es liegt nicht im Raum, sondern in der Zeit als ein historisches Ziel.[21]

Die Utopie ist also als Horizont und Perspektive der Kritik am Bestehenden deren wirkliche Legitimation und zugleich die Warnung vor einer intellektuellen Ungeduld gegenüber den Widersprüchen bei der Verwirklichung der ›großen Ordnung‹: je nach dem historischen Standpunkt ist sie Negation oder Vermittlung.

4.

In jedem Falle hat sich Brecht aber strikt an das Bilderverbot gehalten. Utopisches erscheint deshalb auch in literarischen Formen nur in Gestalt von Reflexionen über die ›große Ordnung‹ und über das ›Land‹, in dem zu leben sich lohnt. Niemals wird dieses Ziel schon selbst zur Gestalt. Zwar hat Brecht gelegentlich unter Berufung auf Lenin eingeräumt, daß

»auch sie [die Künstler] träumen dürfen (und sollen)« (wa 18, 261), zugleich aber die Kontrolle des Geträumten durch den Verstand verlangt, d. h. seine Zurücknahme ins Experiment. Das »Moment des Spielerischen«, das in jedem »natürlichen Denken« enthalten ist (wa 19, 353), wird nämlich erst im Horizont der Wissenschaft produktiv und verantwortbar. Deshalb hat Brecht auch vor der Schönfärberei in der Kulturpolitik der DDR gewarnt: »Kein neuer Staat kann aufgebaut werden ohne Zuversicht; es ist der Überschuß an Kraft, der die neue Gesellschaft baut. Aber ein oberflächlicher Optimismus kann sie in Gefahr bringen. Es ist nötig, die zukunftsträchtigen Züge des gesellschaftlichen Lebens herauszuarbeiten. Aber Schönfärberei und Beschönigung sind nicht nur die ärgsten Feinde der Schönheit, sondern auch der politischen Vernunft.« (wa 19, 541)

Insgesamt bestätigen das *Me-ti,* die *Flüchtlingsgespräche* und die theoretischen Überlegungen in Brechts Schriften zum Theater, zur Literatur und Kunst und zur Politik und Gesellschaft die konsequente Dialektik, daß gerade die utopische Intention des Brechtschen Denkens die literarische Utopie verhindert hat: in dem Maße, wie an der ›großen Ordnung‹ (als ›großer Produktion‹) als an dem Ziel der Geschichte festgehalten wird, erweist sich eine konkrete Antizipation als unmöglich. Daher bleiben die utopischen Elemente im *Me-ti* und in den *Flüchtlingsgesprächen* hypothetisch, abstrakt und im Modus der Reflexion und unterscheiden sich insofern nicht von der Darbietungsweise der theoretischen Schriften. Ziffel und Kalle sind noch auf der Suche nach einem ›anderen Land‹ und einem ›besseren Zustand‹, die von ihrem realen Standort her nicht mehr sind als Postulate der historischen Vernunft; und auch Me-ti entwickelt seine Vorstellungen von der ›großen Ordnung‹ zwar aus einer Perspektive, die die große Unordnung schon bewußtseinsmäßig überschreitet, die aber auch die Vorgänge in Su nur als Weg in die richtige Richtung begreiflich zu machen vermag: das Utopische ist die Zielrichtung einer praktischen Weltorientierung, die Perspektive einer historischen Kritik, als die Brecht sein Werk seinem Gehalt nach insgesamt verstand. Formal führt sie zu Verfremdung und Historisierung. Konkrete Antizipation ist eine Bewußtseinshaltung, von hier aus dann allerdings die Prämisse des gesamten Wirklichkeitsverständnisses und seiner literarischen Objektivationen.

Von seinem historischen Selbstverständnis her mußte Brecht sich als einen zu früh Geborenen empfinden, dessen Leben in ›finsteren Zeiten‹ kaum mehr als die Hoffnung auf das Glück künftiger Generationen zuließ. Diese Hoffnung ist in dem nun in der Tat utopischen Vermächtnis-Gedicht »An die Nachgeborenen« zur Zuversicht gestaltet:

> [. . .] Das Ziel
> Lag in großer Ferne.
> Es war deutlich sichtbar, wenn auch für mich
> Kaum zu erreichen.
> [. . .]
>
> Ihr, die ihr auftauchen werdet aus der Flut
> In der wir untergegangen sind
> Gedenkt
> Wenn ihr von unseren Schwächen sprecht
> Auch der finsteren Zeit
> Der ihr entronnen seid.
>
> [. . .] Ach, wir
> Die wir den Boden bereiten wollten für Freundlichkeit
> Konnten selber nicht freundlich sein.
>
> Ihr aber, wenn es so weit sein wird
> Daß der Mensch dem Menschen ein Helfer ist
> Gedenkt unsrer
> Mit Nachsicht. (wa 9, 724 f.)

5.

Das dezidiert historische Bewußtsein, das Brecht den Vorgriff auf die Zukunft verbot, weil er die Zukunft als Feld der Praxis und sein literarisches Werk als Teil dieser Praxis verstand, schließt nun freilich Utopie nicht vollständig aus. Vielmehr läßt sich von hier aus erst der Spielraum bestimmen, in dem das – wie sich gezeigt hat – ganz und gar von der utopischen Intention bestimmte Werk Utopisches im engeren Sinne als literarische Form zuläßt. Dabei kann es sich nach dem bisher

Ausgeführten nur um vorläufige, gescheiterte oder auch falsche Vorgriffe aus der *Vergangenheit* handeln, die in ihrer relativen Berechtigung gewürdigt oder aber in ihrer falschen Einseitigkeit kritisch zur Diskussion gestellt werden. Hier ist vor allem an vier in ihrer Thematisierung des Utopischen grundverschiedene Stücke zu denken: *Aufstieg und Fall der Stadt Mahagonny, Das Verhör des Lukullus, Leben des Galilei* und *Der kaukasische Kreidekreis.* Außer Betracht bleiben die Lehrstücke, die Reiner Steinweg insgesamt als ›konkrete Utopie‹ verstanden wissen will,[22] wobei sich das aber weniger auf ihren Inhalt und ihre Gegenständlichkeit bezieht denn auf ihre Grundkonzeption als Form einer neuen Dramatik, die als solche schon die kapitalistische Gesellschaftsordnung negiert[23] und den klassenlosen Staat vorwegnimmt, indem sie ihn voraussetzt.[24]

6.

Die Oper *Aufstieg und Fall der Stadt Mahagonny* zeigt Widersprüche innerhalb der kapitalistischen Gesellschaft, die sich gerade dadurch potenzieren, daß sie scheinbar aufgehoben werden. Die Gründung der ›Netzestadt‹ beruht auf der Einsicht, daß das Leben in den großen Städten vielen »nicht mehr gefällt« (wa 2, 505), daß sie einem Dasein gern entfliehen, das nur aus ›Mühe und Arbeit‹ besteht:

Denn es ist die Wollust der Männer
Nicht zu leiden und alles zu dürfen. (wa 2, 502)

So ist bereits die Existenz von Mahagonny darauf zurückzuführen, daß »alles so schlecht ist« (wa 2, 503). Bezeichnenderweise gewinnt es seinen Ruhm als »Paradiesstadt« (wa 2, 505) und kann mit diesem Anspruch die »Unzufriedenen aller Kontinente« (wa 2, 506) anziehen. Was hier geboten wird, ist die totale Freizeitutopie: »eine Woche ist hier: sieben Tage ohne Arbeit« (wa 2, 502), d. h. die typische Form einer Fluchtutopie, die *neben* die Wirklichkeit tritt, deren Kritik sie ist, nicht an ihre Stelle. In der Form der Satire kann Brecht somit den alten Typus der Raum-Utopie wiederaufnehmen. Die eigentliche Kritik entsteht freilich erst dadurch, daß diese Negation sich selbst negiert, insofern sie unter dem Schein einer Befreiung die alten Zwänge in verstärkter Form reproduziert. Denn die Gründer von Mahagonny gehen davon aus, daß man »leichter das Gold von Männern als von Flüssen« bekommt (wa 2, 502), d. h. die Freizeitutopie ist unproduktiv, darauf angewiesen, daß ihre Nutznießer und Opfer das Gold in den Städten erwerben, in denen sie unzufrieden sind, und sich das Paradies durch bare Zahlung erkaufen.[25] Aber selbst das sichert Mahagonnys Bestand noch nicht, denn das erkaufte Glück vermag auf die Dauer nicht zu befriedigen. Der durch die Strapazen der Goldsuche entmenschte Paul Ackermann – Prototyp des Mahagonny-Nutznießers – will auch in Mahagonny »gar kein Mensch sein« (wa 2, 520). Die vorgängige Relation von totaler Selbstentfremdung bei der Goldsuche und totaler Freizeit, auf der die Existenz der Netzestadt beruht, und die in ihr aufgehoben ist, schränkt die ›Gesetze der menschlichen Glückseligkeit‹ auf ein inhumanes Prinzip der Anarchie ein: der einzige verbindliche Grundsatz kann nur heißen: »du darfst«. Damit wird aber der entmenschte Mensch zur Naturkatastrophe:

Schlimm ist der Hurrikan
Schlimmer ist der Taifun
Doch am schlimmsten ist der Mensch (wa 2, 526)

Das zeigt sich in der Folge an den vier Grundsätzen von Mahagonny, die zur Selbstvernichtung (Fressen), zur totalen Entfremdung mitmenschlicher Beziehungen (Liebe), zum Totschlag (Boxen) und zum Todesurteil (Saufen) führen, wobei in jeweils gesteigerter Form das eherne Gesetz der Barzahlung den Schein der anarchischen Freiheit aufhebt. Der Tod weckt »großes, anhaltendes Gelächter« (wa 2, 540), denn es ist das Prinzip dieser Ordnung, daß »allen Leuten ihre Häute abgezogen [werden]« (wa 2, 541). »Abgeläutet« aber ist, wer kein Geld hat (wa 2, 545): »Mangel an Geld« ist »das größte Verbrechen [. . .]/ Das auf dem Erdenrund vorkommt« (wa 2, 555). Die Verbindung von anarchischem Destruktionstrieb und unerbittlichem ökonomischem Zwang (totaler Verdinglichung der menschlichen Beziehungen zu Waren) ist absolut tödlich und vernichtet den Schein der Freiheit, des Glücks und des Paradieses, den Mahagonny nur produzieren konnte, indem es ihn auf diesen beiden zerstörerischen Prinzipien begründete. Tatsächlich ist die »Paradiesstadt« die eigentliche Hölle, wie der Gesang der Männer über Gottes Erscheinen in Mahagonny bezeugt:

[. . .] An den Haaren
Kannst du uns nicht in die Hölle ziehen
Weil wir immer in der Hölle waren. (wa 2, 560)

Der eigentlich problematische und falsche Ansatz, die immanente Widersprüchlichkeit von Mahagonny und der Keim seiner Selbstaufhebung liegt in der Freizeitutopie als solcher. Schon in den frühesten *Marxistischen Studien*, den Vorarbeiten zu dem geplanten Stück »Joe Fleischhacker«, ging Brecht davon aus, daß die Befreiung von der entfremdeten Arbeit nur in der Aufhebung der Entfremdung, nicht in der Befreiung von der Arbeit liegen könne, d. h. in der Verwandlung der Produktivität zur Selbstverwirklichung und zum Genuß. Das ist die eigentliche Gegenutopie zu Mahagonny:[26] »Die Vorstellung einer idyllischen Staatsform, in der die Sorge um das Materielle (das sie hassen) dem einzelnen und der Masse abgenommen wäre, ist eine rein bürgerliche Vorstellung. Der Revolutionär haßt das Materielle nicht. Die Revolution soll im Gegenteil jene Sorge zur Sorge aller machen. Der Kommunismus erstrebt weniger eine Teilung der freien Zeit als eine solche der Arbeit! Heute haben die wenigsten eine Ahnung davon, welch eine ungeheure Steigerung der Lust an öffentlichen Geschäften bei der Masse zu erfolgen hat, damit sie fähig werde, den Staat zu übernehmen. Arbeit zur Beseitigung der Arbeit ist eine ganz jämmerliche Pensionistenidee! In Wirklichkeit müssen alle Leute instand gesetzt werden, es sich leisten zu können, um der Arbeit willen zu arbeiten!« (wa 20, 49)[27] In diesem Sinne spricht Brecht vom Sozialismus als einer »völlig anderen Produktion, das heißt nicht nur einer Produktion mit anderer Leitung« (wa 20, 95).

7.
Ein neuer Aspekt des Utopischen ist in dem Hörspiel *Das Verhör des Lukullus* behandelt. Hier geht es um die Beurteilung von Ruhm, Größe und Heldentum und um die in ihr implizierten Maßstäbe des historischen Urteils. Wie schon in den »Fragen eines lesenden Arbeiters« (wa 9, 656 f.) ergibt sich die Schärfe und Radikalität der geschichtlichen Kritik durch die Einführung einer Perspektive ›von unten‹, d. h. aus der Sicht der Opfer des geschichtlichen Handelns.[28] Dabei bedient sich Brecht eines »Kunstgriffs, den die Klassik häufig

anwendet« (WA 17, 1151), der Verlagerung des Gerichts in die Unterwelt, die hier als Präfiguration der Nachwelt gemeint ist und als solche einen späteren historischen Standpunkt im Horizont geschichtlicher Erfahrungen antizipiert. Die plebejischen Schöffen des Totengerichts – ein Lehrer (Sklave), ein Bäcker, eine Kurtisane, ein Bauer, ein Fischweib – sind selbst stumme, in den Geschichtsbüchern verschwiegene Opfer des berühmten Feldherrn und Fürsprecher von 80 000 Toten, die durch seine ruhmreichen Eroberungen vorzeitig in das ›Reich der Schatten‹ verschwinden mußten. Sie haben über den Ruhm des Welteroberers zu befinden, der bereits in einem prachtvollen Fries verherrlicht ist. Schon die Eingangsszene unter den Lebenden macht aber deutlich, daß das Urteil gespalten ist: während die Kaufleute beklagen, daß Heldentum leider ausstirbt, verwahren sich die Plebejer gegen das »Gewäsch von Ruhm« (WA 4, 1449). Im Totenreich nun ist Lukullus selbst der einzige Fürsprecher seines Ruhms. Vergebens verlangt er einen ›kompetenten‹ Sachverständigen, wie etwa den hier unbekannten großen Alexander; die Schöffen hingegen fragen nicht nach dem Ruhm, sondern nach seinem Preis und umgekehrt »geben sie das meiste auf den Nutzen eines Menschen« (WA 4, 1456). Folgerichtig wird Lukullus nicht mit seinem berühmten Namen, sondern in der »verachteten Sprache der Vorstädte« aufgerufen als »der Feldherr Lakalles, der sich Lukullus nennt« (WA 4, 1457 f.). Das Totengericht urteilt nach den Kriterien des Nutzens und Schadens für die Menschheit und ist besonders kritisch gegenüber jenen,

Die hier herunter in das Reich der Schatten
Einen schickten, bevor seines Lebens
Zugemessene Zeit verlaufen war. [. . .] (WA 4, 1456)

Gegen diesen Maßstab hat sich Lukullus 80 000 mal vergangen, und so steht er von vornherein auf verlorenem Posten gegen ein Gericht, dessen Vertreter als »Ahnen der Nachwelt« eingeführt sind:

Ohne Hände, zu nehmen, und ohne Münder, zu essen
Unempfindlich für Glanz die lange erloschenen Augen.
Unbestechliche [. . .] (WA 4, 1458)

Der Ruhm ist ihnen »wie ein Rauch, welcher anzeigt/ Daß ein Feuer gewütet hat« (WA 4, 1459). Nur seine Schwächen sprechen für Lukullus: weil er gern aß, ermöglichte er seinem

Koch ein unentfremdetes Dasein als Künstler, und die glücklichste seiner Eroberungen ist der Kirschbaum, den er nach Italien brachte: »dies Stämmchen lebt« (wa 4, 1475). Dagegen steht jedoch die Anklage des »halbgelebten Lebens« von »80 000 Dahingeschlachteten« (wa 4, 1477). Weil deshalb die Summe seines Lebens aus der Sicht der Menschheitsgeschichte negativ ist, wird Lukullus ins Nichts verdammt, d. h. aus dem kollektiven Gedächtnis eines ganzheitlichen Geschichtsbewußtseins gestrichen. In diesem Sinne ist das Totengericht eine Antizipation: seine Mitglieder sind

Die Fürsprecher der Nachwelt
Der mit den vielen Händen, zu nehmen
Der mit den vielen Mündern, zu essen
Der eifrig sammelnden
Gern lebenden Nachwelt. (wa 4, 1478)

Damit wird Vergangenes durch eine gegenwärtige Reflexion in den Horizont einer erst noch zu verwirklichenden Zukunft gestellt. Die Welteroberung, die die parabelhafte Verfremdung des *Verhörs des Lukullus* wirklich meinte, war diejenige, zu der sich das 3. Reich 1939 anschickte: die ›gern lebende Nachwelt‹, zu deren Fürsprecher sich das Totengericht macht, ist von diesem wirklichen historischen Standort aus noch Utopie, aber doch immerhin im historischen Bewußtsein schon vorwegzunehmen. Die plebejisch-proletarische Perspektive, aus der hier geurteilt wird, ist zugleich die der »Fragen eines lesenden Arbeiters«, der im »Chroniken«-Zyklus der *Svendborger Gedichte* bereits die punktuelle Verwirklichung eines insgesamt noch utopischen Bildes entspricht: die »Inbesitznahme der großen Metro durch die Moskauer Arbeiterschaft am 27. April 1935« (wa 9, 673 ff.):

Denn es sah der wunderbare Bau,
Was keiner seiner Vorgänger in vielen Städten vieler Zeiten
Jemals gesehen hatte: *als Bauherren die Bauleute!*
Wo wäre dies je vorgekommen, daß die Frucht der Arbeit
Denen zufiel, die da gearbeitet hatten? Wo jemals
Wurden die nicht vertrieben aus dem Bau
Die ihn errichtet hatten?[29]
Als wir sie fahren sahen in ihren Wagen
Den Werken ihrer Hände, wußten wir:
Dies ist *das große Bild, das die Klassiker einstmals*

Erschüttert voraussahen. (wa 9, 675)[30]

Hier wird deutlich, daß das Geschichtsbewußtsein des Proletariats als Praxis verstanden ist: als solche enthält es die utopische Intention.

8.

Freilich ist der Sprung aus der historischen Realität in die geschichtliche Vernunft nur in der Form des ästhetischen Scheins möglich: im *Verhör des Lukullus* durch die literarische Fiktion eines Totengerichts, das seine Maßstäbe als ›Fürsprecher der Nachwelt‹ gewinnt, wenngleich die Schöffen selbst Opfer der von Lukullus mitvertretenen Politik sind. Daß der Übergang aus einer im Grunde bereits abgestorbenen Gestalt der Geschichte in eine in ihren Möglichkeiten schon vorhandene neue sich aber nicht selbstverständlich vollzieht, sondern in Form einer äußerst langwierigen und widerspruchsvollen Praxis, in der sich das Unvernünftige als durchaus lebensfähig erweist, hat Brecht beinahe gleichzeitig mit dem *Verhör des Lukullus* in seinem *Leben des Galilei* gezeigt. Hier erweist sich: »Die glücklichen Zeiten kommen nicht, wie der Morgen nach durchschlafener Nacht kommt.« (wa 17, 1106) Damit wird eine weitere, zentral wichtige Dimension des Utopischen bei Brecht sichtbar: die der historischen Möglichkeit, die durch den Gang der Geschichte verhindert wurde, obwohl sie vernünftiger war als das, was an ihre Stelle trat, und die deshalb noch immer zu verwirklichen bleibt.

Das Lebensgefühl Galileis ist bestimmt durch den Eindruck: »die alte Zeit ist herum, und es ist eine neue Zeit« (wa 3, 1232 f.). Dieser Eindruck ist berechtigt, insofern durch die geographischen und die naturwissenschaftlichen Entdeckungen der beginnenden Neuzeit das überlieferte Weltbild total verändert ist: der Glaube ist durch den Zweifel ersetzt, und die Menschheit schickt sich an, »Bescheid [zu] wissen über ihre Wohnstätte, den Himmelskörper, auf dem sie haust« (wa 3, 1233). Aber es ist zugleich naiv, wenn Galilei meint, daß mit diesen Veränderungen der Weltsicht schon ein neues, großes Zeitalter angebrochen sei, »in dem zu leben eine Lust ist« (wa 3, 1236). Der Glaube an die »sanfte Gewalt der Vernunft über die Menschen« (wa 3, 1256) erweist sich schon in seinem eigenen Leben als eine pure Illusion. Um leben und das heißt auch um forschen zu können, muß er sich mit der weltlichen Obrigkeit (in seinem Falle ist das die Kurie) arrangieren und deshalb seine Erkenntnisse unterdrücken. Er bemerkt zwar, daß sich »nur so viel Wahrheit durch[setzt] als wir durchsetzen« (WA 3, 1297), aber er erfährt zugleich auch die Grenzen der Durchsetzbarkeit: zur »größten lebenden Autorität in der Physik« (WA 3, 1301) kann er nur aufsteigen, weil er sich zum Schweigen bereit findet und damit die Macht seines Wissens verspielt. Der Widerruf ist die Konsequenz eines Verhaltens, das auf die Selbsttätigkeit der menschlichen Vernunft vertraute und verkannte, daß die gesellschaftliche Möglichkeit, »die Erde so bewohnbar« zu machen, »daß der Himmel abgetragen werden kann« (WA 3, 1338), nur als Praxis zu realisieren war. Durch den Verzicht auf sie bleibt das Ziel, »die Mühseligkeit der menschlichen Existenz zu erleichtern« (WA 3, 1340), unverwirklicht. Auch in seiner Selbstverurteilung hält Galilei zwar daran fest, daß »ein neues Zeitalter angebrochen ist« (WA 3, 1341), aber es ist nun nicht mehr eines, in dem zu leben eine Lust ist. Gleichwohl hat Brecht kaum ernsthaft an einen hippokratischen Eid der Naturwissenschaftler geglaubt: die Verbrechen der Medizin im 3. Reich, die dieses Gelöbnis nicht verhindert hatte, waren ihm nur zu bewußt.[31] Dieser Eid ist vielmehr eine Metapher für eine in der Geschichte widerlegte Utopie aus der Vergangenheit.

Galileis Versagen ist in Brechts Deutung darin begründet, daß er die gesellschaftlichen Möglichkeiten und Konsequenzen der naturwissenschaftlichen Entdeckungen zwar erkannte, sie aber nicht zum Maßstab seines Handelns machte, indem er auf die Selbsttätigkeit der Vernunft vertraute. Die Naivität, mit der er davon ausgeht, daß der Physiker Barberini als Papst Physiker bleiben und davon absehen könne, daß die Menschheit am 10. Januar 1610 in ihr Journal eingetragen hat »Himmel abgeschafft« (WA 3, 1250), diese Naivität führt zu dem grundlegenden Widerspruch von naturwissenschaftlicher und gesellschaftlicher Vernunft, der für die Menschheit tödlich zu werden droht. Indem die utopische Intention, die bei Galilei durchaus vorhanden ist, nicht zur gesellschaftlichen Praxis wird, gibt sie ihre eigentlichen Möglichkeiten und ihre historische Verpflichtung preis: Galilei ist in gewissem Sinn der technische Schöpfer und soziale Verräter der Produktivkräfte, die sich in der ›Industriellen Revolution‹ entfalten (wa 17, 1133) – er wird zum Verräter, als die Kampffronten politisch werden.

Aus dieser Differenz von naturwissenschaftlich begründeter Möglichkeit und gesellschaftlicher Wirklichkeit der Neuzeit hat Brecht in seinen Schriften zum Theater sein Selbstverständnis als Autor begründet. Insofern ist *Leben des Galilei* ein für seine Selbsteinschätzung zentrales Stück. Das ›Theater des wissenschaftlichen Zeitalters‹, dessen Grundlagen besonders im *Kleinen Organon für das Theater* entwickelt werden, versteht sich von den Entdeckungen der frühen Neuzeit her: die Entfesselung gesellschaftlicher Produktivkräfte ermöglichte der Menschheit, »den Stern, auf dem sie hauste, bewohnbar zu machen« (wa 16, 668). Die »ungeheure Veränderung und vor allem Veränderbarkeit unserer Umwelt« (wa 16, 669) realisiert sich aber widerspruchsvoll, indem die Steigerung der Produktion Steigerungen des Elends verursacht: der mögliche »Fortschritt aller« wird zum »Vorsprung weniger« (wa 16, 670). Erst die mit säkularer Verspätung sich entfaltenden Gesellschaftswissenschaften eröffnen die Möglichkeit, diesen Widerspruch aufzulösen: »Unserer Kenntnis der Natur müssen wir die Kenntnis der menschlichen Gesellschaft hinzufügen, des Verhaltens der Menschen untereinander, [wenn][31a] wir unsere Kenntnis der Natur menschlich ausnützen wollen« (wa 16, 539). Diese Einsicht ist mit abermaliger Verspätung die Grundlage einer Theorie für das ›Theater des wissenschaftlichen Zeitalters‹. Für dessen zentrales Technikum, die Verfremdung, zitiert Brecht den »fremden Blick [...], mit dem der große Galilei einen ins Pendeln gekommenen Kronleuchter betrachtete« (wa 16, 681). Nicht von ungefähr spielt Brecht mit dem *Kleinen Organon* auch auf Francis Bacons *Novum Organum Scientiarum* an,[32] also auf eine Grundlagenschrift des naturwissenschaftlichen Weltverständnisses. D. h. das Theater muß erst auf den Stand gebracht werden, auf dem die Naturwissenschaften schon zu Beginn der Neuzeit waren, um seine utopische Intention verwirklichen zu können. Diese Notwendigkeit ist darin begründet, daß das naturwissenschaftliche Zeitalter zwar schon längst begonnen hat, aber immer noch keine umfassende Wirklichkeit ist. Es bleibt noch so lange Utopie, wie die Produktivität nicht im umfassenden Sinne zur Quelle des Unterhalts und des Vergnügens geworden ist (s. wa 16, 670 f.), solange also die Kinder des wissenschaftlichen Zeitalters nicht »die besondere Sittlichkeit ihres Zeitalters genießen [. . .], welche aus der Produktivität fließt« (wa 16, 673). Brechts utopische Intention wird hier mit derjenigen identisch, die er Galilei als Naturwissenschaftler unterstellt hat und die dieser durch seinen sozialen Verrat preisgab. Nirgends ist Brechts antizipatorische Haltung konkreter geworden als im *Kleinen Organon* und im *Messingkauf*, wo die Perspektiven einer zukünftigen Theaterpraxis und Dramatik entworfen werden. Sie richten sich auf ein Publikum, das die Kritik – die große Methode der Produktivität – als eine Lust empfindet (s. wa 16, 673). Diese Abweichung gegenüber der sonstigen Verweigerung des historischen Vorgriffs scheint mir doppelt motiviert: zum einen ist die Antizipation nicht so sehr inhaltlich wie methodisch, ist also nicht Utopie, sondern Formulierung einer utopischen Intention, die deren für Brecht zentralen Inhalt (die veränderte Einstellung zur Produktion und zur gesellschaftlichen Praxis) zum Gegenstand hat; und zum anderen handelt es sich noch nicht um eine historische Alternative, sondern gewissermaßen um die Wiederherstellung eines Gesamtkomplexes, der in seiner konsequentesten Tendenz, der Technik, die Wirklichkeit auf widerspruchsvolle Weise bestimmt. Das wissenschaftliche Zeitalter als solches ist für Brecht keine Utopie – daß es sich hingegen in zeitlich verschobenen Phasen verwirklicht, ist ein gesellschaftlicher Widerspruch.

9.
Nur einmal hat Brecht ein ›goldenes Zeitalter‹ wirklich dargestellt: Im *Kaukasischen Kreidekreis*. Das Richteramt des Dorfschreibers und Wilddiebs Azdak wird im Gedächtnis des grusinischen Volkes bewahrt als »eine kurze Goldene Zeit beinah der Gerechtigkeit« (wa 5, 2105). Freilich sind diese zwei Jahre als solche nichts weniger als eine glückliche Zeit, also durchaus keine Utopie. Der Sänger, der die Geschichte vom Kreidekreis erzählt, nennt deshalb auch die alte Zeit, von der er berichtet, ausdrückliche eine »blutige Zeit« (wa 5, 2008). Der »Wechsel der Zeiten« – hier ausgelöst durch eine Palastrevolution – wird zwar zur »Hoffnung des Volkes«,

weil sich zeigt, daß auch die Gewalt nicht ewig dauert, aber zugleich »werden viele Kleine erschlagen, wenn das Haus eines Großen zusammenbricht« (wa 5, 2015). So zeigt sich zunächst einmal, daß sich die Magd Grusche ins Unglück bringt, indem sie der ›schrecklichen Verführung zur Güte‹ nachgibt und das hilflose Kind des erschlagenen Gouverneurs Abaschwili in Sicherheit bringt. Ihr Verhalten bestätigt zwar: »In den blutigsten Zeiten/ Leben freundliche Menschen« (wa 5, 2038), zugleich kann sie ihre gute Tat aber nur vollbringen, indem ihre Produktivität in der Richtung ihrer eigenen Destruktion wirkt (wa 17, 1208 f.). Das ist, wie Brecht anmerkt, einer der Hauptwidersprüche »unter den Bedingungen des Krieges, des bestehenden Rechts, ihrer Vereinsamung und Armut« (wa 17, 1209). Indem sie sich des Kindes annimmt, gefährdet sie sich und das Kind, sieht sich schließlich in einer Ehe gefangen, die sie von dem geliebten Mann, dem Soldaten Simon Chachava, trennt, und muß es nach dem Ende der Machtkämpfe sogar erleben, daß ihr das Recht auf das Kind streitig gemacht wird, zu dessen Mutter sie sich unter den größten Opfern verwandelt hat. Die Entscheidung in diesem Rechtsstreit zwischen der reichen Gouverneursfrau und der armen Magd wäre normalerweise selbstverständlich, und nur durch die Person des Armeleuterichters Azdak wird sie überhaupt wieder zu einer Entscheidung und zu einem Rechtsfall.

Azdak ist, wie Brecht betont hat, »ein völlig lauterer Mann, ein enttäuschter Revolutionär, der einen verlumpten Menschen spielt, so wie beim Shakespeare die Weisen Narren spielen« (wa 17, 1206). Seine Geschichte ist eine Folge von Widersprüchen. Weil er dem Großfürsten, »dem Großdieb, dem Großwürger« (wa 5, 2068) unfreiwillig zur Flucht verholfen hat, klagt er sich vor den Panzerreitern an und verlangt seine Verurteilung. Er geht davon aus, daß eine neue Zeit gekommen ist (wa 5, 2069), er mißversteht also die Palastrevolution als Revolution, indem er sich an einen vierzig Jahre zurückliegenden Volksaufstand in Persien erinnert. Die Panzerreiter, die er zu Richtern anruft, haben aber gerade den Aufstand der grusinischen Teppichweber niedergeschlagen, die jene »persische Krankheit« bekamen, auf die Azdak seine Hoffnung gesetzt hatte. Sie vertreten also nicht, wie Azdak meint, die Revolution, sondern die Konterrevolution. Aus einer Laune heraus, die nur in dieser aus den Fugen geratenen Zeit möglich ist, ernennen sie ihn zum Richter, weil er den Großfürsten vollendet spielt. Der fette Fürst, dessen Kandidaten für das Richteramt er aussticht, bemerkt zwar, daß er »redet wie ein Teppichweber« (WA 5, 2077), aber Azdak entgegnet, daß er nur die Wahrheit sagt: beides trifft zu. Paradoxerweise wird also der Revolutionär, der sich einer konterrevolutionären Handlung anklagt, von den Konterrevolutionären in ein Amt eingesetzt, das es ihm erlaubt, gegen die Ordnung tätig zu werden, und gleichwohl entspricht diese willkürliche Handlung, wie sich später zeigen wird, dem unfreiwilligen Verdienst, das Azdak sich erworben hat, indem er den Großfürst rettete. Es ist indes nur die unsichere Zeit, die eine Umkehrung der bisherigen Normen erlaubt: »Immer war der Richter ein Lump, so soll jetzt ein Lump der Richter sein« (WA 5, 2078). Azdak rechtfertigt dieses ironische Vertrauen. Er praktiziert nicht eine neue Gerechtigkeit, sondern ein Recht gegen das Gesetz – das ist die einzige Möglichkeit einer Rechtsprechung, wenn das Gesetz selbst ungerecht ist. »Mit gefälschter Waage« mißt »der gute schlechte Richter Mütterchen Grusiniens« ein »gezinktes Recht« – er bricht die Gesetze »wie ein Brot« zugunsten der »Niedren und Gemeinen« und bringt so »das Volk ans Ufer auf des Rechtes Wrack« (WA 5, 2083, 2086). Aber diese so volkstümliche wie willkürliche Rechtsprechung ist gebunden an die ›Zeit der Unordnung‹: »Als die Obern sich zerstritten, war'n die Untern froh, sie litten/ Nicht mehr gar so viel Gibher und Abgezwack.« (WA 5, 2083) Als deshalb der persische Kriegsgegner dem Großfürsten die Rückkehr an die Macht ermöglicht, damit nicht die ›persische Krankheit‹ in Grusinien ausbricht, weiß Azdak seine Richtertage gezählt: »Die Zeit der Verwirrung und Unordnung ist vorüber, und die große Zeit ist nicht gekommen, die ich beschrieben fand in dem Lied vom Chaos« (WA 5, 2087). Die ›große Zeit‹ ist die ›vergebliche Hoffnung‹ des ›enttäuschten Revolutionärs‹, die unverwirklichte Möglichkeit einer ›aus den Fugen‹ geratenen Zeit, die zugleich die Zeit der Verfolgung und der Opfer ist, durch die Grusche ihr Mutterrecht für das Kind erworben hat. Daß Azdak ihren Fall entscheiden soll, gilt als ein Glück, gerade weil er »überhaupt kein richtiger Richter« ist (WA 5, 2090)

– eben deshalb kommen die armen Leute »manchmal gut bei ihm weg« (ebd.). Aber ehe er den Fall entscheiden kann, steht er ein zweites Mal mit einem Strick um den Hals am Galgen, und es ist wiederum ein Widerspruch, der ihn rettet: als Gegenleistung für die »Errettung eines dem Land hochwichtigen Lebens« (wa 5, 2094) wird er ein zweites Mal, dieses Mal vom Großfürsten selbst, zum Richter ernannt. Der Großfürst bestätigt also die willkürliche Laune der Panzerreiter, und es ist die unrühmlichste Tat des heimlichen Revolutionärs, die es ihm ermöglicht, seine volkstümliche Rechtsprechung noch einmal fortzusetzen. So kann er das Kreidekreis-Urteil fällen, in dem er die Gerechtigkeit einer neuen Ordnung vorwegnimmt. Deren Grundsatz ist in den Schlußworten des Sängers als ›Meinung der Alten‹ zur Sentenz zusammengefaßt:

Daß da gehören soll, was da ist, denen, die für es gut sind, also
Die Kinder den Mütterlichen, damit sie gedeihen
Die Wagen den guten Fahrern, damit gut gefahren wird
Und das Tal den Bewässerern, damit es Frucht bringt. (wa 5, 2105)

In diesem Sinne hebt Azdak die falsche Frage des Rechtsstreits auf: nicht der Anspruch der ›richtigen‹ Mutter auf das Kind ist für ihn bestimmend, sondern der Anspruch des Kindes auf die richtige Mutter, und darin äußert sich schon die ›Sittlichkeit, die aus der Produktion stammt‹ und die für Brecht das Grundgesetz des wissenschaftlichen Zeitalters ist. So ermöglicht also eine unfreiwillige konterrevolutionäre Handlung Azdak, dem enttäuschten Revolutionär, vorübergehend die Praxis einer noch unverwirklichten Ordnung. Das ist zwar eine märchenhafte Ausnahme (der Märchenton des Sängers ist unüberhörbar),[33] hat indes zur Folge, daß Grusches Produktivität (Freundlichkeit) *nicht* in Richtung ihrer eigenen Destruktion wirkt. Das aber wird als Utopie bewußt, insofern das Volk die Richterzeit Azdaks als eine ›kurze Goldene Zeit beinah der Gerechtigkeit‹ im Gedächtnis bewahrt. Azdak ist ein Richter, der nichts vom Recht versteht, der das Gesetzbuch nur benutzt, um darauf zu sitzen, dessen Urteilssprüche aber gerade deshalb oft gerecht sind. Ihre Beglaubigung erhalten sie in der Legende vom guten Richter, d. h. in der kollektiven Identifikation mit dieser Utopie einer neuen Gerechtigkeit.

Entscheidend ist nun freilich, daß Brecht sich nicht mit dieser Erzählung aus alter Zeit begnügt, sondern sie mit einer aktuellen Handlung in Beziehung setzt: dem ›Streit um das Tal‹, der Auseinandersetzung zweier kaukasischer Kolchosdörfer um das Recht zur Nutzung eines durch den Krieg verwüsteten Tales. Es stehen sich die Liebe zur Heimat und der Plan einer besseren Verwendung des Bodens antithetisch gegenüber, und der Streit wird einvernehmlich im Sinne des produktiveren Vorschlags gelöst: die neue Gesellschaftsordnung hat den Sieg der praktischen Vernunft zur Voraussetzung und zur Grundlage. Aus dieser Perspektive ist der ›Kreidekreis‹ »ein Theaterstück [...], das mit unserer Frage zu tun hat« (wa 5, 2006).

Das Vorspiel hat bei der Kritik und bei der Literaturwissenschaft erhebliches Unbehagen verursacht.[35] In vielen Aufführungen ist es einfach gestrichen worden. Das ist aber ein grundlegendes Mißverständnis, das insbesondere Brechts utopische Intention verkennt. Er hat in einem Brief vom Mai 1954[36] erklärt, daß er die Reserven gegenüber dem Vorspiel nicht verstehe: es sei doch unerläßlich, die Fragestellung des parabelhaften Stücks aus Notwendigkeiten der Wirklichkeit herzuleiten, und es bedürfe eines »historischen und erklärenden Hintergrundes«. Daher habe die Konzeption des Vorspiels tatsächlich am Anfang der dramatischen Bearbeitung gestanden. An anderer Stelle heißt es sogar: »Der ›Kaukasische Kreidekreis‹ ist keine Parabel. Das Vorspiel könnte darüber einen Irrtum erzeugen, da äußerlich tatsächlich die ganze Fabel zur Klärung des Streitfalls wegen des Besitzes des Tals erzählt wird. Genauer besehen aber enthüllt sich die Fabel als eine wirkliche Erzählung, die in sich selbst nichts beweist, lediglich eine bestimmte Art von Weisheit zeigt, eine Haltung, die für den aktuellen Streitfall beispielhaft sein kann, und dann ist das Vorspiel als ein Hintergrund erkennbar, der der Praktikabilität dieser Weisheit sowie auch ihrer Entstehung einen historischen Platz anweist.« (wa 17, 1205)

Beide Äußerungen verweisen auf den *historischen* Zusammenhang von Kreidekreis-Handlung und Vorspiel. Inhaltlich stellt sich dieser Zusammenhang als eine nachträgliche Beglaubigung der Haltung dar, aus der heraus Azdak den Streit um das Kind entschieden hat. Was selbst in dem Bericht des Sängers noch als eine Art Märchen erscheint, wird von einer veränderten Gegenwart her als Antizipation einer Haltung erkennbar, die geeignet erscheint, die Erde bewohnbar zu machen. Dabei sollen natürlich die Vorgänge des Vorspiels nichts weniger als utopisch sein: sie zeigen vielmehr die sanfte Gewalt der Vernunft über den Menschen in einer Gesellschaftsordnung, die solche Vernünftigkeit nicht nur zuläßt, sondern sogar fordert. Auch hier ist nicht ein goldenes Zeitalter dargestellt, sondern die kritische Phase eines Wiederaufbaus nach einer verheerenden Zerstörung, eines Wiederaufbaus freilich im Horizont einer utopischen Intention.[37] Erst durch die historische Kontinuität zwischen der Zeit Azdaks und der Zeit des Vorspiels erscheint Azdaks Richten im rechten Licht, wird es verbindlich: es ist nicht die folgenlose Weisheit einer individuellen Ahnung von Gerechtigkeit, sondern konsequente Praxis eines zu früh gekommenen Revolutionärs. Dabei ist es wichtig, daß diese Praxis aus dem Irrtum über die politischen Realitäten hervorgeht und weithin den Charakter des Intuitiven (scheinbarer Willkür) hat. Die Kontinuität wird durch das Gedächtnis des Volkes hergestellt, das den Vorgang als Legende bewahrt und zugleich als Weisheitssatz formuliert (›Daß da gehören soll, was da ist, denen, die für es gut sind‹). Der Weisheitssatz geht schon über seine punktuelle Verwirklichung in Azdaks Richtertätigkeit hinaus, erhält seine Beglaubigung aber erst in einer Ordnung, in der er zur Grundlage *allen* Handelns wird.

Das Verhältnis von Fabel, Legende und Vorspiel läßt sich im Zusammenhang der von Brecht beanspruchten Historisierung als der Zusammenhang einer Utopie in der Vorgeschichte, einer utopischen Intention und deren historischer Bestätigung auffassen. Dabei verändert sich die utopische Intention von der Erwartung des goldenen Zeitalters zur Einsicht in die Notwendigkeit vernünftiger Praxis, d. h. von Hoffnung zu Planung. Erst durch das Vorspiel wird aber die Utopie zur Geschichte: die bedingte Aufhebung gesellschaftlicher Zwänge hat Azdak die Möglichkeit gegeben, im Auftrag der noch bestehenden Ordnung mit Maßstäben zu richten, die diese Ordnung negieren – daher sein revolutionäres Bekenntnis zum ›Chaos‹. Erst wenn aber diese Negation die Zwänge selbst aufhebt, können seine Maßstäbe wirklich verbindlich werden, das Moment des Zufälligen und Willkürlichen hinter sich lassen. Von hier aus wird das Vorspiel tatsächlich zu dem unentbehrlichen ›historischen und erklärenden Hintergrund‹, als den Brecht es verstanden wissen wollte: es ist nicht eine überflüssige oder gar peinliche Zutat, sondern die Voraussetzung der gehaltlichen und ästhetischen Totalität des Werkes.

Freilich ist das auch ein Grenzfall in Brechts Werk, weil die utopische Intention hier nicht mehr aus der Negation, sondern aus der Bejahung der dargestellten Wirklichkeit hervorgeht – die Negation liegt in der Fabel voraus. Insgesamt ist der *Kaukasische Kreidekreis* aber das verbindlichste Paradigma für Brechts Verständnis der literarischen Utopie. Ausgeführt kann sie nur als Vorgeschichte erscheinen, die von der Geschichte eingeholt und beglaubigt ist, d. h. als wirkliche Antizipation einer künftigen historischen Gestalt. Dabei gilt der utopische Gehalt (hier der Weisheitssatz) für Vergangenheit und Gegenwart zugleich, jedoch mit unterschiedlichen Realisierungsmöglichkeiten. Diese Antizipation in der Vorgeschichte kann gerade im Zusammenhang ihres noch utopischen Anspruchs zum bildhaften Vorgang werden (stärker noch als analoge Tendenzen im *Verhör des Lukullus* oder in *Leben des Galilei*), weil ihre Bestätigung sich schon abzuzeichnen beginnt. Wichtig ist aber, daß der Kontext von Azdaks unzeitgemäßem Handeln trotz der fast märchenhaften Darstellung noch uneingeschränkt kritisch gesehen ist. Dennoch liegt der utopische Vorgriff, in einem identischen methodischen Zusammenhang, schon jenseits der Problematik der auf die Gegenwart bezogenen utopischen Intention, die bei Brecht – wie sich gezeigt hat – folgerichtig zur abstrakten Bilderfeindlichkeit der bloß begrifflichen Formulierung (›große Ordnung‹) führen mußte. Beides ergibt sich zwangsläufig aus der Rückführung des Utopischen in die Geschichte. Damit erweist sich der ›Kaukasische Kreidekreis‹ aber als die einzige wirkliche literarische Utopie Brechts.

Stellenbelege von Brecht-Zitaten nach der 20bändigen Werkausgabe (Frankfurt/M. 1967), zitiert als wa mit Band und Seitenzahl.

1 Martin Esslin, *Bertolt Brecht.* Das Paradox des politischen Dichters, Frankfurt/M. 1962, S. 359 f. (Hervorhebungen im Zitat hier und im Folgenden von mir, sofern nicht ausdrücklich anders vermerkt.)

2 Arnhelm Neusüss, *Schwierigkeiten einer Soziologie des utopischen Denkens,* in: (Hrsg. A. Neusüss), *Utopie.* Begriff und Phänomen des Utopischen, Neuwied/Berlin 1968, S. 13-112.

3 A. Neusüss, S. 33.

4 Werner Krauß, *Geist und Widergeist der Utopien,* in: W. Krauß, *Perspektiven und Probleme.* Zur französischen und deutschen Aufklärung und andere Aufsätze, Berlin 1965, S. 331-336; S. 366: »Es läßt sich also soviel mit Sicherheit sagen: die Prognose der utopischen Literatur ist trotz deren gegenwärtiger Beliebtheit nicht günstig. Denn es ist klar, daß die Realisierung der Utopie ihr Ende bedeutet.«

5 A. Neusüss, a.a.O., S. 103.

6 Ernst Schumacher, *Er wird bleiben,* in: *NDL* 4/1956, H. 10, S. 18 ff.; S. 27.

7 Vgl. hierzu Klaus-Detlef Müller, *Die Funktion der Geschichte im Werk Bertolt Brechts,* Tübingen 1972[2], S. 30 ff.

8 Peter Christian Giese begründet in seiner Studie *Das »Gesellschaftlich-Komische«.* Zur Komik und Komödie am Beispiel der Stücke und Bearbeitungen Brechts, Stuttgart 1974, aus dem utopischen Grundansatz die Kategorie des ›Gesellschaftlich-Komischen‹: Im Sinne von Marx ist die Komödie die letzte Phase einer weltgeschichtlichen Gestalt, von der die Menschheit heiter Abschied nimmt, weil sie überlebt ist. In diesem Sinne versteht Giese alle Darstellungen der bürgerlichen Gesellschaft bei Brecht als Komödien. Das ist als Möglichkeit der Rezeption durchaus plausibel, setzt aber alle bisherigen Vorstellungen von Komödie außer Kraft. Diese sind aber keine Erfindung der Literaturwissenschaft, sondern ein durch Tradition vermitteltes Verständnis der Poetik und somit eine Bedingung der literarischen Produktion. Unter dieser Einschränkung ist es allerdings aufschlußreich, daß die Kategorie des ›Gesellschaftlich-Komischen‹ nach Giese Utopie im Sinne der Aufhebung der schlechten Gegenwart und historischer Antizipation grundsätzlich voraussetzt.

9 Vgl. hierzu auch Jost Hermand, *Utopisches bei Brecht,* in: *Brecht-Jahrbuch 1974,* hrsg. v. J. Fuegi, R. Grimm u. Jost Hermand, Frankfurt/M. 1975, S. 9-33. Hermand versteht das *Me-ti* als Brechts Beitrag zur literarischen Utopie, realisiert indes nicht die Einschränkung des Utopischen durch die mit der Form gegebene Abstraktion.

10 Brecht nennt das *Me-ti* ein »Buch der Wendungen«: das bezeichnet zugleich seinen aphoristisch-apophthegmatischen Charakter (Wendung als Redefigur) und seinen dialektischen Gehalt (Wendung als dialektisches Prinzip).

11 Eine grundlegende Interpretation des *Me-ti* als literarisches Werk steht noch aus. In der Regel wird es als eine Art theoretischer Steinbruch zur Illustration Brechtscher Thesen herangezogen. Damit wird aber zweifellos die ästhetische Vermitteltheit des gesellschaftlichen und philosophischen Gehalts unterschlagen. Vgl. aber jetzt: Werner Mittenzwei, *Der Dialektiker Brecht oder Die Kunst, Me-ti zu lesen,* in: *Brechts Tui-Kritik, Argument*-Sonderband 11, 1976, S. 115-149.

12 Bertolt Brecht, *Arbeitsjournal,* Bd. 1: 1938-1942, Frankfurt/M. 1973, S. 247. Hervorhebungen daselbst.

13 Vgl. hierzu Brecht, »Über die Diktaturen einzelner Menschen«, wa 20, 101 ff., besonders S. 103: »Man kann nicht sagen: In dem Arbeiterstaat Rußland herrscht die Freiheit. Aber man kann sagen: Dort herrscht die Befreiung. [. . .] Die Befreiung ist eine Befreiung der Produktivkräfte, alle persönliche Freiheit wird davon abhängig gemacht.« Vgl. hierzu: Klaus-Detlef Müller, *Brechts ›Me-ti‹ und die Auseinandersetzung mit dem Lehrer Karl Korsch*, in: *Brecht-Jahrbuch 1977*, hrsg. von J. Fuegi, R. Grimm, J. Hermand, Frankfurt/M. 1977, S. 9-29.

14 S. wa 12, 463. Brecht wendet sich gegen die »Weltbildhauer« als schlechte Idealisten: »Du sollst dir kein Bild von der Welt machen des Bildes willen.« (wa 20, 50). Vgl. auch wa 20, 169.

15 Der Aufsatz, dem das Zitat über Gide entnommen ist, hat den Titel *Kraft und Schwäche der Utopie* (wa 19, 434 ff.).

16 S. hierzu auch Hermand, a.a.O. (s. Anm. 9), S. 21 ff. Der Begriff ›Produktion‹ hat bei Brecht einen umfassenden Sinn: auch die Liebe ist für ihn eine Produktion (s. wa 12, 571), d. h. ein Akt der Befreiung latenter Möglichkeiten, der als solcher beglückend ist.

17 wa 12, 500. Vgl. auch wa 20, 67 und 100.

18 Vgl. wa 12, 518 ff.

19 S. hierzu »Verurteilung der Ethiken« (wa 12, 476 ff.), »Das Land, das keine besonderen Tugenden nötig hat« (wa 12, 520). Besonders wa 12, 478: »Me-ti sagte: Unter sittlichem Verhalten kann ich nur ein produktives Verhalten verstehen. Die Produktionsverhältnisse sind die Quellen aller Sittlichkeit und Unsittlichkeit.«

20 Vgl. auch wa 20, 165 f. *(Richtiges Denken.)*

21 S. wa 20, 165 f.: »Ich kann mir Zustände menschlichen Zusammenlebens vorstellen, wo nicht allzu gewaltige Denkakte nötig sind, damit der Mensch sein Leben fristen kann. Es spricht entschieden sehr gegen unsere Zustände, daß kaum die gewaltigsten denkerischen Leistungen die überwiegende Mehrzahl der Menschen vor dem Elend bewahren können. Wie viele Zufälle waren nötig, damit selbst ein so praktischer und entschlossener Mensch wie Lenin halbwegs ein Alter erreichte, das ihm gestattete, etwas für die Menschheit zu tun.«

22 Reiner Steinweg, *Das Lehrstück.* Brechts Theorie einer politisch-ästhetischen Erziehung, Stuttgart 1972, S. 203.

23 Inwiefern diesem Versuch die von Steinweg beanspruchte grundlegende Bedeutung zukommt, mag dahingestellt bleiben. Immerhin sollte doch schon das äußerst schmale Material bei einem Autor, der sein Werk so gründlich reflektiert und kommentiert hat, vor zu weitgehenden Folgerungen warnen. Wenn man Steinweg folgt, müßte man das gesamte Spätwerk als einen zwar notwendigen, aber fragwürdigen Kompromiß verstehen. Darüber hinaus wären aber auch Brechts große theoretische Schriften über ein Theater der Zukunft, der *Messingkauf* und das *Kleine Organon für das Theater,* ein einziger Irrtum: Immerhin hat Brecht ja im *Kleinen Organon* die Rückkehr in das ›Reich des Wohlgefälligen‹ mit Nachdruck vertreten (wa 16, 622), und auch der *Messingkauf* führt ausdrücklich zur Kunst zurück. (Hierzu: K.-D. Müller, *Der Philosoph auf dem Theater.* Ideologiekritik und »Linksabweichung« in Bertolt Brechts »Messingkauf«, in: *Text und Kritik. Sonderband Bertolt Brecht I,* München 1972, S. 45-71, hier besonders S. 65 ff.)

24 Vgl. hierzu die vorsichtigen Ausführungen Heinz Brüggemanns (*Literarische Technik und soziale Revolution.* Versuche über das Verhältnis von Kunstproduktion, Marxismus und literarischer Tradition in den theoretischen Schriften Bertolt Brechts, Reinbek 1973, S. 86 ff.), der darauf hinweist, daß Brechts formale Mittel auf eine zu bewirkende Veränderung hin entworfen, also pragmatologisch gemeint sind.

D. h. die historische Antizipation ist ihnen ihrer Intention nach schon immanent.

25 Es gehört zur Präzision der Kritik, daß die ›Kunden‹ der Freizeit-Utopie als Goldsucher und Holzfäller eingeführt sind: Sie sind nicht – wie Ernst Schumacher (*Die dramatischen Versuche Bertolt Brechts 1918 bis 1933*, Berlin 1955, S. 273 f.) unwillig bemerkt – Arbeiter, sondern Glücksritter.

26 Ernst Schumachers Kritik (a.a.O., S. 280), *Mahagonny* sei das Ende der ›bürgerlichen Linie‹ Brechts wie überhaupt aller fortschrittlichen deutschen Literatur, sei aber durch die Aussparung des Proletariats in seiner kritischen Perspektive begrenzt, verkennt Voraussetzungen und Zielrichtung der Brechtschen Kritik: das Modell enthält ja seine eigene Negation.

27 Vgl. auch wa 20, 328: »Vom Standpunkt des Sozialismus aus müssen wir, meiner Meinung nach, [. . .] das Produzieren zum eigentlichen Lebensinhalt machen und es so gestalten, es mit so viel Freiheit und Freiheiten ausstatten, daß es an sich verlockend ist.«

28 Vgl. hierzu K.-D. Müller, a.a.O. (s. Anm. 7), S. 101 ff., 142 ff.

29 Die »Fragen eines lesenden Arbeiters« (wa 9, 565 f.) zielen genau auf diesen Sachverhalt:

[. . .]In welchen Häusern
Des goldstrahlenden Lima wohnten die Bauleute?
Wohin gingen an dem Abend, wo die Chinesische Mauer fertig war
Die Maurer?

30 Auch die beiden folgenden Gedichte der »Chroniken« in den *Svendborger Gedichten* behalten diese Perspektive bei: in »Schnelligkeit des sozialistischen Aufbaus« (wa 9, 675) heißt es über die entfesselten Produktivkräfte im Sozialismus: »In sechs Wochen ändert sich dort [am Amur, KDM] alles.« Und im Schlußgedicht (»Der große Oktober«, wa 9, 675 ff.) wird der »große Oktober der Arbeiterklasse« als der Beginn einer neuen Zeit verstanden: »Seitdem hat die Welt ihre Hoffnung.«

31 S. wa 17, 1113.

31a wa 16, 539 hat ›wie‹ für ›wenn‹ – offensichtlich ein Druckfehler. Vgl. Bertolt Brecht, *Schriften zum Theater* 5, 1937-1951, Frankfurt/M. 1963, S. 60.

32 Vgl. hierzu Reinhold Grimm, *Vom Novum Organum zum Kleinen Organon.* Gedanken zur Verfremdung, in: *Das Ärgernis Brecht,* Basel/Stuttgart 1961, S. 45 ff.

33 Brecht war sich bewußt, daß Stilisierung eine Gefahr für denRealismus des Gehalts bedeutet: »Es ist klar, daß alle Kunst verschönert (was nicht heißt beschönigt). Sie verschönert schon, weil sie die Realität dem Genuß zuführen muß.« (wa 17, 1205) Das gilt ganz besonders für den Märchenton der Darbietung. Zwar handelt es sich um ein umgekehrtes Märchen, insofern die alte Zeit ausdrücklich die ›blutige Zeit‹ ist, aber für sich genommen wirkt die Erzählung doch zu poetisch: hier wird das Vorspiel wichtig.

34 S. wa 17, 1202.

35 Vgl. hierzu Hans Bunge, *Der Streit um das Tal,* in: (Hrsg. Werner Hecht, *Materialien zu Brechts ›Der kaukasische Kreidekreis‹*, Frankfurt/M. 1966, S. 144-153; S. 144 f. Für das Folgende beziehe ich mich auf meine schon früher vorgetragenen Ausführungen zur Bedeutung des Vorspiels im *Kaukasischen Kreidekreis:* a.a.O. (s. Anm. 7), S. 205 ff.

36 S. (Hrsg. W. Hecht), *Materialien zu Brechts ›Der kaukasische Kreidekreis‹*, Frankfurt/M. 1966, S. 28.

37 Die Verhaltensnorm wird mit einem Majakowski-Zitat gekennzeichnet, das als Postulat formuliert ist: »Die Heimat des Sowjetvolkes soll auch die Heimat der Vernunft sein!« (wa 5, 2005).

Wolfgang Promies
Science Fiction oder: Die Zukunft gehört der Jugend auf dem Papier

Ja, aus der Welt werden wir nicht fallen. Wir sind einmal darin.
Grabbe

I. Fortschritt der Wissenschaft – Rückschritt der Utopie?

Das Bild ist seit Jahrhunderten geläufig: Über einer scheibengleichen Ebene, die nur durch die Unebenheit von Feldern, Wohnsiedlungen und einen einzelnen im Vordergrund hochragenden Baum unterbrochen wird, stehen Sonne, sichelförmiger Mond und Sterne an einem gewölbten Firmament. Ganz links zuunterst, auf den Knien liegend, ist ein Mann zu sehen, der in der Linken einen Pilgerstab hält und mit der rechten Hand und dem Haupte das Firmament durchstoßen hat, in einer Bewegung, die wirkt, als wollte jener Mensch den nie zuvor gesehenen Sphärenkreisen des Kosmos zuwinken.[1]

In Wirklichkeit soll der an unerhörten Vorgängen übervolle, aber eigentlich naive Holzschnitt wohl eher eine Geste des geblendeten Erstaunens, der erschrockenen Abwehr darstellen, die das abendländische Individuum ergriffen hat, als es sich – dank der Entdeckungen von Kopernikus und Galilei – unversehens des bis vorhin eingeschränkten Gesichtskreises bewußt wurde. Staunen und Frohlocken: diese Haltung und Gebärde kennzeichnen noch im späten achtzehnten Jahrhundert die aufgeklärten Zeitgenossen Herschels, wenn dieser vermittels der von ihm konstruierten Riesenfernrohre einen neuen Planeten und Nebelstern auf Nebelstern entdeckt, in einer Zahl und Entfernung, die über menschliche Vorstellung weit hinaus gehen.[2] Die vorübergehend beinah anheimelnde Nähe des Weltalls zum Abendland weicht bald der berechenbaren Abstraktheit: ist entweder unfaßbar physikalisch oder je nach Glauben und Aberglauben wie belebt von spirituellen und materiellen Energien, die sich nur mit lieber Not zwischen zwei Buchdeckel pressen lassen.

Die Blickrichtung des Mannes auf dem alten Holzschnitt ist bis in dieses Jahrhundert hinein sinnbildhaft und Vorbild für menschliche Entwürfe in den exakten wie in den schönen Wissenschaften geblieben. Ganz selbstverständlich findet man seine Reproduktion in einer 1975 erschienenen Anthologie utopischer Geschichten und Gedichte »von Menschen, anderen Wesen und fernen Welten«,[3] die Jürgen vom Scheidt zusammengestellt hat.

Vor einiger Zeit nun war in verschiedenen Zeitschriften und Illustrierten eine ganzseitige Fotografie zu sehen, die gegenüber dem gewohnten Holzschnitt von einer eigenartig suggestiven Fremdheit ist, obwohl man gleichzeitig spürt, daß sie zu ihrem vollen Verständnis die Konfiguration des älteren Bildes voraussetzt und für die eigene Konzeption vielleicht zitiert:

Ein offenbar noch junger Mann in adretter dunkler Kleidung sitzt, gegen einen Baum gelehnt, am Ufer eines üppig umwachsenen Gewässers und blickt augenscheinlich zu der eben über den Horizont aufsteigenden unerwartet voluminösen Kugel eines jedermann bekannten Himmelskörpers hin-

über. Das Exotische dieser Szene bildet nicht die Situation an sich, ein träumerischer junger Mann statt der seit Feuerbachs Iphigenie in dieser Pose naheliegenden weiblichen Schwärmerin, sondern der besagte Himmelskörper. Gegenstand der Andacht ist nämlich einmal nicht der Mond, sondern – an den Konturen ihrer Landmassen kenntlich – die Erde! Wo aber, wenn nicht auf der Erde, befindet sich jener Betrachter, der nichts von einem Astronauten an sich hat? Darüber gibt die gegenüberliegende Seite der Zeitschrift hinlänglich Auskunft, indem sie zunächst zu dem Bilde fragt: »Wollen Sie in 25 Jahren an einem Baum lehnen, der an einem Fluß steht, der in einem Raumschiff fließt, das um die Erde kreist?« Was sich wie der überrumpelnde Auftakt, die Illustration zu der Geschichte eines zeitgenössischen Science-Fiction-Autors anschaut und anhört, ist tatsächlich eine Werbeanzeige für den Beitrag *Weltraum-Besiedlung* im Mai-Heft 1976 der Zeitschrift *Bild der Wissenschaft.*[4] Dort wird von Plänen und Berechnungen einiger Wissenschaftler der Universität Princeton berichtet, wie die »Probleme der drohenden Übervölkerung der Erde« wohlfeil und komfortabel zugleich gelöst werden könnten: durch Raumschiffe besonderer Machart.

»Tausende von Menschen aus den verschiedensten Ländern können darin leben. Nicht in engen Kapseln, sondern in einer kilometerweiten, leicht gekrümmten Landschaft, mit Eigenheimen, Gärten, Flüssen, Bergen und Wolken.« Es würde zu weit führen, die nun folgenden Einzelheiten der Anzeige über das behagliche Leben der Weltraum-Siedler wiederzugeben. Es liest sich in der Tat »phantastisch« – und ist doch – so die namenlosen Texter der Anzeige – »nicht mehr und nicht weniger als eine nüchterne Beschreibung der Wahrscheinlichkeit«.

Zwischen diesem und dem anderen Bild und ihren reziproken Blickwinkeln – von der Erde weg und auf die Erde zu –, zwischen den darin gespiegelten Sehnsüchten der Menschheit und deren vermeintlicher Erfüllung durch Wissenschaft und Technik schlägt eine Literatur zu Buche, die man seit 1926 mit dem von Hugo Gernsback geprägten Begriff *Science Fiction* zu nennen pflegt. Ich möchte sie aber nach wie vor unter dem zeitlich und inhaltlich erheblicheren Begriff der Utopischen Literatur begreifen. Den Fortschritten der Wissenschaft im zwanzigsten Jahrhundert entspricht offenbar immer mehr und folgerichtig ein Rückschritt der Utopie. Trotzdem kann dieses literarische Genre, was seinen Wahrheitsgehalt betrifft, nicht an der mutmaßlichen Übereinstimmung mit wissenschaftlichen Ergebnissen gemessen und demnach beurteilt werden, sondern erst recht an den Beweisen von oder dem Mangel an schöpferischen Entwürfen zu einer neuen Ordnung der menschlichen Gesellschaft, einem neuen Gesellschaftsvertrag.

Herbert W. Franke, der Science Fiction gerade nicht mit Weltraum- und Zukunftsliteratur gleichsetzt, hat 1975 diese Begriffsbestimmung formuliert: »Science Fiction ist die Schilderung dramatisierter Geschehnisse, die in einer fiktiven, aber prinzipiell möglichen Modellwelt spielen.«[5]

Gut und schön; aber diese Modellwelt müßte nicht nur in sich selbst anschaulich sein, sondern zuallererst begründen, inwiefern die Schöpfung einer solchen Welt erhellender wäre als der Versuch, die gegenwärtige Welt wiederzugeben. Weiterhin müßte die Definition die jeweilige Gegenwart des Autors in sich aufnehmen, ohne die die Vorstellung einer anderen Welt nicht kommensurabel würde, hätte auch die Traditionen des utopischen Denkens zu berücksichtigen, ohne die ein Text zwar heute schreibbar ist, doch gedankenlos wäre, wofür es Beispiele gibt. Traditionen in diesem Sinne stellen die christlich-milleniaristische, die humanistisch-aufklärerische und die sozialistische Welt-Anschauung dar. Angesichts der Tatsache, daß dem heutigen Zeitgenossen Vergangenheit vielfach nicht präsent und Gegenwart eher unbewußt ist, stellt sich die Frage nach der Welt-Anschauung des Science Fiction-Autors unmittelbarer noch, fast zwangsläufig. Ich möchte dazu ein Beispiel anführen, das unwillkürlich übrigens den wissenschaftlichen Gedanken der Gelehrten aus Princeton in eine spezifische Fiktion übersetzt. Es handelt sich um einen 1975 publizierten Text von Wolfgang Jeschke, der beginnt: »Im 24. Jahrhundert war es soweit. Das System war übervölkert. Sie bauten Schiffe, Welten für sich, und schickten sie in die Galaxis. Die meisten erreichten ihr Ziel. Manche scheiterten ...«[6]

Wolfgang Jeschkes Geschichte berichtet von einem Raumschiff, das sein Ziel verfehlte und schon so lange durch den Weltraum fliegt, daß seine Insassen nach Generationen nichts mehr von einem Ziel wissen und sich selbst für die ganze bewohnte Welt nehmen. Sie sind zu Analphabeten und abergläubisch geworden, zerstören Bücher und Maschinen, vernichten ihre eigene Existenz. Nachdem auch die letzte Frau – *die Mutter* – und der letzte Mann gestorben sind, bleibt am Ende der Junge Jay allein auf der ›Welt‹ zurück und versucht zu ergründen, ob die Sage von einer außerhalb der Raumschiff-Welt existierenden Welt mit Lebewesen gleich ihm auf Wahrheit beruht. Bei seiner Suche gelangt er zu der Weltraumschleuse, die sich vor ihm öffnet, so, als wäre er, verspätet zwar, doch noch an das programmierte Ziel gekommen; aber statt der erwarteten Menschen erwartet ihn »nichts dergleichen«, »nichts, buchstäblich nichts«.[7] Ein Luftstrom saugt ihn »durch die gähnende, schwarze Öffnung« hinaus in den schwarzen, kalten, leeren Raum. Und in diesem Augenblick sieht er in einem »namenlosen Erstaunen« endlich die Welt »glatt und schimmernd wie frisches Metall«, während er selbst, »sein kleiner, schmächtiger Körper zerfetzt und erfroren hinaustrieb in die Unendlichkeit«.[8]

Man wird vermutlich einwenden, daß diese virtuos in Bilder gesetzte, wahrlich grauenhafte Endzeit-Vision nicht deshalb schon für Kinder gedacht und geschrieben sein muß, weil in ihr ausgerechnet ein Kind der letzte Lebende und – Tote der Zukunft ist. Tatsächlich aber ist sie die Titelgeschichte einer Anthologie von Science-Fiction-Stories, die 1975 im Würzburger Jugendbuchverlag Arena in einer Erstauflage von 10 000 Exemplaren erschien: nach Auskunft des Verlags bestimmt für das oberste Lesealter der jugendlichen Zielgruppe, das heißt von 14 Jahren aufwärts.[9] Der Titel der Geschichte und der ganzen Sammlung lautet übrigens *Welt ohne Horizont*! Ohne Angabe ihrer Gründe erteilten der *Buchanzeiger für Öffentliche Bibliotheken* ebenso wie die Rezensionsorgane des Borromäusvereins in Bonn dem Sammelband den Segen: »Jugendlichen und Erwachsenen *uneingeschränkt* empfohlen.«[10] Lasen sie lediglich die Fürsprache des Herausgebers Thomas Landfinder – ein Pseudonym, hinter dem sich der Münchener Psychologe Jürgen vom Scheidt verbirgt? Er faßt Science Fiction als »Training der Phantasie« auf, die ihm zufolge erforderlich ist, »wenn wir die Zukunft auch nur einigermaßen bewältigen wollen«; redet von einer Bewußtseinserweiterung durch dieses Genre, das besser, weil unschädlicher als Drogen wirkt, und hofft auf eine Identifikation mit den Helden dieser Geschichten, um dadurch »eine recht anschauliche Erfahrung künftiger Möglichkeiten des Menschen [zu] gewinnen«.[11] Glaubt Jürgen vom Scheidt tatsächlich, was Thomas Landfinder hier schrieb, oder hat keiner von beiden diese Geschichten gelesen? *Welt ohne Horizont* – das ist die Eschatologie als abgefeimte Kinderlehre, ein eklektizistischer Kehraus ehemals positiven utopischen Denkens, das, radikal in sein Gegenteil verkehrt und pervertiert, zur Destruktion bis zur individuellen Selbstaufgabe, zur Regression in eine potenzierte Form des Höhlenbewohners und Analphabeten führte. Die konkrete Utopie – das Ziel –, zufällig falsch programmiert, wird am Ende mit dem Nichts identisch genannt. Hier wurde der ›Nirgend-Ort‹ Utopie tatsächlich zum Standort des Nihilismus.

II. Inhalte und Zwecke der Science Fiction

Natürlich wird man fragen, ob dieser Geschichte innerhalb der heute produzierten Science Fiction ein derartiger Stellenwert zukommt, daß sie hier so exemplarisch dargestellt wird? Und weiter: besitzt denn diese Gattung innerhalb der Kinder- und Jugendliteratur so viel Gewicht, daß sie überhaupt der Rede und gar einer dezidierten Widerrede wert ist?

Zum einen: bei Durchsicht von Science Fiction für Kinder und Jugendliche, der 22 im Jahre 1975 auf dem deutschsprachigen Büchermarkt erschienene Titel[12] zugrunde liegen, hat sich herausgestellt, daß *Regression* fast in jedem dieser *ausdrücklich für Kinder und Jugendliche* gedachten Bücher ersichtlich wird: als Gespenst der Zukunft oder als beschworene Realität beziehungsweise als unreflektierte Zuhilfenahme bei Lösung aktueller Probleme.

»Das Wohnen auf der Erdoberfläche war etwas Unnatürliches für uns. Als wir auszogen, entschieden wir uns für ein unterirdisches Heim. Es sollte womöglich in einer Höhle liegen. Aber wo war eine zu finden?«

Das sind, nach dem Willen ihres Schöpfers, die Fragen und Reflexionen einer Ratte namens Nikodemus.[13] Da aber diese Ratte klüger denkt als die meisten Menschen, ist ihre Vorliebe für das unterirdische Heim, die Suche nach der Höhle nicht lediglich ein Zug, der in jedem Biologiebuch über die Lebensweise der Ratten Bestätigung findet, sondern, wie es den Anschein hat, ein unwillkürliches Merkmal der Science Fiction! Unter den Texten der Produktion des Jahres 1975 ist mir nicht ein Text zu Gesicht gekommen, der das *Motiv der Höhle* – sei es zur Gänze oder wenigstens vorübergehend, entweder direkt oder aber als Behausung unter der Erde, im Wasser, in Gestalt des Raum- oder Haus-Schiffs, Turms, Bootes – *nicht* verwendet hätte. Man könnte beinahe den Schutzanzug der Astronauten ein anderes *Amnium* nennen, wo ein Mutterleib nicht mehr Schutz bietet.[14]

Insofern, ließe sich folgern, ist Science Fiction eine absolut muttersüchtige, weil die Mutter entbehrende Botschaft. Dazu paßt im übrigen die Asexualität des Weltraums und die präzise Schilderung der diversen ›Vaterfiguren‹ bis hin zu den Negativ-Bildern der Professor-Autorität.[15] Nach Handlung und Bildwelt der untersuchten Texte läßt sich sagen, daß nicht das maskuline Symbol der Rakete dieser Literatur den Stempel aufdrückt, sondern die mutterleibliche Hülle, wie auch immer sie umschrieben sein mag. Sie einzubüßen, sie gar verlassen zu müssen, gebiert existentielle Angst, bringt den Tod, bedeutet metaphysische Fehlgeburt. Auch dies offenbart die Geschichte *Welt ohne Horizont!* Die sich am Ende öffnenden Tore des Raumschiffleibes stoßen das Kind frierend und allein ab und hinaus in die schwarze Leere des Universums, während *Mutter* tot zurückbleibt.

Folgerichtig schlagen mehrere Autoren, wo sie der Zukunft eine neue Qualität von Leben zusprechen wollen, ob instinktiv ob wohlkalkuliert, den probaten Weg zu den Müttern ein: zurück zur Natur, zu dem Chthonischen oder, faßlich übersetzt, zu agrarischer Kultur. Diese Wendung nimmt ein Roman, der in Amerika mit der Newbery Medal ausgezeichnet und der 1976 in die Auswahlliste zum Deutschen Jugendbuchpreis aufgenommen wurde. Es handelt sich um das oben zitierte Jugendbuch *Frau Frisby und die Ratten von Nimh* von Robert C. O'Brien.

Diese Ratten haben in einem Labor zu Versuchszwecken Injektionen erhalten, die bewirkten, daß ihre Intelligenz tausendfach zunahm und sie nicht altern. In einem ausgedehnten

Wohnhöhlensystem legen sie eine hochtechnisierte Zivilisation an, die eine genaue Kopie der menschlichen ist. Der Stand ihrer Intelligenz und der erreichten Kultur läßt sie jedoch nach dem Sinn fragen. Und sie erheben die ›ethische‹ Forderung, in Zukunft zu leben, ohne sie zu stehlen – wie es immer Ratten-Art gewesen und, kann man ergänzen, Bedingung der technischen Zivilisation ist.[16] Zur Erreichung dieses Ziels wird ein Plan entworfen, der darauf hinausläuft, sich unabhängig von den technischen Errungenschaften und damit selbständig zu machen, indem man selbst anbaut, produziert, was man zum Leben benötigt. Man siedelt kurzum in ein unbewohntes, unkultiviertes Bergwaldnaturgebiet – beinah biblisch »Dornental« geheißen – über. Dort werden, wie ihre Wortführer glauben, aus den Ratten des Maschinenzeitalters, nachdem sie die Maschinen zerstört haben und jene Ratten, die der gestohlenen Maschinenkultur weiterhin frönen wollten, gestorben sind, die glücklicheren Bauern.

»Die Mönche lebten in einsamen Klöstern. Alles, was sie brauchten, erzeugten sie selbst: ihre Nahrung, ihre Häuser, ihre Geräte und ihr Werkzeug, ja sogar Papier stellten sie selbst her. Sie führten ein sehr einfaches Leben. Als ich«, läßt der Verfasser die Ratte Nikodemus sagen, »das las, dachte ich zum erstenmal: Das wäre ein Leben für uns! Das wäre das richtige.«[17]

Der Verfasser, Robert C. O'Brien, bis zu seinem Tod 1973 Redakteur beim National Geographic Magazine, hat in Brooklyn, New York, gelebt. Dieses Milieu vermutlich viel mehr als die verlebendigte Reminiszenz an teure, von dem gegenwärtigen Wirtschafts- und Gesellschaftssystem abgetötete Ideologen wie Rousseau hat dieses Buch geistig bestimmt; jedenfalls aber eher als Rousseau noch jener selbstgenügsame Philosoph der Neuen Welt, der in den Jahren 1845 bis 1847 im selbstgezimmerten Blockhaus am Waldensee bei Loncord lebte und darüber in einem Tagebuch *Walden, or life in the woods* 1854 berichtete: Henry David Thoreau. Träume vom Wilden Westen als dem jungfräulichen Landstrich, der auf Pioniere wartete, sind bekanntlich ein Ergebnis des Politisierungsprozesses der amerikanischen Jugend Ende der sechziger Jahre gewesen – O'Briens Buch erschien 1971. Es kann gut sein, daß die Wunschvorstellung des einundzwanzigsten Jahrhunderts die *Natur* ist, da das Selbstverständliche dann das Fremdgewordene und alles andere gelebte Normalität wurde. Und es wäre grundsätzlich eine Science Fiction denkbar, in der der Eigenbrötler endlich in die wirklichen gesellschaftlichen Ehren eingesetzt würde, kommensurabel, wenngleich in der Utopie: jedermann wird bemächtigt, sein Brot selbst zu backen und dadurch – das ist ein vollziehbarer Lernprozeß – auch zu *teilen*. Hat diese Utopie weniger für sich als die Zukunftklischees vom köstlichen Algen-Talg? Glaubt man dem Prospekt des Jungbrunnen Verlags von 1975, so hat er das Buch von O'Brien herausgebracht, weil »es das Märchenhafte und das Utopische in einer ganz einmaligen Weise zusammenführt und damit beide Bereiche einem breiteren Lesealter aufschließt. Und weil es unsere ›Menschen-Gesellschaft‹ in einer durchaus kindgerechten Weise kritisch reflektiert«. Welchen heilsamen Zweck kann die Übertragung vom Ratten-Staat auf menschliche Gesellschaft für *Jungen und Mädchen ab 10* beinhalten, die laut Verlag zu Lesern dieses Buches erklärt werden?[18] Diese Frage stellt sich nicht nur in bezug auf diese Utopie ad usum delphini.

Zum andern: Die Frage nach dem Stellenwert der Science Fiction innerhalb der Kinder- und Jugendliteratur *scheint* sich erübrigt zu haben, seit 1976 der Deutsche Jugendbuchpreis zum zweiten Mal nach 1971 für ein Buch dieses Genre vergeben wurde.[19] Daß die Verleihung eher als ein ›Ansporn‹ verstanden werden muß, auf diesem Gebiet fortzufahren, erhellt aus einer knappen Chronik der vergangenen Jahre.

Mondsüchtig überschrieb Horst Künnemann den ersten Artikel der Null-Nummer des *Bulletin Jugend + Literatur* im Oktober 1969. Sein triftiger Anlaß war die erste Landung eines Menschen auf dem Mond und die daraus resultierende Tatsache, daß bis September 1969 auf dem westdeutschen Büchermarkt bereits rund 30 Bände zur Raumfahrt und zum Mondflug erschienen waren. Künnemann räsonnierte folglich: »Wer als 12jähriger halbwegs wach war, Eltern, Lehrer und Bibliothekare bestürmte, kann sich bis 1970 durch eine veritable Kinder- und Jugendbücherei zur Raumfahrt und zum Mondflug gelesen haben. Doch auf den Boden der ungleich nüchterneren Alltäglichkeit zurückkehrend: Von seinem eigenen Globus muß er bis zu diesem Zeitpunkt herzlich wenig wissen, und wenn er sich gar umtun wollte, um seine unmittelbare bundesrepublikanische Wirklichkeit im Kinderbuch kennenzulernen, so wird er auf eine erstaunlich weißfleckige Landkarte geraten, denn die Bundesrepublik findet in der Jugendliteratur so gut wie gar nicht, im Kinderbuch überhaupt nicht statt. Guter Mond, Du hast es besser ...«[20]

Künnemanns Artikel kommentiert lediglich die typischen Marktbewegungen nach einem außerliterarischen Ereignis, das vielfältige Vermarktung verspricht.[21] Er erwähnt mit der einzigen, von den Verlagen Diogenes, Bärmeier & Nikel und Arena gleichzeitig betriebenen und propagierten Ausnahme *Jules Verne* keinerlei Unternehmung in Richtung auf künftige Gesellschaftsordnungen und -unordnungen außerhalb der Erde und auf dieser selbst, keine Beispiele einer literarischen Gattung, die man kurzum »Science Fiction« oder in der Abbreviatur der Kennerschaft auch SF benennt.

Durchblättert man die Jahrgänge dieser Zeitschrift von 1970 an, wird man diese Sparte und dieses Genre regelmäßig berücksichtigt, auch die eine und andere Neuerscheinung des Genre hervorgehoben finden. Dem Bulletin zufolge ging 1972 die »S. F.-Welle« zumindest auf dem Gebiet der Erwachsenenliteratur in der Bundesrepublik »ziemlich hoch«.[22] Gleichzeitig aber wird festgestellt:

»›Science Fiction‹ für *junge* Leser hat es bei uns besonders schwer. Die Gattung ist durch triviale und faschistoide ›Comics‹, vor allem durch die *›Perry Rhodan‹-Serien* und die zugehörigen Clubs und ihre Anhänger erheblich vorbelastet. Hinzu kommt, daß im Umkreis der Lektüre Jugendlicher der wacker-witzige *Jules Verne* bei Heranwachsenden bis heute nicht übertrumpft wurde.«

Wenn diese Beobachtung zutreffend war, verwundert es um so mehr, daß die wenigen ambitionierten Versuche, den Stoffkreis in Texten und vor allem Bildern der Phantasie von Kindern und Jugendlichen anzunähern, mit keinem Wort erwähnt werden: man denke an die visuell revolutionierenden Science-Fiction-Bilderbücher von Heinz Edelmann im Verlag Middelhauve.[23] Statt dessen stellte der Ungenannte, nachdem er eine Reihe von Verlagen wie Loewes, Bitter, Arena, Oetinger (der Christine Noestlingers mißglückten SF-Versuch *Mr. Bats* herausbrachte) aufgezählt hatte, die sich in diesem Genre neuerlich versuchten, folgende Fragen: »Wie geht es weiter? Werden die Kinder- und Jugendbuch-Verlage das Handtuch werfen oder werden sie Autoren und Ideen in Bewegung setzen können, um an einer weiteren Stelle die Kluft zwischen der Lektüre für Kinder und dem Literatur-Konsum für Erwachsene zu überbrücken? Science Fiction macht Kommendes durchschaubar. Es appelliert in besten Beispielen an die kreative und zugleich technische Fantasie der Leser.«

Erstmals wird hier doch zumindest etwas wie eine mögliche Begründung deutlich, warum das *Bulletin Jugend + Literatur* so hartnäckig auf der Wichtigkeit eines Genre bestand, das sich jahrelang partout nicht durchsetzen wollte. Es sind allerdings Beweggründe eher als triftige Argumente:

Ist die Äußerung, die Kluft zwischen der Lektüre für Kinder und dem Literatur-Konsum für Erwachsene müsse überbrückt werden, eine bildungspolitische, eine literaturdidaktische Forderung oder lediglich die Perversion jener Stormschen Formulierung, die sich Wolgast zu eigen machte, wie man weiß, daß *der* Dichter für die Jugend schreibe, der nicht eigens für sie schrieb?

Wo steht, daß Science Fiction »Kommendes durchschaubar« mache? So weit ich las, machen Texte dieser Gattung vielmehr ersichtlich, wie verwirrt oder perhorresziert der einzelne Autor auf das Gegenwärtige reagiert. Fremdwörter wirken darin häufig wie peinliche Renommierstückchen aus dem humanistischen Gymnasium, das man vor Jahrhunderten besucht hat. Manche Autoren scheinen wie süchtig, mit Fremdworten, fremden Wörtern aus toten Sprachen scheinlebige Welten zu verbuchstaben![24]

Was sind die »besten« Beispiele der Science Ficition, die in welcher Absicht an die kreative und zugleich technische Phantasie der *jugendlichen* Leser appellieren – anders als es der verantwortliche Schriftsteller, die *Kunst* von jeher getan haben, und mit welchem gesellschaftlichen Mißerfolg?

Angesichts der Tatsache – die 1969 noch kritisch vermerkt worden war –, daß die Kinder- und Jugendliteratur in der Bundesrepublik nach wie vor nur ausnahmsweise darauf bedacht war, Herkömmliches, Bestehendes durchschaubar zu machen, nimmt das Engagement, das fast schon eine Wahlkampagne zu nennen war, für ein Genre wunder, in das man augenscheinlich politische – und nicht nur ästhetische – Erwartungen setzte, die man einer Partei tatsächlich bestritt. Wenigstens stellte die Hauptjury im Zusammenhang mit der Verleihung des Deutschen Jugendbuchpreises 1973 fest: »Kaum ein Autor nimmt die Chance wahr, in den phantastischen Zukunftsgeschichten neue Gesellschaftssysteme vorzustellen und Möglichkeiten einer Weiterentwicklung der Menschheit, an Hand in die Zukunft projizierter Entwicklungsmodelle, zur Diskussion zu stellen.«[25] Die Literaturfähigkeit der Gattung dokumentierte erst das Novemberheft 11 des *Bulletin* 1975, das in seinen Hauptteilen der Science Fiction-Produktion und -Propagation gewidmet war. Künnemann schrieb selbst unter der Überschrift *Zukunftsblicke* den Leitartikel. Er holt darin, mit einiger Verspätung für das *Bulletin*, die Frage nach, die von Anfang an hätte gestellt werden sollen: »Wozu ›wissenschaftlich-phantastische‹ Literatur?« Er antwortet mit einer weiteren Frage: »Um sich von alltäglichen Sorgen wegzustehlen, um Nie-Gedachtes zu wagen, die eigenen Grenzen zu berennen, um die eigene Selbstbeschränkung zu überwinden – oder nur, um sich etwas angenehm gruselnd mit vorweggenommenen Katastrophen über die Normal-Misere wegzutrösten? Wahrscheinlich von jedem dieser Aspekte etwas. Vielleicht aber auch, um spekulatives Denken zu befruchten, alternative Entscheidungsmöglichkeiten hier und jetzt zu erleichtern. Zahllose Wege und viele Entscheidungsarten, von denen zunehmend auch die Kinder- und Jugendliteratur Gebrauch macht, nachdem dieser Sektor durch Comics und banale Fernseh-Serien erschöpft zu sein schien.«[26]

1976 ist es jedenfalls so weit! Zum anderen Mal erhält ein Zukunftsroman den Deutschen Jugendbuchpreis – John Christopher und *Die Wächter*.

III. Politische Lehre und Science Fiction

»John Christopher ist es gelungen, in einer spannenden Romanhandlung eine politische Lehre zu verpacken, der sich auch der jugendliche Leser nicht entziehen kann.«

So schreibt der Georg Bitter Verlag auf dem Schutzumschlag

einer Erstveröffentlichung, die in England und Amerika bereits 1970 unter dem Titel *The Guardians* erschienen war und in der Bundesrepublik erst 5 Jahre später publiziert wurde.

Was ist die politische Lehre dieses Jugend-Romans?

Er spielt im Jahre 2052 und einige Jahre später. Die Gegenwart markierendes ›Kontrastjahr‹ ist augenscheinlich 1978. Die Gegenwelten sind *Konurba* und der *Landkreis*. Konurba ist die regionale, politische und gesellschaftliche Konglomeration der werktätigen Massen und ihrer eingefriedeten Bedürfnisse. In dem *Landkreis* wohnt, scheinbar geächtet, in Wirklichkeit privilegiert, der ›Landadel‹, das heißt die Kapitaleigner an den Produktionsmitteln Konurbas, also die eigentlich Herrschenden, getrennt von den ahnungslosen Abhängigen durch Zaun und Tabu und eine sorgsam konservierte Lebensart wie vor der industriellen Revolution. Die Helden sind Rob, der nach dem rätselhaften Tode seines Vaters aus Konurba in den Landkreis flüchtet (aus dem seine Mutter stammte), und der landadelige Junge Mike, der mit Gleichgesinnten im Landkreis eine Revolution anzettelt, die scheitert, so daß er nach Konurba fliehen muß, während Rob Aussichten hat, in die eigentliche Herrscher-Kaste des Landkreises aufzusteigen. Er tut es am Schluß jedoch nicht, da er Mikes Beweggründe – nicht die Zusammenhänge – erkennt, sondern kehrt nach Konurba zurück, um dort Mike zu treffen und es ihm und seinem eigenen Vater nachzutun.

Die romanhafte Handlung ist, liest man sie als reelle Handlungsanweisung, nicht unbedenklich. Rob untergräbt am Ende nicht den Sperr-Zaun und damit die bestehende Ordnung. Nach allem, was Christopher zuvor über die ironisierten ›Revolutionäre‹ und ihre Erfolgsaussichten sagte und sagen ließ[27] – schaufelt er vielmehr sein eigenes heroisches Massengrab. Welche Lehren soll ein Jugendlicher denn aus einer romanhaften »Modellwelt« ziehen, die für die Wirklichkeit von 1976 überhaupt keine konkreten Anhaltspunkte liefert oder eher vorgebliche Argumente dafür, daß man nichts ändern kann?

In diesem Zusammenhang erscheint auch der Veröffentlichungstermin bemerkenswert. Bemerkenswert, daß Christopher diesen ›politischen‹ Roman ohne Zweifel im Banne der weltweiten Studentenbewegung konzipierte und 1970 publizierte; bemerkenswert, daß erst 1975 ein westdeutscher Verlag das ›Politikum‹, das durch die sogenannte Realpolitik längst überholt war, zu veröffentlichen sich bereit fand – dabei ist Christopher seit 1971 hierzulande ja kein Unbekannter![28]

Aber keine Angst: wäre Christopher wirklich um eine *politische* Lehre besorgt gewesen, Rob hätte die Chance, in den eigentlichen Machtapparat Einblick und damit Kompetenzen zu erlangen, um der gewünschten Veränderung willen nützen müssen, um so zugleich von Konurba (Mike) und Landkreis (Rob) aus die gesellschaftliche und politische Veränderung zu bewerkstelligen und eines schönen künftigen Tages zu bewirken. So aber läuft es fast auf ein, vom Autor unbedachtes, Harakiri jugendlicher Gesellschafts- und Landstörzer hinaus.[29] Vergegenwärtigt man die reale politische Entwicklung von etwa 1968 an bis heute und vergleicht man sie mit dem Handlungsablauf der *Wächter* und der seit 1969 insgesamt zu beobachtenden Erscheinung der SF auf dem Felde der Kinder- und Jugendliteratur, drängt sich folgender Schluß auf. Die Tatsache, daß die reale politische Entwicklung die »konkrete Utopie«[30] der endsechziger Jahre mit Erfolg ihrer angeblichen Unrealisierbarkeit und Brüchigkeit überführte, war offenbar von Einfluß darauf, daß fast gleichzeitig mit dieser Entwicklung in deutschen Jugendbuchverlagen die Produktion von SF anlief. Wo sie sich vornimmt, die immanenten Spannungen der gegenwärtigen Gesellschaft zukunftsweise zu verhandeln, wird die Tatsache, daß die Veränderung der Gesellschaft mißlang, in der Regel eher als ein Versagen des einzelnen denunziert. Ebenso konsequent wie beinah zynisch führt Horst Zahlten dieses Denk- und Handlungsschema in der Geschichte *Gebaut, um Glück zu produzieren* vor.

Sie ist der erste und längste Beitrag zu der von Dieter Hasselblatt 1975 bei Thienemann gestarteten Science Fiction-Reihe mit dem Titel *Das Experiment*. Zahltens Text spielt anno 2000. Er handelt von der rothaarigen, aus ärmlichen Verhältnissen stammenden, hübschen Studentin der Soziologie und Wirtschaftswissenschaften Michaela de La Roche, die 1995 »eine von den radikalsten Scharfmacherinnen an der Sorbonne« gewesen ist und eine Broschüre mit dem Titel »Von Kapital und anderem Dreck« verfaßt hat, die mit »an der 96er Revolte schuld gewesen sein« soll. Diese angeblich konsequente »Kommunistin« wird von Professor Norbert Teichmann als Hilfskraft engagiert. Der alternde Faustus, Leiter des Pariser Instituts der »Europäischen physikalisch-technischen Gesellschaft«, hat eine Maschine erfunden, die seiner Meinung nach »eure Welt von morgen gründlich verändern« könnte. Die Veränderung der Gesellschaft, wie sie Michaela vorstellt, ist mit Willen des Autors eine linkische Emphase gegen die Materie, heißt: den Materialismus. Ihr hält Teichmann unschwer seine Erfindung entgegen, den *Replikator*, eine Art »Aladins Wunderlampe«, die durch Umwandlung von Materie jeden Wunsch erfüllen kann und daher für jeden Weltverbesserer nach Meinung des Professors einen Schock bedeutet, da sie »die Realisierung seiner Utopie« beinhaltet. Teichmann verlangt von der Studentin den Entwurf einer neuen Gesellschaftsordnung, »die es den Menschen ermöglicht, mit meinem Apparat zu leben«. Anstelle einer neuen Gesellschaftsordnung macht sie sich jedoch den Mittfünfziger so weit hörig, daß er auf ihr Drängen hin den Apparat nur noch dazu verwendet, für seine Geliebte und sich Geld – Falschgeld – und sozusagen privatim ›Glück‹ zu produzieren.

Zieht man das pseudowissenschaftliche und parapolitische Wortbrimborium des Textes ab, bleiben nur das Weibchen, ehemals Lilith und Helena, nunmehr die Luxus-Geliebte ohne anderen Sinn und Verstand als ihren eigenen Körper, und ein Professorgenie übrig, das vorübergehend dem verheißungsvoll ablenkenden Körper erliegt, bis er die moralische Konsequenz zieht: sich und die Maschine vernichtend.

»Ja, flüsterte er, ich wollte die Welt verändern; mein Gerät sollte Glück für die Menschen produzieren. Aber dann kam ein egoistisches, raffiniertes Luder – [. . .] – und hat einen verliebten Trottel aus mir gemacht.« Das letzte Wort, nachdem der Replikator vernichtet ist, hat jedoch dem Autor zufolge Michaela:

»Ihre Augen füllten sich langsam mit Tränen. Mein Replikator, flüsterte sie. Und nächste Woche werde ich dreißig . . .«[31]

Auch dieser Text ist ausdrücklich an jugendliche Leser gerichtet. Seine sentimentale Floskelsprache, seine den Bondfilmen und UFO-Serien abgeguckte trostlose Lüsternheit, Ingredienzien übrigens des Trivialromans, garnieren peinlich eine Geschichte, die, gemäß typischer SF-Ideologie, weismachen will, daß *die Maschine* die Veränderungen bewirkt, nicht das sie bestimmende gesellschaftliche Bewußtsein, und die offenbar nur ersonnen wurde, um linke Utopie ihrer individuellen Bedingtheit zu überführen. Science Fiction, mit solchem Vorsatz und Anspruch geschrieben, bietet unscharfe Alternativen politisch-gesellschaftlicher Natur auf der scheinbaren Grundlage der Auseinandersetzung mit politischen Theoremen der sechziger Jahre, einer Auseinandersetzung, die sich unschwer als Tatsachenklitterung und Polit-Trick nachweisen läßt: man nehme die sexuell aufreizende Studentin, die das sündhafte Fach Soziologie studiert, folglich Kommunistin ist, aber im Grunde käufliches Weibchen bleibt. Diese Art der Argumentation verrät so eben die Kenntnis des sophistischen Syllogismus. In ihrer Anwendung auf den jugendlichen Leser zeugt sie jedoch von einer infamen Einflußnahme auf Urteil und Entscheidung, da bewußt gar keine andere Wahl zuvor ermöglicht, vor Augen gestellt wurde. Das Verfahren erinnert nicht von ungefähr an eine historische Phase, innerhalb derer vergleichbare politische Hoffnungen mit gleichen Mitteln erstickt wurden: das Jahrzehnt nach der französischen Revolution von 1789. Lichtenberg notierte sich in diesem Zusammenhang: »Wenn der größte Lehrer des Menschengeschlechts käme und eine Schule anlegte, vollkommene Menschen zu bilden, und alle Schulmeister rottierten sich zusammen, aus Furcht ihre Kunden zu verlieren, schrieben gegen ihn, suchten seine Kinder zu verführen, schickten ihm mit Fleiß verworfene Geschöpfe zu, ja mitunter verkleidete Mädchen mit venerischen Krankheiten, ließen ihnen Branntwein und wohlschmeckende Gifte zuschicken usw. – wie würde ein solches Institut bestehen können? Wenn nun alles darin wirklich darunter und darüber ginge, was für Recht hätten nun die neidischen Schulmeister, in die Welt zu schreiben: quid dignum tanto tulit hic promissor hiatu? – Sein Plan hatte nicht Schuld, sondern sie, die Schulmeister, mit ihren Gegenarbeiten.«[32]

Da Veröffentlichungen der oben geschilderten Art gerade nicht der Bewußtseinsbildung dienen, sondern Vorurteile einreden helfen, ist es schwer erträglich zu denken, daß man derartige Mach-Werke, nur weil sie in Verlagen von Niveau oder gar Reputation verlegt werden, ebenso besinnungslos lobt, wie man sich in der Entrüstung über Perry Rhodan oder gewisse Schneider-Produkte einig sieht und weiß. Dabei ist über die Disqualifikation des Schunds in politischer und ästhetischer Hinsicht kein Wort zu verlieren: *sie steht fest*, auch wenn kein Didaktiker bislang seine Wirkung belegen konnte. Aber der Literaturkritik kommt in negativer wie positiver Hinsicht gerade für Verlage erhebliche Bedeutung zu, die so tun, als produzierten sie den Maßstäben von Erziehern entsprechend und den Bedürfnissen der Jugend gemäß. Ja sie müssen sich im Recht fühlen, da die einschlägige Kritik im allgemeinen Zuspruch leistet und sogar von seiten der Institution: *Jugend* für gut befunden wurde, was hier den Anlaß zur Kritik bot.[33] Worin unterscheiden sich aber endlich Warenhausprodukte und derartige Literaturfabrikate, außer daß die Produktion der letzteren im Windschatten der professionellen Kinderbuchkritik Blüten treiben darf, die höchstens der Ladenpreis beschneidet?[34]

IV. Die Perspektive humaner Heiterkeit

Alle hier erwähnten Texte werfen wieder und wieder die Frage auf, was eigentlich eine Literatur leistet, mit Willen ihrer Verfechter leisten soll, die ungelöste Probleme aus der Gegenwart verflüchtigt oder um ein paar Generationen nach vorn verhandelt, wo sie nur scheinbar gelöst werden, aber die geistige Auseinandersetzung mit der Gegenwart schuldig bleibt.

Viele Erzeugnisse der Science Fiction erinnern in ihrer Hilflosigkeit gegenüber den Problemen dieser irdischen Wirklichkeit, die sich gern als kindisches Hallotria im Kosmos geriert, an die Methode, mit der Annette Tison und Talus Taylor zum Beispiel in *Barbapapas Arche* vorgeblich Probleme lösen.[35] Wenn die Erde, nur für Tiere natürlich, nicht mehr bewohnbar scheint, Fabriken den wie eine Burg erbauten Tierpark der Barbapapas belagern, bauen sie eine Arche – die Anspielung auf die Sintflut und Bibel ist unverblümt –, auch Weltraumschiff genannt, mit dem sie allesamt zum »grünen Planeten« fliegen. Das ist ein Gebilde, wo auch immer im Kosmos gelegen und jedenfalls wohnlicher, humaner als die Erde selbst, die erst, nachdem die Tiere sie verlassen haben, von den Menschen wieder wohnlich hergerichtet wird, so daß die Barbapapas mit den Tieren zurückkehren können und wollen. Man flog also sozusagen aus dem verzweifeltsten Problem der Erde in eine außerterrestrische Utopia, in der Illusion, der geneigte Leser werde schon von selbst darauf zurück kommen!

Vom Boden – Terra, wie man weiß – erhebt sich ein Autor dieser Gattung für gewöhnlich leicht. Jenes antiken Tieres, das man sich geflügelt dachte, bedarf er offenbar nicht länger. Aber die Schwierigkeiten beginnen ja auch erst, nachdem er in dem Weltraum und der Zukunft angekommen ist: was eigentlich den in der Gegenwart Zurückgebliebenen übermitteln? Dann stellt sich häufig heraus, daß der besagte Autor gestartet war, ohne zu wissen, welche Ziele er überhaupt ansteuern wollte. Oder es zeigt sich, daß er auf dem Weg über die Zukunft verquere Fahrten in einem Zentrifugalkarussell der marktschreierischsten Gegenwart ausführt und mitvollziehen läßt, die höchstens schwindlig machen.

Man denke etwa ein Marzipanhaus, von dem aus der zerstreute Professor namens Fabian Pfiffig einen unbekannten Planeten, »Pfiffigenia« genannt, entdeckt, der angeblich aus einer Art Leberpastete besteht, wie jede wesentliche Erklärung natürlicher Vorgänge in diesem Buch ins Babyhaft-Fressalische übersetzt erscheint: die Rakete wird mit Salz angetrieben, und die Blauen auf dem Planeten Pfiffigenia stehlen Salz, das für sie wie eine Droge ist, die sie *wild* und laut und lustig macht. Aber innerhalb dieser von irdischer Logik unbeschwerten dinglichen Schwelgerei, die laut Verlagsprospekt für Jungen und Mädchen ab 7 gedacht sein soll, ist unvermittelt davon die Rede, daß die Besucher von der Erde, allen voran der Schutzmann Bubbla, auf dem Planeten für Ordnung zu sorgen beginnen, weil nach ihrer Einschätzung die Pfiffigenen ihre Arbeit »schlampig und unordentlich« verrichteten: »Wenn die Arbeiter die Zeit besser einteilten, könnten sie mehr Pasteten stechen, und die Bevölkerung müßte nicht mehr hungern.« Gedacht, getan; Polizist Bubbla teilte sämtliche Arbeiter in Arbeitsgruppen ein, von »denen jede ihr bestimmtes Arbeitsgebiet bekam«, das heißt, er wendete das im kapitalistischen Wirtschaftssystem übliche arbeitsteilige

Verfahren an, und mit Erfolg selbstverständlich: »alles ging wie am Schnürchen und doppelt so schnell. Bubbla war ganz in seinem Element. Noch nie hatte ihm eine Arbeit so viel Spaß gemacht.« Der denkbaren Frage, was Siebenjährige mit der kapitalistischen Arbeitsweise verbinden könnte, begegnet der Verfasser sozusagen dadurch, daß er ein in dem Buch agierendes Kind – Samuel Suppenrübe, der nur Wörter aussprechen kann, die mit einem »s« beginnen – den ›kindgemäßen‹ Vorschlag tun läßt, zur Steigerung der Arbeitsleistung »stimulierenden Singsang« zu spielen. Der Vorschlag wird angenommen; Samuel spielte fortan auf seiner Trompete Walzer und Märsche, »und den Pfiffigenen schien die Musik gut zu gefallen. Jedenfalls arbeiteten sie immer schneller, und der Präsident wurde immer zufriedener.«[36]

Da man mangelnde Einbildungskraft in der Regel nicht für gestellte Bilder und Denkmuster der geschilderten Art wird verantwortlich machen können, muß man wohl davon ausgehen, daß es sich um Partien einer Welt-Anschauung handelt, die dem jeweiligen Autor so grundsätzlich wichtig erscheinen, daß sie bereits den jüngsten Mitgliedern dieser Gesellschaft vergegenwärtigt werden. Da die Beispiele, wie bereits betont, ausschließlich der Produktion von Science Fiction aus Verlagen entnommen sind, die in ihrem Programm zwischen Bestseller und Deutschem Jugendbuchpreis äugeln, Fabrikate wie Batman und Perry Rhodan vermutlich aber aus verlegerischer oder pädagogischer Verantwortung nicht produzieren würden, stellt sich die Frage erst recht, wie sich der jugendliche Leser – selbst auch der Erwachsene, als Käufer der Geschenkware: Jugendbuch – da orientierten soll?

Utopische Romane sind von jeher Ausdruck einer historischen Situation, die Gesellschaft und ihre Normen in Bewegung geraten zeigt. Die häufig entsetzende Ordentlichkeit dieser Gattung von Literatur beweist vielmehr die faktische Unordnung der historischen Situation, die den Autor zum Schreiben veranlaßte! Man hat, seit diesem Jahrhundert und seit der penibleren Beschäftigung mit der Kinder- und Jugendliteratur zwischen Utopischem Roman und Science Fiction unterschieden, ja innerhalb dieser abermals auf Muster wie Abenteuerbuch, phantastische Kindererzählung und gar Märchen rekurrieren wollen.[37] Wem zugute und zu Nutz?

Es gibt im Grunde nur *eine* Wurzel, die Literatur von bestimmter Ausprägung und jeweilige Gesellschaft miteinander verbindet. Es ist jene Literatur der Hoffnung auf eine andere, bessere, schönere Welt, das ist lebenswerte menschliche Existenz: Glück, Wohlstand im älteren Sinne des Wortes,[38] Schlaraffia, kurzum das Märchen.

Märchen sind in der Vergangenheit angesiedelte Utopien. Science Fiction ist das in Zukünftiges versetzte Märchen. Beide setzen den Glauben voraus, daß das, was man sich wünscht, in Erfüllung geht, in Erfüllung gehen könnte. Während aber Märchen vielfach das Utopische meinen,[39] meint Science Fiction in der Regel lediglich sich selbst: die verabsolutierte Wissenschaft, die verselbständigte verrückte Zukunft. Wichtig wäre eine Vorstellung von der Zukunft, die klare Auskunft darüber gibt, was man selber hofft oder fürchtet. Nur der, dessen Ort im Hiesigen erkennbar ist, kann große Sprünge, Zeitsprünge in die Zukunft, machen. Die Beschreibung von Utopia, diesem wortwörtlichen Überall und Nirgends, setzt, richtig verstanden, Standort voraus. Wo dieser Standort fehlt oder schwankend geworden ist, treten an die Stelle der konkreten Utopie die szientifische Pointe – in der die Basis sich selbst zum Überbau erklärt, verklärt oder verzerrt sieht – und die kosmische Anekdote. Die kraß subjektivistischen Untergänge des Abendlands, auf die Leinwand des Weltalls projiziert, genauso wie die drolligen Phantastereien von mit Vorliebe grün eingefärbten Lebewesen (geeignet ab 7) sind demnach nur zwei bezügliche Äußerungsweisen angesichts der fehlenden Totale *Zukunft*. An die Stelle jener unglaublichen Fülle von Schönheit und Verheißung,[40] die die Schriftsteller vormals inspirierte, ist die denkbare Norm, auch hübsch, getreten.

Wirkliche Utopie hieße dagegen, das Bild einer mit den ihr zur Verfügung stehenden Produktivkräften konsequent entwickelten Welt zeichnen. Dieses Bild könnte das logische, heißt *zwangsläufige Desaster* sein – warum nicht. Viele Anzeichen sprechen dafür. Es gäbe aber auch die Möglichkeit, sich eine zur anderen Natur gewordene, eine völlig gelungene Künstlichkeit vorzustellen, so wie Herburger es zu Beginn dieses Jahrzehnts imaginiert hat: der eine Gegenwart mit Japan multiplizierte, um auf diese Weise etwas wie eine denkbare Welt von morgen auszurechnen. Sein an Erwachsene adressierter Zukunftsroman *Jesus in Osaka*[41] übersetzte den Begriff *conditio humana*, Condition humaine in die Wirklichkeit ja welcher Gesellschaft welchen Jahrhunderts? Diese Frage blieb selbst in diesem völlig durchdachten und belebten Roman offen. Mit dem Kinderbuch *Birne* kehrt auch Herburger tunlichst aus der Zukunft, diesem schwarzen Energieloch namens LEM – »Lästerlich Entwickelte Masse«[42] – zurück in die sotane Gegenwart. LEM hat Birne mit auf den Rückweg gegeben:

»Flucht nützt nichts. In der Vergangenheit findest du nicht die Verklärung, nach der du dich sehnst, eher empfangen dich dort die vergessenen Schrecken. In der Zukunft erwartet dich nicht die erhoffte Erlösung, vielmehr sammeln sich dort die Versäumnisse der Gegenwart. Man kann zwar manchmal dem Schicksal ausweichen, wenn man genügend Geld hat, nie aber der Logik der Möglichkeiten. Sie trifft dich wie der Speer die Wunde. Sie zwingt dich wie die Geschoßbahn die Kugel. Sie lockt wie der Honig in der Blüte.

Was soll ich also tun, fragt Birne.

Zurückgehen, antwortet LEM, jene Lästerlich Entwickelte Masse.«

Die Besinnung auf die Gegenwart ist die Rückbesinnung auf die Erde. Grabbe hat in einem ganz anderen Gedankenzusammenhang seines Schauspiels *Die Hermannsschlacht* den Ausspruch tun lassen: »Ja, aus der Welt werden wir nicht fallen. Wir sind einmal darin.« Dieser Satz ist geeignet, die landläufige Science Fiction in ihrer ideellen Beschränktheit zu beschreiben. Selbst der kühnsten, unglaublichsten Anstrengungen zum Trotz schmeckt der ausgemalte Kosmos noch nach so und so vielen Texten und Auflagen verteufelt nach Erde. Der Satz ist aber auch eine Orientierungshilfe. Wenn schon ein Jenseits dieser Welt nicht mehr geglaubt werden kann, so ist doch die Verhaftung im Diesseits ein gewisser Halt – man denke an Kellers Feuerbach-Erlebnis! Science Fiction ersetzte sozusagen den Unglauben an ein Jenseits durch den Glauben an ein Anderes. Sie konnte gar nicht früher entstehen, als bis diese ideologischen Voraussetzungen geschaffen worden waren: im neunzehnten Jahrhundert. Die eigentliche Anwendung des Satzes auf eine fortschrittliche Literatur lautet aber anders. Es entbehrt heute jeden Witzes, einen Romanhelden beispielsweise statt in 80 Tagen etwa in 80 Minuten um die Erde reisen zu lassen. Die Literatur kann die durch die Fortschritte der Wissenschaften erzielten und denkbaren Weltrekorde nur dadurch egalisieren, daß sie sie konsequent in ihr Gegenteil, ihren Gegensinn verkehrt: in 80 Welten um den Tag führt, um den bezeichnenden Titel eines Werks von Julio Cortázar zu zitieren. Ihr Vehikel ist nicht das ferngesteuerte Raumschiff; ihr Vehikel bleibt das menschliche Gehirn und die ästhetische und politische Sensibilität des Menschen.

V. Kind, Wirklichkeit, Utopie

Wollte man nach allem eine – utopische – Bilanz ziehen, lautete sie wohl: alle Atomentladungen, alle Massenreibereien, alle Prognosen des Club of Rome und jener fett gewordenen Futurologen Nordamerikas sind eingetroffen, übertroffen und dementiert worden,[43] so daß nun endlich der schmale Weg frei geworden ist, das einzig Richtige zu tun: aus den unbekannten Sphären des Alls etwas wie Heiterkeit – »Zärtlichkeit« benennt es Herburger[44] – zu beziehen, und aus dem Hiesigen Humanität – in der Science Fiction für Kinder und Jugendliche ist beides häufig auf der Strecke geblieben.

Das kühne Wort des Klappentextes aus der Sience Fiction-Produktion des Jahres 1976, nach welchem »die Welt von morgen immer die Welt der Jungen«[45] ist, verdient darum nicht nur die gebotene Einschränkung – die liefert schon der Autor: *Realität* –, es verdient auch eine Richtigstellung. Die Welt von morgen ist nur dann eine Welt der Jungen, wenn man ihnen nicht vorschreiben will, wie sie die Welt angehen sollten, sondern sie selbst gestalten läßt, was ihnen heute in den Sinn kommt:

»peter ist ein kleiner junge er wohnt in einem bauernhoff eines tages saß peter auf einem stein und überlegte was er machen kann ich weiß was, ich weiß was, was denn fragte michael der hahn ich baue mir einen robotter haha das schafst du nie sagte michael doch sagte peter und er ging ins haus zuerst hohlte er eine blechdose und einen katun er baute kapel ein und er malte ihm ein böses gesicht dann michael bist du bestimt sauer Dann stellte er den robotter nach draußen uuuaa sagte der robotter und ging auf michael zu hilfe ein riese uuuaa hau hau aaapp dddu riese nein brülte der robotter peter mußte lachen aber michael das ist doch kein riese.«

Diesen Text hat ein siebenjähriges Mädchen 1975 geschrieben und ihm den Titel gegeben: *der hahn und der robotter.* Er demonstriert aufs anmutigste, wie wenig Talent Roboter besitzen, Angst und Schrecken zu erregen, wenigstens bei Kindern nicht, die noch nicht ausgeschickt, angehalten worden sind, das Fürchten zu lernen.

Es ist beglückend zu sehen, daß diese wirkliche Kindergeschichte ganz selbstverständlich aus jener schöpferischen Fähigkeit gespeist ist, die man einmal die des »homo ludens« genannt hat: der Roboter ist das von Menschen Geschaffene, Spielwerk, das nur Lebewesen ängstigen kann, die ohne Verstand und Bewußtsein, Tier sind. Es deprimiert um so mehr, daß Science Fiction für Kinder und Jugendliche suggeriert, die Technik als solche wäre das Schrecknis der Zukunft. Auf dem vorderen Umschlag des Sammelbandes *Die vergessene Stadt und andere Science Fiction Stories,* den Hanna Bautze 1975 im Otto Maier Verlag Ravensburg (Ravensburger Taschenbuch 327) herausgegeben hat, steht folgende Zeile als Lese-Attraktion: »Wird der Mensch sich auch in der Zukunft gegen die Maschinen behaupten können?« Auf solche Fragen antwortet sinnigerweise ein ganzseitiger Werbe-Aufsatz von IBM, der 1975 wiederholt in westdeutschen Tageszeitungen veröffentlicht wurde und die Überschrift trug: *Über Computer. Die künftige Gesellschaft oder Science & Fiction.* Der Verteufelung von Computer, Roboter und Denkmaschinen – den negativen Helden in den Horrorgeschichten unseres Jahrhunderts, in der Science Fiction – stellt der Anonymus mit den Initialen IBM am Schluß den verteufelten Wahrspruch gegenüber, »daß immer nur der Mensch das Problem des Menschen ist; nie sein Produkt, die Maschine«.[46]

So wenig Kinder die Maschine fürchten, so wenig fürchten sie auch den Weltraum: sie fallen nicht in die Schlaglöcher des Universums. Wenn sie so wollen, leben auf dem Mars Menschen, wachsen Blumen auf dem Mond, ist die Heiterkeit der

Urstoff des Universums. Ihre Einbildungskraft und ihr Glauben versetzen Berge, Planeten und Menschheit wie in dieser Geschichte desselben Kindes. Sie trägt den Titel »Der Mondgarten«:

»Es war einmal ein mond der war der schönste mond
warum er so schön war er hatte einen herrlichen garten
aber auf dem mond leben freche marsmännchen
sie flücken jedes jar 5 blumen ab
aber das machte dem mond garnix aus
er krigt ja immer neue blumen aber im winter krigt er keine blumen. eines tages kammen die marsmännchen
plötzlich sagte der hauptmann loss reist 5 blumen ab
alls es winter worde erforen die blumen micki der auf der erde wonnte wollte nicht das die blumen friren er namm eine große rakete und flok zum mond er sa ein kleines püngtchen, das ist der mond sagte er alls er auf dem mond war namm er eine riesige kappe und setzte sie über den mond wenn es sommer oder herbst oder frühling wurde löste sich die kappe in luft auf. im sommer krigte der mond die schönsten blumen.

der mond war ser weit weg von der erde es waren 90675765456 kilometer. die marsmännchen lebten auf einem anderen mond er war foller gold und silber sie hatten nämlich eine maschine wenn mann da eine blume rein stekt wirt aus den schönen blumen gold gemacht und aus den nicht so schönen wirt silber gemacht.

Ende«

der hahn und der robotter

peter ist ein kleiner junge er wohnt in einem bauernhoff eines
tages saß peter auf einem stein und überlegte was er machen kann
ich weiß was, ichweiß was, was den fragte michael der hahn ic h
baue mir einen robotter haha das schafst du nie sagte michael
doch sagte peter und er ging ins haus zuerst hohlte er eine bl-
echdose und eines katun er baute kapel ein und er malte ihm ein
böses gesicht dan michael bist du bestimt sauer/d[illegible]//Dann ste-
lte er denn robotter nach draußen uuuaa sagte der robotter und
ging auf michael zu hilfe ein riese uuuaa hau hau aaapp dddu
riere nein brülte der robotter peter mußte lachen aber michael
das ist doch kein riese.

ende

1 Der Aufsatz ist die erweiterte Fassung eines Vortrags, den ich am 24. September 1976 auf der Jahrestagung des Friedrich-Bödecker-Kreises in Hannover gehalten habe; er wurde vorabgedruckt in *die horen* H. 4, Winter 1977, Ausgabe 108, S. 55-72.

2 Niemand hat für die Verbreitung dieser Haltung und Erkenntnis mehr getan als Georg Christoph Lichtenberg, der zwischen 1778 und 1798 beinah Jahr um Jahr in dem von ihm herausgegebenen *Göttinger Taschen Calender* immer wieder Leitartikel über das »Neueste vom Himmel« veröffentlichte.

3 S. *Guten Morgen Übermorgen.* Utopische Geschichten und Gedichte von Menschen, anderen Wesen und fernen Welten, Hg. von Jürgen vom Scheidt, Ellermann, München 1975, S. 122. Nach Auskunft des Verlags waren von der für Jungen und Mädchen ab 10 gedachten Anthologie ungeachtet der durchweg freundlichen Rezensionen und Lese-Empfehlungen bis September 1976 weniger als 3000 Exemplare verkauft worden. Der Ladenpreis beträgt übrigens DM 14,–.

4 Als Vorlage diente mir die Abbildung in dem *ZEIT magazin* Nr. 19 vom 30. April 1976 (unpaginiert).

5 Herbert W. Franke, *Science Fiction – Grenzen und Möglichkeiten,* erschienen in: *Phantasie und Realität in der Jugendliteratur.* 3. Jahrbuch des Arbeitskreises für Jugendliteratur, Verlag Julius Klinkhardt, Bad Heilbrunn 1976, S. 121-127. Das Zitat im Text findet sich ebenda S. 121. Franke beschränkt sich in seinem Aufsatz, der auf ein anläßlich der XXI. Internationalen Jugendbuchtagung 1975 gehaltenes Referat zurückgeht, auf die SF, die sich an den erwachsenen Leser und Konsumenten wendet. Über dieses Gebiet liegen inzwischen mehrere grundlegende Arbeiten vor, so daß es sich an dieser Stelle erübrigt, eine vollständige Bibliographie anzuführen. Für diese Arbeit zog ich folgende Arbeiten heran:

M. Pehlke / N. Lingfeld, *Roboter und Gartenlaube.* Ideologie und Unterhaltung in der Science-Fiction-Literatur, München 1970 (Reihe Hanser Bd. 56).

(Hrsg. Elke Barmeyer), *Science Fiction.* Theorie und Geschichte, München 1972 (UTB 132).

Manfred Nagel, *Science Fiction in Deutschland.* Untersuchungen zur Genese, Soziographie und Ideologie der phantastischen Massenliteratur, Tübingen 1972 (Untersuchungen des Ludwig-Uhland-Instituts Bd. 30).

Jörg Hienger, *Literarische Zukunftsphantastik.* Eine Studie über Science Fiction, Göttingen 1972.

ders., *Abenteuer und Gedankenspiel.* Gesichter der Science Fiction (SF), in: (Hrsg. Annamarie Rucktäschel / Hans Dieter Zimmermann), *Trivialliteratur,* München 1976 (UTB 637), S. 339-356.

F. Leiner / J. Gutsch, *Science-Fiction.* Materialien und Hinweise, Frankfurt 1974².

(Hrsg. Reimer Jehmlich / Hartmut Lück), *Die deformierte Zukunft.* Untersuchungen zur Science Fiction, München 1974 (Das Wissenschaftliche Taschenbuch Ge 21).

Dieter Hasselblatt, *Grüne Männchen vom Mars.* Science Fiction für Leser und Macher, Düsseldorf 1974.

Jörg Weigand, *die triviale phantasie.* beiträge zur verwertbarkeit von science fiction, Bonn-Bad Godesberg 1975.

Zum Stichwort: Utopie und Utopischer Roman s.

Martin Schwonke, *Vom Staatsroman zur Science Fiction.* Eine Untersuchung über

Geschichte und Funktion der naturwissenschaftlich-technischen Utopie, Göttingen 1957 (Göttinger Abhandlungen zur Soziologie Bd. 2).

(Hrsg. Arnhelm Neusüss), *Utopie.* Begriff und Phänomen des Utopischen, Neuwied 1968 (Soziologische Texte Bd. 44).

Jean Servier, *Histoire de l'utopie,* Gallimard, Paris 1967 (collection »idées« no 127).

Hartmut Lück, *Fantasie, Science Fiction, Utopie.* Das Realismusproblem der utopisch-phantastischen Literatur, 1977.

Literarische Utopien – Sowjetische Science Fiction und Kritik der Manipulationstheorien, in: *Sozialistische Zeitschrift für Kunst und Gesellschaft* 18/19, Juli 1973.

Zu der Gattung der SF für Kinder und Jugendliche gibt es bezeichnenderweise dagegen bisher nur wenige Artikel und keinerlei Monographie:

Dieter Fischer, *Detektivgeschichte und Science Fiction als Jugendliteratur* (Aspekte des Jugendbuches), in: (Hrsg. Gerhard Haas), *Kinder- und Jugendliteratur.* Zur Typologie und Funktion einer literarischen Gattung, Reclam, Stuttgart 1974, S. 289-311, zur SF speziell S. 301-309 (dort auch weitere Literaturhinweise).

Karl Ernst Maier, *Utopische Geschichten,* in: *Jugendschrifttum.* Formen, Inhalte, pädagogische Bedeutung, Bad Heilbrunn 1973[7], S. 146-152. Maier ordnet die von ihm so genannten »Utopischen Geschichten« dem Kapitel und der Gattung »Abenteuerbuch« zu.

Auffällig ist, daß sich bislang so gut wie keine Aufsätze, Unterrichtsprotokolle aus der Feder derer finden, die mit Kindern und Jugendlichen direkt zu tun haben. Auch der im November 1971 in *Diskussion Deutsch,* Heft 6, S. 335-350, erschienene grundsätzlichere Aufsatz *Literarische Systeme für den Möglichkeitssinn. Einige Aspekte der Science-fiction-Literatur* von Jürgen Gutsch erbringt seine zuletzt positive Systematisierung ohne den geringsten Rekurs auf die einschlägige Kinder- und Jugendliteratur.

H. L., *Kapitalismus und Krieg als galaktische Naturgesetze.* Beispiele didaktischer Nutzung von SF-Literatur, in: *Kunst und Gesellschaft* 18/19, Juli 1973, S. 136-140.

H. und J. Ellerbrock / F. Thieße: *Perry Rhodan – Untersuchung einer Science-Fiction-Heftromanserie,* Anabas Verlag, Gießen 1975.

Astronautik. Artikel (Verf. Dieter Fischer) in: *Lexikon der Kinder- und Jugendliteratur,* Weinheim 1975, Bd. 1, S. 70-72.

Manfred Markus, *Wer hat Angst vor den UFOs?* Zu Nicholas Fisks Science-Fiction-Jugendbuch *Trillionen,* in: *Diskussion Deutsch,* Heft 25, Oktober 1975, S. 508-517 (mit weiteren Literaturangaben).

Arbeits- und Methodenhilfen zum Umgang mit Science-Fiction-Literatur, in: *Bulletin Jugend + Literatur* 11-75, S. 2-3 (1).

Peter Ant, *Science-fiction im Kinder- und Jugendbuch,* in: *Schwarz auf weiß.* Zeitschrift für lehramtsanwärter und studenten, Heft 3, Dortmund 1976, S. 18-19; ferner H. 4 und 5.

6 Wolfgang Jeschke, *Welt ohne Horizont,* in: *Welt ohne Horizont.* Neue Erzählungen aus der Welt von morgen, hrsg. von Thomas Landfinder, Arena, Würzburg 1975, S. 79. Das Motiv der Übervölkerung der Erde bildet häufig das Movens in der SF, 1975 auch beispielsweise in Mark Brandis' *Aktenzeichen illegal.* Menschenjagd im Weltraum, Herder, Freiburg 1975. Der Klappentext beginnt bildzeitungsmäßig mit einer dicken Versalien-Zeile: »ÜBERVÖLKERT sind im Jahre 2074 die Erde und ihre erreichbaren Trabanten. Illegal ist alles Leben, das nicht den Verordnungen und Gesetzen entspricht.« Den wissenschaftlichen Gedanken dagegen führt Thomas von Randow unter dem Titel *Weltraum-Kolonie: Leben im Riesenrad* in dem *ZEIT*

magazin Nr. 49, 25. November 1977, S. 62-71, neuerdings aus. Unter dem Pseudonym Mark Brandis verbirgt sich übrigens der Autor Nikolai von Michalewsky. Über ihn s. *Bulletin Jugend + Literatur* 12/76 (5), S. 17; 3/77 (4), S. 13-14.

7 Jeschke, a.a.O., S. 96.

8 Jeschke, a.a.O., S. 96. Diese Geschichte widerlegt ebenso wie andere Beiträge dieses Sammelbands und vor allem Beiträge zu der von Dieter Hasselblatt im Thienemanns Verlag herausgegebenen Anthologie *Das Experiment* die von Fischer (a.a.O., S. 305) aufgestellte Behauptung, daß »die ausgesprochene Horrorgeschichte« im Jugendbuch fehlt.

9 An dieser Stelle danke ich Frau Christa Cordes für die freundliche Bereitschaft, mir über die SF-Intentionen des Verlags Arena, Markterfolge und -mißerfolge mit SF zu berichten.

10 S. die mit Erdmann Steinmetz unterschriebene Besprechung im *Buchanzeiger für Öffentliche Bibliotheken* 4/75 und im *EKZ-Informationsdienst* 6/75 sowie die mit Reißing unterschriebene Besprechung in *Das neue Buch* und *Buchprofile* 6/75, deren Fazit lautet: »Die Erzählungen sind Lesern von 15 Jahren an und Erwachsenen, die Freude an Phantasie und Gedankenspielen haben, zu empfehlen.«

11 Thomas Landfinder (Jürgen vom Scheidt), *Training für die Phantasie* (Nachwort zu *Welt ohne Horizont*), a.a.O., S. 151, 150, 151-152.

12 Unter den Titeln befinden sich der Roman eines polnischen Autors, der nach Angabe des Verlags erstmals in deutscher Sprache erscheint (d. h. in Polen nicht veröffentlicht wurde): Konrad Gruda, *zwölf uhr einundvierzig*. ein roman aus dem jahr 2289, Jugend und Volk Verlag, Wien, München 1975, und auch zwei Texte von Schriftstellern aus der DDR: Fred Hubert, *Zeitsprung ins Ungewisse*. Wissenschaftlich-phantastische Erzählung, Kompass-Bücherei Band 190, Verlag Neues Leben, Berlin 1975, und als Lizenzausgabe des Verlags Jungbrunnen, Wien-München 1975, von Klaus Frühauf der 1974 im Verlag Neues Leben, Berlin, erschienene Roman *Mutanten auf Andromeda*. Diese Tatsache verdient insofern Beachtung, als die Produktion von SF in der DDR eine Zeitlang so wenig gern gesehen wurde wie die Produktion von Kriminalgeschichten, mit dem Erfolg, daß auch die theoretische Auseinandersetzung mit diesem Genre bisher unterblieb. In Zusammenhang mit seiner Rezension westdeutscher Arbeiten zum Genre der SF hat daher Adolf Sckerl in den *Weimarer Beiträgen* 8/1976 (S. 187-191) abschließend für die Situation in der DDR geäußert: »Bisher gab es einige Dissertationen zur Phantastik in der sowjetischen Literatur und vereinzelte Artikel. Von einem wirklichen Aufnehmen dieser Literatur in unsere Literaturgesellschaft kann nicht die Rede sein. Vorläufig wird das Genre als Ganzes theoretisch kaum zufriedenstellend gefaßt. Doch steigen die Leserzahlen, und immer mehr Autoren versuchen sich in der DDR auf diesem reizvollen Gebiet. Da müssen wir dieser Literatur einen festen Platz im Ensemble unserer sozialistischen Literatur anweisen – und das will begründet sein.« S. auch die dpa-Meldung in der *Süddeutschen Zeitung* vom 15. 9. 1976 (Feuilleton). Vgl. auch *Bulletin Jugend + Literatur* 3/77 (2), S. 5-7: *S. F. aus der DDR*.

13 Robert C. O'Brien, *Frau Frisby und die Ratten von Nimh*, Verlag Jungbrunnen, Wien, München 1975, S. 140. Die denkbaren Schrecken ebenso wie die versonnenen Hoffnungen gründen in den Schrecken und Hoffnungen dieser Tage; alles andere ist verblasene Phantasmagorie mit verwischten Farben. Man vergleiche in diesem Zusammenhang O'Briens idealistisches Ratten-Bild mit der über-realistischen *Birne*-Geschichte Herburgers von den Ratten, die in New York, das nicht mehr bewohn- und belebbar ist, anstelle der Menschen die Wokenkratzer bevölkern – s. *Birne brennt durch*, Darmstadt 1975, S. 75 bis 79: *Birne bei den Milliardären*.

14 Zum Motiv der Höhle liefern Beispiele *Die Wächter* von John Christopher, Bitter, Recklinghausen 1975; *Vier junge Aquanauten* von Carl L. Biemiller, Albert Müller, Rüschlikon-Zürich 1975; *Giganto meldet: Vorstoß in die Erde!* von Rolf Ulrici, Schneider, München 1975; in *Ana ruft Ona* von Monika Paetow, Arena, Würzburg 1975, ist der zentrale Schauplatz die heimelige Schlafhöhle, in *Gummiguttas Weltraumflug* von Carsten Ström, Benzinger, Zürich–Köln 1975, ist es das Haus-Schiff. Und schließlich läßt der DDR-Autor Frühauf die *Mutanten auf Andromeda* konsequent in Höhlen vegetieren.

15 Die Vaterfiguren stellen der obligate Raumschiff-Kommandant wie der zumeist greise Kopf außerterrestrischer Lebensgemeinschaften; der Professor erscheint demgegenüber höchstens als nützlicher Narr oder freundlicher Spinner wie vielleicht am treffendsten in dem von Heinz Edelmann illustrierten SF-Bilderbuch *Maicki Astromaus* von Fredric Brown, Middelhauve, Köln 1970. Eine andere Konstante in der SF-Literatur nicht nur für Jugendliche ist die Asexualität im Weltraum und in Zukunft. Nirgends, nicht einmal in dem Roman des sozialistischen Schriftstellers Frühauf, wird eine zwischenmenschliche Beziehung dargestellt, die über die normale Befriedigung von Bedürfnissen hinausginge; in der Regel existieren keine Partner-Beziehungen!

16 O'Brien, a.a.O., S. 138, 148, 150.

17 O'Brien, a.a.O., S. 140.

18 Für Uta Behnen ist dieser Roman, den sie guten Lesern schon ab 8 Jahren sehr empfiehlt, »ein soziales Lehrstück, ohne penetrant pädagogisch zu sein« – so in der Rezension in *Der Evangelische Buchberater,* der Zeitschrift für Evangelische Büchereien, Nr. 4, Oktober-Dezember 1976, S. 308. Der 1973 von Richard Fleischer gedrehte amerikanische Film *... Jahr 2022 ... die überleben wollen,* der am 11. Februar 1978 im Deutschen Fernsehen (ARD) gezeigt wurde, zeigt übrigens tatsächlich das Natürliche (Baum oder Frucht und Lebensmittel) als das Legendäre aus dem Munde der Alten oder als Luxus für Wohlhabende beziehungsweise als den Begleitfilm für diejenigen, die sich nach ihren eigenen Wunschvorstellungen einschläfern lassen wollen.

19 Den Deutschen Jugendbuchpreis 1971 erhielt Ludek Pešek für den Roman *Die Erde ist nah. Die Marsexpedition,* Bitter, Recklinghausen 1970. Das *Bulletin Jugend + Literatur* pries das Buch in Heft 6, Juni 1970, S. 21-24, und Heft 7/1970, S. 29.

20 *Bulletin Jugend + Literatur,* Oktober 1969, S. 1.

21 In Heft 3, 4-5/1971 des *Bulletin Jugend + Literatur* wird eine Bibliographie von A-Z zum Thema Mondflug nachgeliefert, die insgesamt 35 Titel umfaßt (a.a.O., S. 30; 36-37).

22 *Bulletin Jugend + Literatur,* Heft 4, April 1972, S. 29 (4): *Science Fiction. Probleme – Fragmentarisch.*

23 1970 schuf Heinz Edelmann die bei Middelhauve, Köln, erschienenen Bilderbücher *Andromedar SR 1* und *Maicki Astromaus;* s. den Artikel über ihn von Karlhans Frank im *Lexikon der Kinder- und Jugendliteratur,* Weinheim 1975, Bd. 1, S. 336-337.

24 In dem ausdrücklich als Kinderbuch bezeichneten Text *Gummiguttas Weltraumflug* von Carsten Ström, Benziger, Zürich–Köln 1975, habe ich auf 170 Seiten 67 Fremdwörter gezählt, die zum Teil mehrfach verwendet wurden. Darunter finden sich Worte wie: vollautomatisieren, phantasieren, Reagenzglas, Hektoliter, Magnetismus, Trottoir, Generator, Theorie, stimulierender, Idee, resignieren, Wasserstoffsuperoxyd, Umkoppler, Republik, Favorit und Wortbildungen wie: Klepto-

manyle. In diesem Zusammenhang bilden die Schneider-Bücher einmal die wohltuende Ausnahme: dort werden Fremdwörter in einem Register zusammengestellt und erklärt.

25 *Deutscher Jugendbuchpreis 1973*. Begründungen und Erfahrungen der Hauptjury. In: *2. Jahrbuch des Arbeitskreises für Jugendliteratur: Jugendliteratur und gesellschaftliche Wirklichkeit,* Klinkhardt, Bad Heilbrunn 1974, S. 171.

26 *Bulletin Jugend + Literatur,* Heft 11, November 1975, S. 1. Im März 1977 stellte Künnemann ein zweites Mal seinen Leitartikel unter die Überschrift *Zukunftsblicke* und Nr. 3/77 des *Bulletin Jugend + Literatur* unter das Thema *Science Fiction.* In dem *Bulletin* 9/77 (4), S. 19, kündigte er innerhalb des Artikels *SF-Szene, Neues über »Science-Fiction«* für 1978 bereits ein drittes Schwerpunktheft an. Es wird vermutlich in dem Zeitpunkt erscheinen, wo – entgegen Künnemanns Einschätzung – in Kino und Fernsehen eine SF-Film-Welle von bislang nicht gekanntem Ausmaß um sich gegriffen haben wird, die Identität zwischen Politischem und Ästhetischem vollends bestätigend (vgl. *stern* Nr. 6, 2. Februar 1978, S. 36 ff.: *Die Roboter kommen im größten Film-Spektakel aller Zeiten – »Krieg der Sterne«*).

27 »Da fast jeder sich zufrieden fühle, sei es wahnwitzig, nur wegen der Laune einiger weniger alles umstürzen zu wollen. Und noch wahnwitziger sei es, zu glauben, daß eine Revolution irgendwelche Aussicht auf Erfolg hätte.« – *Die Wächter,* Bitter, Recklinghausen 1975, S. 107: Die Revolutionäre.

28 Noch 1975 wirbt der Arena-Verlag für die Christopher-Titel: *Dreibeinige Monster auf Erdkurs,* Würzburg 1971 erschienen und im *Bulletin Jugend + Literatur* Heft 10, 1972, S. 76 (4), von W. Kempkes eher positiv besprochen; *Das Geheimnis der dreibeinigen Monster,* Würzburg 1972; *Der Untergang der dreibeinigen Monster,* Würzburg 1973. Nach Ansicht der Lektorin Christa Cordes war der Arena-Verlag mit der Christopher-Trilogie der erste westdeutsche Verlag, »der versucht hat, Jugend-Science-Fiction gehobeneren Niveaus in sein Programm aufzunehmen«. Weitere Titel führt eine Bibliographie in den *Informationen* III/76 des Arbeitskreises für Jugendliteratur, S. 17, auf. Christa Cordes hat nach eigenem Geständnis dem Arena-Verlag davon abgeraten, *The Guardians* zu übernehmen!

29 Die Hauptjury zum Deutschen Jugendbuchpreis 1976 begründete ihre Entscheidung für *Die Wächter* mit diesen Worten (s. *Informationen* III/76, S. 7): »Das im 21. Jahrhundert spielende Buch entwirft eine Vision der zunehmenden Verstädterung und Vermassung der Menschen und von ihrer Verdummung durch Gladiatorenspiele, ständige karnevalistische Feste und dreidimensionales Fernsehen. Daneben gibt es die Reservate der ›Landkreise‹, in denen die Menschen – zumindest nach außen hin – noch wie vor dem ersten Weltkrieg leben. Beide Gruppen sind so manipuliert, daß sie einander gegenseitig verachten und eine jede nur ihre Lebensform für die einzig richtige hält. Durch die Freundschaft zweier Jungen aus den zwei Welten werden diese Grenzen durchbrochen, und einige wenige beginnen, an der Unabänderlichkeit und Richtigkeit ihrer Lebensform zu zweifeln. Das Buch regt an zum Nachdenken über viele unsere Zeit bewegende Fragen, dies aber verpackt in eine spannende Erzählung und verfremdet durch die futurologische Handlung. Es appelliert an die Wachsamkeit, an die Verantwortung des Menschen für etwas Größeres als die eigene Bequemlichkeit, ohne als Patentlösung etwa eine Doktrin oder Ideologie anzubieten. An dem Buch gefällt die utopisch-konstruktivistische Grundidee, die klare Schlußaussage und die erzählerische Durchführung, die den programmatisch-theoretischen Ansatz mit vielen Details konkretisiert. Das Buch zeugt überdies von einer demokratischen Selbstkritik-Tradition, die alle Aufmerksamkeit verdient. Es überzeugt zugleich auch literarisch. Die dualistische Perspekti-

ve der Grundkonzeption fordert zu ständigen Vergleichen sowohl der zivilisatorischen und kulturindustriellen wie der konservativen und planerischen Glücksvorstellungen heraus. Es ist ein Angebot zu wirklichem literarischem Denken. Hier wird nicht nur gut, solide und schwungvoll erzählt, sondern ein ernstes Thema ohne Verlust seiner anspruchsvollen Substanz in ein adäquates literarisches Formmuster übersetzt.« Während die Hauptjury die »klare Schlußaussage« des angeblich unideologischen Jugendbuches rühmte, tat sich der Laudator Doderer (s. *Informationen*, a.a.O., S. 13) bezeichnenderweise schwer: »Da sind einerseits die Jahrmärkte der Eitelkeit und Mechanismen der Unterdrückung in der visionären Zukunftstadt geschildert, aus der der Junge, der Held der Geschichte, ausbricht, und andererseits die rückwärtsgewandte, ständische, aristokratische Gesellschaft außerhalb des Zauns. Rob, der Held, kehrt in die Zukunft zurück, mit wenig Hoffnung. Die story enthält den fortdauernden Versuch, die Mächte zu entlarven, die den einzelnen manipulieren. Sie läßt aber auch wenig Hoffnung, wie weiland Jonathan Swift in seinem gesellschaftskritischen Roman *Gullivers Reisen*.«

Die von Doderer mit »Hoffnungslosigkeit« eher gelinde umschriebene Aussage des Romans, wenn man seine Handlung konsequent zu Ende denkt, wird von *keinem* Rezensenten bemerkt! Ob Sybill Gräfin Schönfeldt in der *Süddeutschen Zeitung* vom 10./11. Juli 1976 *(John Christopher bekam jetzt den Jugendbuchpreis. Science-Fiction-Literatur unter der Lupe)*, ob die Vereinigten Jugendschriften-Ausschüsse Hessen, Baden-Württemberg und Nordrhein-Westfalen, große Regionalzeitungen, der Borromäusverein oder der Südwestfunk: alle lesen aus dem Buch einen positiven Denkanstoß für jugendliche Idealisten heraus. Jugendliche sind von diesen Rezensenten ganz bestimmt nicht befragt worden: Bei einer von mir im Rahmen des Projekts »Kinder, Buch und Markt« an der Universität Oldenburg im WS 1976/77 mit Lehrern und Studenten in Schulen und Jugendbüchereien durchgeführten Erkundung stellte sich übereinstimmend heraus, daß Jugendliche die komplizierte Handlung gar nicht verstanden und die politischen Implikationen als über ihre Begriffe gehend empfanden.

Im Anschluß an eine Diskussion über dieses Buch, die während der 2. Oldenburger Kinder- und Jugendbuchmesse am 27. Oktober 1976 unter meiner Leitung stattfand – unter Mitwirkung von Ute Blaich als Kritikerin und Dr. Georg Bitter als Verleger –, schrieb mir letzterer am 7. 1. 1977: »Alle in Oldenburg angestellten Überlegungen – ob politische Absicht dahinter war und welche anderen Absichten der Autor gehabt haben mag –, wurden von Herrn Christopher ad absurdum geführt, da nichts von alledem ihm als Konzeption vorgeschwebt hat. Es ist so niedergeschrieben worden, wie es ihm gedanklich aus der Feder geflossen ist. Wie er mir sagte, war das Buch ursprünglich für Erwachsene konzipiert; er hat es dann durch stilistische Änderungen zu einem Jugendroman gemacht.«

30 *Konkrete Utopie. Zweiundsiebzig Gedanken für die Zukunft* war das Dossier 3 im KURSBUCH 14, August *1968*, S. 110-145, überschrieben. Die 72 Gedanken waren Einsendungen auf die Ankündigung der Kursbuch-Redaktion hin, die besten Ideen für die Zukunft mit 1000 Mark zu prämiieren. Die Prämie erhielt Géza Kirchknopf.

31 Zahlten, a.a.O., S. 67. 72.

32 Lichtenberg, *Sudelbuch* K 154 (zitiert nach Bd. 2, S. 427, der von mir im Hanser Verlag München veranstalteten Ausgabe). Der lateinische Ausspruch stammt aus Horaz *De arte poetica*, v. 138, und heißt: »Ein vielversprechend Wort! Wird er auch bieten, was dem Mundwerk ganz entspricht?«

33 Das *Bulletin Jugend + Literatur 6/76*, S. 4 (2), teilte mit, daß der von

Hasselblatt herausgegebene Science-Fiction-Sammelband *Das Experiment* von der JU-BU-CREW, der Arbeitsgemeinschaft Jugendbuch Göttingen, zum Buch des Monats März (1976) gewählt wurde! Der Thienemann-Prospekt '76 zitiert den Fürspruch der JU-BU-CREW (a.a.O., S. 31): »Science Fiction war bis jetzt meist ein dunkles Kapitel im Jugendbuch. Dies scheint nun anders geworden zu sein. *Das Experiment* ist eine Anthologie, die neue Wege zur Science Fiction im Jugendbuch aufweist. Die verschiedenen Beiträge verlieren nie den Bezug zur Realität, sondern schildern stets das Mögliche. Die Geschichten sind aber keinesfalls nur für Jugendliche geeignet, sie erfüllen durchaus einen gehobenen wissenschaftlichen und literarischen Anspruch.«

34 Man wird den Verdacht nicht los, daß hier wie andernorts mit zweierlei Maß gemessen wird. Zum Beispiel berichtet das *Bulletin Jugend + Literatur* im Dezember 1975, S. 6 (2), aus dem Verlag Thienemann, er habe im Herbst 1975 von dem »Serien- und Fließband-Talent« Max Kruse Band 1 einer Serie gestartet, der den Titel trägt *Die Schnurfe in der großen Stadt. Schnurfe* nennt der Autor dem Bericht zufolge Lebewesen, die auf der Orbe, einem Phantasie-Planeten, leben und deren Hauptmerkmal ihr Rüssel ist, den sie vielseitig anstelle einer Nase verwenden.

Auf derselben Seite des *Bulletin* wird aus dem Schneider Verlag berichtet, daß Erfolgsautor Rolf Ulrici gleich im halben Dutzend den Weltraum erobern werde. Während aber der Berichterstatter in bezug auf die Intentionen des Verlages Thienemann und des Serien-Produzenten Kruse sich fast jeder kritischen Bemerkung enthält und lediglich den wohlfeilen Hinweis gibt, daß »Science Fiction [ist] im Kommen oder sogar schon Trumpf« ist und Thienemann mit den für 1976 und 1977 vorgesehenen mehreren Bänden »wohl zu Recht auf das Fernsehen [schielt]«, wird er im Falle Ulricis zum wahrsagenden Kritiker, der lakonisch befindet: »Die Lektüre des ersten Bandes läßt eine weitere schreckliche Ballung von Banalitäten befürchten.« Nach Auskunft der Public Relations-Abteilung des Franz Schneider Verlags waren übrigens bis Ende April 1976 von den folgenden Ulrici-Titeln abgesetzt:

Vorstoß in die Erde 41 000 Exemplare, 3. Auflage

Über uns ein Vulkan 38 000 Exemplare, 3. Auflage

Der Leiter der Public Relations-Abteilung, Dr. Karl Friedrich Schäfer, kommentierte in einem Schreiben an mich vom 24. August 1976 dieses Resultat so: »Also scheint dieses Genre noch hübsch lebendig zu sein.«

35 Annette Tison und Talus Taylor, *Barbapapas Arche,* Stalling, Oldenburg 1974.

36 Carsten Ström, *Gummiguttas Weltraumfahrt,* a.a.O., S. 104, 106, 107, 108. Die Arbeitsteiligkeit als Vorzug und Kennzeichen der modernen Zivilisation bringt bereits Campe in *Robinson der Jüngere* 1779 Kindern nahe.

37 Vgl. die Bibliographie unter Anm. 5.

38 Wohlstand bedeutete noch bis ins neunzehnte Jahrhundert hinein nicht die beruhigende materielle Lage, sondern das seelische und soziale Wohlbefinden, Wohlverhalten.

39 Ich folge hier Bloch in seiner Märchen-Interpretation (s. *Zerstörung, Rettung des Mythos durch Licht,* S. 159 f., in *Verfremdungen* I, Frankfurt 1963): »Nicht also, wie wenn alles Mythische schlechthin im eigenen Licht des Märchens verlassen wäre, in dem vielen kleinen Exodus, den es zeigt. Und in dem Rettungsraum, den es meint, mit keinem geringeren Archetyp dahinter als dem vom Paradies der Kleinen beleuchteten, ja gefüllten Schlaraffenland [. . .]. Also ist gerade sehr wenig Einlullendes, sehr wenig Ammenmärchen in diesen so rebellierenden wie wachen, diesen scharf auf Glück ausziehenden, das Glück ständig vorhaltenden, zu ihm aufreizen-

den Geschichten.«

40 Nach den unvergeßlichen Beschwörungen der bürgerlichen Marlowe oder Heinse noch im neunzehnten Jahrhundert Georg Weerth, der *Das Blumenfest der englischen Arbeiter* 1845 so ausklingen läßt: »Darin liegt denn auch ein Beweis, daß der Arbeiter neben seiner politischen Entwicklung noch einen Schatz von wahrer Liebe für die Natur in seinem Herzen bewahrt hat, eine Liebe, die die Quelle aller Poesie ist und die ihn einst in den Stand setzen wird, eine frische Literatur, eine neue gewaltige Kunst durch die Welt zu führen.«

41 Günter Herburger, *Jesus in Osaka.* Zukunftsroman, Luchterhand, Neuwied 1970. Der bislang gelungenste Roman dieses Autors ist 1977 verramscht worden, da von ihm lediglich 2250 Exemplare verkauft werden konnten.

42 Günter Herburger, *Birne brennt durch.* Sechsundzwanzig Abenteuergeschichten für Kinder und Erwachsene, mit Zeichnungen von Daniel Herburger, Luchterhand, Darmstadt und Neuwied 1975. Die Anspielung auf LEM, womit Herburger seiner Verehrung für den polnischen Autor dieses Namens Ausdruck gibt, findet sich in der Geschichte *Birne trifft im Weltraum LEM* (a.a.O., S. 80-83, das Zitat ebenda S. 82).

43 In seinem jüngsten Buch *Die nächsten 200 Jahre, ein Szenarium für Amerika und die Welt* stellt Hermann Kahn 1976 der düsteren Zukunftsvision des »Club of Rome«, der übrigens auf seinem Treffen im April 1976 in Philadelphia selbst ein gutes Stück von seiner apokalyptischen Vision abrückte, das Bild einer Welt gegenüber, die mit ihren Bevölkerungs-, Ernährungs- und Rohstoffproblemen ohne weiteres fertig werden kann. Wie ephemer derartige Vorhersagen sind, erhellen allein zwei Schlagzeilen deutscher Wochenzeitungen, die nur ein Jahr auseinanderliegen. Während *DIE ZEIT* am 31. Dezember 1976 Theo Sommers Leitartikel unter die Überschrift stellte: *Die Zukunft hat wieder Zukunft. Mehr Optimismus kennzeichnet die neuen Prognosen,* betitelt das *Deutsche Allgemeine Sonntagsblatt* seine Ausgabe vom 1. Januar 1978: *Die Zukunft liegt hinter uns.*

44 Ich beziehe mich auf die Geschichte *Birne bei den Milliardären* in Günter Herburgers Kinderbuch *Birne brennt durch,* a.a.O., S. 73-75: Die Reichen, die sich alles kaufen können, was sie wollen, nur nicht freiwillige Zärtlichkeit, spielen ein Spiel, das ZÄRTLICHKEIT heißt. Da sich aber die Reichen nicht vorsichtig genug gegeneinander betragen, was »für Zärtlichkeit eine wichtige Voraussetzung ist, damit sie sich zu entfalten vermag«, ertönt statt »sanfter Wonnen« bald »Kreischen und Knurren aus Hast und Gier. Die Arena gleicht bald einem Zoo, in dem wild gewordene Tiere sich zerfleischen«. Birnes Hoffnung im Entweichen: »Es darf nicht sein, daß die Zukunft bestialisch wird, bevor sie überhaupt beginnt!« Wie wenig selbstverständlich derartige Imaginationen von Nächsten-Liebe und interesselosem Sein in der gegenwärtigen Kinder- und Jugendliteratur sind, wie verrückt die humanen Maßstäbe erscheinen, erhellt aus dem Kinderbuch *Schlupp vom grünen Stern* von Ellis Kaut, Südwest, München 1974. Held der Geschichte ist ein Roboter mit einem kleinen Konstruktionsfehler, der ihn beinah menschlich und damit kommensurabel macht. Wenn Schlupp keine Lust mehr hat, zu arbeiten, wird er »zärtlich« (a.a.O., S. 9) gestreichelt, und er arbeitet wieder leidenschaftlich (s. S. 42)!

45 »In sieben utopischen Geschichten [...] ersteht diese Welt von morgen, die immer eine Welt der Jungen ist.« So liest man im Klappentext zu Roger Elwood, *jenseits von morgen,* Ueberreuter, Wien–München 1976.

46 Zit. nach *Süddeutsche Zeitung* Nr. 244, vom 23. Oktober 1975, S. 7. Übrigens läßt Peter Handke in seiner 1976 erschienenen Erzählung *Die linkshändige Frau* (a.a.O., S. 8-9) den achtjährigen Sohn der Heldin einen Schulaufsatz mit dem Thema

schreiben *Wie ich mir ein schöneres Leben vorstelle:* »Ich möchte, daß es weder kalt noch heiß ist. Ein lauer Wind soll immer wehen, manchmal ein Sturm, in dem man sich hinhocken muß. Die Autos verschwinden. Die Häuser wären rot. Die Sträucher wären Gold. Man wüßte schon alles und brauchte nichts mehr zu lernen. Man würde auf Inseln wohnen. Auf den Straßen stehen die Autos offen, und man kann hinein, wenn man müde ist. Man ist überhaupt nicht mehr müde. Die Autos gehören niemandem. Am Abend bleibt man immer auf. Man schläft ein, wo man gerade ist. Es regnet nie. Von allen Freunden gibt es jeweils vier, und die Leute, die man nicht kennt, verschwinden. Alles, was man nicht kennt, verschwindet.« Daß alles, was man nicht kennt, verschwinden solle, ist ebenso Ausdruck kindlicher Angstbewältigung wie Weltaneignung. Welche SF, von Erwachsenen für Kinder geschrieben, genügt diesen Setzungen?

Bibliographischer Nachweis

Klaus L. Berghahn, *Ernst Wilhelm Lotz. Aufbruch der Jugend. 1913*, Zuerst in: *Gedichte der »Menschheitsdämmerung«*. Interpretationen expressionistischer Lyrik, Mit einer Einleitung von Kurt Pinthus herausgegeben von Horst Denkler, München 1971, S. 106–124.

Gotthart Wunberg, *Utopie und fin de siècle.* Zur deutschen Literaturkritik vor der Jahrhundertwende, Zuerst in: *DVjS* 1969 (43. Jg.), H. 4, S. 685–706.

Wolfgang Promies, *Science Fiction oder: Die Zukunft gehört der Jugend auf dem Papier*, Zuerst in: *die horen* 108, 1977, S. 55–72.

Alle anderen Aufsätze sind Originalbeiträge.

Die Autoren

Klaus L. *Berghahn,* Prof. of German, University of Wisconsin (USA). Geb. 1937 in Düsseldorf. Studium der Germanistik, Geschichte und Philosophie in Köln und Münster. Dort 1967 Promotion. Lehrt seit 1967 in den USA. Veröffentlichungen zur Literatur des 18. u. 20. Jhds. und zur Literatur- und Dramentheorie.

Joachim *Campe,* geboren 1949 in Hagen. Derzeit Beendigung einer Promotion über den Roman der Aufklärung (Hippel, Wieland, Jean Paul). Aufsätze über *Instinkt und Zivilisation, Dramaturgische Prozesse. Zu Ibsens »Nora«, Der stabilisierte Konflikt. Adressat und ästhetische Technik in einem Roman Simenons.*

Rolf *Grimminger,* geb. 1941, ist Prof. für Ästhetik und Germanistik an der Universität Bielefeld. Publikationen zur Literaturgeschichte des Mittelalters, zur Literaturtheorie, zu Massenmedien und zur klassischen Ästhetik. Arbeitet gegenwärtig vor allem an der Veröffentlichung seiner Habilschrift zur Ästhetik des 18. Jh.s sowie an einem umfangreicheren Projekt zur Sozialgeschichte der deutschen Literatur.

Anselm *Maler,* geboren 1935 in Köln, lehrt Germanistik an der Universität Göttingen. Veröffentlichungen: *Der Held im Salon – zur deutschen Rokokoepik* (1973), *Der exotische Roman* (1974). Hrsg.: F. W. Zachariä: *Der Renommist; Das Schnupftuch* (Reclams UB). Beiträge für literaturwissenschaftliche Zeitschriften. Übersetzungen aus dem Lateinamerikanischen (Asturias, Neruda u. a.).

Klaus-Detlef *Müller,* geboren 1938 in Halle/Saale. 1967–1975 wissenschaftlicher Assistent am Deutschen Seminar der Universität Tübingen. Seit 1975 Professor am Institut für Literaturwissenschaft der Universität Kiel. Wichtigste Veröffentlichungen: *Die Funktion der Geschichte im Werk Bertolt Brechts.* Studien zum Verhältnis von Marxismus und Ästhetik, Tüb. 1967, 1972²; *Autobiographie und Roman.* Studien zur literarischen Autobiographie der Goethezeit, Tüb. 1976; Aufsätze in wiss. Fachzeitschriften, darunter mehrere über Brecht.

Ernst *Osterkamp,* geboren 1950 in Tecklenburg/Westf., lebt in Münster. Studium der Germanistik, Soziologie und Pädagogik. Arbeitet an einer Dissertation über das Lucifer-Motiv in der europäischen Literatur. Ein Aufsatz über *Darstellungsformen des Bösen* erschien 1974 in der Zeitschrift *Sprachkunst.*

Wolfgang *Promies,* geboren 1935 in Magdeburg, promovierte 1961 an der Universität München, war Universitätslektor in Frankreich und Spanien, danach Verlagslektor, habilitierte sich 1972 an der Technischen Universität Hannover. Seit 1973 ist er ordentl. Professor für Deutsche Literatur an der Universität Oldenburg. Er veröffentlichte Arbeiten u. a.

zum 18. Jahrhundert (speziell Spätaufklärung und Lichtenberg) und 20. Jahrhundert; weitere Arbeitsgebiete sind: Lateinamerikansiche Gegenwartsliteratur und Theorie und Praxis der Kinder- und Jugendliteratur.

Gerd Enno *Rieger*, geboren 1935 in Hannover. Studium der Skandinavistik, Germanistik und Romanistik. Promotion 1966. 1966–1975 Wissenschaftlicher Assistent am Nordischen Seminar der Universität Münster. Seit 1973 Arbeit an einer Habilitationsschrift über Ibsen. Veröffentlichungen in verschiedenen internationalen Zeitschriften.

Burghart *Schmidt*, geboren 1942. Studium der Biologie, Chemie, Physik, Philosophie und Kunstgeschichte. Seit 1968 wissenschaftlicher Mitarbeiter von Ernst Bloch an dessen Gesamtausgabe. Mitarbeiter der Documenta V/1972. Lehrbeauftragter für Philosophie an der Gesamthochschule Wuppertal und an der TU Hannover. Publikationen in Sammelbänden und Zeitschriften des In- und Auslandes und für den Rundfunk.

Bernd *Steinbrink*, geboren 1951. Studium der Germanistik, Philosophie, Soziologie und Politologie. Arbeitet zur Zeit an seiner Dissertation über die Geschichte des Abenteuerromans im 19. Jahrhundert. Beiträge zur Geschichte und Methodik der Rhetorik in: Gert Ueding, *Einführung in die Rhetorik*, Stuttgart 1976.

Cornelie *Ueding*, geboren 1946 in Berlin. Studium der Allgemeinen Rhetorik, Germanistik und Amerikanistik. Promotion 1976. Veröffentlichungen: *Denken Sprechen Handeln*. Aufklärung und Aufklärungskritik im Werk Georg Büchners, Bern, Frankfurt/M. 1976. Übersetzungen sowie Beiträge für den Rundfunk.

Gert *Ueding*, geboren 1942. Studium der Germanistik, Philosophie, Kunstgeschichte und Rhetorik. Professor für Literaturgeschichte und Literatursoziologie an der Universität Oldenburg. Veröffentlichungen u. a.: *Schillers Rhetorik*. Idealistische Wirkungsästhetik und rhetorische Tradition, Tübingen 1971; *Glanzvolles Elend*. Versuch über Kitsch und Kolportage, Frankfurt/M. 1973; (Hrsg.) Ernst Bloch, *Ästhetik des Vor-Scheins*, 2 Bde., Frankfurt/M. 1974; *Einführung in die Rhetorik*. Geschichte, Technik und Methoden, Stuttgart 1976; Aufsätze in Sammelbänden und Zeitschriften, Funkessays.

Hermann *Wiegmann*, geboren 1937, studierte Germanistik, Philosophie und Kath. Theologie in Münster und Tübingen. Promotion 1975. Veröffentlichungen: *Ernst Blochs ästhetische Kriterien und ihre interpretative Funktion in seinen Literarischen Aufsätzen*, Bonn 1976; sowie zur ästhetischen Erkenntnistheorie und zu den Einflüssen der Tragödientheorie des Cinquecento auf die Romanpoetik des Barock.

Gotthart *Wunberg*, geboren 1930, Studium der Germanistik, Philosophie, Ev. Theologie, Pädagogik. Professor für Neuere Deutsche Literatur an der Universität Tübingen. Publikationen u. a.: *Der frühe Hofmannsthal*. Schizophrenie als dichterische Struktur, Stuttgart 1965; *Autorität und Schule*, Stuttgart 1966. *Hermann Bahr*. Zur Überwindung des Naturalismus, Theoretische Schriften 1887–1904 (Hrsg.), Stuttgart 1968; *Die literarische Moderne.* Dokumente zum Selbstverständnis der Literatur um die Jahrhundertwende (Hrsg.), Frankfurt a. M. 1971; *Hofmannsthal im Urteil seiner Kritiker.* Dokumente zur Wirkungsgeschichte Hofmannsthals in Deutschland (Hrsg.), Frankfurt a. M. 1972. *Samuel Lublinski.* Die Bilanz der Moderne, 1904 (Hrsg.), Neuausgabe Tübingen 1974; *Das Junge Wien.* Österreichische Literatur- und Kunstkritik 1887–1902 (Hrsg.), Tübingen 1976; literaturwissenschaftliche und pädagogische Aufsätze in Zeitschriften und Sammelbänden. Hrsg. der Reihe »Deutsche Texte« im Max Niemeyer Verlag, Tübingen.

Bibliothek Suhrkamp

549 Nelly Sachs, Gedichte
550 Ernst Penzoldt, Kleiner Erdenwurm
551 Octavio Paz, Gedichte
552 Luigi Pirandello, Einer, Keiner, Hunderttausend
553 Strindberg, Traumspiel
554 Carl Seelig, Wanderungen mit Robert Walser
555 Gershom Scholem, Von Berlin nach Jerusalem
556 Thomas Bernhard, Immanuel Kant
557 Ludwig Hohl, Varia
559 Raymond Roussel, Locus Solus
560 Jean Gebser, Rilke und Spanien
561 Stanisław Lem, Die Maske · Herr F.
562 Raymond Chandler, Straßenbekanntschaft Noon Street
563 Konstantin Paustowskij, Erzählungen vom Leben
564 Rudolf Kassner, Zahl und Gesicht
565 Hugo von Hofmannsthal, Das Salzburger große Welttheater
567 Siegfried Kracauer, Georg
568 Valery Larbaud, Glückliche Liebende . . .
570 Graciliano Ramos, Angst
571 Karl Kraus, Über die Sprache
572 Rudolf Alexander Schröder, Ausgewählte Gedichte
573 Hans Carossa, Rumänisches Tagebuch
574 Marcel Proust, Combray
575 Theodor W. Adorno, Berg
576 Vladislav Vančura, Der Bäcker Jan Marhoul
577 Mircea Eliade, Die drei Grazien
578 Georg Kaiser, Villa Aurea
580 Elias Canetti, Aufzeichnungen
581 Max Frisch, Montauk
582 Samuel Beckett, Um abermals zu enden
583 Mao Tse-tung, 39 Gedichte
584 Ernst Kreuder, Die Gesellschaft vom Dachboden
585 Peter Weiss, Der Schatten des Körpers des Kutschers
586 Herman Bang, Das weiße Haus
587 Herman Bang, Das graue Haus
588 Hermann Broch, Menschenrecht und Demokratie
590 O'Brien, Zwei Vögel beim Schwimmen
591 André Gide, Die Rückkehr des verlorenen Sohnes
593 Robert Walser, Der Spaziergang
594 Natalia Ginzburg, Caro Michele
600 Thomas Bernhard, Ja

831 Henri Lefebvre, Einführung in die Modernität
832 Herbert Claas, Die politische Ästhetik Bertolt Brechts vom Baal zum Caesar
833 Peter Weiss, Dramen I
834 Friedensanalysen 2
835-838 Bertolt Brecht, Gedichte in 4 Bänden
839 Géza Róheim, Psychoanalyse und Anthropologie
840 Aus der Zeit der Verzweiflung. Beiträge von Becker/Bovenschen/Brackert u. a.
841 Fernando H. Cardoso/Enzo Faletto, Abhängigkeit und Entwicklung in Lateinamerika
842 Alexander Herzen, Die gescheiterte Revolution
844 Othein Rammstedt, Soziale Bewegung
845 Ror Wolf, Die Gefährlichkeit der großen Ebene
847 Friedensanalysen 3
848 Dieter Wellershoff, Die Auflösung des Kunstbegriffs
849 Samuel Beckett, Glückliche Tage
850 Basil Bernstein, Beiträge zu einer Theorie
851 Hobsbawm/Napolitano, Auf dem Weg zum ›historischen Kompromiß‹
852 Über Max Frisch II
853 Brecht-Jahrbuch 1976
854 Julius Fučík, Reportage unter dem Strang geschrieben
856 Dieter Senghaas, Weltwirtschaftsordnung und Entwicklung
857 Peter V. Zima, Kritik der Literatursoziologie
858 Silvio Blatter, Genormte Tage, verschüttete Zeit
859 Russell Jacoby, Soziale Amnesie
860 Gombrich/Hochberg/Black, Kunst, Wahrnehmung, Wirklichkeit
861 Blanke/Offe/Ronge u.a., Bürgerlicher Staat und politische Legitimation. Herausgegeben von Rolf Ebbighausen
863 Gesellschaft, Beiträge zur Marxschen Theorie 8/9
864 Über Wolfgang Koeppen. Herausgegeben von Ulrich Greiner
866 Fichant/Pêcheux, Überlegungen zur Wissenschaftsgeschichte
867 Ernst Kris, Die ästhetische Illusion
868 Brede/Dietrich/Kohaupt, Politische Ökonomie des Bodens
870 Umwälzung einer Gesellschaft. Herausgegeben von Richard Lorenz
871 Friedensanalysen 4
872 Piven/Cloward, Regulierung der Armut
873 Produktion, Arbeit, Sozialisation. Herausgegeben von Th. Leithäuser und W. R. Heinz
874 Max Frisch/Hartmut von Hentig, Zwei Reden zum Friedenspreis des Deutschen Buchhandels 1976
875 Eike Hennig, Bürgerliche Gesellschaft und Faschismus in Deutschland
877 Starnberger Studien 1

878 Leithäuser/Volmerg/Wutka, Entwurf zu einer Empirie
879 Peter Bürger, Aktualität und Geschichtlichkeit
880 Tilmann Moser, Verstehen, Urteilen, Verurteilen
881 Loch/Kernberg u. a., Psychoanalyse im Wandel
882 Michael T. Siegert, Strukturbedingungen von Familienkonflikten
883 Erwin Piscator, Theater der Auseinandersetzung
884 Politik der Subjektivität. Texte der italienischen Frauenbewegung, Herausgegeben von Michaela Wunderle
885 Hans Dieter Zimmermann, Vom Nutzen der Literatur
886 Gesellschaft, Beiträge zur Marxschen Theorie 10
887 Über Hans Mayer, Herausgegeben von Inge Jens
888 Nicos Poulantzas, Die Krise der Diktaturen
889 Alexander Weiß, Bericht aus der Klinik
890 Bergk/Ewald/Fichte u. a., Aufklärung und Gedankenfreiheit. Herausgegeben und eingeleitet von Zwi Batscha
891 Friedensanalysen 5
892 Franz L. Neumann, Wirtschaft, Staat, Demokratie
893 Georges Politzer, Kritik der Grundlagen der Psychologie
895 Umberto Eco, Zeichen. Einführung in einen Begriff und seine Geschichte
897 Ralph-Rainer Wuthenow, Muse, Maske, Meduse
898 Cohen/Taylor, Ausbruchversuche. Identität und Widerstand
902 Ernest Borneman, Psychoanalyse des Geldes
904 Alfred Sohn-Rethel, Warenform und Denkform
906 Brecht-Jahrbuch 1977
907 Horst Kern, Michael Schumann, Industriearbeit und Arbeiterbewußtsein
908 Julian Przybós, Werkzeug aus Licht
910 Peter Weiss, Stücke II
913 Martin Walser, Das Sauspiel mit Materialien. Herausgegeben von Werner Brändle
916 Dürkop/Hardtmann (Hrsg.), Frauen im Gefängnis
920 Tagträume vom aufrechten Gang. Sechs Interviews mit Ernst Bloch, Herausgegeben von Arno Münster
925 Friedensanalysen 6
927 Ausgewählte Gedichte Brechts, Herausgegeben von Walter Hinck
928 Betty Nance Weber, Brechts ›Kreidekreis‹
929 Auf Anregung Bertolt Brechts: Lehrstücke. Herausgegeben von Reiner Steinweg
930 Walter Benjamin, Briefe 1 und 2. Herausgegeben von Gershom Scholem und Theodor W. Adorno
933 Ute Gerhard, Verhältnisse und Verhinderungen
935 Literatur ist Utopie. Herausgegeben von Gert Ueding
954 Elias/Lepenies, Zwei Reden. Theodor W. Adorno-Preis 1977
955 Friedensanalysen 7
956 Brecht-Jahrbuch 1978. Hrsg. Fuegi/Grimm/Hermand
957 Gesellschaft, Beiträge zur Marxschen Theorie 11

Alphabetisches Verzeichnis der edition suhrkamp